JN436485

제2판

상법총칙 · 상행위법

오성근

Commercial

박영사

PREFACE

제2판 머리말

2022년 2월 이 책의 초판을 출간한 지 3년 5개월이 지났다. 그리고 이제 겨우 제2판을 출간하게 되었다. 그동안 2024년 9월에는 국내 지점 소재지 등기제도를 폐지하여 본점소재지로 통합하는 개정이 있었다. 그리하여 지배인의 등기규정(제13조), 등기사항에 관한 통칙규정(제34조) 등이 변경되었고, 지점소재지에서의 등기(제35조), 지점소재지에서의 등기의 효력(제38조) 등에 관한 규정은 삭제되었다.

제2판에서는 우선적으로 이러한 개정사항을 반영하였다. 그리고 초판에서 문장표현이 매끄럽지 못한 부분과 오탈자를 바로잡았다. 이에 따라 일부 내용의 목차를 새롭게 구성하였다. 또한 이전에 미처 소개하지 못한 2019년 중요 판례와 2021년 하반기의 판례, 그리고 2022년부터 2024년 사이의 주요 판례를 소개하고 분석하였다. 또한 내용이 겹치는 부분은 가능한 한 삭제하여 보다 간명하게 정리하였고, 대신 새로운 판례의 내용을 추가하는 방식으로 변화를 꾀하여 초판 분량과 균형을 맞추었다. 나아가 한글 색인 이외에 새롭게 외국어 색인을 추가하였다.

초판에서도 밝혔듯이 상법총칙 · 상행위법은 그 적용범위가 넓어 다른 법률을 이해하는 데 미치는 영향이 크다. 회사법 · 어음법 · 수표법 · 보험법 · 해상법은 물론 경제법 · 자본시장법 · 은행법 · 부정경쟁방지법 · 여신금융전문법 · 가맹사업법과 같은 각종 특별법령이나 상관습 또는 보통거래약관 등의 내용을 이해하기 위하여도 상법총칙과 상행위법의 학습이 선행되어야 한다. 이 책이 독자 여러분께 그러한 중요성을 일깨워 줄 수 있다면 제2판을 출간한 보람이 클 것이다. 그리고 독자 여러분의 많은 조언을 부탁드린다.

이 책을 출간하기까지는 많은 분들의 도움이 있었다. 우선 박영사의 안종만 회장님과 안상준 대표님의 배려, 그리고 조성호 이사님의 변함없는 믿음에 깊이 감사드린다. 수차례의 교정과 편집과정에서 끝까지 최선을 다하여 주신 박영사 이수연 대리님과 출판 작업 단계마다 많은 격려를 하여 주신 박부하 과장님께 깊은 謝意를 표한다. 박영사의 변함없는 발전을 기원한다.

문장표현을 매끄럽게 하거나 바로잡는 데에는 徐承範 辯護士, 趙慧正 辯護士 및 이정민 변호사의 도움이 있었다. 이 가운데 서승범 변호사는 상법의 의의

부터 명의대여자까지 검토하여 주었다. 조훈석 변호사는 상업장부부터 합자조합의 등기까지 도움을 주었다. 지난 4월말 발표된 제14회 변호사시험에 합격한 이정민 변호사는 합자조합의 내부관계부터 이 책의 마지막 부분인 채권매입업에 대하여 검토하여 주었다. 이분들 모두에게 고마운 마음을 전하며 앞날에 행운이 있기를 빈다.

마지막으로 완성형의 기본교재보다는 주요 판례와 요약서 수준의 문헌을 선호하는 일부의 풍조 속에서도 묵묵히 이 분야의 연구에 매진하고 계신 同僚先後輩 교수님들께 尊敬의 마음을 전한다.

2025년 7월

吳 性 根

PREFACE

머리말

상법총칙과 상행위법은 일반인들이 실생활에서 흔히 접하는 법률은 아니다. 이 때문에 일반인들에게는 그리 친숙하지 않다. 그럼에도 불구하고 상법총칙과 상행위법은 오늘날의 일반인들의 경제생활은 물론 기업활동과 불가분의 관계를 갖고 있다. 기업활동은 영리를 목적으로 대량의 거래를 반복적이고 계속적으로 하고, 일반인들은 기업의 영리를 통하여 소득을 얻고 부를 축적하기 때문이다. 상법총칙은 이러한 구조에 적합하도록 상인의 집단적인 물적 시설 및 인적 시설에 대하여 규정하고 있다. 상행위법은 기업거래에 관한 일반규정 이외에 각종의 영업에 관한 특별규정을 두고 있다. 이와 같이 상법총칙과 상행위법은 기업활동에 관한 기본체계를 갖추고 있는 실정법이며, 상법교육과 학습의 출발점이다.

따라서 受驗生·수범자·專門家들이 회사법·어음법·수표법·보험법·해상법은 물론 경제법·자본시장법·은행법·부정경쟁방지법과 같은 각종 특별법령이나 상관습 또는 보통거래약관 등의 내용을 이해하기 위하여도 상법총칙과 상행위법을 반드시 학습하여야 한다. 이러한 연유로 저자는 오래전부터 상법총칙과 상행위법에 관한 강의안을 가지고 책을 발간하고자 하는 생각을 갖고 있었다.

그러나 그 작업이 생각만큼 간단하고 쉽지만은 않았다. 작업을 할수록 능력이 부족함을 절감하였다. 노력만으로는 극복할 수 없는 그 무언가가 상법에는 존재함을 느끼기도 하였다. 그런 순간마다 非才한 저자를 가르쳐 주시고 깨우쳐 주시느라고 고생을 하신 모든 恩師님들에게 더욱 죄송한 마음을 갖게 되었다. 지금은 뵐 수 없는 恩師님들의 지난 가르침을 다시 한번 새겨보기도 하였다. 어려운 쟁점에 부딪힐 때는 문득문득 뵙고 싶다는 생각을 하기도 하였다. 이처럼 능력의 부족함을 깨달으면서 차일피일 시간을 흘려보내던 와중에 박영사의 도움으로 이제 겨우 출간을 하게 되었다.

이 책은 辯護士試驗 등의 受驗生과 實務家들이 상법총칙·상행위법에 대하여 기본적으로 알아야 할 내용과 중요 학설·판례를 소개하고 있다. 이를 위하여 우선적으로는 기본사항의 해설에 중점을 두고 있다. 그리고 중요한 쟁점에 대하여는 상세한 설명과 분석을 함으로써 독자들이 일정한 학문적 수준을 유지하도록 하였다. 기술을 함에 있어서는 불필요한 해설은 생략하고, 쉽고 簡潔하게 하였다. 추상적 설명은 가능한 한 줄이고 구체적인 사례나 판례를 분석·설명하였다. 그리하여 상법을 처음 접하는 수험생이나 실무가들도 알기 쉽도록 하여 이해도를 높이고자 하였다. 또한 국내에서 논쟁이 심한 학설이나 판례에 대하여는 비교법적인 설명을 하여 향후 해결책을 마련하는 데 도움을 주고자 하였다. 다만, 여러 형편상 보다 다양한 내용과 깊이 있는 설명을 하지 못하는 점에 대하여는 널리 이해를 구하고 싶다.

이 책을 출간하는 데에는 많은 분들의 도움이 있었다. 우선 박영사의 안종만 회장님과 안상준 대표이사님의 배려와 조성호 이사님의 믿음에 깊이 감사드린다. 연말연초 바쁜 가운데에서도 교정과 편집을 하는 데 끝까지 최선을 다하여 주신 박영사 윤혜경 님께도 깊은 謝意를 표한다. 박영사의 변함없는 발전을 기원한다. 상법총칙 부문은 崔秀妍 部長이, 상행위법 부문은 鄭然在 辯護士가 고생이 많았다. 이들에게도 고마운 마음을 전하며 앞날에 행운이 있기를 빈다. 또 어려운 환경 속에서도 이 학문분야 연구에 매진하고 있는 先輩同僚教授 님들께 尊敬의 마음을 전한다.

마지막으로 이 책을 출간할 수 있었던 것은 非才한 제자를 성심성의껏 가르쳐 주신 모든 恩師님들의 덕분이다. 죄송스럽고 고마운 마음을 지면으로 표현할 길이 없다.

2022년 2월
吳 性 根

CONTENTS

차례

제1편 서 론

제1장 상법의 의의 ··· 3

Ⅰ 상법의 기원 및 역사 ··· 3

1. 원시상태 및 고대 ··· 3
2. 중세 및 근세 ··· 4
3. 근대 이후 ··· 4

Ⅱ 상법의 연혁 ··· 5

1. 입법과정 ··· 5
2. 연도별 주요 개정사항 ··· 6

Ⅲ 형식적 의의의 상법 ··· 11

Ⅳ 실질적 의의의 상법 ··· 12

1. 필요성 ··· 12
2. 상의 개념과 범위 ··· 12
3. 상법의 대상론 ··· 13

Ⅴ 상법의 정의 ··· 14

1. 기업에 관한 법 ··· 14
2. 사 법 ··· 14
3. 특별사법 ··· 15

제2장 상법의 지위 ··· 16

Ⅰ 서 ··· 16

Ⅱ 민법의 상화 ··· 16

1. 의 의 ··· 16
2. 민법의 상화형상의 원인 ··· 16
3. 민법의 상화의 한계(상법의 자주성) ··· 17

Ⅲ 상법과 노동법 ··· 17

Ⅳ 상법과 경제법 ··· 18

Ⅴ 어음·수표법 ··· 18

제3장 상법의 이념 ······ 19
I 기업의 생성·유지·강화 ······ 19
1. 서 ······ 19
2. 기업생성의 촉진 ······ 19
3. 기업의 유지(존속) ······ 19
4. 기업의 강화(영리성의 보장) ······ 20
II 기업활동의 원활보장 ······ 20
III 거래안전의 보호 ······ 21
1. 의 의 ······ 21
2. 공시제도 ······ 21
3. 외관주의 ······ 21
4. 기업의 엄격책임주의(기업책임의 강화) ······ 22

제4장 상법의 법원 ······ 24
I 상법 제1조와 법원 ······ 24
1. 의 의 ······ 24
2. 상사의 의미 ······ 24
3. 민법의 법원성 ······ 25
II 법원의 종류 ······ 26
1. 상사제정법 ······ 26
2. 상관습법 ······ 28
3. 상사자치법 ······ 31
4. (보통거래)약관 ······ 31
5. 상사판례법 ······ 34
6. 상사학설법 ······ 35
7. 조 리 ······ 35
III 법 적용의 순서 ······ 36
1. 상법과 기타 성문법 ······ 36
2. 자치법, 관습법 및 성문법 ······ 36
3. 법적용순위의 체계 ······ 37

제5장 상법의 효력 ······ 38
1. 시간에 관한 효력 ······ 38
2. 장소에 관한 효력 ······ 39
3. 사람에 관한 효력 ······ 39
4. 사항에 관한 효력 ······ 39

제2편 총 칙

제1장 상 인 ········· 43

Ⅰ 서 설 ········· 43

Ⅱ 상인의 의의 ········· 43

1. 상인개념의 입법주의 ········· 43
2. 상법의 입법주의 ········· 44

Ⅲ 당연상인 ········· 45

1. 의 의 ········· 45
2. 제46조 각 호의 행위를 하는 자 ········· 45
3. 영업성 ········· 45
4. 자기명의 ········· 47
5. 예 외 ········· 47

Ⅳ 의제상인 ········· 47

1. 설비상인 ········· 47
2. 회 사 ········· 49

Ⅴ 소상인 ········· 49

1. 의 의 ········· 49
2. 입법의 취지 ········· 50
3. 특칙의 적용 ········· 50

Ⅵ 상인자격의 취득과 상실 ········· 51

1. 의 의 ········· 51
2. 자연인의 상인자격 ········· 51
3. 법인의 상인자격 ········· 54
4. 국가의 상인자격 ········· 56

Ⅶ 영업능력 ········· 57

1. 의 의 ········· 57
2. 특칙규정 ········· 57
3. 법정대리인의 허락을 얻은 미성년자의 영업 ········· 57
4. 법정대리인의 영업대리 ········· 58
5. 미성년자의 무한책임사원으로서의 행위 ········· 58

Ⅷ 영업의 제한 ········· 59

1. 총 설 ········· 59
2. 사법상의 제한 ········· 59
3. 공법상의 제한 ········· 60

제2장 상업사용인 62

Ⅰ 의 의 62

Ⅱ 상업사용인의 개념 62
1. 의 의 62
2. 대내적 관계 62
3. 대외적 관계 64
4. 유형 및 대리권의 공통적 특성 64

Ⅲ 지배인 65
1. 지배인의 의의 65
2. 지배인제도의 연혁 및 기능 67
3. 지배인의 선임과 종임 67
4. 지배인의 대리권(지배권) 71
5. 대리권의 범위 73
6. 공동지배인 76
7. 표현지배인 79

Ⅳ 부분적 포괄대리권을 가진 사용인 84
1. 의 의 84
2. 선임 · 종임 85
3. 권 한 85
4. 대리권의 제한 88
5. 대리권의 남용 88
6. 공동대리인 및 표현적 부분포괄대리권을 가진 사용인 89

Ⅴ 물건판매점포의 사용인 91
1. 의 의 91
2. 선임 · 종임 91
3. 적용요건 92

Ⅵ 상업사용인의 의무 93
1. 총 설 93
2. 경업금지의무 94
3. 겸직금지 98

제3장 영업소 100

Ⅰ 의 의 100

Ⅱ 영업소의 요건 100
1. 영업활동장소 100
2. 단위성(독립성) 100
3. 고정성 및 계속성 100

Ⅲ 영업소의 수와 종류 ······ 101
Ⅳ 영업소의 판단 ······ 101
Ⅴ 영업소의 법적 효과 ······ 102
1. 의 의 ······ 102
2. 영업소에 관한 일반적인 효과 ······ 102
3. 지점의 법률상 효과 ······ 103
4. 회사의 본·지점의 법률상 효과 ······ 104

제4장 상 호 ······ 105
Ⅰ 서 설 ······ 105
1. 상호의 효용성 ······ 105
2. 제3자의 이해 ······ 105
Ⅱ 상호의 의의 ······ 105
1. 개 념 ······ 105
2. 상표 및 영업표와의 구별 ······ 106
3. 문자로 기록 ······ 106
Ⅲ 상호의 선정 ······ 107
1. 입법주의 ······ 107
2. 상호선정의 자유 ······ 108
Ⅳ 상호의 등기 ······ 112
1. 의 의 ······ 112
2. 강제성 ······ 112
3. 등기절차 ······ 112
4. 상호등기의 효력 ······ 113
5. 상호의 가등기(가등기상호권자의 사전등기배척권) ······ 113
Ⅴ 상호권의 보호 ······ 116
1. 의 의 ······ 116
2. 상호권의 법적 성질 ······ 116
3. 상호사용권(적극적 상호권) ······ 117
4. 상호전용권(소극적 상호권) ······ 118
5. 등기상호권자의 상호전용권 강화 ······ 127
6. 부정경쟁방지법상의 상호보호 ······ 132
Ⅵ 상호권의 변동 ······ 134
1. 개 요 ······ 134
2. 상호의 양도 ······ 134
3. 상호의 임대차 ······ 138
4. 상호의 상속 ······ 139

5. 상호의 폐지 ··· 139
Ⅶ 명의대여자의 책임 ··· 140
1. 의 의 ··· 140
2. 적용요건 ··· 141
3. 명의대여책임의 범위와 형태 ··· 144
4. 명의차용자와 표현대리 ··· 150

제5장 상업장부 ··· 151
Ⅰ 총 설 ··· 151
Ⅱ 상업장부 및 재무제표의 異同 ··· 151
Ⅲ 상업장부의 종류 ··· 152
1. 회계장부 ··· 152
2. 대차대조표(재무상태표) ··· 153
Ⅳ 상업장부의 작성·공시·보존·제출 ··· 154
1. 상업장부 작성의무 ··· 154
2. 상업장부의 확정과 공시 ··· 154
3. 상업장부의 보존·제출 ··· 155
Ⅴ 상업장부의 작성원칙 ··· 156
1. 기본입장 ··· 156
2. 일반적으로 공정·타당한 회계관행 ··· 157
3. 회계처리기준 ··· 157

제6장 기업의 공시(상업등기) ··· 159
Ⅰ 총설 ··· 159
1. 기업의 공시와 상업등기 ··· 159
2. 상업등기의 연혁 ··· 160
3. 공시방법과 상업등기 ··· 160
Ⅱ 상업등기의 개념과 종류 ··· 161
1. 개 념 ··· 161
2. 종 류 ··· 161
Ⅲ 등기사항 ··· 162
1. 의 의 ··· 162
2. 절대적 등기사항·상대적 등기사항 ··· 162
3. 설정적 등기사항·면책적 등기사항 ··· 163
4. 지점에 관한 등기 ··· 163
Ⅳ 등기절차 ··· 164
1. 신청주의 ··· 164

2. 등기관할 ··· 164
3. 등기소의 심사권 ··· 164
4. 등기의 방법·관리 ··· 166
5. 등기의 수정 ··· 166
6. 등기의 공시 ··· 167
Ⅴ 상업등기의 효력 ··· 167
1. 개 요 ··· 167
2. 일반적 효력 ··· 168
3. 특수적 효력 ··· 173
4. 상업등기의 추정력 ··· 174
5. 부실등기의 효력 ··· 175

제7장 영업양도 ··· 180
Ⅰ 총 설 ··· 180
1. 영업용재산과 영업재산 ··· 180
2. 영업의 의의와 영업양도 ··· 180
3. 기 능 ··· 181
Ⅱ 영업양도의 개념 ··· 181
1. 서 ··· 181
2. 소유의 변동 ··· 182
3. 처분권자의 처분 ··· 182
4. 이전재산의 일체성 ··· 182
5. 영업조직(물적·인적조직)의 이전 ··· 183
6. 동일성의 유지 ··· 184
7. 채권계약 ··· 185
8. 비전형계약 ··· 185
Ⅲ 영업의 일부양도 ··· 186
1. 의 의 ··· 186
2. 효 과 ··· 186
Ⅳ 당사자 ··· 187
Ⅴ 영업양도의 절차 ··· 187
1. 내부적 절차 ··· 187
2. 합 의 ··· 188
3. 방 식 ··· 189
4. 양도시점 ··· 189
Ⅵ 영업양도의 효과 ··· 189
1. 의 의 ··· 189

2. 영업의 이전 ········ 190
3. 양도인의 경업금지(대내적 효과) ········ 193
4. 영업상의 채권자 보호 ········ 198
5. 영업상의 채무자 보호 ········ 208

Ⅶ 영업의 임대차·경영위임 ········ 209
1. 의 의 ········ 209
2. 영업의 임대차 ········ 209
3. 경영의 위임 ········ 212

제3편 상행위

제1장 총 론 ········ 217

제1절 서 설 ········ 217

Ⅰ 상행위법의 의의 ········ 217
1. 형식적 의의의 상행위 및 실질적 의의의 상행위 ········ 217
2. 상법총칙과 회사법과의 비교 ········ 218

Ⅱ 상행위법의 특색 ········ 218
1. 임의법규성 ········ 218
2. 유상성 ········ 218
3. 신속성 ········ 219
4. 안전성 ········ 220
5. 기업책임의 가중·경감 ········ 220
6. 거래의 정형성 ········ 221
7. 상도덕의 법규범화 ········ 222

Ⅲ 상행위법의 체계 ········ 222

제2절 상행위의 의의와 종류 ········ 223

Ⅰ 상행위의 의의 ········ 223
Ⅱ 기본적 상행위 ········ 224
Ⅲ 준상행위 ········ 230
Ⅳ 보조적 상행위 ········ 231
1. 의 의 ········ 231
2. 범 위 ········ 231
3. 보조적 상행위의 판단 ········ 233

Ⅴ 절대적 상행위 ········ 235

Ⅵ 일방적 상행위와 쌍방적 상행위 ······ 235

제3절 상행위 특칙 ······ 236

Ⅰ 민법총칙에 대한 특칙 ······ 236
1. 상행위의 대리와 위임 ······ 236
2. 상사시효 ······ 240

Ⅱ 민법 물권편에 대한 특칙 ······ 247
1. 유질계약의 허용 ······ 247
2. 상사유치권 ······ 249

Ⅲ 민법 채권편에 대한 특칙 ······ 255
1. 계약의 성립 ······ 255
2. 영리성의 보장 ······ 260
3. 무상수치인의 주의의무 ······ 265
4. 채무의 이행 ······ 267
5. 다수당사자의 채권관계 ······ 268

Ⅳ 상사매매의 특칙 ······ 275
1. 서 설 ······ 275
2. 매도인의 공탁·경매권 ······ 276
3. 확정기매매의 해제 ······ 280
4. 매수인의 검사·통지의무 ······ 284
5. 매수인의 보관·공탁의무 ······ 288

Ⅴ 유가증권 ······ 291

제4절 상호계산 ······ 292

Ⅰ 의 의 ······ 292
1. 개 념 ······ 292
2. 목적 및 기능 ······ 293

Ⅱ 상호계산의 성질 ······ 293

Ⅲ 상호계산의 요건 ······ 293
1. 당사자 ······ 293
2. 상호계산의 대상 ······ 294

Ⅳ 상호계산의 효력 ······ 295
1. 소극적 효력 ······ 295
2. 적극적 효력 ······ 297

Ⅴ 상호계산의 종료 ······ 300
1. 일반종료원인 ······ 300
2. 특별종료원인 ······ 300

3. 그 밖의 법률상 종료원인 ···· 301
4. 상호계산종료의 효과 ···· 301

제5절 익명조합 ···· 301

Ⅰ 의의의 및 특징 ···· 301
Ⅱ 기 능 ···· 302
Ⅲ 익명조합의 성질 ···· 302
1. 법적 성질 ···· 302
2. 조합과의 비교 ···· 302
3. 합자회사와의 비교 ···· 303
4. 합자조합과의 비교 ···· 303
5. 신탁과의 비교 ···· 304
6. 소비대차와의 비교 ···· 304
Ⅳ 익명조합의 요소 ···· 304
1. 당사자 ···· 304
2. 영 업 ···· 305
3. 이익의 분배 ···· 305
Ⅴ 익명조합의 효력 ···· 305
1. 내부관계 ···· 305
2. 외부관계 ···· 308
Ⅵ 익명조합의 종료 ···· 310
1. 종료사유 ···· 310
2. 익명조합계약종료의 효과 ···· 311

제6절 합자조합 ···· 312

Ⅰ 총 설 ···· 312
1. 의 의 ···· 312
2. 연혁 및 기능 ···· 313
3. 합자조합과 유사제도와의 비교 ···· 313
Ⅱ 합자조합계약의 성립 ···· 315
1. 의 의 ···· 315
2. 당사자 ···· 315
3. 합자조합계약의 법정기재사항 ···· 315
4. 등 기 ···· 317
Ⅲ 내부관계 ···· 318
1. 업무집행 ···· 318
2. 출자와 손익분배 ···· 321

3. 경업피지의무와 자기거래제한 ············ 321
4. 조합원의 변동 ············ 322
Ⅳ 외부관계 ············ 326
1. 의 의 ············ 326
2. 합자조합의 대리 ············ 326
3. 책 임 ············ 328
Ⅴ 합자조합의 해산 ············ 330
1. 의 의 ············ 330
2. 해산사유 ············ 330
Ⅵ 청 산 ············ 331

제2장 각 론 ············ 332
제1절 대리상 ············ 332
Ⅰ 총 설 ············ 332
1. 개 념 ············ 332
2. 경제적 기능 ············ 332
3. 연 혁 ············ 333
Ⅱ 대리상의 의의 ············ 333
1. 관련 규정 ············ 333
2. 일정한 상인의 보조상 ············ 333
3. 본인의 일정·계속 ············ 334
4. 대리·중개하는 거래 ············ 334
5. 상인성(독립상인) ············ 334
6. 대리·중개의 인수 ············ 335
7. 상인자격취득의 종속성 ············ 335
Ⅲ 그 밖의 보조상과의 구별 ············ 335
1. 의 의 ············ 335
2. 대리의 방식과 대상 ············ 336
3. 자격취득의 시점 및 본인의 상인자격 ············ 336
4. 경업피지의무 ············ 336
5. 입법의 중점 ············ 336
Ⅳ 대리상계약과 대리 ············ 337
1. 대리상계약 ············ 337
2. 상사대리특칙의 적용 ············ 339
Ⅴ 대리상의 의무 ············ 339
1. 대리상의 통지의무 ············ 339
2. 대리상의 경업피지의무 ············ 339

3. 대리상의 영업비밀준수의무 340
Ⅵ 대리상의 권리 344
1. 대리상의 보수청구권 344
2. 대리상의 보상청구권 344
3. 유치권 351
Ⅶ 대리상과 제3자의 관계 352
1. 의 의 352
2. 통지수령권한 352
Ⅷ 대리상계약의 종료 353
1. 일반적 종료사유 353
2. 계약의 해지(예고에 의한 종료) 353
제2절 중개업 354
Ⅰ 총 설 354
1. 중개업의 의의 및 기능 354
2. 연 혁 355
Ⅱ 중개인의 의의 355
1. 개 념 355
2. 중 개 355
3. 상행위의 중개 356
4. 타인의 상행위의 중개 357
5. 상인성(독립상인) 357
Ⅲ 중개계약의 성질 357
Ⅳ 중개인의 의무 358
1. 주의의무 및 중립성의 원칙 358
2. 견품보관의무 359
3. 결약서작성·교부의무 359
4. 장부작성·등본교부의무 360
5. 성명·상호묵비의무 361
6. 중개인의 개입의무(이행담보책임) 362
Ⅴ 중개인의 권리 363
1. 보수청구권 363
2. 비용청구권 365
3. 급여수령대리권 365
제3절 위탁매매업 366
Ⅰ 총 설 366

1. 기 능 ······ 366
2. 연 혁 ······ 366

Ⅱ 위탁매매인의 의의 ······ 367
1. 개 념 ······ 367
2. 명의와 계산의 분리(주선) ······ 368
3. 영업의 범위(위탁매매의 목적물) ······ 369
4. 위탁매매인의 상인성 ······ 369

Ⅲ 위탁매매의 법률관계 ······ 370
1. 서 ······ 370
2. 내부관계(위탁매매인과 위탁자, 위탁계약) ······ 370
3. 외부관계(위탁자·위탁매매인과 거래상대방) ······ 371
4. 위탁물의 귀속 ······ 372

Ⅳ 위탁매매인의 의무 ······ 375
1. 일반적 의무(선관주의의무) ······ 375
2. 통지 및 계산서제출의무 ······ 375
3. 지정가액준수의무 ······ 376
4. 이행담보책임 ······ 377
5. 위탁물에 관한 통지·처분의무 ······ 378

Ⅴ 위탁매매인의 권리 ······ 379
1. 의 의 ······ 379
2. 보수청구권 ······ 379
3. 비용선급청구권 및 비용상환 ······ 380
4. 개입권 ······ 380
5. 매수물의 공탁·경매권 ······ 384
6. 유치권 ······ 384

Ⅵ 상인간의 매수위탁계약의 특칙 ······ 385

Ⅶ 준위탁매매업 ······ 385

제4절 운송업 ······ 386

Ⅰ 총 설 ······ 386
1. 의의 및 기능 ······ 386
2. 체계 및 연혁 ······ 387
3. 운송의 종류 ······ 388
4. 운송인의 의의 ······ 388
5. 운송계약의 성질 ······ 390

Ⅱ 물건운송 ······ 390
1. 운송계약 ······ 390

2. 운송인의 의무 ········ 393
3. 운송인의 권리 ········ 410
4. 수하인의 지위 ········ 416
5. 화물상환증 ········ 417
6. 순차운송 ········ 427
Ⅲ 여객운송 ········ 431
1. 의 의 ········ 431
2. 특 징 ········ 431
3. 여객운송계약 ········ 432
4. 여객운송인의 책임 ········ 432
5. 여객운송인의 권리 ········ 435

제5절 운송주선업 ········ 436

Ⅰ 총 설 ········ 436
1. 개 념 ········ 436
2. 기 능 ········ 437
3. 연 혁 ········ 437
4. 운송과 운송주선의 구별기준 ········ 437
Ⅱ 운송주선인의 의의 ········ 438
1. 서 ········ 438
2. 주 선 ········ 438
3. 물건운송의 주선 ········ 439
4. 상인성 ········ 439
5. 자 격 ········ 440
Ⅲ 운송주선의 법률관계 ········ 440
Ⅳ 운송주선인의 의무 ········ 441
1. 일반적 의무(주의의무) ········ 441
2. 개별적인 의무 ········ 441
3. 손해배상책임 ········ 441
4. 통지의무·계산서제출의무 및 운송물의 하자통지의무 ········ 444
5. 지정가액준수의무 ········ 444
6. 이행담보책임 및 제3자이의의 소 제기의무의 유무 ········ 444
7. 수하인에 대한 의무(수하인의 지위) ········ 445
Ⅴ 운송주선인의 권리 ········ 446
1. 보수청구권 ········ 446
2. 수임인으로서의 권리(비용상환청구권) ········ 448
3. 유치권 ········ 448

4. 개입권 ········· 449
5. 채권의 시효 ········· 451
Ⅵ 순차운송주선에 관한 특칙 ········· 451
1. 의 의 ········· 451
2. 유 형 ········· 451
3. 순차운송주선의 법률관계 ········· 452

제6절 공중접객업 ········· 454

Ⅰ 의 의 ········· 454
1. 개 념 ········· 454
2. 특징 및 취지 ········· 454
Ⅱ 물적 손해에 대한 책임 ········· 455
1. 서 ········· 455
2. 수치한(임치받은) 물건에 대한 책임 ········· 455
3. 수치하지(임치받지) 않은 물건에 대한 책임 ········· 457
4. 면책약관의 효력 ········· 457
5. 고가물에 대한 책임경감 ········· 458
6. 소멸시효 ········· 458
Ⅲ 인적 손해에 대한 책임 ········· 459
1. 시설의 현대화·대형화와 법의 미비 ········· 459
2. 인적 손해의 해결법리 ········· 459

제7절 창고업 ········· 461

Ⅰ 총 설 ········· 461
1. 경제적 기능 ········· 461
2. 연 혁 ········· 461
3. 운송업과의 유사성 ········· 462
Ⅱ 창고업자의 의의 및 성립요건 ········· 462
1. 의 의 ········· 462
2. 요 건 ········· 462
3. 임치계약 ········· 463
Ⅲ 창고업자의 의무 ········· 464
1. 선관주의의무(보관의무) ········· 464
2. 임치인의 검사 등의 수인의무 ········· 465
3. 임치물에 대한 하자통지·처분의무 ········· 465
4. 손해배상책임 ········· 466
5. 창고증권의 발행의무 ········· 467

Ⅳ 창고업자의 권리 ··· 470
1. 보관료·비용상환청구권 ··· 470
2. 공탁·경매권 ··· 471
3. 유치권 ··· 471
4. 채권의 단기시효 ··· 472
Ⅴ 임치계약의 소멸 ··· 472

제8절 금융리스업 ··· 472

Ⅰ 입법배경 ··· 472
Ⅱ 금융리스업의 의의 ··· 473
1. 리스의 종류와 개념 ··· 473
2. 연 혁 ··· 474
Ⅲ 금융리스계약의 성질 ··· 474
1. 성질론의 의의 ··· 474
2. 학 설 ··· 475
3. 판 례 ··· 476
4. 사 견 ··· 477
Ⅳ 금융리스거래의 구조 ··· 477
Ⅴ 금융리스계약의 법률관계 ··· 478
1. 계약의 개시 ··· 478
2. 수령증의 성격 ··· 479
3. 리스료의 성격·시효 ··· 479
4. 리스업자의 하자담보책임 ··· 480
5. 공급자의 의무 ··· 481
6. 리스물건의 관리책임(선관주의의무) ··· 482
7. 리스물건의 매도시 이용자의 하자담보책임 ··· 482
Ⅵ 금융리스의 종료 ··· 483
1. 기간의 만료 ··· 483
2. 계약의 해지 ··· 483
3. 청 산 ··· 485

제9절 가맹업(프랜차이즈) ··· 485

Ⅰ 의 의 ··· 485
1. 개 념 ··· 485
2. 연 혁 ··· 486
3. 기 능 ··· 486
4. 가맹거래의 법적 성질 ··· 487

Ⅱ 가맹계약의 요건 …… 487
1. 의 의 …… 487
2. 상호 등의 사용 …… 487
3. 상품의 품질기준의 통제 …… 488
4. 영업방식의 통제 …… 488
5. 가맹금 …… 488
Ⅲ 당사자의 권리 · 의무(내부관계) …… 489
1. 당사자간의 신의칙 …… 489
2. 가맹업자의 의무 …… 489
3. 가맹상의 의무 …… 493
Ⅳ 제3자에 대한 책임(외부관계) …… 494
1. 가맹업자의 명의대여책임 …… 494
2. 표현대리의 책임 …… 494
3. 불법행위책임 또는 사용자배상책임 …… 494
4. 제조물책임 …… 495
Ⅴ 가맹계약의 종료 …… 495
1. 종료사유 …… 495
2. 종료의 효과 …… 497

제10절 채권매입업(팩터링) …… 497

Ⅰ 의 의 …… 497
1. 개 념 …… 497
2. 연 혁 …… 498
3. 경제적 기능 …… 498
Ⅱ 채권매입거래의 구조 …… 499
1. 당사자 및 채권매입거래과정 …… 499
2. 팩터링금융 …… 500
3. 위험인수의 방식 …… 500
Ⅲ 채권매입업의 법적 특징 …… 501
1. 기본계약 …… 501
2. 개별적인 채권매입의 이행 …… 501
3. 채권매입업자의 상인성 …… 501

■ 판례색인 …… 503
■ 사항색인 …… 515

REFERENCE

참고문헌

[국내]

1. 단행본 저자 · 서명 · 출판사 · 발행연도	인용약어
강위두 · 임재호, 상법강의(상), 형설출판사, 2009.	강위두 · 임재호(2009)
곽윤직, 채권총론, 박영사, 2009.	곽윤직(2009)
김두진, 상법총칙 · 상행위법, 동방문화사, 2020.	김두진(2020)
김병연 · 박세화 · 권재열, 상법총칙 · 상행위, 박영사, 2012.	김병연 · 박세화 · 권재열(2012)
김성태, 상법[상법총칙 · 상행위]강의, 법문사, 2002.	김성태(2002)
김정호, 상법총칙 · 상행위, 법문사, 2021.	김정호(2022)
김홍기, 상법강의, 박영사, 2021.	김홍기(2021)
김홍기, 상법강의, 박영사, 2020.	김홍기(2020)
서돈각 · 정완용, 상법강의(상), 법문사, 1999.	서돈각 · 정완용(1999)
손주찬, 상법(상), 박영사, 2004.	손주찬(2004)
손주찬 · 이균성 · 양승규 · 정동윤, 주석상법(Ⅰ), 한국상법행정학회, 1992.	손주찬 · 이균성 · 양승규 · 정동윤(1992)
손진화, 상법강의, 신조사, 2013.	손진화(2013)
송옥렬, 상법강의, 홍문사, 2021.	송옥렬(2021)
송옥렬, 상법강의, 홍문사, 2020.	송옥렬(2020)
안강현, 상법총칙 · 상행위, 박영사, 2019.	안강현(2019)
안동섭 · 소륜, 개정상법해설, 홍문관. 2010.	안동섭 · 소륜(2010)
이기수 · 최병규, 상법총칙 · 상행위법, 박영사, 2016.	이기수 · 최병규(2016)
이범찬 · 최준선, 상법(상), 삼영사, 2009.	이범찬 · 최준선(2009)
이병태, 상법(상), 법원사, 1988.	이병태(1988)
이종훈, 상법총칙 · 상행위법, 박영사, 2017.	이종훈(2017)
이철송, 상법총칙 · 상행위, 박영사, 2022.	이철송(2022)
이태로 · 한만수, 조세법강의, 박영사, 2009.	이태로 · 한만수(2009)
임중호, 상법총칙 · 상행위, 법문사, 2015.	임중호(2015)

전우현, 상법총칙·상행위법, 박영사, 2019. 전우현(2019)

전우현, 상법총칙·상행위법, 박영사, 2011. 전우현(2011)

정경영, 상법학쟁점, 박영사, 2021. 정경영(2021)

정경영, 상법학쟁점, 박영사, 2016. 정경영(2016)

정경영, 상법학강의, 박영사, 2009. 정경영(2009)

정동윤, 상법(상), 법문사, 2012. 정동윤(2012)

정준우, 상법총론, 피앤씨미디어. 2021. 정준우(2021)

정찬형, 상법강의(상), 박영사, 2025. 정찬형(2025)

정희철, 상법학(상), 박영사, 1990. 정희철(1990)

최기원·김동민, 상법학신론(상), 박영사, 2014. 최기원·김동민(2014)

최준선, 상법총칙·상행위, 삼영사, 2021. 최준선(2021)

최준선, 상법총칙·상행위, 삼영사, 2016. 최준선(2016)

채이식, 상법강의(상), 박영사, 1997. 채이식(1997)

한기정, 신상법입문, 박영사, 2020. 한기정(2020)

2. 논문 저자·서명·출판사·발행연도 인용약어

김광록, "명의대여자의 책임에 관한 판례 연구", 법학연구 21권 2호, 충북대학교법학연구소(2010. 8).

최병규, "은행근저당설정비 부담주체에 대한 약관의 효력", 상사판례연구 24집 1권(2011. 3).

[외국]

江頭憲治郎, 株式会社法, 有斐閣, 2017. 江頭憲治郎(2017)

江頭憲治郎, 商取引法, 弘文堂, 2005. 江頭憲治郎(2005)

近藤光男, 商法総則·商行為法, 有斐閣, 2008. 近藤光男(2008)

落合誠一·大塚龍児·山下友信, 商法Ⅰ, 有斐閣Sシリーズ, 2019. 落合誠一·大塚龍児·山下友信(2019)

梅田武敏, 商法総則·商行為法, 信山社, 2006. 梅田武敏(2006)

柴田和史, 商法総則·商行為法, 三省堂, 2024. 柴田和史(2024)

丸山秀平, 상법Ⅲ, 新世社, 2020. 丸山秀平(2020)

黒沼悦郎, 会社法, 商事法務, 2020. 黒沼悦郎(2020)

제 1 편 서 론

제1장 상법의 의의
제2장 상법의 지위
제3장 상법의 이념
제4장 상법의 법원
제5장 상법의 효력

01장 상법의 의의

I 상법의 기원 및 역사

1. 원시상태 및 고대

인류가 원시상태인 시기에는 종족 단위의 집단적 자급자족을 하였다. 그리하여 그 시기에는 상법이라는 개념이 성립할 여지가 없었다. 그러나 종족 단위의 인구가 증가하고 경제적 수요가 증대되고 자연 또는 생산잉여물이 발생함에 따라 다른 집단과의 교환이나 거래가 필요하게 되었다. 그리고 적대관계에 있는 이민족 또는 이교도간에 교환이나 거래관계를 성사시키기 위하여 시장법(le droit du marché)과 빈객우위법(le droit de l'hospitalité, Gastrecht)이 제정되었다. 이를 상법성립의 起源으로 보는 것이 일반적이다. 이와 같이 상법은 태생적으로 오늘날과 같이 종족의 경계를 넘는 국제적인 법이었으며 異教徒간에도 통일성을 기하는 특징을 지니고 있다.

이후 이집트(Egypt), 바빌로니아(Babylonia), 아시리아(Assyria) 등 지중해연안을 중심으로 하는 국가에서는 화폐경제시대를 거치면서는 상거래를 규율하기 위한 상법전이 일반적으로는 존재하지 아니하였으나, 바빌로니아의 함무라비王(Hammurabi, B.C. 1728~1686년)의 시대에서는 성문화된 상법전을 볼 수 있다.[1] 즉, 세계최초의 성문법전이라고 일컬어지는 함무라비법전은 쐐기글자(楔形文字)로[2] 쓰여졌음에도 282개 조문으로 구성되었고, 제88조 내지 제126조는 매매, 임치, 운송, 중개, 대리, 지시에 의한 지급 및 內水航行 등에 관한 규정 등을 두고 있었다. 이후 알렉산더대왕(재위기간 B.C. 336~323년)의 이래 東方國家들과의 상거래의 활성화

1) 손주찬 · 이균성 · 양승규 · 정동윤(1992), 77면.

2) 설형문자는 B.C. 3000년경부터 기원 전후까지 메소포타미아 등 서아시아의 여러 민족들이 사용했던 문자에 대한 汎稱이다. 본래 수메르인들이 처음으로 만들어낸 문자는 쐐기형이 아니라 동그라미나 짧은 선으로 표현하는 그림문자였다. 이 그림문자가 사용되면서 그 미흡함을 보완하기 위하여 단단한 갈대줄기나 철필로 점토판에 글자를 새기기 시작했는데, 그 모양이 쐐기와 같다고 하여 설형문자라고 하였다.

에 따른 소론의 법(B.C. 594년), 기원전 7세기경의 그리스의 海法, 그리스의 海法을 繼受하여 기원전 3~4세기경에 지중해무역을 중시한 로호드(Rhodos)의 海法 등을 통하여 상거래를 규율하게 되었다.

2. 중세 및 근세

中世封建時代에는 9세기경 십자군원정으로 지중해연안에 마르세유, 피사, 제노바, 밀라노 및 베네치아 등의 자유상업도시가 발전하자 도시상인들이 동업자조합인 길드(Guild)를 조직하여 도시의 자치권과 재판권을 장악하여 상거래를 촉진할 수 있는 상사자치법을 마련할 수 있게 되었다.

근세사회는 봉건제도가 무너지고 정치적으로는 전제군주로 상징되는 중앙집권국가가 성립하고 경제적으로는 중상주의의 국가경제가 등장하게 되었다. 상인단체의 재판소는 국가재판소로 흡수되었다. 상법은 점차 계급적인 성격을 탈피하여 상행위법으로 일반화되었다. 그리하여 몽뻬류유(1463년), 추우루우즈(1549년) 및 파리(1563년) 등의 여러 도시에서 상사법원이 설치되었다. 이후에는 근대국가의 성문상법이 제정되었는데, 그 효시는 프랑스 루이 14세(Louis XIV)시대에 제정된 1673년의 商事條例(Ordonnance ducommerce)와 1681년의 海事條例(Ordonnance de la marine)라고 할 수 있다. 전자는 파리의 상인 샤바리(Jacques Savary)의 공헌하에 편찬되었기 때문에 샤바리법전(Code Savary)이라고 불리운다. 후자는 유명한 정치가이자 재정가인 콜베르(Colbert)의 영향력하에서 제정되었는데, 편찬자는 분명하지 아니하다.

3. 근대 이후

근대상법으로서 상사체계를 갖춘 최초의 입법은 나폴레옹 1세(Napoléon I)인 1807년에 제정된 프랑스상법전(Code de commerce)이다. 이후의 대표적인 상법전으로는 1794년에 프로이센보통국법(Allgemeines Landrecht)을 들 수 있고, 독일이 통일을 이루자 1847년에 제정된 보통독일어음조례(Allgemeine Deutsche Wechselordnung) 및 1861년에 제정된 보통독일상법전(das Allgemeine Deutsche Handelsgesetzbuch, ADHGB)은 프랑스상법전을 모델로 하였으나, 그 내용이 사법적 규정에 한정되어 있다는 점에서 순수한 商私法의 先驅로 평가받고 있다. 이후 1871년 독일제국이 성립으로 독일상법전은 帝國法으로 바뀌어 1897년에 대개정을 통하여 독일제국상법전(das

Handelsgesetzbuch für das Deutsche Reich, HGB)이 성립되어 1900년 1월 1일부터 시행되었는데, 이를 흔히 독일신상법이라고 한다. 이 독일통일상법은 이후 주식회사에 관한 규정을 분리하여 1937년 주식법(Aktiengesetz 1937)을 별도로 제정하였고, 1965년에는 현행 주식법으로 변모하였다(Aktiengesetz 1965). 이러한 가운데 독일에서는 1892년에 유한회사법(GmbHG 1892)이 제정되기도 하였다.

일본에서는 에도(江戸)시대(1603~1868년)부터 각종 상관습이 발달하였는데, 성문법전의 효시는 1868년 메이지유신 이후인 독일법을 참조하고 1884년 원로원을 통과한 舊상법이다. 이후 이 법률은 수차례의 개정을 거쳤고, 최근 2005년에는 회사법이 분리·제정되는 큰 변화를 겪었다. 일본민법은 그 초안자가 프랑스인 구스타브 브와소나드(Gustave E. Boissonade)이었던 만큼, 프랑스법을 참조하여 제정된 데 비하여 상법은 독일인인 헤르만 뢰슬러(Hermann Rösler)가 기초한 만큼 독일법을 참조하였는데, 그 뜻이 흥미롭다.

한편 영미법은 전통적으로 불문법국가로서 관습법 내지 판례법으로서의 보통법(common law)과 형평법(equity)이 적용되어 왔다. 그러나 19세기에 접어들어 상사법 분야에서는 1844년 지분회사법(Joint Stock Companies Act 1844)을 비롯하여 1862년 회사법(Companies Act 1862) 및 1882년 어음법(Bills of Exchange Act 1882), 1906년 해상보험법(Marine Insurance 1906) 등 성문법이 제정되었다가 통합되는 과정을 거쳤다. 최근의 가장 큰 변화는 2006년 회사법(Company Act 2006)의 제정이라고 할 수 있다. 미국은 영국법의 영향을 받은 바가 많고 주별로 상사법이 제정되어 있다. 다만 1952년에는 그간의 통일법안을 집대성하여 통일상법전(Uniform Commercial Code, UCC)을 제정하였는데, 지금은 많은 州가 이법을 채택하여 사실상 연방통일법의 기능을 수행하고 있다. 그리고 통일상법전과는 별도로 회사에 대하여는 미국 변호사협회가 기초한 모범사업회사법(Model Business Corporation Act, MBCA)을 두고 있다.

Ⅱ 상법의 연혁

1. 입법과정

우리나라의 상법연혁을 보면, 단군시대에 이미 교환경제가 이루어지고 금속화폐가 사용되었으며, 신라시대에는 市典이라는 시장의 감독기관까지 두었다.

조선시대에는 보부상과 같은 상인계급이 형성되고, 客主라는 보조상은 위탁매매·중개·주선·금융·어음 및 부기와 같이 오늘날과 같은 거래관리수단을 갖고 있었다.

1894년 갑오경장 이후에는 입법사업이 활발하게 이루어져 1908년 동양척식주식회사법(東洋拓植株式會社法), 1907년 約束手形條例 등이 제정되었으나, 1910년 韓日合邦으로 우리의 입법권은 일본에게 귀속되었다.

해방 후 우리 정부는 법전편찬위원회를 설치하였고, 이 위원회는 1960년 11월 29일 상법전의 정부안을 확정하였다. 이 법안은 군사정권하에서 국회기능을 대신하던 국가재건최고회의에서 1962년 1월 19일 어음법·수표법과 함께 통과되어 1963년 1월 1일부터 시행되었다. 이후 상법은 수차례의 개정을 거쳐 오늘에 이르고 있다.

2. 연도별 주요 개정사항

(1) 1984년 개정

1984년의 주요 개정사항으로는 ① 주식회사의 최저자본제의 도입(제329조 제1항), ② 감사에게 업무감사권(제412조) 부여, ③ 주식배당제도의 도입(제462조의 2), ④ 주식양도방법의 개정(株券의 交付만으로 가능), ⑤ 자회사의 모회사주식취득 금지(제342조의 2), ⑥ 상호주소유에 대한 의결권 제한(제369조 제3항) 등을 들 수 있다.

(2) 1995년 개정

1995년의 주요 개정사항으로는 상행위편에서는 ①「물융」이라는 기계, 시설, 그 밖의 재산의 금융리스에 관한 행위(제46조 제19호), ② 상호·상표 등의 사용허락에 의한 영업에 관한 행위(가맹업·프랜차이즈업, 동조 제20호), ③ 영업상 채권의 매입·회수 등에 관한 행위(채권매입업·팩터링, 동조 제21호) 등에 관한 규정이 도입되었다. 이에 비하여 회사편에서는 ① 각종 문서의 서명제도 도입,[3] ② 주식회사 설립절차의 간소화(제299조의 2, 제310조 제2항), ③ 정관에 의한 주식의 양도제한 허용(제335조 제1항 단서), ④ 타회사주식취득의 통지(제342조의 3), ⑤ 우선주에 대한 배당률의

---

3) 제179조, 제289조, 제302조, 제349조, 제373조, 제413조의 2, 제474조, 제478조, 제515조, 제516조의 5, 제543조, 제589조.

확정(제344조 제2항), ⑥ 전환주식 등 신주의 배당기준일 조정,[4] ⑦ 불소지신고된 주권의 임치허용(제358조의 2 제3항), ⑧ 주주총회결의 요건의 완화(제368조 제1항, 제434조), ⑨ 반대주주의 주식매수청구권제도의 신설(제374조의 2, 제530조), ⑩ 결의취소·무효사유의 변경(제376조 제1항), ⑪ 결의취소 등 판결의 소급효 인정(제376조 제2항, 제380조·제190조 본문), ⑫ 경업의 승인기관 변경(제397조 제1항), ⑬ 감사의 지위·권한 강화,[5] ⑭ 설립 후 수권자본의 제한 철폐(개정 전 제437조 삭제), ⑮ 수종의 주식배당 허용(제462조의 2 제2항) 등을 들 수 있다.

(3) 1998년 개정

1998년의 주요 개정사항으로는 ① 채권자의 이의기간 단축(제232조 제1항), ② 주식의 최저액면가 인하(제329조 제4항), ③ 주식분할제도의 신설(제329조의 2), ④ 주주제안제도의 신설(제363조의 2), ⑤ 소수주주권 행사요건의 완화(제366조 등), ⑥ 집중투표제도의 도입(제382조의 2), ⑦ 이사의 충실의무규정 신설(제382조의 3), ⑧ 이사의 수 자율화(제383조 제1항 단서), ⑨ 업무집행지시자의 책임제도 도입(제401조의 2), ⑩ 신주발행시의 현물출자 검사제도 변경(제422조 제1항 후단), ⑪ 중간배당제도의 신설(제462조의 3), ⑫ 소규모합병절차(제527조의 3), ⑬ 신설합병시 공고로써 주주총회에 대한 보고 갈음(제527조 제4항), ⑭ 회사분할제도의 신설(제530조의 2 내지 제530조의 11), ⑮ 간이합병제도의 도입(제527조의 2) 등을 들 수 있다.

(4) 1999년 개정

1999년의 주요 개정사항으로는 ① 주식매수선택권제도의 도입(제340조의 2 내지 제340조의 5), ② 자기주식취득제한의 완화(제341조의 2), ③ 총회의장의 지위 명문화(제366조의 2 제2항·제3항), ④ 총회의 서면 투표제도 도입(제368조의 3), ⑤ 이사회의 畵像會議 허용(제391조 제2항), ⑥ 이사회 의사록의 공시제한(제391조의 3 제4항), ⑦ 감사위원회 등 위원회제도 신설(제393조의 2, 제415조의 2), ⑧ 소규모분할합병의 신설(제530조의 11 제2항), ⑨ 유한회사규정의 개정(제565조, 제572조, 제581조 내지 제583조) 등을 들 수 있다.

---

4) 제423조 제1항 후단, 제461조 제6항, 제462조의 2 제4항, 제516조 제2항, 제516조의 9.

5) 제410조, 제409조의 2, 제412조의 2, 제412조의 4, 제411조.

(5) 2001년 7월 개정

2001년 7월의 주요 개정사항으로는 ① 1인회사 설립의 허용(제288조, 제543조 제1항, 제609조 제1항 제1호), ② 모자회사의 요건 개정(제342조의 2 제1항), ③ 이익소각의 요건 완화(제343조의 2), ④ 주식의 포괄적 교환과 포괄적 이전의 신설(제360조의 2 내지 제360조의 23), ⑤ 전자문서에 의한 주주총회 소집허용(제363조 제1항), ⑥ 회사의 영업에 중대한 영향을 미치는 다른 회사의 영업 일부의 양수에 특별결의 강제(제374조 제1항 제4호), ⑦ 주식매수청구에 의한 매수주식의 가격산정방법의 개선(제374조의 2 제4항), ⑧ 이사의 비밀유지신설(제382조의 4), ⑨ 개별 이사의 이사회 소집권 명문화(제390조 제2항), ⑩ 이사회 권한의 구체화(제393조 제1항), ⑪ 이사의 정보접근권 명문화(제393조 제3항·제4항), ⑫ 대표소송비용의 명문화(제405조 제1항), ⑬ 주주의 신주인수권의 강화,[6] ⑭ 순자산의 용어정리[7] 등을 들 수 있다.

(6) 2001년 말 개정

2001년 말의 주요 개정사항으로는 합명회사와 합자회사의 업무집행사원에 대하여 업무집행정지가처분 및 업무집행대행자제도 도입(제183조 2, 제200조의 2) 등을 들 수 있다.

(7) 2007년 8월 개정

2007년 8월에는 제5편 해상편을 전면개정하였다.

(8) 2009년 1월 개정

2009년 1월의 주요 개정사항으로는 ① 사외이사를 회사법상의 개념으로 수용하고 관련 선임절차를 규정(제382조·제542조의 8), ② 소수주주권에 관한 구증권거래법상의 특례를 상법으로 수용(제542조의 6·제542조의 7), ③ 주요주주와의 거래에 관한 특례를 상법으로 수용(제542조의 9), ④ 상근감사 및 감사위원회 관련 특례를 상법으로 수용(제542조의 10·제542조의 11)한 것 등을 들 수 있다.

(9) 2009년 5월 개정

2009년 5월의 주요 개정사항으로는 ① 회사가 하는 공고(제289조 제3항), ② 주주명부의 작성(제352조의 2), ③ 소수주주에 의한 주주총회의 소집청구(제366조의 2 제

6) 제418조 제2항, 제513조 제3항 후단, 제516조의 2 후단.

7) 제462조 제1항, 제462조의 3 제2항·제3항·제4항.

1항), ④ 전자적 방법에 의한 의결권행사의 허용(제368조의 4), ⑤ 소수주주에 의한 집중투표의 청구(제368조의 2), ⑥ 최저자본제의 폐지(제329조 제1항), ⑦ 소규모회사(자본금 10억원 미만의 회사)의 설립절차를 간소화(제292조 단서, 제318조 제3항), ⑧ 소규모회사의 기관운영방법을 간소화한 것[8] 등을 들 수 있다.

(10) 2010년 개정

2010년 5월 개정에서는 상법총칙과 상행위편이 대폭 개정되었다. 상법총칙·상행위편의 주요개정사항으로는 ① 표현지배인(제14조), ② 상업등기통칙(제34조), ③ 기본적 상행위 중 신용카드, 전자화폐 등을 이용한 지급결제 업무의 인수행위(제46조 제22호), ④ 대리권의 존속(제50조), ⑤ 법정이자청구권(제55조), ⑥ 지점거래의 채무이행장소(제56조), ⑦ 위탁매매인의 개입권(제107조), ⑧ 화물상환증 기재의 효력(제131조), ⑨ 운송인의 손해배상책임(제135조), ⑩ 공중접객업에 관한 모든 규정(제151조 내지 제154조)이 개정되었다. 그리고 ⑪ 금융리스업에 관한 규정(제168조의 2 내지 제168조의 5), ⑫ 가맹업에 관한 규정(제168조의 6 내지 제168조의 10) 및 ⑬ 채권매입업에 관한 규정(제168조의 11 내지 제168조의 12)은 신설되었다. 이 밖에도 일부 규정은 삭제되었다.

이에 비하여 회사편에서는 6월에 사용인의 우선변제권이 개정되었다(제468조).

(11) 2011년 4월 개정

2011년 4월의 주요 개정사항으로는 ① 합자조합(LP), 유한책임회사 등 새로운 기업형태의 도입(제86조의 2 · 제287조의 2 이하), ② 주식종류의 다양화(제344조 이하), ③ 무액면주식의 도입(제329조 제1항), ④ 현물출자시 검사인의 조사보고절차 축소(제299조 제2항), ⑤ 주금납입시 상계금지 폐지(제334조 삭제), ⑥ 자기주식취득의 원칙적 허용(제341조 · 제341조의 2), ⑦ 준비금제도의 유연화(제458조 · 제459조), ⑧ 이익배당 결정절차 완화(제462조 제2항 단서), ⑨ 현물배당(제462조의 4), ⑩ 사채종류의 다양화 및 사채발행총액제한 폐지(제470조), ⑪ 사채발행절차의 완화(제469조 제4항), ⑫ 이사의 회사에 대한 책임감면제도의 도입(제400조 제2항), ⑬ 이사의 자기거래범위 확대(제398조), ⑭ 이사의 회사기회유용금지 제도의 도입(제397조의 1), ⑮ 집행임원제도의

---

8) 제363조 제3항(총회소집기간 10일로 단축), 제383조 제1항 단서(이사정원 1인 또는 2인 이상), 제409조 제4항(감사선임 면제 가능).

도입(제408조의 2), ⑯ 준법지원인제도의 도입(제542조의 13) 등이 있다.

(12) 2014년 5월: 무기명주식제도 폐지

(13) 2015년 12월 개정 후 2016년 3월 시행

이에 관한 주요 개정사항으로는 ① 주식의 포괄적 교환에 의한 완전모회사의 설립내용 변경(제360조의 2 제2항 후단), ② 주식교환계약서의 내용변경(제360조의 3 제1항 제8호), ③ 모회사주식을 이용한 삼각조직재편의 허용,[9] ④ 주식교환계약서 등의 공시(제360조의 4 제1항), ⑤ 완전모회사의 자본금 증가의 한도액 제한(제360조의 7 제1항), ⑥ 소규모주식교환의 개정(제360조의 10 제1항·제2항), ⑦ 주식교환무효의 소의 판결 확정으로 인한 주식이전(제360조의 14), ⑧ 주주총회에 의한 주식이전의 승인(제360조의 16), ⑨ 설립하는 완전모회사의 자본금의 제한(제360조의 18), ⑩ 주식매수청구권의 행사에 따른 의결권 없는 주주에 대한 주주총회소집통지(제363조 제7항), ⑪ 반대주주의 주식매수청구권행사시 의결권이 없거나 제한되는 주주를 포함하고(제374조의 2 제1항) 매수기간에 관한 표현 수정(동조 제2항), ⑫ 주식매수청구기간일자의 명확화(동조 제4항), ⑬ 간이영업양도, 양수, 임대 등의 신설(제374조의 3), ⑭ 합병계약서공시 문구 수정(6월→6개월)(제522조의 2 제1항), ⑮ 합병반대주주의 주식매수청구권에 의결권이 없거나 제한되는 주주 포함(제522조의 3 제1항), ⑯ 흡수합병시 합병계약서의 내용변경(제523조 제2호·제3호), ⑰ 신설합병시 합병계약서의 내용수정(제524조 제4호·제5호), ⑱ 소규모합병시의 요건변경(제527조의 3 제1항), ⑲ 분할에 의한 회사의 설립시 검사인의 조사 보고의 비적용(제530조의 4), ⑳ 분할계획서의 기재사항의 변경(제530조의 5 제1항), ㉑ 분할합병계약서의 기재사항 및 분할합병대가가 모회사주식인 경우의 특칙의 변경(제530조의 6 제1항·제2항), ㉒ 분할 및 분할합병에 관한 계산규정 삭제(제530조의 8), ㉓ 분할 및 분할합병 후의 회사책임규정의 수정(제530조의 9), ㉔ 분할 또는 분할합병의 효과규정의 수정(제530조의 10) 등이 있다.

(14) 2016년 3월 개정

이에 관한 주요 개정사항으로는 ① 유가증권 준용규정(제65조 제2항), ② 주식의 전자등록(제356조의 2 제1항 및 제4항) 등이 있다.

---

9) 정삼각합병(제523조의 2), 역삼각합병(제523조의 2), 삼각주식교환(제360조의 3 제6항·제7항).

(15) 2020년 6월 개정

이 개정에서는 상호의 가등기 적용대상을 유한책임회사로 확대하였다(제22조의 2).

(16) 2020년 12월 개정

이에 관한 주요 개정사항으로는 ① 전환주식의 전환시 이익배당규정(제350조 제3항) 삭제, ② 신주발행, 준비금의 자본전입, 주식배당, 전환사채의 전환, 신주인수권부사채권자의 신주인수권의 행사로 인한 신주에 대한 배당 및 중간배당시 제350조 제3항 준용규정삭제(제423조 제1항·제461조 제6항·제462조의 2 제4항·제516조 제2항·제516조의 10·제462조의 3 제5항 등), ③ 다중대표소송의 도입(제406조의 2), ④ 소수주주권 행사시 일반규정과 특례규정의 조화(제542조의 6 제10항), ⑤ 전자적 방법으로 의결권행사시 감사·감사위원의 선임방식 신설(제409조 제3항·제542조의 12 제8항), ⑥ 감사위원의 분리선출제도 도입(제542조의 12 제2항 단서), ⑦ 대규모상장회사의 감사위원의 해임 및 지위상실에 관한 특별규정 신설(제542조의 12 제3항) 등이 있다. ⑧ 상장회사의 감사·대규모상장회사 감사위원의 선임·해임시의 의결권행사 제한규정 강화(제542조의 12 제4항·제7항) 등이 있다.

(17) 2024년 9월 개정

이에 관한 주요개정 사항으로는 ① 국내 지점소재지 등기제도폐지 및 본점소재지 등기로 통합(제34조, 제35조, 제38조, 제181조, 제182조, 제183조, 제183조의 2, 제192조, 제205조 제2항, 제228조, 제229조 제3항, 제233조, 제238조, 제243조, 제247조 제5항, 제253조 제1항, 제264조, 제271조, 제286조 제3항, 제287조의 5 제4항, 제287조의 39, 제317조 제3항, 제360조의 20, 제378조, 제407조 제3항, 제528조 제1항, 제549조 재3항, 제602조, 제606조), ② 외국회사의 국내 영업소 설치시 등기사항 등의 개선(제614조 제2항·제3항, 제614조의 2, 제615조) 등이 있다.

Ⅲ 형식적 의의의 상법

형식적 의의의 상법은 1962년 1월 20일 법률 제1000호로 공포되어 1963년 1월 1일부터 시행되어 오고 있는 상법이라는 이름의 제정법을 뜻한다. 상법의 제1편은 총칙인데 제1조(상사적용법규) 내지 제45조(영업양도인의 책임의 존속기간), 제2편은 상행위인데 제46조(기본적 상행위) 내지 제168조의 12(채권매입업자의 상환청구), 제3편은 회사인데 제169조(회사의 의의) 내지 제637조의 2(과태료의 부과·징수), 제4편은 보험인데 제638조(보험계약의 의의) 내지 제739조의 3(질병보험에 대한 준용규정), 제5편은 해상인데 제740조(선박의 의의) 내지 제895조(구조료청구권의 소멸), 제6편은 항공운송인데 제896조(항공기의 의의) 내지 제935조(책임제한의 절차)로 구성되어 있다. 그 밖에 부칙이 있다.

상법은 상인과 상행위를 중심개념으로 하여 구성되어 있으므로 총칙에서는 주로 상인과 그와 관련된 인적 조직 및 물적 설비를, 상행위에서는 상행위와 이를 목적으로 하는 영업형태를, 회사에서는 상인의 일종인 회사의 조직과 운영을, 보험에서는 보험계약사항을, 제5편 해상에서는 선박 등 해상운송기업에 관한 사항을, 제6편 항공운송에서는 항공운송의 유형 및 그에 따른 책임을 성문화하고 있다.

Ⅳ 실질적 의의의 상법

1. 필요성

형식적 의의의 상법만으로는 상법학의 연구대상과 그 自主性을 설명할 수 없다. 이러한 문제점은 상법전이 없는 나라에서 두드러진다. 그리하여 상법을 상법학이라는 학문의 대상으로서 이론적·체계적으로 분석하기 위하여는 통일된 명칭을 사용 여부와 관계없이 실질적 의의의 상법의 개념과 범위를 규명하여야 한다. 이를 위하여는 '商'의 개념과 상법의 대상을 밝혀야 한다.

2. 상의 개념과 범위

고유한 의미의 商(commerce; Handel)은 본래 경제학 분야의 용어로서 공급자와 수요자간에 財貨의 이전을 媒介하는 행위를 말한다. 그러나 경제가 발달함에 따라 고유한 의미의 상과 직접 또는 간접적으로 연관성을 갖고, 이를 보조하는 영업(예 물건운송업, 중개업, 대리상, 위탁매매업, 창고업, 운송주선업 및 은행업 등)도 상의 범위에 포섭되어 상법의 규율대상이 되고 있다. 나아가 고유한 의미의 商과 관련이 없는 영업(예 시합·행사·공연·연극 등 흥행업)도 상법의 규율을 받기에 이르렀다. 이와 같이 상법의 규율범위가 확대됨에 따라 서로 다른 생활관계를 하나로 묶어 상법의 규율대상으로 삼을 수 있는 중심개념에 대하여 학설의 대립이 있다.

3. 상법의 대상론

(1) 의의

상법의 대상론으로서는 일반 상법의 규율대상인 생활관계의 내용파악에 중심을 두는 견해와 그 생활관계의 성격에 초점을 맞추는 견해가 있다.

(2) 내용적 파악설

1) 발생사적 관련설

이 학설은 역사적으로 보아 경제적 의미의 商인 재화 이전의 매개와 관련성이 있거나 또는 이로부터 분화된 형태로 발전한 영업활동의 총체를 상법의 대상으로 본다(대표적인 학자: Lastig). 그러나 이 설은 경제적 의미의 商과 분화된 다른 영업활동과의 동질성을 설명할 수 없기 때문에 생활관계의 공통적 실체를 파악하기 어렵다.

2) 매개행위설

매개행위를 생활관계의 공통적 특질로 보고 매개행위를 수행하는 모든 영업활동을 상법의 대상으로 본다(대표적인 학자: Goldschmidt). 그러나 이 설은 공연·연극·출판·인쇄 등 매개행위와 무관한 영업활동을 상법의 대상론으로 삼는 이유를 설명하기 어렵다.

3) 기업법설

이 견해는 기업을 상법의 대상으로 본다. 즉, 계획적인 의도를 가지고 계속적으로 영리행위를 실현하는 독립된 경제적 단위인 기업이라는 개념을 상법의 규율대상으로 삼는다(대표적인 학자: Wieland). 상법의 적용대상을 내용 면에서 통일적으로 파악하는 장점이 있다. 우리나라의 통설이다.

4) 상인법설

이 학설은 기업법설의 비판론적 입장에서 출발한다. 즉, 상법의 제규정이 상인의 법률관계에 대한 규율을 중심으로 구성되어 있음에 착안하여 상법을 상인에 관한 법으로 이해한다. 이 학설은 상인개념은 先驗的으로 정의될 수 있는 것이 아니고, 영업이라는 개념을 그 징표로 삼고 있으므로 상인을 대상론의 시점으로 삼는다고 하여 상법의 대상을 完結的으로 파악할 수 있다고 볼 수 없는 문제점이 있다.

(3) 성격적 파악설

1) 집단거래설

이 학설은 생활관계의 성격을 거래의 집단성으로 파악하여 집단거래에 관한 법이 상법이라고 한다(대표적인 학자: Heck). 그러나 집단거래는 다른 법이 적용되는 생활관계에서도 찾아볼 수 있으므로 상법특유의 것은 아니다.

2) 상적 색채설

이 학설은 전문화된 영리활동의 특성으로서 집단성 및 개성상실을 들고 이를 상적 색채라고 정의하고, 상적 색채를 상법적인 법률사실에 공통된 성격으로 파악한다. 그리고 상적 색채를 전문화된 영리생활인 투기매매로부터 연역되는 특성을 가진 것으로 본다.

(4) 사견

우리나라의 통설은 기업법설을 지지한다.

V 상법의 정의

1. 기업에 관한 법

기업법설에 따르면 상법은 '기업에 관한 특별사법'이라고 할 수 있다. 기업이란 자본적 계산방법을 사용하여 경영되고, 계속적으로 영리행위를 수행하는 법률상 독립적인 경제 단위를 말한다. 상법은 이러한 기업에 관한 법률관계, 즉 기업의 성립·소멸, 지배·재무·결산 등을 포함하는 기업의 관리, 그리고 기업의 대외거래 등의 기업 관련 법률관계를 규율하는 법이다.

2. 사 법

법체계를 공법과 사법으로 구분할 때 상법은 사법이다. 다만, 상법전은 사법적 규율을 확보하기 위하여 소송·벌칙 등 공법적 규정도 다수 명시하고 있다.

3. 특별사법

특별법은 일반법에 우선하는데, 상법은 민법과 달리 개인의 보통의 생활관계를 규율하는 일반사법이 아니라 기업을 중심으로 하는 생활관계를 규율하는 특별사법이다. 그리하여 회사·상호·상업장부 등과 같은 특별한 제도를 가지고 있으며, 상사유치권·상사시효 등 민법의 규정을 수정하여 적용하는 규정도 있다.

02장 상법의 지위

Ⅰ 서

상법에 대하여는 상인과 상행위를 양대 축으로 하여 이해를 하더라도 무리가 없으나, 인접한 법 분야와의 관계를 고려하면, 그 지위를 더욱 뚜렷이 알 수 있다.

Ⅱ 민법의 상화

1. 의 의

민법의 商化란 상법에서 형성된 법리나 규정이 민법으로 수용되는 현상을 뜻한다. 민법의 상화는 1894년 야콥 리이써(Jakob Riesser)가 처음 제기하였다. 현행법상 대표적인 예로는 증권적 채권의 양도의 경우 舊민법에서는 의사표시만을 요구하였고, 背書와 交付는 대항요건으로 하였으나(舊민법 제469조, 제86조 제3항), 현행 민법은 배서·교부를 증권적 채권의 양도방법으로 하고 있는데(민법 제510조·제508조), 이는 어음·수표의 양도방식(어음법 제11조 제1항, 수표법 제14조 제1항)을 수용한 결과이다. 그리고 舊민법에서는 채무이행의 장소로서 채권자의 주소만을 규정하였으나, 현행 민법은 영업상의 채무이행장소를 채권자의 영업장소로 하고 있는데(제467조 제2항), 이는 상법규정을 수용한 결과이다(舊상법 제516조 제1항).

2. 민법의 상화형상의 원인

라드부르흐(Radbruch)는 '근대법이 대상으로 하는 정형적 인간은 상인이며, 상인은 자기의 이익추구에 노력할 뿐만 아니라 그 목적 실현에 매우 현명한 개인이다.'라고 표현하고 있다.[10] 그만큼 상인의 행동양식은 일반인의 그것에 비하여 훨씬 효율적이고 경제적이다. 그리하여 현대인은 무의식 중에 상인의 행동양식을 모방하게 되어 기업생활의 특유한 제도가 일반인의 보통생활의 규범으로도 적합

10) 이철송(2022), 12면.

하게 되는데, 여기에서 민법의 상화현상이 나타나게 된다.

3. 민법의 상화의 한계(상법의 자주성)

민법의 상화가 아무리 진전된다고 하더라도 한계가 있다. 우선 민법 중 가족법은 그 성질상 상화될 여지가 없고, 재산법 분야인 경우에도 민법상의 거래는 원칙적으로 비영리를 대상으로 삼지만, 상법은 영리행위를 대상으로 삼는다. 그리고 민법상의 거래는 개별적·비조직적·일회적·수량적인 데 비하여 상법상의 거래는 집단적·조직적·반복적·대량적 거래를 특징으로 때문에 민법의 상화에 한계가 있다.

한편 상거래는 인류의 발달사와 함께 지속적으로 확대·발전하여 왔고, 그에 따른 규범자원이 끝없이 새롭게 생성되어 법적 수요를 창출하여 왔다. 그리하여 상법은 '얽히고설킨 거래의 길목에 있어서의 민법의 안내자·선구자'이고, '하류에서는 녹아 가는 만년설이 침전물과 섞이지만 상류에서는 항상 새로운 만년설을 형성하는 빙하와 같은 존재'로 설명된다.[11]

Ⅲ 상법과 노동법

대부분의 상인은 기업 활동에 필요한 보조자를 두는데, 이러한 보조자는 대내적으로는 상인과 고용관계를 맺고, 대외적으로는 상인을 대리하여 제3자와 거래를 한다. 이 가운데 후자의 대리관계는 상인의 대외적 거래활동의 한 방법이므로 상법의 규율을 받고, 전자의 고용관계는 원래는 민법의 고용제도 이외에 사회복지 정책적 관점에서 노동법의 규율도 아울러 받는다. 이같이 상법과 노동법은 그 규율의 영역을 달리하는 法域이 아니다. 그러한 현상은 20세기에 들어 두드러져 상법의 법리에 수정을 가하는 노동법이 발전하고 있다. 예를 들면, 1917년의 프랑스 노동자참가주식회사법(La société anonyme à participation ouvriàre)에서 인정하는 勞動株制度[12]와 독일이 1951년과 1976년의 독일의 共同決定法이 채택한 공동결정제도, 미국의 종업원지주제도(employee stock ownership) 및 우리나라의 우리사주조

---

11) 정찬형(2025), 16면; 服部榮三(1983), 47面.

12) 종업원의 근로를 출자로 보아 주식을 배정하는 제도이다.

합제도 등이 그에 해당한다. 이러한 제도는 상법상 주식회사의 자본구성과 경영조직에 영향을 주기도 한다.

Ⅳ 상법과 경제법

경제법(Wirtschaftsrecht)이라는 용어는 1918년 카안(Kahn)에 의하여 처음 사용되었는데, 이 법 분야는 19세기 후반 이래 자본주의의 고도화에 따른 문제점을 국가가 공법적으로 시정하기 위하여 발달한 법 분야이다. 우리나라의 경우에는 대표적으로 '독점규제 및 공정거래에 관한 법률'이 그에 해당한다.

Ⅴ 어음·수표법

어음법은 환어음과 약속어음이라는 유가증권의 발행과 유통에 필요한 사항을 규율하는 법률이다. 수표법은 수표라는 유가증권을 규율하는 법률이다. 그리고 「전자어음의 발행 및 유통에 관한 법률」은 전자적 형태의 약속어음의 발행과 유통에 필요한 사항을 규율하는 법률이다. 어음·수표는 상인이 아닌 자도 이용할 수 있으며, 어음·수표법은 어음이나 수표라는 유가증권에 표창된 상사중립적인 권리관계를 다루기 위한 것이므로 어음·수표관계에 원용할 만한 상법상의 법리를 찾기도 쉽지 않다.

그러나 어음과 수표의 발행은 주로 상거래를 원인관계로 하고, 상거래의 지급수단으로 활용되므로 이에 관한 법률행위를 상행위로 보는 입법례도 있고, 어음·수표에 관한 법규정을 상법전의 일부로 하는 입법례도 있다(미국의 통일상법전(Uniform Commercial Code, UCC). 우리나라도 상거래와 어음·수표간의 밀접성을 감안하여 어음·수표법도 상법학의 중요 분야로 다루어 왔다.

03장 상법의 이념

I 기업의 생성·유지·강화

1. 서

상법은 기업의 생활관계를 규율대상으로 하는 법이므로 기업의 생성·유지·강화를 제도적으로 지원하는 것이 그 존재이유이자 가장 중요한 이념이다.

2. 기업생성의 촉진

상법은 기업생성의 원활화를 위하여 상인자격에 특별한 제한을 두지 아니함으로써 누구든지 자유롭게 기업을 생성할 수 있도록 하고 있으며, 식품제조 또는 의류업 등과 같이 영업의 종류에 대한 자유로운 선택권도 보장하고 있다. 나아가 기업인들이 기업생성의 유형으로서 선호하는 주식회사의 경우에는 發起人制度(제288조)[13]와 주주의 유한책임제도(제331조)를 명시함으로써 회사설립을 촉진하고, 주식의 발행의 유형에 제한을 가하지 아니함으로써(제329조) 기업자본금의 구성 및 자본금의 조달을 용이하게 하고 있다. 이 밖에 익명조합(제78조 이하)과 합자조합(제86조의 2)의 경우에도 소규모기업의 자금조달을 용이하게 하여 기업생성을 촉진한다.

3. 기업의 유지(존속)

(1) 취지

기업유지의 이념이 중요한 것은 기업은 거래상대방, 출자자 및 소비자는 물론 채권자 등 다수의 경제주체와 밀접한 이해관계를 맺고 그 활동을 통하여 국가와 국민의 경제발전에 이바지하기 때문이다. 그리하여 상법은 기업유지이념을 지원하기 위한 여러 가지 장치를 두고 있다.

---

13) 발기인은 인수담보책임과 납입담보책임을 부담하므로 기업생성을 촉진할 수 있다.

(2) 관련 규정

영업양도제도는 특정 상인이 기업을 중단하더라도 그 동일성을 유지하며 영업을 존속할 수 있도록 한다(제41조). 그리고 기업의 법인성을 인정함으로써 경영자의 상인자격의 소멸과는 무관하게 항구적으로 기업이 존속할 수 있도록 하며(제169조), 회사가 해산되는 상황하에서도 회사를 계속할 수 있는 규정을 두고 있다(제229조). 그리고 상법은 회사의 합병(제174조), 주식회사의 분할제도(제530조의 2) 또는 회사의 조직변경제도(제242조, 제269조, 제287조의 43, 제287조의 44, 제604조, 제607조) 등 각종의 조직개편의 수단을 허용하여 기업 스스로가 경제적 여건의 변화에 유연하게 대응하여 생존할 수 있도록 하고 있다. 그리고 회사설립의 무효·취소의 소의 제소기간의 제한(제184조, 제269조, 제287조의 6, 제328조, 제552조) 또는 운송인이나 선박소유자의 책임을 제한하는 제도(제136조·제137조·제769조) 역시 기업유지이념에 부합하는 제도이다.

4. 기업의 강화(영리성의 보장)

기업의 경제적인 목적은 영리추구에 있다. 그러므로 영리성은 기업생성의 동기를 이루며 기업의 존속과 발전을 위한 물적 기초를 이룬다. 이 점에서 영리성은 상법의 궁극적인 목적이자 이념이라고 할 수 있다. 상법상 상사이율제도(제54조), 상인의 消費貸借와 替當金에 관한 이자청구권(제55조), 상인의 보수청구권(제61조) 및 이익배당제도(제462조) 등이 영리성을 보장하는 대표적인 예이다. 이 밖에 상호의 양도(제25조 제1항) 또는 영업의 양도(제41조 제1항) 등은 기업의 조직적 자산의 환가를 통한 영리실현을 보장하는 제도라고 할 수 있다.

Ⅱ 기업활동의 원활보장

기업의 상거래는 넓은 범위에 걸쳐 大量的·繼續的·反復的으로 행하여지는 특징이 있다. 상법은 이러한 점을 감안하여 그 거래가 편리하고 신속하게 행하여지고, 법률관계가 신속하고 명확하게 종결되는 데 필요한 규정을 두고 있다. 대표적으로는 流質契約의 허용(제59조), 매도인의 공탁·경매권(제67조 제1항), 확정기매매의 해제(제68조), 매수인의 검사·통지의무(제69조 제1항), 相互計算(제72조) 등 상행위편의 다수 규정이 이에 속한다.

Ⅲ 거래안전의 보호

1. 의 의

전술한 바와 같이 기업의 상거래는 대량적·계속적·반복적으로 이루어지므로 일반 민사거래에서보다 거래의 안전과 확실성이 더욱 강하게 요구된다. 이를 위한 대표적인 제도로는 다음과 같은 것이 있다.

2. 공시제도

(1) 취지

기업의 거래상대방은 기업의 재무상태, 조직, 업무담당자 또는 업무집행기관의 구성원 등을 조사하여 확인한 후에 거래를 하는 것이 원칙이다. 그러나 거래상대방이 이를 조사하는 데에는 시간과 비용이 소요되기 때문에 거래의 신속을 기대하기 어렵고, 내용을 오인하여 분쟁을 야기할 수도 있다. 그리하여 상법은 거래당사자간에 평등한 기회를 보장하고, 거래상대방으로 하여금 거래에 관한 자신의 권리보호책을 강구할 수 있도록 하며, 상거래의 공정한 질서를 유지하기 위한 수단으로서 공시제도를 도입하고 있다.

(2) 관련 규정

상법은 상업등기제도(제34조)를 두고 있다. 여기에는 미성년자·법정대리인의 영업(제6조·제8조 제1항), 지배인의 선임·해임(제13조), 상호의 선정·변경·폐지(제22조·제25조·제27조), 상호의 가등기(제22조의 2), 각종 회사의 설립과 해산, 유한책임회사와 물적회사의 자본금의 증감(제287조의 5·제317조 제2항 등) 등에 관한 등기제도가 있다. 그리고 주식회사에서는 출자자들이 다수 존재하고, 주주의 유한책임으로 인하여 채권자의 보호가 절실하므로 공시가 더욱 강화된다. 그리하여 定款, 株主總會議事錄, 株主名簿, 社債原簿 및 財務諸表 등을 비치·공시하도록 하고 있다(제396조·제448조).

3. 외관주의

(1) 취 지

거래안전의 보호와 관련하여 중요한 내용 중의 하나가 외관주의이다. 이는 공시된 외관과 진실이 일치하지 아니할 때에 외관을 신뢰하고 거래한 자를 보호하는 입장을 말한다. 외관주의는 상거래가 주로 불특정다수인간에 행하여지고, 거래상대방에 관한 중요한 사실의 판단은 외부로 표현된 사실에 의존하게 되는 특징을 고려한 것이다.

(2) 관련 규정

상법은 외관주의 이념을 구현하기 위한 다수의 규정을 두고 있다. 총칙편에서는 지배인의 대리권제한의 효력(제11조 제3항), 表見支配人(제14조)의 행위에 대한 상인의 책임, 名義貸與者에게 명의차용자와 같은 책임[14]을 부여하는 제도(제24조), 고의 또는 과실에 의한 부실등기의 공신력(제39조), 상호를 속용하는 영업양수인의 책임 및 양도인의 채무자의 보호(제42조·제43조) 등의 규정을 두고 있다. 상행위편에서는 자기의 성명을 영업자의 상호 중에 사용할 것을 허락한 익명조합원의 책임(제81조), 화물상환증·선하증권의 문언증권성(제131조·제854조) 등의 규정이 있다.

회사편에서는 사실상의 회사제도(제190조 단서, 제269조, 제287조의 6, 제328조, 제552조), 합명회사 자칭사원 및 퇴사원의 책임(제215조, 제225조), 주식회사의 表見代表理事(제395조), 이사직무대행자의 행위에 대한 회사의 제3자에 대한 책임(제408조 제2항)의 행위에 대하여 책임 등의 규정이 있다.

4. 기업의 엄격책임주의(기업책임의 강화)

(1) 취지

기업은 일반적으로 거래고객에 비하여 거래수완이 뛰어나고, 거래객체인 상품은 기술적인 성격을 가지고 있다. 그리하여 상거래는 기업이 의도한 바에 따라 성사되는 것이 일반적이다. 이 때문에 상법은 기업 또는 기업관계자에게 일반원칙에 비하여 보다 엄격하고 강화된 책임을 묻고 있다.

(2) 관련 규정

상법은 기업 또는 기업관계자의 책임을 강화하기 위한 규정을 다수 두고 있다. 먼저, 다수의 상인이 상행위를 할 경우 상사채무의 이행을 확보하기 위하여 다수채무자의 連帶責任(제57조 제1항), 상사보증인의 연대책임규정(제57조 제2항) 등을

---

14) 부진정연대책임을 말한다.

두고 있다. 그리고 상인의 업종에 따라 특수하게 고객의 보호를 위하여 필요한 책임규정도 두고 있다. 대리상의 영업비밀준수의무(제92조의 3), 중개인의 結約書交付義務(제96조) 및 성명묵비의무(제98조), 위탁매매인의 이행담보책임규정(제105조) 등이 이에 해당한다. 그리고 운송주선인(제115조), 운송인(제135조), 여객운송인(제148조), 공중접객업자(제152조) 또는 해상운송인(제795조) 등의 손해배상책임규정은 특수업종에 종사하는 상인에게 입증책임을 전환시키는 방식으로, 순차운송인의 연대책임규정(제138조)은 그 책임을 강화하는 방식으로 책임을 엄격하게 묻고 있는 예이다.

나아가 상법은 기업 또는 이해관계인의 보호를 위하여 기업관계자의 책임을 강화한 규정도 두고 있다. 대표적인 예로는 발기인과 이사의 자본충실책임(제321조·제428조), 발기인과 이사의 회사 및 제3자에 대한 손해배상책임규정(제322조·제399조·제401조) 등이 있다.

04장 상법의 법원

I 상법 제1조와 법원

1. 의 의

상법의 법원이란 실질적 의의의 상법이 존재하는 법형식을 뜻한다. 제1조는 '상사에 관하여 본법의 규정이 없으면 상관습법에 의하고 상관습법이 없으면 민법에 의한다.'고 명시하고 있다. 이 규정은 상법의 법원으로 상법전, 상관습법 및 민법을 들고 있는데, 민법은 상관습법과의 관계에서 그 적용순서를 밝힌 것으로 읽힌다(통설).[15] 다만, 제1조를 해석함에 있어 본조의 적용범위인 '상사'의 의미와 민법이 상법의 법원이 되는지에 대하여 이론이 있다.

2. 상사의 의미

(1) 형식설

형식설은 제1조에서 말하는 商事를 형식적으로 이해한다. 그리하여 상사란 상법에서 규정하고 있는 사항 또는 특별법에 의하여 성문의 상법전을 적용하기로 되어 있는 사항을 의미한다고 본다. 이 학설은 상사의 적용한계가 명확하여야 한다는 점을 주요 논거로 든다. 그 결과 제1조는 성문법전에 규정되어 있는 사항에 한하여 상법전을 배타적으로 적용한다는 의미를 갖는다.

(2) 실질설

실질설은 상사란 기업생활과 관련된 모든 재산법적 법률관계로서 상법이 적용되어야 할 사항을 의미한다고 본다. 따라서 상법전에서 규정하고 있지 아니한 사항도 성질상 상사로 보이면 제1조의 적용대상이 된다.

---

15) 정찬형(2025), 36면; 이철송(2022), 30면; 이병태(1988), 44면; 손주찬·이균성·양승규·정동윤(1992), 98면; 정준우(2021), 12면; 김병연·박세화·권재열(2012), 16면.

(3) 양설의 차이점

상법에서 규정을 두고 있는 사항(예 지배인의 포괄적 대리권에 관한 제11조)에 대하여는 어느 학설을 취하든 법적용의 논리에 차이가 없다. 그러나 상법이 전혀 규정하고 있지 아니한 법률관계로서 그 성질을 상사관계로 보아야 할 경우에는 달리 취급되어야 한다. 그에 관한 논리를 전개하여 보면 아래와 같다.

(4) 사견

상법에서 전혀 규정하고 있지 아니한 법률관계로서 그 성질을 상사관계로 보아야 할 경우 예를 들면, 팩터링(Factoring) 영업은 일정한 상품의 공급자로부터 외상채권을 할인된 가액으로 인수하여 추후 원래의 가액대로 推尋함을 업으로 하는 것인데, 그 영리성이나 영업방법으로 보아 실질적 의미의 상사임은 명백하나 1995년 상법 개정 전에는 이에 관하여 규정한 바 없었다.

이 경우 실질설에 따르면 상법에 정한 바가 없으므로 적용 가능한 상관습을 찾아보아야 하고, 상관습이 없으면 사법의 일반법인 민법 중 적용 가능한 일반원칙을 찾아 적용하게 된다. 이에 비하여 형식설에 의하면 제1조를 적용할 수 없으므로 민법 중 적용 가능한 일반원칙을 적용하게 된다. 다만, 이에 관한 관습법이 형성되어 있다면 그것이 상관습법이라고 불리든 그렇지 않든 이 관습법을 우선 적용하여야 한다. 이러한 점에서 제1조의 '상사'를 실질설 또는 형식설 어느 입장을 취하더라도 실제적인 차이는 없다고 할 수 있다. 단지 제1조는 상법전에서 규정되어야 할 사항이 규정되지 아니한 경우, 즉 입법의 흠결로 인한 그 적용 법규를 찾아내기 위한 규정으로 보아야 하므로 실질설에 따라 이해하는 것이 합리적이다.

3. 민법의 법원성

(1) 문제의 제기

상법 제1조는 상사에 적용할 법의 하나로 민법을 명시하고 있다. 그리하여 이를 근거로 민법을 상법의 법원으로 볼 수 있는지 문제된다.

(2) 학설

긍정설은 상법에서 민법규정을 명문으로 준용하는 경우가 있고, 능력·기간·기한·시효·불법행위 등 상당수의 민법규정이 상사관계에 적용되므로 민법도 상법의 법원이라고 한다(소수설).[16] 부정설은 상법은 특별사법이므로 그 법원이 되기 위하여는 특별사법적 성격을 갖추어야 하는데, 민법은 이 같은 성격의 법규범이 아니기 때문에, 즉 민법은 상법과 법역을 달리하므로 상법의 법원이 될 수 없다고 본다(통설).

(3) 사견

예를 들면, 소수설이 주장하는 바와 같이 상사채권의 시효인 경우 그 기간은 상법적 규율(5년)을 요하지만, 시효의 기산점이나 시효의 완성의 효과 등은 일반 민사문제이므로 이 부분에 대하여는 민법이 적용된다. 그러나 그것은 민법이 상법의 법원이기 때문에 적용되는 것이 아니고 그 부분의 법률관계가 민사관계(사적관계)이기 때문이다(통설).

Ⅱ 법원의 종류

1. 상사제정법

(1) 서

상사거래는 다수인간에 대량적 반복적으로 이루어지므로 거래의 안전이 일반 민사거래의 경우보다 더욱 요구된다. 따라서 상법의 법원으로서는 성문법이 가장 중요하고, 실제로 전 세계적에서 대부분의 상사문제는 상사제정법에 의하여 해결되고 있다. 불문법국가인 영미법도 예외는 아니다. 그리고 상사거래는 발전속도가 빠르므로 이를 규율하는 상사제정법 역시 빈번히 개정·진화되고 있다. 상사제정법에는 대표적으로 상법과 상사특별법이 있다.

(2) 상법

상법은 1962년 1월 20일 법률 제1000호로 공포되었고, 이듬해 1963년 1월 1일부터 시행되고 있는 법률로서 상법의 법원의 근간이 된다. 이 법률은 전문 6개편 1,140개의 조문 및 부칙으로 구성되어 있다.

---

16) 임홍근(2001), 36면; 강위두·임재호(2009), 37면.

(3) 상사특별법령

1) 주요 법령

상사특별법은 상법전의 시행에 필요한 부속법령이다. 여기에는 상법시행법,[17] 상법시행령, 상업등기법,[18] 선박소유자 등의 책임제한절차에 관한 법률,[19] 외국인의 署名捺印에 관한 법률[20] 및 상법의 전자선하증권 규정의 시행에 관한 규정[21] 등이 있다. 그 밖에도 독립된 상사특별법령, 상법전에 대한 특별법적 규정을 시행하고 있는 법이 다수 있다. 그 가운데 어음법·수표법은 주로 상거래를 원인관계로 하여 그 지급수단으로 이용되는 어음·수표를 규율하는 법률로써 강학상 상법강의의 일부로서 다루어진다.

2) 기타 유형별 분류

그 밖의 특별법을 유형별로 분류하여 보면 다음과 같다

가) 자본시장과 금융투자업에 관한 법률(자본시장법), **공사채등록법** 주식이나 채권 등을 중심으로 하는 금융투자상품의 거래 및 그에 관련되는 제도를 다루는 법률

나) 주식회사 등의 외부감사에 관한 법률(이하 '외부감사법') 외부감사를 받는 회사의 회계처리와 외부감사인의 회계감사에 관하여 필요한 사항을 정하는 법률

다) 채무자회생 및 파산에 관한 법률 재정적 어려움으로 인하여 파탄에 직면해 있는 채무자에 대하여 채권자·주주·지분권자 등 이해관계인의 법률관계를 조정하여 채무자 또는 그 사업의 효율적인 회생을 도모하거나, 회생이 어려운 채무자의 재산을 공정하게 환가·배당하는 것을 목적으로 하는 법률

라) 상업등기법 회사설립 및 상업등기절차에 관한 법률

마) 독점규제 및 공정거래에 관한 법률, 부정경쟁방지 및 영업비밀보호에 관한 법률 등 기업의 독점규제 또는 국내에 널리 알려진 타인의 商標·商號 등의

---

17) 1962. 12. 12. 법률 제1213호.
18) 2007. 8. 3. 법률 제8582호.
19) 1991. 12. 31. 법률 제4471호.
20) 1958. 7. 12. 법률 제488호.
21) 2008. 6. 20. 대통령령 제20829호.

부정사용 등의 부정경쟁행위와 타인의 영업비밀을 침해하는 행위를 방지하여 건전한 거래질서를 유지하여 상거래의 공정성을 확보하기 위한 법률

바) **은행법, 기타 특수은행 및 비은행 금융기관에 관한 별도의 법률, 보험업법 등** 금융·보험에 관한 법률

사) **관광진흥법, 해운법, 여객자동차운수사업법, 한국수자원공사법, 한국철도공사법, 물류정책기본법 및 공중위생관리법 등** 관광사업 또는 수자원의 종합적인 개발·관리 등 특수업종의 사업에 관한 법률

(4) 상사조약과 상사국제법규

헌법에 의하여 批准·公布된 조약과 일반적으로 승인된 국제법규는 국내법과 동일한 효력을 가진다(헌법 제6조 제1항). 따라서 상사에 관한 국가간의 조약과 국제법규는 상법의 법원이 된다. 상사조약의 대표적인 예로는 1929년의 국제항공운송에 관한 바르샤바조약(Warsaw Convention)[22]을 들 수 있다. 다만, 체약국으로 하여금 일정한 내용의 법규를 제정하도록 의무를 지우는 데 불과한 조약(예 제네바어음법통일조약)은 상법의 법원성을 인정할 수 없다(통설).[23] 그러나 이 경우에도 이에 관한 국내법이 제정되면 법원성이 인정된다고 해석한다.

상사국제법규로는 共同海損에 관한 York－Antwerp Rules, 상업신용장에 관한 리스본규칙(Lisbon Rules), 국제상업회의소(International Chamber of Commerce, ICC)가 제정한 Incoterms(무역조건의 해석에 관한 국제규칙) 등이 있다.

2. 상관습법

(1) 의의

제1조는 상사에 관하여 적용하는 법규의 일종으로 商慣習法을 들고 있다. 상관습법이란 상거래 속에서 장기간 되풀이되어 온 결과 거래계의 다수인에 의하여 법적 확신을 얻거나 또는 인식을 갖게 된 불문법의 행위양식을 말한다.

---

22) 1967. 10. 11. 조약 제259호.

23) 안강현(2019), 22면; 정찬형(2025), 42면; 손주찬(2004), 36면; 최기원(2004), 32면.

(2) 상관습법과 사실인 관습법

1) 문제의 제기

상관습법과 유사한 개념으로 「사실인 상관습」이 있는데, 양자의 개념을 구별하여야 하는지에 대하여 견해가 나뉜다.

2) 학설

양자의 개념을 구별하는 區別說의 견해의 논지는 다음과 같다. 즉, ① 사실인 상관습은 상거래에서 관행적으로 지켜지기는 하나, 아직 법적 확신을 얻지 못한 것이므로 양자의 효력에 차이가 있다. ② 사실인 상관습은 법규범적 효력이 없고, 당사자의 의사표시를 해석하는 자료가 될 뿐이다. 따라서 ③ 법원이 상관습법에 반하는 판결을 하면 법률문제로서 상고이유가 되지만(민소법 제423조), 사실인 상관습에 반하는 판결을 하는 때에는 사실인정의 문제가 되는 데 불과하여 상고이유가 되지 아니한다고 본다(다수설).[24] 이에 비하여 非區別說은, 즉 상관습법과 사실인 관습법을 법적 확신의 유무라는 주관적 요소에 의하여 구별하는 것은 법적 안정성을 해칠 우려가 있다고 한다. 즉, 어떤 행위양식이 거래계의 법적 확신을 얻었는지를 판단하기 어렵기 때문에 상관습법과 사실인 상관습을 구별하기가 용이하지 않다는 것이다(소수설).[25]

3) 판례

판례는 이를 엄격히 구분한다. 그리하여 상관습법은 당사자의 주장여하에도 불구하고 법원이 이를 적용하여야 하지만, 사실적 상관습은 법률관계의 당사자가 그에 따를 의사로 한 경우에만 법률행위의 효력을 정할 수 있다고 한다.[26] 물론 강행법규에 어긋날 수는 없다

4) 사견

민법학의 통설이자 판례[27]인 보충적 효력설에 의하면 상관습법은 성문법을 보충하는 효력을 가진다. 따라서 법원이 상관습법에 반하는 판결을 하면 상고이

24) 안강현(2019), 23면; 이철송(2022), 34면; 김홍기(2019), 9면; 임홍근(1986), 105-106면; 채이식(1996), 21면; 양승규·박길준(1997), 37면; 정동윤(2000), 48면; 서돈각·정완용(1999), 42면; 정무동(1984), 45면; 김용태(1984), 43면; 김정호(2022), 24면.

25) 정찬형(2025), 43-44면; 손주찬(2004), 37면; 이병태(1988), 40면.

26) 대법원 1959. 5. 28. 선고 4291민상1 판결.

27) 대법원 1983. 6. 14. 선고 80다3231 판결.

유가 된다. 이에 대하여 사실인 상관습은 당사자가 이에 따를 의사를 가진 때에만 구속력이 있다(구별설).

(3) 상관습법의 특성

민사관습법이 전통적·보수적인 특성이 있는 데 비하여 상관습법은 합리적·진보적·기술적인 특성이 있다. 그리고 상법전의 규정은 성문법으로서 고정적이고 한정적인 경향이 있는 데 비하여, 상관습법은 기업거래가 편리한 방향으로 의식적으로 형성되는 현실성·합리성·유연성을 띠기도 한다.

(4) 상관습법의 성문법화

상관습법은 위와 같은 특성을 지니므로 어느 정도의 기간이 지나면 성문법으로 수용되기도 한다. 예를 들면, 구상법시대에는 백지어음이 통용되었는데 후에 어음법에 수용되었다(어음법 제10조). 그리고 상관습은 성문법의 흠결된 부분에 관하여 당사자간의 이해에 부합하도록 조정해 주고 입법의 방향을 제시하는 기능을 하므로 상거래 및 상법전의 발전에 이롭다. 그리하여 상법에서는 규범의 내용을 상관습법에 위임하는 예도 있는데, 상업장부의 작성방법에 관하여 상법에 규정한 것을 제외하고는「일반적으로 공정·타당한 회계관행」에 의하도록 하고 있는 제29조 제2항이 그 대표적인 예이다.

(5) 상관습법의 한계

상거래의 속성상 상관습법이 한 번 성립하더라도 불변의 것은 아니다. 상관습법이라고 할지라도 그 후 사회질서의 변화 등으로 전체 법질서에 부합하지 아니함은 물론 거래구성원들의 인식·태도나 사회적·문화적 배경 등에 의미 있는 변화가 뚜렷하게 드러나, 상관습의 법적 구속력에 대하여 거래구성원들이 법적 확신을 갖지 않는 경우에는 법적 효력을 상실한다.[28] 이에 관한 논리적 귀결로서 私金融去來를 함에 있어 수표의 금액과 발행일자를 백지로 한 채 발행한 후 이를 금전소비대차의 담보로 제공하는 관행은 대개 성문법을 회피하기 위한 수단으로써 그 내용도 사회질서에 반하는 것이 대부분이므로 그 효력을 인정할 수 없다.[29] 따라서 그 법원성도 인정할 수 없음은 물론이고, 입법적 보완이 요구되는 부분이다.

---

28) 대법원 2017. 1. 19. 선고 2013다17292 판결; 2005. 7. 21. 선고 2002다1178 판결.
29) 이철송(2022), 36면.

3. 상사자치법

상사자치법이란 회사나 기타 단체가 그 조직과 구성원의 법률관계 및 대내외적 활동에 관하여 자주적으로 정한 규범을 말한다. 대표적인 예로서는 회사의 정관이나 한국거래소의 각종의 업무규정을 들 수 있다. 자치법은 사적인 계약과 달리 개개인의 의사를 불문하고 회사나 기타 단체의 기관 및 그 구성원을 구속하므로 법규적 성질을 띤다. 따라서 상사단체의 자치법은 상법의 법원이 된다. 그 결과 자치법에 대한 해석을 잘못하는 때에는 상고이유가 된다.

상법은 회사의 설립시부터 정관의 작성을 요구하고 있고,[30] 일정한 경우에는 정관의 규정을 상법보다 우선적으로 적용하고 있다.[31] 그 이외의 경우에도 일반적으로 자치법은 임의법규에 우선하여 적용한다. 따라서 회사의 정관은 강행법규에 반하지 않는 한 자치법규로서 법적 구속력이 있다. 그 결과 정관의 수권에 의거하여 마련되는 이사회규칙 등도 자치법규라고 할 수 있다.

한편 법에 의하지 아니하고 제정된 자치법이라도 법원성이 있다고 본다(통설).[32]

4. (보통거래)약관

(1) 의의

보통거래약관이란 계약의 일반당사자가 하는 동종의 거래에 관하여 다수의 계약의 상대방과 합의할 사항을 미리 작성한 문서이다. 문서의 형식, 명칭은 불문한다. 계약의 일방당사자는, 주로 사업자는 이 약관을 이용하여 자기의 영업에 속하는 계약내용을 표준화·일원화함으로써 반복적이고 대량의 거래를 신속히 처리하고 그 비용을 절감할 수 있는 이점을 누릴 수 있다. 계약의 상대방, 주로 고객의 입장에서도 약관에 의거하여 계약을 체결할 때에는 특별한 협상과정 없이 평등한 조건의 급부를 제공받을 수 있다. 이와 같은 편의성 때문에 운송, 보험, 금융투자·은행예금, 전기 또는 가스의 공급 등의 서비스·재화·용역을 공급하는

---

30) 제178조, 제179조, 제269조, 제289조, 제543조.

31) 제291조(회사설립 당시의 주식발행사항의 결정). 제416조(회사성립 후 주식발행사항의 결정).

32) 반대: 안강현(2019), 28면; 정동윤(1996), 53면. 주요 논지는 법에 근거하지 아니하는 자치법은 상법의 법원이 아니며, 이러한 자치법이 구속력을 갖는 것은 계약의 성질을 갖기 때문이라는 데에 있다.

계약은 거의 해당 영업의 특성을 반영한 보통거래약관에 의하여 체결되고 있다.

그러나 이와 같이 사업자의 주도로 작성되는 약관은 사업자의 이익을 우선 고려하고, 거래의 비용과 위험을 고객에게 전가시킬 가능성이 있다. 이 때문에 약관을 상법의 법원으로 인정할 수 있는지에 관한 이론이 있을 수 있고, 약관에 대하여 민사적·형사적·행정적·사법적 규제를 요하게 된다. 우리나라의 경우에는 1986년에 제정된 약관의 규제에 관한 법률(약칭 '약관규제법')[33] 및 기타 법률에서 약관의 공정성의 확보를 위하여 법적 규제를 가하고 있다.

(2) 약관문서의 형식 및 일방성

약관문서의 형식에 관하여 거래계에서는 '보험약관', '운송약관', '여신거래기본약관' 또는 '예식장표준약관'과 같은 용어를 쓰기도 하지만, 오히려 'xxx계약서'(예 아파트 또는 상가분양계약서) 또는 'xxx협약서'(예 지방자치단체의 택지공급협약서)[34]라는 표현을 흔히 쓴다. 그러나 위에서 기술한 바와 같이 외형상 표현에도 불구하고 위와 같은 성격을 가진 문서이면 약관에 해당한다. 예를 들면, 물품매도확약서의 비고란에는 '기타 조건은 축산물유통사업단 입찰안내서에 따른다.'라고 기재되어 있고, '입찰안내서' 및 '입찰에 관한 일반조건'은 각 계약의 일방당사자가 다수의 계약체결을 위하여 미리 마련한 계약내용인 경우에는 약관에 해당한다.[35] 그리고 사업자와 고객 사이에 교섭이 이루어진 약관 조항은 약관 작성상의 一方性이 없기 때문에 약관규제법상의 약관에 해당하지 아니하여 약관규제법의 적용이 배제되지만, 교섭되지 아니한 나머지 조항들에 대하여는 여전히 같은 법이 적용된다.[36] 그리고 사업자가 약관에 의한 계약을 체결하면서 상대방과 특정 조항에 관하여 개별적인 교섭(또는 흥정)을 거친 경우, 그 특정 조항은 약관규제법의 규율대상이 아닌 개별약정에 해당하고, 이때 개별적인 교섭이 있었다고 하기 위한 요건과 그에 관한 증명책임은 사업자가 부담한다.[37] 그리고 개별적인 교섭이 있었다고 하기 위해서는 비록 그 교섭의 결과가 반드시 특정 조항의 내용을 변경하는

33) 1986. 12. 31. 법률 제3992호.
34) 대법원 2000. 12. 22. 선고 99다4634 판결.
35) 대법원 2001. 10. 12. 선고 99다45543·45550 판결; 1997. 2. 25. 선고 96다24385 판결.
36) 대법원 2012. 6. 28. 선고 2010다57466 판결; 2000. 12. 22. 선고 99다4634 판결.
37) 대법원 2010. 9. 9. 선고 2009다105383 판결.

형태로 나타나야 하는 것은 아니라 하더라도, 계약의 상대방이 그 특정 조항을 미리 마련한 당사자와 사이에 거의 대등한 지위에서 당해 특정 조항에 대하여 충분한 검토와 고려를 한 뒤 영향력을 행사함으로써 그 내용을 변경할 가능성은 있어야 한다.[38]

(3) 약관의 법원성(본질)

1) 서

보통거래약관에 의한 계약(附合契約)[39]의 경우 해당 약관의 적용에 관하여 당사자가 구체적이고 명시적으로 개별적 합의를 하지 아니하였다고 하더라도 그 약관은 당사자를 구속하는 것이 일반적인데, 그 근거가 문제된다. 즉, 그러한 약관이 상법의 법원이기 때문에 당사자를 구속하는지의 여부가 문제되는 것이다. 이에 대하여는 크게 약관의 법원성을 긍정하는 견해와 부정하는 견해로 나누어진다.

2) 긍정설

이에 해당하는 학설로는 우선 自治法說이 있다. 이 학설은 약관을 정관과 같이 자치법규의 일종으로 보아 법원성을 인정한다. 規範說은 약관의 사실상의 구속력을 근거로 법원성을 인정한다. 制度說은 약관이 기업이념을 실현하는 기업의 제도적 수단으로 본다. 그리하여 약관을 국가법과 개인간의 계약의 중간에 위치하는 기업의 자치법규의 일종으로 본다. 이 견해에서는 약관의 규범력의 근거는 상위법질서에서 나온다고 하며, 이러한 약관은 이에 의한 계약이 수반되어야 규범력이 구체화된다고 한다.

3) 부정설

이에 해당하는 학설로는 우선 商慣習法說이 있다. 이 학설은 약관 그 자체는 상관습(법)으로 인정할 수 없고, '약관에 의한다.'는 것이 상관습(법)으로 형성되어 있으면 이에 근거하여 약관의 법원성을 인정한다. 契約說(법률행위설)은 약관 그 자체는 결코 법규범이 될 수 없고, 당사자들이 이를 계약의 내용으로 하고자 합의한 때에만 구속력을 가진다고 본다.

---

38) 대법원 2013. 7. 25. 선고 2013다27015 판결; 2010. 9. 9. 선고 2009다105383 판결.

39) 계약의 형식은 취하고 있으나, 내용은 미리 당사자의 일방이 결정하고 상대방은 이에 따를 수밖에 없는 계약을 말한다. 附從契約이라고도 한다.

4) 통설·판례

우리나라의 통설은 계약설을 취하고 있다. 이에 따라 약관이 계약의 내용이 되었을 때에 한하여 구속력을 가진다고 보고 약관의 법원성을 부정한다. 대법원 판례는 보험약관에 대하여 일관하여 계약설을 취하고 있다. 즉, 보험약관이 당사자를 구속하는 근거에 대하여 「약관 그 자체가 법규범 또는 법규범적 성질을 갖는 것이기 때문이 아니라, 보험계약 당사자 사이에서 계약내용에 포함시키기로 합의하였기 때문이다.」라고 판시하고 있다.[40)]

5) 약관규제법

약관규제법은 사업자에게 약관의 명시 및 설명의무를 부과하고 있고, 이를 이행하지 않는 약관은 계약의 내용으로 주장하지 못한다고 명시하고 있으므로(동법 제3조), 계약설을 취하고 있다.

6) 사견

약관은 계약내용으로 편입되는 것으로 보아야 한다. 약관규제법의 규정을 고려할 때 우리 법상 약관은 계약의 원리에 따라 구속력을 가진다고 보는 계약설이 타당하다.

5. 상사판례법

상사에 관하여 法院이 판시한 상사판례가 法源이 되는지에 대하여는 이론이 있다. 否定說은 불문법국가와는 달리 우리나라와 같은 성문법국가에서는 先決例拘束의 原則(doctrine of stare decisis)이 적용되지 않는다는 점에서 이를 부정한다(다수설).[41)] 肯定說은 성문법 또는 관습법이 존재하는 경우에도 판결이 수정적·창조적 작용을 하면 이에 대하여 법원성을 인정할 수 있다고 한다(소수설).[42)] 다만, 法院은 거래의 안전과 법의 안정을 위하여 先決例를 존중하는 경향이 있으므로 일반인들에게는 사실상의 행위규범으로 작용한다.

---

40) 대법원 2004. 11. 11. 선고 2003다30807 판결; 1989. 3. 28. 선고 88다4845 판결.

41) 서돈각(1985), 69면; 손주찬(2004), 63면; 이철송(2022), 60면; 최기원(2014), 36면; 채이식(1997), 24면; 정동윤(2012), 60면; 안강현(2019), 33면.

42) 김정호(2022), 27면; 정찬형(2025), 53면; 정희철(1989), 55면; 김홍기(2020), 10면.

6. 상사학설법

상사에 관한 학설이 상법의 法源이 될 수 있는지의 여부에 대하여 肯定說은 법률상의 원칙을 밝힌 유력한 학설은 판례와 같이 학설법으로서 법원이 될 수 있다고 한다.[43] 그러나 否定說은 학설은 성문법의 해석에 있어서 지침이 되어 판례 등에 영향을 미치는 것은 사실이나 학설의 대립시에는 법 적용의 통일성을 기할 수 없는 등의 문제가 있으므로 법원으로 볼 수는 없다(통설).

7. 조 리

1) 서

條理란 자연사물의 이치를 뜻하므로 공동생활에서 지켜야 한다고 생각하는 원리를 말한다. 이러한 조리가 법률과 관련되는 경우로는 ① 법률 또는 계약의 내용을 결정함에 있어서 표준이 되는 경우와,[44] ② 법률이 존재하지 아니하는 때에 조리에 따라 재판하여야 하는 경우, 즉 재판의 준거가 되는 경우가 있다. 민법 제1조는 이 뜻을 「민사에 관하여 법률에 규정이 없으면 관습법에 의하고 관습법이 없으면 조리에 의한다.」고 표현하고 있다. 조리의 법원성에 관한 논의는 위의 ②의 경우에 발생하는데, 이에 대하여는 학설이 나뉜다.

2) 학설의 대립

가) 학설　우선 肯定說은 헌법 제103조가 「법관은 헌법과 법률에 의하여 그 양심에 따라 독립하여 심판한다.」고 규정하고 있는 점과 민법 제1조를 근거로 조리의 법원성을 인정하고 있다(소수설).[45] 이에 대하여 否定說은 조리의 법원성을 부정하는데, 그 논지는 다음과 같다. 즉, ① 긍정설은 민법 제1조가 조리를 재판의 준거로 들고 헌법이 법률에 의한 재판을 규정하고 있으므로 조리가 바로 법률과 동일한 지위를 갖는다고 단정하고 있는데, 이는 무리한 해석이다. ② 조리란 자연법적인 규범이고, 법의 존재근거 또는 존재양식이 아니기 때문에 이를 법원으로 볼 수 없다고 한다(다수설).[46]

---

43) 박원선(1982), 45면; 서정갑(1984). 46면.

44) 정찬형(2025), 54면.

45) 김정호(2022), 28면; 손주찬(2004), 50면.

46) 정찬형(2025), 54면; 이철송(2022), 60면; 김홍기(2020), 10면; 최기원(2014), 37면; 정동윤(2012), 36면; 최준선(2016), 84면; 김성태, 137면; 김병연·박세화·권재열(2012), 23면.

나) 사견 민법 제1조의 규정은 조리의 법원성이 아닌 단순히 재판의 준거가 되는 점을 밝힌 규정으로써 스위스민법 제1조 제2항과 같이 법관이 재판을 함에 있어서 법의 흠결에 관한 補充的 立法權을 밝힌 것으로 읽힌다. 따라서 조리에 관하여는 그 법원성을 부정하는 것이 타당하다.

Ⅲ 법 적용의 순서

1. 상법과 기타 성문법

상법 제1조는 제정법 우선적용의 원칙에 입각하여 상사에 관하여는 상법전을 제1순위의 적용법규로 명시하고 있다. 그리고 상법 이외에도 다수의 상사특별법이 존재하고, 법률과 같은 효력을 갖는 상사조약과 국제법규도 있다. 또한 특별법 우선적용의 원칙에 따라 상사특별법은 상법에 우선하여 적용되는 것이 일반적이다. 조약과 국제법규는 관련 법률관계의 특수성으로 인하여 국내의 특별법과 같은 위치를 갖고 적용된다.

2. 자치법, 관습법 및 성문법

기술한 바와 같이 상사자치법은 상법의 법원이 된다. 그 이유는 자치법 자체가 단체의 조직과 그 구성원의 법률관계 및 대외적 활동에 관하여 당사자들이 자주적으로 정한 규범이기 때문이다. 이 점에서 자치법은 관습법에 우선 적용되고 성문법 중에서 임의법규에도 우선 적용된다(통설). 다만, 자치법은 성문법 중 강행법규에 우선하여 적용할 수는 없다. 그러므로 자치법의 적용순위는 상사성문법 중 강행법규 뒤에, 그리고 임의법규의 앞에 놓이게 된다.

상법 제1조는 상관습법을 상법의 후순위로 적용된다고 명시하고 있으나, 관습법은 상법 중 임의법규와 달리 성립할 수 있고(민법 제1조 참조), 또 개별적인 임의규정을 해석함에 있어서는 그와 다른 상관습이 있으면 그에 따라야 한다고 해석하는 것이 일반적이다.[47)]

---

47) 이철송(2022), 61면.

상법 제1조는 상법의 규정이 없으면 상관습법에 의하고 상관습법도 없으면 민법을 적용한다고 명시하고 있다. 이 점에서 자치법과 상관습법은 항상 민법에 우선하여 적용되는 것처럼 해석될 수 있다. 그러나 민법 중 강행법규(예 민법 제103조 반사회적 질서행위, 민법 제104조 불공정한 법률행위)에 반하는 자치법이나 상관습을 인정할 수는 없기 때문에 자치법과 관습법은 민법의 강행규정보다는 후순위로 적용된다. 다만, 민법의 임의규정보다는 앞서 적용된다.

3. 법적용순위의 체계

이상 설명한 바를 근거로 법적용의 순위에 대하여는 ① 상사특별법·상사조약·상사국제법규, ② 상법 중 강행법규, ③ 민법 중 강행법규, ④ 자치법, ⑤ 관습법, ⑥ 상법 중 임의법규, ⑦ 민법 중 임의법규의 순으로 정리할 수 있다.

05장 상법의 효력

1. 시간에 관한 효력

(1) 소급적용문제

법이 개정되거나 신법이 제정되는 경우 구법시대에 발생한 생활관계가 신법하에서 문제될 경우 행위 당시의 현행법인 구법을 적용할 것인지, 아니면 법 적용시점의 현행법인 신법을 소급적용할 것인지의 여부가 문제될 수 있다. 이 문제에 대하여는 이른바 時際法, 즉 경과규정인 시행법 또는 附則으로 정하여 해결하여야 한다. 일반적으로 사람은 행위 당시의 법이 적용될 것을 예상하고 법률관계를 형성하게 된다. 이 점에서는 행위의 당사자들에게 예측가능성을 부여한다는 측면에서 행위 당시의 법, 즉 구법을 적용하는 것이 타당하다고 볼 수도 있다. 나아가 법률관계의 성격에 따라서는 신법의 소급적용을 금지하는 경우도 있다. 형벌불소급의 원칙(헌법 제13조 제1항, 형법 제1조 제1항)이 그 좋은 예이다.

그러나 상법의 특징 중의 하나가 어떤 국가의 우수한 법제가 다른 국가에 빠르게 전파·계수되는 경향, 즉 국제화 경향에 있다는 점을 감안하면, 상사 분야에서는 신법이 대체로 보다 합리적이고 국제적 통일성을 기할 수 있으므로 구법관계에 신법을 적용하더라도 당사자에게 이익이 되고 형평에 맞는 경우도 있다. 그리하여 상법시행법 제2조 제1항 본문은 '상법은 특별한 규정이 없으면 상법시행전에 생긴 사항에 적용한다.'고 규정함으로써 상법의 소급적용을 인정하고 있다. 그리고 1995년, 1998년과 1999년 개정상법의 부칙 제2조 및 2001년 개정상법 제3항에서도 특별한 정험이 없는 경우에는 개정법을 적용한다고 명시하고 있다. 이 점에서 보면, 상법의 영역에서는 당사자에게 이익이 되고 형평에 부합하면, 신법이 소급적용을 허용하고 있다고 볼 수 있다.

(2) 신·구법의 우선관계

구법이 폐지되지 아니한 채 신법이 제정됨으로 인하여 동일한 사항에 관하여 상이한 내용의 법규가 복수로 존재할 수 있다. 이 경우에는 '신법이 구법을 변경

한다.'는 것이 일반원칙이다. 다만, 구법은 특별법이고, 신법은 일반법인 경우에는 '일반법인 신법은 특별법인 구법을 변경하지 아니한다.'는 원칙이 적용되어 구법이 우선 적용된다. 상법시행법 제3조가 '상사에 관한 특별한 법령은 상법시행 후에도 그 효력이 있다.'고 규정한 것은 이 원칙을 수용한 것이다.

2. 장소에 관한 효력

상법은 우리나라의 국법이므로 대한민국의 전 영토에 적용되는 것이 원칙이다. 다만, 국제적으로 이루어지는 상거래시 특정사항에 대하여는 외국의 법을 적용하여야 할 경우도 있고, 반대로 외국에서 행하여지는 상거래에 관하여 우리나라의 법이 적용되어야 할 경우가 있다. 이러한 경우에는 국제사법[48]에 의하여 준거법이 결정되므로 우리 상법의 적용장소가 제약되거나 확장될 수 있다.

3. 사람에 관한 효력

상법은 대한민국의 모든 국민에게 적용됨이 원칙이다. 다만, 대한민국 국민과 외국인 사이에 이루어진 상거래에 대하여는 국제사법에 의하여 준거법이 결정된다. 그리고 상법은 이러한 涉外關係 이외에 특수한 상인에게는 적용되지 아니하는 규정을 두고 있다. 소상인에 대하여 상법의 규정 중 지배인·상호·상업장부·상업등기에 관한 규정이 적용되지 아니한다는 규정인 제9조는 그 대표적인 예이다. 물론 그 이외에 영업활동에 관한 규정은 소상인에게도 적용된다.

4. 사항에 관한 효력

상법은 제1조에서 밝히고 있는 바와 같이 사법관계 중 상사에 관하여 적용된다. 다만, 상법상으로는 상인과 무관하게 이루어지는 절대적 상행위는 있을 수 없기 때문에 궁극적으로는 상인을 중심으로 한 법률관계에 상법이 적용된다. 그런데 상행위에는 당사자 중 일방에게만 상행위가 되는 一方的 商行爲 또는 쌍방에게 상행위가 되는 雙方的 商行爲가 있다. 쌍방적 상행위에는 당연히 상법이 적용되고, 일방적 상행위일지라도 그 행위 자체는 상인에 의하여 주도되어 쌍방적 상

48) 1962. 1. 15. 법률 제966호.

행위와 같이 기업법적 특질이 있으므로 쌍방에 대하여 상법을 적용한다(제3조).

한편 일방 당사자가 수인이고 그 중 일부만이 상인인 경우, 상법은 이에 관한 별도의 규정을 두지 않고 있으나, 이 경우에도 당사자 전원에 대하여 상법이 적용된다고 본다.[49] 다만, 기업법적 특질이 매우 강하여 비상인에게 적용하는 것이 바람직하지 아니한 규정들은 쌍방적 상행위에만 적용되고 일방적 상행위에는 적용되지 아니한다(예 상사유치권에 관한 제58조, 상사매매규정에 관한 제67조 내지 제71조 등).

---

49) 대법원 2014. 4. 10. 선고 2013다680207 판결; 서울고법 2013. 4. 10. 선고 2012나22640 판결.

제 2 편 총 칙

제1장 상 인

제2장 상업사용인

제3장 영업소

제4장 상 호

제5장 상업장부

제6장 기업의 공시(상업등기)

제7장 영업양도

01장 상 인

Ⅰ 서 설

전술한 바와 같이 실질적 의의의 상법에 대하여는 기업에 관한 특별사법이라고 정의할 수 있는데, 실제 기업생활관계에서 발생하는 법률관계는 상법상 권리의무의 귀속점인 상인을 중심으로 이루어진다. 이와 같이 상인은 기업의 조직과 활동의 법적 주체로서 기업의 조직 및 대외적 활동에서 발생하는 법률관계의 당사자가 된다. 그러므로 개개의 상법적용의 적용대상을 파악하기 위해서는 상인의 개념을 파악하는 것이 중요하다.

Ⅱ 상인의 의의

1. 상인개념의 입법주이

(1) 서

상인개념에 관한 입법주의로는 상인의 특성 내지는 상인이 행하는 행위의 형식에 따라 정할 것인지 또는 상인의 행위의 실질에 따라 정할 것이냐는 방법론적 차이에 따라 형식주의, 실질주의 및 절충주의로 나뉜다. 그런데 상인과 상행위는 상법의 양대 지주를 이루는 개념으로서 각 개념은 상호 의존적인 관계에 있으므로 이들을 별도로 논할 수는 없다. 그리하여 상인개념을 정리하기 위한 형식주의와 실질주의는 상행위개념을 정리하기 위한 주관주의(상인법주의)와 객관주의(상행위법주의)와 같은 뜻으로 볼 수 있다.

(2) 형식주의

이는 상인개념을 먼저 설정하고 그가 하는 행위를 상행위로 보는 주의이다. 이를 主觀主義라고도 한다. 대표적으로는 독일과 스위스의 입법방식이다. 형식주의는 상인이 아닌 자가 상법의 적용을 받아야 하는 상행위, 즉 영리행위를 함에도 불구하고 이를 규율할 수 없는 문제점이 있다.

(3) 실질주의

이는 상행위를 먼저 정하고 상행위를 하는 자를 상인으로 보는 주의이다. 실질주의는 상행위가 민사행위와는 다르다는 점에 착안한 것이다. 이를 客觀主義라고 한다. 실질주의는 형식주의와는 반대로 상행위의 개념을 먼저 결정하고 그로부터 상인의 개념을 도출한다. 대표적으로는 프랑스와 스페인의 입법방식이다. 실질주의는 제한적 열거주의를 채택하게 되므로 경제의 발전에 따라 새롭게 생겨나는 기업활동을 상법으로 수용할 수 없는 문제점이 있다.

(4) 절충주의

이는 형식주의와 실질주의의 문제점을 해결하고자 하는 주의이다. 그리하여 실질주의에 따라서 상행위를 하는 자도 상인으로 하고, 형식주의에 따라서 일정한 형식에 의하여 행위를 하는 자도 상인으로 본다. 대표적으로는 일본 상법을 들 수 있다.

2. 상법의 입법주의

(1) 관련 규정

상법은 상인 또는 상행위의 정의와 관련하여 4개의 조문을 두고 있는데, 우선 상인의 유형을 當然商人과 擬制商人으로 나누고, 당연상인은 제4조에서 기본적 상행위(제46조)를 전제로 '자기명의로 상행위를 하는 者'로 정의하고 있다. 의제상인은 제5조에서 기본적 상행위를 전제로 하지 아니하고 '① 점포 기타 유사한 설비에 의하여 상인적 방법으로 영업을 하는 자는 상행위를 하지 아니하더라도 상인으로 본다. ② 회사는 상행위를 하지 아니하더라도 전항과 같다.'라고 규정하고 있다.

(2) 해석론

이러한 점에서 제5조는 상행위를 전제로 하지 않고 상인개념을 정하고 있으므로 형식주의의 입법이라는 데에 이론이 없다. 이에 비하여 제4조의 당연상인에 대하여는 검토가 필요하다. 이 당연상인은 상행위(영업을 전제로 한 상행위일지라도)를 전제로 하여 상인개념을 정하고 있다는 면에서는 실질주의 입법인 면이 있다.

그러나 이 당연상인의 개념의 전제가 되는 상행위는 상인과 무관한 상행위가 아니라 상인과 관련하여서만 파악될 수 있는 상행위라는 점(영업적 상행위)에서는 형식주의적인 측면을 부인하기 어렵다. 따라서 상법상 상인에 관한 입법주의는 전체적으로 보아 형식주의에 가까운 절충주의(주관적 절충주의)를 채택하고 있다고 해석한다(통설). 다만, 이에 대하여는 상법의 상인개념은 오로지 형식주의에 입각한다는 소수설이 있다.[1)]

Ⅲ 당연상인

1. 의 의

당연상인이란 자기명의로 상행위를 하는 자를 말한다(제4조). 여기서 상행위란 기본적 상행위를 뜻하는 것으로서 제46조 제1호 내지 제22호의 행위를 말한다. 그러므로 당연상인은 '자기명의로 제46조 각호의 행위를 영업으로 하는 자'를 말한다.

2. 제46조 각 호의 행위를 하는 자

제46조가 열거하는 행위들은 기본적 상행위들인데, 상인에게 가장 기초가 되는 행위들이다. 그러므로 제46조의 열거는 제한적 열거로 보아야 한다. 기본적 상행위는 채권행위를 뜻한다. 물권행위는 이행행위로써 영리성과는 무관하기 때문이다.

한편 「담보부사채신탁법」에서는 사채총액의 인수를 상행위로 보고 있는데(동법 제23조 제2항), 이 행위는 이른바 절대적 상행위로서,[2)] 「영업으로」 하는지를 묻지 않고 이를 하는 자는 당연상인이 된다. 우리 상법에서는 절대적 상행위를 인정하지 아니하는데, 담보부사채신탁법에서는 유일하게 이를 인정한다.

3. 영업성

(1) 의의

영업성은 영업의사를 가지고 자본적 계산방법으로 이윤의 획득을 목적으로 동종행위를 반복하는 것을 말한다.

---

1) 임홍근(2001), 53면.
2) 그 행위의 성격으로 인하여 누가 하든 상행위로 인정되는 행위를 말한다.

(2) 자본적 계산방법

자본적 계산방법은 금전 등을 투자하여 어떤 사업을 수행하고 그 사업으로 인한 수입과 비용을 독립적으로 계상한 후 투자결과에 대한 기간손익을 판단하는 것을 뜻한다. 이때 사업에 관한 기간손익은 상인의 가계와 분리·독립적으로 계산되어야 한다.

(3) 이윤의 획득(영리성)

영리성은 상인이 상행위를 하는 궁극적인 목적이다. 상인의 영리성은 상인의 주관적 목적으로 존재하고 객관적으로 인식될 수 있으면 충분하다. 이익의 실제 발생 여부 및 상인이 상행위로 얻은 이익의 처분방법 등은 고려의 대상이 아니다. 예를 들면, 공익사업을 위한 기금을 마련하기 위하여 상행위를 하더라도 영업이다. 그러나 영리성이 없는 구내매점의 판매행위는 영업이라고 볼 수 없다.

(4) 계속성 · 반복성 및 영업의사

동종의 행위를 계속하여 반복하는 것은 외부에서 기업의 영업성을 인식하는 중요한 현상이다. 이 때문에 1회적이거나 투기행위는 반복성이 없으므로 영업이 아니다. 이와 같이 계속성·반복성의 요건은 상인의 점포시설, 홍보활동 및 상업사용인의 고용 등 외부적 표상을 통하여 객관적으로 인식(영업의사)될 수 있으면 족하다. 따라서 외부적으로 영업의사를 비밀로 하면서 영리활동을 하는 것은 영업을 한다고 볼 수 없다. 실제 계속되고 반복되었느냐는 것은 묻지 아니한다. 예를 들면, 음식점을 개업했지만 수개월 동안 한정식을 소량판매하고 문을 닫았다고 하더라도 영업행위에 해당한다. 그리고 계속성·반복성은 기간이 장기이어야만 하는 것은 아니다. 예를 들면, 엑스포나 여름 해수욕장과 같은 장소에서 일정기간 동안에만 매점을 운영하더라도 영업행위에 해당한다. 다만, 현실적으로 이익이 발생하고, 반복성이 있더라도 그것이 주관적 및 객관적인 관점에서 비영리적 목적을 수행하는 데 부수하는 결과에 그치면 영리성을 인정할 수 없다.[3] 예를 들면, 대한광업진흥공사법[4]에 의거하여 설립된 대한광업진흥공사가 광산자금을 광산업자에게 융자하여 주고 소정의 이자 및 연체이자를 지급받는다고 하더라도

3) 대법원 1994. 4. 29. 선고 93다54842 판결.

4) 1986. 5. 12. 법률 제3834호로 전문개정되기 전의 것.

이는 동법 제1조의 민영광산의 육성 및 합리적인 개발을 지원하기 위한 사업이지 '영리를 목적'으로 하는 행위는 아니다.[5]

4. 자기명의

자기명의는 상거래에 의하여 생긴 私法的인 권리의무가 귀속되는 법적 주체를 판단하는 중요 요소이다. 그리고 상인인지의 여부를 판단함에 있어서는 실제로 누가 기업활동을 하는지는 중요하지 않다. 예를 들면, 대표이사는 회사의 대외적 거래를 하지만 상인으로 의제되는 것은 회사이며 대표이사가 아니다.[6] 지배인의 경우도 마찬가지이다. 그리고 행정관청에 신고한 영업자(예 처)[7]와 상거래의 주체(예 남편)가 다른 경우가 있는데, 누구의 명의인지를 판단함에 있어서 중요 요소는 권리의무의 귀속점이므로 후자(남편)가 상인이 된다.

5. 예 외

어떤 자가 자기명의로 계속적·반복적으로 이윤의 획득을 목적으로 하는 거래를 하더라도 「오로지 임금을 받을 목적으로 물건을 제조하거나 노무에 종사하는 자의 행위」는 상행위에 해당하지 아니한다(제46조 단서). 따라서 이러한 행위를 하는 자는 상인이 아니다. 제9조상의 소상인도 아니다. '오로지 임금을 받을 목적'이란 특정인에게 고용되어 임금을 받는다는 뜻이 아니라 제조 또는 노무의 양에 따라 영세한 임금을 받는 것을 뜻한다. 이러한 행위를 하는 자는 지나친 영세성으로 인하여 기업성을 인정할 수 없어 상인의 범위에서 제외시킨 것이다(예 일용직 근로자, 영세한 재봉틀을 사용하는 자, 영세한 바느질 품삯을 받는 자).

Ⅳ 의제상인

1. 설비상인

(1) 서

당연상인처럼 점포 기타 유사한 설비에 의하여 상인적 방법으로 영업을 하는

5) 대법원 1994. 4. 29. 선고 93다54842 판결.
6) 대법원 2018. 4. 24. 선고 2017다205127 판결.
7) 부가가치세법상의 사업자 등록.

자는 상행위를 하지 아니하더라도 상인으로 보는데(제5조 제1항), 이러한 자를 설비상인이라고 한다.

(2) 설비상인의 행위

제5조 제1항의 상행위는 제46조의 기본적 상행위 이외의 행위이다. 그러므로 설비상인이란 제46조의 기본적 상행위 이외의 행위를 영업으로 하는 자를 말한다. 설비상인제도는 경제가 발전함에 따라 제46조 이외에도 기업활동의 목적이 되는 것이 많으므로 행위들을 기업화하는 때에는 상법의 규율의 대상으로 삼는 것이 형평에 맞기 때문에 도입하였다. 설비상인에 해당할 수 있는 사업으로는 학원운영자,[8] 투자자문업, 경영자문업, 결혼상담업, 연예인의 송출업 또는 연극·스포츠 흥행업 등 매우 많다. 의사·변호사·공인회계사·세무사·노무사와 같은 전문직업인은 그 영업의 방식이 대체로 설비상인의 요건을 충족하지만, 상인으로 보지 않는 것이 일반적이다. 최근 변호사와 의사의 상인성을 부정한 판례가 있다.[9] 그 논거는 변호사 등의 영리추구 활동을 엄격히 제한하고 그 직무에 관하여 고도의 공공성과 윤리성을 강조하는 변호사법 등에 있다. 유사한 논리로 세무사와 법무사도 상인이 아니다.[10]

(3) 영업성

설비상인은 제46조의 기본적 상행위 이외의 행위를 영업으로 하여야 한다. 영업성의 뜻은 당연상인의 경우와 같다. 이러한 의제상인이 영업으로 하는 행위를 準商行爲라고 한다(제66조).

(4) 상인적 방법

'상인적 방법'은 설비상인의 상인성을 판단하는 매우 중요한 표지이다. '상인적 방법'이란 제5조 제1항의 '점포 기타 이와 유사한 설비'에 의하여 영업을 하는 것을 뜻한다. '상인적 방법으로 영업을 한다.'는 것은 '당연상인이 영업을 하는 것과 같은 방법'으로 영업을 하는 것을 말한다. 그리하여 점포나 사무실과 같은 고정적인 영업장소, 지배인과 같은 상업사용인, 회계장부·재무제표(재무상태표)와 같

---

8) 대법원 2012. 4. 13. 선고 2011다104246 판결.
9) 대법원 2022. 5. 26. 선고 2022다200249 판결; 2011. 4. 22. 자 2011마110 결정.
10) 대법원 2022. 8. 25. 선고 2021다31111 판결; 2008. 6. 26. 자 2007마996 결정.

은 상업장부의 작성, 대외적인 홍보활동 등, 사회통념상의 상인의 영리활동이라고 할 수 있는 방법으로 영업을 하는 것을 말한다. 가령 生業으로 계를 운영하는 계주라도 이 요건을 결여하는 한 상인이 아니다.[11] 그리하여 낙찰계에서 매월 낙찰받아 계금을 받은 계원이 낼 불입금을 공제한 나머지를 균등분할한 금액을 계의 불입금으로 내는 것은 계금에 관한 원리금변제의 성질을 가진다.[12]

2. 회 사

회사는 상행위를 하지 아니하더라도 상인으로 본다(제5조 제2항). 여기서의 상행위도 제46조상의 기본적 상행위를 말한다. 회사는 상행위나 그 밖의 영리를 목적으로 하여 설립한 법인이기 때문이다(제169조). 그러므로 회사 중에는 기본적 상행위를 영업으로 하는 회사와 그 이외의 행위를 영업으로 하는 회사가 있다. 후자의 예로는 신용보증기금, 농업·축산업·수산업 등 원시산업을 목적으로 하는 회사(예 제염회사·원양어업회사)를 들 수 있다. 제5조 제2항은 설비상인의 요건(제5조 제1항)을 충족시키지 못하는 회사일지라도 상인에 포함시켜 그 거래에 상법을 적용하기 위하여 마련되었다.[13] 다만, 민법은 민사회사(사단법인)에도 상사회사에 관한 규정을 준용하도록 하고 있다(동법 제39조 제2항). 이러한 규정을 두는 것은 회사가 영리활동에 가장 합리적인 기업조직이기 때문이다.

V 소상인

1. 의 의

소상인(Minderkaufmann)이란 자본금액이 1천만원에 미달하는 상인으로서 회사가 아닌 자를 말한다(상법시행령 제2조). 여기서 자본금액은 회사법상의 자본금과 같이 특별한 의미를 갖는 것이 아니다. 예컨대, 영세한 개인상인의 경우에는 자본금의 개념이 명확하지 않으므로 영업재산의 총액, 영업재산의 현재가격으로 보아야

11) 대법원 1993. 9. 10. 선고 93다21705 판결.
12) 대법원 2017. 4. 7. 선고 2016다55462 판결.
13) 통설은 제5조 제2항은 민사회사(제39조)를 상인으로 보기 위한 규정이라고 해석한다(정동윤(2012), 53면; 이범찬·최준선(2009), 125면).

한다(통설). 이와 같이 소상인은 영업규모가 영세하여 상법의 일부규정이 적용되지 아니한다(제9조). 이에 대하여 상법규정이 전부 적용되는 일반상인은 완전상인(Vollkaufmann)이라고 부른다. 회사는 자본금액이 1,000만원 미만인 경우도 있지만, 위의 소상인에는 해당하지 아니한다. 즉, 모든 회사는 완전상인이다.

2. 입법의 취지

소상인에 대하여는 지배인·상호·상업장부·상업등기 등에 관한 규정이 적용되지 아니한다(제9조). 이러한 제도들은 기업조직을 완비하는 데 필요한 것이지만, 완전상인일지라도 그 관리를 하는 데 상당한 시간과 비용이 요구되고, 때로는 법적 위험(예 상업등기, 표현지배인)을 수반하기도 한다. 그리하여 상법은 영업규모가 영세한 소상인에게 이러한 제도들을 갖추도록 하는 것은 지나치게 비경제적이며, 일반인에게도 부담을 주기 때문에 그 적용을 배제하고 있다.

3. 특칙의 적용

(1) 지배인

소상인이 지배인을 선임하더라도 상법의 적용이 배제된다. 따라서 지배인의 등기를 요하지 아니하고, 그 결과 표현지배인에 관한 규정(제14조)[14]도 적용되지 아니한다. 소상인이 지배인을 선임하여 자신의 영업을 대리하게 하거나 그에게 포괄적 대리권을 부여할 수도 있지만, 이는 상법상의 지위는 아니며, 소상인의 개인법적인 수권에 의하여 생기는 것이다.

(2) 상호

소상인은 상호를 선정하여 사용할 수는 있다. 그러나 그 상호는 상법상 商號使用權에 관한 규정인 제22조(상호등기의 효력)·제23조(주체를 오인시키는 상호사용금지)·제27조(상호등기의 말소청구) 등이 적용되지 아니하므로, 상법상 상호로서 보호받지 못한다. 그러나 소상인이 상호를 사용하는 때에는 타인의 상호 보호규정 및 일반

---

14) 제14조(표현지배인) 제1항: 본점 또는 지점의 본부장, 지점장, 그 밖에 지배인으로 인정될 만한 명칭을 사용하는 자는 본점 또는 지점의 지배인과 동일한 권한이 있는 것으로 본다. 다만, 재판상의 행위에 관하여는 그러하지 아니하다.
제2항: 제1항의 규정은 상대방이 악의인 경우에는 적용하지 아니한다.

공중의 신뢰를 보호하기 위한 규정은 적용되어야 한다. 예를 들면, 소상인은 상호를 사용하더라도 회사임을 표시하는 문자를 사용하지 못하고(제20조), 타인의 영업으로 오인할 수 있는 상호를 사용할 수 없으며(제23조), 타인에게 명의를 대여한 때에는 명의대여자로서 책임을 져야 한다(제24조). 타인이 소상인에게 명의를 대여한 경우 그 타인은 명의대여자로서 책임을 진다. 이러한 예들은 소상인제도의 입법취지와 관련이 없기 때문이다.

(3) 상업장부

소상인은 상업장부를 작성할 의무가 없다. 이 때문에 상업장부를 10년간 보존할 의무(제33조) 및 소송시 법원에 제출할 의무도 부담하지 아니한다(제32조).

(4) 상업등기

소상인은 상업등기를 할 의무가 없다. 본래 지배인과 상호에 관한 등기는 지배인과 상호에 관한 규정이 소상인에게는 적용되지 아니하므로 그에 관한 등기제도도 소상인과는 무관하다. 이 점에서 상업등기제도가 소상인에게 적용되지 않는다는 것은 ① 무능력미성년자의 영업에 관한 등기(제6조) 및 ② 제한능력자인 소상인의 법정대리인이 하는 대리영업에 관한 등기(제8조 제1항)가 불필요하다는 데에 그 의미를 찾을 수 있다.

Ⅵ 상인자격의 취득과 상실

1. 의 의

상인자격은 상인으로서의 자격을 뜻하는데, 상인성이라고도 한다. 상인의 행위는 상법의 적용을 받으므로 상인자격의 취득 및 상실의 시점은 상법적용의 시간적 범위를 정함에 있어서 중요하다.

2. 자연인의 상인자격

(1) 취득

1) 요건

자연인은 제4조(당연상인)와 제5조 제1항(의제상인)의 요건을 구비하면 상인이 된다. 즉, 모든 자연인은 성별·연령·행위능력의 유무와는 무관하게 단지 제4조와 제5조의 영업행위를 개시함으로써 상인이 된다. 영업의 유형(예 금융업)에 따라서는 행정규제의 목적에서 主務官廳의 허가를 받도록 하지만, 이러한 허가행위는 자연인의 상인자격 취득과는 관계없다.

2) 학설 및 판례

가) 문제의 제기　상인자격의 취득시기와 관련하여 어떠한 행위를 개업준비행위로 볼 수 있는지에 대하여 학설과 판례가 나뉜다.

나) 학설　학설은 주로 세 가지로 나뉜다. 우선 ㉠ 開業意思表出說은 개업의 의사가 대외적으로 표출되어야만(예 개업식의 거행) 개업준비행위로 볼 수 있다고 한다. ㉡ 主觀的 實現說은 개업을 주관적으로 실행하는 행위가 있어야만 개업준비행위로 볼 수 있다고 한다. ㉢ 客觀的 認識可能性說은 개업의사를 객관적으로 인식할 수 있을 때 개업준비행위로 보아야 한다는 설이다(통설). 객관적 인식가능성설에 따르면, 영업의 개시를 위한 準備行爲, 예를 들면 점포의 임차, 영업양수, 사용인의 고용, 영업용 재산의 구입 또는 간판의 주문 등의 행위도 거래상대방이 객관적으로 營業意思를 알 수 있으면 보조적 상행위로서 상인의 행위로 본다. 그러므로 개업준비에 착수하였을 때 상인자격을 취득한다고 본다.

다) 판례　판례는 「부동산임대업을 개시할 목적으로 그 준비행위의 일환으로 당시 같은 영업을 하고 있던 자로부터 건물을 매수하는 행위는 보조적 상행위로서의 개업준비행위에 해당하므로, 이 개업준비행위에 착수하였을 때에 상인자격을 취득한다.」고 판시하여 통설과 같은 입장을 취하고 있다.[15] 그 결과 甲이 학원 설립과정에서 영업준비자금으로 乙에게서 돈을 차용한 후 학원을 설립하여 운영한 사안에서, 학원영업을 위한 준비행위인 차용행위를 한 때 甲은 상인자격을 취득하고 위 차용행위는 영업을 위한 행위로서 보조적 상행위가 되어 제64조에서 정한 상사소멸시효가 적용된다.[16]

라) 사견　개업준비행위는 영업의사를 객관적으로 인식할 수 있는 시점에서 성립한다고 본다. 따라서 이때 상인자격을 취득한다고 본다(통설).

---

15) 대법원 1999. 1. 29. 선고 98다1584 판결.

16) 대법원 2012. 4. 13. 선고 2011다104246 판결.

(2) 상실

1) 요건

自然人의 상인자격은 영업의 종료, 즉 폐지 또는 양도시에 상실한다. 영업의 폐업신고 후 영업 중의 거래에 관한 청산사무 또는 잔무(예 차입금에 대한 공정증서 작성행위)를 처리하는 범위에서는 상인자격을 유지한다.[17] 즉, 행정관청에 대한 폐업신고로 상인자격을 당연히 상실하는 것은 아니다. 다만, 영업폐지 후의 영업재산 매각행위는 상인자격에서 하는 것이 아니다.

2) 사망과 상인자격

가) 문제의 제기 자연인인 상인이 死亡하면 상인자격을 상실하는지에 대하여 학설이 나뉜다.

나) 학설 긍정설은 자연인인 상인이 사망하면 상인자격을 상실한다고 본다(다수설). 부정설은 자연인인 상인이 사망하면 그의 영업은 일반적으로 상속되어 상속인이 상인자격을 承繼取得하게 되므로 상인자격을 상실하지 않는다고 본다(소수설).[18]

다) 사견 자연인의 상인자격은 특정인을 중심으로 판단하는 것이므로 상인이 사망하면 상인자격을 상실한다고 본다. 그 결과 상속인이 영업을 하는 때에는 승계취득이 아닌 원시적으로 상인자격을 취득하는 것으로 해석한다(긍정설).

3) 파산과 상인자격

가) 문제의 제기 자연인인 상인이 파산하면 상인자격을 상실하는지에 대하여 학설이 나뉜다.

나) 학설 긍정설은 자연인인 상인이 파산선고를 받으면 파산관재인이 상인의 재산을 관리하고 영업은 종료되므로 상인자격을 상실한다고 본다. 다만, 파산선고 이전에 발생한 법률관계에 대하여는 파산 후에도 상법이 적용된다고 본다.[19] 부정설은 자연인인 상인이 파산을 하더라도 파산관재인이 파산자를 대리하므로 파산자는 계속 상인자격을 보유한다고 본다.[20]

---

17) 대법원 2021. 12. 10. 선고 2020다295359 판결.
18) 정동윤(2012), 55면; 정찬형(2025), 81면 등.
19) 이철송(2022), 93면.
20) 이기수·최병규(2016), 119면.

다) 사견 　파산관재인의 직무는 파산사무라는 특정한 사무에 한정되고 영업일반을 대리하는 것은 아니므로 자연인인 상인이 파산하면 상인자격을 상실한다고 본다(긍정설).

4) 제한능력심판과 상인자격

상인이 영업행위를 하던 중 피성년후견인(민법 제10조)[21]이나 피한정후견인(민법 제13조)[22]이 되더라도 그의 행위는 금지가 아닌 취소할 수 있는 것에 불과하다. 때문에 해당 심판을 받더라도 상인자격이 소멸하는 것은 아니다.

3. 법인의 상인자격

(1) 개요

법인 중 회사는 상인이므로 상인자격이 인정되지만(제5조 제2항), 그 밖의 법인 중에는 그 설립목적과 관련하여 상인자격에 이론이 있다.

(2) 회사

1) 취득시기

회사는 설립등기에 의하여 법인격을 취득하고(제172조) 상인자격을 취득한다. 그리하여 회사는 법인격의 취득시기와 상인자격의 취득시기가 일치하는 것이 원칙이다. 회사는 당연상인(제4조) 또는 의제상인(제5조 제2항) 자격을 취득한다.

2) 설립 중의 회사의 상인성

가) 문제의 제기 　설립 중의 회사의 상인성에 관하여는 학설의 대립이 있다.

나) 학설 　우선 긍정설은 설립 중의 회사는 법인격이 없으나, 제한된 범위에서 권리능력이 있으므로 상인으로 보는 것이 타당하다고 해석한다.[23] 부정설은 설립 중의 회사의 행위를 보조적 상행위(제47조 제1항)로 인정하여 이에 상법의 적용을 인정할지라도 회사의 상인성을 설립 중의 회사까지 확장할 수 없다고 한다.[24]

---

21) 被成年後見人은 질병, 장애, 노령 그 밖의 사유로 인한 정신적 제약으로 사무를 처리할 능력이 지속적으로 결여된 자로서 가정법원으로부터 성년후견개시의 심판을 받은 자를 말한다. 과거의 금치산자와 유사하다.

22) 被限定後見人은 질병, 장애, 노령 그 밖의 사유로 인한 정신적 제약으로 사무를 처리할 능력이 부족하여 가정법원이 한정후견개시의 심판을 한 자를 말한다. 과거의 한정치산자와 유사하다.

23) 이철송(2022), 94면.

다) 사견 설립 중의 회사이더라도 자금의 차입 등 보조적 상행위를 하는 범위 내에서는 권리능력을 가지므로 상인성이 인정된다고 본다(긍정설).

3) 상실

회사는 법인격이 소멸됨과 동시에 상인자격도 상실한다. 다만, 회사는 해산을 하더라도 법인격이 소멸되지 아니하고, 청산의 목적범위 내에서 존속하므로(제245조, 제269조, 제542조 제1항, 제613조), 청산이 종료될 때까지는 법인격이 있고, 상인자격도 유지된다. 회사가 파산한 때에는 자연인의 경우와 같이 상인자격을 상실한다고 본다.

(3) 비영리법인

1) 공익법인

영리 아닌 사업을 목적으로 하는 사단 또는 재단(민법 제32조)도 기본적 상행위를 하거나 설비상인의 요건을 갖춘 때에는 상인이 된다(예 학술, 종교, 자선 또는 사교 등). 비영리법인도 수익사업을 할 수 있으므로 그러한 수익사업에 대하여는 상인으로 취급하여야 한다(통설). 대표적으로는 사립학교법 제6조 제1항 「학교법인은 그가 설치한 사립학교의 교육에 지장이 없는 범위 안에서 그 수익을 사립학교의 경영에 충당하기 위하여 수익을 목적으로 하는 사업을 할 수 있다.」는 규정을 들 수 있다. 이러한 공익법인이 상인자격을 취득하는 시기는 자연인인 상인의 경우와 같다.

2) 특수법인

가) 학설 상법이나 민법 이외의 특별법(예 보험업법, 농업협동조합법 또는 대외무역법)에 의하여 설립되는 각종의 특수법인(협동조합 등)은 법인의 목적이 각각의 특별법에 의하여 비영리적인 특정 사업에 한정되어 있고, 그 이외의 사업(영업)은 할 수 없다. 그리하여 통설은 특수법인은 처음부터 상인능력이 없으며 상인자격을 취득할 여지가 없다고 본다(통설).

나) 사견 위와 같은 특수법인도 종래에는 영리사업을 엄격히 제한하였으나, 점차 완화하는 추세에 있으므로 비영리법인도 제한된 범위에서나마 수익사업을 할 수 있다(예 농업협동조합법 제134조 제1항 제4호). 따라서 수익사업의 수행범위 내에서는 상인으로 보아야 한다.

---

24) 정찬형(2025), 82면; 최기원·김동민(2014), 61면; 전우현(2011), 46면.

(4) 공법인

1) 관련 규정

공법인은 보통 영업을 할 수 없으나, 그 중에서 수익사업을 할 수 있는 法人도 있는데(예 한국마사회의 경마개최(한국마사회법 제3조), 한국방송공사의 상업방송(방송법 제54조 제1항 제11호) 등), 이러한 법인은 수익사업에 관한 범위 내에서 상인으로 볼 수 있다. 제2조에서도 공법인의 상행위에 대하여는 법령에 다른 규정이 없는 경우에 한하여 상법을 적용한다고 규정한다.

2) 판례의 태도

판례의 태도는 일정하지가 않다. 예를 들면, 대한광업진흥공사에 관한 사건[25]과 새마을금고에 관한 사건[26]에서는 이들을 비영리법인으로 보면서 융자, 대출행위는 민영광산의 육성이라든지 회원의 보호를 위한 행위로 보아 영리행위성을 부정하였다. 이에 비하여 대한석탄공사에 관한 사건[27]에서는 동 공사가 상사회사는 아니라고 하여도 광물채취에 관한 행위(제46조 제8호)를 영업으로 하는 상인의 성질을 띤 법인이라 할 것이며 위 공사가 피용자들과 체결한 근로계약은 그의 영업을 위한 보조적 상행위이므로 그 보조적 상행위에 따른 퇴직금채무는 상사채무로 보았다.

이러한 판례의 태도는 비영리법인과 특수공법인에게서 나타나고 있는데, 비영리법인과 특수공법인 같은 경우는, 특히 국가의 경제·금융정책에 따라 입법목적과 업무범위에 관한 근거 규정이 다른 데에서 나타나는 현상인 것으로 분석된다.

4. 국가의 상인자격

국가 또는 지방자치단체가 하는 사업 중에는 상행위로 보아야 할 것들이 있다. 예를 들면, 과거의 국영철도운송회사, 서울시의 주차장운영사업, 지하철 또는 수도사업 등과 같다. 이 사업들은 공권력이 아닌 國庫의 주체로서 수행하는 것이고, 영리를 수반하므로 이러한 사업에 관한 한 국가 또는 지방자치단체를 상인으로 보아야 한다. 철도사업이 민영화되기 이전에 철도여객이 철도 또는 열차의 관

---

25) 대법원 1994. 4. 29. 선고 93다54842 판결.
26) 대법원 1998. 7. 10. 선고 98다10793 판결.
27) 대법원 1976. 6. 22. 선고 76다28 판결.

리부주의로 상해를 입은 사건에서도 법원은 국가를 여객운송인으로 보고 제148조에 의거한 손해배상책임을 인정하였다.[28]

Ⅶ 영업능력

1. 의 의

영업능력이란 상인이 스스로 영업을 할 수 있는 능력을 말한다. 회사는 행위무능력이란 상태가 있을 수 없으므로 상인자격이 있으면 당연히 영업능력도 있다. 자연인은 권리능력이 있으면, 상인이 될 수 있으나, 실제 상행위를 할 능력이 있느냐는 것은 개인별로 판단되어야 한다. 그러므로 영업능력에 관한 문제는 자연인 상인의 영업능력에 관한 것이다. 영업에 관한 무능력자의 범위는 민법상의 행위무능력자의 범위와 같고 그에 대한 법적 취급도 같다. 다만, 상법은 상거래의 특수성(예 집단성·반복성·대량성)을 고려하여 무능력자의 상행위에 관하여 3개의 특칙을 두고 있다.

2. 특칙규정

상법은 제6조에 미성년자가 법정대리인의 허락을 얻어 영업을 하는 경우, 제7조에 미성년자가 법정대리인의 허락을 얻어 회사의 무한책임사원이 되는 경우, 제8조에 법정대리인이 미성년자, 피한정후견인 또는 피성년후견인을 위하여 영업을 하는 경우에 관한 규정을 두고 있다.

3. 법정대리인의 허락을 얻은 미성년자의 영업

미성년자는 법정대리인의 허락을 얻은 특정한 영업에 관하여는 성년자와 동일한 행위능력이 있다(민법 제8조 제1항). 미성년자가 영업의 허락을 받았는지 여부는 거래상대방에게 중대한 이해관계가 있는 사항이므로 이를 등기하여야 한다(제6조). 영업의 허락을 취소한 경우(민법 제8조 제2항)에도 등기하여야 한다(제40조). 법정대리인은 영업의 취소 또는 제한할 수 있으나, 선의의 제3자에게 대항하지 못

28) 대법원 1982. 7. 13. 선고 82다카278 판결; 1977. 9. 28. 선고 77다982 판결 등.

한다(민법 제8조 제2항). 후견인이 법정대리인으로서 미성년자의 영업행위에 동의한 때에는 후견감독인이 있으면 그의 동의를 받아야 한다(민법 제950조 제1항 제1호).

한편 법정대리인의 허락이 있었음을 등기하지 아니한 경우일지라도 미성년자와 거래한 선의의 제3자를 보호하기 위한 제37조 제1항은 적용되지 아니한다고 본다. 다만, 법정대리인이 영업의 허락을 취소한 때에는 이 사실을 등기하지 아니하면 선의의 제3자에게 대항하지 못한다(제37조 제1항 참조).

4. 법정대리인의 영업대리

법정대리인이 未成年者·被限定後見人·被成年後見人을 위하여 영업을 하는 때에는 등기를 하여야 한다(제8조 제1항). 이는 대리권의 소재와 범위를 공시함으로써 거래의 안전을 확보하기 위함이다. 법정대리인의 대리권에 대한 제한은 善意의 제3자에게 대항하지 못한다(제8조 제2항). 대리권의 제한사항을 등기하더라도 선의의 제3자에게 대항하지 못한다. 이러한 대리권의 제한은 법률로 정할 사항이지 등기사항이 아니기 때문이다. 그리고 법정대리인이 등기를 하지 아니하고 영업을 대리한 경우에는 법정대리인의 허락을 얻은 미성년자의 영업에서와 같이 제37조 제1항의 적용대상이 아니라고 본다.

본인의 이익에 상반되는 행위는 법정대리인의 대리권이 제한될 수 있다. 이 경우에는 법원에 특별대리인의 선임을 청구하는 등의 제한을 받을 수가 있다(민법 제921조·제949조·제949조의 3).

후견인이 법정대리인이 되어 영업을 대리할 경우 후견감독인이 있으면 그의 동의를 받아야 한다(민법 제950조 제1항 제1호). 그리고 후견감독인의 동의가 필요한 영업행위를 후견인인 법정대리인이 후견감독인의 동의 없이 하였을 때에는 피후견인 또는 후견감독인이 그 행위를 취소할 수 있다(민법 제950조 제3항).

5. 미성년자의 무한책임사원으로서의 행위

미성년자가 법정대리인의 허락을 얻어 회사의 무한책임사원이 된 때에는 그 사원자격으로 인한 행위에는 능력자로 본다(제7조). 회사의 무한책임사원이란 합명회사의 사원 또는 합자회사의 무한책임사원을 뜻한다. 합명회사 및 합자회사의 무한책임사원은 회사의 업무를 집행하며(제200조), 회사를 대표한다(제207조·제269조).

그러므로 무한책임사원이 되는 것을 허락한 때에는 무한책임사원의 지위에 수반되는 모든 행위에 대하여도 허락한 것으로 본다. 미성년자 등이 단독으로 회사업무에 관한 행위를 할 수 있게 한 것이다. 그리고 미성년자가 법정대리인의 허락을 얻어 무한책임사원이 된 후, 회사를 탈퇴하거나 지분을 양도하는 경우에는 별도로 법정대리인의 동의를 얻어야 한다고 본다. 이러한 행위는 재산의 처분행위이기 때문이다.

Ⅷ 영업의 제한

1. 총 설

모든 국민은 職業選擇의 自由를 가진다(헌법 제15조). 따라서 국민은 누구나 상인으로서 영업의 자유를 가진다. 그러나 국민의 영업의 자유는 사회의 공동생활이 유지될 수 있는 범위에서 누릴 수 있는 것이므로 무제한적일 수는 없다. 그리하여 國家安全保障, 秩序維持 또는 公共福利를 위하여 필요한 경우에 한하여 법률로써 제한될 수 있다(헌법 제37조 제2항). 이에 따라 국민의 영업의 자유는 사법상 또는 공법상의 제한을 받을 수 있다. 나아가 사인간의 합의에 의하여 서로의 이익을 조정하는 방법으로 제한할 수도 있다.

2. 사법상의 제한

(1) 사법적 이익조정

영업의 자유는 사인간의 사법적 이익을 조정하기 위하여 법률로써 제한될 수 있다. 예를 들면, 商業使用人(제17조), 영업양도인(제41조), 대리상(제89조), 인적회사의 무한책임사원(제198조·제269조), 물적회사의 이사(제397조·제567조) 등은 영업주, 영업양수인, 본인(대리상의 경우) 또는 회사 등의 이익이 희생되는 것을 방지하기 위하여 경업금지의무를 부담하므로 영업의 제한을 받는다. 이와 같은 제한은 어느 일방의 경쟁적 영업으로 인하여 타방의 영업기회가 침해당하는 것을 방지하는 데 그 목적이 있다.

(2) 상호간 이익조정

상호간의 이익을 조정하는 방법으로는 그 일방으로 하여금 특정한 영업을 할 수 없도록 합의하는 것을 들 수 있다. 그 예로는 첨단전자제품을 제조하는 회사에서 핵심적인 제조비법을 알고 있는 종업원이 퇴직할 때 그 제조비법이 누출되는 것을 방지하기 위하여 당해 종업원이 일정기간 동일한 영업을 하지 않기로 합의하는 행위 등을 들 수 있다. 다만, 이러한 합의는 개인의 자유를 불합리하게 제한하거나 선량한 풍속 기타 사회질서에 반하는 행위(민법 제103조)이어서는 아니 된다. 그 예로는 위 사례의 종업원이 평생 독립하여 영업을 하지 않기로 하는 합의 등을 들 수 있다.

한편 위 종업원이 합의에 반하여 영업을 하더라도 개개의 영업행위 자체는 유효하다. 상대방은 그 영업의 폐지 또는 이와 더불어 손해배상을 청구할 수 있을 뿐이다.

3. 공법상의 제한

(1) 개요

공법은 공익, 국민경제 또는 국가재정상의 목적을 달성하기 위하여 회사의 영업이나 일정한 행위를 제한하는 경우가 있다. 이러한 제한은 직접금지 또는 벌칙규정으로 실효성을 확보하고 있다.

(2) 공익을 위하여 금지하는 행위

여기에 해당하는 예로는 밀수출입업(관세법 제234조·제269조·특정범죄가중처벌법 제6조), 아편의 제조·판매업(형법 제198조), 음란문서, 도화 기타 물건의 판매·제조 등(형법 제243조, 제244조), 마약취급자가 아닌 자의 마약매매(마약류관리에 관한 법률 제4조) 등 여러 가지가 있다. 이에 위반하는 자의 행위의 사법적 효력은 부인된다.

(3) 공익을 위하여 인·허가를 요하는 행위 또는 영업

여기에 해당하는 예로는 예금자보호 및 통화금융관리의 적정성 확보 측면에서 은행업에 대하여는 금융위원회의 인가를 받게 하거나(은행법 제8조), 위험과 재해를 미리 방지하기 위한 총포·도검·화학류·석궁의 제조·판매업(총포화학법 제4조, 제9조) 또는 국민건강을 보호하기 위하여 제약업 또는 식품영업에 대하여 종류별로 주무관청(예 보건복지부, 식품의약품안전처)의 허가를 받게 하는 규정(약사법 제31조, 식품위생법 제27조) 등 다수가 있다. 이러한 유형의 제한규정은 행정단속적 법규인 경우가 많은데, 이에 해당하면 인가나 허가를 받지 아니한 행위를 하더라도 그 행위의 사법적 효력은 유효하다. 예를 들면, 어떠한 자가 금융위원회의 인가를 받지 아니한 채 수신행위를 한 경우에는 약속대로의 원리금을 지급하여야 하는 것이다.

(4) 신분에 의한 제한

여기에 해당하는 자로서는 법관(법원조직법 제49조), 공무원(국가공무원법 제64조, 지방공무원법 제56조), 공증인(공증인법 제6조), 변호사(변호사법 제38조 제2항) 등 일정한 직업을 가진 자는 그 공무집행 등 신분의 공익성으로 인하여 영리행위를 할 수 없다. 다만, 이에 위반하여 영업을 한 경우 그 사법상의 효력에 대하여는 학설이 나뉜다. 否定說은 이에 위반하여 영업을 하더라도 사법상의 효력이 없다고 하고, 행위자는 상인이 될 수 없다고 한다(소수설).[29] 肯定說은 그러한 행위의 사법상 효력은 유효하고, 행위자는 상인이 된다고 한다(다수설).[30] 생각건대, 위에 해당하는 자의 신분이 갖는 공익성의 중요도를 감안하면, 부정설이 타당하다고 본다.

(5) 국가재정상 수요에 의한 제한

국가가 재정상의 목적에서 국가가 경영하는 사업에 대하여는 개인이 경영할 수 없다. 이에 해당하는 예로는 우편사업(우편법 제2조),[31] 담배의 제조·판매업(담배판매법 제11조), 전기통신사업(전기통신기본법 제3조), 우체국예금·보험업(우체국예금보험법 제3조) 등을 들 수 있다.

29) 이철송(2022), 104면.

30) 정찬형(2025), 88면; 정동윤(2012), 110면; 김성태(2002), 181면; 이기수·최병규(2016), 100면; 손주찬(2004), 93면.

31) 다만, 과학기술정보통신부장관은 우편창구업무 외의 우편업무의 일부를 대통령령으로 정하는 바에 따라 다른 자에게 위탁할 수 있다(우편법 제2조 제5항).

02장 상업사용인

Ⅰ 의 의

상인은 영업의 규모를 확대하고 영업유형이 복잡해지면 보조할 자를 필요로 하게 된다. 상인을 보조하는 자로는 우선적으로 代理商(제87조), 仲介人(제93조), 委託賣買人(제101조), 運送周旋人(제114조) 등과 같이 타인의 상거래에 조력함을 영업내용으로 하는 독립된 상인이 있다. 이와는 달리 특정 상인에 비독립적으로 종속하여 상인의 지시·감독에 따라 보조하는 자가 있다. 商業使用人은 후자의 자로서 상인에게 비독립적인 보조자이다. 상업사용인은 민법상의 고용관계(민법 제655조 이하)가 아닌 피용자가 상인을 보조하는 업무의 일환으로 상인을 대리하여 제3자와 거래하였을 때 생기는 대리권을 행사하는 자를 말한다. 상법은 제10조 내지 제17조 등에서 상업사용인에 관한 규정을 두어 일반적인 민사거래와는 달리 영업거래에 관한 피용자의 대리관계를 명시하고 있다.

Ⅱ 상업사용인의 개념

1. 의 의

상업사용인은 대내적으로는 특정 상인에 비독립적으로 종속되어 그 상인의 영업에 관한 대외적 거래를 代理하는 자이다. 즉, 상업사용인은 영업주인 상인의 대외적인 영업활동을 보조하는 자이다.

2. 대내적 관계

(1) 서

상법상의 상업사용인이 되기 위한 내부적 요건은 어떤 자, 즉 상업사용인이 특정 상인에게 계속적으로 종속되어야 한다. 이를 나누어 설명하면 다음과 같다.

(2) 종속성

'종속한다.'는 것은 특정 상인과 상업사용인이 상명하복의 관계에 있다는 사실과 상업사용인의 활동은 독립된 영업이 될 수 없다는 두 가지의 의미를 내포한다. 이 점 특정 상인과 상업사용인이 되고자 하는 자 사이에는 통상적으로 고용계약이 체결되고 상업사용인으로서의 노무를 제공할 의무가 있음을 뜻한다. 다만, 상법은 고용관계가 없더라도 특정인이 상인의 영업활동을 보조하는 경우 그 자에 대하여도 상업사용인으로 의제하고 있다. 이에 해당하는 예로는 상인의 가족이나 친지 등이 점포의 판매업무를 수행하는 물건판매점포의 사용인(제16조)을 들 수 있다.

(3) 법정대리인 및 회사기관과의 구별

법정대리인이 制限能力者를 대리하여 영업을 하는 경우 법정대리인과 제한능력자는 종속관계가 아니라, 법정대리인이 후견적인 지위에서 제한능력자의 영업거래에 관한 능력을 보충하여 주는 관계에 있게 된다. 그러므로 법정대리인은 상업사용인이 아니다. 따라서 법정대리인에 대하여는 민법상 법정대리에 관한 규정 및 상법상 법정대리인의 영업에 관한 제8조는 적용되지만, 상법상 상업사용인에 관한 규정은 적용되지 아니한다.

한편 상업사용인은 특정 상인에 종속된 영업활동 보조자이기 때문에 상인의 경영기관인 인적회사의 업무집행사원, 물적회사의 이사 또는 감사는 상업사용인이 아니다.

(4) 겸직행위허용 및 자격

회사의 이사나 업무집행사원이 지배인, 부분적 포괄대리권을 가진 상업사용인 등의 지위를 겸하여 회사의 영업거래를 대리하면, 그 자에 대하여는 상업사용인에 관한 규정이 적용된다.[32] 따라서 상무이사가 은행지점과 어음수탁보관거래계약을 체결하고 계속적으로 어음수탁보관거래를 하는 경우에는 부분적 포괄대리권을 가진 상업사용이이라 할 수 있다.[33]

한편 상업사용인은 상인의 대외거래에 관하여 실제로 대리할 수 있어야 하므

---

32) 대법원 1996. 8. 23. 선고 95다39472 판결; 1968. 7. 23. 선고 68다442 판결.
33) 대법원 1996. 8. 23. 선고 95다39472 판결.

로 그 자격은 자연인에 한한다.

3. 대외적 관계

상업사용인은 상인의 '대외적인 영업거래를 보조 또는 대리'하는 자이므로 상인의 家事나 비영업상의 활동을 보조(예 전자제품 A/S서비스)하거나 대리하는 자는 상업사용인이 아니다. 이를 구체적으로 보면 ① 기업 내부에서 단순한 노무에 종사하는 자 예를 들면, 생산직공·음식배달원·급사·운전기사·청소부·수위 등, ② 내부관리업무에 종사하는 자 예를 들면, 현금출납계원, 비서·회계실무자·인사부장·공장장 등은 상업사용인이 아니다. 다만, 이러한 자들이 영업활동을 겸하는 때에는 상업사용인에 해당한다(예 택시회사의 택시운전수 등). 그리고 영업소 내에서의 지위가 높고 낮음은 상업사용인의 결정요소가 아니다. 그리하여 회사지점에서 자금과장으로 호칭되더라도 예금인출에 관한 포괄적인 권한을 위임받았다면, 그 자는 지점장명의의 예금계좌에서 예금을 인출할 수 있는 권한을 가진 상업사용인이다.[34]

한편 상업사용인은 상인의 영업거래를 대리하는 자이므로 상인의 영업활동을 보조하더라도 거래행위 이외의 활동(예 광고·선전·정보수집기자)이나 거래에 부수하는 업무(예 수금)를 보조하는 자는 상업사용인이 아니다.

4. 유형 및 대리권의 공통적 특성

(1) 유형

상업사용인은 支配人(제11조), 부분적 포괄대리권을 가진 사용인(제15조), 물건판매점포의 사용인(제16조)으로 나뉜다. 상업사용인은 그 유형에 따라 상인이 수여한 대리권의 유무와 내용에 차이가 있다.

(2) 공통적 특성

상업사용인은 일반 민사상의 대리와 비교하여 다음과 같은 공통적 특성을 갖고 있다.

---

34) 대법원 1987. 6. 23. 선고 86다카1418 판결 반대해석.

1) 포괄성

민사대리인의 대리권은 특정한 행위 또는 일정범위의 행위로 한정되는 것이 일반적이지만, 상업사용인의 대리권은 포괄적으로 주어진다. 그리하여 지배인은 영업주(상인)의 영업전부에 관하여, 부분적 포괄대리권을 가진 사용인은 授權된 영업부분(예 은행대출)에 관하여, 그리고 물건판매점포의 사용인은 물건판매에 관하여 각각 포괄적인 대리권이 있다.

2) 계속성

민사대리인의 대리권은 거래별, 즉 일회성으로 부여되는 것이 일반적이지만, 상업사용인의 대리권은 종임사유가 발생하지 않는 한 영업이 지속되는 동안 계속 존속한다.

3) 정형성

민사대리의 대리권은 일회적인 것이 일반적이므로 대리권의 유무 또는 그 범위에 대하여는 행위별로 판단되어야 하지만, 상업사용인은 그 사용인의 기업 내에서의 지위에 관한 영업주의 수권에 의하여 대리권의 유무 및 범위가 정형적으로 부여된다.

4) 특칙적용

상업사용인의 대리권에 대하여는 상사대리 일반에 관한 특칙(제48조 내지 제50조)이 적용된다. 그러므로 대리의 방식에 있어 非顯名主義방식이 적용되고(제48조), 본인인 영업주가 사망하더라도 대리권은 소멸하지 아니한다(제50조). 상업사용인의 대리권의 포괄성에 따라 위임의 본지에 반하지 아니한 범위 내에서는 위임을 받지 아니한 행위를 할 수 있다(제49조).

Ⅲ 지배인

1. 지배인의 의의

(1) 개념

지배인이란 영업주(상인)에 갈음하여 그 영업에 관한 재판상 또는 재판외의 모든 행위를 할 수 있는 대리권을 가진 상업사용인이다(제11조 제1항).

(2) 명칭

지배인인지의 여부는 명칭과 무관하게 지배권(제11조 제1항)의 실질에 의하여 판단된다. 그러므로 영업거래시 지배인이라는 명칭을 사용하지 아니하고, 영업부장, 지점장, 영업소장 또는 은행의 출장소장[35] 등과 같은 명칭을 사용하더라도 지배인에 해당할 수 있다. 실제로 기업 내에서는 지배인의 지위를 가지고 있지만, 계선상의 직위를 함께 표시하는 것이 일반적이다(예 xx금융투자회사지배인 겸 영업부장).

(3) 지배인과 대표이사

1) 공통점

지배인과 주식회사의 대표이사는 모두 ① 포괄적인 대리권, 즉 재판상 또는 재판외의 모든 행위를 할 수 있는 권한을 가지고 있고(제11조 제1항, 제389조 제3항·제209조), ② 주식회사에서는 이사회에서 선임과 해임을 결의하고(제389조, 제393조 제1항), ③ 그 선임과 해임은 등기사항이라는 점에서 같다(제13조·제317조 제2항 제9호).

2) 차이점

지배인과 대표이사의 차이점은 다음과 같다. 즉, ① 지배인은 개인법상의 수권행위에 의거하여 선임되므로 그 권한 역시 개인법상의 대리권인 데 비하여, 代表理事는 단체법, 즉 회사법상의 조직구성방식에 의거하여 선임되므로 그 권한 역시 회사법상의 기관으로서의 대표권이다. ② 지배인의 권한은 영업거래에 한정된다. 그 결과 지배인은 신주발행이나 사채발행과 같은 단체법상의 권한과 절차를 요하는 사항에 대하여는 대리할 수 없다. 이에 비하여 대표이사의 권한은 '영업거래뿐만 아니라 회사의 내부조직 및 영업과 관계없는 회사의 대외적 행위'에 대하여도 권한을 갖는다. 그 결과 대표이사는 회사의 재무제표·영업보고서의 작성 및 제출(제447조 내지 제449조의 2), 사채발행행위(제469조 제1항) 또는 신주발행행위(제416조)에 관하여도 대표권을 가진다. ③ 대표이사는 영업주인 회사를 대표하기 때문에 이사회의 결의로 지배인을 선임 또는 해임할 수 있으나, 지배인은 이사(또는 업무집행사원)의 지위를 겸[36]하지 아니하는 한 대표이사(또는 대표자)의 선·해임에 관여할 수 없다.

---

35) 대법원 1997. 8. 26. 선고 96다36753 판결.

36) 대법원 1968. 7. 23. 선고 68다442 판결(상무이사가 사용인을 겸한 사례).

2. 지배인제도의 연혁 및 기능

지배인제도는 중세의 시장거래시대에 각각의 상인이 파견하는 대리인을 시장의 고객 등에게 널리 알리고자 그 대리인을 대리인등기부에 등기하게 한 데에서 연유한다. 그리고 오늘날의 상거래는 원활하고 신속하게 체결되고 이행될 것이 요청되므로 지배인제도는 다음과 같은 면에서 순기능을 갖는다. 즉, ① 상인은 그의 영업 전반에 포괄적 대리권을 갖는 지배인제도를 활용함으로써 기업 활동의 범위를 확대시켜 나갈 수 있고, ② 지배인과 거래하는 제3자는 지배인의 권한이 법률상 정형성을 갖기 때문에 대리권의 有·無 및 그 범위를 일일이 확인할 필요 없이 계약을 체결할 수 있어서 거래의 신속과 안전을 기할 수 있다.

3. 지배인의 선임과 종임

(1) 선임

1) 피선임자

지배인은 영업주인 상인 또는 영업주의 대리인이 선임한다(제10조). 이 때문에 지배인은 다른 지배인을 선임하지 못한다(제11조 제2항 참조). 반대 논리로 영업주가 별도의 授權을 하면, 지배인은 다른 지배인을 선임할 수 있다. 미성년자는 법정대리인의 허락을 얻어 영업을 할 수 있는데(제6조), 그 영업에 관하여는 미성년자를 성년자와 동일한 행위능력이 있는 것으로 본다(민법 제8조 제1항). 따라서 이 경우 미성년자는 법정대리인의 동의 없이 단독으로 지배인을 선임할 수 있다.

한편 회사에서는 내부의 일정한 절차를 밟아 대표기관이 지배인을 선임한다(제203조, 제274조, 제393조 제1항, 제564조 제1항·제2항).

2) 선임제한

지배인은 영업주의 영업을 전제로 하는 자이므로 영업능력이 없는 淸算會社나 破産會社는 지배인을 선임할 수 없다. 회사는 소송행위만을 대리하게 할 목적으로 변호사 사무원을 지배인으로 선임할 수도 없다.[37] 이는 회사의 지배인을 가장한 변호사법 위반에 해당하기 때문이다.

---

37) 대법원 1978. 12. 26. 선고 78도2131 판결.

3) 선임행위의 성질

지배인의 선임행위는 그 기초적 내부관계인 고용관계와는 구별된다. 그리하여 지배인의 선임행위의 성질에 관하여는 우선 '위임계약적 요소가 있는 任用契約' 또는 '代理權授與契約'이라고 하는 契約說이 있다(다수설).[38] 이에 비하여 單獨行爲說은 지배인의 선임행위는 지배인의 수령을 요하는 영업주의 단독행위, 즉 지배권의 수여행위라고 한다(소수설).[39]

생각건대, 지배인의 선임을 계약으로 본다면 지배인의 승낙을 요한다고 보아야 할 것이나, 지배인의 선임은 지배인에게 권한을 줄 뿐 의무나 책임을 부담시키는 것은 아니므로 굳이 지배인의 승낙을 요한다고 볼 이유가 없다. 그러므로 단독행위[40]설이 타당하다(소수설). 이는 영업주가 현재 자기의 사용인이 아닌 자를 고용하여 지배인으로 선임하거나 또는 사용인인 자를 지배인으로 선임하는 경우에도 다를 바 없다. 특히 전자의 경우 고용과 지배인의 선임은 외관상 합체되어 있을 뿐 고용행위과 지배인의 선임행위는 이질적인 것이다. 왜냐하면 사법적 측면에서 고용관계는 민법에서 다룰 문제이고(민법 제655조 이하), 사회복지정책적 측면에서는 노동법에서 다룰 문제이며 상법이 관여할 문제가 아니기 때문이다.

4) 선임방식

지배인의 선임은 영업주의 의사표시로 족하다. 그러므로 지배인의 선임행위의 방식에는 제한이 없다(不要式行爲). 즉, 명시적이든 묵시적이든, 서면이든 구두이든 무방하다. 기술한 바와 같이 지배인의 선임에 있어 그 명칭을 지배인이라고 할 필요는 없고, 실제로 제11조 제1항의 지배권을 부여받은 자는 지배인이다.

5) 선임절차

단체법의 특성상 회사지배인의 선임에는 특별한 절차가 요구된다. 합명회사에서는 정관에 다른 정함이 없는 한 총사원의 과반수의 결의(제203조), 합자회사에서는 무한책임사원의 과반수의 결의(제274조), 주식회사에서는 이사회의 결의(제393조

---

38) 최기원·김동민(2014), 73면; 정찬형(2025), 93면; 정동윤(2012), 61면; 손주찬(2004), 110면; 서헌제(2007), 61면; 손진화(2013), 70면.

39) 이철송(2022), 114면.

40) 우리 민법상 단독행위로 채권·채무가 발생하는 것은 대단히 드물다. 단독행위에는 유언과 재단법인의 설립행위가 있을 뿐이다(곽윤직(2005), 3면). 통설도 단독행위에는 채권관계가 발생하지 않는다고 한다.

제1항), 유한회사에서는 이사 과반수의 결의 또는 사원총회의 결의(제564조 제1항·제2항)가 있어야 한다. 유한책임회사에서는 총사원의 과반수결의를 요한다(제287조의 18·제203조). 이 절차는 회사내부의 절차적 요건이므로 이에 위반하더라도 ① 지배인의 거래상대방을 보호하고, ② 선임행위의 상대방, 즉 지배인을 보호하기 위하여 지배인의 선임행위 자체의 효력에는 영향이 없다(통설).[41]

(2) 지배인의 자격

지배인은 ① 영업주와 고도의 신뢰관계를 요하고, ② 직접 의사표시를 하고 상대방의 의사표시를 수령할 수 있어야 하므로 자연인이어야 한다. 지배인은 영업주의 대리권만을 행사할 뿐 의무를 부담하는 자가 아니므로 제한능력자라도 무방하다(민법 제117조). 다만, 의사능력은 있어야 한다. 업무를 집행하는 무한책임사원이나 이사는 자기 회사의 지배인을 겸할 수도 있으나, 감사는 직무의 성질상 회사나 그 자회사의 지배인 기타 商業使用人의 지위를 겸하지 못한다(제411조·제570조). 합자회사의 유한책임사원이나 匿名組合[42]의 익명조합원도 지배인이 될 수 있다. 주주나 유한회사의 사원도 당연히 지배인으로 선임될 수 있다.

그러나 상인은 스스로 자기의 지배인이 될 수 없다.

(3) 지배인의 수

지배인의 수에는 제한이 없다. 따라서 ① 회사 전체에서 1인 또는 수인 혹은, ② 각 본점 또는 지점별로 1인 혹은 수인의 지배인을 선임할 수 있다. 하나의 店鋪에 수인의 지배인을 선임한 때에는 공동지배인이 아닌 한 각자가 대리권을 행사한다.

---

41) 반대: 이철송(2022), 115면; 이종훈(2017), 117면.

42) 익명조합이라 함은 당사자의 일방, 즉 匿名組合員이 상대방(營業者)의 영업을 위하여 출자하고 상대방은 이에 대하여 그 영업으로 인한 이익을 분배할 것을 약정하는 계약이다(제78조). 익명조합은 상법이 인정하고 있는 공동기업의 한 형태이나, 공동기업으로서의 의의는 익명조합원과 영업자의 내부조직에서 찾을 수 있을 뿐이고 대외적으로는 「영업자의 단독기업」으로 나타난다는 데에 그 특색이 있다. 익명조합은 합자회사와 유사하나, 합자회사는 법인격을 가진다는 점에서 익명조합과 다르다.

(4) 지배인의 종임

1) 사유

지배인은 대리권의 소멸에 관한 일반원칙에 따라 종임한다. 즉, 지배인의 死亡·성년후견개시·파산(민법 제127조 제2호)·사임은 물론 영업주의 해임(민법 제128조 단서), 지배인 선임의 원인된 법률관계인 고용계약의 종료에 의하여도 지배인의 대리권이 소멸하므로(민법 제128조 본문) 지배인은 종임한다. 다만, 일반원칙과는 달리 지배인의 대리권은 상행위의 포괄적 위임에 의거한 대리권이므로 본인(영업주)의 사망은 지배권의 消滅事由가 되지 않는다(제50조, 민법 제127조 제1호 참조).

지배인의 지위는 영업의 계속을 전제로 하므로 회사가 영업폐지, 해산 또는 파산한 때에는 종임한다. 그리고 영업주가 동일한 영업을 하기 위하여 본점 또는 지점에 수인의 지배인을 선임한 때에는 해당 영업소의 영업에 관하여만 대리권을 행사할 수 있으므로(상업등기법 제50조 제1항 제4호) 지배인이 선임된 영업소(예 甲증권회사 제주지점)가 폐쇄되면 종임한다고 본다(예 앞 지점의 지점장). 그리고 지배인이 영업을 양수 또는 상속 등에 의하여 상인(영업주)이 된 때에도 지배권은 소멸하고 종임한다. 지배인은 타인인 영업주의 영업에 관하여 타인명의로 대리권을 행사하는 자이므로 스스로의 지배인은 될 수 없기 때문이다.

2) 영업양도의 경우

가) 문제의 제기 영업주가 영업을 양도하는 경우 지배인이 종임하는지에 대하여 학설이 나뉜다.

나) 학설 우선 否定說은 기업유지이념에 부합하기 위하여는 영업이 양도되더라도 지배인을 해임하지 않는 한 지배인의 지위에는 영향이 없다고 본다(다수설).[43] 肯定說은 지배인은 영업주와의 특별한 신뢰관계를 기초로 영업주만이 선임할 수 있으므로 영업양도의 경우는 종임한다고 본다(소수설).[44]

다) 사견 영업주인 양수인은 언제든지 양도인이 선임한 지배인을 해임할 수 있으므로 영업양도로 인하여 굳이 지배인이 종임하도록 구속할 필요는 없다고 본다(부정설).

---

43) 이철송(2022), 116면; 강위두(1998), 88면; 임홍근(2001), 219면; 이병태(1987), 106면; 전우현(2011), 53면.

44) 정동윤(2011), 61면; 최기원·김동민(2014), 74면.

(5) 지배인의 등기

영업주는 지배인을 선임하거나 대리권이 소멸, 즉 종임의 사실이 있는 때에는 영업소(회사의 경우는 본점)의 소재지에서 등기하여야 한다(제13조). 등기 여부는 지배인의 실체적 법률관계에는 영향이 없다. 즉, 등기는 지배인의 선임 또는 종임의 효력요건이 아니다. 그러나 지배인의 선임 또는 대리권의 소멸을 등기하지 아니하면, 이를 가지고 善意의 제3자에게 대항하지 못한다(제37조 제1항).

4. 지배인의 대리권(지배권)

(1) 의의

지배인은 영업주에 갈음하여 그 영업에 관한 재판상 또는 재판 외의 모든 행위를 할 수 있다(제11조 제1항). 지배인의 대리권을 '支配權'이라고 한다. 이를 분설하면 지배권의 정형성·포괄성 및 불가제한성(획일성)으로 나눌 수 있다.

(2) 정형성·포괄성

지배인의 대리권은 수권행위에 의하여 주어진다는 점에서 任意代理와 같으나, 그 대리권은 법으로 정형화되어 있어 법정대리와 유사하다. 그 결과 지배권의 정형성이라 함은 지배인의 권한이 법규정(제11조)에 의하여 정형적으로 주어져 있음을 뜻한다. 그리하여 영업주가 지배인의 대리권을 내부적으로 제한하더라도 선의의 제3자에게 대항하지 못한다(제11조 제3항). 지배권의 포괄성이라 함은 지배인의 대리권은 영업주의 영업에 관하여 포괄적으로 주어져 있음을 뜻한다. 그리하여 지배인이 그 대리권을 행사함에 있어서는 영업주의 개별적인 授權이나 許諾을 요하지 않는다.

지배권의 정형성과 포괄성은 상거래시에는 거래당사자들의 개성이나 의사보다는 거래 자체가 영리추구행위이기 때문에 상호 합리성에 기인한 거래가 이루어진다는 사실에서 나오는 특성이다. 왜냐하면 거래당사간에 상호이익을 추구하기 위하여는 거래가 합리적으로 이루어져야 하는 것이지, 당사자들의 개성이나 의사를 앞세울 필요가 없기 때문이다.

(3) 불가제한성(획일성)

1) 서

영업주는 지배인의 권한남용을 방지하기 위하여 지배인의 대리권을 제한하고자 하는 수가 있다. 일정한 종류의 거래에 관하여만 대리권을 수여한다든지, 일정한 행위를 대리함에는 사전에 영업주의 동의를 얻게 하는 것과 같다.

그러나 지배인의 대리권은 그 범위가 객관적으로 법률에 의하여 정형화되어 있으므로 거래의 안전을 위하여 그 획일성이 요구된다. 그럼에도 불구하고 영업주가 지배인을 선임하고, 그 대리권에 대하여 거래의 금액·종류·시기·장소 등에 관하여 자유롭게 그 권한을 제한한다면, 지배인의 권한을 정형화시킴으로써 거래의 안전과 신속을 보장하려는 법의 취지에 어긋난다. 때문에 그 제한을 근거로 선의의 제3자에게 대항할 수 없다(제11조 제3항). 이는 지배인의 대리권이 제한될 수 없다는 의미가 아니라, 그 제한을 가지고 선의의 제3자에게 대항하지 못하기 때문에 지배권의 불가제한성이라고 하는 것이다. 즉, 영업주가 지배인의 대리권을 제한하더라도 이 사실을 등기하여 공시할 수 있는 방법도 없기 때문에,[45] 영업주는 언제나 선의의 제3자에게 대항할 수 없는 것이다.

2) 선의의 제3자의 의미 및 범위

영업주가 지배인의 대리권의 제한을 대항할 수 없는 선의의 제3자란 거래상대방이 지배인의 대리권이 제한되어 있음을 알지 못하는 자를 뜻한다. 無過失을 요하는 규정이 없으므로 過失로 인하여 알지 못한 자도 보호 받는다(통설). 그러나 重過失이 있는 경우에는 악의와 마찬가지로 보아 보호받지 못한다고 함이 통설·판례[46]이다. 제3자의 악의 또는 중과실에 대한 立證責任을 부담하는 자는 영업주이다.[47] 그리고 어음행위에 관한 제3자에는 어음을 직접 취득한 상대방뿐만 아니라, 그자로부터 어음을 다시 배서양도받은 제3자도 포함된다.[48]

---

45) 이 규정은 민법과 다르다. 민법상 理事의 代表權의 제한은 등기할 수 있고, 등기하면 이로써 선의의 제3자에게 대항할 수 있다(민법 제60조).

46) 대법원 1997. 8. 26. 선고 96다36753 판결.

47) 대법원 1997. 8. 26. 선고 96다36753 판결.

48) 대법원 1997. 8. 26. 선고 96다36753 판결.

3) 특별수권의 존재

영업주가 상법에서 규정한 지배권의 범위를 넘어서 지배인에게 대리권을 부여하는 행위는 지배권의 정형성의 측면에서 보면 지배권의 확장이 아닌 지배권 이외의 특별수권의 부여라고 보아야 한다. 그 예로는 지배인의 또 다른 지배인 선임권, 점포의 개설 또는 영업의 양도·폐지에 관한 결정권을 부여하는 행위 등을 들 수 있다.

5. 대리권의 범위

(1) 영업소별 범위

영업주는 지배인을 본점 또는 지점별로 구분하여 선임하고 영업을 하게 할 수 있다(제10조·상업등기법 제50조 제1항 제4호). 이에 따라 지배인의 권한은 본점 또는 지점별로 단위화되어 있다. 즉, 이 경우 지배인의 권한은 각 영업소별로 한정된다. 그러나 1人의 지배인으로 하여금 본점 및 지점의 영업 전부를 관장하게 할 수도 있고, 본·지점에 각기 지배인을 두고 별도로 본점 및 지점의 영업을 총괄하는 지배인(예 호텔총지배인)을 추가적으로 둘 수도 있다.

(2) 영업에 관한 행위

1) 서

지배인의 대리권은 영업에 관한 모든 행위에 미친다(제11조 제1항). 이는 적극적인 측면에서는 지배인의 대리권의 범위를 넓히고 있지만, 소극적인 측면에서는 대리권을 '영업에 관한 범위 내'로 한정하는 의미도 있다. 그러므로 지배인의 대리권의 범위를 이해함에 있어서는 '영업에 관한 행위'의 개념과 내용을 파악하는 것이 중요하다.

2) 영업에 관한 행위

'영업에 관한 행위'는 영업의 목적이 되는 행위뿐만 아니라 영업에 직접 또는 간접적으로 필요한 모든 행위를 말한다. 그리하여 ① 영업주가 일상적으로 하는 營業部類에 속하는 거래는 물론, ② 점원 또는 지배인 이외의 상업사용인의 선임 및 해임, 그리고 영업에 필요한 資金의 貸出이나 貸與, 어음·수표의 발행 등도 지배인의 대리권한에 해당한다. 지배인의 행위가 영업에 관한 것인지 여부는 행위의 객관적 성질에 따라 판단할 문제이고, 지배인의 主觀的 意圖와는 관계가 없다.[49] 그러므로 지배인이 자신의 이익을 위하여 거래를 하였더라도 행위의 성질상 營業主의 영업범위에 속하는 것이라면 지배인이 영업주를 위하여 대리행위를 한 것이 되고, 영업주가 책임을 진다.[50] 예를 들면, 은행의 지배인이 유흥비의 조달 등 자신의 이익을 위하여 약속어음을 발행한 경우에도 그 효력은 영업주인 은행에게 미친다.[51] 다만, 지배인의 행위가 영업에 관한 행위이라고 할지라도 자기 또는 제3자의 이익을 위한 것임을 거래의 상대방이 알았거나 알 수 있었을 때에는, 영업주는 아무런 책임을 지지 아니한다.[52] 이 경우 제3자의 악의 또는 중대한 과실에 대한 주장·증명책임은 영업주가 부담한다.[53] 그리고 거래의 내용으로 보아 지배인 자신을 위한 행위가 명백한 때에는 특별한 수권이 없는 한 지배인의 대리권은 부정된다.[54]

3) 대리권의 한계

대리권은 영업에 관하여만 미치므로 영업주의 家事에 관한 행위 등 성질상 영업 이외의 행위는 대리할 수 없다. 예를 들면, 영업주의 신분상의 행위(예 혼인·입양) 등이 해당된다.[55] 그리고 지배인은 이미 개시된 영업의 존속을 전제로 대리행위를 할 수 있을 뿐이므로 새로운 점포의 개설, 영업의 양도·폐지, 상호의 선정·변경·폐지 또는 회사의 파산신청 등은 지배인의 권한에 속하지 아니한다. 그리고 '증권회사 지점장대리',[56] '(보험회사)지점차장'[57]과 같이 명칭 자체에서 상위직 사용인의 존재를 인식할 수 있는 명칭은 해당 영업소의 영업을 책임지는 지위를 나타낸다고 볼 수 없으므로 지배인에 해당하지 아니한다.

기술한 바와 같이 회사의 사채발행(제469조 제1항) 또는 신주발행(제416조) 등은 단체법상의 권한과 절차를 요하는 행위이므로 지배인의 권한에 속하지 아니한다.

---

49) 대법원 1997. 8. 26. 선고 96다36753 판결; 1987. 3. 24. 선고 86다카2073 판결.
50) 대법원 1968. 3. 5. 선고 67다2297 판결.
51) 대법원 1998. 8. 21. 선고 97다6704 판결; 1955. 3. 10. 선고 4287민상292 판결.
52) 대법원 1999. 3. 9. 선고 97다7721·7738 판결; 1987. 3. 24. 선고 86다카2073 판결.
53) 대법원 1997. 8. 26. 선고 96다36753 판결.
54) 대법원 1987. 3. 24. 선고 86다카2073 판결; 1984. 7. 10. 선고 84다카424·425 판결.
55) 대법원 1984. 7. 10. 선고 84다카424·425 판결.
56) 대법원 1994. 1. 28. 선고 93다49703 판결.
57) 대법원 1998. 10. 13. 선고 97다43819 판결.

그리고 영업에 관한 행위이더라도 성질상 일신전속적인 행위(예 署名·宣誓 등) 또는 법률상 제한되는 행위(예 다른 지배인의 선임) 등도 지배인이 대리할 수 없다.

(3) 재판상 또는 재판 외의 행위

지배인은 대리권이 미치는 범위 내에서는 영업주에 갈음하여 재판상 또는 재판 외의 모든 행위를 할 수 있다. '재판상의 행위'란 소송행위를 뜻하며, 지배인이 영업주를 대리하여 訴의 提起, 應訴, 辯論 또는 訴訟進行 등을 할 수 있다는 뜻이다. 이는 지배인이 변호사가 아니라도(민사소송법 제87조) 가능하다. 여기에는 지배인이 소송대리인을 선임하거나 소송서류의 송달을 받는 행위도 포함된다. 그러나 '재판상의 행위'도 '영업에 관한 행위' 내로 국한되므로 刑事訴訟法상의 행위는 대리할 수 없다고 보아야 한다. 이에 비하여 '재판 외의 행위'라 함은 소송행위 외의 사법상의 적법행위를 뜻한다. 여기에는 ① 영업주가 영업으로 하는 기본적 상행위(제46조)·준상행위(제66조)[58]이든 영업을 위하여 하는 보조적 상행위이든, ② 유상행위이든 무상행위이든 모두 포함된다.

한편 지배인은 법규정(제11조)에 의거한 대리인(법률상 소송대리인)이므로 일반적인 소송대리인이 특별수권을 받아야 할 수 있는 反訴의 제기, 和解, 請求의 抛棄·認諾,[59] 취하, 소송대리인의 선임 등을 별도의 수권 없이도 할 수 있다(민사소송법 제92조·제90조·제91조).

(4) 대리권의 양도가능성

지배인은 영업주와의 고도의 신뢰관계에 기하여 선임되므로 一身專屬的인 地位라고 할 수 있다. 이에 따라 지배인은 그의 권한의 전부 또는 일부를 타인에게 양도할 수 없다.

(5) 대리권의 남용

기술한 바와 같이 지배인이 자기 또는 제3자의 이익을 위하여 거래를 하였더라도 행위의 객관적 성질이 영업행위이면 영업주에 대하여 효력이 있다. 그러나 영업주를 위한 것이 아님을 거래의 상대방이 알았거나 알 수 있었을 때에는,

---

58) 제5조의 의제상인(설비상인)이 '영업으로 하는 상행위'를 말한다.

59) 민사소송에서 피고가 원고의 청구 내용인 권리나 주장을 전면적으로 긍정하거나 또는 그 진술을 하는 것을 말한다.

영업주는 상대방에 대하여 그 거래의 무효를 주장할 수 있다.[60] 그리고 이에 관한 법리로서 대법원은 민법 제107조(진의아닌 의사표시) 제1항의 단서를 유추적용하고 있다.[61]

6. 공동지배인

(1) 의의

동일한 영업주가 수인의 지배인을 선임한 때에는 각자가 대리권을 행사하는 것이 원칙이다. 그러나 영업주는 수인의 지배인에게 공동으로만 대리권을 행사하게 할 수 있다(제12조 제1항). 이 경우의 지배인을 共同支配人이라고 한다. 이 제도는 지배인의 권한이 포괄적이기 때문에 발생할 수 있는 지배인의 輕率·不誠實·獨斷을 견제하는 한편, 서로의 능력을 보충하게 하는 데 유용하다. 공동지배인을 선임하는 때에는 이 사실을 등기에 의하여 公示하여야 하는데(제13조 후단·제12조 제1항), 이는 거래상대방에게 예측가능성을 부여하기 위함이다.

(2) 요건

1) 수인의 지배인

2인 이상의 지배인을 공동지배인으로 하는 방법은 다음과 같다. 즉, ① 수인의 지배인 전원으로 하여금 공동으로 대리하게 하는 방법, ② 3인(甲, 乙, 丙) 이상의 지배인 중 2인(甲·乙 또는 乙·丙 등) 이상이 공동으로 대리하게 하는 방법, ③ 3인 이상의 지배인 중 특정의 지배인(甲)과 나머지 지배인 중 1인(乙 또는 丙)이 공동으로 대리하게 하는 방법, ④ 3인 이상의 지배인 중 일부(甲)는 단독지배인으로 하고 일부(乙과 丙)는 공동지배인으로 하는 방법 등이 있다.

2) 영업주의 의사표시

영업주가 수인의 지배인을 선임한 경우에는, 법률이나 수권행위에 별다른 정함이 없는 한, 각자 支配權을 갖는 것이 원칙이다(민법 제119조 참조). 그러므로 영업주가 수인의 지배인을 공동지배인으로 정하려면 이에 관한 의사표시를 하여야 한다.

---

60) 대법원 2008. 7. 10. 선고 2006다43767 판결; 1999. 3. 9. 선고 97다7721·7738 판결; 1987. 3. 24. 선고 86다카2073 판결.

61) 대법원 1999. 3. 9. 선고 97다7721·7738 판결.

3) 등기

공동지배인에 관한 사항이 변경되거나 소멸하는 때에는 영업소(회사의 경우는 본점)의 소재지에 등기하여야 한다(제13조 전단). 등기 여부는 지배인의 실체적 법률관계에는 영향이 없다. 즉, 등기 여부는 효력요건이 아니다. 그러나 등기를 하지 아니하면, 이를 가지고 선의의 제3자에게 대항하지 못한다(제37조 제1항).

(3) 적용범위

1) 소송대리행위

가) 학설 공동지배인이 재판상의 행위도 공동으로 하여야 하는지에 대하여는 학설이 나뉜다. 否定說은 재판상의 행위는 소송대리인의 개별대리가 원칙(민사소송법 제93조)이라는 점을 근거로 재판상의 공동대리를 부정한다.[62] 肯定說은 소송대리인의 개별대리의 원칙은 임의대리를 대상으로 한 것이므로 법정의 대리권을 갖는 지배인에 대하여 적용된다고 보기 어렵다고 한다. 따라서 재판상의 행위도 공동으로 대리하여야 한다고 본다(통설).[63]

나) 사견 공동지배인제도는 단독지배인의 규정에 관한 제11조 제1항 전체의 내용을 수인의 지배인에게 적용시키는 제도이다. 따라서 재판상의 행위를 제외시킬 이유가 없다(긍정설).

2) 일부의 종임

공동지배인 중 일부가 종임되어 지배인이 1인만이 남게 되더라도 그 1인이 자동적이고 단독으로 지배권을 행사하여서는 아니 된다. 이 때문에 영업주가 별도로 단독지배권을 부여하거나, 새로이 공동지배인을 정할 때까지는 지배권의 행사가 停止된다.

(4) 효과

1) 능동대리

가) **대리권의 행사방법** 공동지배인이 영업주를 위하여 하는 제3자에 대한 의사표시는 공동으로 하여야 한다(제12조 제1항). 이를 能動代理라고 한다. '공동으

62) 손주찬(2004), 115면.

63) 이철송(2022), 125면; 김성태(2002), 208면; 정동윤(2012), 64면; 손진화(2013), 78면; 이종훈(2017), 44면; 정찬형(2025), 98면; 최기원·김동민(2014), 78면.

로' 하여야 한다고 해서 반드시 수인이 동시에 의사표시를 하여야 할 필요는 없고, 수인의 지배인이 순차로 표시하여도 된다. 그러나 1인이 제3자에 대하여 행한 의사표시를 다른 공동지배인이 내부적으로 추인하는 것은 공동의 대리행위가 아니다.[64] 그리고 어음행위와 같은 要式行爲에서는 공동지배인 전원이 각각 기명날인 또는 서명을 하여야 한다.

나) 위임가능성

① 문제의 제기

공동지배인 중 일부가 다른 지배인에게 자신의 권한을 포괄적으로 위임하는 것은 復任權, 지배인이 지배인을 선임하는 것과 같아 허용될 수 없다.[65] 다만, 지배인의 개별적인 거래행위나 특정 종류의 행위에 대하여 위임할 수 있는지에 대하여는 견해가 나뉜다.

② 학설

우선 否定說은 ⓐ 개별거래를 위임하더라도 복임권의 행사에 틀림없고, ⓑ 공동지배인간의 내부적 위임에 의하여 대리행위의 대외적 효력을 좌우하게 하는 것은 제도운영의 예측가능성을 흐리게 하기 때문에 개별적인 위임도 불가하다고 한다(소수설).[66] 이에 대하여 肯定說은 ⓐ 대리권남용의 위험이 적고, 기업활동의 원활을 기할 필요가 있다는 점(적극설)과 ⓑ 모든 행위에 관하여 공동지배인 전원의 물리적인 참가를 요구하는 것은 상거래의 신속요청에 반하므로 공동지배인간의 위임관계를 顯名한다면 개별거래가 가능하다는 점(표시행위위임설) 등을 근거로 개별위임을 긍정한다(다수설).[67]

③ 사견

공동지배인 중의 일부가 개별적인 거래행위나 특정 종류의 행위에 대하여 지배권을 위임한다고 하더라도, 지배권의 남용이나 오용방지를 목적으로 하는 제도의 입법취지[68]에 반한다고 볼 수 없으므로 개별적 위임을 긍정한다(긍정설). 이는

---

64) 同旨 손주찬(2004), 102면; 최기원·김동민(2014), 77면; 정찬형(2025), 98면.

65) 대법원 1989. 5. 23. 선고 89다카3677 판결.

66) 김성태(2002), 208면; 손주찬(2004), 115면; 서돈각·정완용(1999), 83면.

67) 정찬형(2025), 98면; 이철송(2022), 126면; 정동윤(2012), 64면; 최기원·김동민(2014), 78면; 이종훈(2017), 44면; 장덕조(2017), 31면; 정경영(2009), 48면; 임홍근(2001), 85면; 이기수·최병규(2016), 151면; 안강현(2019), 91면; 서헌제(2007), 66면.

공동대표이사제도의 경우와 같은 논리이다. 다만, 긍정설을 취하더라도 어음·수표행위나 재판상의 행위는 그 성질상 반드시 공동으로 하여야 한다. 이러한 문제는 부정설의 견해에서는 발생하지 않음은 물론이다.

다) 위반의 효과 공동지배인 중 1인이 단독으로 대리한 경우 그 대리행위는 무권대리이므로 무효이다(민법 제130조). 상대방이 善意라 하더라도 영업주는 무효를 주장할 수 있다. 다만, 영업주는 이를 추인할 수 있다. 이 경우에는 대리행위를 한 때로 소급하여 영업주에게 그 행위의 효력이 생긴다(민법 제133조).

2) 수동대리

거래상대방의 의사표시는 공동지배인 중 1인에게 하더라도 효력이 있다(제12조 제2항). 이를 受動代理라고 한다. 이와 같이 수동대리에 있어서는 공동지배인 각자가 의사표시의 수령권한을 갖는다. 그 결과 공동지배인 중 1인이 의사표시를 수령한 경우 의사의 흠결·사기·강박 또는 영업주의 어떤 사정에 대한 知·不知, 과실, 선의·악의 등은 의사표시를 수령한 지배인을 표준으로 판단하게 된다(민법 제116조 제1항). 이 점에서 수동대리는 거래의 신속성을 추구할 수 있고 지배인권한의 誤·濫用의 우려가 적을 뿐만 아니라 공동지배인 중 의사표시를 수령할 수 없는 자가 있는 경우 거래상대방의 이익을 보호하기 위한 제도라고 할 수 있다.

7. 표현지배인

(1) 의의

'表見支配人'이란 지배인이 아니면서, 본점 또는 지점의 본부장, 지점장 그 밖에 지배인으로 인정될 만한 명칭을 사용함으로써 지배인과 동일한 권한이 있는 것으로 擬制되는 사용인을 말한다(제14조 제1항). 영업주가 편의상 사용인에게 지배인으로 오인될 만한 명칭을 사용하게 하면서도 그에 상응하는 권한을 주지 아니하는 경우도 있다. 이때 사용인이 자신에게 주어진 명칭을 남용하여 진정한 지배인이라야 할 수 있는 행위를 하고, 상대방은 그 표현적 명칭을 신뢰하여 거래를 하게 되는 경우 이러한 사용인을 표현지배인이라 하고, 거래상대방을 보호하여야 하는 문제가 생긴다.

---

68) 대법원 1989. 5. 23. 선고 89다카3677 판결.

본래 표현지배인의 행위는 대리권이 없는 자의 행위이므로 무효라고 하여야 한다. 그러나 상법은 外觀主義 내지는 禁反言의 法理[69]에 따라 外觀을 신뢰한 자를 보호하는 한편, 사실과 다른 외관을 작출한 책임을 묻기 위하여 표현지배인의 대리행위에 관하여 영업주에게 책임을 귀속시키고 있다(제14조).

(2) 상법의 규정

표현지배인에 관하여 제14조 제1항은 "본점 또는 지점의 본부장, 지점장, 그 밖에 지배인으로 인정될 만한 명칭을 사용하는 자는 본점 또는 지점의 지배인과 동일한 권한이 있는 것으로 본다. 다만, 재판상의 행위에 관하여는 그러하지 아니하다."라고 규정하고 있다. 이어서 동조 제2항은 "제1항의 규정은 상대방이 악의인 경우에는 적용하지 아니한다."라고 규정하고 있다. 그리하여 이 규정에 대하여는 ① 본점 또는 지점 등에서 지배인으로 오인될 만한 표현적 명칭을 사용하는 使用人이, ② 지배인의 권한에 속하는 재판 외의 대리행위를 하고, ③ 상대방이 ①의 자가 지배인이 아님을 알지 못한 경우에는 진정한 지배인의 대리행위와 같이 본인(영업주)이 거래상의 책임을 진다고 풀이할 수 있다.

(3) 적용요건

1) 표현적 명칭의 사용

가) 표현적 명칭의 의의 표현지배인이 성립하려면 사용인이 지배인으로 오인될 만한 명칭을 사용하여야 한다. 法文에서 본부장 또는 지점장이라고 한 것은 표현적 명칭의 예시이고, 그 밖에 다양한 명칭이 있을 수 있다. 예를 들면, 지배인·영업부장·지사장·영업소장·출장소장·사무소장 등이 실제로 지배인을 나타내는 용어로 흔히 쓰이고 있다.[70] 다만, 기술한 바와 같이 지배인에 해당하는지의 여부가 명칭과는 무관하게 지배권(제11조 제1항)의 실질에 의하여 판단되는 것과 같이 표현적 명칭 역시 표준화하기는 어렵다. 이에 비하여 '증권회사 지점장대리',[71] '(보험회사)지점차장'[72]과 같이 명칭 자체에서 상위직 사용인의 존재를 인식

69) 대표적으로는 명의대여자의 책임(제24조), 표현대표이사(제395조), 민법상의 표현대리(민법 제125조, 제126조, 제129조) 등을 들 수 있다.

70) 대법원 1960. 6. 5. 선고 4296민상53 판결.

71) 대법원 1994. 1. 28. 선고 93다49703 판결.

72) 대법원 1998. 10. 13. 선고 97다43819 판결.

할 수 있는 명칭은 해당 영업소의 영업을 책임지는 지위를 나타낸다고 볼 수 없으므로 표현지배인의 명칭이 아니다.[73] 다만, '(증권회사)지점장대리'은 부분적 포괄대리권을 가진 사용인(제15조)으로 볼 수는 있다.[74]

한편 판례는 제약회사의 '지방분실장'이라는 명칭은 표현지배인의 명칭에 해당하지만,[75] 보험회사의 '지사장', '영업소장' 또는 '출장소장' 등의 명칭은 표현지배인의 요건에 해당하지 아니한다고 본다.[76] 보험회사의 지점은 본점으로부터 독립된 영업적 중심을 형성하지 못하고 독립적인 영업을 계속할 수 있는 조직을 갖춘 것으로 볼 수도 없기 때문이다. 회사의 주주로서 자금조달 업무에 종사함과 아울러 '지방연락사무소장'으로서 회사로부터 토지를 분양받은 자들과의 연락업무와 투자중개업무를 담당해 온 자도 같은 이유에서 표현지배인에 해당하지 아니한다.[77]

나) 영업주의 명칭사용 허락 표현지배인의 행위로 인하여 영업주에게 책임을 묻기 위하여는 사용인의 표현적 명칭사용에 대하여 '영업주의 허락'이라는 귀책사유가 있어야 한다. 영업주의 허락 없이 사용인이 恣意的으로 표현적 명칭을 사용하여 제3자와 거래를 하였다면 사용자배상책임(민법 제756조)을 질 수 있음은 별론으로 하고, 제14조의 책임을 물을 수 없다. 왜냐하면 표현지배인제도는 영업주에게 사실과 다른 외관을 작출한 데 대한 책임을 묻는 제도이기 때문이다.

'영업주의 허락'은 명시적 또는 묵시적이든 무방하다(통설). 영업주가 법인일 때에는 이사회결의로, 또는 대표이사가 명칭사용을 허락한 경우 영업주의 허락이 있는 것으로 볼 수 있다.

다) 명칭사용방법 사용인의 표현적 명칭은 제3자의 오인의 원인이 되어야 한다. 따라서 그 명칭이 대외적으로 表示되어야 한다. 예를 들면, 사용인이 거래상대방에게 자신의 명칭을 적극적으로 표시하거나, 고객에 대한 안내서 등의 印刷物에 명칭을 표시한다든지, 窓口營業을 하는 증권회사 등에서 고객이 볼 수 있는 장소에 표현적 명칭이 기재된 名牌(예 지배인 또는 영업부장)를 사용하는 것 등이 제14조상의 표현적 명칭이다.

---

73) 대법원 1994. 1. 28. 선고 93다49703 판결; 1993. 12. 10. 선고 93다36974 판결.
74) 대법원 1994. 1. 28. 선고 93다49703 판결.
75) 대법원 1998. 8. 21. 선고 97다6704 판결.
76) 대법원 1967. 9. 26. 선고 67다1333 판결.
77) 대법원 1998. 10. 13. 선고 97다43819 판결.

라) 상업사용인 여부 표현지배인이 성립하려면 명칭사용인이 최소한 부분적 포괄대리권을 가진 사용인(제15조) 또는 물건판매점포의 사용인(제16조)으로서 일정한 대리권을 행사할 수 있는 상업사용인이어야 하는지 문제될 수 있다. 그런데 이 제도는 외관을 신뢰한 자를 보호하고, 사실과 다른 외관을 작출한 데에 대한 책임을 영업주에게 묻는 데 그 취지가 있으므로 지배인으로서 표현적 지위를 갖춘 것으로 족하고, 상업사용인일 필요는 없다.

2) 본점 또는 지점으로서의 실질

가) 문제의 제기 표현지배인에 대한 거래상대방의 오인은 그 本店 또는 支店이라는 영업소와 결부되어 이루어지는 것이다. 이러한 점에서 표현지배인이 소속된 본점 또는 지점만큼은 본점 또는 지점으로서의 실질을 갖추어야 하는지에 대하여 견해가 나뉜다.

나) 본·지점의 실질에 관한 학설 우선 否定說인 외관설(또는 형식설)은 거래의 안전을 위하여 본점 또는 지점으로서의 외관, 즉 표시만 있으면 족하고, 그 실질을 요하지 않는다고 한다(소수설).[78] 이에 비하여 肯定說인 실질설은 표현지배인이 성립하기 위하여는 진정한 지배인의 대리행위가 존재할 수 있을 정도로 본점 또는 지점의 실체를 갖추고 어느 정도 독립적으로 영업활동을 할 수 있는 실질을 갖추고 있어야 한다고 본다(다수설).[79]

다) 판례 대법원은 “단순히 본점·지점의 지휘감독 아래 기계적으로 제한된 보조적 사무만을 처리하는 영업소는 상법상의 영업소인 본점·지점에 준하는 영업장소라고 볼 수 없으므로 동 영업소의 소장을 표현지배인으로 볼 수 없다.”[80]고 판시하고 있다(실질설).

라) 사견 본점 또는 지점이란 상인의 영업활동의 중심지로서 영업에 관한 지휘·결정, 활동결과의 報告場所이고, 본점 또는 지점 단위에서 지배인이 선임되므로 표현지배인을 인정하기 위하여는 본점 또는 지점의 실체를 갖추어야 한다고 본다(실질설).

---

78) 최준선(2016), 147면; 채이식(1997), 62면; 이범찬·최준선(2009), 161면.

79) 이철송(2022), 132면; 최기원·김동민(2014), 81면; 전우현(2011), 61면; 정찬형(2025), 101면; 정동윤(2012), 69면; 손주찬(2004), 104면; 정준우(2021), 60면.

80) 대법원 1998. 8. 21. 선고 97다6704 판결; 1978. 12. 13. 선고 78다1567 판결.

3) 권한 밖의 대리행위

제14조에 의한 영업주의 책임이 성립하려면, 표현지배인이 자신의 권한 밖의 대리행위를 하여야 한다. 그리고 표현지배인의 대리행위는 적법한 지배인의 권한 내의 행위(예 어음 또는 수표의 발행)이어야 한다.[81] 가족법상의 법률행위, 점포의 개설 또는 영업의 양도·폐지와 같이 적법한 지배인의 권한 밖의 행위는 본조의 적용대상이 아니다. 재판상의 행위는 명문으로 제외시키고 있기 때문에(제14조 단서) 영업주는 그 행위로 인한 책임을 부담하지 아니한다. 재판상의 행위는 사용인의 외관보다는 실체적 진실이 중요하기 때문이다.

4) 거래상대방의 선의

가) 대상 및 의의 표현지배인제도에 의거한 영업주의 책임을 묻기 위하여는 사용인의 거래상대방이 선의이어야 한다. '선의'라 함은 표현적 명칭을 사용한 사용인을 지배인으로 믿었음을 뜻한다. 따라서 상대방이 악의인 경우에는 영업주의 책임을 물을 수 없다(제14조 제2항). 상대방의 악의는 영업주가 입증하여야 한다.

나) 과실의 요부 및 판단시점 제14조 제2항은 무과실을 요건으로 하지 아니한다. 그러므로 경과실이 있는 거래상대방은 보호받는다고 본다. 다만, 상대방에게 중과실이 있는 때에는 영업주의 외관작출과 상쇄되는 허물이 있다고 보아야 하므로 악의의 경우와 동일하게 다루어야 한다(통설). 선의·악의 여부는 거래시점을 기준하여 판단한다(통설). 때문에 상대방이 거래시에 선의였다면, 거래 후에 지배인이 아니었음을 알게 되더라도 표현지배인의 행위의 성립에는 영향이 없다.

(4) 효과

표현지배인의 대외적 행위는 '재판 외의 행위'에 관하여 본점 또는 지점의 지배인과 동일한 권한이 있는 것으로 본다(제14조 제1항). 다만, 이는 표현지배인이 일상적으로 지배인과 같이 포괄적·정형적인 권한을 갖는다는 뜻이 아니라, 그가 행한 특정의 거래행위에 진정한 지배인의 행위와 같은 효력을 부여한다는 뜻이다. 그리고 표현지배인에 대하여 영업주가 그 책임을 지는 것은 진정한 지배인의 권한을 내부적으로 제한하였지만, 그 제한에 반하여 한 행위에 대하여 영업주가 책임을 지는 경우(제11조 제3항)[82]와는 구별된다.

---

81) 대법원 1989. 8. 8. 선고 88다카23742 판결.

Ⅳ 부분적 포괄대리권을 가진 사용인

1. 의 의

(1) 개념

部分的 包括代理權을 가진 使用人이라 함은 영업주로부터 영업의 특정한 종류 또는 특정한 사항에 관한 위임을 받아 재판 외의 모든 행위를 할 수 있는 상업사용인을 말한다(제15조 제1항). 예를 들면, 건설회사의 '자금부장'이라는 직책을 두어 금융기관을 상대로 자금조달업무를 전담시키거나, 전자회사의 '판매부장'이라는 직책을 두어 상품의 판매를 전담시키는 것과 같다.

(2) 제도의 취지

상인은 부분적 포괄대리권을 가진 사용인을 선임함으로써 지배인만을 둘 때와는 달리 기업 운영의 전부를 특정 사용인에게 의존하는 위험부담을 줄이고 경영의 효율성과 대외적 거래를 확장하여 나갈 수 있다. 그리고 법률상 대리권을 부여함으로써 거래상대방이 일일이 대리권의 존부를 확인할 필요 없이 迅速하고 安全하게 거래할 수 있도록 하는 데 이 제도의 취지가 있다.

(3) 지배인과의 비교

1) 같은 점

부분적 포괄대리권을 가진 사용인의 대리권이 포괄성·정형성(제15조 제1항) 및 불가제한성을 갖는 점(제15조 제2항)에서는 지배인의 대리권의 특성과 같다.

2) 차이점

부분적 포괄대리권을 가진 사용인은 그 대리권이 ① '특정 종류 또는 사항'에만 포괄성과 정형성을 갖고(제15조 제1항 전단), ② '재판상의 행위'에는 미치지 않는 점(제15조 제1항 후단)에서 지배인의 경우와 다르다. 그리고 부분적 포괄대리권을 가진 사용인은 ① 지배인이 선임·해임할 수 있고(제11조 제2항), ② 등기사항이 아닌 점(제13조 참조)도 지배인의 경우와 다르다.

---

82) 제11조 제3항(지배인의 대리권): 지배인의 대리권에 대한 제한은 선의의 제3자에게 대항하지 못한다.

2. 선임·종임

부분적 포괄대리권을 가진 사용인의 선임과 종임은 지배인의 경우와 대체로 같다. 다만, ① 영업주뿐만 아니라 지배인도 선임·해임할 수 있는 점(제11조 제2항), ② 그 선임과 종임은 '등기사항'이 아닌 점(제13조 참조)은 지배인과 다르다. 따라서 등기의 일반적 효력규정(제37조) 및 부실등기의 효력규정(제39조)은 적용되지 아니한다. 그리고 부분적 포괄대리권을 가진 사용인의 종임사유도 대체로 지배인과 같으나, 부분적 포괄대리권을 가진 사용인이 담당하던 업무가 폐쇄(예 甲증권회사 지점의 펀드상품 판매중단) 또는 종결된 경우에도 終任한다. 다만, 이는 고용이 종료한다는 의미는 아니다. 그리고 회사의 이사가 일상적인 업무를 분장하여 대리하는 경우(예 경리담당 상무이사)에는 (상무)이사라고 하더라도 부분적 포괄대리권을 가지는 사용인의 지위를 겸할 수 있다.[83] 또한 영업주의 사망은 해당 대리권의 소멸사유가 아니다(제50조). 小商人은 지배인을 선임하더라도 상법이 적용되지 않으나(제9조), 소상인이 부분적 포괄대리권을 가진 상업사용인을 선임하는 경우에는 상법이 적용된다.

3. 권 한

(1) 서

부분적 포괄대리권을 가진 사용인은 그가 위임을 받은 영업의 특정한 종류 또는 사항에 관한 재판 외의 모든 행위를 할 수 있다(제15조 제1항).

(2) 대리권의 범위

제15조 제1항의 '영업의 특정한 종류'라 함은 영업주가 수행하는 영업의 종류별 일부를 뜻한다. 예를 들면, 건설회사가 특정 사용인에게 아파트의 리모델링업무만을 전담시키는 경우와 같다. 이에 비하여 '영업의 특정한 사항'이란 영업주의 영업을 위하여 하는 보조적 상행위(제47조)를 뜻하는 것으로 본다. 예를 들면, 무역회사에서 특정 사용인에게 자금조달을 전담시킨다든지 운송계약을 전담시키는 경우와 같다. 그리고 회사의 영업부장과 과장대리가 거래선 선정 및 계약체결, 담보설정, 어물구매, 어물판매, 어물재고의 관리 등의 업무에 종사하고 있었다면 비

---

83) 대법원 1996. 8. 23. 선고 95다39472 판결.

록 상무 및 사장 등의 결재를 받아 그 업무를 시행하였더라도 그 업무에 관한 부분적 포괄대리권을 가진 사용인이다.[84] 이 밖에 운수회사의 사업과장,[85] 증권회사의 지점장대리,[86] 오피스텔 분양관리부장[87] 등도 같은 취지로 부분적 포괄대리권을 가진 사용인에 해당한다.

한편 회사의 영업부장이 한 회사제품의 공급계약,[88] 회사의 사업과장이 한 物品購買行爲[89] 등은 그 권한 내의 행위이다.

(3) 포괄성·정형성

부분적 포괄대리권을 가진 사용인은 개개의 행위에 대하여 별도의 수권이 없더라도 위임받은 영업의 종류 또는 사항에 관하여 '포괄적인 대리권'을 갖는다. 그리고 그 권한은 정형성을 갖는다. 이 점은 지배인과 같고 일반 대리인과 다르다. 예를 들면, 아파트의 분양계약에 관한 권한을 위임받은 부분적 포괄대리권을 가진 사용인은 분양계약의 체결은 물론 분양계약의 취소나 해제 그리고 이에 이은 재분양과 같은 후속적인 분양거래행위에 대하여도 대리권을 갖는다.[90]

(4) 대리권의 한계

부분적 포괄대리권을 가진 사용인은 위임받은 영업의 특정한 종류 또는 특정한 사항에 관한 행위에 한하여 대리권을 가지기 때문에 그 밖의 행위는 무권대리가 된다. 다만, 위임받지 아니한 행위를 하더라도 그 행위에 관하여 표현대리(민법 제125조·제126조)가 성립할 수 있으며, 그 경우에는 영업주가 책임을 진다.[91] 즉, 부분적 포괄대리권을 가진 사용인이 특정 영업이나 특정 사항에 속하지 않는 행위를 한 경우 영업주가 책임을 지기 위하여는 표현대리의 법리에 의하여 거래의 상대방이 그 사용인에게 진정한 권한이 있다고 믿을 만한 정당한 이유가 있어야 한다.[92] 그리고 도급받은 회사에서 공사시공에 관한 업무를 총괄하는 현장소장의

---

84) 대법원 1989. 8. 8. 선고 88다카23742 판결.
85) 대법원 1974. 6. 11. 선고 74다492 판결.
86) 대법원 1994. 1. 28. 선고 93다49703 판결.
87) 대법원 1994. 10. 28. 선고 94다22118 판결.
88) 대법원 1968. 3. 5. 선고 67다2297 판결.
89) 대법원 1974. 6. 11. 선고 74다492 판결.
90) 대법원 1994. 10. 28. 선고 94다22118 판결.
91) 대법원 1999. 7. 27. 선고 99다12932 판결.

지휘 아래 노무, 자재, 안전 및 경리업무를 담당하는 관리부서장은 그 업무에 관하여 부분적 포괄대리권을 가지고 있다. 다만, 그러한 업무 외에 일반적으로 회사의 부담으로 될 채무보증 또는 채무인수 등과 같은 행위를 할 권한은 없다.93)

부분적 포괄대리권을 가진 사용인이 행한 특정의 행위가 위임받은 영업의 특정한 종류 또는 사항에 속하는가에 대한 판단은 개개의 행위별로 영업주로부터의 별도의 수권은 필요 없으나, 당해 영업의 규모와 성격, 거래행위의 형태 및 계속반복 여부, 사용인의 직책명, 전체적인 업무분장 등 여러 사정을 고려해서 거래통념에 따라 객관적으로 판단하여야 한다.94) 예를 들면, 여관의 사용인은 여관업의 실태로 보아 어음을 발행할 권한이 없다고 보아야 하며,95) 은행 내부에서 재무제표작성을 전담하는 계리부장대리가 행한 타인의 채무보증행위 등은 그의 직무에 관한 것이 아니다.96)

부분적 포괄대리권을 가진 사용인인 건설회사의 현장소장은 회사의 부담이 되는 채무보증 또는 채무인수는 물론 회사가 공사와 관련하여 거래상대방으로부터 취득한 채권을 대가 없이 일방적으로 포기할 권한이 없다.97) 그리고 건설현장의 현장소장의 업무범위는 공사의 시공에 관련한 자재, 노무관리, 관련 하도급계약의 체결 및 공사대금지급, 공사에 투입되는 중기 등의 임대차계약 체결 및 그 임대료의 지급 등에 관한 모든 행위이고, 공사와 관련 없는 새로운 수주활동과 같은 영업활동은 그의 업무범위에 속하지 아니한다.98) 이 점에서 어음의 발행, 채무의 보증 등은 별도의 수권이 없는 한 일반적으로 부분적 포괄대리권을 가진 사용인의 권한 밖이라고 보아야 한다. 자금의 차입, 부동산 등 고정자산의 처분도 마찬가지이다.99) 또한 '영업의 특정한 종류 또는 특정한 사항에 대한 위임'이란 법률행위를 할 수 있는 권한을 수여함을 뜻하므로 법률행위가 아닌 행위(예 시멘트 대금 지급보증행위)는 부분적 포괄대리권을 가진 사용인의 행위가 아니다.100)

---

92) 대법원 2006. 6. 15. 선고 2006다13117 판결; 1999. 7. 27. 선고 99다12932 판결.
93) 대법원 1999. 5. 28. 선고 98다34515 판결.
94) 대법원 2013. 2. 28. 선고 2011다79838 판결; 2009. 5. 28. 선고 2007다20440·20457 판결.
95) 대법원 1960. 12. 8. 자 4293민상22 결정.
96) 대법원 1971. 5. 24. 선고 71다656 판결.
97) 대법원 2013. 2. 28. 선고 2011다79838 판결; 1994. 9. 30. 선고 94다20884 판결.
98) 대법원 1994. 9. 30. 선고 94다20884 판결.
99) 대법원 1990. 1. 23. 선고 88다카3250 판결.

한편 법규에서 명문으로 금하고 있는 행위는 수권받은 업무와 관련되는 것이라고 하더라도 부분적 포괄대리권을 가진 사용인의 대리권으로서 인정할 수 없다(예 증권회사 지점장대리의 손실부담약정).[101] 그리고 회사의 지점장명의로 은행에 개설된 예금구좌에서 예금을 인출 또는 입금한 자금과장의 행위[102]·주식회사 경리부장의 자금차용행위[103]도 마찬가지이다.

(5) 소송행위

부분적 포괄대리권을 가진 사용인의 대리권은 표현지배인의 경우와 같이 재판상의 행위에는 미치지 아니한다. 다만, 영업주가 특별한 수권을 하면 민사소송법상의 제약(동법 제87조,[104] 제88조[105]))하에 소송행위를 할 수 있다.

4. 대리권의 제한

부분적 포괄대리권을 가진 사용인의 대리권은 법률에 의한 정형성을 가지므로 이에 대한 제3자의 신뢰를 보호하여야 한다는 점은 지배인의 경우와 같다. 그리하여 영업주나 지배인이 부분적 포괄지배권에 대하여 내부적으로 제한을 두더라도 善意의 제3자에게 대항하지 못한다(제15조 제2항). 善意(거래시 선의), 제3자의 뜻과 범위는 지배인에서 기술한 바와 같다.

5. 대리권의 남용

부분적 포괄대리권을 가진 사용인이 대리권을 남용하여 자기 또는 제3자의

---

100) 대법원 2007. 8. 23. 선고 2007다23425 판결; 2002. 1. 25. 선고 99다25969 판결.

101) 대법원 1994. 1. 28. 선고 93다49703 판결.

102) 대법원 1987. 6. 23. 선고 86다카1418 판결.

103) 대법원 1990. 1. 23. 선고 88다카3250 판결.

104) 제87조(소송대리인의 자격) 법률에 따라 재판상 행위를 할 수 있는 대리인 외에는 변호사가 아니면 소송대리인이 될 수 없다.

105) 제88조(소송대리인의 자격의 예외) ① 단독판사가 심리·재판하는 사건 가운데 그 소송목적의 값이 일정한 금액 이하인 사건에서, 당사자와 밀접한 생활관계를 맺고 있고 일정한 범위안의 친족관계에 있는 사람 또는 당사자와 고용계약 등으로 그 사건에 관한 통상사무를 처리·보조하여 오는 등 일정한 관계에 있는 사람이 법원의 허가를 받은 때에는 제87조를 적용하지 않는다. ② 제1항의 규정에 따라 법원의 허가를 받을 수 있는 사건의 범위, 대리인의 자격 등에 관한 구체적인 사항은 대법원규칙으로 정한다. ③ 법원은 언제든지 제1항의 허가를 취소할 수 있다.

이익을 위하여 대리행위를 한 때에는 지배인의 권한남용행위와 그 본질이 같다. 그리하여 대리권의 행사가 영업주의 영업에 관한 것인지 아니면 본인을 위한 것인지의 여부는 행위의 객관적 성질에 따라 판단하여야 하고, 사용인의 주관적 의도는 고려할 필요가 없다. 그러나 사용인의 배임적 의사, 즉 자기 또는 제3자의 이익을 위하여 대리한다는 사실을 상대방이 알거나 알 수 있었을 때에는 지배인의 월권과 마찬가지로 민법 제107조 제1항(진의 아닌 의사표시)의 단서를 유추적용하여 대리행위가 무효라고 하여야 한다.[106]

6. 공동대리인 및 표현적 부분포괄대리권을 가진 사용인

(1) 공동대리인

지배인 및 공동지배인의 선임과 해임사항은 등기하여 공시되므로(제13조) 거래상대방을 보호하는 데 큰 문제가 없다. 이에 비하여 부분적 포괄대리권을 가진 사용인의 선·해임사항은 등기사항이 아니다. 이 때문에 영업주가 수인의 상업사용인으로 하여금 공동으로만 대리권을 행사하게 하는 경우에도 이를 등기하여 공시할 수 없어 거래상대방을 보호하는 데 문제가 발생할 수 있다. 따라서 영업주는 부분적 포괄대리권을 가진 사용인 수인에게 공동으로만 대리권을 행사하게 하여서는 아니 된다.

(2) 표현적 부분적 포괄대리권을 가진 사용인

1) 문제의 제기

부분적 포괄대리권을 가진 사용인에 관하여는 표현지배인과 같은 제도가 마련되어 있지 않다. 따라서 영업주가 부장·과장·대리 등과 같이 부분적 포괄대리권을 가진 상업사용인과 같은 명칭사용을 허락하면서 실제로는 이에 해당하는 대리권을 부여하지 않은 경우, 그러한 명칭으로 제3자와 거래하였을 때에 제3자를 어떻게 보호할 것인지의 여부가 문제된다. 이는 제14조의 표현지배인규정을 유추적용할 수 있는 지의 문제이기도 하다.

---

106) 대법원 2008. 7. 10. 선고 2006다43767 판결.

2) 학설

가) **유추적용부정설** 이 학설은 위와 같은 경우의 제3자의 보호는 민법 제125조[107]에서 규정하는 '제3자에 대하여 타인에게 대리권을 수여함을 표시한 경우'로 보아 해결하여야 한다고 본다. 이 학설에 따르면 상법상 표현지배인에 관한 규정이 유추적용되지 아니한다.[108]

나) **유추적용설** 이 학설은 영업주가 부장·과장 등의 명칭사용을 허락하였다고 하여 이것이 민법 제125조의 「제3자에 대하여 타인에게 대리권을 수여한 것」으로 보기 어렵기 때문에 민법의 규정만으로는 제3자의 보호가 충분하지 않다고 한다. 이 학설은 표현지배인에 관한 제14조를 유추적용하여 거래상대방인 제3자를 보호하여야 한다는 입장이다.[109]

3) 판례

표현적 부분적 포괄대리권을 가진 사용인이 대리행위를 한 경우 영업주의 책임을 묻기 위하여는 표현대리(민법 제125조)의 요건을 충족하여야 한다고 보고 있다. 즉, 표현적 부분적 포괄대리권을 가진 사용인이 대리행위를 한 경우 거래상대방은 표현대리(제125조) 또는 사용자배상책임(제756조)을 물을 수 있을 뿐이고, 제14조를 유추적용할 것은 아니라고 한다.[110]

4) 사견

표현제도는 진실한 사실관계와 일치하지 아니함에도 외관을 신뢰한 제3자를 보호하고, 거래의 안전을 위하여 진실한 사실로 의제하여 법률관계를 형성시키는 제도이다. 이로 인하여 명문의 규정 없이 쉽게 다른 법리를 유추적용하여서는 아니 된다. 그리고 사용인이 부분적 포괄대리권이 있는 듯한 외관을 창출하여 제3

107) 제125조(대리권수여의 표시에 의한 표현대리): 제3자에 대하여 타인에게 대리권을 수여함을 표시한 자는 그 대리권의 범위 내에서 행한 그 타인과 그 제3자간의 법률행위에 대하여 책임이 있다. 그러나 제3자가 대리권 없음을 알았거나 알 수 있었을 때에는 그러하지 아니하다.

108) 이철송(2022), 141면; 송옥렬(2018), 41면; 김홍기(2018), 57면; 이종훈(2017), 54면; 최기원·김동민(2014), 87면; 최준선(2016), 153면.

109) 전우현(2011), 69면; 손주찬(2005), 108면; 정찬형(2025), 104면; 정동윤(2012), 71－72면; 안강현(2019), 100면; 임홍근(2001), 89면.

110) 대법원 2007. 8. 23. 선고 2007다23425 판결; 1999. 7. 27. 선고 99다12932 판결.

자와 거래를 하였다면 대부분의 경우 불법행위에 해당할 것이다(민법 제750조). 이때 영업주에게는 민법 제756조의 사용자배상책임을 물으면 족하다(유추적용부정설).

Ⅴ 물건판매점포의 사용인

1. 의 의

(1) 개념

물건을 판매하는 점포의 사용인이란 점포의 물건판매에 관한 모든 권한이 있는 것으로 보는 사용인을 말한다(제16조 제1항). 이른바 점원 등과 같은 擬制商業使用人이라고 할 수 있다.

(2) 지배인 및 부분적 포괄대리권을 가진 사용인과의 비교

제16조 제1항의 사용인을 지배인 및 부분적 포괄대리권을 가진 사용인(제11조 제1항, 제15조 제1항)과 비교하여 보면 몇 가지 다른 점이 있다. 전자의 사용인은 영업주의 수권 여부에 관계없이 그 사용인의 대리권을 의제, 즉 실체적 법률관계의 내용과 무관하게 '물건판매점포의 사용인'이라는 외관 자체에 법적 효력을 부여하고 있는 데 비하여, 후자의 사용인은 영업주가 영업에 관하여 일정한 授權을 한 사용인에게 법률상의 대리권을 부여하는 점에서 차이가 있다. 그리하여 고객이 물건판매점포에 근무하는 사용인으로부터 물건을 구입한 경우에는 그 사용인에게 실체적인 판매권한이 없더라도 그 거래는 제16조에 의거 유효하다.

물건판매점포의 사용인에게 이와 같은 외관주의를 취한 이유는 점포를 중심으로 이루어지는 상거래의 신속과 안전을 보장하는 한편 영업주에게는 점포에 둔 사용인의 관리에 있어 예측가능성을 부여해 주기 위함이다.

2. 선임·종임

(1) 선임

물건판매점포의 사용인은 그에게 대리권이 없는 경우에도 대리권이 있는 것으로 의제되는 자이므로, 다른 상업사용인과는 달리 그 선임에 '代理權의 授與行爲'가 요구되지 아니한다. 영업주와 물건판매점포의 사용인과의 사이에는 원칙적으로 雇傭契約이 존재하여야 하나, 고용계약이 없는 자, 예를 들면 영업주의 가족에게도 거래의 안전을 위하여 상법의 규정이 유추적용되어야 한다(통설).

(2) 종임

물건판매점포의 사용인은 그 선임에 고용계약이 존재하는 경우에는 고용계약의 종임사유에 의하여 종임된다.

(3) 선임·종임의 의의

물건판매점포의 사용인의 선임·종임의 의미가 기술한 바와 같고, 또 그러한 사항은 등기사항이 아니므로 공시되지 않는다는 점에서, 동 사용인의 선임·종임에 관한 문제는 제16조의 적용시 거의 그 의미가 없고, 고용계약이 있는 경우에만 의미가 있다.

3. 적용요건

(1) 장소적 요건

제16조는 물건을 판매하는 점포의 사용인에게만 적용된다. 점포에서의 물건판매행위가 신뢰의 외관을 구성하기 때문이다. 따라서 물건판매점포의 사용인은 특별한 授權이 없는 한 그 점포 밖에서 대금을 受領하거나 거래할 권한이 없다.[111] 같은 논리로 백화점의 外務社員이 점포 밖에서 고객을 찾아 물품을 판매하는 행위 역시 동 사용인의 권한으로 의제되지 아니한다.[112] 그 결과 외무사원이 점포 밖에서 그 사무집행에 관한 물품거래행위로 인하여 타인에게 손해를 입힌 경우에는 사용자가 배상책임을 진다.[113]

그러나 위의 의미는 「점포 내의 물건」만을 판매하는 경우를 의미하는 것은 아니다. 따라서 물건판매점포의 사용인이 점포 내에서 물건을 판매하는 이상, 사용인이 점포 내에 근무한다는 사실 자체가 외관형성에 중요하므로, 그 물건이 점포 외에 존재하는 것일지라도 제16조가 적용된다(예 甲전자마트 판매방식. 甲전자마트에서 A텔레비전 모델을 주문하고, 약속일자에 배달하여 주는 경우).

---

111) 대법원 1976. 7. 13. 선고 76다860 판결; 1971. 3. 30. 선고 71다65 판결.
112) 대법원 1976. 7. 13. 선고 76다860 판결.
113) 대법원 1976. 7. 13. 선고 76다860 판결.

(2) 업무적 제한

물건판매점포의 사용인에 대하여는 '물건의 판매'의 경우에만 그 권한이 있는 것으로 의제하고 있다. 따라서 물건의 購入, 營業資金의 借入, 점포의 대여행위 또는 용역공급을 내용으로 하는 거래(예 건축공사의 발주, 인쇄물의 제작) 등은 그의 권한이 아니다. 판매행위는 현실적인 판매행위 자체뿐만이 아니라 외상판매·할인판매·교환 및 각종의 처분행위 등과 같이 통상 판매와 관련되는 모든 행위를 포함한다. 그리고 제16조는 '물건판매점포의 사용인'의 행위에 대하여만 그 권한이 있는 것으로 하고 있으나, 동조의 입법취지상 반드시 이에 한정할 필요는 없다. 따라서 乘車券 등의 매표점포, 物件賃貸業, 金融業, 여관·영화관 등의 공중접객업 등에 종사하는 사용인과 같이 점포와 사용인의 존재가 결부되어 대리권의 강한 외관을 보여 주는 업소의 사용인에게도 적용하여야 한다.

(3) 사용인의 범위

물건판매점포의 사용인에 관한 제16조는 '사용인'이라는 표현을 사용하고 있는데, 여기에서의 사용인은 영업주로부터 일정범위의 대리권을 수여받은 상업사용인만을 의미하는 것은 아니다. 점포에서 근무에 종사함으로써 상품을 판매할 권한이 있다고 보여지는 자를 모두 포함한다. 그리하여 점포 내에서 물건판매를 목적으로 제공하는 단순육체노동, 예를 들면 상품의 분류·배달 등의 업무에 종사하는 자에 대하여도 제16조가 적용될 수 있다.

(4) 악의의 자에 대한 제한(상대방의 선의)

물건판매점포의 사용인의 代理權은 거래상대방이 악의인 때에는 적용되지 아니한다(제16조 제2항·제14조 제2항). 즉, 악의의 제3자에 대한 판매는 영업주가 책임을 부담하지 아니한다. 이때 악의의 내용은 '사용인에게 물건판매의 대리권이 없음을 아는 것'을 뜻한다.

Ⅵ 상업사용인의 의무

1. 총 설

(1) 의의

상업사용인은 영업주와의 위임 또는 고용관계 등의 법률관계에 의하여 노무제공의무(민법 제655조), 위임사무처리업무(민법 제680조) 및 선관주의의무(민법 제681조) 등을 부담한다. 이와 같이 상업사용인은 영업주와 고도의 신뢰관계에 있고, 영업기밀을 알 수 있는 지위에 있으므로 상법은 상업사용인에게 특별히 경업 및 겸직금지의무규정만을 두고 있다(제17조 제1항). 이러한 의무규정은 상업사용인의 부당경쟁과 정력분산을 방지하여 영업주의 이익을 실현하는 데 그 취지가 있다.

(2) 적용범위

제17조는 명문으로 '상업사용인'에 대한 의무를 규정하고 있다. 그러므로 동조는 상인을 대리할 권한이 없는 사용인에 대하여는 적용되지 않는다고 본다. 그리고 상업사용인의 경업금지의무는 고용 또는 위임과 같이 계속된 근무관계를 전제로 한 것이므로 고용관계나 대리권의 유무를 묻지 않는 물건판매점포인의 사용인(제16조)에 대하여는 적용되지 않는다. 결국 본조는 지배인과 부분적 포괄대리권을 가진 자에 대하여만 적용된다고 본다.

(3) 유사제도

상법은 영업양도인의 경업금지(제41조), 대리상의 경업·겸직금지(제89조), 합명회사의 사원(제198조)과 합자회사의 무한책임사원의 경업·겸직금지(제269조·제275조), 주식회사의 이사·집행임원(제397조·408조의 9)·유한책임회사의 업무집행사원(제287조의 10)·유한회사 이사의 경업·겸직금지(제567조) 등의 규정을 두어 상업사용인과 유사한 부작위의무를 과하고 있다.

2. 경업금지의무

(1) 의무의 내용

1) 관련 규정

상업사용인은 영업주의 허락 없이 자기 또는 제3자의 계산으로 영업주의 영업부류에 속하는 거래를 하지 못한다(제17조 제1항).

2) 자기 또는 제3자의 계산

계산이라 함은 거래의 경제적 효과가 귀속되는 주체를 말하며, 명의인과는 무방하다. 따라서 누구의 이름으로 거래당사자가 되었는지는 묻지 않는다. '제3자의 계산'이란 상업사용인이 제3자의 위탁을 받아 자기명의로 하거나 제3자의 대리인으로서 거래하는 경우를 상정할 수 있다.

3) 영업주의 영업부류에 속하는 거래

'영업부류'에 속하는 거래에는 영업주의 현재의 영업내용에 한정되지 않고 사실상 영업주의 영리활동의 대상이 되는 것은 모두 해당한다. 그러므로 不動産賣買會社의 지배인이 자신의 주택을 마련하기 위하여 건물을 구입하는 행위와 같이 영리성이 없는 거래는 영업주와 사용인간에 이익충돌의 우려가 없으므로 금지되지 아니한다. 영업부류에 속하는 거래인 이상, 거래가 일회적인지 계속적인지의 여부를 묻지 않으며, 근무시간 외라도 금지된다. 그리고 반드시 동종의 영업이 아닐지라도 영업주의 현재의 영업에 대하여 代替財(예 커피 vs. 홍차) 내지 市場分割의 효과(예 나이키 vs. 아디다스)를 가져오는 영업은 영업주의 이익실현을 방해할 수 있으므로 금지의 대상이 된다고 본다.

4) 영업주의 허락

상업사용인은 영업주의 허락이 있으면 동종의 영업부류에 속하는 거래를 할 수 있다. 그리고 영업주는 거래의 시장·내용·범위·기간 등을 제한하여 경업을 허락할 수 있다고 본다(예 감귤판매업을 하는 상인이 상업사용인에게 서귀포중앙시장에서 귤을 6~10월까지만 판매하게 하는 허락). 허락은 默示的이든 明示的이든, 서면이든 구두이든 사전이든 사후추인이든 무방하다. 상인이 이미 경업을 하고 있는 사실을 알면서 그 자를 상업사용인으로 선임하였다면 묵시적으로 경업을 허락한 것으로 볼 수 있다.[114] 영업주의 허락은 철회할 수 있으나, 사용인이 거래에 착수한 후에는 철회할 수 없다고 본다. 다만, 거래에 착수하기 전이라도 사용인이 이미 투자를 개시한 후에 허락을 철회하는 경우에는 영업주가 사용인의 손해를 배상하여야 한다고 본다.[115]

(2) 위반의 효과

1) 개요

상업사용인이 競業禁止義務를 위반하여 제3자와 거래를 하면, 그 거래자체는 제3자의 선의·악의에 불문하고 유효하다. 그리고 영업주에게 손해가 발생하

114) 이철송(2022), 148면; 독일 상법 제60조 제2항.
115) 同旨 이철송(2022), 148면; 임홍근(2001), 96면; 정준우(2021), 70면.

였는지의 여부도 묻지 아니한다. 다만, 상법은 영업주의 이익을 보호하기 위하여 영업주에게 ① 계약의 해지권과 ② 손해배상청구권을 인정하고 있다(제17조 제3항).

2) 계약의 해지권

상업사용인이 영업주의 허락 없이 영업주의 영업부류에 속한 거래를 하면, 이는 영업주와의 對人的 信賴關係를 훼손하는 것이므로, 영업주는 모든 계약을 해지[116)]할 수 있다(제17조 제3항 전단). 여기서의 계약은 제1차적으로는 영업주와 사용인간의 대리권수여행위이고, 제2차적으로는 授權行爲의 원인관계로서의 雇傭契約 또는 委任契約 등을 뜻한다. 해지권은 고용계약의 존속기간에도 행사할 수 있고, 그 효력은 유예기간 없이 즉시 발생하며(민법 제659조·제660조), 영업주는 이로 인한 손해배상책임을 부담하지 아니한다(민법 제661조).

3) 손해배상청구권

상업사용인의 경업금지의무위반으로 인하여 영업주에게 손해가 발생한 경우에, 영업주는 상업사용인에게 손해배상을 청구할 수 있다(제17조 제3항 후단). 입증책임은 영업주가 부담한다.

4) 개입권(탈취권)

가) 의의　　개입권이란 상업사용인이 경업금지의무에 위반하여 제3자와 거래를 한 경우에, 영업주는 그 거래가 상업사용인의 계산으로 한 것인 때에는 이를 영업주의 계산으로 한 것으로 볼 수 있고, 제3자의 계산으로 한 것인 때에는 영업주는 그 사용인에 대하여 이로 인한 이득의 양도를 청구할 수 있는 권리를 말한다(제17조 제2항).

나) 입법목적　　상업사용인의 경업거래로 인하여 영업주가 입게 되는 손해는 적극적 손해보다는 소극적 손해(기대이익의 상실)인 경우가 일반적이다. 이 때문에 영업주는 그 손해에 대한 입증을 하는 것이 용이하지 않을 수 있다. 그리하여 상법은 영업주의 개입권을 인정하여 손해발생에 대한 입증곤란의 문제점을 해결하고 또한 고객관계를 그대로 유지하여 주면서 영업주의 경제적 이익을 보호하고자 하고 있다.

---

116) 해제와 해지는 본질적으로 다르다. 해제는 계약의 효력을 소급적으로 소멸케 하나(민법 제548조 참조), 해지는 계속적 채권관계를 장래에 한하여 소멸케 할 뿐이다.

다) 법적 성질과 행사방법 개입권은 형성권이다. 따라서 영업주의 상업사용인에 대한 일방적인 의사표시만으로 그 효력이 발생한다.

라) 행사기간 개입권은 영업주가 그 거래를 안 날로부터 2주간을 경과하거나, 그 거래가 있은 날로부터 1년을 경과하면 소멸한다(제17조 제4항). 이 기간은 除斥期間이다. 단기의 행사기간을 둔 것은 사용인의 지위가 장기간 불안정하게 됨을 방지하기 위함이다.

마) 행사효과

① 개요

개입권의 행사의 효과로 '사용인의 계산'으로 한 경우 '영업주의 계산으로 한 것으로 볼 수 있다.'(제17조 제2항 전단)는 것은 영업주가 상업사용인의 거래상대방의 직접 당사자가 된다는 의미가 아니라 상업사용인이 거래의 經濟的 效果(예 차익)를 영업주에게 귀속시킬 의무를 부담한다는 뜻이다. 즉, 거래로 인한 채무나 비용은 영업주의 부담으로 하고 사용인이 취득한 이득(예 물권이나 채권)은 영업주에게 귀속시키는 것이다.

'제3자의 계산'으로 한 경우 영업주는 사용인에 대하여 이로 인한 '이득'의 양도를 청구할 수 있는데(제17조 제2항 후단), 여기서의 '이득'은 사용인이 계산의 주체인 제3자로부터 받은 이익(예 보수·수수료)을 말하고, 거래 자체에서 발생하는 이득을 뜻하는 것은 아니다.

② 유사제도

영업주의 상업사용인에 대한 개입권은 대리상(제89조), 인적회사의 무한책임사원(제198조·제269조), 주식회사와 유한회사의 이사(제397조·제567조)에 대한 개입권과 유사하다. 이와 달리 개입권의 행사로 직접 거래당사자가 되는 경우도 있는데, 위탁매매인(제107조), 준위탁매매인(제113조), 운송주선인(제116조 제1항)의 개입권이 이에 해당한다. 그리고 중개인(제99조) 및 위탁매매인(제105조)의 이행담보책임을 강학상 '개입의무'라고 하는데, 이는 의무만을 부담한다는 점에서 여타의 개입권과 구별된다.

바) 개입권과 손해배상청구권과의 관계 영업주가 개입권을 행사한 후에도 아직 별도의 손해가 있으면 영업주는 다시 상업사용인에게 손해배상을 청구할 수 있다(제17조 제3항 후단). 반대로 영업주가 손해배상을 청구한 후에도 개입권을 행사할 수

있지만, 그로 인하여 부당이득이 발생하면 이를 반환하여야 한다(이중이득 취득금지).

5) 경업금지약정의 효력

근로자가 취업을 할 때에 사용자와 근로자 사이에 고용계약과 더불어 퇴직 후의 경업금지약정을 체결하는 예가 많다. 이러한 약정은 유효하다. 다만, 그러한 약정이 헌법상 보장된 근로자의 직업선택의 자유와 근로권 등을 과도하게 제한(예 무제한의 경업금지약정)하거나 자유로운 경쟁을 지나치게 제한하는 것으로써 민법 제103조의 선량한 풍속 기타 사회질서에 반하는 법률행위에 해당하는 때에는 무효라고 할 수 있다. 이 같은 경업금지약정의 유효성에 관한 판단은 보호할 가치가 있는 사용자의 이익, 근로자의 퇴직 전 지위, 경업제한의 기간·지역 및 대상 직종, 근로자에 대한 대가의 제공 유무, 근로자의 퇴직경위, 공공의 이익 및 기타의 사정 등을 종합적으로 고려하여야 한다.[117]

3. 겸직금지

(1) 의의

상업사용인은 영업주의 허락 없이 다른 회사의 무한책임사원, 이사 또는 다른 상인의 사용인이 되지 못한다(제17조 제1항 후단). 이를 상업사용인의 겸직금지의무라고 한다.

(2) 요건

1) 영업주의 허락

이에 대하여는 경업금지의무에서 설명한 바와 같다.

2) 다른 회사의 이사 등 취임제한

가) 문제의 제기 상업사용인은 '다른' 인적회사의 무한책임사원이나 '다른' 물적회사의 이사가 되지 못한다. 이때 '다른' 회사의 의미에 대하여 학설은 대리상(제89조)·무한책임사원(제198조, 제269조), 이사(제397조, 제567조) 등의 겸직금지의무와 비교하여 볼 때 '동종영업을 목적으로 하는 다른 회사'를 의미한다는 制限說과 영업의 내용에 불문하고 '다른 모든 회사'를 의미한다는 無制限說로 나뉘어져 있다.

---

117) 대법원 2010. 3. 14. 선고 2009다82244 판결.

나) 제한설 이 학설은 그 주된 논거를 ㉠ 商業使用人의 競業禁止義務도 '모든 영업'이 아니라 '영업주의 영업부류에 속한 거래'만을 금지대상으로 하는 점, ㉡ 상법이 상업사용인의 개념을 정함에 있어는 '고용인으로서의 충실의무' 대신 오로지 영업주와의 이해의 衝突을 방지하는 데 중점을 둔 점 등에서 찾고 있다(소수설).[118]

다) 무제한설 이 학설은 그 주된 논거를 상업사용인의 겸직금지의무는 ㉠ 代理商·無限責任社員·理事의 그것과는 달리 특히 영업주의 대인적 신뢰관계에 기초하여 넓게 규정된 점, ㉡ '동종영업을 목적으로 하는'이라는 제한이 없는 제17조 제1항의 규정에 충실하게 해석하여야 한다는 점 등 등에서 찾고 있다(통설).[119]

라) 사견 무제한설이 타당하다고 본다. 따라서 상업사용인은 다른 모든 회사의 무한책임사원이나 이사의 직무를 겸하지 못한다.

3) 자본참가의 인정

상업사용인은 무한책임사원·이사 등의 지위를 겸하지 못할 뿐 다른 匿名組合의 組合員, 合資會社의 有限責任社員, 株式會社의 株主, 有限會社의 社員의 지위를 가질 수 있음은 당연하다.

(3) 위반의 효과

상업사용인이 겸직금지의무를 위반한 경우 그러한 지위에 취임한 행위 그 자체는 유효하다. 다만, 영업주는 그 상업사용인에 대하여 계약을 해지하거나 또는 손해배상을 청구할 수 있다(제17조 제3항 유추적용). 그리고 취임행위는 '去來'가 아니므로 영업주는 개입권을 행사할 수 없다. 내부계약의 해지로 상업사용인으로서의 대리권도 소멸하게 된다. '손해배상의 청구'는 계약의 해지와 선택 또는 병행하여 행사할 수 있다.

118) 서돈각·정완용(1999), 109면.
119) 정찬형(2025), 111면; 손주찬(2004), 113면; 최기원·김동민(2014), 93면; 정동윤(2012), 67면.

03장 영업소

Ⅰ 의 의

영업소는 영업활동조직의 중심지로서 영업에 필요한 인적·물적 시설을 갖춘 장소를 뜻한다. 자연인에 있어서 주소가 생활의 중심지가 되는 것과 같다. 상법상 영업소는 본점과 지점뿐이며, 모든 회사는 본점과 지점을 등기하여야 한다.[120)]

Ⅱ 영업소의 요건

영업소의 실체를 갖추기 위하여는 아래의 요건이 구비되어야 한다.

1. 영업활동장소

영업활동장소이어야 하므로 이와 무관한 사실행위, 즉 상품을 제조·가공하는 공장, 상품을 인수·인도·보관만을 하는 장소인 창고 등은 영업소가 아니다. 영업활동이라 하더라도 판매·용역제공 등 단순히 영업적 거래만이 이루어지는 매점·매장·객장은 영업조직의 중심이 아니므로 영업소가 아니다.

2. 단위성(독립성)

영업활동조직의 중심지이어야 하므로 독립적인 영업 단위를 이루고 의사결정에 필요한 경영관리조직을 갖추는 등 독립적인 관리와 회계가 이루어져야 한다.[121)] 따라서 단순한 收金이나 주문의 접수 등과 같이 영업의 일부 기능만을 수행하는 장소는 영업소가 아니다(예 신문이나 우유보급소).

3. 고정성 및 계속성

영업소는 영업활동에 관한 독자적인 의사결정과 함께 대내적 관리와 대외적

---

120) 第180조 제1호, 제269조, 제317조 제2항 제1호 및 제3호의 4, 제549조 제2항 제1호.
121) 대법원 1998. 8. 21. 선고 97다6704 판결.

거래의 중심으로서의 기능을 수행해야 하므로 고정적인 설비를 갖추고 계속적으로 유지되어야 한다.[122] 따라서 간이점포나 이동매점 등은 영업소가 아니다. 다만, 해수욕기간 중 계속적으로 개설되는 매점은 영업소에 해당한다.

Ⅲ 영업소의 수와 종류

1인의 상인이 수 개의 영업을 하거나 하나의 영업을 하는 경우에도 각 독립된 여러 개의 영업소(예 은행)를 가질 수 있다. 그런데 하나의 同一營業에 관하여 여러 개의 영업소가 있을 때, 각 영업소는 주종관계에 서게 된다. 이 가운데 영업을 전체적으로 통할하고 하나의 경영 단위로 집중시키는 곳을 본점이라고 하고, 전체 영업 중 數量的 일부를 수행하는 곳을 지점이라고 한다.

본점은 하나이어야 하지만, 지점은 여러 개가 있을 수 있다. 그리고 상법상 영업소는 본점과 지점뿐이므로 영업소의 업무를 일정부분 분담하거나 영업소를 단순히 지원하는 출장소, 분점 또는 매점 등은 원칙적으로 영업소(지점)가 아니다.

Ⅳ 영업소의 판단

특정의 장소를 영업소로 볼 것인가의 여부는 객관적 사실, 영업소로서의 실체를 갖추고 있는지의 여부에 따라 판단하여야 하고, 상인의 주관적 의사와는 무관하다(통설). 또 명칭이나 등기 여부에도 구애되지 아니한다. 그리하여 상인이 營業所·支店 등의 명칭을 사용하거나 또 등기를 하였더라도 영업소로서의 실체를 구비하지 못하고 있으면 영업소로 볼 수 없다. 다만, 실체를 구비하지 못한 장소

---

122) 대법원 2017. 10. 12. 선고 2014두3044·3051 판결; 이는 론스타 펀드(Lonestar funds.)의 소득세등부과처분취소·법인세부과처분 취소소송이다. 당초 국세청은 2008년 론스타가 국내 고정사업장(론스타어드바이저스코리아)에서 도움을 받아 외환은행 등에 투자하여 거액의 이득을 얻은 만큼 여기에서 발생한 배당소득 및 양도소득을 국내 원천세율로 간주하여 국내 세율로 과세를 하였다. 이에 대하여 대법원은 고정사업장으로 인정하는 데 필요한 요건은 '본질적이고 중요한 사업활동의 수행'이라고 하면서 '론스타 국내사무소는 투자 여부를 결정하기 위한 사전적·예비적 활동 또는 자산을 관리하며 그 처분시점을 결정하는 데 도움을 주기 위한 사후적·보조적 활동을 하는 역할을 하였을 뿐'이라고 판단하여 국세청의 주장을 인용하지 아니하였다. 즉, 국내사무소가 외국법인의 도관체에 불과한 경우에는 고정사업장으로 인정할 수 없다는 것이다.

를 영업소로 등기하는 때에는 선의의 제3자와의 관계에서는 등기장소를 영업소로 볼 수 있다(제39조). 이와 달리 출장소·사무소·직매점 등의 명칭을 사용하더라도 영업소로서의 실체를 갖추었다면 영업소에 해당한다.

V 영업소의 법적 효과

1. 의 의

상인의 영업소는 자연인이 민사관계에서 갖는 주소에 해당하는 효력을 갖는다. 따라서 회사의 주소는 본점소재지에 있는 것으로 하는 것이다(제171조 제2항).

2. 영업소에 관한 일반적인 효과

(1) 채무변제의 장소

持參債務[123]는 채권자의 영업소가, 推尋債務[124]는 채무자의 영업소가 채무이행장소가 된다. 그리하여 특정물인도 외의 영업에 관한 채무는 채권자의 현영업소에서 변제하여야 한다(민법 제467조 제2항 단서). 이러한 채무는 원칙적으로 지참채무이기 때문이다. 指示債權[125]이나 無記名債權은 채무자의 현영업소에서 변제하여야 한다(민법 제516조·제524조). 이러한 채무는 원칙적으로 추심채무이기 때문이다.

(2) 지배인의 선임 단위

기술한 바와 같이 지배인은 영업소 단위로 본점 또는 지점별로 둘 수도 있고(제10조), 총지배인을 둘 수도 있다. 그러므로 영업소는 지배인의 대리권의 범위를 한정한다.

---

123) 지참채무(예 금전채무)는 변제기가 도래하면 채무자가 채권자의 최고의 유무와는 무관하게 자기의 비용으로 채권자에게 가서 채무를 이행하여야 하는 채무를 말한다. 이를 이행하지 아니하면 채무불이행이 된다.

124) 추심채무는 임대차계약과 같이 임대인이 임차인에게 가서 차임을 받는 것과 같이 채무자의 주소 또는 영업소에서 이행하도록 하는 채무이다. 당사자가 특히 추심채무라고 결정하거나 어음·수표와 같이 법률로써 추심채무라고 하는 경우(제56조) 이외에는 지참채무가 원칙이다. 추심채무에서는 이행기가 도래하더라도 채권자가 추심을 하지 아니하는 한 이행지체가 되지 아니한다.

125) 지시채권은 증권에 지정된 특정인 또는 그 사람으로부터 권리를 이전받은 사람에게 변제해야 할 채권을 말한다. 예를 들어 어음·수표는 대표적인 지시채권이다.

(3) 등기관할의 기준

영업소는 상법상 등기관할의 기준이 된다. 그리하여 등기할 사항은 당사자의 신청에 의하여 영업소(회사의 경우는 본점)의 소재지를 관할하는 法院의 商業登記簿에 등기한다(제34조, 상업등기법 제4조).

(4) 재판적 등의 기준

회사의 普通裁判籍은 회사의 주된 영업소가 있는 곳에 따라 정한다(민사소송법 제5조 제1항). 이에 비하여 영업소가 있는 자에게 그 영업소의 업무에 관한 것에 한하여 소를 제기하는 때에는 그 영업소가 있는 곳의 特別裁判籍[126]이 인정된다(민사소송법 제12조). 민사소송에서 서류의 송달은 송달 받을 자의 주소, 거소, 영업소 또는 사무소에서 한다. 다만, 법정대리인에게 할 송달은 본인의 영업소나 사무소에서도 할 수 있다(민사소송법 제183조 제1항 본문).

3. 지점의 법률상 효과

(1) 의의

지점은 독립한 영업소로서 법률상의 의의가 있다. 그리하여 상법은 명문으로 지점의 효과를 정하고 있다.

(2) 지점거래로 인한 채무의 이행장소

채권자의 지점에서의 거래로 인한 채무의 이행장소가 그 행위의 성질이나 당사자의 意思表示에 의하여 특정되지 아니한 경우 特定物 引渡 외의 채무이행은 그 지점(채권이 발생한 지점)을 이행장소로 본다(제56조. 민법 제467조 제2항에 대한 예외).

(3) 지점에서의 등기제도의 변화

상법은 2024년 9월 상인의 국내 지점소재지 등기제도를 폐지하고, 본점소재지 등기로 통합하는 개정을 하였다. 그리하여 상인이 지점에 지배인을 두는 경우 그 선임과 대리권의 소멸은 영업소(회사의 경우는 본점)의 소재지에서 등기하여야 한다(제13조). 영업소에서 등기하여야할 사항을 등기하지 아니하면, 그 지점의 거래

---

126) 특별재판적은 보통재판적 이외에 특별한 종류 또는 한정된 범위의 소송에 대하여만 인정되는 재판적을 말한다. 특별재판적은 어느 곳에서 재판하는 것이 적절할 것인가를 기준으로 정하여진다(예 민사소송법 제8조·제11조, 어음·수표법 제9조).

에 한하여는 선의의 제3자에게 대항하지 못한다(제37조).

(4) 영업양도의 단위

특정 지점의 영업만을 독립하여 본점 또는 다른 지점의 영업과 분리하여 양도할 수 있다(제374조 제1항 제1호·제3호, 제576조 제1항).

(5) 소송능력

지점은 소송능력과 같이 독립한 법인격을 전제로 하는 능력을 갖지는 못한다.

4. 회사의 본·지점의 법률상 효과

회사는 본점소재지에서 설립등기를 하여야 성립하며(제172조, 제180조, 제271조, 제317조, 제549조), 회사의 성립 후 상법상 요구되는 각종 회사관계에 관한 등기는 본점소재지에 하여야 한다.[127] 그리고 회사설립무효·취소의 소 등 각종 회사법상의 소는 본점소재지를 관할하는 지방법원 합의부의 관할에 전속한다.[128] 회사에 관한 각종 비송사건도 회사의 본점소재지를 관할하는 지방법원 본원 합의부의 관할에 전속한다(비송사건절차법 제109조, 제117조).

주식회사의 주주총회는 정관에 다른 정함이 없는 한 본점소재지 또는 이에 인접한 지에서 소집하여야 한다(제364조). 정관·주주명부·사원명부·社債原簿·주주총회 또는 사원총회 및 이사회의 의사록·재무제표와 영업보고서·감사보고서는 본점·지점에 비치하고 주주·사원 및 회사채권자의 열람에 제공하여야 한다(제396조, 제448조, 제566조, 제579조의 3, 제581조).

---

127) 제181조, 제192조, 제269조, 제328조 제2항, 제430조, 제446조 등.

128) 제186조, 제240조, 제269조, 제328조 제2항, 제376조 제2항, 제380조, 제385조 제3항, 제403조 제5항, 제430조, 제446조, 제462조 제3항, 제552조 제2항, 제578조, 제595조.

04장 상 호

Ⅰ 서 설

1. 상호의 효용성

자연인이 이름을 사용하는 것처럼 상인은 영업활동시 자기를 나타내는 명칭으로서 상호를 사용한다. 이러한 점에서 협동조합 등이 사용하는 명칭은 상호가 아니다. 상인은 상호를 사용하여 자신의 기업과 타인을 구별하고, 자신의 기업의 동일성을 나타냄으로써 기업생활의 법적·경제적 효과를 자신에게 귀속시킬 수 있게 된다. 경제적 효과의 귀속점이 되므로 상호는 재산권법 성질을 가진다.

2. 제3자의 이해

상호는 그 재산적 가치로 인하여 상인에게 중요하지만, 거래의 안전상 상대방에게도 중요한 이해가 있다. 거래상대방은 모든 경제거래에 있어서 상호로 상인의 同一性을 판단하고, 그에 따라 물품을 구입하기 때문이다. 이러한 이해는 국내 또는 국제거래를 막론한다. 이러한 점에서 상호를 선정하고 사용하는 것은 일반인이 신뢰할 수 있도록 엄정하여야 하며, 상호로 상인의 동일성을 판단하고 신뢰하여 거래한 자를 보호하는 제도적 장치가 필요하게 된다.

Ⅱ 상호의 의의

1. 개 념

상호는 상인이 영업활동에서 자신을 나타내는 수단이므로 바로 상인의 명칭이다. 그러므로 상인이 아닌 사업자 또는 단순한 사업이나 제품의 명칭(예 삼성전자의 Any Call)은 상호가 아니다. 그리하여 학교·교회의 명칭이나 각종 비영리법인의 명칭은 상호가 아니다. 소상인에게는 제5조에 의거 상호에 관한 규정이 적용되지 아니하기 때문에 소상인이 자신의 영업에 관하여 상호를 선정·사용하더라도 제

18조 이하(상호선정의 자유 등)의 규정에 의거한 보호는 받지 못한다.

2. 상표 및 영업표와의 구별

상호는 상인을 나타내는 명칭이므로 상품의 동일성을 나타내는 상표(상표법 제2조 제1항 참조)나 영업의 대외적인 이미지를 浮刻시키기 위하여 사용하는 標章인 영업표지와는 다르다. 예를 들면, 「삼성전자 주식회사」는 상호이고, 「Any Call」은 상표이며, 는 삼성그룹의 영업표지이다.

3. 문자로 기록

상호는 상인의 명칭이므로 상인이 아닌 자가 사용하는 특수한 명칭이어서는 아니 되고, 口頭로 발음하고, 文字로 기록할 수 있어야 한다. 따라서 記號·圖畵·圖形·特殊記號 등은 상호가 될 수 없다. 외국어의 경우에는 '하이트맥주 주식회사'와 같이 우리말로 표기한 것은 상호가 될 수 있지만, 'Star Bucks'와 같이 해당외국어로 表記하는 것은 등기실무상 허용하지 않고 있다. 다만, '스타벅스'(Star Bucks)라고 표기하는 것처럼 한글에 이어 괄호로 로마자를 병기할 수는 있다.[129)]

그러나 자연인 상인의 경우 외국어를 미등기상호로 사용할 수 있고, 또 등기를 전제로 하지 않은 상법상의 보호도 받는다고 본다. 예를 들면, 자연인(甲)이 'Star bucks'라는 미등기 외국어상호로 커피전문점 영업활동을 하고 있는데, 또 다른 자(乙)가 '스타벅스' 또는 'Star Buks'라는 상호로 유사한 영업활동을 하는 때에는 제23조 제1항에 의하여 甲은 乙에게 상호의 폐지 및 손해배상을 청구할 수 있다.

한편 자연인 상인이 상호를 선정하였다고 하더라도 모든 영업활동에서 상호만을 사용하여야 하는 것은 아니고, 성명과 상호를 선택적으로 사용할 수 있다. 상법에서는 이를 명시적으로 인정하는 주의적 규정을 두고 있기도 하다. 대표적으로 화물명세서에 수하인의 성명 또는 상호를 기재하도록 하고 있는데(제126조 제2항 제3호), 화물상환증(제128조 제2항 제1호), 창고증권(제156조 제2항 제2호), 선하증권(제853조 제1항 제1호), 전자선하증권(제862조 제2항) 또는 해상화물운송장(제863조 제2항·제853조 제1항 제4호)에도 같은 취지의 규정을 두고 있다.

---

129) 상호 및 외국인의 성명 등의 등기에 관한 예규 제5조.

Ⅲ 상호의 선정

1. 입법주의

상인이 상호를 선정하는 경우 商號가 表象하는 뜻이 상인 또는 영업내용의 실질과 일치시킬 것인지는 입법정책상의 문제인데, 다음과 같은 세 가지 입법주의가 있다.

(1) 상호진실주의

이는 상호가 영업주 또는 영업내용 등을 시사한다고 보고, 상호와 영업내용의 실질이 일치하여야 한다는 입법주의이다. 예를 들면, '홍길동 양복점'은 '홍길동'이라는 자가 영업주이어야 하고, 그리고 양복업에 대하여만 그 상호를 사용할 수 있다(프랑스법계). 이 입법주의는 거래상대방의 오인이 없고 거래의 안전에는 도움이 되지만, 영업양도나 상속이 이루어지면 기존 상호를 사용할 수 없어 상호의 재산적 가치를 보존하거나 환가할 수 없는 단점이 있다.

(2) 상호자유주의

이는 상인으로 하여금 영업내용의 실질과 관계없이 상호를 자유롭게 선정하고 승계할 수 있게 하는 입법주의이다. 예를 들면, '이선수 製藥'은 '이선수'가 아닌 자가 상호를 사용할 수 있고, 제약업이 아닌 구두가게를 하더라도 무방하다(영미법계, 독일법계). 이 입법주의는 상호선정에 편리하고 영업양도나 상속이 이루어질 때에도 상호를 속용할 수 있어 상호의 재산권 보존에는 도움이 되지만, 거래상대방이 영업내용의 실제와 상인의 동일성 판단에 혼란을 야기할 수 있는 단점이 있다.

(3) 절충주의

이는 상인이 새롭게 상호를 선정하는 때에는 상호와 영업내용의 실질과 일치하여야 하지만 상인의 개명, 영업양도, 상속 또는 회사사원의 입사·퇴사 등이 행하여지면 상호의 속용을 허용하는 입법주의이다(1998년 이전 독일).

(4) 상법의 원칙

제18조는 「商人은 그 姓名 기타의 명칭으로 상호를 정할 수 있다.」고 규정하여 원칙적으로 상호자유주의를 채택하고 있다. 그러므로 상인은 영업내용의 실질과 관계없이, 그리고 상인, 영업내용, 생산지, 영업지역을 시사하거나 또는 시사

하지 아니하는 어떠한 문자로든 상호를 선정할 수 있다. 예를 들면, 제주하고 전혀 인연이 없는 자가 「제주옥돔」이라는 상호를 걸고 냉면을 팔더라도 무방하다. 다만, 기술한 바와 같이 상호자유주의에도 단점이 있기 때문에 상법은 최소한의 범위에서 약간의 제한을 가하고 있다.

2. 상호선정의 자유

(1) 서

상법은 원칙적으로 상호자유주의를 채택하고 있지만, 거래상대방이 될 수 있는 일반 공중의 신뢰를 보호하는 한편, 무분별한 상호선정으로 인한 不利益을 방지하고 위하여 다음과 같은 예외적인 제한을 가하고 있다.

(2) 상호단일의 원칙

1) 의의

상호단일의 원칙이란 동일한 영업에는 동일한 상호를 사용하여야 하는 원칙을 말한다(제21조 제1항). 이러한 제한을 두는 것은 동일한 영업에 대하여 여러 개의 상호를 사용한다면 일반 공중이나 거래상대방에게 영업 주체와 영업 자체의 동일성 판단에 혼란을 야기할 수 있고, 다른 상인의 상호선정의 폭을 부당하게 제약하기 때문이다. 따라서 동일한 영업에 관하여 2개(예 자기명의와 처의명의) 이상의 상호(예 자기명의는 '한라산 이삿집센터', 처의명의는 '한라산 익스프레스')를 사용하는 때에는 각각의 등기여하와 무관하게 상호로서 보호를 받을 수 없다.[130]

2) 개인상인과 회사상인의 경우

상호단일의 원칙은 하나의 영업에는 하나의 상호만을 사용하여야 한다는 원칙이다. 그러므로 1인의 개인상인(또는 개인기업)은 수개의 영업을 영위하는 경우, 각 영업별로 상호를 달리 사용할 수 있다. 그리하여 호텔업과 음식업을 겸영하는 개인상인은 전자를 '백록담호텔'이라는 상호로, 후자를 '용두암식당'이라는 상호로 사용할 수 있다.

그러나 회사의 상호는 영업뿐만이 아니라 회사의 全人格을 나타내는 명칭이므로 수개의 영업을 영위하더라도 하나의 상호만을 사용하여야 한다. 예를 들면,

---

130) 제주지법 1998. 4. 23. 선고 97가합3244 판결.

삼성전자 주식회사의 상호로 반도체사업과 휴대폰사업 등을 동시에 영위하는 것과 같다.

3) 수개의 영업소의 경우

상인이 하나의 영업에 관하여 수개의 영업소를 갖더라도 각 영업소는 동일한 상호를 사용하여야 한다. 영업소가 둘 이상인 경우에는 지점의 상호에는 본점과의 종속관계를 표시하여야 한다(제21조 제2항). 예를 들면, '제주은행 아라동지점'으로 표시하는 것과 같다.

(3) 회사상호의 사용제한

회사가 아니면 상호에 회사임을 표시하는 문자를 사용하지 못한다. 회사의 영업을 양수한 경우에도 같다(제20조). 이에 위반한 자는 200만원의 過怠料에 처한다(제28조). 이는 자연인인 상인이 회사라는 상호를 사용함으로써 영업규모와 신용도를 과장하려는 것을 방지함으로써 일반인이 誤認하는 일이 없도록 하기 위함이다. 제20조는 '회사임을 표시하는 문자'라고 명시하고 있으나 '회사'라는 글자에만 국한되는 것은 아니다. 'xx물산', '(주)xx' 또는 'xx(주)'라고 하는 약어가 널리 인식되어 있는 경우에는 그 약어의 사용도 금지된다.

(4) 회사의 종류별 상호표시방법

회사는 그 종류에 따라 합명회사, 합자회사, 주식회사, 유한책임회사(2011년 개정) 또는 유한회사의 문자를 사용하여 상호를 표시하여야 한다(제19조). 회사의 종류별로 사원의 책임이 유한책임 또는 무한책임으로 구분되어 사원의 유형별로 대외적인 책임의 정도가 다르고, 그 결과 거래상대방이 부담하는 위험 역시 다르기 때문이다. 합명회사나 합자회사는 무한책임사원의 성명을 상호 중에 표시하는 수가 있다. 이 경우 그 사원은 퇴사하는 때에 회사에 대하여 자신의 성명이 들어 있는 상호를 폐지할 것을 청구할 수 있다(제226조, 제269조). 유한책임회사의 경우도 같다(제287조의 31). 그렇지 아니하면 그 사원은 명의대여자 또는 자칭사원으로서의 책임을 부담할 수 있다(제24조, 제215조).

(5) 특정 업종을 나타내는 상호의 표시방법

특별한 업종을 영위하는 자는 관련 특별법에 의거 상호 중에 업종을 표시하여야 하는 경우가 있다. 금융업종이 대표적이다(은행법 제14조, 보험업법 제8조 제1항, 자본시장법 제38조). 보험회사는 다시 주로 영위하는 보험회사의 종류, 즉 생명보험회사인지 손해보험회사인지를 표시하여야 한다(보험업법 제8조 제1항). 금융투자회사의 경우도 유사하다(자본시장법 제38조).

한편 위의 업종을 영위하고자 하였으나, 인·허가를 받지 못하면, 해당 상호 및 유사상호를 사용할 수 없다(은행법 제14조, 보험업법 제8조 제2항, 자본시장법 제38조).

(6) 부정목적의 상호사용금지

1) 의의

누구든지 부정한 목적으로 타인의 영업으로 오인할 수 있는 상호를 사용하지 못한다(제23조 제1항). 이를 부정목적의 상호사용금지라고 한다.

2) 취지

이러한 제한은 누구든지 사회적 지명도와 신용이 있는 타인의 영업으로 오인될 만한 상호를 사용하여 타인의 신용과 사회적 지명도를 훔치는 사례를 방지하는 데 그 취지가 있다. 그리하여 영업의 주체로 오인당하는 자, 즉 피해자의 손실을 방지하고, 일반 공중에게 부진정한 외관을 제공함으로써 거래상의 손실을 주는 것도 방지하고자 하고 있다.

3) 적용범위

이러한 제한은 상인이 다른 상인의 상호 또는 그와 유사한 상호를 사용하는 경우에 주로 적용된다. 다만, 이에 한정되는 것은 아니고, 상인이 아니더라도 본조에서 말하는 '타인'의 영업으로 오인할 수 있는 상호에서의 타인이 될 수 있다. 즉, 상인(甲)이 상인이 아닌 著名人士(乙)의 성명이나 유명기관의 명칭(丙)을 자기의 상호에 사용한 경우에도 적용되는 것이다. 그리하여 상인(甲)이 '메이저리거(majorleaguer) 박갑돌'(乙)·'프리미어리거(premierleaguer) 손갑돌'(乙)이라는 성명이나 '대한불교조계종 직영서점'(丙)이라는 명칭을 사용한 경우 제23조가 적용된다.

4) 위반의 효과

제23조에 위반하여 성명이나 명칭을 盜用당한 상인 또는 비상인은 제23조의 '손해를 입을 염려가 있는 자'에 해당하므로 그 상호의 폐지와 손해배상을 청구할 수 있다(제23조 제2항·제3항). 이에 위반한 자는 200만원 이하의 과태료에 처한다(제28조).

이 밖에 '부정한 목적', '타인의 영업으로 오인할 수 있는 상호'의 의의 및 기타 상세한 점은 상호전용권에 관한 것이므로 후술한다.

(7) 부정경쟁방지법에 의한 상호사용의 금지

1) 의의

「부정경쟁방지 및 영업비밀에 관한 법률」(이하 '부정경쟁방지법'이라 한다)[131]에서는 국내에 널리 알려진 타인의 상표·상호와 동일 또는 유사한 것을 부정하게 사용하는 등의 부정경쟁행위를 금지한다(동법 제1조, 제2조 제1호 가목·나목·다목).

2) 목적

부정경쟁방지법은 상인간 부정한 수단으로 경쟁하는 것을 방지하고, 타인의 상호 및 영업주체에 관하여 혼동을 일으켜 이익을 얻는 행위를 방지하는 데 그 입법목적이 있다. 그러므로 상호는 등기나 부정한 목적을 위한 사용인지를 묻지 아니한다. 이에 대한 상세는 부정경쟁방지법상 상호보호에서 기술한다.

3) 상호의 식별력

상호는 단순히 영업내용을 서술적으로 표현하거나 통상의 의미로 사용하는 일상용어만으로는 적격성이 없다(대법원 등기예규 제3조 제8호 참조).[132] 적격한 상호로서 보호를 받기 위하여는 상호가 상인의 특정 영업을 다른 영업과 구별하여 널리 인식될 수 있는 명칭이어야 한다. 다만, 상호가 단지 영업내용을 나타내는 데 불과할지라도 오랫동안 사용되어 거래계 또는 수요자들이 상인의 특정 영업을 표시하는 것으로 널리 인식되어 있는 경우에는 상호로서 적법하다. 부정경쟁방지법상의 상호로서도 보호를 받을 수 있다.[133] 예를 들면, 부동산 관련 정보를 제공하는 잡지인 '주간 부동산뱅크'의 제호를 부동산소개업소의 상호로 사용하여 '부동산뱅크 공인중개사'라고 표기하고 '체인지정점'이라고 부기한 것은 부정경쟁방지법 제2조 제1호 '나'목의 상호권 침해에 해당한다.[134]

이 밖에 A 주식회사가 의정부에서 '오뎅식당'이라는 상호로 부대찌개를 판매하는 음식점으로 널리 알려져 있었는데, B가 인근에서 이를 모방하여 '채무자원

131) 전문개정 1986. 12. 31 법률 제3897호.

132) 대법원 1997. 12. 12. 선고 96도2650 판결.

133) 대법원 2006. 5. 25. 선고 2006도577 판결; 1997. 12. 12. 선고 96도2650 판결.

134) 대법원 1997. 12. 12. 선고 96도2650 판결.

조오뎅의정부부대찌개오뎅식당'(F.H.R)이라는 상호를 사용한 사건에서 법원은 '오뎅식당'은 '오뎅'과 '식당'이라는 평이한 명사의 결합에 불과함을 인정하면서도, '주간 부동산뱅크'의 판례와 같은 이유로 해당 '오뎅식당'의 상호성을 인정하고 A의 상호사용금지가처분 신청을 인용하였다.[135]

Ⅳ 상호의 등기

1. 의 의

상호는 상인의 명칭이자 영업재산일 뿐만 아니라 거래상대방인 일반 공중 등 여러 사람이 큰 이해관계를 가진다. 그리하여 상법은 상호사용의 실태를 널리 공시하기 위하여 상호의 등기제도를 마련하고 있다.

2. 강제성

회사는 설립등기를 함으로써 성립되고(제172조), 상호만이 회사의 유일한 명칭이므로 이를 등기하지 아니하면 회사의 존재를 인식할 방법이 없다. 그러므로 회사의 상호는 반드시 등기되어야 한다(절대적 등기사항). 반면, 자연인인 상인은 상호에 갈음하여 자신의 성명을 사용할 수도 있고, 영업의 개시와 폐지가 빈번하므로 상호의 등기 여부는 자유이다. 다만, 자연인인 상인도 일단 상호를 등기하여 상호를 변경하거나 폐지하는 때에는 의무적으로 변경·폐지의 등기를 하여야 한다(제40조 참조).

상법상 상호등기에 대한 강제성이 위와 같으므로 변호사법 제40조에 의거하여 설립된 법무법인의 '명칭'에 관한 등기는 회사나 자연인 상인의 상호등기와는 다르다.[136]

3. 등기절차

등기는 법률의 다른 규정이 없는 한 당사자의 신청에 따라야 하며(상업등기법 제22조 제1항), 신청인의 영업소(회사의 경우는 본점) 소재지의 등기소가 관할한다(제34

---

135) 의정부지법 2013. 1. 29. 자 2012카합408 결정.

136) 대법원 2007. 7. 26. 선고 2006마334 판결.

조). 자연인 상인은 상호등기부에 상호를 등기하면 되지만(상업등기법 제11조 제1항 제1호), 회사는 각 회사의 종류별로 회사등기부가 별도로 마련되어 있으므로 회사등기부에 등기를 하여야 하고(상업등기법 제37조 제1항 · 제11조 제1항 제6호 내지 제11호), 상호등기부에는 등기하지 아니한다. 다만, 가등기의 경우에는 예외이다(상업등기법 제37조 제1항, 제38조 제3항, 제39조 제2항).

4. 상호등기의 효력

상호를 등기하면 다른 상인의 같은 상호에 대한 사전등기배척권을 갖는다. 그리하여 타인이 등기한 상호는 동일한 특별시 · 광역시 · 시 · 군에서 동종영업의 상호로 등기하지 못한다(제22조). 그리고 동일한 특별시 · 광역시 · 시 · 군에서 동종영업으로 타인이 등기한 상호를 사용하는 자는 부정한 목적으로 사용하는 것으로 추정한다(제23조 제4항). 또한 상호를 등기한 자가 정당한 사유 없이 2년간 상호를 사용하지 아니하는 때에는 폐지한 것으로 본다(제26조). 나아가 상호를 변경 또는 폐지한 후 2주간 내에 상호를 등기한 자가 변경 또는 폐지의 등기를 하지 아니하는 때에는 이해관계인은 그 등기의 말소를 청구할 수 있다(제27조). 이에 관한 상세한 내용은 상호권의 보호 및 상호의 폐지부분에서 후술한다.

5. 상호의 가등기(가등기상호권자의 사전등기배척권)

(1) 의의 및 취지

1995년 개정상법은 상호의 가등기제도를 도입하여 가등기상호권자의 사전등기배척권을 인정하고 있다(제22조의 2). 이 제도는 장래에 사용하게 될 상호의 전용권을 일정한 기간동안 보전하는 데 그 취지가 있으며, 자연인 상인에게는 적용되지 아니한다.

(2) 사유

1) 주식회사, 유한회사 또는 유한책임회사의 설립

가) 관련 규정 주식회사나 유한회사와 같은 물적회사를 설립하고자 하는 때에는 상호의 가등기를 신청할 수 있다(제22조의 2 제1항). 그리고 2020년 6월 개정상법은 물적회사의 성격을 겸비한 유한책임회사에게도 이를 확대 적용하고 있다. 주식회사나 유한회사의 설립에는 신설합병, 회사분할 또는 주식의 포괄적 이전에

의한 설립이 포함된다.

나) 입법목적 주식회사나 유한회사를 설립하는 때에는 상당한 기간이 소요되는 것이 통상적인데, 그 사이에 제3자가 먼저 동일한 상호를 등기하게 되면, 회사를 설립하고자 하는 자는 그 상호로써 등기할 수 없게 된다(제22조). 이로 인하여 설립하고자 하는 신설회사의 상호권이 침해됨은 물론 동일한 상호를 등기한 자와 분쟁이 발생하게 된다. 따라서 상법은 이러한 문제점을 해결하고자 가등기제도를 인정하여 주식회사나 유한회사를 설립하고자 하는 자의 상호권을 보호하고 있다. 입법취지가 이러하므로 설립절차가 간단하고 단기간에 종료되는 합명회사, 합자회사와 같은 인적회사의 설립시에는 가등기제도가 인정되지 아니한다.

2) 회사의 상호·목적의 변경

가) 관련 규정 회사는 상호나 목적, 또는 상호와 목적사항을 변경하고자 하는 경우 상호의 가등기를 신청할 수 있다(제22조의 2 제2항). 여기서의 회사는 주식회사나 유한회사를 포함한 모든 종류의 회사를 의미한다.

나) 입법목적 회사가 상호나 목적 또는 양자의 변경사항은 정관의 절대적 기재사항이기 때문에,[137] 이를 변경하기 위하여는 주주총회의 특별결의와 같은 정관변경절차[138]를 반드시 거쳐야 하는 등 상당한 기간이 소요된다. 이 때문에 상법은 상호나 목적을 변경하여 제3자에게 누설될 경우의 대비책을 미리 세울 수 있도록 모든 종류의 회사에 가등기제도를 인정하고 있다.

3) 회사의 본점소재지의 이전

가) 관련 규정 회사는 본점을 이전하고자 할 때에 상호의 가등기를 신청할 수 있다(제22조의 2 제3항). 여기서의 회사도 모든 종류의 회사를 의미한다.

나) 입법목적 회사의 본점소재지는 정관의 절대적 기재사항이므로[139] 주주총회의 특별결의와 같은 정관변경절차[140]를 거쳐야 하는 등 상당한 기간이 소요된다. 이 때문에 상법은 모든 종류의 회사에 대하여 상호권을 계속 보존할 수 있

137) 제179조 제1호·제2호, 제180조 제1호, 제270조, 제289조 제1항 제1호·제2호, 제543조 제2항 제1호.
138) 제204조, 제269조, 제433조, 제434조, 제584조, 제585조.
139) 제179조 제5호, 제270조, 제289조 제1항 제6호, 제543조 제2항 제5호.
140) 제204조, 제269조, 제433조, 제434조, 제584조, 제585조.

도록 상호의 가등기제도를 인정하고 있는 것이다.

(3) 가등기의 관할

주식회사, 유한회사 또는 유한책임회사를 설립하고자 할 때의 상호의 가등기는 설립하고자 하는 회사의 본점소재지를 관할하는 등기소에 신청할 수 있다(제22조의 2 제1항). 모든 회사가 상호나 목적 또는 상호와 목적을 변경하고자 할 때의 상호의 가등기는 회사의 현행 본점소재지를 관할하는 등기소에 신청할 수 있다(동조 제2항). 모든 회사가 본점을 이전하고자 할 때의 상호의 가등기는 이전할 곳을 관할하는 등기소에 신청할 수 있다(동조 제3항).

(4) 상호의 가등기 효과

1) 사전등기배척권의 발생

상호의 가등기는 제22조(상호등기의 효력)의 적용에 있어서는 상호의 등기로 본다(제22조의 2 제4항). 즉, 상호를 가등기하면 상호등기권자와 같이 사전등기배척권이 발생하는 등 등기된 상호와 같이 보호를 받는다(제22조의 2 제4항). 따라서 타인이 가등기한 상호는 동일한 특별시·광역시·시·군에서 동종영업의 상호로 등기하지 못한다.

2) 주체를 오인시킬 상호의 사용금지규정과의 관계

상법은 가등기상호와 주체를 오인시킬 상호의 사용금지규정(제23조)과의 관계에 대하여는 언급을 하지 않고 있다. 생각건대, 가등기상호는 등기상호로 인정되기 때문에 제23조 적용시에도 등기상호로 취급하여야 한다고 본다.[141] 그 결과 동일한 특별시·광역시·시·군에서 동종영업으로 타인이 가등기한 상호를 사용하는 자는 부정한 목적으로 사용하는 것으로 추정한다(제23조 제4항 참조). 부정목적에 관한 증명책임은 가등기상호권자가 아닌 상대방에게 전가됨은 물론이다.

(5) 상업등기법과 가등기상호권의 남용규제

상호의 가등기철차에 대하여는 상업등기법 제38조 내지 제45조에 상세히 규정되어 있다. 그 가운데 가등기제도의 취지에 반하여 상호를 가등기하고 장기간 방치함으로써 타인의 상호선정권을 방해하는 행위에 대하여는 동법 제38조 및

---

141) 同旨 최기원·김동민(2014), 105면; 이철송(2022), 175면; 손주찬(2004), 148면.

제39조, 제41조 내지 제43조에서 규제를 하고 있다.

V 상호권의 보호

1. 의 의

상호권은 상인이 특정한 상호를 적법하게 선정하거나 승계하여 사용하는 경우에 인정되는 권리를 말한다. 상호는 상인에게 중대한 경제적 이익의 表象이므로 상법은 상호권을 법적 이익으로 보호하고 있다. 그리하여 상호권은 타인의 방해를 받지 않고 상호를 사용할 수 있는 商號使用權(적극적 상호권)과, 자기가 사용하는 상호를 타인이 부정한 목적으로 사용하는 경우에 이를 배척할 수 있는 商號專用權(소극적 상호권)으로 이루어진다. 상호권은 상호의 등기 여부와는 관계없이 발생한다. 다만, 등기하는 때에는 상호전용권이 보다 강화될 뿐이다.

2. 상호권의 법적 성질

(1) 서

상호권의 성질에 대하여는 학설이 다음과 같이 나뉜다.

1) 재산권설

이 학설에 따르면 상호권은 재산권으로서의 배타성과 양도성이 인정되는 등 경제적 가치와 기능성을 가지고 있으므로 재산권이라고 한다.[142)]

2) 인격권설

이 학설은 상호가 영업상 상인을 나타내는 명칭이라는 점을 중시하여 상호권을 인격권이라고 한다.

3) 인격권적 성질을 가진 재산권

이 학설은 상호권을 침해하면 名譽와 信用이 손상되는 점에서는 인격권적 성질을 가지며, 상호가 상인에게 경제적 이익을 주며 그 讓渡性을 가진다는 점에서는 재산권적 성질을 갖는다고 보아, 상호권은 인격권적 성질을 포함하는 재산권이라고 한다(통설).[143)]

---

142) 강위두·임재호(2009), 91면; 이병태(1988), 104면.

4) 특수한 권리설

이 학설에 따르면 상호권은 인격권도 아니고 재산권도 아니며, 기업현상에 따라 나타나는 특수한 권리라고 한다.

5) 그 밖에 登記 前에는 인격권이나 登記 後에는 재산권성을 포함하는 인격권이라고 하는 설 등이 있다.

6) 사견

상호권은 인격권적 성질을 포함하는 재산권으로서 기업생활관계에서 발생하는 특수한 권리라고 본다(통설). 상법 역시 상호권의 이러한 성질을 반영하고 있다. 우선, 상호는 원칙적으로 영업(기업)과 함께 하는 경우에 한하여 이를 양도할 수 있다고 하는 규정(제25조 제1항 후단)은 상호권의 인격권적 성질을 반영한 것이다. 그리고 예외적으로 영업이 폐지된 경우에는 상호만을 양도할 수 있도록 하는 규정(제25조 제1항 전단)은 상호권의 재산권적 성질을 반영한 것이다.

3. 상호사용권(적극적 상호권)

(1) 개념

상인은 자기가 적법하게 선정하거나 승계한 상호를 타인의 방해를 받지 아니하고 사용할 수 있는 권리를 가진다. 이를 상호사용권이라고 한다.

(2) 성질

상호사용권은 일종의 절대권이다. 그러므로 이에 대한 침해는 민법상의 불법행위를 구성하는데(민법 제750조), 상법은 이를 특수화하여 상호사용권으로 규정하고 있다. 상호사용권은 적극적 상호권으로서 기업활동과 관련한 일체의 거래시 상호를 사용할 수 있고, 인쇄물 · 계산서 · 명함 · 서신용지 · 광고 · 간판 · 상품 등에 상호를 기재하는 등의 사실행위에도 상호를 사용할 수 있다.

---

143) 전우현(2011), 88－89면; 이철송(2022), 177면; 정찬형(2025), 122면; 최기원 · 김동민(2014), 105면; 정동윤(2012), 79면.

(3) 등기상호와 미등기상호간 차별성 여부

상호사용권은 등기유무와는 무관하게 모든 상호사용자에게 인정되는 권리이므로 등기상호이든 미등기상호이든 그 내용에 있어서 차이가 없다. 그러므로 미등기상호(A)의 사용자(甲)는 타인(乙)이 나중에 자기(甲)와 동일한 상호를 선정하여 먼저 등기를 하더라도 미등기상호를 계속 사용할 수 있다.

4. 상호전용권(소극적 상호권)

(1) 의의

1) 개념

상인은 타인이 부정한 목적으로 자신의 영업으로 오인할 수 있는 상호를 사용할 경우 이를 사후적으로 폐지시킬 수 있는 권리를 갖는다(제23조 제2항). 이를 상호전용권이라고 한다. 상호사용권이 적극적 상호권인 데 비하여, 상호전용권은 소극적 상호권이다. 일반적으로 부정한 목적으로 타인의 영업으로 오인할 수 있는 상호의 사용은 금지된다(제23조 제1항). 그리하여 상법은 그 중에서도, 특히 상인(甲)이 이미 사용하고 있는 상호(A)와 유사한 상호(A')를 타인(乙)이 사용함으로써 그 상인(甲)의 영업으로 오인하게 하는 경우, 그 상인(甲)은 이미 사용하고 있는 상호(A)의 상호전용권의 효력으로써 이를 배척할 수 있도록 하고 있다.

2) 등기상호와 미등기상호간의 차별성 여부

상호전용권도 상호사용권과 마찬가지로 등기유무와는 무관하게 모든 상호사용자에게 인정되는 권리이다. 다만, 등기를 하게 되면 후술하는 바와 같이 상호전용권이 강화된다.

(2) 요건

1) 개요

상인(甲)이 상호전용권에 의거하여 타인(乙)이 사용하는 상호를 폐지시키기 위하여는 다른 상호사용자가 부정한 목적으로 상인의 상호와 동일하거나 유사한 상호를 사용하여 상인의 영업으로 오인할 수 있어야 한다(제23조 제1항).

2) 비교상호의 존재

상인(甲)이 상호전용권에 의거하여 타인의 상호사용을 排斥하여 그 상호를 廢

止하기 위하여는 타인(乙)이 상인의 상호와 混同되는 상호를 사용함으로써 상인의 영업으로 오인하게 하여야 한다. 따라서 상인이 상호전용권에 의거하여 타인이 사용하는 상호를 폐지시키고자 하는 때에는 상인이 현재 해당 상호를 사용하고 있어야 한다. 다만, 상인이 이미 해당 상호를 폐기하고 사용하지 않고 있더라도, 타인이 상인과 동일 또는 유사한 상호를 사용함으로써 상인의 영업으로 오인받을 염려가 있으면, 상인은 상호전용권에 의거한 상호의 폐지를 청구할 수는 없지만, '손해를 받을 염려가 있는 자'(제23조 제2항)에 해당하므로 그 폐지를 청구할 수 있다.

3) 타인의 영업으로 오인할 수 있는 상호(상호의 동일·유사성)

가) 의의 제23조 제1항에 의거한 상호전용권을 행사하기 위하여는 '타인(예 기존의 상호사용자)의 영업으로 오인할 수 있는 상호'이어야 한다. 따라서 상호가 동일하거나 유사하여야 한다. 기존의 상호사용자의 상호와 동일한 상호는 '타인의 영업으로 오인할 수 있는 상호'이다. 상호가 동일하지 않더라도 고도의 유사성을 갖는다면 역시 타인(예 기존의 상호사용자)의 영업으로 오인할 가능성이 크므로 이에 포함된다(통설). 영업의 주체를 혼동·오인할 수 있기 때문이다. 상호가 '오인할 가능성'이 있는지의 여부는 해당 상인과 상거래를 하는 일반인의 기준에서 판단하여야 하므로 영업의 종류·규모·지역성 등 종합적인 사정을 감안하여야 한다.[144]

따라서 '오인할 가능성'은 상호의 핵심이 동일하거나 유사하여 혼동·오인할 소지가 있는지를 기준으로 판단하여야 하며, 부분적인 차이점의 多寡를 판단기준으로 삼아서는 아니 된다. 예를 들면, 서귀포시에 있는 제과업자가 '호텔신라제과 주식회사'라는 상호와 유사한 명칭인 '신라제과 주식회사'라는 상호를 사용한다면, 양 회사는 업종이 유사하고, 시장의 지역성도 중첩되므로 '타인의 영업으로 오인할 수 있는 상호'라고 할 수 있다. 다만, 마을 주민을 상대로 하는 영세한 이삿짐업체가 '신라이사'라는 상호를 사용하는 때에는 그 지역성이나 규모면에서 호텔신라 주식회사 또는 그 계열사의 영업으로 오인하지는 않을 것이다.

---

144) 대법원 2021. 7. 15. 선고 2016다25393 판결; 1996. 10. 15. 선고 96다24637 판결; 1976. 2. 24. 선고 73다1238 판결.

나) 판례의 검토

① 인정사례

제23조 제1항과 관련하여 상호의 유사성을 인정한 사례를 보면 대법원은 "원고가 등기한 '주식회사 유니텍'이라는 상호와 그 후 피고가 등기한 '주식회사 유니텍전자'라는 상호는 등기지역이 모두 서울이고, 상호의 주요 부분이 '유니텍'으로써 일반인이 확연히 구별할 수 없을 정도로 같다"고 판시하였다.[145)]

나아가 상호의 외형으로는 구별되더라도 호칭이나 관념의 유사성으로 인하여 영업주체에 관한 오인·혼동을 유발할 때에는 타인(기존의 상호사용자)의 영업으로 오인할 수 있는 상호로 판단한 사례도 있다. 예를 들면, 甲 주식회사가 의정부에서 '오뎅식당'이라는 상호로 부대찌개를 판매하는 음식점으로 널리 알려져 있었는데, 乙이 인근에서 부대찌개 음식점을 운영하면서 '채무자원조오뎅의정부부대찌개오뎅식당'(F.H.R)이라는 상호를 사용하자 甲 회사가 乙을 상대로 상호사용금지가처분을 구한 사안에서 법원은 "외관상으로는 이 상호가 '오뎅식당'과 유사하다고 할 수 없지만, 乙의 식당에 설치된 간판에는 '오뎅식당'이라는 상호만 크게 기재되어 있고 흔히 '오뎅식당'으로 약칭되고 있는 점에서 영업주체를 오인할 수 있는 상호"라고 판시하였다.[146)] 즉, 법원은 영문자 및 글자 수 차이 등으로 외관은 유사하지 않으나 乙이 사용하는 상호 등 표지가 '오뎅식당'만으로 간략하게 호칭·관념될 수 있어 甲 회사와 乙의 각 상호의 영업표지가 유사하다는 점에 착안하여 판시한 것이다. 이는 부정경쟁방지법 제2조 제1호 나목이 문제된 사례이기도 하다.

② 불인정사례

위와는 달리 상호의 유사성을 부정한 사례를 보면 대법원은 "수원에 개설한 '수원보령약국'(乙)이 서울에 있는 '보령제약 주식회사'(甲)의 영업으로 혼동·오인하게 될 염려는 없다."고 판시하였다.[147)] 이는 부정경쟁방지법 제7조 등이 문제된 사례이었으나, 대법원은 '보령'이라는 상호가 '甲'이 부정경쟁방지법에 의하여 보

145) 대법원 2004. 3. 26. 선고 2001다72081 판결.

146) 의정부지법 2013. 1. 29. 자 2012카합408 결정; 대법원 1997. 12. 12. 선고 96도2650 판결 참조.

147) 대법원 1976. 2. 24. 선고 73다1238 판결.

호를 구할 수 있는 정당한 영업상의 이익이라고 할 수 없다고 보았다.

③ 동일·유사상호의 사용

동일·유사상호를 '사용'한다는 것은 상인이 해당 상호를 영업상 자신을 나타내는 명칭으로 이용하고 있어야 함을 뜻한다. 그리하여 제3자와의 계약시 동일·유사상호를 표시하는 것은 물론 간판·제품·포장지·계산서·안내서·서신용지 기타 인쇄물에 표시 또는 광고에 이용하고 있는 상호는 모두 포함된다. 그리고 상인이 사업자금의 차입 또는 종업원과의 고용계약·노동조합과의 단체협약[148] 등과 같은 補助的 商行爲를 하면서 이용하는 상호도 포함된다. 그리고 '동일·유사상호의 사용'은 상호를 새로이 선정하는 경우는 물론 양수·상속 등으로 승계하여 사용하는 경우도 포함된다.

한편 제22조는 타인(예 기존의 상인)이 등기한 상호를 '동일한 서울특별시·광역시·시·군'에서 同種營業의 상호로 등기하지 못하게 하는 데 비하여 제23조의 유사상호의 사용금지는 그와 같은 지역적 제한이 없다. 그리하여 원칙적으로는 어디에서나 부정한 목적으로 '타인의 영업으로 오인할 수 있는 상호'를 사용하지 못한다. 다만, 전국적인 규모에서 영업의 동일성으로 인한 혼동·오인이 유발되는지의 여부는 영업의 규모·범위·성격, 고객의 지역성 등을 종합적으로 고려하여 판단하여야 한다.

4) 부정한 목적

가) 개념　제23조 제1항에 의거하여 상호전용권을 행사하기 위하여는 '부정한 목적'이 있어야 한다. 부정한 목적이라 함은 자기의 영업을 타인(예 기존의 상호사용자)의 영업으로 오인시켜 자신의 영업에 이용하려 하거나 타인에게 손해를 가하려고 하는 부정한 의도를 말한다.[149] 이는 「인터넷주소법」 제12조에 의거한 도메인이름을 사용하는 경우에도 같다. 예컨대, 도메인이름(예 굿옥션)의 양도계약이 무효임에도 양수인이 자신의 인터넷 웹사이트 주소로 사용하는 것과 같다.[150]

부정한 목적은 상호사용자의 주관적 사실에 관한 문제이다. 이 때문에 그 존부를 증명하는 것이 쉽지 않을 수 있다. 다만, 상호사용의 정황으로 보아 쉽게 추

148) 대법원 2006. 4. 27. 선고 2006다1381 판결; 1976. 6. 22. 선고 76다28 판결.
149) 대법원 2021. 7. 15. 선고 2016다25393 판결; 2016. 1. 28. 선고 2013다76635 판결.
150) 대법원 2021. 7. 15. 선고 2016다25393 판결.

단할 수 있는 사례도 있다(예 후술하는 마산고려당 vs. 서울 고려당 마산분점).[151] 따라서 부정한 목적을 판단함에 있어서는 상인의 명성·신용, 영업방법·종류, 상호사용의 경위,[152] 수요자층, 상호의 식별력, 즉 영업주체에 대하여 오인·혼동을 유발하는지를 종합적으로 판단하여야 한다(예 상호의 역혼동 사례. 후술하는 파워컴 주식회사 vs. 주식회사 파워콤).[153]

나) 부정경쟁의 목적과의 관계 부정경쟁방지법상 '부정한 경쟁'(동법 제2조 제1호 참조)을 목적으로 할 때에는 제23조 제1항에서 말하는 부정한 목적이 있다고 할 수 있다. '부정한 목적'은 부정한 경쟁보다 넓은 개념이기 때문이다. 따라서 부정한 경쟁을 목적으로 하지 않더라도 부정한 목적이 있을 수 있다(통설).

다) 판례의 검토

① 인정사례

제23조 제1항의 '부정목적'을 인정한 사례를 보면, 법원은 "「허바허바칼라」라는 상호로 사진촬영업을 하던 자가 이 상호를 양도한 후 「새허바허바칼라」라는 상호로 다시 영업을 개시한 경우에는 「허바허바칼라」로 오인시키기 위한 부정목적이 있다."고 하였다.[154] 그리고 법원은 "「뉴서울寫場」이라는 상호 옆에 혹은 작은 글씨로 「전 허바허바 개칭」이라고 기재한 것은 「허바허바 寫場」으로 오인시키기 위한 부정목적이 있다."고 하였다.[155]

이 밖에 법원은 서울특별시에서 동종 영업으로 원고가 먼저 등기한 상호인 "주식회사 유니텍"과 확연히 구별할 수 없는 상호인 "주식회사 유니텍전자"를 사용하는 것은 상호를 부정한 목적으로 사용하는 것으로 추정된다고 전제하였다. 주요 논거는 원고는 소프트웨어의 개발·판매업에, 피고는 컴퓨터 하드웨어의 제조·판매업에 각 영업의 중점을 두고 있기 때문에 원·피고가 실제 영업의 구체적 내용에는 다소 차이가 있지만, 원고 역시 전체 매출액의 30%가량이 피고가 영위하는 영업과 같은 컴퓨터 하드웨어의 조립·판매에서 발생하고 있어 원·피고의 주 고객층도 명백히 차별화되어 있다고 단정할 수 없다는 점에 있었다.[156]

---

151) 대법원 1993. 7. 13. 선고 92다49492 판결.
152) 대법원 2016. 1. 28. 선고 2013다76635 판결.
153) 대법원 2002. 2. 26. 선고 2001다73879 판결; 同旨 1996. 10. 15. 선고 96다24637 판결.
154) 서울고법 1977. 5. 26. 선고 76다3276 판결.
155) 대법원 1964. 4. 28. 선고 63다811 판결.

후술하는 逆混同에 관한 대법원 2001다73879 판결의 판지를 활용하여 역혼동을 인정한 사례도 있다. 즉, 중소기업인 「주식회사 한국테크놀로지」(상호선사용자)는 2001년 코스닥에 상장된 기업으로 2012년부터 해당 상호로 자동차 부품사업 등에 관한 사업활동을 영위해 오던 중, 위 회사와는 전혀 관련이 없는 연매출 6조원의 국내 유명 타이어 제조사의 지주회사가 2019년 5월부터 상호를 「한국테크놀로지그룹 주식회사」로 변경하여 사업을 시작하였다. 이에 「주식회사 한국테크놀로지」라는 상호로 국내외에서 활발히 사업을 해 온 선사용자의 입장에서는 대기업 그룹이 자사와 동일한 상호를 사용하기 시작함으로써 영업주체에 대한 심각한 오인·혼동이 발생하여 사실상 상호를 빼앗긴 것으로 받아들일 수밖에 없었는바, 「한국테크놀로지그룹 주식회사」에 대하여 상호사용금지(제23조 제1항·제2항) 및 부정경쟁행위의 금지(부정경쟁방지법 제2조 제1호 나목)를 구하는 가처분을 신청하게 되었다. 이에 대하여 1심과 2심은 원고의 주장을 인용하고 역혼동의 개연성이 높다고 판단하여 '한국테크놀로지그룹은 자동차부품류 제조·판매를 영위하는 회사 및 지주회사의 간판·선전광고물·사업계획서·명함·책자 등에 해당 상호를 사용해서는 아니 된다.'고 결론내렸다.[157)]

생각건대, 이 사례는 ① 법원이 최초로 지주회사와 일반사업회사 사이의 영업주체의 오인·혼동가능성을 인정한 사건이자, ② 상대적으로 규모가 작은 회사가 큰 회사에 대하여 상호사용금지 및 부정경쟁행위금지 청구를 한 경우에 상호의 역혼동으로 인한 피해를 인정한 최초의 사건이라는 점에서 그 선례적 가치가 크다. 그리고 법원은 2009년 상업등기법 개정에도 불구하고 상법 제23조 제4항에 따른 부정한 목적의 추정은 반드시 '완전히 동일한 상호'에만 한정되지 않고, 등기지역을 기초로 부정한 목적이 추정된 경우 이후 등기지역을 변경하더라도 부정한 목적의 추정이 번복되는 것은 아니라는 새로운 법리를 제시하기도 하였다. 이 점에서 상호사용에 관한 동 판결의 법리는 주목된다.

---

156) 대법원 2004. 3. 26. 선고 2001다72081 판결.

157) 법률신문, "'지주회사－일반 사업회사 간 영업주체 오인·혼동 가능성을 인정' 동시에 '상호의 역혼동 피해를 인정'"(2020. 5. 19); 한국경제신문, "'한국테크놀로지' 社名싸움...세종, 골리앗을 꺾다."(2021. 4. 12), A31.

② 불인정사례

제23조 제1항의 '부정목적'을 인정하지 아니한 대표적인 사례는 다음과 같다. 첫째, 대법원은 甲이 '합동공업사'(자동차정비업종) 및 '합동특수레카'(자동차견인업종)라는 등록상호를 사용하고 있는 상황에서 乙이 등록상호인 '충주합동레카'(자동차견인업종)를 사용하지 아니하고 '합동레카'라는 상호를 사용한 것은 제23조 제1항의 타인(甲)의 영업으로 오인시키려는 '부정한 목적'의 상호사용은 아니라고 판단하였다.[158] 그 근거로 법원은 ① 자동차정비업과 자동차견인업은 영업의 종류가 서로 다르고 그 영업의 성질과 내용이 서로 달라서 비교적 서비스의 품위에 있어서 관련성이 적은 점, ② 자동차를 견인할 경우 견인장소를 차량 소유자가 지정할 수 있는 점, ③ 운수 관련 업계에서는 '합동'이라는 용어가 일반적으로 널리 사용되고 있어 그 식별력이 그다지 크지 아니한 점, ④ 甲과 乙측의 신뢰관계, 甲도 자동차정비업과 함께 자동차견인작업을 하면서 별도의 견인업 등록을 한 점, 乙이 자동차정비업을 하고 있지 아니한 점과 乙의 영업 방법이나 그 기간 등을 고려할 때, 양 상호 중의 要部인 '합동'이 동일하다 하더라도 乙이 제23조 제1항의 부정한 목적으로 상호를 사용하였다고 할 수 없다는 점을 들었다.

둘째, 대법원은 혼동의 우려가 있는 유사상호를 사용하였지만, '부정한 목적'은 없다고 판단하는 기준을 제시하고 있다. 예를 들어 「마산고려당」 사건은 마산의 甲이라는 제과업자(원고)가 「고려당」이라는 상호로 제과업을 하고 있는 중에 역시 마산의 乙이라는 제과업자(피고)가 서울의 저명한 '주식회사 고려당'(乙')이라는 제과업자로부터 상호사용권을 얻어서 자신의 영업에 이용하자 甲이 乙의 상호사용을 금지하는 가처분을 신청한 사례이다. 동 사건에서 법원은 유사상호를 사용하였는 데 부정한 목적이 없다고 판단하였다. 주요 근거는 ① 피고인 乙이 그의 간판에 "SINCE 1945 신용의 양과 서울 고려당 마산분점"이라고 표시한 것은 주식회사 고려당과의 관계를 나타내기 위한 것이므로 乙에게 부정경쟁의 목적이 있는지를 판단함에 있어서 乙이 아닌 위 회사(乙')와 甲의 명성·신용을 비교한 것은 옳다는 점, ② 피고는 원고보다 명성이나 신용이 더 큰 위 회사(乙')의 판매대리점경영자로서 구태여 원고(甲)의 명성·신용에 편승할 필요가 없었고, 간판

---

158) 대법원 1996. 10. 15. 선고 96다24637 판결.

에도 위 회사(乙')와의 관계(마산분점)를 표시한 점, ③ 원고와 피고의 영업소가 서로 원거리인 다른 구(합포구 창동 vs. 회덕구 양덕동)에 있는 점 등을 종합하여 양자 사이에 오인의 염려가 없으므로 피고에게 부정한 목적이 없다는 것이다.[159] 즉, 원·피고가 서로 다른 구에 영업소가 있다는 이유만으로 부정한 목적이 없다고 판단한 것은 아니다.

셋째, 대법원은 역혼동으로 인한 피해를 부정하는 기준을 제시하고 있기도 하다. 즉, 「파워컴 주식회사」의 사건에서 대법원은 우선, 상호를 먼저 사용한 자(선사용자. 파워컴 주식회사)의 상호와 동일·유사한 상호를 나중에 사용하는 자(후사용자. 주식회사 파워콤)의 영업규모가 선사용자보다 크고 그 상호가 주지성을 획득한 경우, 후사용자의 상호사용으로 인하여 마치 선사용자가 후사용자의 명성이나 소비자 신용에 편승하여 선사용자의 상품의 출처가 후사용자인 것처럼 소비자를 기망한다는 오해를 받아 선사용자의 신용이 훼손된 때 등에 있어서는 이를 이른바 역혼동에 의한 피해로 보아, 후사용자는 선사용자에 대하여 손해배상책임을 부담할 여지가 있다고 보았다. 그러나 이 사건에서 대법원은 상호를 보호하는 제23조 제1항의 입법취지에 비추어, 선사용자의 영업이 후사용자의 영업과 그 종류가 다르거나 영업의 성질이나 내용, 영업방법, 수요자층 등에서 밀접한 관련이 없는 경우에는 역혼동으로 인한 피해를 인정할 수 없다고 판단하였다. 이 사례는 부정경쟁방지법 제1조·제2조 제1호의 입법 취지를 동시에 판단한 것이기도 하다.[160]

넷째, 대법원은 기업그룹이 분리된 경우의 기준을 제시하고 있기도 하다. 즉, 「대성홀딩스 주식회사」가 분리되면서 발생한 사건에서 대법원은 '경제적·조직적으로 관계가 있는 기업그룹이 분리된 경우, 계열사(예 주식회사 대성합동지주)들 사이에서 기업그룹 표지가 포함된 영업표지를 사용한 행위만으로는 부정경쟁방지법 제2조 제1호 나목에서 정한 부정경쟁행위가 성립하지는 않는다.'고 판시하였다.[161] 즉, 일반인으로 하여금 타인의 영업상의 시설 또는 활동과 혼동하게 하지 않는다는 것이다.

159) 대법원 1993. 7. 13. 선고 92다49492 판결.
160) 대법원 2002. 2. 26. 선고 2001다73879 판결.
161) 대법원 2016. 1. 28. 선고 2013다76635 판결.

5) 동종영업에 사용要否

同種營業이란 동일한 목적을 갖는 영업을 말한다. 다만, 동종영업이라 하더라도 영업내용이 완전히 일치하여야 하는 것은 아니고 중요 부분이 일치하면 족하다. 그런데 제23조의 취지는 不正한 競爭을 억제하기 위한 것만은 아니다. 타인이 상호권자의 상호를 부정사용함으로써 그로 인한 영업주체의 혼동으로 공중이 거래상대방의 선택시 誤謬를 범하여 피해를 입거나, 영업주체로 오인당한 자가 경제적 손실·신용의 저하·인격상의 침해를 당하는 것을 방지하는 데에도 그 취지가 있다. 이 때문에 동조는 동종영업에 상호를 사용할 것을 요하지 않는다.[162)]

6) 상호권자의 허락이 없을 것

법에 명문의 규정은 없으나 당연히 인정되는 요건이다. 가령 상호권자가 허락한 때에는 제24조에 의거 명의대여자의 책임을 질 수 있다.

7) 증명책임

상호전용권에 의거 타인이 부정하게 사용하는 상호를 폐지시키려면 위의 요건에 관한 증명책임은 상호권자에게 있다. 다만, 상호를 등기한 때에 그 증명책임은 동일·유사상호의 사용자에게로 전환된다.

(3) 효력

1) 개요

누구든지 제23조 제1항에 위반하여 부정한 목적으로 타인의 영업으로 오인할 수 있는 상호를 사용한 경우, '손해를 받을 염려가 있는 자' 또는 '상호를 등기한 자'는 사후적으로 해당 상호의 폐지 및 손해배상을 청구할 수 있다(제23조 제2항·제3항).

2) 상호폐지청구권

상호폐지청구권은 현재의 사용금지뿐만이 아니라 장래의 사용금지청구를 포함한다. 예를 들면, 간판의 철거청구 또는 포장지·인쇄봉투의 폐기청구 등을 할 수 있다. 만약 부정사용자가 상호를 등기한 때에는 그 등기의 抹消請求權을 행사할 수 있다. 이는 제22조의 등기배척과는 다른 말소청구이다.

---

162) 대법원 2002. 2. 26. 선고 2001다73879 판결(파워컴 주식회사 vs. 주식회사 파워콤); 1976. 2. 24. 선고 73다1238 판결(보령제약 주식회사 vs. 수원보령약국).

3) 손해배상청구권

특정인이 상호를 부정사용함으로써 기존의 상호권자가 매출액의 감소, 신용의 훼손 등의 손해를 입은 경우 상호권자는 별도로 손해배상을 청구할 수 있다(제23조 제3항). 이는 상호폐지청구권을 행사하더라도 민법상 불법행위에 기한 손해배상청구권이 소멸하는 것이 아님을 주의적으로 규정한 것이다. 이때 상호권자는 불법행위의 요건(예 부정사용자의 고의·과실)을 전부 입증할 필요는 없고 상호의 부정사용으로 인하여 실제로 손해를 입었음을 입증하면 족하다.

4) 과태료의 제재

제23조 제1항에 위반하여 타인의 상호를 부정사용한 자는 200만원 이하의 과태료의 처벌을 받는다(제28조).

5. 등기상호권자의 상호전용권 강화

(1) 서

상호사용권과 상호전용권은 등기 여부를 묻지 않고 모든 상호권자에게 주어지는 권리이다. 다만, 상호를 등기할 경우 상호전용권이 다음과 같이 강화된다.

(2) 동일상호등기의 배척

1) 의의

타인이 등기한 상호는 동일한 특별시·광역시·시·군에서 동종영업의 상호로 등기하지 못한다(제22조). 타인이 가등기한 상호에 대하여도 같다(제22조의 2).

2) 취지

제22조는 특정인이 상호를 등기한 경우 일정한 지역 범위 내에서 동종영업에 관하여 타인이 같은 상호로 등기하는 것을 차단함으로써 先登己商號權者의 지위를 보호하려는 데 그 취지가 있다. 다만, 제22조의 적용에 있어 상호권의 유무·선후관계는 문제되지 않고, 또한 이 규정에 의하여 새로운 상호권이 창설되는 것도 아니다. 이 문제는 다음 두 단계를 거쳐서 이해를 하여야 한다. 첫 번째 단계의 예를 들면, 甲이 상호를 선정하여 사용하던 중 甲의 상호가 등기되지 않았음을 기화로 동종영업을 하는 乙이 같은 상호를 등기하는 때에는, 나중에 甲이 등기를 하고자 하더라도 제22조에 의하여 등기할 수 없게 된다.

이에 관한 두 번째 단계로, 제22조의 규정에 의하더라도 등기한 乙의 상호권이 새로이 생기는 것은 아니다. 그러므로 甲은 제23조에 의거한 상호전용권을 행사하여 乙에게 상호폐지청구권을 행사할 수 있다. 등기의 말소도 청구할 수 있다. 이러한 청구권의 행사로 乙의 등기가 말소된 후에 甲은 자신의 상호를 등기하면 된다. 그로부터 甲은 제22조에 의거한 권리를 주장할 수 있다.

한편, 제22조의 취지는 일정한 지역 범위 내에서 선등기상호권자를 보호하는 데에만 있는 것이 아니라 선등기상호에 관한 일반인의 오인·혼동을 방지하여 그에 대한 신뢰를 보호하려는 공익적인 면에도 있다.[163] 그리하여 선등기상호권자의 동의가 있더라도 동일한 상호를 등기할 수 없다.[164]

3) 제22조의 효력에 관한 학설

가) 등기법설 이 학설은 제22조가 단지 후등기자의 등기를 배척하는 등기법상의 효력만을 부여한 것이라고 한다(소수설). 그리고 이 학설에 따르면 동 규정은 후등기자의 등기가 행하여지는 것을 차단하는 효력이 있을 뿐이고, 그럼에도 불구하고 일단 후등기자의 등기가 이루어지면 선등기자가 후등기자의 등기의 말소를 청구할 수 없고, 상호권의 귀속에 관한 제23조에 의하여 해결하여야 한다.

나) 실체법설 이 학설은 제22조가 후등기자의 등기가 이루어진 경우 선등기자가 후등기자의 등기말소를 청구할 수 있는 실체법적인 효력까지 부여한 것이라고 한다. 그리고 실체법설은 제22조가 등기법상의 효력을 정한 외에 실체법적인 효력도 있는 것으로 보고, 선등기자는 후등기자에게 등기의 말소를 청구할 수 있다고 한다(다수설).

다) 판례 대법원은 "제22조의 규정은 동일한 특별시·광역시·시 또는 군내에서는 동일한 영업을 위하여 타인이 등기한 상호 또는 확연히 구별할 수 없는 상호의 등기를 금지하는 효력과 함께 그와 같은 상호가 등기된 경우에는 선등기자가 후등기자를 상대로 그와 같은 등기의 말소를 소로써 청구할 수 있는 효력도 인정한 규정이라고 봄이 상당하다."고 판시하고 있다(실체법설).[165]

라) 사견 제22조에 의거한 선등기상호권자의 등기배척권은 등기상호권자

---

163) 대법원 2011. 12. 27. 선고 2010다20754 판결.

164) 동일상호예규 제5조; 대법원 등기선례 제9-937호, 1993. 3. 10.

165) 대법원 2004. 3. 26. 선고 2001다72081 판결.

의 상호전용권과는 다른 것으로써 등기법상의 효력만이 있는 것으로 봄이 타당하다. 왜냐하면 제22조에 의한 등기배척권은 상호권의 침해에 따른 배타적인 권리라고 볼 수 없기 때문이다. 즉, 제23조의 상호전용권은 등기의 유무에 불구하고 인정되는 것인데, 제22조에 실체법적 효력을 부여한다면, 두 조문이 충돌하게 된다. 그리고 타인이 선등기한 상호와 동일 또는 유사한 상호를 등기하여 상호권을 현실적으로 침해받은 경우에 상호권자는 제23조에 의거한 상호폐지청구권을 행사하여 그 등기를 抹消請求할 수 있어 충분히 보호받을 수 있다.

따라서 위의 사례에서 甲이 아닌 乙이 먼저 상호를 사용하고 등기하였다면, 乙은 제23조에 의한 보호를 받을 수 있었을 것이고, 甲에 대하여 등기배척권(제22조)과 상호폐지청구권(제23조)을 모두 행사할 수 있었을 것이다.

4) 동종영업의 범위

가) 의의 제23조는 동종영업의 상호에 대하여만 적용된다. 상업등기법상 상호등기를 신청할 때에는 영업의 종류를 기재하게 되어 있어(동법 제30조 제3호) 그 기재에 의하여 '同種' 여부를 판단하면 족하고, 실제 그 영업을 수행하고 있는지 여부는 문제되지 아니한다. '同種營業'의 판단은 영업내용이 완전히 일치하여야 하는 지를 기준으로 하는 것이 아니고 중요 부분이 일치하면 족하다. 따라서 선등기상호권자의 여러 개의 영업종류 중 후등기권자의 영업목적의 하나가 일치하더라도 영업의 동일성을 인정할 수 있다(동일상호예규 제10조 제1항).[166] 다만, 영업의 일부가 일치하더라도 전부 또는 주요 부분과 비교하여 다른 영업으로 볼 수 있거나 부수적인 영업에 해당하는 때에는 그러하지 않다(동일상호예규 제10조 제3항).

나) 예외 「동일한 서울특별시·광역시·시·군」은 행정구역을 표준으로 판단하게 되는데, 행정구역의 변경으로 동일지역에 동일상호가 중복되는 경우에는 당연히 제22조의 적용이 배제된다.[167]

다) 판례 이와 관련된 예로는 '주식회사 유니텍' 사건이 있다. 이 사건에서 대법원은 "원고가 등기한 상호인 '주식회사 유니텍'과 그 후에 피고가 등기한 상호인 "주식회사 유니텍전자"는 법인등기부상 설립목적에 컴퓨터 주변기기 제조 및 판매업이나 전자부품·컴퓨터부품 제조·판매업이 포함되어 있고 원고의 전체

166) 同旨 최기원·김동민(2014), 111면.

167) 이철송(2022), 189면; 이범찬·최준선(2009), 297면; 채이식(1997), 80면.

매출액의 30%가량이 피고와 같은 컴퓨터 하드웨어의 조립·판매업에서 발생하고 있어 원고의 영업과 피고의 영업은 사회통념상 동종영업에 해당한다."고 판시하였다.168)

5) 동일상호의 범위

가) 의의 제22조는 '타인이 등기한 상호는 (동일한 특별시·광역시·시·군)에서 등기하지 못한다.'고 규정하고 있다. 이 규정에 의하여 등기가 배척되는 '타인이 등기한 상호'란 타인이 등기한 상호와 '동일한 상호' 또는 제23조가 규정하는 것처럼 '타인의 영업으로 오인할 수 있는 상호'로 해석할 수 있는 여지가 있다.

이와 관련하여 제22조의 절차규정인 상업등기법 제29조는 '동일한 특별시, 광역시, 특별자치시, 시(행정시를 포함) 또는 군(광역시의 군은 제외)에서는 동종의 영업을 위하여 다른 상인이 등기한 상호와 동일한 상호를 등기할 수 없다.'라고 규정하고 있다. 따라서 제22조에 의거하여 배척되는 상호는 '타인이 등기한 동일한 상호'에 국한된다고 볼 수 있다.

나) 판례 위에서 기술한 바와 같이 '동일한 상호'란 어의적으로 일치하는 상호를 말한다.

① 인정사례

대법원은 원고가 등기한 상호인 '주식회사 유니텍'과 그 후에 피고가 등기한 상호인 '주식회사 유니텍전자'는 등기된 지역이 모두 서울특별시이고, 그 주요 부분이 '유니텍'으로서 일반인이 확연히 구별할 수 없을 정도로 동일하다고 하였다.169)

② 불인정사례

이와 관련된 예로는 '동부주택건설 주식회사' 사건이 있다. 이 사건은 원고가 '동부주택건설 주식회사'라는 상호를 등기하여 사용하는 도중에, 피고가 '동부건설 주식회사', '주식회사 동부'라는 상호를 등기하였기 때문에, 원고가 동 상호들에 대하여 제22조에 근거하여 말소청구를 제기한 사례이다. 대법원은 우선, 제22조는 상업등기법 제30조(현행 제29조)가 규정하는 '동일한 상호'에 한하여 적용되는 것임을 밝혔다. 그리고 이 사건에서의 후등기상호들은 선등기상호와 동일하지 않음이 외관·호칭에서 명백하므로, 원고는 등기말소청구권(제22조)을 행사할 수 없다

---

168) 대법원 2004. 3. 26. 선고 2001다72081 판결.

169) 대법원 2004. 3. 26. 선고 2001다72081 판결.

고 결론내렸다.[170]

③ 검토

이러한 판례의 입장에 따르면, 타인의 영업으로 오인받을 만한 유사상호도 일단 등기는 가능하다. 다만, 등기를 하게 되면, 제23조 제1항에 따른 실체법적 규율을 받게 되므로 오인당할 수 있는 타인은 상호를 등기한 자에게 상호의 폐지를 청구할 수 있다. 그리고 보전의 필요가 있으면 상호폐지를 본안 소송으로 하여 상호사용금지가처분도 신청할 수 있다.

(3) 증명책임의 전환

상호권자(甲)가 제23조에 의하여 타인(乙)의 부정한 상호사용을 금지시키려면, '타인(乙)에게 부정한 목적'이 있음을 증명하여야 한다. 이는 주관적 요건이므로 증명하는 것이 쉽지 않을 수 있다. 그리하여 상법은 「동일한 특별시·광역시·시·군에서 동종영업으로 타인(甲)이 등기한 상호를 사용하는 자(乙)는 부정한 목적으로 사용하는 것으로 推定한다.」고 명시하고 있다(제23조 제4항). 이에 따라 상호를 등기한 자(甲)는 동종영업을 하는 타인이 동일한 서울특별시 등에서 자신의 상호를 사용하면, 타인의 '부정한 목적'을 증명할 책임을 부담함이 없이 상호의 폐지 및 손해배상을 청구할 수 있다(제23조 제2항·제3항). 즉, 증명책임이 그 타인(乙)에게 전환되는 것이다. 그리고 제23조 제4항의 '부정한 목적이 추정되는 상호'에 대하여는 제22조(상호등기의 효력)와 균형을 이루는 해석을 하여야 한다고 본다.

따라서 제22조에 의하여 등기가 배척되는 상호와 같은 범위로 보아 등기된 상호와 동일한 상호를 사용하는 경우 부정한 목적[171]이 추정되는 상호로 보아야 한다.[172]

(4) 비상호명칭의 보호

상법상 상호권의 보호규정은 비상인의 명칭에는 적용될 수 없다. 이와 관련된 사건을 보면, 원고는 불교교리 등의 홍보를 위한 언론·출판사업 등을 영위하

---

170) 대법원 2011. 12. 27. 선고 2010다20754 판결.

171) 대법원 1995. 9. 29. 선고 94다31365·31372(반소) 판결(주식회사 동성 vs. 주식회사 동성종합건설); 1993. 7. 13. 선고 92다49492 판결(기술한 '마산고려당' 사건). 대법원은 두 사건에서 모두 '부정한 목적'이 없다고 판시하였다.

172) 이철송(2022), 190면; 대전지법 홍성지원 2011. 8. 18. 선고 2010가합1712 판결.

기 위하여 설립된 종교단체로서 '사단법인 한국불교조계종'[173]이라는 명칭으로 2012년에 등기를 하였다. 피고는 경상북도 문경시에서 '한국불교조계종 백봉사'라는 명칭의 사찰을 운영하고 있었다. '백봉사' 입구에는 '사단법인 한국불교조계종총본산'이라는 간판이 설치되어 있고, 피고는 2013. 9. 11. 현대불교신문에 '사단법인 한국불교조계종'의 명칭을 사용하여 공고를 하는 등 '사단법인 한국불교조계종'이라는 명칭을 계속 사용하고 있다.

이로 인하여 원고는 ① 피고의 '사단법인 한국불교조계종'이라는 명칭사용을 금지시키고, ② '사단법인 한국불교조계종총본산'이라고 기재된 간판을 철거할 것을 청구하였다.[174] 受訴法院은 비영리법인에 대하여는 상법상의 상호제도(제23조)를 적용할 수 없음을 밝히고, 비영리법인은 명칭 자체에 전속적인 사용권을 인정하는 법령상의 규정이 없는 이상, 전속적인 사용권이 인정될 수 없다고 하고, 이 점은 그 명칭을 등기하였더라도 같다고 판시하였다.[175]

6. 부정경쟁방지법상의 상호보호

(1) 의의

부정경쟁방지법은 국내에 널리 알려진 타인의 상표·상호 등을 부정하게 사용하는 등의 부정경쟁행위를 방지하여 건전한 거래질서를 유지함을 목적으로 한다(제1조). 그리하여 타인의 상호와 동일하거나 이와 유사한 상호를 사용하는 것은 동법상의 부정경쟁행위에 해당할 수 있다(동법 제2조 제1호).

(2) 입법목적

상호권자가 보호를 받는다는 점은 상법과 부정경쟁방지법이 같다. 다만, 상법상의 상호권보호에 관한 규정은 상호사용에 관한 사법적 이해의 조정에 초점을 맞추고 있고, 부정경쟁방지법은 전국을 한 개의 시장 단위로 파악하고 주로 행정규제법적 차원에서 부정한 경쟁을 방지함으로써 건전한 시장의 거래질서를 유지함을 그 목적으로 한다.

---

173) 이는 '대한불교조계종'과는 다른 단체이다.

174) 대구지법 상주지원 2014. 5. 1. 선고 2013가합634 판결.

175) 대구지법 상주지원 2014. 5. 1. 선고 2013가합634 판결(아래의 '이화학당' 사건과 비교를 요함).

(3) 적용범위

부정경쟁방지법은 국내에 널리 인식된 타인의 성명, 상호, 상표, 상품의 용기·포장, 그 밖에 타인의 상품임을 표시한 표지(標識)와 동일하거나 유사한 것을 사용하여 타인의 상품과 혼동하게 하는 행위나 명성을 손상시키는 행위를 금지하고 있다(동법 제2조 제1호 가목·나목·다목). 입법목적이 상법과 부정경쟁법이 상이하므로 상법은 모든 상호를 다 보호대상으로 하나, 부정경쟁방지법에서는「국내에 널리 인식된 상호」를 보호대상으로 한다. 다만, 판례는「국내에 널리 인식된 상표, 상호」는 국내 전역에 걸쳐 모든 사람들에게 주지되어 있음을 요하지 않고, 국내의 일정한 지역적 범위 내에서 거래자 또는 수요자들 사이에 널리 알려진 정도로써 족하다고 한다.[176]

나아가 판례는 동법 제2조 제1호에서 말하는 '타인'의 범위에는 영업을 하지 않는 자는 포함되지 않는다고 보고 있다. 예를 들면, '이화미디어'라는 상호를 사용하여 공연기획 등의 영업을 하는 자에게 '이화학당'(공연기획·주최하는 영업자)과의 부정경쟁을 인정하여 부정경쟁방지법 제2조 제1호의 나목[177]을 적용하고 있다.[178]

(4) 위반의 효과

1) 형사벌

제23조에 위반하여 상호를 사용한 경우에 비하여 부정경쟁방지법을 위반하여 상호를 부정사용한 경우에는 3년 이하의 징역 또는 3천만원 이하의 벌금에 처해지는 등 더 무거운 벌칙이 과하여진다(부정경쟁방지법 제18조 제3항 제1호).

2) 상호사용금지 및 손해배상청구 등

부정경쟁방지법에는 사법적 구제수단이 마련되어 있다. 타인의 위반행위로 자신의 영업상의 이익이 침해될 우려가 있는 자는 법원에 위반행위의 중지, 즉 상호사용금지 또는 그 예방을 청구할 수 있고(동법 제4조 제1항), 손해배상을 청구할

176) 대법원 1997. 2. 5. 자 96마364 결정; 1995. 7. 14. 선고 94도399 판결.

177) 동법 제2조 제1호 나목: 국내에 널리 인식된 타인의 성명, 상호, 표장(標章), 그 밖에 타인의 영업임을 표시하는 표지와 동일하거나 유사한 것을 사용하여 타인의 영업상의 시설 또는 활동과 혼동하게 하는 행위

178) 대법원 2014. 5. 16. 선고 2011다77269 판결.

수 있으며(동법 제5조), 손해배상을 갈음하거나 또는 손해배상과 함께 영업상의 신용을 회복하는 데에 필요한 조치를 구할 수 있다(동법 제6조). 상호권자가 이러한 청구를 하는 때에는 제23조 제1항에서 규정하는 '부정한 목적'의 입증을 요하지 아니한다. 다만, 법상 정당한 업무상의 이익을 침해받은 자에 한하여 청구할 수 있다.[179]

3) 특허청장 등의 권고

특허청장, 시·도지사, 시장·군수 또는 구청장은 부정경쟁방지법에 위반한 행위가 있다고 인정되면 그 위반행위를 한 자에게 30일 이내의 기간을 정하여 위반행위의 중지, 표지 등의 제거나 수정, 향후 재발 방지, 그 밖에 시정에 필요한 권고를 할 수 있다(동법 제8조).

Ⅵ 상호권의 변동

1. 개 요

상인의 상호선정으로 발생한 상호권은 상호의 폐지에 의하여 소멸되고, 상호의 양도와 상호의 상속에 의하여 타인에게 移轉될 수 있다.

2. 상호의 양도

(1) 상호의 양도가능성

상호는 상인 및 영업과 일체가 되어 사용된다. 그리하여 영업에 관한 상인의 대내적 신용은 상호의 재산적 가치로 나타나고, 그 자체가 독립된 가치를 지닌다. 이러한 성질로 인하여 상인이 상호를 더 이상 사용하지 않을 때에는 상호의 재산적 가치를 환가할 필요가 있다. 商號權에 대하여 「人格權的 性質을 가진 財産權」이라고 설명하는 것은 그 양도성가능성을 이론적으로 제시하는 것이며, 상법 역시 이러한 성질을 반영하여 양도를 허용하고 있다.

그러나 상호를 영업과 분리하여 제한 없이 양도할 수 있게 한다면 영업의 동일성에 대한 일반공중의 이익을 보호할 수 없다. 상법은 이러한 부작용을 최소화

179) 대법원 1976. 2. 24. 선고 73다1238 판결.

하기 위하여 ① 영업과 함께 상호를 양도하는 경우 또는, ② 영업을 폐지하는 경우에 한하여 상호의 양도를 허용하고 있다.

따라서 영업을 유지하면서 상호만을 양도할 수는 없고, 그 결과 商號만을 押留하는 것도 허용되지 않는다.[180)]

(2) 상호의 양도가 허용되는 경우

1) 영업과 함께 양도

상호는 상인의 영업과 함께 양도하는 경우에 한하여 이를 양도할 수 있다(제25조 제1항 후단). 상호를 영업과 함께 양도·양수하는 때에는 영업과 상호가 이전과 같이 결합·유지되어 일반공중의 신뢰를 해하지 않기 때문이다.

2) 영업폐지시의 양도

상인이 영업을 폐지할 때에는 영업과 분리하여 상호만을 양도할 수 있다(제25조 제1항 전단). 이는 상호의 재산권적 성질을 반영한 규정이다. 그리하여 상인이 영업을 폐지하는 때에도 상호의 재산적 가치를 환가할 수 있도록 하는 한편, 영업폐지시 영업과 분리하여 상호만을 양도하더라도 종전의 영업은 소멸하므로 일반공중이 상호양수인의 영업과 혼동할 우려가 없기 때문에 인정되는 것이다.

영업의 폐지란 정식으로 영업폐지에 필요한 행정절차를 밟아 폐업하는 경우뿐만이 아니라 사실상 폐업한 경우도 포함하고, 행정관청에의 폐업신고와 같은 절차는 영업폐지의 요건이 아니다.[181)]

(3) 상호의 양도절차

1) 양도의 합의

자연인 상인의 상호는 당사자간의 의사표시만으로 양도할 수 있다. 회사는 영업을 양도하거나 폐지하더라도 당연히 해산하는 것은 아니므로 상호가 없는 상태로 있을 수는 없다. 이 점에서 회사의 상호는 양도의 의사표시만으로 양도할 수는 없고, 정관변경을 통하여 상호를 변경하는 절차를 거쳐야 한다.

이러한 양도의 절차는 상호를 영업과 함께 양도하는 경우 또는 영업이 폐지되어 상호만을 양도하는 경우 모두 동일하다.

---

180) 이철송(2022), 196면; 최기원·김동민(2014), 117면.

181) 대법원 1988. 1. 19. 선고 87다카1295 판결.

2) 상호양도의 등기

가) 의의 상호의 양도는 등기하지 아니하면 제3자에게 대항하지 못한다(제25조 제2항). 상호의 양도에 등기를 대항요건으로 삼은 이유는 상호의 양도가 당사자간의 의사표시만으로 이루어지므로 이해관계자들에게 양도를 공시할 필요가 있기 때문이다.

나) 상업등기의 일반적 효력규정과의 관계 기술한 바와 같이 상호의 양도는 등기를 하지 아니하면 제3자에 대하여는 그의 善意·惡意를 불문하고 효력이 없다. 따라서 상호의 이중양도가 있을 경우에는 먼저 등기한 자가 상호권을 취득한다. 다만, 제25조 제2항이 상업등기의 일반적 효력규정인 제37조의 예외규정인지에 대하여 학설이 나뉜다. 肯定說은 제25조 제2항은 상업등기 일반의 대항력(제37조) 문제와 다르기 때문에 제25조 제2항은 제37조의 적용을 배척하는 예외규정이라고 본다(통설).[182] 否定說은 제25조 제2항과 제37조는 각각 적용되는 경우가 다를 뿐이므로 예외규정으로 볼 수 없다고 본다.[183]

다) 적용범위 제25조 제2항의 양도상호의 등기규정은 기존의 등기상호에는 물론 미등기상호에도 적용되는지에 대하여 학설이 나뉜다.

① 적용부정설

이 학설은 양도상호를 등기하여야 제3자에게 대항할 수 있다는 제25조 제2항의 규정은 기존의 등기상호에만 적용될 뿐 未登記商號에는 적용되지 않는다고 한다. 따라서 미등기상호의 양도에는 따로이 대항요건(양도등기)을 갖출 필요가 없다고 한다.[184] 그 이유는 상호에는 일반적으로 등기가 강제되지 않는데, 상호양도의 대하여만 등기를 강제할 이유가 없기 때문이라는 것이다.

② 적용긍정설

이 학설에 따르면 적용부정설과 같이 해석한다면 등기된 상호보다 미등기상호를 양수한 자가 더 두터운 보호를 받는다는 결과가 되어 부당하다고 한다.[185]

---

182) 송옥렬(2020), 60면; 정경영(2009), 75면; 이철송(2022), 197면; 손주찬(2005), 182면; 정동윤(2012), 104면.

183) 정찬형(2025), 133면; 김정호(2022), 113면.

184) 정경영(2009), 76면; 정동윤(2012), 83면; 최준선(2016), 187면; 김정호(2022), 113면; 김성태(1998), 250면; 최기원·김동민(2014), 117면; 송옥렬(2020), 61면.

185) 이철송(2022), 198면.

따라서 미등기상호의 양도도 대외적으로 공시할 필요가 있으므로 제25조 제2항에 따라 등기하여야만 제3자에게 대항할 수 있다고 한다. 다만, 미등기상호는 등기되어 있지 않아 양도시 변경등기를 할 수 없으므로 상호의 양수인이 양수 후 새로이 상호를 등기함으로써 제25조 제2항의 대항력을 구비할 수 있다고 본다.[186)]

③ 사견

제25조 제2항은 일응 등기상호의 양도의 경우에만 적용되는 것 같지만, 거래의 안전과 제3자를 보호하기 위하여는 미등기상호에도 적용된다고 본다. 따라서 미등기상호의 양도의 경우에도 제3자에게 대항하기 위하여는 제25조 제2항에 따라 양도상호를 등기하여야 한다(적용긍정설).

(4) 상호양도의 효과

1) 상호권의 상실과 취득

상호를 양도하면 양도인은 상호권을 상실하고 양수인은 상호권을 취득하게 된다. 그 밖에도 적법한 양도의 효과와 위법한 양도의 효과는 다음과 같이 다르다.

2) 적법한 상호양도의 효과

우선 상호를 영업과 함께 양도하는 경우, 양도인은 동종영업에 관하여 일정한 지역적·기간적 제한을 받아 경업금지의무를 부담한다(제41조). 동 영업과 관련하여 양도인이 자신이 양도한 상호를 다시 사용하는 때에는 양수인의 상호권을 침해하게 된다(제23조). 그리고 상호를 영업과 함께 양도하고 양수인이 상호를 속용하는 경우, ① 양도인의 채권자를 보호하기 위하여 양수인은 양도인의 채권자에 대한 변제책임을 부담하고(제42조 제1항), ② 양도인의 채무자를 보호하기 위하여 양도인의 채무자가 양수인에게 그 채무를 변제하는 행위도 유효하다(제43조).

3) 위법한 상호양도의 효과

상인이 영업을 유지하면서 상호만을 양도하는 것은 원칙적으로 금지된다. 이에 위반하여 상호만을 양도하는 계약은 무효이고 양수인은 商號權을 취득하지 못한다. 이론적으로는 상호는 여전히 양도인에게 귀속한다. 그럼에도 불구하고 양수인이 장기간 상호를 사용하여 영업을 하는 때에, 일반 공중에게는 그 상호가 새롭게 영업을 나타내는 것으로 인식된다. 만약 이 상태에서 讓渡人이 자신의 상

---

186) 안경현(2019), 125면; 이기수·최병규(2016), 207면; 이종훈(2017), 75면.

호권을 주장한다면, 오히려 일반 공중의 신뢰를 해하고 양수인과의 관계에서도 공평하지 않다. 이 경우에는 양도인이 상호를 폐지한 것으로 보고 양수인은 원시적으로 상호를 선정한 것으로 보아야 한다.[187)]

한편 양수인이 양도인의 상호를 사용하여 제3자와 영업거래를 함으로써 제3자가 양도인의 영업으로 오인하였다면 양도인은 명의대여자의 책임을 질 수 있다(제24조).

3. 상호의 임대차

상호만을 임대차하는 것은 상호만의 양도가 허용되지 않는 것과 같은 취지에서 금지된다. 다만, 영업을 임대차하면서 동시에 상호를 임대차하는 것은 영업과 상호가 일체를 이루어 일반 공중이 영업의 동일성을 파악하는 데 혼란을 야기하지 않기 때문에 영업과 함께 상호를 양도하는 경우(제25조 제1항)에 준하여 허용된다고 본다. 대법원은 어느 식당(강산면옥)의 상호에 관한 소송에서 일방이 타방의 영업과 아울러 상호를 임차한 것으로 인정하고 있는데, 이는 영업과 함께 상호를 임대차할 수 있음을 전제한 것이다.[188)] 영업과 함께 상호를 임대차한 때에 임대인은 명의대여자의 책임을 질 수 있다.[189)]

임차한 상호는 임차한 영업에 관하여 임차인을 밝히는 방법이므로 임차인 역시 그 영업에 관하여는 상호권의 보호를 받는다고 본다. 그러므로 타인이 부정한 목적으로 동일·유사한 상호를 사용하여 임차인의 영업으로 오인할 수 있는 경우에는 상호의 폐지 및 손해배상청구권을 행사할 수 있다(제23조 참조). 상호를 임대차하더라도 상호권의 귀속에는 변동이 없기 때문에 변경등기를 요하지 않는다.

한편, 영업과 분리하여 상호만을 임대하는 때에 임대인은 명의대여자의 책임을 질 수 있다(제24조).

---

187) 同旨 이철송(2022), 199면.

188) 대법원 1994. 5. 12. 선고 93다56183 판결.

189) 대법원 1988. 2. 9. 선고 87다카1304 판결; 1967. 10. 25. 선고 66다2362 판결(용당 정미소 사건).

4. 상호의 상속

상호는 재산권적 성질을 가지므로 당연히 상속의 대상이 된다. 미등기상호이든 등기상호이든 같다. 수인의 상속인이 공동상속한 경우, 상호는 그 성질상 분할할 수 없으므로(제25조 제1항 유추) 공동상속인이 상속비율에 따른 지분을 갖고 준공유[190]관계를 유지하거나(민법 제1006조, 제278조), 상호를 양도하여 그 재산적 가치를 분할하여야 한다. 이 경우의 상호의 양도 역시 앞에서 기술한 제약을 받는다.

상호의 상속은 상호의 양도와는 달리 대항요건으로서의 등기를 요하지 않는다(제25조 제2항 참조). 다만, 상업등기법상 등기된 상호의 상속인이 그 상호를 계속 사용하고자 할 때에는 상호의 상속등기를 할 수 있으므로(동법 제33조), 상속인은 이 규정에 따라 등기를 신청하여야 한다. 이 경우 상속등기를 하지 않는다고 해서 상호권이 소멸하는 것은 아니고, 등기상호로서 보호를 받지 못할 뿐이다.

5. 상호의 폐지

(1) 의의

상호의 폐지라 함은 상호권자가 상호권을 포기하여 이를 절대적으로 소멸시키는 것을 말한다. 이로써 상호는 사회에 개방된다. 상호의 폐지는 단독행위로써 상호권자가 이를 포기한다는 의사표시에 의하여 성립한다.

(2) 의사표시 방법

상호폐지의 의사표시는 특별한 형식을 요하지 아니하고, 명시적 또는 묵시적으로 할 수 있다. 상호의 변경, 사실상의 미사용 또는 상호를 제외하고 영업을 양도·폐지하는 경우에는 상호를 폐지하는 묵시적인 의사표시가 있는 것으로 보아야 한다. 다만, 성립 중의 회사는 상호가 필요하므로 이를 폐지할 때에는 먼저 정관을 변경하여 새로운 상호를 선정하여야 한다.

(3) 상호폐지등기 및 폐지의제

상호를 등기한 자는 상호를 폐지한 경우에 (구상호의) 변경 또는 상호폐지의 등기를 하여야 한다(제40조, 상업등기법 제32조). 등기된 상호의 경우 등기와 사실관계를 일치시키기 위함이다.

---

190) 여러 사람이 소유권 이외의 재산권을 공동으로 소유하는 형태를 말한다.

나아가 상법은 등기된 상호의 상호권자가 정당한 사유없이 2년간 상호를 사용하지 아니한 경우에는 이를 廢止한 것으로 의제하고 있다(제26조). 이 규정은 상호를 폐지하였음에도 장기간 그 등기를 말소하지 않으면 상호권이 존속하는 듯한 부진정한 외관이 지속되어 제3자의 상호선정의 자유가 침해되는 것을 방지하기 위한 것이다.

(4) 상호등기의 말소청구

상호권자가 상호를 폐지 또는 변경하고도 2주간 내에 상호의 변경 혹은 폐지의 등기를 하지 아니하는 때에는 이해관계인은 그 등기의 抹消를 청구할 수 있다(제27조). 이는 이해관계 있는 제3자에게 등기관계를 시정할 수 있는 기회를 주기 위함이다.

Ⅶ 명의대여자의 책임

1. 의 의

名義貸與란 타인에게 자기의 성명 또는 상호를 사용하여 영업할 것을 허락하는 행위를 뜻한다. 타인에게 명의를 대여한 자는 자기를 영업주로 오인하고, 名義借用者와 거래한 제3자에 대하여 명의차용자와 연대하여 거래로 인한 채무를 변제할 책임을 진다(제24조). 명의차용은 ① 사회적 또는 특정 분야에서 명성이나 신용이 있는 자의 이름을 빌어 영업을 하려 하고자 할 때 혹은 ② 약사나 건축사 등과 같이 행정관청의 특허·면허 등을 요하는 영업을 하고자 하지만, 이를 받지 못한 자가 면허 등을 받은 타인의 이름을 빌어 영업을 할 때 흔히 발생한다. 이 경우에는 명의대여자를 영업주로 신뢰하고 거래한 상대방에게 예측하지 못한 손해를 입힐 수 있다. 그리고 조세사건과도 연계될 수가 있다. 때문에 명의대여자에게 거래상의 책임을 묻는 것이 상거래의 안전을 위하여 바람직하다.

이 같은 취지에서 명의대여자의 책임은 독일법상의 外觀理論 내지는 영미법상의 禁反言의 法理에 그 이론적 근거가 있다. 간접적으로는 상호진실주의의 요청에 부합하기도 한다.

2. 적용요건

(1) 개요

명의대여자의 책임이 성립하려면 ① 명의대여, ② 대여자와 사용자의 요건(상인성), ③ 영업상의 명칭사용(외관의 존재), ④ 제3자의 오인 등의 요건을 충족하여야 한다.

(2) 명의대여

1) 의의

명의대여는 제24조의 적용상 가장 중요한 요건인데, 이는 특정인이 타인에게 자기의 성명 또는 상호의 사용을 허락하는 행위이다.

2) 명의

법문에서는 명의로서 姓名 또는 商號만을 열거하고 있으나, 이에 국한하지 않고 去來通念上 대여자의 영업으로 오인할 수 있는 명칭을 사용하면(예 예명, 아호 또는 약칭) 모두 제24조의 적용대상이 된다. 또한 성명·상호 등의 명칭에 지점·영업소·출장소·현장사무소 등 대여자의 영업소로 오인할 수 있는 명칭을 부가시켜 사용하게 하는 것도 名義貸與에 해당한다.[191] 다만, 거래시 단지 세무회계상의 필요로 자기의 납세번호증을 이용하게 한 사실만으로서는 명의(상호)를 대여하였다고 보기 어렵다.[192]

한편 상인 甲이 A회사의 허락을 받아 「A의 대리점」(예 금성전선완주군 농업기계대리점)이라는 뜻의 상호를 사용한 경우 「대리점」이라는 호칭은 범용성이 있어 여러 상인의 특정 상품을 취급하는 대리상, 특약점, 위탁매매업 등의 점포 등에 범용적으로 사용되고 있기 때문에 타인의 영업을 종속적으로 표시하는 부가부분이 아니므로 명의대여로 볼 수 없다.[193]

3) 명의사용의 허락

가) 허락의 방식　명의대여자가 자신의 名義使用을 명의차용자에게 許諾하여야 한다. 허락은 대여자와 차용자간의 명의대여계약에 의하거나, 또 명의대여자가 일방적으로 동의·승인하는 방식으로 할 수도 있다. 그리고 대리상계약[194]·도

191) 대법원 1976. 9. 28. 선고 76다955 판결.
192) 대법원 1978. 6. 27. 선고 78다864 판결.
193) 대법원 1989. 10. 10. 선고 88다카8354 판결.

급·상호의 임대[195]·영업의 임대[196] 등과 함께 행하여질 수 있고, 단순히 명의사용 그 자체만을 허락할 수도 있다. 명의사용 대가의 유무 그리고 명의사용허락의 적법 여부는 묻지 않는다.[197]

나) 묵시적 허락 허락은 묵시적으로 할 수도 있는데, 타인이 자기의 성명·상호를 사용하는 것을 알고 이를 저지하지 아니하거나 묵인한 경우를 뜻한다. 예를 들어 상인이 영업을 임대하고 임차인이 종전의 상호를 그대로 사용하는 것을 방치하거나,[198] 다른 상인에게 자기의 영업장소를 계속 사용하게 하면서 자기와 같은 영업을 하는 것을 허용하여 그 타인이 자기의 상호를 가지고 영업을 하는 경우와 같다.[199]

동업관계가 종료한 후에도 일방동업자(甲)가 종전의 상호를 가지고 영업을 계속하는 것을 다른 동업자(乙)가 방치하였다면, 乙은 甲에게 명의사용을 묵시적으로 허락한 것으로 볼 수 있다.[200] 다만, 상점·전화·창고 등을 몇 회에 걸쳐 사용하게 한 사실만으로는 명의를 대여한 것으로 볼 수 없다.[201]

다) 허락의 철회 명의사용을 허락하였다가 이를 철회하거나 허락한 기한이 만료되면, 차용자는 명의사용을 계속할 근거를 상실하게 된다. 해제조건부로 명의계약을 체결한 경우도 같다. 이 경우 대여자는 차용자로 하여금 향후 명의사용을 하지 못하게 하거나 거래처에게 알리거나 광고하는 등의 방법으로 종래의 명의대여로 빚어진 대외적 표상을 제거할 의무를 진다. 이에 위반하면 대여자는 제24조에 따른 책임을 면할 수 없다고 본다.

(3) 명의대여자와 차용자의 요건(상인성)

1) 명의대여자

제24조의 적용요건으로서 명의대여자는 명의대여의 주체이면 족하고 상인임

194) 대법원 1973. 11. 27. 선고 73다642 판결.
195) 대법원 1967. 10. 25. 선고 66다2362 판결.
196) 대법원 1967. 10. 25. 선고 66다2362 판결.
197) 대법원 1988. 2. 9. 선고 87다카1304 판결.
198) 대법원 1967. 10. 25. 선고 66다2362 판결.
199) 대법원 1977. 7. 26. 선고 77다797 판결.
200) 대법원 2008. 1. 24. 선고 2006다21330 판결.
201) 대법원 1982. 12. 28. 선고 82다카887 판결.

을 요하지 않는다. 그리고 自然人이든 法人이든 관계없다. 따라서 국가·지방자치단체·공공기관도 본조에 의한 책임을 질 수 있다. 대법원은 인천직할시가 병원시설을 타인(한국병원관리연구소)에게 임대하여 「인천직할시 시립병원」이라는 이름으로 병원을 경영하게 한 사건에서, 인천직할시를 명의대여자로 보고 동 병원의 약품구입대금을 지급하도록 판시한 바 있다.[202]

2) 명의차용자

명의차용자는 상인이어야 한다. 명의대여자는 차용자의 영업행위에 대하여 자기의 명의사용을 허락한 경우에 책임을 지기 때문이다. 명의차용자는 상인이어야 하므로 당연상인(제4조)이든 의제상인(제5조)이든 묻지 않는다.

(4) 영업상의 명칭사용(외관의 존재)

명의차용자가 명의대여자의 명칭을 사용하여 영위하는 영업은 명의차용자 자신의 영업이어야 한다. 名義貸與者의 영업인 때에는 당연히 명의대여자가 營業者로서의 責任을 지므로 본조의 적용대상이 아니다. 명의대여자가 자기의 영업의 경영을 차용자에게 위임하더라도 그 영업은 대여자의 영업이므로 제24조의 적용대상이 아니다. 그러나 명의대여자가 명의차용자에게 영업을 임대한 경우 그 영업은 명의차용자의 영업이고, 따라서 동조가 적용될 수 있다.

(5) 제3자의 오인

1) 취지

제24조가 적용되기 위하여는 제3자가 명의차용자와의 거래시 대여자를 영업주로 오인하여야 한다. 외관을 신뢰한 자를 보호하고자 하는 제24조의 취지상 당연한 요건이다. 따라서 명의대여자가 영업주가 아님을 알고 차용자와 거래한 자는 대여자에게 책임을 묻지 못한다.

2) 오인 범위에 관한 학설과 판례

가) 학설　명의차용자와 거래한 제3자의 오인의 의미에 대하여 견해가 나뉜다. 이에 대하여는 ① 제3자가 악의의 경우에는 명의대여자가 면책된다는 악의면책설, ② 상대방의 오인에 경과실이 있어도 대여자가 면책된다는 경과실면책설,

---

202) 대법원 1987. 3. 24. 선고 85다카2219 판결.

③ 상대방의 오인에 (악의 또는) 중과실이 있는 경우에만 대여자가 면책된다는 중과실면책설이 있다.

나) 통설·판례 통설[203]·판례[204]는 중과실은 법상 악의와 같이 다루는 것이 통례이므로 중과실이 있는 경우에는 본조가 적용되지 않고, 그 결과 명의대여자의 책임이 발생하지 않는다고 한다.

다) 사견 법문이 거래상대방의 무과실을 요건으로 하지 않고 있으므로 상대방이 명의대여자를 영업주로 오인한 경우, 상대방의 經過失은 보호하는 것이 타당하다. 이 경우에는 명의대여자의 책임이 발생한다. 그리고 외관이론의 실정법적 표현으로 볼 수 있는 다른 규정들(예 제43조, 어음법 제16조 제2항)도 모두 악의 또는 이와 동일시할 수 있는 중과실의 경우를 제외하고 있는 점 등으로 비추어 보아 통설인 중과실면책설이 타당하다.

3) 명의대여자의 증명책임과 제3자의 범위

증명책임은 명의대여자가 부담한다. 즉, 대여자가 상대방(제3자)의 악의 또는 중과실을 증명하여야 한다.[205] 제24조상의 제3자는 명의차용자와 영업상의 거래를 한 직접의 상대방을 가리키며 상대방 이외의 제3자, 예를 들면 轉得者나 상대방의 채권자는 포함되지 아니한다. 그러나 거래상대방이 갖는 영업상의 채권을 양수한 자는 제3자에 해당된다.[206]

3. 명의대여책임의 범위와 형태

(1) 의의

명의대여자는 위에서 기술한 요건을 충족하면 제3자에 대하여 타인(명의차용자)과 연대하여 변제할 책임이 있다(제24조). 이는 명의대여자가 명의차용자의 영업거래에 관하여 제3자에게 영업주로서의 책임을 져야 함을 의미한다.

---

203) 안강현(2019), 129면; 이철송(2022), 214면; 정찬형(2025), 139면; 송옥렬(2021), 64면; 김홍기(2020), 46면; 손주찬(2004), 128면.

204) 대법원 1991. 11. 12. 선고 91다18309 판결.

205) 대법원 2008. 1. 24. 선고 2006다21330 판결.

206) 대법원 1970. 9. 29. 선고 70다1703 판결.

(2) 책임의 범위

1) 영업거래로 인한 채무

명의대여자의 책임은 명의차용자의 영업거래로 인한 채무에 국한된다. 그러므로 명의대여자는 명의차용자가 영업과 관계없이 제3자에게 負擔하는 債務에 대하여는 책임을 지지 아니한다. 명의차용자의 피용자가 피용자의 이름으로 부담한 거래상의 채무에 대하여도 당연히 책임을 지지 아니한다.[207] 다만, 명의차용자의 보조적 상행위에 대하여는 책임을 진다.[208] 제24조의 취지가 명의대여자라고 하는 거래주체에 관한 상대방의 신뢰를 보호하자는 데 있기 때문이다. 이와 관련하여 대법원은 '건설업의 특성이 공정에 따라 하도급을 수반한다는 점을 인정하여, 건설업면허를 대여할 때에는 건설업자(甲)로부터 건설업면허를 대여받은 자(乙)가 그 면허를 사용하여 대여자의 명의로 하도급거래를 하는 것도 허락한 것으로 보아야 하기 때문에 면허대여자(甲)를 영업주체로 오인한 하수급인(丙)[209]에 대하여는 예외적으로 명의대여자로서의 책임을 진다.'고 판시하였다.[210] 이는 乙이 자신의 보조적 상행위에 甲으로부터 차용한 명의를 사용한 예이다.

2) 불법행위의 경우

위와 달리 명의차용자의 영업상 불법행위(예 교통사고에 따른 채무) 또는 거래의 외형을 가지는 불법행위에 대하여도 명의대여자가 책임을 져야하는지에 대하여 견해가 나뉜다.

가) 긍정설 이 학설은 명의대여자는 영업주라는 신뢰에 기하여 발생한 불법행위 또는 거래관계의 외형을 가지는 불법행위로 인한 배상책임에 대하여는 명의대여자가 본조에 따른 책임을 진다고 한다.[211]

나) 부정설 이 학설은 명의차용자의 불법행위 등으로 인한 채무나, 단순한 개인적인 채무와 같이 거래관계 이외의 원인으로 인하여 생긴 채무에 대하여는

---

207) 대법원 1989. 9. 12. 선고 88다카26390 판결.

208) 대법원 2008. 10. 23. 선고 2008다46555 판결; 1970. 9. 29. 선고 70다1703 판결.

209) 건설공사 또는 설계 등의 하도급을 받은 업자(건설산업기본법 제2조).

210) 대법원 2008. 10. 23. 선고 2008다46555 판결(상세한 내용은 김광록, "명의대여자의 책임에 관한 판례 연구", 법학연구 21권 2호, 충북대학교법학연구소(2010), 207－223면).

211) 송옥렬(2021), 65면; 최기원·김동민(2014), 126면: 정동윤(2012), 86면; 전우현(2011), 111면; 이기수·최병규(2016), 192면.

그 책임을 지지 아니한다고 한다.[212)]

다) 판례 대법원은 '불법행위의 경우에는 비록 피해자가 명의대여자를 영업주로 오인하고 있었더라도 그와 같은 오인과 피해의 발생 사이에 아무런 인과관계가 없으므로, 이 경우 신뢰관계를 이유로 명의대여자에게 책임을 지울 수 없다.'고 한다(부정설).[213)]

라) 사견 제24조에 의하여 명의대여자가 책임을 지는 범위는 「명의차용자의 영업상의 거래와 관련하여 생긴 채무」에 한한다. 따라서 부정설이 타당하다. 다만, 거래로 인한 직접적인 채무가 아니라도 그 거래의 효과로서 발생한 채무, 예를 들면 채무불이행으로 인한 손해배상책임, 계약해제로 인한 원상회복의무 등은 책임의 범위에 포함된다고 본다.

3) 대여한 명의와 객관적으로 추론되는 영업거래(영업의 동일성 요부)

가) 문제의 제기 명의대여자가 영업거래로 인한 책임을 진다고 하더라도 그 범위는 대여한 명의에서 객관적으로 추론되는 영업거래로 인한 책임으로 한정된다. 예를 들면, 乙이 甲의 명의를 빌려 약국개설 등록신청을 하는 경우에는 명의의 동일성만 인정되면 외관이 존재하는 것으로 본다. 그러나 양자 모두 영업을 하고 있는 경우, 양자의 영업이 동일하여야 하는지에 관하여 학설이 나뉜다.

나) 학설 우선 同一性 必要說은 영업의 내용·범위가 상이하면 외관에 대한 일반적 신뢰가 발생하지 않는다는 점을 논지로 하여 영업의 동일성이 필요하다고 한다(통설).[214)] 同一性 不要說은 영업의 동일성은 외관형성의 중요한 요소지만 본질적 요소는 아니라고 한다.[215)] 그리고 동일성 불요설 중에는 동일성의 문제는 거래상대방의 과실의 유무판단에서 고려될 수 있는 것이라는 견해도 있다.[216)]

다) 판례 판례는 이 점에 대해서 명시적으로 밝히고 있지는 않지만 대체로 동일성 필요설의 입장을 취한 것으로 보인다. 예를 들면, 정미소업을 영위하는 甲이 乙에게 상호와 더불어 영업·건물 등을 임대하였는데 乙이 丙에게 건물을 재

---

212) 이철송(2022), 215면; 이병태(1988), 152면; 손주찬(2004), 76면; 김홍기(2020), 76면; 정준우(2021), 105면; 김성태(1998), 269면.

213) 대법원 1998. 3. 24. 선고 97다55621 판결.

214) 이철송(2022), 218면; 김홍기(2021), 75면; 송옥렬(2021), 65면.

215) 강위두, "명의대여자의 책임", 「고시연구」 1995. 7, 161면.

216) 김헌무, "명의대여자의 책임", 「고시계」 1991. 9, 32면.

차 임대하였다면, 건물의 임대는 상호를 통하여 알 수 있는 영업(정미소업)과 무관하므로 丙이 乙의 영업을 甲의 영업으로 알고 건물을 임차했다고 하더라도 임대보증금의 반환 등 임대차계약에 관하여는 甲에게 책임을 묻지 못한다고 하였다.[217] 그리고 명의대여자가 '수산물매매의 중개영업행위'를 하도록 명의를 대여하였는데, 차용자가 '냉동명태를 거래한 행위'에 대하여도 대여자의 책임을 부인하였다.[218]

반면 명의대여자인 임대인이 그 명의로 영업허가가 난 나이트크럽을 임대함에 있어 임차인에게 영업허가 명의를 사용하여 다른 사람에게 영업을 하도록 허락한 이상 임차인들이 위 영업과 관련하여 부담한 채무에 관하여는 제24조의 규정에 따라 그 임차인들과 연대하여 제3자에게 변제할 책임이 있다고 판시하였다.[219]

라) 사견 동일성 필요설이 옳다고 생각한다. 그 이유는 ㉠ 영업거래로 인한 책임인 경우 그 범위는 대여한 명의에서 객관적으로 추론되는 영업거래로 인한 책임이어야 하고, ㉡ 상호는 영업의 동일성을 나타내며, 동일한 영업에는 동일한 상호를 사용하여야 하며, ㉢ 영업의 동일성 자체가 영업외관의 본질적인 요소가 될 수 있기 때문이다. 따라서 명의대여자와 명의차용자가 동종영업자인 때에 한하여 명의대여자의 책임을 인정하여야 할 것이다.

4) 거래상의 부수적 책임

기술한 바와 같이 영업상의 책임은 거래상의 이행책임 자체에 한정되지 아니하고, 목적물에 관한 담보책임(민법 제570조), 채무불이행으로 인한 손해배상책임(민법 제390조), 계약해제로 인한 원상회복의무(민법 제548조) 등 거래로 인한 직접적인 채무가 아니라도 그 거래의 효과로서 발생한 모든 책임을 포함한다.

5) 어음행위[220]에 관한 책임

가) 영업과 관련한 어음행위의 경우 명의대여자가 영업에 관하여 명의대

217) 대법원 1983. 3. 22. 선고 82다카1852 판결.
218) 대법원 1977. 7. 26. 선고 76다2289 판결.
219) 대법원 1978. 6. 13. 선고 78다236 판결.
220) 약속어음의 어음행위에는 발행·배서·보증 등 세 가지가 있고, 환어음의 어음행위에는 발행·인수·배서·보증·참가인수(지급인이 아닌 자가 특정 어음채무자의 상환의무를 인수하는 어음행위) 등 다섯 가지가 있다. 수표에는 발행·배서·보증·지급보증 등 네 가지의 수표행위가 있다.

여를 하고 명의차용자가 해당 영업과 관련한 어음행위를 하면서 대여자의 명의를 사용한 때 명의대여자는 제24조에 의한 책임을 진다는 것이 통설·판례이다(적용긍정설).[221] 그러나 제24조는 명의차용자의 영업상의 채무에 관한 규정인데, 어음의 무인성(추상성)으로 보아 어음채무[222]를 영업상의 채무로 볼 수는 없다. 즉, 명의차용자가 영업상의 거래로 채무를 부담하고 이를 이행하기 위하여 어음을 발행하였다고 하더라도 원인채무는 영업상의 채무로서 제24조의 적용을 받지만, 어음채무는 영업거래로 직접 부담한 채무는 아니다(적용부정설).[223] 그리고 명의차용자가 명의대여자의 이름으로 어음을 발행하였다면 명의차용자는 어음법상의 기명날인(또는 서명)자가 아니므로 원칙적으로 어음채무를 지지 아니하는데, 명의대여자가 명의차용자의 채무에 대하여 연대책임을 진다는 것은 모순이다. 그러므로 이러한 사안은 어음위조에 관한 일반이론에 의하여 해결하여야 하고, 제24조를 적용할 것은 아니다.

나) 어음행위로 국한하여 명의를 대여한 경우

① 문제의 제기

어음행위로 한정하여 명의를 대여하고 명의차용자가 대여자의 명의로 어음행위를 한 경우에는 명의대여자가 영업을 할 것을 허락한 것이 아니므로 제24조를 직접 적용할 수는 없다. 그리하여 제24조를 유추적용할 수 있는지에 대하여 학설이 나뉜다.

② 학설

우선 類推適用否定說은 어음행위의 문언성으로 인하여 명의차용자의 어음행위로서 성립할 수 없다고 한다.[224] 類推適用肯定說은 제24조를 유추적용하여 명의대여자는 제24조에 의거한 책임을 지고, 명의차용자는 어음상의 책임을 진다고 본다(다수설).[225]

---

221) 대법원 1969. 3. 31. 선고 68다2270 판결.

222) 어음에 기재된 금전을 갚을 의무. 환어음의 발행인·배서인, 약속어음의 배서인 등이 부담한다.

223) 이철송(2022), 219면; 정준우(2021), 106면.

224) 강위두·임재호(2009), 106면; 정동윤(2012), 87면; 최기원·김동민(2014), 127면; 최준선(2016), 171면; 김성태(2002), 288면.

225) 정찬형(2025), 141면; 손주찬(2004), 130면; 정경영(2009), 81−82면; 안강현(2019), 132면; 전우현(2011), 111면.

③ 판례

판례는 외관을 신뢰한 자를 존중하여야 한다는 논거로 유추적용긍정설을 취하고 있다.[226]

④ 사견

이 경우 명의대여자의 책임은 대리법리로 해결하여야 하고, 제24조를 유추적용하여야 할 것은 아니다(유추적용부정설).

6) 명의대여자의 사용자배상책임

명의대여자가 명의차용자의 행위로 인하여 사용자배상책임(민법 제756조)을 부담하기 위하여는 사실상의 사용관계, 예를 들면 사실상 지휘·감독관계가 존재하여야 한다. 판례 역시 '명의대여관계의 경우 사용관계는 법적으로 유효한 계약관계가 존재할 필요는 없고 사실상 지휘·감독이 존재함으로써 족하고, 그 지휘·감독관계는 사실상 지휘·감독하고 있었던 여부에 의하여 결정한다.'는 입장을 유지하고 있다.[227] 그리하여 공중위생법상 숙박업허가명의대여자에게는 명의사용자에 대한 지휘·감독의무를 인정할 수 없다고 하였다. 위 판례는 ① 사용관계가 없으면 명의대여자는 사용자배상책임을 부담하지 아니한다는 점 이외에도 ② 내부적으로는 고용관계가 없다고 하더라도 외부적으로 명의자의 종업원으로 인식되는 경우에는 사용자배상책임을 인정하고 있는데,[228] 이 점 주의를 요한다.

한편 사실상 사용관계가 있는 경우에도 상대방(피해자)에게 일반적으로 요구되는 주의의무를 현저히 위반한 중과실이 있으면 명의대여자는 사용자책임을 부담하지 않는다.[229]

(3) 명의대여자의 책임의 형태

명의대여자는 명의차용자와 연대하여 영업상의 채무를 변제할 책임을 부담한다. 그리하여 명의대여자가 부담하는 책임은 명의차용자의 채무에 대한 담보책임이 아니라 대여자 자신의 고유한 책임이다. 다만, 대여자는 명의차용자가 갖는

---

226) 대법원 1969. 3. 31. 선고 68다2270 판결.

227) 대법원 1993. 3. 26. 선고 92다10081 판결; 同旨 2005. 2. 25. 선고 2003다36133 판결; 2001. 8. 21. 선고 2001다3658 판결.

228) 同旨 대법원 2005. 2. 25. 선고 2003다36133 판결; 1998. 5. 15. 선고 97다58538 판결.

229) 대법원 2005. 2. 25. 선고 2003다36133 판결.

항변을 원용할 수는 있다. 이 책임은 부진정연대책임이다. 그러므로 거래상대방인 제3자가 명의차용자에게 한 이행청구는 명의대여자에게 효력이 없다(민법 제416조 참조). 명의대여자와 명의차용자 중 1人에게 생긴 시효중단사유는 다른 자에게 영향을 미치지 아니한다. 즉, 거래상대방과 명의차용자간의 시효중단사유는 명의대여자의 책임의 시효에 영향을 미치지 아니하는 것이다.[230]

한편 명의대여자가 명의차용자의 거래상대방에게 채무를 변제하는 경우, 차용자와의 내부관계에서는 타인의 채무를 변제한 것이므로 명의차용자에게 구상할 수 있다.

4. 명의차용자와 표현대리

민법학은 명의대여를 '제3자에 대하여 타인에게 대리권을 수여함을 표시한'(민법 제125조) 예로 보기 때문에, 명의차용자의 거래는 대체로 표현대리를 구성한다. 그리하여 제24조가 없더라도 명의차용자와 거래한 제3자는 표현대리제도에 의하여 보호받을 수 있지만, 상법에서 명의대여자의 책임을 규정하는 것은 다음과 같은 의미가 있다. 즉, ① 제24조는 '영업거래'와 관련하여 '제3자에 대하여 타인에게 대리권을 수여함을 표시'하는 행위를 명의대여로 정형화시킴으로써 책임요건의 증명을 간명하게 하고 있다. ② 표현대리의 경우 표현대리인의 행위는 본인의 행위가 되고 표현대리인은 책임지지 아니한다. 표현대리인은 무권대리인으로서의 책임(민법 제135조)을 부담하지 아니하기 때문이다(통설). 이에 비하여 제24조는 명의대여자와 명의차용자의 연대책임을 명시하여 제3자 보호를 강화하고 있다. 제24조의 책임을 물을 수 있는 한, 표현대리를 주장할 실익은 없는 것이다. ③ 제3자가 명의차용자를 명의대여자로 오인한 경우에는 표현대리에 해당하지 아니한다. 제24조는 이러한 경우까지 구제의 범위를 넓혀 놓고 있다. 즉, 제24조는 영업주를 오인한 경우에 적용되고, 표현대리는 대리권을 오인한 경우에 적용된다.

---

230) 대법원 2011. 4. 14. 선고 2010다91886 판결.

05장 상업장부

Ⅰ 총 설

기업은 자본적 계산방법으로 수행되는 영리조직체이므로 수시 또는 정기적으로 재산상태와 손익을 명백히 하고, 영업성적과 경영내용을 적정하게 평가하여야만 이를 근거로 설립목적에 맞는 합리적인 경영을 추구할 수 있다. 기업의 재산상태와 손익을 분석하는 수법을 기업회계제도라고 하는데, 商業帳簿는 기업회계제도를 운영하기 위한 수단이다. 이와 같이 기업회계와 상업장부는 상인 스스로의 편익을 추구하는 수단이 될 뿐만 아니라 출자자 또는 채권자 등 이해관계인의 이익보호에도 도움이 되며 기업과세의 근거자료이자 기초자료가 된다.

Ⅱ 상업장부 및 재무제표의 異同

상업장부란 상인이 영업상의 재산 및 손익의 상황을 명백히 하기 위하여 작성하는 회계장부 및 대차대조표(balance sheet)를 말한다(제29조 제1항). 다만, 상인이 임의로 작성하는 재산 및 손익상황과 관련 있는 장부는 이에 해당하지 아니하며, 법률상 작성의무가 있는 장부만이 상법상 상업장부이다. 이와 같이 상법은 상업장부를 회계장부와 대차대조표(재무상태표)[231]로 한정하고 있다.

상법은 유한책임회사, 주식회사와 유한회사에 대하여 회사의 재무상태와 경영성과를 표시하는 것으로서 대차대조표, 손익계산서, 자본변동표, 이익잉여금처분계산서(또는 결손금처리계산서)등의 재무제표와 그 부속명세서를 작성하게 한다.[232] 이러한 문서와 상업장부는 서로 대차대조표(재무상태표)만을 공통으로 요구하고 있을 뿐이다. 그 결과 회계장부는 상업장부이지만 재무제표가 아니다. 이에 비하여 자본변동표, 손익계산서 및 이익잉여금처분계산서(또는 결손금처리계산서)는 재무제

231) 외부감사법 제2조 제2호 가, 일반기업회계기준 2.4.

232) 제287조의 33·시행령 제5조, 제447조·시행령 제16조, 제579조.

표이지만 상업장부가 아니다. 또 주식회사와 유한회사가 재무제표와 함께 작성하는 영업보고서[233][234]는 영업활동에 관한 중요한 사항을 기재하여 풀이하는 기능을 하는 문서이지만 반드시 수치로 표시할 필요는 없다. 이 때문에 영업장부는 재무제표 또는 상업장부에 해당하지 아니한다.

Ⅲ 상업장부의 종류

1. 회계장부

(1) 개념

회계장부는 재산에 영향이 있는 거래와 기타 영업상의 사항을 기재하는 장부이다(제30조 제1항). 다만, 손익계산서나 대차대조표(재무상태표)와는 달리 '회계장부'라는 명칭을 사용하는 특정 장부는 별도로 존재하지 아니하며, 매 영업일의 거래나 영업재산상태를 기록하는 장부라면, 그 명칭이나 형식에 구애됨이 없이 회계장부에 해당한다. 상인이 매 영업일 작성하는 日記帳(매 영업일 거래전말기록문서)·전표 또는 分介帳(일기장을 계정과목별로 차변·대변으로 나누어 기재하는 장부)·元帳(분개장의 계장과목에 대하여 구좌를 설정하고 정리하는 서류) 등이 이에 속한다. 대차대조표는 이른바 誘導法(derivative method)[235]에 따라 회계장부에 의하여 작성되고(제30조 제2항), 손익계산서도 회계장부에 근거하여 작성된다. 이 점에서 회계장부는 상업장부이자 재무제표의 기초가 되는 문서라고 할 수 있다.

(2) 기재사항·기재방법

회계장부에는 '거래와 기타 영업상의 재산에 영향이 있는 사항'을 기재하여야 한다(제30조 제1항). 주로 상거래에 따른 법률행위가 기재될 것이지만, 영업재산에

---

233) 제447조의 2, 제449조 제2항, 제579조의 2, 제583조.

234) 영업보고서는 해당 영업연도에 기업의 영업상황을 기술한 보고서이다. 영업활동에는 일반적으로 기업의 수익이나 손익과 다르게 수치로 설명할 수 없는 부분이 있다. 영업보고서는 이를 설명하기 위하여 작성한다. 이 점에서 영업보고서는 기업의 영업활동에 관하여 풀이하는 기능을 한다.

235) 유도법이란 기업의 일체의 거래에 관한 증빙서류를 자료로 하여 원시기록으로 삼아 여기에 근거해서 계정계산이 행하여진다. 계정에는 자산, 부채, 자본, 비용 및 수익에 관한 모든 계정이 포함되며, 추가적으로 그 증감변화를 기록하게 된다.

영향을 미치는 사항은 모두 기재하여야 하므로 채무불이행·불법행위 등으로 인한 손해배상은 물론 천재지변, 수해, 화재 또는 도난사고 등으로 인한 영업재산의 변동사항도 기재하여야 한다.

자연인 상인의 경우 사적인 가계재산의 변동은 회계장부에 기재할 필요가 없다. 이를 회계장부에 기재하면 기업의 영업재산과 혼동될 우려가 있기 때문이다. 다만, 영업재산에서 가사비용을 지출하거나 가사비용에서 영업재산으로 지출한 경우 등은 영업재산에 영향이 있는 사항이므로 회계장부에 기재하여야 한다. 회계장부는 수치적 결과를 파악할 수 있도록 기재하여야 하고, 작성자는 물론 채권자·출자자 등 제3자도 이해할 수 있어야 하므로 일반적으로 활용되는 문자와 숫자로 명확하게 기재되어야 한다.

위와 같이 회계장부는 영업재산에 영향이 있는 사항을 기재하여야 하므로 그러하지 아니한 사항 예를 들면, 매매계약만이 성립하고 목적물의 인도나 대금이 지급·수수되지 아니한 사항과 같이 법률관계만이 발생하고 현실적인 영업재산의 변동이 없는 사항은 당연히 기재하지 아니한다.[236] 같은 취지로 법률상 상인의 영업재산이 아닌 권리의무의 변동을 가져오는 데 불과한 사항, 예를 들면 부동산 매입대금채무를 담보하기 위하여 약속어음을 발행한 사항에 내하여는 기재할 필요가 없다.

2. 대차대조표(재무상태표)

(1) 개념

회계장부가 영업의 동적 상태를 나타내는 데 비하여 대차대조표는 일정시점에서의 기업의 총재산(총자산)을 자산과 부채로 나누어 영업의 정적 상태를 파악하기 위한 장부이다. 이 가운데 총재산은 차변에, 자본과 부채는 대변에 구분·기재하여 대조시킨다.

(2) 종류

대차대조표는 작성시기와 그 목적에 따라 크게 通常貸借對照表와 非通常貸借對照表로 나눌 수 있다. 통상대차대조표는 영업의 계속을 전제로 하여 통상의

236) 同旨 정찬형(2025), 147면; 최기원·김동민(2014), 135면.

재산상태와 손익계산을 밝히기 위한 것으로서 ① 개업시 또는 회사성립시에 작성하는 개업대차대조표와, ② 매년 1회 이상 또는 결산기에 작성하는 결산대차대조표가 있다(제30조 제2항). 비통상대차대조표는 특수한 필요성으로 인하여 임시로 순재산을 밝히기 위한 대차대조표이다. 예를 들면, 회사의 합병·청산 등의 경우에 작성하는 대차대조표가 그에 해당한다(제247조 제1항, 제256조 제1항, 제269조, 제522조의 2 제1항, 제533조 제1항).

(3) 기재사항·기재방법

상법은 대차대조표의 작성에 관하여 '회계장부에 의하여 작성하고 작성자가 기명날인 또는 서명하여야 한다.'(제30조 제2항)는 규정만을 두고 있을 뿐, 기재사항 또는 방법에 관하여는 아무런 제약규정이 없다. 그러므로 대차대조표는 후술하는 바와 같이 '일반적으로 공정·타당한 회계관행'(제29조 제2항)에 의하여 그 목적에 부합하도록 작성하면 된다. 즉, 대차대조표는 그 유형에도 불구하고 그 표준양식과 작성방법에 따라 기재하여야 한다.

Ⅳ 상업장부의 작성·공시·보존·제출

1. 상업장부 작성의무

상인은 영업상의 재산 및 손익의 상황을 명확히 하기 위하여 회계장부 및 대차대조표 등의 상업장부를 작성하여야 한다(제29조 제1항). 자연인 상인(예 설비상인)도 상업장부를 작성하여야 한다. 다만, 자본금(영업재산)이 1천만원 미만인 소상인은 상업장부를 작성할 의무가 없다(제9조). 그리고 회사가 상업장부의 작성을 하지 아니하거나 부실기재를 한 때에는 이사의 손해배상책임이 발생할 수 있고(제399조, 제401조, 제567조), 관련되는 업무집행사원·이사·감사·검사인·청산인·지배인 등에게 과태료가 부과된다(제635조 제1항 제9호).

2. 상업장부의 확정과 공시

(1) 확정절차

자연인인 상인이 작성하는 상업장부는 작성과 동시에 확정되지만, 회사가 작성하는 상업장부는 법정절차를 밟아 확정된다. 주식회사와 유한회사에서는 이사회의 승인, 감사의 감사, 주주(사원)총회의 승인 등의 절차를 거쳐야 한다(제447조, 제447조의 3, 제449조 제1항, 제579조 제2항, 제583조). 합명회사나 합자회사의 상업장부 확정절차에 대하여는 명문의 규정이 없지만, 통상의 업무집행과 같이 총사원 또는 업무집행사원의 과반수의 결의를 거쳐야 한다고 볼 수 있다(제200조, 제201조, 제269조 참조). 이와는 별도로 외부감사법상 주권상장법인이나 일정 규모 이상인 주식회사와 유한회사는 외부감사인의 감사를 받아야 한다(동법 제2조).

한편 유한책임회사는 상업장부 등 재무제표에 대한 확정절차를 두지 않고 있다(제287조의 34 참조).

(2) 공시

상법은 상업장부의 확정절차 이외에 공시규정을 두고 있다. 그리하여 주식회사와 유한회사는 상업장부에 관한 주주총회 또는 사원총회의 승인을 전후하여 주주·사원·회사채권자가 열람할 수 있도록 재무제표를 비치·공시하여야 한다(제448조, 제449조 제2항, 제579조의 3). 그리고 발행주식총수의 100분의 3 이상을 소유한 소수주주 또는 자본금의 100분의 3 이상에 해당하는 출자좌수를 가진 소수사원은 회계장부의 열람 또는 등사를 청구할 수 있다(제466조, 제581조 제1항). 유한책임회사는 상업장부를 본점에 5년간, 그 등본을 지점에 3년간 갖추어 두어 사원 및 채권자가 열람 또는 등사할 수 있도록 하여야 한다(제287조의 34).

한편 합명회사나 합자회사에 대하여는 회사채권자에 대한 공시절차규정이 없으나, 무한책임사원은 당연히 상업장부를 열람할 수 있다고 본다. 이에 비하여 합자회사의 유한책임사원은 명문으로 상업장부의 열람권을 행사할 수 있다(제277조 제1항).

3. 상업장부의 보존·제출

(1) 보존기간

상인은 상업장부와 영업에 관한 중요서류를 10년간 보존하여야 한다(제33조 제1항). 상업장부는 대내·외의 법률관계에 관한 중요한 증거서류가 되므로 이를 보존하도록 하는 것이다. 보존기간을 10년간으로 정한 취지는 일반채권의 소멸시효인 10년간과 균형을 맞추어 관련 분쟁에 대비하는 데 있다. 다만, 전표 기타 이와 유사한 서류의 보존기간은 5년간이다(제33조 제1항 단서). 5년이라는 기간은 법률상의 의무이므로 그 이상의 기간 동안 보존하더라도 무방하다.

상업장부의 보존기간의 기산시점은 그 장부를 폐쇄한 날이다(제33조 제2항). 다만, 기타 서류의 기산시점은 상인 스스로가 작성한 것은 작성일, 타인으로부터 수령한 서류는 수령일이 되어야 한다고 풀이한다.237) 상업장부의 보존기간 내의 보존의무는 영업을 폐지하더라도 지속된다. 따라서 영업을 양도하더라도 양도인이 보존의무를 부담하며, 양수인이 장부를 인수한 경우에는 양수인이 보존의무를 부담한다. 또 본인인 상인이 사망하면 그 상속인이 보존의무를 진다. 회사가 합병한 때에는 존속회사 또는 신설회사가 보존의무를 부담한다.

(2) 보존방법

상업장부와 서류는 문서의 형태로 보존하는 것이 전통적인 방법이나, 상법은 마이크로필름 기타 전산정보처리조직에 의하여 보존하는 것도 허용한다(제33조 제3항). 영업 관련 서류의 보존에 소요되는 인력과 비용의 부담을 덜어주려는 배려이다.

(3) 제출

법원은 신청에 의하여 또는 직권으로 소송당사자에게 상업장부 또는 그 일부분의 제출을 명할 수 있다(제32조). 이는 민사소송법 제344조상의 '문서의 제출의무' 요건을 구비하지 아니하더라도 소송당사자는 법원에 상업장부를 제출할 의무가 있고, 소송당사자의 신청이 없는 경우에도 법원이 직권으로 제출을 명할 수 있음을 명백히 한 것이다.

V 상업장부의 작성원칙

1. 기본입장

상법은 상업장부의 작성원칙에 대한 실체적 또는 기술적 방법론에 관한 명시적인 규정을 두지 않고 있다. 기업활동의 기본법인 상법이 회계기법을 전부 조문화하는 것도 불가능하거니와 자주 변하는 회계원칙을 보수적인 기본법으로 그 원칙을 구속하는 것도 합리적이지 않기 때문이다. 그리하여 상법은 '상업장부의 작

---

237) 同旨 김홍기(2020), 83면; 이철송(2022), 231면.

성에 관하여 이 법에 규정한 것을 제외하고는 일반적으로 공정·타당한 회계관행에 의한다.'는 규정(제29조 제2항)을 둠으로써 실무계의 수요에서 정립된 회계관행의 규범성을 인정하고 있다.

2. 일반적으로 공정·타당한 회계관행

(1) 의의

'일반적으로 공정·타당한 회계관행'이란 매우 탄력적인 개념이므로 기업회계의 자주성을 부여하는 뜻이 있지만 동시에 불확정적이라는 단점도 안고 있다. 그 뜻은 대체로 다음과 같다.

(2) 공정·타당성

'공정'은 기업의 재무상태와 경영성과를 명확하게 인식할 수 있을 정도로 합리적이어야 함을 뜻한다. '타당'은 업종·업태·업황·사업의 규모 등 기업의 현황과 거래의 성격에 적합하다는 뜻으로 풀이된다.[238] 즉, 기업의 실체를 진실하게 반영할 것이 요구된다는 뜻이다.

(3) 일반적 인정

이는 '공정성·타당성'이 회계의 이용주체간에 보편적으로 받아들여져야 한다는 뜻이다. 그리하여 정립되는 것이 회계원칙이다. 단순한 회계이론은 이 요건을 충족하지 못하고, 후에 이용주체들에게 보편적으로 받아들여질 때 비로소 회계원칙이 된다.

(4) 회계관행

회계관행이란 회계실무에서 상당기간 널리 실천되어 다수인에게 통념화되어 성립한 것을 말한다. 회계원칙과 회계관행은 같은 뜻으로 사용되기도 한다.

3. 회계처리기준

제29조의 '공정·타당한 회계관행'이라는 기준 이외에 외부감사법에 근거한 '회계처리기준'이라는 실정 회계규범이 있다. 이 기준은 금융위원회가 일반적으로 공정·타당하다고 인정되는 회계관행을 모아 성문화한 행정명령이기도 하다. 따라서 이 기준은 외부감사법이 적용되는 회사에 대해서는 다른 법령에 우선하여

---

238) 이철송(2022), 233면; 이태로·한만수(2009), 60면.

강행적으로 적용된다(외부감사법 제3조·제4조). 그리고 금융위원회는 이와 별도로 '국제회계기준'과 '일반기업회계기준'을 제정하고 있다. 그리고 2012년 4월 개정상법에서 법무부장관이 중소기업청장과 협의하여 제정하도록 한 '중소기업회계기준'도 있다. '회계처리기준', '국제회계기준', '일반기업회계기준' 또는 '중소기업회계기준'은 각각 그 제정취지와 적용대상을 달리한다.

06장 기업의 공시(상업등기)

Ⅰ 총설

1. 기업의 공시와 상업등기

(1) 의의

기업의 공시란 기업의 법률관계 또는 일정한 사항을 주주, 채권자, 거래상대방 또는 일반인에게 알리는 것을 말한다. 기업의 공시는 상인에게는 사회적 신뢰를 얻고 그 신용도를 높일 수 있으며 제3자에게 대항할 수 있는 근거가 된다. 주주나 거래상대방 등에게는 상인의 법률적 경제적 상황을 파악할 수 있도록 함으로써 투자와 거래의 편익을 얻을 수 있게 하고, 형평성을 확보할 수 있게 한다. 예를 들면, 지배인을 등기함으로써 상인이 의도한 대로 대리권이 행사되고 거래상대방은 진실한 지배인인지의 유무를 확인하는 절차 없이 거래를 성립시킬 수 있는 것이다. 그리고 기업의 경영성과는 재무제표로 공시되는데, 일반인은 이를 통하여 그 기업에 대한 투자 여부를, 거래상대방은 거래에 수반되는 위험을 예측한 후 거래 여부를 결정할 수 있다.

이러한 점에서 상법은 제3자와 법적 이해관계를 갖는 중요사항에 대하여는 공시를 강제하고 있고, 불공시에 대하여는 불이익을 과하고 있다. 상업등기제도는 이러한 기업공시제도 중에서 가장 대표적인 것이다.

(2) 공시의 형태

공시방법은 공시할 정보의 성격·대상 등에 따라 그 형태를 달리한다. 이 형태에 대하여는 크게 일정한 정보를 이해관계인에게 직접 전달하는 직접적 공시와 정보를 필요로 하는 자가 일정한 정보에 접근하여 획득할 수 있도록 하는 간접적 공시로 나눌 수 있다. 예를 들면, 영업양수시 상호속용양수인이 제3자에게 채무를 인수하지 않는다는 뜻의 통지(제42조 제2항), 주주총회의 개최시 주주에 대한 소집통지(제363조), 화물상환증에 법정사항의 기재(제128조 제2항), 주식인수인에 대한 실권절차의 통지(제307조 제1항) 등은 직접적 공시에 속한다. 회사의 정관·주주명부·주주총회의사록·사채권자집회의사록·이사회의사록·사채원부·감사보고서·재무제표 등을 본·지점에 비치하고 이해관계인으로 하여금 열람하게 하는 것(제396조, 제391조의 3, 제448조, 제510조 등), 정관의 절대적 기재사항에 관한 공고(제289조 제1항·제3항), 상호를 속용하지 아니하는 영업양수인의 채무인수의 광고(제44조), 운송인의 운송물에 대한 권리행사 공고(제144조) 등은 간접적 공시에 속한다.

직접적 공시는 특정 이해관계인에게 정보를 확실하게 전달할 수 있는 장점이 있는 반면, 다수인에게 전달하는 때에는 비용이 많이 소요되고 사무처리가 번잡한 단점이 있다. 간접적 공시는 직접적 공시와는 반대의 장단점을 갖는다. 때문에 법은 이러한 장단점을 고려하여 적합한 공시방법을 제시하는 것이 중요하다.

2. 상업등기의 연혁

상업등기제도는 中世 이탈리아의 상인단체의 단체원명부에서 비롯되었다고 한다. 이 단체원명부는 상인의 소속단체를 확정하기 위한 공법적인 것이었는데, 이 명부에는 상인의 성명, 보조자, 상호 등이 기재되었다. 그 뒤 13세기경에는 지배권, 회사 및 상호 등을 등기하기 위한 특별등기부가 등장하게 되었다.

근대적인 상업등기제도는 18세기에 성립하게 되는데, 1734년 오스트리아가 파산조례에서 상호, 지배권, 회사의 설립·해산, 신규사원의 가입 등을 등기하는 상업기록을 명시한 것에서 유래한다. 그리고 당시 오스트리아의 어음조례에서 어음능력의 유무를 상업등기부상의 등기유무를 인정한 것도 같은 취지이다.[239)]

그 밖에 프랑스에서는 17세기를 전후하여, 영국은 1844년 합작주식회사등기법(Joint Stock Companies Registration and Regulation Act 1844)에서, 독일은 1861년 일반 독일상법전(ADHGB 1861)에서 회사의 법률관계를 중심으로 하는 등기제도가 마련되었다.

3. 공시방법과 상업등기

상업등기는 일반인의 열람이 가능한 상업등기부에 상인에 관한 일정한 사항을 기재하는 등기로서 간접적 공시방법 중의 하나이다. 상업등기라는 공시방법의

---

239) 이병태(1987), 166면.

특수성과 관련하여 다음과 같은 의미가 있다.

첫째, 공시의 집단성이다. 상업등기는 다수의 이해관계인 또는 일반공중이 잠재적인 이해관계가 있는 사항을 상업등기부라는 公簿에 기재함으로써 실제 이해관계를 갖게 되는 자가 활용하게 된다.

둘째, 정보의 신뢰성 확보이다. 상업등기는 계속적인 이용가치가 있고 특히 정확성을 요하는 정보를 국가가 관리하는 장부에 기재하여 둠으로써 정보관리를 엄격하게 규율한다.

셋째, 대항력 확보이다. 상업등기는 공시책임의 이행 여부, 공시내용에 따른 법적 효과의 부여 등에 관해 선명한 증거를 남기게 하여 상인이 제3자에게 대항할 수 있는 수단이 된다.

Ⅱ 상업등기의 개념과 종류

1. 개 념

상법상 상업등기는 '등기할 사항을 당사자의 신청에 의하여 영업소(회사의 경우는 본점)의 소재지를 관할하는 법원의 상업등기부에 하는 등기'를 말한다(제34조). 그리고 상업등기법에서는 상업등기를 '상법 또는 다른 법령에 따라 상인 또는 합자조합에 관한 일정한 사항을 등기부에 기록하는 것 또는 그 기록 자체'로 정의하고 있다(동법 제2조 제1호). 따라서 민법에 의거한 부동산등기나 보험업법에 의거한 상호보험회사의 등기(상업등기법 제41조) 그리고 민법 또는 특별법에 의거하여 설립되는 법인에 관한 등기는 상법상의 상업등기가 아니다. 선박등기는 제743조에 의거한 등기사항이지만, 그 성격이 부동산등기와 같아 선박등기법이라는 특별법에 의해 별도의 등기부에 등기되므로 이 역시 상업등기가 아니다(선박등기법 제8조 제4항).

한편 상법은 상업등기의 실체관계를 규율하고, 등기절차에 관한 상세한 사항은 상업등기법 및 상업등기규칙에서 정하고 있다.

2. 종 류

상업등기법상 각 등기소가 비치해야 할 상업등기부는 ① 상호등기부, ② 무능력자등기부, ③ 법정대리인등기부, ④ 지배인등기부, ⑤ 합자조합등기부, ⑥ 합명회사등기부, ⑦ 합자회사등기부, ⑧ 유한책임회사등기부, ⑨ 주식회사등기부 ⑩ 유한회사등기부, ⑪ 외국회사등기부 등 11가지가 있다(상업등기법 제11조 제1항).

Ⅲ 등기사항

1. 의 의

등기사항이란 '상법의 규정에 따라 법원의 상업등기부에 등기하여야 할 사항'을 뜻한다(제34조). 상법은 대체로 중요한 권리·의무에 관한 사항 또는 책임의 귀속에 관한 사항 등을 등기사항으로 하고 있다. 등기사항은 몇 가지 다른 기준에 따라 분류할 수 있는데, 다음과 같은 분류가 특히 의미 있다.

2. 절대적 등기사항·상대적 등기사항

「절대적 등기사항」이란 법상 상인이 반드시 등기해야 할 사항(예 지배인의 선임·회사설립 등)을 말한다. 「상대적 등기사항」이란 등기 여부가 상인의 의사에 맡겨진 사항(예 자연인 상인의 상호, 영업양수인의 채무불인수의 등기)을 말한다. 대부분의 등기사항은 절대적 등기사항이다. 다만, 상대적 등기사항이라도 일단 등기를 한 후 그 변경이나 소멸이 있는 경우에는 지체 없이 그에 관한 등기를 하여야 한다(제40조). 즉, 등기 후에는 절대적 등기사항으로 바뀐다.

회사의 절대적 등기사항에 관한 등기를 게을리할 때에는 벌칙이 적용되는 등(제635조 제1항 제1호) 등기가 강제된다. 그러나 자연인 상인은 절대적 등기사항에 관한 등기를 게을리하였다 하더라도 제재를 받지 아니한다(예 지배인 선임등기해태). 다만, 선의의 제3자에 대항하지 못하는 불이익이 따를 뿐이다(제37조 제1항).

한편 회사 또는 자연인이 절대적 등기사항을 등기하지 않을 때에는 이해관계인이 등기할 것을 청구할 수 있고, 경우에 따라서는 직접 등기를 신청할 수도 있다.[240)]

---

240) 그 예로는 대표이사에서 해임된 자가 회사에 해임등기청구. 지배인에서 해임된 자가 영업주에게 지배권 소멸등기청구 또는 퇴사원의 상호변경청구(제226조·제287조의 3) 등을 들 수 있다.

3. 설정적 등기사항 · 면책적 등기사항

「설정적 등기사항」은 지배인의 선임[241] · 상호의 선정(제22조 등) · 회사설립(제172조) · 합병등기(제234조)와 같이 법률관계를 창설하는 사항을 말한다. 「면책적 등기사항」은 지배인의 해임[242] · 상호를 속용하는 영업양수인의 채무불인수(제42조 제2항) · 합명회사사원의 퇴사(제225조) · 상호의 폐지(제27조 · 제40조)와 같이 법률관계를 소멸시키는 사항을 뜻한다. 그리하여 당사자는 종전의 책임을 면할 수 있다.

한편 설정적 등기사항이라 해서 등기에 의해 법률관계가 창설된다는 뜻, 즉 등기의 창설적 효력을 뜻하는 것이 아니라(예 영업주와 지배인의 관계, 상호권), 등기하는 구체적인 사항이 법률관계를 창설하는 내용(예 제22조 상호등기의 효력)임을 뜻한다. 그리하여 창설적 등기는 모두 설정적 등기이지만, 설정적 등기 중에는 창설적 등기가 아닌 것도 있다(예 지배인등기, 상호등기).

4. 지점에 관한 등기

지점을 둔 경우 지점에 관한 등기는 영업소(회사의 경우는 본점)의 소재지에서 등기하여야 한다(2024년 제35조 폐지). 이 경우의 등기사항은 절대적 등기사항이다. 이를 등기하지 않으면 그 지점의 거래에 관하여는 선의의 제3자에게 대항하지 못한다(제37조). 본점에서 등기할 사항이더라도 지점에서 등기할 의무는 없다. 지배인의 선임과 해임에 관하여 해당 영업소에서만 등기하면 족한 것과 같다.

한편 회사등기의 경우에는 지점에 관한 등기사항을 대폭 축소하여 본점에서의 등기사항 중 법이 정하는 일부사항(예 지점소재지)만을 등기하게 하고 있다(제271조 · 제180조, 제287조의 5, 제317조, 제549조).

---

241) 제13조, 제203조, 제274조, 제393조, 제564조.
242) 제13조, 제203조, 제274조, 제393조, 제564조.

Ⅳ 등기절차

1. 신청주의

상업등기는 법률상 다른 규정이 없으면 당사자의 신청 또는 관공서의 촉탁에 의하여 한다(제34조, 상업등기법 제22조 제1항). 다만, 예외적으로 신청에 의하지 않고 등기하는 경우가 있다. 예를 들면, 등기관의 잘못으로 등기에 착오나 빠진 부분이 있는 때에는 직권으로 등기의 경정을 하고 등기를 한 사람에게 통지하여야 한다(상업등기법 제76조 제2항). 등기를 한 후 그 등기가 그 등기소의 관할에 속하지 아니한 때, 등기할 사항이 아닌 때, 이미 등기되어 있는 때, 등기사항에 무효원인이 있는 때 등의 경우에는 소정절차를 거쳐 등기관이 직권으로 등기를 말소한다(상업등기법 제77조 · 제78조 · 제80조).

한편 등기를 신청하는 '당사자'는 상인이 아니라 '등기사항의 관계자'를 뜻한다(예 대표이사 · 대표집행임원(제317조 제2항), 대표사원(제180조 제4호), 퇴사원(제226조)). 등기말소의 경우는 이를 이해관계인으로 표현된다(제27조 · 상업등기법 제36조 제1항).

2. 등기관할

상업등기의 실무는 등기 당사자의 영업소 소재지의 지방법원, 그 支院 또는 등기소의 관할로 한다(상업등기법 제4조). 등기사무는 등기소에 근무하는 법원서기관, 등기사무관, 등기주사 또는 등기주사보 중에서 지방법원장이 지정한 자(등기관)가 처리한다(상업등기법 제8조 제1항).

3. 등기소의 심사권

(1) 문제의 제기

등기관은 상업등기의 신청사항을 심사하여 신청이 상법 또는 상업등기법의 규정에 적합하지 않은 경우 그 이유를 적은 결정으로써 각하하여야 한다(상업등기법 제26조). 그런데 상업등기는 국가가 하는 공증행위라고 할 수 있음에도 등기관이 심사할 사항의 범위에 관한 명시적인 규정이 없다. 이 때문에 그 심사권이 미치는 범위에 관하여 견해가 나뉜다.

(2) 형식심사설

이 학설에 의하면, 등기관은 신청이 관할등기소의 등기사항, 신청인인 당사자 또는 대리인으로서의 적격성, 구비서류의 適法性·適式性 등과 같은 형식적 사항만 심사하면 족하다고 보고, 신청사항의 진실성까지 조사할 권한과 의무는 없다고 한다. 신청사항의 진실성 여부까지 심사하는 것은 등기관의 임무의 성격과 맞지 않을 뿐만 아니라 사실상 불가능하다는 것이 주된 이유이다.[243)]

(3) 실질심사설

이 학설에 의하면, 등기관은 신청에 관한 형식적 심사는 물론 그 진실성까지 조사할 권한과 의무가 있다고 한다. 주요 근거는 ① 등기제도의 근본목적이 객관적 진실을 공시하는 데 있고, ② 상업등기의 내용에 대하여는 원칙적으로 공신력이 인정되지 아니하므로 거래상대방 및 일반공중을 보호하기 위하여는 그 내용이 진실에 부합해야 한다는 데 있다.[244)]

(4) 절충설

이 학설은 '수정실질심사설'과 '수정형식심사설'로 갈린다. '수정실질심사설'은 등기관은 등기사항을 실질심사설에 입각하여 심사하여야 하지만 진실성에 대한 의문이 없는 경우에는 심사할 의무가 없다고 한다.[245)] '수정형식심사설'은 원칙적으로는 형식적 심사에 그쳐야 하나 신청사항의 진실성을 의심할 상당한 이유가 있을 때에는 실질심사를 해야 한다고 본다.[246)]

(5) 판례

판례는 과거 부동산 등기에 관하여 형식심사설을 취하였는데,[247)] 최근에는 상업등기에 관하여도 형식심사설을 취하고 있다. 그리하여 등기공무원은 원칙적으로 등기신청에 관하여 실체법상의 권리관계와 일치하는 여부를 심사할 실질적인 심사권한은 없고, 오직 신청서 및 그 첨부서류와 등기부에 의하여 등기요건에

243) 김성태(2002), 323면; 이철송(2022), 244면; 손진화(2013), 134면; 柴田和史(2021), 33面(일본의 통설·판례).

244) 서돈각·정완용(1999), 120면.

245) 정찬형(2025), 161면; 손주찬(2004), 172면.

246) 김홍기(2021), 88면; 정동윤(2012), 99면; 최기원·김동민(2014), 148면.

247) 대법원 1989. 3. 28. 선고 87다카2470 판결; 1994. 1. 20. 자 95마535 결정.

합당한지 여부를 심사할 형식적 권한밖에 없다고 한다.[248)]

(6) 사견

등기는 진실에 부합해야 하지만, 그 진실성을 등기절차에서 담보하는 것이 적정한지의 여부는 다른 문제이다. 상업등기법에서는 등기사항의 진실성을 확보할 필요가 있는 경우, 예를 들면 지배인의 선임등기나 주식회사의 설립시의 주금납입심사 등에 관하여는 이를 증명하는 정보를 요구하고 있는데(동법규칙 제86조·동법규칙 제129조 제12호), 이는 등기제도의 성격과 실정을 고려하여 실질적 사항에 대하여도 형식적 심사로 종결지으려는 취지로 읽힌다(형식심사설).

4. 등기의 방법·관리

상업등기란 상법 또는 다른 법령에 따라 상인 또는 합자조합에 관한 일정한 사항을 등기부에 기록하는 것 또는 그 기록 자체를 말한다(상법등기법 제2조 제1호). 동법은 등기사무는 전산정보처리조직에 의하여 처리하도록 강제하고 있다(동법 제8조 제2호). 등기부는 영구히 보존하여야 하며(동법 제11조 제2항), 폐쇄한 등기기록은 보조기억장치에 따로 기록하여 영구히 보존하여야 한다(동법 제20조 제1항·제2항).

5. 등기의 수정

(1) 경정

등기의 경정은 당사자가 신청한 등기사항과 등기된 내용이 다른 경우에 신청한 내용에 맞도록 고쳐 등기하는 것을 말한다. 등기 당사자는 등기에 착오나 빠진 부분이 있을 때에는 그 등기의 更正을 신청할 수 있다(상업등기법 제75조). 그 밖의 구체적인 내용은 상업등기법 제76조 등이 적용된다.

(2) 말소

등기의 抹消는 등기는 신청한 내용에 맞게 완료되었으나, 그 내용이 법상 허용되지 아니할 때 인정된다. 그 사유에 관하여 상업등기법은 등기된 사건이 그 등기소의 관할이 아닌 경우 또는 등기된 사항에 무효의 원인이 있는 경우(소로써만 그 무효를 주장할 수 있는 경우는 제외) 등 4가지를 명시하고 있다(동법 제77조·제26조 제1호

248) 대법원 2020. 3. 26. 선고 2019도7729 판결; 2008. 12. 15. 자 2007마1154 결정.

내지 제3호). 여기서 '등기된 사항에 무효의 원인이 있는 때'는 실체적 사실관계의 조사가 아닌 제출된 자료만으로도 등기된 사항에 관하여 무효의 원인이 있음이 외형상 밝혀진 때를 말한다.[249] 그 밖의 구체적인 내용은 동법 제78조 내지 제80조 등이 적용된다.

(3) 변경·소멸

등기한 사항에 변경이 있거나 그 사항이 소멸한 때에 당사자는 지체 없이 변경 또는 소멸의 등기를 하여야 한다(제40조). 상업등기는 진실한 공시를 목적으로 하기 때문이다. 그러므로 절대적 등기사항은 물론 상대적 등기사항도 일단 등기를 한 이상 동조의 적용을 받는다. 다만, 상법은 상호 및 회사설립 등기사항의 변경에 관하여는 별도의 규정을 두고 있다(제27조, 제183조, 제269조, 제287조의 5 제4항, 제317조 제4항, 제549조 제4항).

6. 등기의 공시

등기사항, 즉 등기한 사실·법률관계는 상업등기 그 자체의 공시로 완성된다. 그러므로 상업등기의 목적을 달성하기 위하여는 등기 자체의 공시가 필요하다. 상법은 등기부를 공개하는 방식으로 등기사항을 공시하고 있다. 그리하여 일반인은 누구든지 수수료를 납부하고 상업등기부에 기록되어 있는 사항을 열람할 수 있고, 이를 증명하는 서면의 교부를 청구할 수 있고, 이해관계가 있는 자는 이해관계가 있는 부분에 국한하여 등기기록의 부속서류에 대한 열람을 청구할 수 있다(상업등기법 제15조 제1항).

V 상업등기의 효력

1. 개 요

상업등기를 하는 때에는 실체법적 효력이 생기는데, 이에 대하여는 ① 일반적 효력과, ② 특수적 효력으로 나눌 수 있다. 그리고 이에 수반하는 것으로서 ③ 상업등기의 추정력 및, ④ 부실등기의 효력이 있다.

---

249) 대법원 2008. 12. 15. 자 2007마1154 결정.

2. 일반적 효력

(1) 의 의

상업등기의 일반적 효력은 제37조에서 정하는 등기 전후의 대항력을 말한다. 모든 상업등기에 공통되는 효력이다. 그리하여 등기할 사항은 등기 후가 아니면 선의의 제3자에게 대항하지 못한다(제37조 제1항). 이에 대하여는 ① 등기 전의 소극적 공시원칙과, ② 등기 후의 적극적 공시원칙으로 나눌 수 있다. ①은 등기 전에는 선의의 제3자에게 대항할 수 없다는 원칙이며, ②는 등기 후에는 선의의 제3자에게도 대항할 수 있다는 원칙이다.

(2) 소극적 공시원칙

1) 취지

이는 등기하여야 할 사항, 즉 등기사항인 사실이나 법률관계가 실체법상 발생, 변경 또는 소멸하더라도 이를 등기하기 전에는 선의의 제3자에게 대항, 즉 주장할 수 없는 원칙을 말한다(제37조 제1항). 대표적으로는 합명회사 사원의 퇴사등기(제183조, 제225조 제1항), 주식회사의 대표이사·지배인의 등기를 들 수 있다. 그러므로 지배인(甲)의 선임·해임은 제13조에 의거 등기하여야 할 사항임에도 불구하고 해임등기를 하지 아니한 때, 지배인이 해임된 사실을 모르고 그(甲)와 거래한 제3자(乙)에 대하여 상인은 종래의 지배인(甲)이 지배권이 없음을 주장할 수 없다. 해임등기를 하여야만 선의의 제3자에게 종래의 지배인(甲)이 지배인이 아니라는 사실을 주장할 수 있는 것이다. 공동지배인의 경우에도 같다(제12조 제1항, 제13조 후단).

이와 같은 특정 법률관계에 관하여 선의의 제3자에 대한 대항요건으로서 등기를 요하는 것은 해당 사항들이 대외거래에 미치는 영향이 지대하므로 외관주의 법리에 따라 거래의 안전을 기하여 제3자를 보호하기 위함이다.[250]

2) 등기할 사항

제37조 제1항이 '등기할 사항'이라고 표현하므로 등기사항에는 절대적 등기사항 및 상대적 등기사항은 물론 새로 발생한 사항, 변경 또는 소멸되는 사항도 포함된다(제40조).

---

250) 다만, 소극적 공시원칙(제37조 제1항)에서 문제가 되는 외관은 상업등기의 不作爲에서 기인하는 특징이 있다.

3) 미등기 및 귀책사유

제37조 제1항은 등기할 사항을 등기하지 아니한 때에 적용된다. 등기미비의 귀책사유는 본인(등기의무자)의 과실 또는 등기소의 과실이든 불문한다(통설).

4) 선의의 제3자

제37조 제1항이 적용되기 위하여는 제3자가 선의이어야 한다. 여기서 '선의'란 문제된 등기할 사실관계, 즉 등기사항의 존재를 알지 못하는 것이며, 등기 여부 그 자체를 알지 못했다는 뜻은 아니다. 예를 들면, 해임된 대표이사와 거래한 제3자가 해임된 사실을 알지 못했음을 뜻한다.

법문은 등기사항을 모르는 것에 관한 과실의 유무를 언급하지 않고 있어 해석의 여지가 있다. 중과실 있는 제3자도 보호된다고 하는 견해도 있으나,[251] 중과실 있는 선의까지 보호하는 것은 형평에 어긋나므로 악의와 같이 다루어야 한다.[252] 선의·악의는 거래 당시를 기준으로 결정해야 하며, 그 증명책임은 제3자의 악의를 주장하는 자가 부담한다.

'제3자'는 거래상대방에 국한하지 아니하고 등기사항에 관하여 정당한 이해관계를 갖는 모든 자를 뜻한다. 즉, 대등한 지위에서 하는 보통의 거래관계의 상대방을 말한다. 때문에 조세권에 기하여 조세의 부과처분을 하는 국가는 제3자가 아니다.[253] 이에 비하여 ① 상호의 양도가 등기되지 아니하여, 이를 모르고 이중으로 상호를 양수한 자, ② 해임등기를 마치지 아니한 대표이사가 발행한 유통어음을 배서·취득한 자, ③ 해임등기를 마치지 아니한 대표이사로부터 부동산을 취득한 자로부터 이를 轉得한 자 등은 제3자에 해당한다.

5) 대항력의 제한을 받는 자

선의의 제3자에게 대항할 수 없는 불이익을 입는 자는 등기신청인만이 아니다. 등기할 사항을 대외적으로 주장할 법상의 이익을 갖는 자는 모두 포함된다. 예를 들면, ① 퇴임이사의 등기를 게을리한 경우 해당 이사의 제3자에 대한 책임

---

251) 손주찬(2014), 179면; 이기수·최병규(2016), 240면; 최기원·김동민(2014), 153면; 최준선(2021), 207면; 임중호(2015), 220면; 정동윤(2012), 101면.

252) 안강현(2019), 151면; 송옥렬(2021), 71면; 이철송(2022), 249면; 정찬형(2025), 163면; 김두진(2019), 149면; 김정호(2022), 139면; 정경영(2016), 251면; 정준우(2021), 136면.

253) 대법원 1990. 9. 28. 선고 90누4235 판결; 1978. 12. 26. 선고 78누167 판결.

(제401조 참조), ② 합명회사의 대표사원은 퇴사사원에 관한 변경등기를 신청하여야 함에도(상업등기규칙 제103조), 이를 게을리한 경우 회사채권자에 대한 퇴사사원의 책임(제225조 제1항), ③ 해임등기가 경료되지 아니한 지배인(대표이사)을 진실한 지배인(대표이사)으로 믿고 거래한 제3자에 대한 영업주(회사)의 책임 등은 대항력을 제한 받음으로써 생기는 책임이다. 채권자에게 해임이나 퇴사사실을 주장하지 못하기 때문이다.

6) 대항력의 의미

등기할 사항을 등기하기 전에 그 실체관계를 제3자에게 주장할 수 없게 하는 것은 제3자를 보호하기 위함이다. 그러므로 제3자는 자신의 이익을 포기하고 등기할 사항이나 실체관계를 주장할 수 있다. 예를 들면, 제3자가 새로운 미등기 지배인과 거래 후 지배인 교체사실을 인정하여 거래의 유효를 주장할 수 있음은 당연하다. 반대로 해임된 지배인(대표이사)의 해임등기가 경료되지 아니하여, 그를 진실한 지배인으로 믿고 거래한 제3자는 그 계약의 효력을 부정할 수 있다.

나아가 등기당사자간, 예를 들면 영업주와 지배인간, 회사와 사원간은 실체관계를 주장할 수 있다.

(3) 적극적 공시원칙

1) 의의

등기할 사항을 등기한 후에는 선의의 제3자에게도 그 실체관계를 주장할 수 있다(제37조 제1항 반대해석). 이를 등기의 '적극적 공시원칙'이라고 한다. 즉, 상인은 등기 후 제3자의 악의를 의제하여 이를 증명함이 없이 등기된 사항을 가지고 대항할 수 있는 것이다.

2) 의제의 한계 및 취지

등기한 후라도 제3자가 정당한 사유로 이를 알지 못한 때에는 그에게 대항하지 못한다(제37조 제2항). 동조 제1항의 취지는 등기 전에는 선의의 제3자를 보호하고, 등기 후에는 제3자에게 등기사항을 알 수 있는 상태를 제공하였으므로, 이를 알지 못하는 것은 제3자의 책임에 속한다고 보아 제3자의 악의를 의제하여 등기당사자를 보호하는 데에 있다. 이를 반대로 해석하면, 제3자의 책임으로 볼 수 없는 사정 때문에 등기의 사실관계를 알지 못한 때에는 제3자에 대한 악의의 의제는 정당화될 수 없고, 여전히 선의의 제3자를 배려할 필요가 있다. 그리하여 제37조 제2항은 제3자의 보호를 등기 후까지 확대하였다.

3) 정당한 사유 및 증명책임

입법취지에서 볼 때, 제3자가 알지 못하게 된 '정당한 사유'에 대하여는 엄격하게 해석하여야 한다. 그리하여 등기소의 화재로 인한 등기부의 멸실, 지진재해로 인한 交通의 杜絕과 같은 천재지변 기타 객관적 사정으로 인하여 관보·신문 등을 볼 수 없거나 등기부를 열람할 수 없는 공공적 시설의 이용에 장애가 생긴 경우 등이 그에 해당한다. 그러나 장기여행이나 질병 등과 같은 주관적인 사정은 포함되지 않는다. 따라서 대부분의 경우는 제3자의 악의가 의제된다. '등기사항을 알지 못한 것'과 '정당한 사유'에 대한 증명책임은 제3자가 진다.

(4) 일반적 효력의 적용범위

1) 등기할 사항의 범위

제37조 등기의 일반적 효력은 창설적 효력이 있는 등기에는 미치지 아니한다. 예를 들면, 회사설립·회사합병은 등기를 함으로써 효력이 발생하므로(제172조, 제234조) 등기 전에는 제3자의 선의·악의를 불문하고 회사의 설립·합병을 주장할 수 없다.

그 밖의 등기할 사항은 모두 제37조의 적용대상이 된다. 등기할 사항이 판결로 확정된 경우에도 같다. 예를 들면, 대표이사의 자격을 다투는 소가 제기되어 대표이사의 자격이 부정되더라도 대표이사의 등기를 말소하지 않으면, 회사는 제3자에게 그 대표이사의 무자격을 주장할 수 없다.[254] 그리고 소극적 공시원칙은 제13조 지배인의 해임, 제42조 상호를 속용하는 영업양수인의 채무불인수 또는 제225조 합명회사사원의 퇴사등기와 같은 면책적 등기사항에 대하여 특히 중요한 의미를 갖는다.

2) 적용법률관계

가) 거래관계　상업등기의 일반적 효력(제37조)이 거래 아닌 비거래관계, 즉 불법행위·사무관리·부당이득에도 미치는지에 대하여 학설이 나뉜다. 消極說은 제37조의 취지가 거래의 안전을 기하려는 데에 있으므로 등기당사자와 제3자간

---

254) 대법원 1974. 2. 12. 선고 73다1070 판결.

의 거래관계에만 적용되고 불법행위·사무관리·부당이득 등 거래 아닌 법률관계에는 적용되지 않는다고 본다(다수설). 이에 따르면, 해임된 지배인이 등기가 말소되지 않은 상태에서 제3자에게 불법행위를 하였더라도 제3자는 제37조를 원용하여 영업주에게 사용자배상책임(민법 제756조)을 물을 수는 없다. 積極說은 회사의 불법행위능력이 인정되므로, 제37조는 거래관계에 국한하지 않고 불법행위를 포함하여 기업활동 일반에 적용된다고 본다. 制限的 積極說은 원칙적으로는 소극설을 취하지만, 예외적으로 거래와 불가분의 관계에서 생긴 비거래관계에는 제37조가 적용되어야 한다고 본다. 그리하여 해임된 지배인이 지배인임을 사칭하여 제3자로부터 상품을 편취한 경우에는 제3자가 영업주에 대하여 불법행위로 인한 손해배상책임을 물을 수 있다고 한다.

생각건대, 제37조는 제3자의 신뢰를 전제로 한 제도인데 불법행위나 부당이득과 같은 비거래관계에서는 상대방, 즉 피해자의 신뢰란 것이 있을 수 없고, 이때에는 상대방을 보호하는 것이 보다 중요하다고 본다(부정설).

나) 소송행위

① 학설

제37조가 소송행위에도 적용되는지에 관하여는 학설이 나뉜다. 긍정설은 이를 인정한다. 이에 따르면, 해임등기하지 않은 상태에 있는 대표이사에게 한 소장의 송달은 유효하다(다수설).[255] 부정설은 절차적 기본권과 적법절차의 요청에 비추어 소송행위에는 제37조가 적용되지 아니한다고 본다(소수설).[256]

② 판례

대법원은 '말소등기가 완료되기 전 피고의 대표자(甲)로 등기되어 있는 자의 명의로 공시송달방법에 의하여 송달된 경우에 그 자(甲)가 적법한 대표권이 있는 피고의 대표자가 아니었다 할지라도 그 판결의 피고에 대한 송달의 효력은 부정할 수 없다.'고 하였다(긍정설).[257]

255) 김정호(2022), 148면; 안강현(2019), 152면; 정찬형(2025), 166면; 최기원·김동민(2014), 157면; 최준선(2021), 210면; 손주찬(2004), 181면.

256) 정동윤(2012), 102면; 김성태(2002), 331면; 김두진(2019), 154면.

257) 대법원 1972. 12. 26. 선고 72다538 판결.

④ 사견

소송행위의 경우에도 거래활동의 연장의 측면이 있다. 예를 들면, 선의의 제3자(甲)가 퇴임등기를 마치지 아니한 상태에 있는 퇴임한 대표이사(乙)를 대표자로 하고, 회사(丙)를 피고로 하여 소를 제기한 경우 퇴임등기를 게을리 한 회사 때문에 상대방(甲)의 소송행위를 무효로 하는 것은 부당하다(긍정설).

다) 공법관계 상업등기의 일반적 효력은 대등한 지위에서 하는 보통의 거래관계에 적용되므로 조세의 부과처분을 하는 등의 공법관계에는 적용되지 않는다.[258] 그리하여 합명회사의 무한책임사원이 퇴사한 후 퇴사등기를 마치지 않았다고 하여 그에게 회사가 부담하는 조세에 대한 제2차 납세의무를 과하는 것은 부당하다.[259]

3. 특수적 효력

(1) 의의

상업등기는 이미 존재하는 사실·법률관계의 공시를 일반적인 목적으로 하고, 그 일반적 효력은 창설적 등기를 제외하고는 모든 유형의 등기에 공통적 성질을 갖는다. 이에 비하여 상업등기의 특수적 효력은 제3자의 선의·악의를 불문하고 등기를 함으로써 사실 및 법률관계가 효력을 갖는 것을 말한다. 즉, 개개의 등기사항의 내용에 따라 주어지는 효력을 말한다.

(2) 창설적 효력

등기에 의하여 새로운 법률관계가 창설되는 효력을 말한다. 회사는 본점소재지에서 설립등기를 함으로써 성립하고(제172조), 회사의 합병 역시 등기를 함으로써 효력이 발생하며(제233조, 제234조, 제269조, 제528조 제1항, 제602조), 상호의 양도는 등기함으로써 비로소 제3자에 대해서도 양도의 효력이 생기는데(제25조 제2항), 이는 등기의 창설적 효력에 기한 것이다. 이는 '설정적 효력'이라고도 하지만, 앞서 설명한 등기사항의 종류로서의 '설정적 등기사항'과 구별해야 한다.

창설적 효력이 있는 등기는 다른 유형의 등기와 비교해 보면 그 뜻이 보다

---

258) 대법원 1990. 9. 28. 선고 90누4235 판결; 1978. 12. 26. 선고 78누167 판결.

259) 대법원 1990. 9. 28. 선고 90누4235 판결; 1978. 12. 26. 선고 78누167 판결 참조.

간명해진다. 예를 들면, 지배인은 영업주의 선임행위로 지배인이 되고, 등기에 의하지 아니한다. 지배인의 선임등기는 대항요건에 불과하다(제13조). 이에 비하여 회사의 설립은 회사로서의 실체를 전부 갖추었다 하더라도 회사로서 법인격을 취득하는 것은 설립등기에 의한다.

(3) 보완적 효력

이는 상업등기의 전제요건인 법률관계에 하자가 있더라도 등기 후에는 등기의 외관력에 의하여 하자가 치유·보완되어 더 이상 이를 주장할 수 없게 되는 효력을 말한다. 治癒的 效力이라고도 한다. 예를 들면, ① 주식인수인이 행한 주식회사설립시의 주식인수에 무효·취소의 원인이 있더라도 회사성립(설립등기) 후에는 무효·취소의 주장을 할 수 없는 것(제320조 제1항), ② 회사성립 후 신주의 발행으로 인한 변경등기를 한 날로부터 1년을 경과한 후에는 신주인수인이 그 인수의 무효·취소를 주장하지 못하는 것(제427조), ③ 회사설립의 무효 또는 취소의 판결이 있더라도 종래의 법률관계에 영향을 미치지 아니하는 것(제190조 단서), ④ 회사설립의 무효는 회사성립의 날로부터 2년이 경과하면 주장할 수 없도록 한 것은 등기에 보완적 효력이 있기 때문이며, 제37조의 일반적 효력과는 무관한 것이다. 제3자의 선의·악의는 문제되지 아니한다.

(4) 기타 부수적 효력

附隨的 效力은 등기가 일정한 행위를 허용하거나 면책의 기준이 되는 효력을 말한다. 解除的 效力이라고도 한다. 회사가 설립등기를 하면 주권을 발행할 수 있고(제355조 제2항), 주식의 양도가 허용되는 것(제335조 제3항)과 같다. 이는 등기가 일정한 행위를 허용하는 기준이 되는 것이다. 합명회사·합자회사의 무한책임사원이 퇴사등기를 하면 일정기간(예 등기후 2년) 경과 후 회사채무에 대하여 면책되는데(제225조·제269조), 이는 등기가 면책의 기준이 되는 것이다.

4. 상업등기의 추정력

상업등기에 대하여는 '사실상의 추정력'이 인정된다. 따라서 상업등기의 대상인 사실관계에 관한 다툼이 있는 때에, 법원은 등기된 사항이 진실일 것이라고 받아들이게 된다(통설·판례). 예를 들면, 법인등기부에 이사 또는 감사로 등재되어 있는 경우에는 특단의 사정이 없는 한 정당한 절차에 의하여 선임된 적법한 이사

또는 감사로 추정된다.[260]

그러나 '법률상의 추정력'은 인정되지 않는다. 때문에 상업등기사항에 관한 소송에서 등기사항이 원용된 때에, 법원은 등기사항과 다른 사실을 주장하는 자에게 증명책임을 배분하도록 구속받지 않는다(통설·판례).[261] 즉, 상업등기에 증명책임을 전환시키는 법률상의 추정력은 인정되지 않는 것이다. 이는 등기소가 형식적 심사권만을 갖는 한계에서 도출되는 결론이다. 예를 들면, 상호등기의 사안과 관련하여 甲이 乙의 등기상호를 사용하여 동일지역에서 동종영업을 함으로써 乙이 甲에게 제23조 제2항에 의거 상호폐지청구소송을 제기한 경우, 법관은 제23조 제4항에 따라 甲에게 부정한 목적이 있다고 추정하여야 하고 법관의 자유심증에 의한 다른 판단을 하여서는 아니 된다. 설령 甲이 부정한 목적이 없다고 주장하고, 법원도 그 주장을 믿더라도 甲으로 하여금 부정한 목적이 없었음을 증명하도록 하여야 하고, 이를 乙에게 배분하여서는 아니 되는 것이다.

5. 부실등기의 효력

(1) 등기와 공신력

상업등기는 이미 존재하는 사실·법률관계를 공시하여 대항력을 갖추게 하는 효력만이 있을 뿐이고, 사실관계와는 달리 등기된 대로의 효력을 부여하는, 이른바 공신력은 인정되지 아니한다(통설·판례). 즉, 객관적 진실과 다른 사항 또는 등기의 기초인 사실이 존재하지 않음에도 이를 등기하는 경우에는 원칙적으로 아무런 효력이 발생하지 않는 것이다. 공신력이 인정되지 아니하므로 피신청인들이 부실등기를 믿고 甲회사의 지분을 양수하였다고 하여 회사 사원들의 지분을 양수한 것으로 될 수는 없다.[262]

그러나 등기의 공신력이 인정되지 않는다고 하여 등기를 신뢰한 자가 전혀 보호를 받지 못하게 되면 등기의 공시적 기능을 기대할 수 없고, 제3자는 불측의 손해를 입을 수 있다. 따라서 제39조는 '고의 또는 과실로 인하여 사실과 상위한 사항을 등기한 자는 그 상위를 선의의 제3자에게 대항하지 못한다.'고 규정하여,

---

260) 대법원 1991. 12. 27. 선고 91다4409·91다4416 판결; 1983. 12. 27. 선고 83다카331 판결.
261) 대법원 1991. 12. 27. 선고 91다4409·91다4416 판결; 1983. 12. 27. 선고 83다카331 판결.
262) 대법원 1996. 10. 29. 선고 96다19321 판결.

부실등기를 한 자는 선의의 제3자에게 대항할 수 없음을 밝히고 있다. 등기신청인이 부진정한 외관을 형성한 데 대한 책임을 묻고 있는 것이다.

(2) 적용요건

1) 개요

제39조가 적용되기 위하여는 ① 사실과 상위한 등기(외관의 존재), ② 등기신청인(등기한 자)의 고의·과실(귀책사유), ③ 제3자의 선의라는 요건이 충족되어야 한다. 이러한 요건은 외관법리가 적용되는 대표적인 사례인 표현지배인의 경우와 같다.

2) 사실과 상위한 등기(외관의 존재)

제39조가 적용되기 위하여는 사실과 상이한 사항이 등기되어야 한다. 등기부에 표시되는 사항이면 모두 동조의 적용대상이 된다. 예를 들면, 지배인선임의 등기인 경우 지배인의 성명·주소·지배인을 둔 장소(본·지점), 공동지배인 등 등기사항의 전부 또는 일부가 사실과 다를 경우 선의의 제3자는 등기된 사실을 주장할 수 있다.

제39조는 제37조의 상업등기의 일반적 효력과는 그 요건을 달리한다. 예를 들면, 영업주가 지배인 甲을 해임한 후 등기를 게을리함으로써 甲을 지배인으로 믿고 거래한 乙은 제37조 제1항에 의거 거래가 유효함을 주장할 수 있다. 이에 비하여 甲이 참된 지배인임에도 상인이 잘못하여 乙을 지배인으로 등기함으로써 乙이 참된 지배인인 줄 알고 거래한 丙은 제39조에 의거 거래가 유효함을 주장할 수 있다. 또한 주식회사의 대표이사의 선임절차에 하자가 있는 경우, 그 선임결의가 무효 또는 취소된 후에 새로운 대표이사의 등기를 게을리한 경우에는 등기할 사항을 등기하지 아니한 것이므로 제37조가 적용된다.[263] 이에 비하여 선임 후 선임결의의 무효 또는 취소판결이 내려지기 전까지의 기간에 존속한 동 대표이사의 등기는 당초의 부실등기에 해당하여 제39조가 적용된다. 따라서 선임결의의 하자를 알지 못하고 무효·취소판결이 내려지기 전에 동 대표이사와 거래한 제3자는 제39조에 의거 보호된다.[264]

---

263) 대법원 1974. 2. 12. 선고 73다1070 판결.

264) 대법원 2004. 2. 27. 선고 2002다19797 판결.

3) 등기신청인의 고의·과실(귀책사유)

가) 일반론 제39조가 적용되기 위하여는 등기한 자, 즉 등기신청인이 부진정한 외관을 형성한 점에 고의 또는 과실이라는 귀책사유가 있어야 한다. 그러므로 등기공무원의 과실로, 또는 제3자의 허위신청으로 인한 부실등기에는 적용되지 않음은 물론이다.[265]

동조에서의 고의·과실은 등기신청인 본인(예 개인기업의 상인)의 고의·과실뿐 아니라 대리인(예 지배인) 또는 대표자의 고의·과실도 포함한다. 그리하여 등기신청인이 회사인 경우 회사의 고의·과실은 대표기관, 즉 대표이사(대표사원)를 기준으로 판단한다.[266] 그 결과 등기신청권자가 아닌 자(예 회사의 상당한 지분을 가진 주주)가 허위의 주주총회결의 등의 외관을 만들어 부실등기를 마친 때에는 회사의 귀책사유가 없다.[267]

제39조는 '고의·과실로 인하여 사실과 상위한 사항을 등기한 자'에게 적용되는데, 이는 등기신청인이 사실과 상위한 등기를 적극적으로 신청한 경우를 상정한 표현이다. 따라서 위에서 언급한 바와 같이 등기신청인이 등기를 하지 아니하였음에도 불구하고 제3자가 허위의 등기를 한 때에는 원칙적으로 등기신청인은 책임을 지지 않는다. 다만, 등기신청인이 제3자의 허위신청에 협조·묵인하는 방법으로 관여하거나 부실등기를 알고서 방치하는 등 등기신청인 본인의 고의·과실로 부실등기를 한 것과 동일시 할 수 있는 사정이 있는 경우에는 등기신청인에게 제39조가 유추적용된다(통설·판례).[268]

나) 과실로 알지 못하고 방치한 경우 등기신청인이 과실로 인하여 부실등기를 알지 못하고 방치한 경우에 대하여는 학설이 나뉜다. 다수설은 등기신청인이 부실의 등기를 알고서도 시정조치를 게을리한 경우에 한하여 제39조를 유추적용하여야 한다고 본다.[269] 소수설은 제39조는 과실로 인한 부실등기의 책임을

265) 最高裁判所 昭和 55. 9. 11. 民集 34巻 5号, 717面.

266) 대법원 2004. 2. 27. 선고 2002다19797 판결; 1971. 2. 23. 선고 70다1361·1362 판결.

267) 대법원 2011. 7. 28. 선고 2010다70018 판결; 2008. 7. 24. 선고 2006다24100 판결.

268) 대법원 2013. 9. 26. 선고 2011다870 판결; 2008. 7. 24. 선고 2006다24100 판결; 1975. 5. 27. 선고 74다1366 판결.

269) 안강현(2019), 158면; 김성태(2002), 340면; 정찬형(2025), 171면; 최준선(2021), 217면; 김정호(2022), 154면; 정동윤(2012), 105면; 김두진(2020), 159면.

묻고 있기 때문에 소극적으로 방치하는 것에 관한 과실에 대하여 비난을 완화할 필요가 없다고 한다. 이 학설은 제39조의 적용 여부는 부실등기로 인한 손실을 누구에게 귀속시킬 것인가의 문제이므로 등기자의 과실로 인한 손실을 제3자에게 전가시키는 것은 타당하지 않고, 과실로 알지 못하고 방치한 때에도 등기신청인이 손실을 부담한다고 본다.[270]

판례는 제3자에 의하여 허위의 등기(예 문서위조로 인한 등기)가 이루어진 후 등기신청권자가 이를 알고 방치한 것이 아니라면 부실등기 상태를 발견하여 시정하지 못한 데 그 정도가 어떠하건 과실이 있다는 사유만으로는 제39조를 적용할 수 없다고 한다(다수설).[271] 이와 같이 다수설과 판례는 부실등기를 '알고 방치한 때'에는 동조가 적용되지만, '과실로 방치한 때'에는 적용되지 않는 것으로 판단하고 있다.

4) 제3자의 선의

제3자가 선의이어야 한다. 선의·악의는 부실등기 된 자(예 지배인)와의 거래시점을 기준으로 한다. '제3자'의 의미는 제37조의 경우와 같다. 따라서 거래상대방에 국한하지 아니하고 등기사항에 관하여 정당한 이해관계를 갖는 모든 자를 포함한다. '선의'는 제3자가 등기내용이 사실과 다름을 알지 못하였음을 뜻한다. 법문은 알지 못한 사실에 무과실을 요하지 않지만, 중과실이 있는 제3자는 보호대상에서 제외된다. 그리고 제39조는 등기사항에 관한 부실등기에 적용되므로 비등기사항이 부실등기된 경우는 선의의 제3자에게 대항할 수 있다.

(3) 부실등기를 승낙한 자

제39조는 등기당사자는 아니지만 고의·과실로 등기신청인의 부실등기를 承諾한 자에게도 유추적용된다.[272] 따라서 승낙을 한 자 역시 등기가 사실과 다름을 주장하지 못한다. 즉, 지배인이 아닌 자(甲)가 자신(甲)을 지배인으로 등기하는 것을 승낙하였다면, 자신이 지배인이 아니라는 주장을 하지 못하는 것이다.

---

270) 이철송(2022), 260－261면.

271) 대법원 1975. 5. 27. 선고 74다1366 판결.

272) 最高裁判所 昭和 47. 6. 15. 民集 26巻 5号, 984面. 이는 2005년 일본회사법 제정 전 舊상법 제14조(현행 상법 제9조 제2항, 회사법 제908조 제2항)를 유추적용한 사례이다.

(4) 증명책임

부실등기일지라도 등기할 사항에 관한 외관이 형성되어 있으므로 증명책임은 등기신청인 및 등기와 다른 사실을 주장하는 자(예 부실등기를 승낙한 자)가 부담한다.

(5) 부실등기의 효과

위의 요건이 충족되면 부실등기자는 등기가 사실과 상위함을 선의의 제3자에게 대항하지 못한다. 즉, 등기와 다른 사실을 주장하지 못한다. 다만, 제3자가 등기내용과는 달리 사실관계에 맞는 주장을 하는 것은 무방하다. 예를 들면, 영업주가 지배인을 甲으로 선임하였음에도 乙로 등기한 경우, 제3자가 자기와 거래한 甲이 진실된 지배인이라는 사실을 인정하여 거래의 유효를 주장할 수 있는 것이다.

07장 영업양도

Ⅰ 총 설

1. 영업용재산과 영업재산

영업양도를 설명하기 위하여는 '영업용재산'과 '영업재산'에 관한 개념정리가 선행되어야 한다. 우선 영업용재산은 영업재산의 구성요소로서 개별재산을 뜻한다. 예를 들면, 토지·기계·설비 등을 뜻한다. 이에 비하여 영업재산은 영업용재산의 집합을 뛰어넘는 조직화된 유기적 일체로서 기능하는 재산을 뜻한다. 그러므로 영업재산에는 적극재산과 소극재산으로 있다. 적극재산에는 동산, 부동산, 채권, 무채채산권은 물론 고객관계, 영업비결, 신용, 명성 등과 같은 재산적 가치가 있는 사실관계도 포함된다. 재산적 가치가 있는 사실관계는 영업권이라고도 한다. 이에 비하여 소극재산은 차입금와 같은 영업상의 채무를 뜻한다.

2. 영업의 의의와 영업양도

영업양도의 개념을 이해하기 위하여는 먼저, 양도대상인 '영업'에 관한 개념을 살펴보아야 한다. 영업은 '주관적 의의의 영업'과 '객관적 의의의 영업'으로 나누어 달리 이해된다. 주관적 의의의 영업은 영업주체인 상인의 영리활동을 뜻한다. 제5조(의제상인), 제6조(미성년자의 영업과 등기), 제8조(법정대리인에 의한 영업의 대리), 제53조(청약에 대한 낙부통지의무), 제61조(상인의 보수청구권) 등에서 사용하는 영업이 이에 속한다.

객관적 의의의 영업은 상인의 영업재산 총체를 뜻한다. 영업재산은 위의 적극재산과 소극재산으로 구성된다. 제20조 단서(회사영업양수자의 상호부당사용금지), 제25조(상호의 양도), 제41조(영업양도인의 경업금지), 제42조(상호를 속용하는 양수인의 책임) 또는 제43조(영업양수인에 대한 변제) 등에서의 영업이 이에 속한다. 영업양도의 대상이 되는 영업은 영업주체와 제3자간에 객관적 평가가 가능한 가치를 지녀야 하므로 객관적 의의의 영업을 뜻한다. 주관적 의의의 영업에서 말하는 '영리활동'은 영업의 종류에 따라 다르기 때문에 객관적 평가에 어려움이 따르기 때문이다. 따라서 재산이 공익적 용도(예 주식회사의 교육사업)에 사용되더라도 그 재산이 이윤창출을 위하여 유기적으로 조직화된 것이면 영업재산에 해당하고 그 양도는 영업양도에 해당한다.[273]

3. 기 능

기술한 바와 같이 영업은 단순히 영업용재산을 집합시켜 놓은 것이 아니고, 영업재산을 원천으로 수익활동을 지속할 수 있는 조직적 재산의 총체, 즉 經營組織體이므로 개개 영업재산의 가치의 합에 '$+\alpha$'라는 가치(premium)가 더해질 수 있다. 영업양도는 이러한 유형·무형의 재산과 경제적 가치를 보존하여 계속기업(going concern)으로서의 기능을 유지하게 한다. 그리고 영업양도는 轉業·廢業을 원하는 상인의 간이한 *清算方法*이자 양수인에게는 기업규모확대의 수단이 된다. 회사의 경우는 합병·지배주식의 취득과 더불어 企業結合의 手段이 되는 한편, 회사분할제도와 함께 企業分割의 *方法*이 되기도 한다. 企業回生手段으로 활용될 수도 있다. 이와 같이 영업양도는 양도인이나 양수인은 물론 國民經濟에도 유익하다.

Ⅱ 영업양도의 개념

1. 서

영업양도에 대하여는 '일정한 영업목적에 의하여 조직화된 유기적 일체로서의 기능적 재산인 영업재산(객관적 의의의 영업)을 그 동일성을 유지하면서 일체로서 이전하는 채권계약'이라고 정의할 수 있다(통설·판례).[274] 이는 영업양도의 개념론[275] 중 물적 요소를 중시하는 학설 가운데 하나인 營業財産讓渡說에 입각한

---

273) 대법원 2010. 9. 30. 선고 2010다35138 판결. 이 사건에서는 평생교육사업을 영위하던 甲주식회사가 교육시설을 乙주식회사에 이전한 것이 영업양도에 해당하는지의 여부가 문제되었다. 대법원은 '동 시설이 교육을 위하여 사용되었더라도 그 교육 자체가 양도인과 양수인에게 있어 공히 영리사업으로 수행되었으므로 영업양도에 해당한다.'고 판시하였다.

274) 대법원 2012. 7. 26. 선고 2012다27377 판결; 2005. 7. 22. 선고 2005다602 판결.

275) 그 밖에 영업양도의 개념론으로서는 ① 물적 요소를 중시하는 營業有機體讓渡說(영업양

정의이다. 이에 관한 개념요소를 분설하면 아래와 같다.

2. 소유의 변동

영업양도는 영업재산을 이전하는 채권계약이므로 영업재산의 소유관계가 변동된다. 이 점에서 소유관계의 변동 없이 경영주체만이 변동되는 기업결합수단인 영업의 임대차나 경영위임과 다르다. 고객관계·신용 등 경제적 가치를 갖는 사실관계를 이전함에는 정형화된 승계행위가 따로 없으므로 양도인이 누리던 사실관계를 양수인이 동일하게 누릴 수 있게 된다면 사실관계가 승계되는 것이다.[276]

3. 처분권자의 처분

영업양도는 영업재산의 소유관계에 변동을 초래하므로 영업재산의 처분권을 가진 자(예 영업주)만이 이를 행할 수 있다. 따라서 영업의 임차인이나 경영의 위임을 받은 자는 영업양도를 할 수 없다.

4. 이전재산의 일체성

영업재산이 유기적으로 결합된 채 일체성을 유지하면서 이전되어야 한다. 이는 양도 전후에 영업의 동일성을 유지하기 위하여 불가결하다. '일체성을 유지'한다고 하여 반드시 모든 재산이 포괄적으로 이전되어야 함을 뜻하지는 않는다. 예를 들면, 슈퍼마켓을 양도하면서 비품의 일부나 영업상의 채권·채무를 제외하더라도 영업양도는 성립한다(제42조 내지 제44조의 반대해석). 그러나 영업의 중요부분을 구성하고 있는 재산을 제외하고 영업용재산을 이전한다면 영업양도라고 할 수 없다.[277] 어느 정도의 재산이 이전되어야 하는지에 관하여는 양도 후 종래의 영업이 유지될 수 있느냐를 기준으로 하는데, 영업재산의 일부를 유보한 채 영업시설

도재산설과 본질적인 차이가 없다). 營業組織讓渡說(영업재산이전이 갖는 의미를 과소평가하는 문제가 있다), ② 地位移轉을 중시하는 地位交替承繼說(영업재산이 영업자의 지위이전에 따라 이전된다고 주장하는 문제점이 있다), ③ 절충설인 地位·財産移轉說(영업재산양도설과 지위교체승계설의 절충설. 그러나 지위이전은 영업재산이전의 결과물에 불과하고 영업양도의 본질은 아니라는 문제가 있다) 등이 있다.

276) 대법원 2017. 4. 7. 선고 2016다47737 판결; 1997. 11. 25. 선고 97다35085 판결.

277) 서울중앙지법 2015. 9. 10. 선고 2015가합526542 판결.

을 양도했어도 종래의 영업이 유지되면 영업양도에 해당한다.[278]

이전재산의 일체성을 판단요소로 삼는 것은 영업의 동일성을 유지시키기 위한 전제조건이기 때문이다. 따라서 구체적인 판단시에는 영업양도의 전후에 걸쳐 영업의 동일성이 유지될 수 있는 정도의 재산이 이전되면, 일체적으로 이전되었다고 볼 수 있다.[279]

5. 영업조직(물적 · 인적조직)의 이전

영업재산의 일체성은 영업조직에 의하여 형성된다. 그러므로 영업양도를 함에 있어서는 영업재산과 함께 營業組織이 移轉되어야 한다. 영업조직이 따르지 않는다면 모든 영업재산을 동일인에게 이전하였더라도 영업양도가 아니다. 영업재산의 전부를 양도했어도 그 조직을 해체하여 양도했다면, 이는 일체성을 결여한 것으로써 영업양도가 아니다. 이에 비하여 영업재산의 일부를 유보한 채 영업시설을 양도했어도 종래의 조직이 유지되어 있다고 사회관념상 인정되면 영업양도에 해당한다.[280] 반면에 시내버스와 운송사업면허권은 양수하였지만, 그 밖에 사무실·집기·시설 등 부대시설, 회사의 모든 채권·채무를 일체 양수하지 아니하고, 양도계약에 따라 양도회사의 운전기사들 중 채용을 희망하는 일부 운전기사들과 일부 정비공을 양수회사의 근로조건에 따라 (신규)채용하는 경우에는 영업양도가 아니다.[281] 면허권은 양도받았으나 영업상 인적·물적 조직을 그 동일성을 유지하면서 일체로서 포괄적으로 이전받지 않았기 때문이다. 같은 논리로 운수업자가 폐업을 하고 재산을 정리하기 위하여 차량 등의 재산 전부를 다른 운수회사에 양도하였다면, 영업재산이 해체된 상태로 이전되는 것이다.[282]

영업양도에는 인적 조직의 승계도 중요한데, 영업상의 모든 권리를 이전하더라도 종업원 전원을 인수대상에서 제외시키면 영업양도가 아니다.[283] 따라서 운

278) 대법원 2013. 2. 15. 선고 2012다102247 판결; 1989. 12. 26. 선고 88다카10128 판결.
279) 대법원 2017. 4. 7. 선고 2016다47737 판결; 2005. 7. 22. 선고 2005다602 판결; 1989. 12. 26. 선고 88다카10128 판결.
280) 대법원 2001. 7. 27. 선고 99두2680 판결; 1989. 12. 26. 선고 88다카10128 판결.
281) 대법원 2005. 6. 9. 선고 2002다70822 판결.
282) 대법원 1995. 7. 25. 선고 95다7987 판결.
283) 대법원 1995. 7. 25. 선고 95다7987 판결; 1995. 7. 14. 선고 94다20198 판결; 1991 10. 8. 선고 91다22018·22025 판결; 同旨 2001. 7. 27. 선고 99두2680 판결.

수업자가 운수업을 폐지하는 자로부터 그 소속 종업원들에 대한 임금 및 퇴직금 등 채무를 청산하기로 하고 그 운수사업면허 및 물적 시설을 양수한 후, 폐지 전 종업원 중 일부만을 신규채용의 형식으로 새로이 고용한 경우에도 영업양도가 아니다.[284] 다만, 종업원의 승계 여부는 영업의 동일성의 유지에 미치는 영향을 기준으로 판단하여야 한다. 이 때문에 영업의 종류·방법·규모·근로자의 대체 가능성(예 단순노무자) 기타 영업의 현황에 비추어 종업원이 동일성에 기여하는 바가 미미한 경우에는 이를 승계하지 않더라도 양도인이 하던 영업활동을 계속하는 데 지장이 없으므로 영업양도인지를 판단하는 데 영향이 없다. 예를 들면, 슈퍼마켓을 양도하는 경우 매장 시설과 비품 및 재고 상품 일체를 매수하고, 단순근로자들의 고용관계가 그대로 승계되지 않더라도 영업양도에 해당한다.[285]

영업주와 물적설비만이 전부라고 할 정도로 영세하여 특별히 인계·인수할 종업원이나 노하우, 거래처 등이 존재하지 않는 영업을 양도한 경우에도, 당사자의 거래목적에 경제적 가치 있는 사실관계가 포함되는 양도행위는 상법상의 영업양도에 해당한다. 예를 들면, 영세한 소규모미용실을 양수하여 상호, 간판, 전화번호, 비품 등을 변경하지 아니한 채 그대로 사용하면서 미용실을 운영하는 것은 영업양도에 해당하므로 양도인은 경업금지규정(제41조)의 적용을 받는다.[286]

위와 같이 영업양도는 영업재산이 어느 정도로 이전되었는지의 여부가 아니라 종래의 영업조직이 유지되어 그 조직이 전부 또는 중요한 일부로서 기능할 수 있는가에 의하여 결정된다.[287]

6. 동일성의 유지

영업양도로 인하여 영업주는 교체되지만, 영업의 同一性은 維持되어야 한다. 이를 '일체성'과 비교하면, 일체성은 이전되는 재산의 범위를, '동일성'은 양도의 전후에 걸친 영업의 비교적 양태를 뜻한다. 즉, 양수인은 유기적으로 조직화된 수익의 원천으로서의 기능적 재산(영업재산과 영업조직)을 이전받아 양도인의 영업적

284) 대법원 1995. 7. 25. 선고 95다7987 판결.
285) 대법원 1997. 11. 25. 선고 97다35085 판결.
286) 대법원 2009. 9. 14. 자 2009마1136 결정.
287) 대법원 2005. 6. 9. 선고 2002다70822 판결.

활동을 계속할 수 있어야 하는 것이다.[288] 영업조직과 영업재산이 일체적으로 이전된다면 일반적으로는 영업의 동일성이 유지될 것이다.

7. 채권계약

영업양도는 債權契約이다.[289] 영업은 개인법상의 계약에 의거 이전하기 때문에 특정 승계이다.[290] 그 결과 재산의 종류에 따라 개별적으로 이전행위를 하여야 한다. 이는 회사합병이나 상속에 의한 영업승계가 포괄승계라는 점과 구별된다. 영업양도와 관련하여서는 '영업양도계약', '영업인수계약', '재산인수계약', '경영권양도계약' 또는 '사업양도계약' 등 다양한 명칭이 쓰이는데, 그 실질에 의거 영업양도를 판단하여야 한다. 영업양도계약은 채권계약이므로 당사자간의 합의를 요한다. 합의 없이 영업재산과 영업조직이 각각 다른 원인으로 인하여 이전되면 사실상 그리고 경제적으로 영업이 양도된 것과 같은 결과가 되었더라도 영업양도가 아니다.[291] 그 예로 종업원은 양도회사로부터 퇴직하여 양수회사에 신규채용 되고,[292] 영업재산은 양수회사가 경매를 통해 매수하는 경우를 들 수 있다.

한편 영업양도계약은 묵시적 계약에 의하여도 가능하다.[293] 따라서 당사자간이 명시적인 의사표시가 없이도 양도자와 양수인간의 의사에 기하여 양수인이 종래와 같이 실질적으로 동일한 영업활동을 할 수 있으면 영업양도이다.[294]

8. 비전형계약

영업양도는 증여 등의 무상의 방법으로 이루어질 수 있고, 유상인 경우에는 매매나 교환 등과 유사한 방식으로 이루어지지만 어느 하나의 계약으로 특정할 수 없으므로 非典型契約(또는 無名契約)[295]에 속한다고 본다. 영업양도를 有償契

288) 대법원 2009. 9. 14. 자 2009마1136 결정.
289) 대법원 2020. 8. 27. 선고 2019다225255 판결; 2005. 2. 22. 선고 2005다602 판결.
290) 대법원 2020. 8. 27. 선고 2019다225255 판결; 1991. 10. 8. 선고 91다22018·22025 판결.
291) 대법원 2005. 7. 22. 선고 2005다602 판결.
292) 대법원 1995. 7. 25. 선고 95다7987 판결.
293) 대법원 2005. 2. 22. 선고 2005다602 판결.
294) 대법원 2009. 1. 15. 선고 2007다17123·17130 판결.
295) 이는 민법 제3편 제2장에 명시되어 있는 전형계약이외의 계약을 말한다. 전형계약은 각각 증여, 매매, 교환, 소비대차, 사용대차, 임대차, 고용, 도급, 현상광고, 위임, 임치, 조합, 종

約으로 하는 때에는 양도인은 양도한 영업재산에 관해 담보책임을 지는 등 매매에 관한 제규정이 적용된다(민법 제567조). 기존의 영업을 회사의 설립시 또는 신주발행시(제416조)에 현물출자하는 경우가 있는데, 이 역시 영업양도로 보아야 한다. 다만, 판례는 영업의 현물출자는 영업양도와 유사하므로 영업양도에 관한 규정(제42조 제1항)을 유추적용하고 있다.[296]

Ⅲ 영업의 일부양도

1. 의 의

영업의 일부도 양도할 수 있다(제374조 제1항 제1호 참조). 다만, 이 경우에도 영업양도의 개념요소를 충족하여야 한다.[297] 즉, 양도되는 일부 영업부문의 인적·물적 조직이 그 동일성을 유지한 채 이전되어 그 자체로서 양도 전의 독립적인 영업활동이 가능하여야 한다. 예를 들면, 시내버스 회사(甲)가 그 소유 버스 대부분과 면허권 및 종업원을 다른 시내버스 회사(乙)에 양도하여 폐업하기로 하고, 일부 버스를 또 다른 회사(丙)에 양도하면서, 그 일부 버스에 승무하던 전속기사에 대하여는 양수회사(丙)로의 전적명령을 내리는 것은 일부 버스만을 양도한 것에 불과하여 영업의 일부양도에 해당하지 않는다.[298]

일부양도의 의의가 이러하므로 지점의 양도는 영업의 일부양도이지만, 출장소·판매장의 양도는 영업의 양도가 아니다. 독립된 경영이 이루어지지 않기 때문이다. 공장이나 작업장 같이 사실행위만을 행하는 곳도 영업양도의 대상이 아니다.

2. 효 과

영업의 일부양도의 경우에도 양도인은 양도계약에 의거 양수인에게 양도대상영업을 구성하는 재산과 근로관계를 이전할 의무를 부담한다(상세한 내용은 후술하

신정기금 또는 화해와 같은 이름이 붙여져 있으므로 有名契約이라고도 한다. 곽윤직(2009), 26면.

296) 대법원 2009. 9. 10. 선고 2009다38827 판결; 1996. 7. 9. 선고 96다13767 판결; 1995. 8. 22. 선고 95다12231 판결; 同旨 最高裁判所 昭和 47. 3. 2. 民集 26巻 2号, 183面.

297) 대법원 2001. 7. 27. 선고 99두2680 판결.

298) 대법원 1997. 4. 25. 선고 96누19314 판결.

는 '영업양도의 효과' 참조). 다만, 종업원은 반대의사를 표시하여 양도기업에 잔류하거나 퇴직할 수도 있다. 그리고 영업양도에 관한 규정은 영업의 일부양도에도 적용됨은 물론이다. 그 결과 영업의 일부양도인은 경업이 금지되고(제41조), 양도인과 양수인은 영업상의 채권자와 채무자를 보호하기 위한 제42조 내지 제45조의 적용을 받는다. 다만, 양도인의 경업금지에 관한 규정(제41조)은 영업의 일부를 양도한 자가 동일지역 내에서 동종의 다른 영업소를 갖지 아니한 경우에 적용되어야 한다. 따라서 동일지역 내에 다른 영업소를 갖고 있는 자가(예 호텔 A, B, C, D) 영업의 일부를 양도(예 호텔 A, B)하는 때에는 제41조의 적용을 배제하기로 하는 묵시적인 합의가 있는 것으로 보아야 한다.[299]

한편 영업의 일부양도 역시 당사자간의 합의를 요하는 채권계약이지만, 주식회사가 '중요한' 일부를 양도하는 때에는 주주총회의 특별결의를 거쳐야 한다(제374조 제1항 제1호). 이때 반대주주에게는 주식매수청구권이 인정된다(제374조의 2).

Ⅳ 당사자

영업양도인과 양수인 쌍방은 자연인 상인 또는 회사일 수도 있다. 그리하여 영업양도는 자연인 상호간, 회사 상호간 또는 자연인과 회사간에 체결될 수 있다. 회사인 경우는 대표기관이 체결하게 된다. 회사는 청산 중에도 영업양도를 할 수 있다. 이때 자연인 상인은 영업 전부를 양도하면 상인자격을 잃는다. 그러나 회사의 영업양도는 해산사유가 아니므로 영업을 양도하더라도 해산하지 않는다. 양수인이 비상인이면 양수하는 시점부터 상인자격을 갖는다. 영업양도는 지배인의 지배권 밖이므로 별도의 수권이 없는 한, 지배인은 영업의 양도·양수를 대리할 수 없다.

Ⅴ 영업양도의 절차

1. 내부적 절차

자연인 상인이 영업을 양도하는 때에는 자신의 의사결정으로 족하고 별도의 절차를 요하지 않는다. 그러나 회사의 경우는 상법상(예 제374조) 또는 해석상 일정

299) 서울중앙지법 2009. 10. 8. 선고 2009가합31369 판결.

한 절차를 필요로 한다. 즉, 주식회사·유한회사가 영업의 전부 또는 중요한 일부를 양도할 때에는 주주(사원)총회의 특별결의를 요하며(제374조 제1항 제1호·제434조·제576조 제1항), 이를 결한 영업양도는 무효이다. 영업을 양수할 경우에도 같은 결의가 요구된다. 예를 들면, 주식회사가 영업의 전부 또는 중요한 일부(예 삼성전자의 휴대폰사업)를 양도하거나 회사의 영업에 중대한 영향을 미치는 다른 회사의 영업(예 삼성전자가 甲회사의 반도체사업)을 양수할 경우에는 주주총회의 특별결의를 거쳐야 한다. 그에 반대하는 주주들은 주식매수청구권을 행사할 수 있다(제374조의 2). 주주들의 출자동기에 변화를 가져오기 때문이다. 주주에는 무의결권주식의 주주도 당연히 포함된다.

이에 비하여 상법은 합명회사, 합자회사 및 유한책임회사의 영업양도에 관하여는 상세한 규정을 두지 않고 있다. 단지 회사해산 후 양도하는 경우 사원과반수의 동의를 요한다는 규정(제257조·제269조·제287조의 45)만을 두고 있고, 존속 중 회사의 양도·양수에 관한 규정은 없다. 이러한 회사들의 특성상 영업의 양도·양수와 같은 구조적 변화에는 총사원의 동의를 요한다고 본다(통설).

2. 합 의

기술한 바와 같이 영업양도는 채권계약이다.[300] 따라서 양도인과 양수인간의 합의가 있으면 족하다. 일반적으로는 ① 이전할 자산과 부채의 범위·이전의 시기에 관한 사항, ② 영업소·상호 등의 이전에 관한 사항, ③ 사용인의 인계에 관한 사항, ④ 양도의 대가, ⑤ 양도 후 양도인의 폐업 또는 해산 등에 관한 합의가 이루어진다.

이와 같이 영업양도는 당사자간의 합의로 자유로이 할 수 있음이 원칙이나 기업결합의 효과를 발생시키므로 공정거래법은 일정 규모 이상의 기업의 경쟁을 실질적으로 제한하는 영업양수를 제한하고 있다(동법 제9조 제1항). 또 특정 인·허가사업의 효과적인 규제를 위하여 영업양도를 인가사항으로 하는 규정도 있다(자본시장법 제417조 제1항 제4호, 보험업법 제155조).

300) 대법원 2020. 8. 27. 선고 2019다225255 판결; 2005. 2. 22. 선고 2005다602 판결.

3. 방 식

영업양도는 불요식의 계약이므로 당사자의 합의만으로 성립한다. 다만, 합의할 사항이 많으므로 양도계약서를 작성하는 것이 일반적이다.

4. 양도시점

영업양도에 관한 제41조 내지 제45조는 실질적으로 영업주체가 변동된 경우에 적용하는 것이 합리적이다. 그러므로 영업양도의 시점은 계약의 체결 또는 양도대금의 지급시점이 아니라 양수인이 유기적으로 조직화된 수익의 원천으로서의 영업재산을 이전받아 양도인이 하던 것과 같은 영업활동을 개시한 시점을 기준으로 삼아야 한다. 예를 들면, 교육사업을 양도하는 경우에는 교육시설의 양도계약이 체결된 시점이 아닌 교육시설의 설치자 변경신고가 수리된 시점에 영업양도가 있는 것으로 본다.[301] 식품위생법위반으로 인한 일반유흥음식점 허가취소에 관한 사건에서도 같은 취지의 판단이 내려지고 있다. 그리하여 사실상 영업이 양도·양수되었지만 아직 승계신고 및 그 수리처분이 있기 이전에는 여전히 종전의 영업자인 양도인이 영업허가자이고, 양수인은 영업허가자가 아니다.[302]

Ⅵ 영업양도의 효과

1. 의 의

상법은 영업양도의 대내적 효과로서 양도인의 경업금지의무, 대외적 효과로서 영업상의 채권자와 채무자의 보호에 관하여만 규정하고 있다. 이에 덧붙여 영업양도는 채권계약이므로 그 이행으로서 양도인은 양수인에게 영업을 이전하여야 한다. 이하에서는 이러한 내용을 설명한다.

---

301) 대법원 2017. 4. 7. 선고 2016다47737 판결; 2010. 9. 30. 선고 2010다35138 판결. 이 사건에서 평생교육사업을 영위하던 甲은 乙에게 동 교육사업을 양도하는 계약을 체결하였고, 계약 후 乙이 같은 명칭으로 주무관청의 인가를 받아 동 교육사업을 영위하다가 명칭을 변경하고 이어서 甲에게 잔대금을 치루었다. 이에 甲의 채권자가 제42조 제1항에 근거하여 乙의 책임을 물었다. 乙은 잔대금을 치룬 시기에 영업이 양도되었으며, 이때에는 상호속용이 없었다는 항변을 하였다. 그러나 대법원은 '주무관청의 인가를 받아 영업을 개시한 때에 영업이 양도되었다.'고 하여 乙의 책임을 인정하였다.

302) 대법원 1995. 2. 24. 선고 94누9146 판결.

2. 영업의 이전

영업의 이전을 구성요소별로 검토하면 아래와 같다.

(1) 영업재산의 이전

영업양도의 효과로서 양도를 전후하여 영업의 동일성이 유지되도록 영업재산이 포괄적으로 이전되어야 한다. 이전에는 물권행위가 필요하다. 다만, 영업재산의 전부를 포괄적으로 이전할 수 있는 물권행위는 있을 수 없으므로 영업재산을 이루는 개개의 구성부분을 이전하는 물권행위가 요구된다. 즉, 특정승계의 방법에 의하여 재산의 종류에 따라 개별적으로 이전행위를 하여야 하는 것이다.[303] 그리하여 부동산은 등기, 동산은 인도하여야 하고, 채권은 대항요건(민법 제450조)[304]을 갖추어 이전행위를 하여야 한다.[305] 예를 들면, 이전에 있어 양도인의 제3자에 대한 매매계약해제에 따른 원상회복청구권은 지명채권이므로 그 양도에는 양도인의 채무자에 대한 통지나 채무자의 승낙이 있어야 채무자에게 대항할 수 있는 것이다.[306]

(2) 영업조직과 영업에 관한 사실관계

영업양도의 이행에서는 영업조직과 영업비밀과 같은 재산적 가치 있는 사실관계를 이전하여야 한다. 영업은 개개의 재산이 영업조직과 영업에 관한 사실관계에 의거 유기적으로 결합되었을 때에 영리수단으로서 유용하기 때문이다. 그리고 영업조직과 사실관계는 양수인이 양도인이 누리던 것과 같은 영업의 동일성을 유지하는 데 불가결한 요소이다. 영업조직이나 사실관계는 무형의 자산이므로 이전방법이 따로 없어 구두 또는 문서 기타 거래통념에 맞는 방식으로 행하면 족하다.

(3) 채권 및 채무

양도인의 영업상의 채무는 양수인에게 있어 영업의 동일성과는 무관한 것이고, 제3자(채권자)의 권리와 관련되는 것이므로 영업양도의 요소가 아니다. 그러므로 양도 당사자간의 합의가 없는 한 채무는 이전되지 않는다. 설령 양수인이 채

---

303) 대법원 2020. 8. 27. 선고 2019다225255 판결; 1991. 10. 8. 선고 91다22018·22025 판결.

304) [지명채권양도의 대항요건] ① 지명채권의 양도는 양도인이 채무자에게 통지하거나 채무자가 승낙하지 아니하면 채무자 기타 제3자에게 대항하지 못한다.

305) 대법원 1991. 10. 8. 선고 91다22018·22025 판결.

306) 대법원 1991. 10. 8. 선고 91다22018·22025 판결.

무를 승계하기로 합의하더라도 양도인의 채권자와의 관계에서 효력을 갖기 위하여는 채무인수절차(민법 제453조,[307] 제454조[308])를 밟아야 한다. 이와 같이 채무는 당연히 승계되지 않기 때문에 영업양도인(甲)이 양도 전에 있던 영업상의 채무에 대하여 제3자(乙)가 보증을 한 경우, 양도인(甲)의 피보증인으로서의 지위는 양수인(丙)에게 승계되지 않는다. 그 결과 보증인(乙)이 양도인(甲)의 채무를 대신 변제하더라도 양수인(丙)에게 求償할 수 없다.[309]

영업상의 채권 역시 당사자간의 합의가 없는 한 당연히 이전되는 것은 아니다. 그리고 합의가 있더라도 채무자에 대한 통지 또는 승낙이라는 대항요건을 구비하여야 한다(민법 제450조).

(4) 근로관계

1) 의의

앞서 설명한 바와 같이 종업원은 영업의 인적시설(조직)을 뜻하므로 근로관계의 승계는 영업조직의 이전과 더불어 동일성유지 여부를 판단함에 있어서 중요요소이다.[310][311] 때문에 반대의 특약[312]이나 종업원의 의사에 반하지 않는 한 영업양도는 근로관계의 승계를 포함한다.

2) 반대의 특약

근로관계승계에 관한 반대의 특약이 인정된다고 하더라도 그 특약은 실질적으로 해고나 다름이 없으므로 근로기준법상의 '정당한 이유'가 있어야 유효하다.[313] 영업양도 자체만으로 정당한 이유를 인정할 수 없는 것이다.

---

307) [채권자와의 계약에 의한 채무인수] ① 제3자는 채권자와의 계약으로 채무를 인수하여 채무자의 채무를 면하게 할 수 있다. 그러나 채무의 성질이 인수를 허용하지 아니하는 때에는 그러하지 아니하다(예 제72조 상호계산에 계입된 채무).

308) [채무자와의 계약에 의한 채무인수] ① 제3자가 채무자와의 계약으로 채무를 인수한 경우에는 채권자의 승낙에 의하여 그 효력이 생긴다.

309) 대법원 2020. 2. 6. 선고 2019다270217 판결; 1989. 12. 22. 선고 89다카11005 판결.

310) 대법원 1995. 7. 25. 선고 95다7987 판결; 1995. 7. 14. 선고 94다20198 판결; 1991 10. 8. 선고 91다22018·22025 판결; 同旨 2001. 7. 27. 선고 99두2680 판결.

311) 대법원 1995. 7. 25. 선고 95다7987 판결.

312) 대법원 2003. 5. 30. 선고 2002다23826 판결.

313) 대법원 2007. 12. 27. 선고 2007다51017 판결; 2002. 3. 29. 선고 2000두8455 판결.

3) 근로관계승계의 거부

근로관계는 종업원의 거부의사에 반하여 승계할 수 있는 것은 아니다. 종업원은 ① 양도기업에 잔류할 수 있고 양도인과 양수인 모두에서 퇴직할 수도 있으며, ② 自意에 의하여 계속근로관계를 단절할 의사로 양도기업에서 퇴직하고 양수기업에 새로이 입사할 수도 있다.[314] 이 경우 근로관계 승계에 반대하는 의사는 근로자가 영업양도가 이루어진 사실을 안 날로부터 상당한 기간 내에 양도기업 또는 양수기업에게 표시하여야 한다.[315] 종업원이 근로관계의 승계를 거부하거나 영업양도사실을 알지 못하고 양도기업에서 퇴직하는 때에는 퇴직금 기타 임금지급의무는 양도기업이 부담한다.[316] 그리고 이미 해고된 양도회사의 근로자는 해고의 무효를 이유로 양수회사에 부당해고책임을 물을 수 없다.[317] 다만, 해고무효소송이 제기되어 영업양도 이전에 무효가 확정된 경우, 그 근로관계는 양수회사에게 승계된다. 이 경우 정당한 이유 없이 해고된 근로자를 승계의 대상에서 제외하기로 하는 특약이 있으면 근로관계를 승계하지 않을 수 있으나, 그러한 특약도 근로기준법상의 정당한 이유가 있어야 유효하다.[318]

이에 반하여 영업양도시에 해고의 효력에 대하여 다투고 있더라도 근로관계의 승계기준일 이전에 해고된 이상, 특별한 사정이 없으면, 근로관계는 양수인에게 승계되지 않는다.[319] 여기서 알 수 있는 바와 같이 양도계약체결일과 근로관계 승계기준일은 다른 일자로 정할 수 있다. 사업양도 계약의 당사자가 양도 과정에 소요되는 기간 등을 고려하여 정할 수 있는 것이다.

4) 근로관계승계의 효과

근로관계가 승계되면 다른 합의가 없는 한 원칙적으로 영업양도 전의 근무조건이 유지되고, 영업양도 이전에 성립된 퇴직금채무 등 임금채무도 양수인에게 이전된다.[320] 반대로 양수인은 영업양도에 수반된 근로계약 인수의 효과로서 양

314) 대법원 2012. 5. 10. 선고 2011다45217 판결; 2010. 9. 30. 선고 2010다41089 판결; 2002. 3. 29. 선고 2000두8455 판결.
315) 대법원 2012. 5. 10. 선고 2011다45217 판결.
316) 대법원 2012. 5. 10. 선고 2011다45217 판결.
317) 대법원 2002. 6. 14. 선고 2002다14488 판결.
318) 대법원 2020. 11. 5. 선고 2018두54705 판결; 1994. 6. 28. 선고 93다33173 판결.
319) 대법원 1995. 9. 29. 선고 94다54245 판결.

도인의 근로자에 대한 손해배상채권을 취득한다(대항요건 불필요).[321] 그리고 근로자가 제출한 사직서가 형식적으로는 양도기업을 사직하는 것이더라도 실질적으로는 양수기업에 대한 재취업 신청을 철회 또는 포기하는 의사도 포함한다.[322]

(5) 공법상의 권리관계

영업에는 공법상의 권리관계를 수반하는 경우가 있다. 주무관청의 영업허가나 인·허가 같은 것이 그에 해당한다. 공법상의 지위가 관련 법률에 의거 양도할 수 있는 때에는 당사자간 그 이전에 협력할 것을 합의할 수 있다(예 체육시설의 설치·이용에 관한 법률 제27조 제1항 참조). 대법원의 입장 역시 같다.[323] 그 이외의 경우 공법상의 지위이전은 양도인의 의무라고 보기 어렵다. 예를 들어 금융회사가 영업을 양도하는 경우 그에 따른 공법적 권리관계는 법령의 근거가 없는 한 양도인의 의무라고 생각하기는 어렵다(예 자본시장법 제12조상의 금융투자업의 종류나 금융투자상품의 인가).

3. 양도인의 경업금지(대내적 효과)

(1) 취지

양수인의 입장에서 보면, 영업양도는 통상 종래의 양도인이 수행하던 영업활동을 하고 수익을 얻을 것을 목적으로 체결된다. 그 대가로 양수인은 낱낱의 재산이 갖는 가치의 총액이나 총액을 초과하는 급부를 지급한다. 그럼에도 불구하고 양도인이 영업양도 후에도 인근지역에서 양도대상인 영업을 새로이 수행한다면, 양수인은 영업양도의 이익을 충분히 누릴 수 없게 된다. 그 결과 양수인이 지급한 대가와도 균형이 맞지 않아 불공평하다. 그리하여 상법은 양수인이 영업양수의 실효성을 거둘 수 있도록 양도인의 경업을 금지하고 있다(제41조). 그리고 영업양도인의 의무라는 뜻에서는 이를 '경업피지의무'로 표현하기도 한다.

(2) 의무의 성질

경업피지의무의 성질에 대하여는 계약설과 정책설이 대립한다. 계약설은 경업피지의무가 영업양도계약에 포함된 계약상의 의무라고 보고, 제41조는 그 범위

---

320) 대법원 2005. 2. 25. 선고 2004다34790 판결; 1991. 8. 9. 선고 91다15225 판결.
321) 대법원 2020. 12. 10. 선고 2020다245958 판결.
322) 대법원 2002. 3. 29. 선고 2000두8455 판결.
323) 대법원 2018. 10. 18. 선고 2016다220143 전원합의체; 2016. 5. 25. 자 2014마1427 결정.

를 주의적으로 규정한 것에 불과하다고 한다.[324] 정책설은 법률에 의하여 영업양수인의 보호를 위 특히 인정한 법정의무라고 설명한다.[325] 헌법재판소는 제41조를 영업양도의 본질로부터 법이 당사자의 의사를 보완·해석한 규정으로 본다. 즉, 경업금지의무를 약정하는 것이 당사자의 합리적인 의사결정이라고 보고, 제41조는 당사자의 의사가 명확히 약정되지 않은 경우를 대비한 의사보충규정이라고 하였다. 이는 계약설에 따른 것이다.[326]

(3) 영업의 범위

제41조상의 동종영업이라 함은 동일한 영업보다는 넓은 뜻으로 널리 양도한 영업과 경쟁관계·대체관계에 있는 영업을 말하며, 해당 영업의 내용, 규모, 방식, 범위 등 여러 사정을 종합적으로 고려하여 판단한다.[327] 영업소의 설치 여부와 관계없이 동종영업에 속하는 거래자체가 금지된다.

(4) 경업금지기간(기간적 제한)

1) 특약이 없는 경우

다른 약정이 없는 한 양도인은 10년간 동일한 특별시·광역시·시·군과 인접한 특별시·광역시·시·군에서 동종영업을 하지 못한다(제41조 제1항). 양도인의 경업금지의무는 양수인의 이익을 보호하기 위한 제도이므로 당사자의 특약으로 약정기간을 배제·경감(예 금지기간 3년)하거나 가중할 수 있다(예 금지기간 17년).

2) 특약이 있는 경우

양도인이 경업금지를 약정한 때에는 동일한 특별시·광역시·시·군과 인접 특별시·광역시·시·군에 한하여 20년을 초과하지 아니한 범위 내에서 그 효력이 있다(제41조 제2항). 이는 경영을 지나치게 장기로 제한하여(예 평생금지) 양도인의 영업의 자유를 부당히 구속하는 것을 방지하기 위함이다. 이에 반하여 20년을 초과하는 기간을 약정한 때에는 20년까지만 금지된다(一部無效).

---

324) 이철송(2022), 288면; 최준선(2021), 229면; 이기수·최병규(2016), 269면; 정준우(2021), 155면.

325) 정찬형(2025), 190면; 전우현(2019), 166면; 김두진(2020), 180면; 최준선·김동민(2014), 177면.

326) 헌법재판소 1996. 10. 4. 선고 94헌가5 결정.

327) 대법원 2015. 9. 10. 선고 2014다80440 판결.

(5) 경업금지의 대상

경업금지의 대상인 영업의 종류는 당사자의 합의로 정하거나 제한·배제할 수 있다. 예를 들면, 국내산 소·돼지를 수매하고, 수매한 소·돼지를 도축·가공한 후에 이를 유통·판매하는 영업을 양도하는 경우 수매, 도축 및 가공에 대하여는 경업을 금지하고, 유통·판매는 허용하는 약정을 할 수 있다. 이는 묵시적 약정으로도 할 수 있다.[328)]

(6) 경업의 지역적 제한

1) 취지 및 해석론

양도인은 동일한 특별시·광역시·시·군과 인접한 특별시·광역시·시·군에서 동종영업을 하지 못한다. 동일한 행정구역뿐만 아니라 인접한 행정구역을 포함시킨 것은 행정구역은 다르지만 경계선을 맞대고 있는 경우 특정 지역에서 영업을 양도하고 바로 인접지역에서 새로운 영업을 개시할 수 있는 불합리를 방지하기 위함이다(예 서울시흥동 vs. 경기안양석수동).

그러나 이러한 제한은 업종의 특성이나 규모에 따라서는 매우 불합리를 초래하여 제도의 취지가 무색해질 수 있다. 예를 들면, 서울특별시의 동쪽 끝에 있는 강일동에서 찜질방을 양도한 자가 부천시 역곡동에서 새로이 찜질방 영업을 하더라도 강일동의 고객이 역곡동의 시설을 이용할 가능성은 희박하지만 문리적으로는 제41조에 위반된다. 반대로 동일한 행정구역이더라도 서울시 강일동에서 미용실 영업을 양도한 자가 독산동에서 미용실를 개업한다고 하여 경업피지의무를 과하는 것은 불합리하다.

따라서 제41조를 적용함에 있어서는 업종특성에 따른 영업의 지역성(특히 고객관계)도 함께 고려하여 경쟁을 야기할 우려가 없다면 경업이 금지되지 않는다고 해석하는 것이 합리적이다.[329)] 현행 상법상 이러한 지역적 제한은 특약에 의하여 좁힐 수는 있으나 확대할 수는 없다(제41조 제2항).

2) 대법원의 판단

경업금지의 지역적 제한에 관한 판례 중 주목할 만한 것이 있다. 즉, 대법원

328) 대법원 2015. 9. 10. 선고 2014다80440 판결.

329) 제주지법 1998. 6. 3. 선고 98가합129 판결; 同旨 수원지법 2011. 2. 10. 선고 2010가합14646 판결.

은 전국적인 영업망을 가진 영업을 양도한 후 경업을 한 사안에서 경업의 대상이 된 영업(예 소·돼지 수매·도축행위)의 비중의 高下를 묻지 않고 경업금지의 범위를 전국적으로 설정한 하급심의 판단을 지지하고 있다.[330]

3) 전자상거래 등의 현상과 경업금지

생각건대, 운수·통신·전자상거래 발달한 현대사회에서는 지역적 제한은 과거에 비하여 의미가 많이 퇴색되었다고 볼 수 있다. 앞의 판례가 직접 이런 입장에 선 것은 아니지만, 향후에는 경업금지에 관한 특약의 유무를 불문하고 양도인이 양수인의 고객을 끌어오는 부정한 목적으로 경업을 하는 때에는 위의 지역적·기간적 제한의 구속을 받지 않고 경업이 금지되는 것으로 입법적 개선을 요한다. 물론 개별적인 특별법으로 입법적 보완을 할 수도 있으나, 그 필요성은 기업활동의 일반법인 상법에도 동일하다.

(7) 적용범위

1) 양수인의 영업유지

양도인(甲)의 경업금지의무는 영업양수인(乙)이 영업을 계속하는 동안에만 부담한다. 영업양수인(乙)이 영업을 폐지한다면 양수인의 이익을 보호할 필요가 없기 때문이다. 다만, 양수인(乙)이 영업을 재차 양도한 경우에는 최초의 양도인(甲)은 새로운 양수인(丙)에게 이 의무를 부담한다고 본다.[331]

2) 명의차용 등의 행위

경업금지의무는 양도인(甲)이 양수인(乙)에게 영업을 양도한 후 타인의 명의를 빌어 영업을 하는 경우는 물론, 영업양도 후 경업을 하던 영업을 제3자(丙)에게 임대하거나 양도하더라도 양도인(甲)의 의무위반상태는 해소되지 않는다. 그럼에도 불구하고 영업을 양도한 경우에는 양도인(甲)이 그 의무위반에 대한 제재를 받는 것에 불과하고 제2의 양수인(丙)의 영업이 위법하거나 경업을 할 수 없다는 것은 아니다.[332] 따라서 최초의 양수인(乙)은 제2의 양수인(丙)에게 경업의 금지를 주장할 수 없다. 이를 허용하면 제41조를 지나치게 확장하여 해석하는 것이기 때

330) 대법원 2015. 9. 10. 선고 2014다80440 판결.
331) 대법원 2022. 11. 30. 선고 2021다227629 판결.
332) 대법원 1996. 12. 23. 선고 96다37985 판결.

문이다. 그리고 양도인이 경업금지약정을 회피할 목적으로 회사를 설립하여 동종 영업을 한 경우에도 경업피지의무에 위반하게 된다. 이때는 해당 회사와 설립자가 동시에 이 의무를 부담한다.[333]

3) 경업제한합의사항

영업양도인의 경업금지는 상법으로 규정하고 있지만, 다른 원인에 의하여 경업을 제한하는 합의를 하는 예도 있는데, 개인의 자유를 지나치게 구속하거나 개인의 생존을 위협하는 것과 같이 사회질서에 반하지 않으면, 그 약정은 유효하다.[334] 예를 들면, 시장이나 상가를 분양하면서 분양자(예 건축회사)와 수분양자(예 입점자) 사이에 수분양자가 영위할 업종을 제한하는 업종제한약정을 체결하는 수가 있는데, 이러한 약정은 유효하고, 나아가 수분양자점포를 양수한 자도 그 약정에 구속된다. 그리고 이러한 약정은 수분양자들 사이에도 묵시적으로 상호 합의한 것으로 보아 특정 수분양자가 업종제한에 위반하여 다른 업종을 영위할 경우 분양자만이 아니라 같은 업종을 영위하는 다른 수분양자도 영업금지를 청구할 권리가 있다.[335] 또한 당사자간에 명시적인 약정이 없어도 관련 계약의 전체적인 취지나 목적 등에 비추어 경업금지에 관한 합의가 포함되어 있는 것으로 보아야 하는 때에도 경업금지의 대상이 된다.[336]

4) 양도인의 상인성

경업금지의무는 양도인이 '상인'인 경우에 한하여 적용된다. 판례 역시 같은 입장이다. 다만, 대법원은 농업협동조합은 상인이 아니므로 도정공장을 양도하더라도 제41조에 의한 경업금지의무를 부담하지 않는다고 판시하였다.[337]

그러나 도정업은 객관적으로 영업이라고 할 수 있고, 동 조합에 대하여도 그 범위 내에서는 상인으로 보는 것이 합리적이다. 그러므로 그 범위 내에서는 제41조가 적용된다고 본다. 과거 국영철도시절 철도사업에 관하여는 국가도 상인임 밝히고 있다.[338] 이와 같이 제41조는 상인의 영업양도를 규율하므로 상인이 아니

---

333) 대법원 2005. 4. 7. 자 2003마473 결정.

334) 대법원 2010. 3. 14. 선고 2009다82244 판결; 대구지법 2012. 4. 30. 자 2012카합103 결정.

335) 대법원 2012. 11. 29. 선고 2011다79258 판결; 2010. 5. 27. 선고 2007다8044 판결; 2004. 9. 24. 선고 2004다20081 판결; 1997. 12. 26. 선고 97다42540 판결.

336) 서울고법 2011. 10. 20. 선고 2009나92854 판결.

337) 대법원 1969. 3. 25. 선고 68다1560 판결.

자가 비영리적인 사업(예 사찰·자선·학술)을 양도한 경우에는 적용되지 아니한다.

(8) 경업금지의무의 승계

경업피지의무는 특정승계에 의하여 이전되지 않는다. 상속으로 인한 포괄승계의 경우에도 이 의무는 상속인에게 이전되는지 않는다고 본다. 이 의무가 상속인에게까지 승계된다고 한다면 상속인은 자기의 의사와는 무관하게 직업선택의 자유를 제한받는 결과가 되기 때문이다. 그러나 같은 포괄승계이지만, 회사합병의 경우에는 달리 해석되어야 한다. 이 경우 경업금지의무의 승계를 부정한다면 회사가 영업을 양도하고 타 법인에게 흡수 합병되는 때에는 경업을 할 수 있기 때문이다. 그러므로 존속법인(또는 신설법인)은 소멸법인의 경업금지의무를 승계한다고 본다. 다만, 존속법인이 이미 동종영업을 하고 있는 때에는 승계가 부정된다.

(9) 경업금지의무위반의 효과

상법은 양도인이 제41조에 반하여 경업을 한 경우의 구제수단을 제시하지 않고 있다. 경업금지의무를 계약상의 의무로 보므로 일반 채무불이행의 법리에 따라 해결하여야 한다. 따라서 양도인은 양수인에게 손해배상책임을 지고, 이 경우 경업과 양수인의 손해 사이에 인과관계가 있어야 한다. 그리고 양수인은 양도인의 영업의 폐지를 청구할 수 있다고 본다. 이를 위하여 영업금지가처분을 구할 수 있다. 또한 양도계약을 해제할 수도 있다.

4. 영업상의 채권자 보호

(1) 의의

영업양도시 영업상의 채무는 채무인수의 합의가 없는 한 양수인에게 승계되지 않는다. 이는 양도인의 채권자에게 책임재산의 상실을 뜻한다. 때문에 양도인의 채권자는 영업양도를 신속하게 인지하여 채권의 회수를 서둘러야 한다. 그러나 양수인이 양도인의 상호를 계속 사용(속용)하는 경우에는 채권자가 영업이 양도된 사실을 알지 못할 수 있고, 설령 알게 되더라도 양수인이 채무를 인수한 듯한 외관을 창출하는 때에는 채무를 인수한 것으로 오인하여 양도인으로부터 채권

338) 대법원 1982. 7. 13. 선고 82다카278 판결; 1980. 1. 15. 선고 79다1966·1967 판결; 1977. 9. 28. 선고 77다982 판결.

을 적기에 회수할 수 없게 된다. 이러한 점에서 상법은 양수인이 상호를 續用하는 경우의 양수인의 책임(제42조 제1항),[339] 양수인이 상호를 속용하지 않더라도 채무의 인수를 광고한 경우의 책임규정(제44조)을 두고 있다.[340] 이는 외관주의에 기초한 제도이다.

한편 상법은 양수인에게는 상호를 속용하면서도 책임을 면할 수 있는 방법을 명시하고 있다(제42조 제2항). 그리하여 채권자의 이익과 양수인의 보호에 균형추를 맞추고 있다.

(2) 요건

1) 영업의 양도

이 책임이 성립하려면 영업이 양수인에게 양도되어야 한다. 다만, 이 책임은 영업양수에 따른 책임이 아니라 양도인의 영업이 계속되는 듯한 외관창출에 관한 책임이므로 영업양도의 유·무효를 불문한다.

2) 영업상의 채무

영업양도인의 채무로서 영업활동으로 인하여 발생한 채무이어야 한다.[341] 따라서 영업과 무관하게 생긴 제3자의 채권은 보호의 대상이 아니다. 다만, 해당 채권은 영업양도 당시까지 발생한 것이어야 한다.[342] 거래상의 채권뿐만 아니라 영업과 관련된 불법행위·부당이득으로 인한 채권,[343] 어음·수표와 같은 증권채권도 그 대상이다.[344] 그리고 영업상의 채권을 승계한 자도 보호를 받는다. 영업상의 채권이라는 사실은 채권자가 증명하여야 한다.[345]

한편, 대법원은 현물출자(예 영업출자)하여 새로 회사(甲)를 설립하면서 종전 상호를 계속 사용하는 경우, 현물출자는 영업과 유사하므로 제42조 제1항이 유추적용된다고 한다. 그리하여 새로운 회사(甲)는 영업출자자(乙)의 종래의 영업상 채무

---

339) 대법원 2016. 8. 24. 선고 2014다9212 판결; 2010. 9. 30. 선고 2010다35138 판결; 2009. 1. 15. 선고 2007다17123·17130 판결.

340) 대법원 2008. 4. 11. 선고 2007다89722 판결.

341) 대법원 2002. 6. 28. 선고 2000다5862 판결; 1989. 3. 28. 선고 88다카12100 판결.

342) 대법원 2020. 2. 6. 선고 2019다270217 판결.

343) 대법원 1989. 3. 28. 선고 88다카12100 판결.

344) 대법원 1998. 4. 14. 선고 96다8826 판결; 1989. 3. 28. 선고 88다카12100 판결.

345) 이철송(2022), 298면; 최준선(2021), 234면.

에 대하여 변제할 책임이 있다고 본다.[346] 결론은 같이하지만, 현물출자는 영업양도와 유사한 것이 아니라 그 자체가 영업양도라는 논리구성이 합리적이다.

3) 채무인수의 사실이 없을 것

양수인과 양도인의 채권자간에 또는 양도인·양수인·채권자 사이에 채무인수의 합의가 있으면 채권자는 그에 따라 양수인을 상대로 채권을 행사하면 족하다. 즉, 이 제도가 활용될 사안이 아니다. 이와 같이 이 제도는 채무인수가 없었을 경우에만 적용된다.

4) 상호속용 또는 채무인수의 광고

가) 관련 규정　양수인이 양도인의 영업상의 채권자에게 책임을 지기 위하여는 ① 양도인의 상호를 속용하거나(제42조 제1항), ② 상호를 속용하지 않더라도 양수인이 양도인의 영업으로 인한 채무를 인수할 것을 광고한 경우(제44조) 중 어느 하나를 충족하여야 한다. 이를 분설하면 아래와 같다.

나) 상호속용

① 속용의 의미

'상호의 속용'은 동일한 상호를 계속 사용하는 것을 말한다. 동일상호란 종래의 거래상대방이 영업주체의 변동을 깨닫지 못할 정도의 동일성을 말한다. 따라서 제23조 제1항에서 말하는 '영업주체를 오인할 만한 상호'와 같은 뜻으로 볼 수 없다. 즉, 제42조 제1항에 의거한 동일상호는 제23조의 협소한 개념으로 보아 엄격히 해석하여야 한다. 때문에 상호가 유사한 데 그치면 제42조를 적용할 수 없다. 다만, 판례는 상호의 동일성을 다소 넓게 해석하여 영업양도 전후에 걸쳐 상호의 주요 부분이 공통되면 족하다고 본다.[347] 그리하여 삼정장여관과 삼정호텔,[348] 남성사와 남성정밀공업 주식회사,[349] 주식회사 파주레미콘과 파주콘크리트 주식회사,[350] 협성산업과 주식회사 협성[351]을 제42조의 동일상호로 보고 있다.

---

346) 대법원 2009. 9. 10. 선고 2009다38827 판결; 1995. 8. 22. 선고 95다12231 판결.

347) 위 뜻을 "상호 중 강한 식별력이 있어 보이는" 부분이 공통되면 상호를 속용한 것으로 볼 수 있다고 한 지방법원 판례가 있다. 동 사건에서 법원은 '위고'라는 상호가 '위고화인테크'라는 상호를 속용하였는지에 대하여 강한 식별력이 있는 '위고'가 공통되므로 속용의 일차적 요건을 충족한 것으로 판단하였다(인천지법 2013. 4. 26. 선고 2012가합16564 판결).

348) 대법원 1989. 12. 26. 선고 88다카10128 판결.

349) 대법원 1989. 3. 28. 선고 88다카12100 판결.

영업양수인은 상호속용기간의 장·단기를 불문하고 속용책임을 진다.[352] 다만, 상호가 양수인의 실제 영업에 속용된 것이 아니라 영업개시를 위한 설비를 교체하는 중에 이전 간판을 철거하지 못하는 경우와 같이 준비기간 중에 미처 교체되지 못한 것에 불과한 사례에서는 상호의 '속용' 사실을 구성하지 못한다.

② **상호속용의 권원(속용의 원인관계 등)**

제42조는 상호의 속용이 정당한 지, 즉 상호권의 실제 이전 여부 또는 대항요건의 구비(제25조 제2항) 여부를 불문하고 적용된다. 그리고 상호속용의 원인관계가 무엇인지에 관하여 제한을 둘 필요도 없고 상호속용의 사실관계가 있으면 충분하다. 따라서 상호의 양도 또는 사용허락이 무효·취소된 경우 혹은 상호를 무단 사용하는 경우도 제42조 제1항의 상호속용에 포함된다.[353]

③ **영업명칭·영업표지의 속용**

상인은 상호와는 별도로 자기가 영위하는 영업의 동일성을 표시하는 방법으로 영업자체의 명칭이나 營業標識를 사용하기도 한다. 이때 일반대중은 상호보다 영업표지를 기준으로 영업주를 인식하는 경향이 있다(예 甲주식회사의 xx익스프레스, 현대산업개발의 아파트 '아이파크', 현대건설의 '힐스테이트'). 이와 관련하여 대법원은 영업양수인이 자신의 상호를 그대로 보유·사용하면서 영업양도인의 상호를 자신의 영업 명칭·屋號 내지 영업표지로서 속용하면, 제42조 제1항의 상호속용에 해당한다고 본다.[354] 영업상의 채권자가 영업주체의 교체나 채무승계 여부 등을 용이하게 알 수 없다는 점에서 일반적인 상호속용의 경우와 다를 바 없다는 것이다.

생각건대, 판례의 결론에는 찬성하지만, 제42조 제1항을 유추적용하는 것으로 논리를 구성하는 것이 보다 합리적이다. 영업표지는 상호가 아니기 때문이다. 기술한 2010다35138 판결에서는 甲이라는 회사가 '서울종합예술원'이라는 명칭으로 영위하던 평생교육원 사업을 양수한 乙이라는 회사가 양수한 영업을 지칭하는 명칭으로 종전의 '서울종합예술원'이라는 명칭을 그대로 사용한 사안에서 양도인의 채무에 관하여 양수인 乙의 책임을 물었다. 이에 대하여 대법원은 위

---

350) 대법원 1998. 4. 14. 선고 96다8826 판결.

351) 대법원 1995. 8. 22. 선고 95다12231 판결.

352) 서울고법 2014. 6. 27. 선고 2013나59373 판결.

353) 대법원 2009. 1. 15. 선고 2007다17123·17130 판결.

354) 대법원 2022. 4. 28. 선고 2021다305659 판결; 2009. 1. 15. 선고 2007다17123·17130 판결.

2007다17123 판결과는 달리 영업양도인의 屋號나 영업표지를 속용하는 경우에는 제42조 제1항을 유추적용하여야 한다고 밝혔다.[355] 그리하여 乙회사는 甲회사가 부담하던 시설임대료 및 연체이자를 부담한다고 하였다.

한편 이와 유사한 사건은 일본에서도 있었는데, 最高裁判所의 논리구성은 다음과 같다. 이 사건에서 예탁금회원제 골프클럽(golf club)사업을 영위하던 甲은 예탁금반환의무를 제외하고 그 사업을 乙회사에게 양도하였는데, 乙은 甲의 '주식회사 갸락쿠'라는 상호는 사용하지 않고 甲이 사용하였던 '골프클럽'이라는 명칭을 속용하여 골프장 사업을 영위하였다. 이후 골프클럽의 회원 丙은 乙에게 예탁금반환청구를 하였고, 최고재판소는 양수인의 상호속용책임규정(舊일본상법 제26조 제1항·現회사법 제22조 제1항)을 유추적용하여 乙로 하여금 丙이 甲에게 교부한 예탁금을 반환하도록 하였다. 주요 논지는 양수인은 양수 후 지체 없이 해당 골프클럽의 회원에 의한 골프장시설의 우선적 이용을 거부하는 등의 특별한 사정이 없는 한, ① 회원이 동일 영업주체가 영업을 계속하고 있든지 또는, ② 영업주체는 변경되었지만 양도인의 채무가 인수되었다고 믿는 것은 무리가 아니라는 데에 있다.[356] 이와 같이 법원은 골프클럽이라는 명칭이 영업주체를 표시하는 것으로 사용되는 때, 즉 속용된 명칭이 상호에 가까운 기능을 하는 경우에 유추적용을 긍정하고 있다.

④ 회사분할과 명칭속용

위에서 소개한 제42조 제1항의 유추적용의 논리는 회사분할로 인하여 사업을 승계한 회사가 양도인의 상호가 아닌 영업명칭을 속용하는 경우에도 적용된다고 본다. 회사분할은 법률행위로 인하여 사업의 전부 또는 일부를 다른 회사로 승계시킨다는 점에서 사업양도와 본질이 다를 바 없기 때문이다. 따라서 양수회사는 상호속용책임을 진다고 풀이한다.

⑤ 신설회사의 상호속용

위와 같이 대법원은 상호의 '동일성'에 대한 판단기준을 다소 넓게 해석하고 있는 만큼 신설회사에도 양수인의 상호속용책임이 미치는지 문제될 수 있다. 이와 관련하여 최근 아버지가 운영하던 회사(甲)를 물려받아 새로운 회사(乙)를 설립

355) 대법원 2010. 9. 30. 선고 2010다35138 판결.

356) 最高裁判所 平成 16. 2. 20. 民集 58巻 2号, 367面.

했더라도 기존 회사의 상호를 함께 사용해 왔다면 상호속용책임을 부담한다는 하급심 판결이 있다.[357] 그 논지는 乙사는 ① 甲사와 실질적 운영주체가 같고, ② 甲사의 주소지와 거래처를 기반으로 영업활동을 계속하고 있으며, ③ 甲사가 가지고 있던 기술 및 노하우를 그대로 이용하여 동일한 제품을 생산하고 있으며, ④ 인터넷 홈페이지에서 상호가 甲사에서 乙사로 변경된 것으로 소개하고, 전화번호와 사업자등록번호도 甲사의 것을 그대로 사용하거나 표기하는 점 등에 있다. 이와 같이 하급심은 양수인의 상호속용책임의 범위를 신설회사와 양도회사간의 실질적 동일성까지 확대하고 있다.

다) 채무인수의 광고 영업양수인이 양도인의 상호를 속용하지 않더라도 양도인의 영업으로 인한 채무를 인수할 것을 광고한 때에는 양수인도 변제할 책임이 있다(제44조). 양수인이 채무를 인수할 것을 광고하고 그에 따라 채무를 인수하는 때에는 제44조를 적용할 필요가 없다. 양수인이 자신의 채무로서 책임을 지기 때문이다. 광고와 달리 채무를 인수하지 않을 때에는 제44조에 의한 책임을 진다. 채무인수를 광고하지 않더라도 양도인의 채무를 인수할 의사임을 양도인의 채권자에게 통지한 때에는 제44조를 유추적용하여 책임을 진다(통설·판례).[358]

5) 채권자(제3자)의 선의

상법의 규정은 없으나 영업양수인의 책임을 묻기 위하여는 제도의 취지상 영업양도 당시 양도인의 채권자가 선의이어야 한다. 여기서의 선의는 채권자가 영업양도의 사실을 알지 못하였거나, 이를 알았더라도 채무인수 사실이 없음을 알지 못한 경우를 뜻한다.[359] 설령 영업양도 후 채무인수 사실이 없음을 알게 된 경우에도 같다.[360] 따라서 채권자가 악의이어야 함을 주장·증명하여야 하는데, 이는 책임(제42조 제1항)을 면하려는 양수인이 부담한다.[361] 악의는 영업양도에도 불구하고 채무인수 사실 등이 없다는 것을 알고 있는 것을 뜻한다.

---

357) 서울중앙지법 2020. 11. 17. 선고 2019가단5064866 판결.

358) 대법원 2010. 11. 11. 선고 2010다26769 판결; 2010. 1. 14. 선고 2009다77327 판결; 2008. 4. 11. 선고 2007다89722 판결.

359) 대법원 2009. 1. 15. 선고 2007다17123·17130 판결; 1989. 12. 26. 선고 88다카10128 판결.

360) 대법원 2022. 4. 28. 선고 2021다305659 판결.

361) 대법원 2022. 4. 28. 선고 2021다305659 판결.

(3) 효과

1) 부진정연대책임 및 범위

가) 일반론

위 요건을 충족하면 영업양수인도 양도인의 영업상의 채무, 즉 제3자의 채권에 대하여 변제할 책임을 진다(제42조 제1항). 다만, 영업양수인이 제42조 제1항에 따라 책임지는 제3자의 채권은 영업양도 당시까지 발생한 것에 한하며, 영업양도 당시로 보아 가까운 장래에 발생될 것이 확실한 채권이라 할지라도 책임을 지지 않는다.[362] 영업양수인의 책임은 양수한 영업재산의 가액을 한도로 제한되지 않고, 무한책임이다.[363]

이 책임은 영업양수에 따른 책임이 아니고 상호속용 또는 채무인수의 광고로 인한 외관창출책임이므로 영업양수의 유효를 전제하지 않는다. 제42조 제1항은 '양수인도 변제'할 책임이 있는 것으로 하고 있기 때문에 양도인과 양수인간의 면책적 채무인수는 의제되지 않는다. 따라서 채무는 여전히 양도인에게 속하고, 양수인과 양도인이 부진정연대책임을 진다.[364] 즉, 양도인은 본래의 채무자로서, 양수인은 창출한 외관으로 인한 변제책임을 지는 것이다.

그러나 양도인과 양수인은 부진정연대의 관계에 있지만, 채권자의 영업양도인에 대한 채권과 제42조 제1항 또는 제44조에 의하여 발생한 양수인에 대한 채권은 법률적으로 발생원인을 달리하는 별개의 채권이다. 때문에 양수인에 대한 채권이 양도인에 대한 채권의 처분에 당연히 종속된다고 볼 수 없다. 따라서 양도인의 채권자(甲)가 해당 채권을 타인(乙)에게 양도하였다고 하여 제42조 제1항 또는 제44조에 의한 양수인(丙)에 대한 채권까지 당연히 이전되는 것은 아니다. 설령 함께 양도되더라도 채무자별로 채권양도의 대항요건을 갖추어야 한다.[365]

나) 소멸시효 중단 등의 효과

제42조 제1항에 의거한 채권은 발생원인이 다르다. 때문에 양수인이 변제책임을 지더라고 양도인의 책임이 면제되지 아니한다. 즉, 면책적 채무인수가 성립

---

362) 대법원 2020. 2. 6. 선고 2019다270217 판결.

363) 서울고법 2014. 6. 27. 선고 2013나59373 판결.

364) 대법원 2009. 7. 9. 선고 2009다23696 판결.

365) 대법원 2013. 3. 28. 선고 2012다114783 판결; 2009. 7. 9. 선고 2009다23696 판결.

되는 것은 아니다. 같은 논리로 영업양도 이전과는 달리, 채권자가 영업양도 후 양도인을 상대로 소를 제기하여 확정판결을 받았다면 양도인에 대한 소멸시효가 중단 또는 연장되더라도 그 효과는 상호속용양수인에게 미치지 않는다.[366]

2) 강제집행의 불허

영업양수인이 상호를 속용하였다고 하여 양도인의 채무를 승계한 것은 아니다. 그러므로 채권자가 양도인에 대한 소송에서 승소하여 얻은 채무명의(집행권원)를 가지고 바로 양수인의 소유재산에 대하여 강제집행을 할 수 없다.[367] 채권자가 승소한 확정판결의 변론종결일 이후에 영업양도가 이루어졌다 하더라도 같다.[368]

3) 보증책임의 불인정

제42조 제1항은 영업양수인으로 하여금 양도인의 영업자금과 관련한 피보증인의 지위까지 승계하도록 한 규정은 아니다. 그리하여 원고인 기금(甲)이 乙의 A 은행에 대한 대출채무에 대하여 신용보증을 함으로써 사고가 발생하자 2021년 3월 31일 대위변제한 후 乙을 상대로 구상금 소송을 제기하여 승소판결을 받았고, 피고(丙)는 2021년 1월 7일 양도인 乙로부터 영업을 양수받고 상호를 속용하고 있을 지라도, 丙은 乙의 피보증인의 지위까지 승계하는 것은 아니다.[369] 따라서 丙은 영업양수인으로서 양도인인 乙의 원고 甲에 대한 구상금 채무를 변제할 책임이 없다.

(4) 영업양수인의 면책

양수인이 상호속용으로 인한 제42조 제1항의 책임을 예방하는 방법은 두 가지이다. ① 양수인이 영업양도를 받은 후 지체 없이 양도인의 채무에 대한 책임이 없음을 등기한 때에는 모든 채권자에 대하여 책임지지 않는다(제42조 제2항 전단). ② 양도인과 양수인이 지체 없이 제3자(채권자)에게 양수인이 책임이 없음을 통지한 경우에는 그 통지를 받은 제3자에 대하여도 책임지지 않는다(제42조 제2항 후단). 이는 채권자의 이익과 양수인의 보호간의 균형을 맞추고자 함이다.

366) 대법원 2023. 12. 7. 선고 2020다225138 판결.
367) 대법원 1967. 10. 31. 선고 67다1102 판결.
368) 대법원 1979. 3. 13. 선고 78다2330 판결.
369) 대법원 2020. 2. 6. 선고 2019다270217 판결.

(5) 영업양수인의 책임의 존속기간

양수인이 상호속용 또는 채무인수의 광고에 따라 변제의 책임이 있는 경우에 양도인의 제3자에 대한 채무는 상호속용의 경우에는 영업양도일로부터, 채무인수의 광고의 경우에는 그 광고한 날로부터 2년이 경과하면 소멸한다(제45조).[370] 이는 제척기간이다. 다만, 제척기간이라 하여 이 기간 중에는 양도인의 채무가 절대적으로 존속한다는 뜻은 아니므로, 기간의 만료 전이라도 해당 채권의 時效가 완성되면 양도인의 채무는 소멸한다. 따라서 2년이라는 기간은 소멸시효가 완성되기 전이라도 단기간 내에 양도인의 채무를 소멸시켜 법률관계를 양수인에게 집약·명확하게 하는 데 의미가 있다. 그 결과 이후에는 양수인이 책임을 진다.

(6) 사해적인 영업양도와 채권자보호

1) 현행 법리

영업양도를 하더라도 영업상의 채권자 중에는 양수인에게 승계되지 않는 자도 있을 수 있고(잔존채권자), 영업양도가 債權者詐害的으로 이루어지는 경우도 있을 수 있다. 이러한 사례에서는 채권자보호가 문제되는데, 상법은 이에 대한 구제수단을 제시하고 않고 있다. 때문에 일반이론에 따라야 하는데, 우선적으로 채권자는 사해행위취소권(민법 제406조·제407조. 채권자취소권)을 행사할 수 있다.[371] 영업재산에 대하여 일괄하여 강제집행이 될 때에는 영업권도 일체로서 환가될 수 있기 때문이다. 그리하여 채권자는 사해행위취소에 따른 원상회복의 구제수단으로 피보전채권액을 한도로 하여 영업재산과 영업권이 포함된 일체로서의 영업의 가액을 반환하라고 청구할 수 있다.[372] 그리고 영업양도의 당사자가 회사인 때는 법인격부인의 법리를 원용할 수도 있을 것이다.

370) 기술한 바와 같이 대법원은 영업의 현물출자는 영업의 양도가 아니지만, 영업양도와 유사하므로 제42조 제1항을 유추적용하여야 한다는 입장이다(95다12231 판결; 96다13767 판결). 그 결과 상호를 속용하는 양수인의 책임에 관한 제42조 제1항이 적용되는 사건에서도 양도인에 대하여 제45조의 '영업양도인의 책임의 존속기간' 규정을 적용하는 예가 많은데, 위 판례의 입장을 취하다 보니, 제42조 제1항이 유추적용 되면 제45조도 유추적용 된다는 입장을 견지하고 있다(2009다38827 판결).

371) 대법원 2015. 12. 10. 선고 2013다84162 판결; 2014. 5. 16. 선고 2013다36453 판결.

372) 대법원 2015. 12. 10. 선고 2013다84162 판결.

2) 잔존채권자의 이행청구권

비교법적으로 보면, 일본은 상법에서 위 잔존채권자의 이행청구권을 인정하고 있다. 즉, 잔존채권자는 영업양도인이 잔존채권자를 해할 것을 알면서 영업을 양도한 경우에는 양수인에게 승계한 재산의 가액을 한도로 하여 해당 채무의 이행을 청구할 수 있다. 다만, 양수인이 영업양도의 효력발생시에 잔존채권자를 해할 것을 알지 못한 때는 해당 채무의 이행을 청구할 수 없다는 규정(일본상법 제18조의 2 제1항·회사법 제23조의 2 제1항)을 마련하여 상법적 구제책을 제시하고 있다.

일본이 상법에서 별도의 규정을 둔 것은 사해적인 회사분할·사업양도의 경우 잔존채권자를 해할 위험성을 방지하고자 함이다.[373] 예를 들면, 不採算部門을 포함하고 있는 기업은 법적 정리가 아닌 기업회생수단으로 영업양도제도를 활용할 수 있다. 가령, 채무초과상태에 있는 甲이 우량사업과 그 사업수행에 필요한 채무만을 乙에게 사업양도방식으로 이전하고, 甲의 다른 채무와 불채산사업은 양도의 대상에서 제외하여 우량사업으로부터 분리하여, 乙에게 실질적으로 동일사업을 계속하게 함으로써 우량사업을 존속시키거나 기업을 회생시키는 구조를 설계하는 데 영업양도가 활용될 수 있는 것이다. 이 경우 영업양도시 甲회사에 남아 있는 잔존채권자는 불채산사업만이 남아있는 甲으로부터 채무를 충분히 변제받을 수 없게 된다. 이와 같이 잔존채권자의 이행청구권은 영업양도 후 양수인(乙)에게 이행을 청구할 수 있는 채권자와 양도인(甲)에게만 청구할 수 있는 채권자를 자의적으로 선별하여 양수인에게 우량사업과 자산을 승계시켜 잔존채권자를 부당하게 해하는 형태로 영업양도를 하는 경우에 행사될 수 있는 것이다.

부실자산과 우량자산을 분리하여 회사를 신설하거나 사업을 승계·유지시키는 방식은 우리나라의 일반사업회사에서도 흔히 발생한다. 금융·경제위기발생시 투자신탁회사(investment trust company)들이 이 방식을 활용하여 투자신탁회사나 개별펀드(fund)를 정리 혹은 회생시켰는데, 이 과정에서는 잔존채권자의 이행청구권에 관한 일본에서의 논의와 흡사한 내용이 녹아들어 있다. 따라서 잔존채권자에 대한 입법적 배려가 요망된다.

---

373) 落合誠一·大塚龍児·山下友信(2019), 136面.

5. 영업상의 채무자 보호

(1) 상호를 속용하는 경우

영업양수인이 양도인의 상호를 속용하는 경우 양도인의 영업으로 인한 채권에 대하여 양도인의 채무자가 선의이며 중대한 과실 없이 양수인에게 변제한 때에는 그 효력이 있다(제43조). 이는 영업양수인이 상호를 속용할 때에는 양도(영업주체의 교체)의 사실을 외부에서 쉽게 알 수 없으므로 양도인의 채무자가 중대한 과실 없이 선의로 변제한 경우 이를 보호하기 위한 규정이다. 적용대상이 되는 채무의 범위, 상호속용의 뜻에 관하여는 제42조의 경우와 같다. 다만, 어음·수표와 같은 증권상의 채무자는 제42조의 경우와는 달리 제43조의 적용대상이 아니다. 이 증권채무는 소지인에게 변제하여야 하기 때문이다(어음법 제39조 제1항·제40조 제3항·제70조 제1항 제3호 등). 따라서 양수인이 증권채무를 인수하지 않은 경우는 그에게 변제하여도 효력이 없다.

제43조에 의거 영업양수인에게 한 양도인의 채무자의 변제행위가 유효하다고 하여 양수인이 양도인의 채권을 취득하게 되거나, 그의 변제수령이 정당화되는 것은 아니다. 양수인이 수령한 급부는 부당이득이므로 양도인에게 반환하여야 함은 물론이다.

한편 상호속용에 관한 합의 없이 양수인이 무단으로 상호를 사용하여 양도인의 영업으로 인한 채권을 수령한 때에는 외관창출은 양수인이 하였음에도 그 불이익은 양도인에게 귀속된다는 모순이 생긴다. 따라서 이 경우에도 제43조를 적용하여 선의의 채무자를 보호하여야 한다. 다만, 양도인이 입는 불이익은 양수인에게 구상권을 행사하여 해결하여야 한다.[374]

(2) 상호를 속용하지 않는 경우

영업양수인이 양도인의 상호를 속용하지 아니하는 경우, 그리고 실제로 채권양도를 받지 아니하였는데도 양수인이 다른 방법으로 자기에게 채권이 귀속된 듯한 외관을 창출하여 채무자가 선의로 변제한 경우, 그 효과에 관하여는 상법상 별도의 규정이 없다. 그리하여 이에 대하여는 학설의 입장이 나뉜다. 먼저, 제44조 유추적용설은 실제의 채권양도는 없지만, 양도인이 채권양도를 광고하거나 채

---

374) 정준우(2021), 164면.

무자에게 채권양도를 통지한 때에는 제44조를 유추적용하여 채무자는 양수인에 대한 변제로서 양도인에게 대항할 수 있다고 한다(다수설. 사견지지).[375] 이에 비하여 준점유자설은 양도인이 채권양도의 광고를 한 경우 등에는 채권의 준점유자, 즉 채권자는 아니지만 채권자의 외관을 가진 자에 대한 변제(민법 제470조)에 해당되지 않는 한 채무자의 양수인에 대한 변제행위는 효력이 없다고 한다(소수설).[376]

Ⅶ 영업의 임대차·경영위임

1. 의 의

영업의 임대차와 경영의 위임은 영업양도는 아니지만, 영업의 경영구조에 변동을 초래한다. 그리고 기업의 기초에 중대한 영향을 미친다. 그리하여 상법은 이를 규제하고 있다.

2. 영업의 임대차

(1) 의의

'營業의 賃貸'란 임대인이 약정된 임대료를 받기로 하고 영업재산(예 상호·영업권)과 영업조직(예 인적설비)을 일괄하여 임차인으로 하여금 이용하게 하는 것을 말한다. 따라서 회사의 영업을 처분하는 것은 아니다. 그리고 임대인은 영업을 임대하더라도 영업소유자로서의 지위는 유지하지만, 영업이윤의 제1차적 귀속자로서의 지위는 상실하고, 약정된 임대료를 받을 수 있을 뿐이다. 그리고 임대인은 임차인으로 하여금 영업을 사용·수익하게 할 의무를 부담하고, 임차인은 임차료를 임대인에게 지급할 의무를 부담한다.

(2) 규제의 취지

상법은 영업의 임대차에 관하여 주주총회의 특별결의를 거치도록 하고 있는데(제374조 제1항 제2호), 영업의 임대차로 인하여 企業結合에 이용되거나 회사의 영업이 제3자의 지배하에 놓이게 되어 회사의 재산적 기초가 불안해지는 것을 사전

---

375) 최준선(2021), 240면; 정찬형(2025), 202면; 손주찬(2004), 205면; 이철송(2022), 307면; 정경영(2016), 262면; 정준우(2021), 165면; 강위두·임재호(2009), 159면.

376) 송옥렬(2021), 94면; 정동윤(2012), 127면; 이기수·최병규(2016), 287면.

에 확인하고 방지하기 위함이다.

(3) 유사개념과의 구별

임차인은 자신의 명의와 계산으로 영업을 하기 때문에 법률상 권리의무의 귀속자이자 경제상 손익의 귀속자이다. 이 점에서 후술하는 경영의 위임과 다르다. 그리고 영업의 임대는 ① 영업재산과 영업조직에 대한 권리 자체가 이전하는 것이 아니라 단지 임차인이 이를 자신의 영업을 위하여 이용한다는 점에서 영업양도와도 구별되고, ② 임대회사의 고객관계·영업시설·납품관계·영업비밀 등을 포함한 영업 그 자체를 임차인으로 하여금 이용하게 하므로 단순한 '영업시설의 임대차'와도 다르다.

(4) 법적성질

1) 학설

영업의 임대의 법적 성질에 대하여는 학설이 나뉜다. 우선 混合契約說은 영업임대는 영업을 一體로서 임대한다는 점에서 민법상의 순수한 임대차(제618조 이하)는 아니지만, 그와 유사한 계약이라고 한다(다수설). 그리고 상법에 특별한 규정이 없는 한 민법의 임대차에 관한 규정이 유추적용된다고 한다.[377] 이에 비하여 非典型契約說은 영업의 임대차는 개개의 영업재산을 대차하는 것이 아니라 사실관계를 포함한 영업재산 전부를 포괄적으로 유상으로 사용하며 영업을 영위하게 할 수 있게 하는 계약이므로 민법상의 임대차와는 다른 상법상의 비전형계약이라고 한다.[378]

2) 사견

영업임대차계약은 민법상의 임대차계약(제618조)과는 다른 상법상의 비전형계약이라고 본다. 따라서 경업금지, 채권자·채무자의 보호 등에 관하여는 민법의 임대차규정을 적용할 것이 아니라[379] 영업양도의 규정을 준용하여야 한다고 본다.

---

377) 이병태(1988), 199면; 정동윤(2012), 128면; 정찬형(2025), 202면; 손주찬(2004), 206면; 권기범(2015), 250면; 최기원·김동민(2014), 192면.

378) 이철송(2022), 309면.

379) 서울고법 1973. 12. 26. 선고 73나1624·1625 판결.

(5) 절차

영업전부의 임대는 외부적으로 임대차 절차를 밟아야 한다. 상법에는 이에 관한 별도의 규정이 없으므로 당사자간의 계약에 의한다. 내부적으로는 주주총회의 특별결의를 거쳐야 한다(제374조 제1항 제2호). 그 과정에 임대에 반대하는 주주는 株式買受請求權을 행사할 수 있으므로(제374조의 2), 이에 필요한 절차도 밟아야 한다. 다만, 영업의 일부임대는 영업의 일부양도의 경우와는 달리 특별결의를 요하지 않는다.

(6) 경업피지의무

영업의 임대차는 영업양수인의 경우와 같이 영업임차인이 배타적 지위를 누려야 한다. 따라서 제41조를 유추적용하여 영업임대인도 해당 계약기간에는 경업피지의무를 부담한다고 본다(통설).

(7) 효력

1) 일반론 및 채무자 등의 보호

영업의 임대차에 대하여는 상법이 별도로 정하는 바가 없으므로 당사자간의 계약에 의한다. 영업의 임대차는 영업주가 변동되므로 이 사실을 알지 못하는 임대인의 채권자 및 채무자를 보호하여야 할 필요성은 영업양도의 경우와 같다. 우선, 영업의 임차인이 상호를 속용하는 경우 임대인의 채무자가 임대사실을 알지 못하여 임차인에게 변제하면, 제43조(영업양수인에 대한 변제)를 유추적용하여 변제의 효력이 인정된다. 그리고 영업임차인이 임대인의 채무를 인수하였다고 광고하거나 채권자에게 통지한 경우에는 외관주의법리에 따라 제44조(채무인수를 광고한 양수인의 책임)를 적용하여야 한다. 그리고 임대차의 손익의 주체는 임차인이지만, 임대인의 상호로 영업을 하는 때에는 명의대여자의 책임을 질 수 있다(제24조).

2) 상호속용임차인의 책임

가) 문제의 제기　영업의 임대차계약을 체결한 경우, 임대인의 채권자에 대하여도 영업양도의 경우와 같이 상호속용양수인에 관한 책임규정인 제42조 제1항이 적용되는지에 대하여 견해가 나뉜다.

나) 학설　우선 否定說은 영업양도와는 달리 영업의 임대차계약은 임대인의 책임재산을 일실하는 것이 아니므로 임대인의 채권자보호에 관한 제42조 제1

항은 준용되지 않기 때문에 임차인에게 동조를 근거로 책임을 물을 수 없다고 한다(다수설).[380] 이에 대하여 肯定說은 영업의 임차는 영업의 양수와 외관상 유사하므로 임대인의 영업상의 채권자를 보호하기 위하여 제42조를 유추적용하여야 한다고 본다(소수설).[381]

다) 판례 대법원은 '영업의 임대차의 경우에는 제42조 제1항과 같은 법률규정이 없을 뿐만 아니라, 영업상의 채권자가 제공하는 신용에 대하여 실질적인 담보의 기능을 하는 영업재산의 소유권이 재고상품 등 일부를 제외하고는 모두 임대인에게 유보되어 있고 임차인은 그 사용·수익권만을 가질 뿐이어서 임차인에게 임대인의 채무에 대한 변제책임을 부담시키면서까지 임대인의 채권자를 보호할 필요가 있다고 보기 어렵다. 여기에 제42조 제1항에 의하여 양수인이 부담하는 책임은 양수한 영업재산에 한정되지 아니하고 그의 전 재산에 미친다는 점 등을 더하여 보면, 영업임대차의 경우에 제42조 제1항을 그대로 유추적용할 것은 아니다.'고 판시하고 있다(부정설).[382]

(8) 특별법상 규제

영업양도와 같이 영업의 임대차도 자유롭게 행할 수 있지만, 일정한 거래분야에서 경쟁을 실질적으로 제한하기 위하여 다른 회사의 영업의 전부 또는 주요부분을 임차하여서는 아니 된다(공정거래법 제7조 제1항 제4호).

3. 경영의 위임

경영의 위임은 영업의 전부 또는 일부의 경영을 타인에게 위탁하는 것이다. 이에 의하여 영업재산의 관리와 영업활동은 수임인이 담당하게 된다. 경영의 위임에는 영업활동의 명의와 손익계산은 모두 영업주에게 귀속된다. 그 대신 수임인에게는 보수가 지급된다. 그러나 회사가 경영을 위임할 경우에는 회사법상의 효력이 생기는 사항은 위임의 범위에서 제외된다(예 임원선임, 신주발행, 자본감소, 정관변경, 합병 등). 경영의 위임(또는 이의 변경이나 해약)에 대하여도 주주총회나 사원총회

---

380) 최준선(2021), 242면; 이철송(2022), 310면; 정찬형(2025), 203면; 송옥렬(2021), 95면.

381) 정동윤(2012), 128면; 최기원·김동민(2014), 192면.

382) 대법원 2017. 4. 7. 선고 2016다47737 판결; 2016. 8. 24. 선고 2014다9212 판결; 서울고법 1973. 12. 26. 선고 73나1624·1625 판결; 청주지법 2008. 7. 15. 선고 2008나24 판결.

의 특별결의를 거쳐야 한다(제374조 제1항 제2호, 제576조 제1항). 그러나 일부의 위임은 그러하지 않다. 그리고 영업의 임대차와 같이 공정거래법상 제한을 받는다(동법 제7조 제1항 제4호). 영업주가 교체되는 것은 아니므로 교체로 인한 채권자나 채무자보호의 문제는 생기지 않고 제42조나 제43조를 유추적용할 이유도 없다.

■ 영업양도·영업의 임대차·경영위임

구 분	영업활동의 주체(명의)	영업이익의 귀속(계산)	甲→乙	乙→甲
영업의 임대차	乙	乙	영업의 사용수익권	임대료
경영위임	甲	甲	관리보수(통상 영업이익이나 수익 중 약정 %)	영업의 지시
영업양도	乙	乙	영업	대금

주) 甲: 종래의 영업자, 乙: 甲의 계약상대방

제 3 편 상행위

제1장 총 론

제2장 각 론

01장 총 론

제1절 서 설

Ⅰ 상행위법의 의의

1. 형식적 의의의 상행위 및 실질적 의의의 상행위

(1) 개념

상법의 구분방식과 마찬가지로 상행위법도 형식적 의의의 상행위법과 실질적 의의의 상행위법으로 나눌 수 있다. 형식적 의의의 상행위법은 상법 제46조부터 제168조의 12까지 143개 조, 모두 14장으로 구성된 상법 제2편을 말한다. 실질적 의의의 상행위법은 상인과 제3자간의 기업의 거래활동에 관한 법률관계를 규율하는 법을 뜻한다.

(2) 양자의 관계

형식적 의의의 상행위법 및 실질적 의의의 상행위법의 내용은 반드시 그 개념과 일치하지는 않는다. 이러한 현상은 성문법전을 제정함에 있어서는 순수한 개념적 견지에서보다는 현실적인 입법기술상의 편의나 연혁적 사정에 영향을 받게 되고, 또 새로운 상행위가 등장하고 발전함에 따라 법전의 편제와 개념적 체계가 일치할 수 없게 되는 데에서 나오는 것이다. 그리하여 형식적 의의의 상행위법에는 규정되어 있지만, 실질적 의의의 상행위법에 해당하지 아니하는 사항으로는 상법 제2편 제3장 상호계산, 제4장 익명조합, 제4장의 2 합자조합 등이 있다. 이러한 사항 중에는 순수한 기업거래활동이 아닌 기업 조직에 관한 규정이 더욱 많기 때문이다(예 익명조합, 합자조합). 다만, 형식적 의의의 상행위법에서 규율하고 있지만, 거래 분야의 상관습이나 보통거래약관에 등에 의하여 규율하는 경우도 적지 않다(예 상사매매, 주선거래, 운송거래, 창고거래).[1]

1) 정찬형(2025), 211면.

이에 비하여 실질적 의의의 상행위법에는 속하지만, 형식적 의의의 상행위법에 속하지 아니하는 사항으로는 상법 제4편의 보험계약, 제5편의 해상운송, 은행거래에 관한 은행법·거래약관, 금융투자상품거래에 관한 자본시장법 등 그 종류가 다양하다. 따라서 실질적 의의의 상행위법을 이해하기 위하여는 상법 제2편뿐만 아니라 이에 관한 특별법령이나 거래 분야에서 통용되고 있는 약관에 관한 연구가 선행되어야 한다.

2. 상법총칙과 회사법과의 비교

상법은 기업생활에 관한 법률이다. 이는 다시 기업의 조직적 측면과 기업의 영리적 활동, 즉 영업거래라는 측면으로 분류할 수 있다. 이 가운데 상법총칙과 회사법은 기업 활동이 원활하고 확실하게 수행될 수 있도록 대내 및 대외적 법률관계를 합리적으로 규율하는 기업조직법이라고 할 수 있고, 상행위법은 기업의 영리목적을 달성하는 데 필요한 대외적 거래관계를 규율함으로써 상인과 제3자간의 이해를 조정하는 법이라고 할 수 있다.

Ⅱ 상행위법의 특색

1. 임의법규성

상법총칙과 회사법은 기업조직법으로서 일반의 이해관계가 결부되므로 모든 이해관계인에게 획일적으로 적용되고 처리되어야 한다. 그러므로 그에 관한 법규정은 대부분 강행규정이다. 이에 비하여 상행위법은 상행위의 다양성과 계약자유가 결부되고, 거래당사자의 이해관계를 중심으로 규율되므로 사적 자치가 널리 인정되는 임의법규가 대부분이다. 그리하여 당사자가 거래의 내용과 방식을 정하지 아니하였을 때 보충적으로 적용된다. 다만, 상행위법은 상인의 합리적인 판단능력과 당사자간의 이해조정에 관한 법이므로 계약자유의 원칙이 더욱 강하게 적용된다(예 제59조, 제67조 내지 제71조 등).

2. 유상성

상행위법은 영리가 실현되었을 때 비로소 기업이 유지될 수 있음을 감안하여 이윤획득의 여건을 다방면에서 조성하고 있다. 예를 들면, 민법상의 위임은 무상이 원칙이지만(민법 제686조), 상거래에서는 수임인이 상당한 보수청구권을 가진다(제61조). 민법상 사무관리에 의하여 지출한 비용이나 금전소비대차[2]는 무이자가 원칙이지만(민법 제600조), 상인간의 금전소비대차에서는 이자의 약정이 없더라도 법정이자가 발생한다(제55조 제1항). 그리고 상인이 타인을 위하여 금전을 替當[3]한 때에는 법정이자를 청구할 수 있다(제55조 제2항). 민법상의 법정이율은 연 5분(민법 제379조)이지만, 상행위로 인한 법정이율은 연 6분이다(제54조).

3. 신속성

(1) 상법의 취지

민사거래는 통상 개별적·일시적으로 이루어지므로 특별히 신속성을 요하지 않지만(민법 제528조 등), 상거래는 다수인을 상대로 집단적·반복적으로 이루어지므로 거래의 신속성을 요한다(제51조 등). 이를 통하여 자금의 순환속도를 빠르게 하고 이윤획득을 최대화할 수 있다. 상법은 상거래의 신속한 처리를 촉진하는 특례규정을 두고 있다.

(2) 상사계약 성립단계에서의 신속성

상행위법은 상사계약의 성립단계에서의 신속을 기하기 위한 규정을 두고 있다. 그리하여 대화자간의 계약의 청약은 상대방이 즉시 승낙하지 않으면 구속력을 잃게 되고(제51조), 상인이 계약의 청약을 받은 때에는 일정한 경우 지체 없이 낙부의 통지를 하여야 하며, 이를 게을리한 때에는 승낙한 것으로 본다(제53조).

(3) 상사계약 성립 후의 신속성

상행위법은 상사계약이 성립된 후의 법률관계도 신속히 처리되도록 배려하고 있다. 이에 해당하는 규정으로는 ① 확정기매매의 당연해제사유(제68조), ② 민

---

2) 貸主가 일정액의 금전을 借主에게 이전하여 일정기간 동안 차주로 하여 금전을 이용하게 할 것과 반환시기가 도래하였을 때에 대주에게 반환할 것을 약정함으로써 성립한다. 즉, 금전소비대차계약은 낙성계약인 관계로 대주와 차주의 청약과 승낙으로 성립된다. 채무이행의 시기·장소·방법 등은 당사자가 자유로이 결정할 수 있다. 이자를 지급하기로 하는 금전소비대차계약을 체결하는 때에는 이자에 관한 특약의 합의가 있어야 하고, 이율에 관한 약정이 없으면 그 이율은 법정이율(민법상 연 5%, 상법상 연 6%)에 의한다.

3) 나중에 상환 받기로 하고 금전이나 재물 따위를 대신 지급하는 일을 말한다.

법에 비하여 단기의 소멸시효 5년(제64조), 나아가 상거래의 유형별로 이보다 더욱 단기의 소멸시효,[4] 특별한 소멸사유에 관한 규정(제146조)[5] 등을 들 수 있다. 그리고 ③ 상사매도인(제67조)·위탁매매인(제109조)·운송인(제142조)·창고업자(제165조) 등에게 목적물의 공탁권·경매권을 인정한 것은 상대방의 수령지체로 인한 손실을 막기 위한 규정이다.

한편 상호계산에 관한 규정(제72조 이하)은 상거래의 신속성은 물론 채무이행의 편의성을 제공하기 위하여 마련되었다.

4. 안전성

상거래는 다수인을 상대로 집단적·반복적으로 신속하게 이루어지므로 거래의 안전이 매우 중요하다. 그리하여 ① 상인은 그의 영업부류에 속한 계약에 관하여 받은 청약을 거절한 때에도 견품 기타의 물건을 받은 때에는 이를 보관할 의무를 지며(제60조), ② 매수인은 매매계약을 해제한 때에도 매매의 목적물을 보관 또는 공탁할 의무를 지며(제70조), ③ 중개인은 거래당사자 일방의 성명 또는 상호를 묵비한 때에는 반대 당사자에게 이행책임을 지며(제99조), ④ 위탁매매인은 위탁매매의 상대방이 채무를 이행하지 아니하는 때에는 위탁자에게 이행담보책임을 지며(제105조), ⑤ 상인은 민법상의 유치권보다 권리가 강화된 상사유치권을 가지고(제58조), 나아가 업종별로 특수한 내용의 유치권을 가진다(제91조, 제111조, 제120조, 제147조). 이러한 규정들은 거래의 안전 및 이행을 확보하기 위한 것이다.

5. 기업책임의 가중·경감

상인의 책임을 일반 민사거래책임보다 가중시키는 것은 상인에 대한 일반인의 신뢰를 확보하는 데 기여한다. 그리하여 상행위법은 수인이 1인 또는 전원에 대하여 상행위가 되는 행위로 채무를 부담한 때에는 일반적인 분할책임의 원칙(민법 제408조)에 대한 특례로써 연대책임을 지게 하며(제57조 제1항), 상사보증은 연

---

4) 운송주선인(1년, 제121조)·운송인(1년, 제147조)·창고업자의 손해배상책임(1년, 제166조) 등.

5) 제146조 제1항: 운송인의 책임은 수하인 또는 화물상환증소지인이 유보 없이 운송물을 수령하고 운임 기타의 비용을 지급한 때에 소멸한다. 그러나 운송물에 즉시 발견할 수 없는 훼손 또는 일부 멸실이 있는 경우에 운송물을 수령한 날로부터 2주간 내에 운송인에게 그 통지를 발송한 때에는 그러하지 아니하다.

대보증으로 하고 있다(제57조 제2항). 그리고 상인이 무상으로 임치[6]를 받더라도 자기재산과 동일한 주의의무(민법 제695조)가 아니라 선량한 관리자로서의 주의의무를 지게 하며(제62조), 순차운송인에게 운송물의 손해에 대한 연대책임을 부담시키고 있다(제138조). 또한 여객운송인이나 공중접객업자가 객으로부터 인도 또는 임치 받지 아니한 물건에 대하여도 주의의무를 지게 하고 있다(제150조, 제152조 제2항).

다른 한편 상행위법은 위험이 높은 영업을 수행하는 상인에 대하여 책임을 경감시킴으로써 기업의 유지와 영업활동의 촉진에 도움을 주고 있다. 이에 해당하는 규정으로는 운송주선인(1년, 제121조)·운송인(1년, 제147조)·공중접객업자(6월, 제154조)·창고업자(1년, 제166조)의 손해배상책임에 대한 단기의 소멸시효규정을 들 수 있다. 그리고 운송인(제146조)과 창고업자(제168조)[7]에는 특별한 소멸사유를 두고 있다. 또한 상행위법은 운송주선인(제124조)·운송인(제136조)·공중접객업자(제153조)의 경우 명시되지 아니한 고가물의 손실에 대하여는 면책시키고 있고, 운송인의 운송물에 대한 손해배상책임을 손해의 유형에 따라 정형화시키고 배상액을 제한하고 있다(제137조),[8] 이는 손해발생의 위험이 높은 업종에 종사하는 상인에 대하여 책임을 완화시켜 줌으로써 영업활동으로 인한 위험부담을 감소시키고, 당해 업종에 대한 사회적 수요를 충족시켜 주고자 하는 배려에서 명시된 것이나.

6. 거래의 정형성

상거래는 일반적으로 다수인을 상대로 계속적·반복적으로 이루어지기 때문에 이를 원활하고 효율적으로 하기 위하여는 거래를 정형화시킬 필요가 있다. 그리하여 상거래는 대부분의 경우 附合契約[9](예 보험거래약관)의 형식으로 이루어지

6) 당사자의 일방인 受置人이 任置人인 상대방을 위하여 위탁받은 금전이나 유가증권 기타의 물건을 보관하기로 하는 계약을 말한다.

7) 앞에서 기술한 각주의 제146조 준용.

8) 제137조 제1항: 운송물이 전부 멸실 또는 연착된 경우의 손해배상액은 인도할 날의 도착지의 가격에 의한다.

제2항: 운송물이 일부 멸실 또는 훼손된 경우의 손해배상액은 인도한 날의 도착지의 가격에 의한다.

제3항: 운송물의 멸실, 훼손 또는 연착이 운송인의 고의나 중대한 과실로 인한 때에는 운송인은 모든 손해를 배상하여야 한다.

제4항: 운송물의 멸실 또는 훼손으로 인하여 지급을 요하지 아니하는 운임 기타의 비용은 전3항의 배상액에서 공제하여야 한다.

며, 상관습이나 보통거래약관에 의거 거래내용이 결정되기도 한다. 따라서 상행위법은 상관습이나 보통거래약관에 의거 정형화된 거래내용을 입법화하기도 하고, 법개정을 통하여 새로운 관습을 반영하기도 한다.

7. 상도덕의 법규범화

상거래의 세계에서는 민사거래보다 높은 수준의 신용이 요구되고 고도의 상도덕이 발달하여 있다. 이러한 상도덕은 관습 내지는 관습법(제1조)으로 발전하기도 하고, 때로는 법규범화되기도 한다. 예를 들면, 청약을 받은 상인의 청약에 대한 낙부통지의무(제53조), 청약을 거절한 상인의 물건보관의무(제60조), 무보수임치인의 선관주의의무(제62조), 매수인의 목적물의 즉시 검사·하자통지의무(제69조) 같은 것은 상도덕이 법규범으로 수용된 예이다. 아직 성문화되지 아니하고 관습에도 이르지 아니한 상도덕이라도 당사자의 의사해석이나 법해석시 이른바 신의칙으로 수용되기도 한다.[10]

Ⅲ 상행위법의 체계

형식적 의의의 상행위법인 상법 제2편의 상행위는 14개 장 143개 조로 편성되어 있다. 상행위법에 대하여는 총론과 각론으로 구분하여 볼 수 있다. 총론 부분은 제1장에서 제5장까지라고 할 수 있다. 「제1장 통칙」에 관한 제46조 내지 제66조에서는 상행위의 개념을 정리하고, 상거래의 특수성을 고려하여 민법, 특히 재산법의 일부 규정에 대한 특칙을 명시하고 있다. 「제2장 매매」에 관한 제67조 내지 제71조에서는 상거래의 중심인 상사매매에 관하여 민법의 매매에 관한 특칙을 명시하고 있다. 「제3장 상호계산」에 관한 제72조 내지 제77조, 「제4장 익명조합」에 관한 제78조 내지 제86조 및 「제4장의 2 합자조합」에 관한 제86조의 2 내지 제86조의 9의 경우 상호계산은 상사채권의 특수한 소멸사유이고 익명조합과 합자조합은 상법상의 특수한 공동기업의 한 형태로써 역시 통칙적 규정에 해

---

9) 계약의 형식은 취하고 있으나, 내용은 미리 당사자의 일방이 결정하고 상대방은 이에 따를 수밖에 없는 계약을 말한다. 附從契約이라고도 한다.

10) 이철송(2022), 319면.

당하며, 부속적 상행위로서 모든 상행위에 공통한다.

각론 부분은 제5장에서 제14장까지라고 할 수 있다. 이 부분에서는 제46조의 기본적 상행위 중 별도의 규율이 필요한 상행위 10종류에 대하여 각 장별로 그 법률관계를 규정하고 있다. 구체적으로 보면, 「제5장 대리상」에 관한 제87조 내지 제92조의 3, 「제6장 중개업」에 관한 제93조 내지 제100조, 「제7장 위탁매매업」에 관한 제101조 내지 제113조, 「제8장 운송주선업」에 관한 제114조 내지 제124조, 「제9장 운송업」에 관한 제125조 내지 제150조, 「제10장 공중접객업」에 관한 제151조 내지 제154조, 「제11장 창고업」에 관한 제155조 내지 제168조, 「제12장 금융리스업」에 관한 제168조의 2 내지 제168조의 5, 「제13장 가맹업」에 관한 제168조의 6 내지 제168조의 10, 「제14장 채권매입업」에 관한 제168조의 11 내지 제168조의 12로 편성되어 있다. 이 부분은 각 업종별로 특수한 법리가 적용되므로 상행위 각론으로 칭하는 것이다.

제2절 상행위의 의의와 종류

I 상행위의 의의

상행위란 실질적으로는 기업의 거래활동인 영리행위를 말하며, 형식적으로는 상법과 특별법에서 상행위로 규정된 행위를 뜻한다. 상인은 기업생활을 영위하는 개별적인 수단인 상행위를 통하여 영리목적을 달성한다. 기업생활은 생산활동과 대외적 거래활동, 즉 유통활동으로 분류할 수 있는데, 생산활동은 기업 내부의 사실행위(예 영업소의 설치, 사무관리행위 등)에 불과하므로 상법적 규율이 요구되지 아니한다. 따라서 상행위법은 상인이 제3자와 행하는 대외적 거래활동을 규율하는 법률이다.

Ⅱ 기본적 상행위

기본적 상행위는 당연상인이 영업으로 하는 제46조 각 호의 행위를 말한다. 당연상인이 이를 영업으로 하여야만 상행위가 되기 때문에 영업적 상행위라고도 한다.[11] 이는 모두 채권적 법률행위이다. 기본적 상행위의 형태에는 아래와 같이 22개가 있다(동조 제1호 내지 제22호). 그리고 '영업으로 한다.'고 함은 영리를 목적으로 동종의 행위를 계속 반복적으로 하는 것을 뜻한다.[12] 즉, 영리성, 계속성 및 영리의사를 요건으로 한다.

(1) 동산·부동산·유가증권 기타의 재산의 매매(제1호)

賣買는 물건 등을 사고팔아 차익을 취할 것을 목적으로 하는 행위로서 상거래의 가장 전형적인 형태이다. 인류역사상 최초로 등장한 상거래라고도 할 수 있다. 매매는 주로 동산·부동산·유가증권의 소유권을 대상으로 하지만, 채권·무체재산권 또는 어업권·광업권과 같은 준물권도 대상이 될 수 있다. 매매의 의미에 대하여는 ① 매수와 매도, ② 매수 또는 매도, ③「매수와 매도」, 또는「매도」로 읽을 수 있으나, 매수만을 영업으로 하는 것은 생각할 수 없으므로 매수와 매도, 또는 매도로 읽어야 한다. 수렵·농림을 통하여 채취한 물건을 판매하는 원시산업은 매도만을 영업으로 하는 예이다. 다만, 그 매도가 영업성을 갖추었을 때 기본적 상행위가 된다. 따라서 농부는 수확한 농작물을 매도하지만, 영업성이 없으므로(예 과일인 경우 대부분 위탁판매) 상인이 아니다.[13]

(2) 동산·부동산·유가증권 기타의 재산의 임대차(제2호)

제1호와는 달리 소유권의 이전이 목적이 아니라 타인으로 하여금 자기 재산을 이용하게 하고 그에 대한 대가를 받아 이익을 얻는 행위이다(예 아파트의 임대차). 유가증권의 賃貸借를 인정하므로 株券·債券의 임대차도 허용된다. 예를 들면, 금융회사가 보유하는 주권이나 채권을 빌린 후 은행에 담보로 제공하여 차금을 차입하는 행위도 허용되는 것이다.

11) 정찬형(2025), 214면; 최기원·김동민(2014), 200면.
12) 대법원 2020. 3. 12. 선고 2019다283794 판결; 2012. 7. 26. 선고 2011다43594 판결.
13) 대법원 1993. 6. 11. 선고 93다7174·7181 판결.

(3) 제조·가공 또는 수선에 관한 행위(제3호)

이 행위는 성질상 동산을 대상으로 한다. 이 가운데 製造는 원재료에 일정한 공법을 가하여 새로운 용도를 가진 물건을 만드는 행위이고(예 방직·양조·기계제작·화학품제조), 加工은 원재료의 동일성을 유지시키면서 그 효용을 증가시키는 행위이다(예 석유정제·세탁·염색·정미·조각 등). 修繕은 물건의 본래의 기능을 회복시켜 주는 행위이다(예 스마트폰수리·자동차수리 등). 이와 관련하여 상행위가 되는 것은 제조·가공·수선행위 그 자체가 아니라 그 행위의 인수행위이다. 즉, 대가를 받고 상대방이 원하는 행위를 해 주기로 하는 약정이 상행위이다. 제조·가공·수선 그 자체는 사실행위에 불과하기 때문이다. 자기를 위하여 자기의 계산으로 원재료를 취득한 후 제조·가공·수선하여 판매하는 행위도 제3호에 해당한다는 입장이 있다(예 산업표준화법·전기용품 및 생활용품안전관리법).[14] 그러나 자기를 위한 제조 등의 행위에는 거래가 없어 상행위성을 인정할 수 없다(다수설).[15] 그리고 원재료를 취득한 후 자기를 위하여 제조·가공·수선하여 판매하는 행위는 위의 제1호의 매매에 해당하는 것으로 다루어야 한다. 제작물공급계약의 경우는 그 법적 성질이 문제가 되는데, 제작물이 대체물이면 매매이고, 불대체물이면 도급으로 볼 수 있다.[16]

(4) 전기·전파·가스 또는 물의 공급에 관한 행위(제4호)

이는 電氣·電波·가스 또는 물 등을 계속적으로 공급할 것을 인수하는 계약을 말한다. 이 계약의 성질은 단순한 공급계약일 때에는 매매이고, 공급계약과 더불어 설비를 임대하는 것은 매매와 임대차의 혼합계약이다. 이 가운데 전파행위의 유형에는 방송사업이 있는데, 대표적으로는 방송법상 텔레비전·라디오·데이터방송·멀티미디어방송 등이 있다. 물의 공급에는 수돗물, 음료의 공급 및 온천수(광천수)의 공급도 포함된다.

---

14) 정찬형(2025), 67면; 최기원·김동민(2014), 48면; 정동윤(2012), 146면.

15) 同旨 이철송(2022), 323면; 손주찬(2004), 70면; 김성태(2002), 413면; 최준선(2016), 112면; 이종훈(2017), 148면; 전우현(2011), 176면; 정준우(2021), 205면.

16) 대법원 2010. 11. 25. 선고 2010다56685 판결; 2006. 10. 13. 선고 2004다21862 판결; 1987. 7. 21. 선고 86다카2446 판결.

(5) 작업 또는 노무의 도급[17]의 인수(제5호)

작업의 도급의 인수는 제3호와는 달리 부동산 또는 선박에 관한 공사를 인수하는 행위를 말한다. 예를 들면, 철도부설, 교량공사 또는 선박공사 등을 인수하는 행위를 말한다. 노무의 도급의 인수란 인부 기타 노동자의 공급을 인수하는 계약을 말한다. 대표적으로 人力送出業을 들 수 있고, 하역업·토목사업·연예행사·건물경비 등을 위하여 인력공급을 하는 계약도 이에 해당한다.

(6) 출판·인쇄 또는 촬영에 관한 행위(제6호)

출판에 관한 행위란 문서 또는 도화를 인쇄하여 발매 혹은 유상으로 배포하는 행위를 말한다. 출판시에는 저작자와의 사이에 출판계약, 인쇄업자와의 사이에 인쇄계약이 필요한데, 이 계약은 출판업자의 보조적 상행위이다. 출판업자의 기본적 상행위는 출판물의 매도이기 때문이다. 자비출판도 이에 속한다. 인쇄에 관한 행위란 기계·전자·화학적 방법으로 문서 또는 도화를 복제하는 작업을 인수하는 행위를 말한다. 촬영에 관한 행위란 사진·비디오의 촬영을 인수하는 행위를 말한다.

(7) 광고·통신 또는 정보에 관한 행위(제7호)

광고는 특정 기업이나 서비스의 품질, 상품 기타 특정 사실을 일반 공중에게 선전 또는 홍보하는 행위인데(예 광고회사의 행위), 그러한 광고를 유상으로 인수하는 행위가 상행위이다. 통신은 서신, 유·무선장비를 활용하여 의사 또는 정보를 교환하거나 각종 기사를 송달 혹은 제공하는 행위인데, 불특정의 정보를 계속적으로 수집하여 유상공급하기로 하는 계약이 상행위가 된다. 정보에 관한 행위는 타인의 자산이나, 상거래, 신용상태 및 기타 신원에 관한 기밀사항을 조사하여 통보하는 행위인데(예 신용정보업자의 행위), 타인에게 기밀사항에 관한 정보를 유상으로 수집·제공하여 주기로 하는 계약이 상행위이다.

(8) 수신·여신·환 기타의 금융거래(제8호)

수신은 타인의 금전을 수취하는 행위를, 여신은 금전을 타인에게 대여하는 행위(예 대금업·전당포영업)를, 換은 異種貨幣間의 교환을 말한다. 기타의 금융거래

---

17) 당사자의 일방(수급인)이 어떤 일을 완성할 것을 약정하고, 상대방(도급인)이 그 일의 결과에 대하여 보수를 지급할 것을 약정함으로써 성립하는 계약을 말한다(민법 제664조).

에는 어음할인, 자기앞수표[18]의 발행 또는 금전대차의 보증 등의 행위와 같이 금전의 가치이동을 내용으로 하는 행위가 포함된다.

(9) 공중이 이용하는 시설에 의한 거래(제9호)

이는 공중의 이용에 적합한 물적·인적 설비를 갖추고, 고객의 수요에 따라 이를 유상으로 이용하게 하는 행위이다(예 제151조의 공중접객업자의 행위). 호텔·다방·음식점·극장·동물원 등이 이에 속한다.

(10) 상행위의 대리의 인수(제10호)

독립된 상인이 다른 일정한 상인(위탁자)을 위하여 계속적으로 그 상행위의 대리를 인수하는 행위이다(예 제87조의 체약대리상[19]계약). 위탁자에게 상행위가 되면 기본적 상행위든 보조적 상행위든 불문한다.

(11) 중개에 관한 행위(제11호)

중개란 타인간의 법률행위의 중개를 인수하는 행위를 말한다. 상법상의 중개인(제93조), 중개대리상(제87조) 등이 이에 해당한다. 각종의 민사중개인 예를 들면, 공인중개사·자동차매매중개인·직업소개소·결혼상담소 등의 중개에 관한 행위도 상행위에 속한다.[20]

(12) 위탁매매 기타의 주선에 관한 행위(제12호)

이는 자기의 명의로 그러나 타인의 계산으로 법률행위를 하는 것을 인수하는 행위를 말한다. 위탁매매인(제101조)·준위탁매매인(제113조),[21]·운송주선인(제114조) 등의 위탁계약이 이에 속한다.

(13) 운송의 인수(제13호)

이는 물건 또는 사람의 운송을 인수하는 행위, 즉 운송계약을 말하고, 운송이라는 사실행위를 뜻하는 것은 아니다. 물건운송·여객운송·육상운송·해상운송·

18) 이는 발행인과 지급인이 동일한 수표를 뜻한다. 이 수표의 지급인은 은행으로 한정되므로 결국 발행인도 은행이 된다.

19) 본인을 위하여 제3자와 거래를 할 수 있는 대리권이 있는 보조상을 말한다.

20) 대법원 1995. 4. 21. 선고 94다36643 판결; 1968. 7. 24. 선고 68다955 판결.

21) 자기명의로써 타인의 계산으로 매매 아닌 행위를 영업으로 하는 자 중 운송주선인을 제외한 나머지를 준위탁매매인이라 한다. 예를 들면, 출판·광고·보험 및 금융에 관한 위탁거래, 유가증권의 모집·매출의 주선(자본시장법 제9조 제7항·제9항 참조) 등을 하는 자가 이에 속한다.

항공운송·자동차운송·철도운송 등이 이에 속한다. 선박이 다른 선박을 목적지까지 끌고 가는 예선계약(曳船契約)은 일반적으로 제5호의「작업의 도급의 인수행위」에 해당한다. 예선계약이 운송의 본래의 의미에는 포함되지 않기 때문이다.[22)]

(14) 임치의 인수(제14호)

이는 타인을 위하여 물건 또는 유가증권을 보관할 것을 인수하는 행위로서 창고업자(제155조 내지 제168조)의 임치계약이 대표적인 예이다.

(15) 신탁의 인수(제15호)

신탁이란 신탁설정자(위탁자)가 특정의 재산권을 수탁자에게 이전하거나 담보의 설정 또는 그 밖의 처분을 하고 수탁자로 하여금 일정한 자의 이익 또는 특정의 목적을 위하여 그 재산권을 관리·운용·개발하게 하는 법률관계이다(신탁법 제2조). 이때 수탁자가 체결하는 신탁계약이 신탁의 인수로서 상행위이다.

(16) 상호부금 기타 이와 유사한 행위(제16호)

相互賦金이란 일정한 기간을 정하여 정기적으로 부금을 납입하면 기간의 중도 또는 만기시에 일정한 금전을 지급할 것을 약정하는 거래를 말한다(상호저축은행법 제2조 제3호). 기타 유사한 행위에는 상호저축은행이 취급하는 상호신용계(동법 제2조 제2호)[23)]를 들 수 있다. 이와 같이 상호부금업무는 일반 금융거래와는 다른 특색이 있기 때문에 제8호와 분리하여 규정하였다.

(17) 보험(제17호)

보험이란 동일한 위험을 예상하는 다수인이 단체를 형성하고 일정한 기간을 정하여 금전을 모아 그 구성원 중에서 보험사고를 당한 자에게 일정한 보험금액 기타의 급여를 지급하는 제도이다(제638조). 이때 보험자(보험회사)가 체결하는 보험계약이 상행위인데, 영리보험만 포함되고 상호보험,[24)] 국민건강보험 또는 사회보

22) 同旨 정찬형(2025), 69면; 정동윤(2012), 148면.

23) 이는 상호저축은행에서 일정한 계좌수, 기간 및 금액을 정하고 정기적으로 계금(곗돈)을 납입하게 하여, 계좌마다 추첨이나 입찰 등의 방법으로 계원에게 금전의 지급을 약정하는 계를 말한다. 이점에서 여·수신 혼합행위라고 볼 수 있다.

24) 이 보험은 보험가입자가 동시에 보험자인 보험단체의 구성원 곧 사원이며, 이 단체의 수지차액(收支差額)은 사원인 보험가입자에 귀속되고, 또한 단체의 업무 운영에 대하여 발언할 수 있다. 단적으로 말하여 상호보험은 상호회사 형태에 의한 보험인데, 한국의 경우 보험사업은 주식회사와 상호회사만이 할 수 있게 되어 있으나, 아직 상호회사는 없다.

험[25]은 제외된다.

(18) 광물 또는 토석의 채취에 관한 행위(제18호)

이는 농업·임업·수산업과 같이 원시생산산업에 속하는 것이지만, 기업성이 농후하여 상행위로 흡수한 것이다(예 광업·채석업·채토업). 그러나 채취행위 자체는 사실행위이므로 채취한 광물 또는 토석을 판매하는 행위가 상행위이다.

(19) 기계·시설, 그 밖의 재산의 금융리스에 관한 행위(제19호)

이는 이른바 금융리스업자의 업무행위를 뜻한다. 즉, 여신전문금융업법에 의한 시설대여업을 뜻하며, 동법상 시설대여업은 주식회사에 한하여 영위할 수 있다. 상법상 금융리스업에 관하여는 제168조의 2 이하에서 다루고 있다.

(20) 상호·상표 등의 사용허락에 의한 영업에 관한 행위(제20호)

이는 이른바 가맹업(프랜차이즈업)을 말한다. 가맹업이란 독립된 상인간에서 가맹상(franchisee. 가맹업이용자)이 가맹업자(franchisor. 가맹업설정자)의 상호, 상표나 기타 영업에 관한 표지를 이용하며, 아울러 자신의 영업에 관하여 부분적으로 가맹업자의 지휘·감독을 받기로 하고 그에 대한 대가를 지급하기로 하는 계약을 말한다(제168조의 6). 상법에서는 가맹업자이 가맹업 설정행위, 즉 상호대여·경영지도 등을 상행위로 규정하고 있다.

(21) 영업상의 채권의 매입·회수 등에 관한 행위(제21호)

이는 이른바 팩터링(factoring)을 말한다. 팩터링이란 물건이나 용역을 판매하는 상인이 외상판매채권을 전문적인 채권회수업자에게 양도하여 채권을 관리·회수하게 하는 것을 내용으로 하는 거래이다. 상법에서는 채권회수업자가 상인으로부터 채권을 매입하거나, 채권의 회수를 의뢰받은 행위를 상행위로 본다(제168조의 11). 이 규정은 1995년 개정시 제19호 및 제20호와 함께 추가되었다.

---

25) 사회보장정책의 주요수단으로서 근로자나 그 가족을 상해·질병·노령·실업·사망 등의 위협으로부터 보호하기 위하여 실시하는 것이다. 사회보험은 노동능력의 상실에 대비한 산업재해보험·건강보험과 노동기회의 상실에 대비한 연금보험·실업보험으로 크게 구분할 수 있다. 사회보험은 개인보험처럼 자유의사에 의해서 가입하는 것은 아니며, 보험료도 개인·기업·국가가 서로 분담하는 것이 원칙이다. 보험료의 계산에 있어서도 위험의 정도보다는 소득에 비례하여 분담함을 원칙으로 함으로써 소득의 재분배 기능을 가진다.

(22) 신용카드, 전자화폐 등을 이용한 지급결제 업무의 인수(제22호)

신용카드업은 제21호의 채권매입업, 전자화폐에 관한 영업은 제8호의 금융거래에 속하는 것으로 다룰 수도 있다. 그러나 상법은 2010년 개정시 양자의 영업을 '지급결제업무'라는 공통징표로 묶어 별개의 상행위로 분류하였다. 다만, 별도의 규정은 두지 않고 있다. 지급결제업무에 대하여는 주로 전자금융거래법의 적용을 받는다.

Ⅲ 준상행위

준상행위란 의제상인(설비상인)이 영업으로 하는 상행위를 말한다(제66조). 의제상인의 주된 영리활동을 뜻하므로 당연상인의 기본적 상행위에 대칭되는 개념이다. 그리하여 의제상인(제5조)의 요건을 갖춘 농장주가 생산한 농산물을 판매하는 행위는 이에 포함된다. 그리고 넷플릭스(Netflix), 유튜브(YouTube) 등과 같은 온라인동영상서비스(OTT)[26]는 기존의 방송이나 미디어법제로는 규율하기 어려운 상황이 되었으므로 준상행위개념에 포섭될 수 있다.

이와 같이 의제상인은 기본적 상행위를 하지 않는 자이므로, 기본적 상행위 이외의 모든 행위 중에서 상인이 영업으로 할 만한 것은 준상행위가 될 수 있다. 따라서 준상행위는 경제와 기업활동이 발전함에 따라 계속 변화하게 되고, 그 중의 일부는 법률상 상행위로 편입되기도 한다. 예를 들면, 과거 준상행위로 보아야 했던 리스, 팩터링은 1995년 상법개정에 의하여 기본적 상행위로 편입되었다(제46조 제19호·제21호).

한편 준상행위를 하는 의제상인도 상인이므로 상행위편 제1장 통칙 규정이 적용되고(제66조), 기타의 상법규정도 성질이 허용하는 한 적용된다(예 상호계산, 익명조합, 대리상계약, 중개, 준위탁매매). 다만, 운송업(제125조), 운송주선업(제114조), 공중접객업(제151조) 및 창고업(제155조) 등은 그 성질상 준상행위에 해당하지 않는다. 준상행위는 기본적 상행위와 더불어 '영업으로 하는 상행위'라는 뜻에서 營業的 商行爲라고도 한다.

---

26) Over The Top의 약칭이다.

Ⅳ 보조적 상행위

1. 의 의

보조적 상행위란 상인(당연상인·의제상인)이 영업을 위하여 하는 상행위를 말한다. 이 역시 상행위이므로(제47조 제1항), 보조적 상행위의 성립 및 이로 인하여 생겨난 채권 및 채무에는 상법이 적용된다. 보조적 상행위는 '영업을 위하여 하는 상행위'라는 점에서 '영업으로 하는 영업적 상행위'인 기본적 상행위 및 준상행위에 대응하는 개념이다. 기본적 상행위와 준상행위는 상인이 영리목적을 달성하기 위하여 주로 하는 행위인데, 보조적 상행위는 기본적 또는 준상행위의 수행을 위한 직접 또는 간접적 필요에서 하는 행위를 의미하기 때문이다. 그리하여 이를 付屬的 商行爲라고도 한다.

2. 범 위

(1) 유형별 범위

보조적 상행위는 ① 기본적 상행위 또는 준상행위의 수행에 직접 기여하는 행위, 예를 들면 판매업자가 판매한 물건을 배달하기 위한 운송계약의 체결 또는 도매업자가 사업자금을 마련하기 위한 은행에서의 자금차입행위, ② 영업상 이익 또는 편익을 위하여 하는 행위, 예를 들면 음식업을 영위하는 상인이 부동산중개업자에게 하는 영업자금의 대여,[27] ③ 영업 전체를 원활하게 수행하기 위하여 필요한 행위, 예를 들면 점포의 구입·임차 또는 사무용품의 구입행위, ④ 영업의 인적 조직의 구성·관리를 위하여 필요한 행위, 그 예로는 상업사용인의 고용, 상인이 근로자와 체결하는 근로계약이나 노동조합과 체결하는 단체협약 등이 있다.[28] 다만, 근로계약상 주의의무(보호의무) 위반으로 인한 근로자의 손해배상청구권은 특별한 사정이 없는 한, 10년의 민사소멸시효기간이 적용된다.[29] 상거래에서와 같이 정형적으로나 신속하게 해결할 필요가 있다고 볼 것은 아니기 때문이다. ⑤ 영업 자체의 생성·존폐와 관련된 행위, 예를 들면 개업준비행위, 영업의

---

27) 대법원 2008. 12. 11. 선고 2006다54378 판결; 同旨 2015. 9. 10. 선고 2015다218693 판결.
28) 대법원 2006. 4. 27. 선고 2006다1381 판결.
29) 대법원 2021. 8. 19. 선고 2018다270876 판결; 2005. 11. 10. 선고 2004다22742 판결.

양수·양도도 보조적 상행위이다. 다만, 이 경우 다른 상인의 영업을 위한 준비행위는 그 행위자의 보조적 상행위로 볼 수 없다. 따라서 회사의 대표이사 개인의 행위가 상행위로서 상법의 적용을 받기 위하여는 그 행위가 영업으로 상행위를 하는 경우에 해당되어 상인자격을 취득할 것을 전제로 한다.30) 회사가 상법에 의해 상인으로 의제된다 하더라도 회사의 기관인 대표이사 개인이 상인이 되는 것은 아니기 때문이다. ⑥ 회사의 대표이사 개인이 회사의 운용자금으로 사용할 목적으로 자금을 차입하거나 투자를 받더라도, 그것만으로는 보조적 상행위에 해당하지 않는다.31) 같은 논리로 상인이 영업과 상관없이 개인 자격에서 금전을 투자하는 행위는 상인의 기존 영업을 위한 보조적 상행위로 볼 수 없다.

(2) 거래·재산법상의 행위

보조적 상행위는 계약은 물론 단독행위에도 성립할 수 있다. 예를 들면, 기본적 상행위의 취소·해제·상계 등이 이에 속한다. 채권행위뿐만 아니라 물권행위 또는 외상채권의 양도, 채권의 양도, 채무의 면제, 특허권·저작권 등 무체재산권의 양도 또는 광업권·어업권 등의 양도와 같은 준물권행위32)에도 성립한다. 그리고 최고·통지·이행의 청구와 같은 준법률행위의 형태를 취할 수도 있다.

보조적 상행위는 원칙적으로 상법이 적용될 수 있는 거래·재산법상의 행위이어야 하므로 상인의 신분상의 행위(예 혼인) 또는 공법상의 행위(예 세무신고)는 보조적 상행위가 될 수 없다.

(3) 사실행위 또는 불법행위

사실행위 또는 불법행위도 보조적 상행위가 될 수 있는지에 대하여는 학설이 나뉜다. 부정설은 보조적 상행위가 되기 위하여는 거래를 전제로 하여야 하므로 사실행위·불법행위는 보조적 상행위가 될 수 없다고 본다.33) 이에 비하여 긍정

30) 대법원 2020. 3. 12. 선고 2019다283794 판결; 2012. 3. 29. 선고 2011다83226 판결.

31) 대법원 2018. 4. 24. 선고 2017다205127 판결; 2015. 3. 26. 선고 2014다70184 판결.

32) 물권 이외에 권리의 변동을 직접 발생시키는 법률행위를 말한다. 그리하여 채권·채무를 발생시키는 채권행위와는 달리, 직접적으로 권리변동을 발생시켜 원칙적으로 이행의 문제가 남지 않는다는 면에서 물권행위와 같다. 반면, 물권의 설정·이전을 내용으로 하지 않는다는 면에서는 물권행위와 다르다.

33) 이철송(2022), 329면; 송옥렬(2021), 100면; 정준우(2021), 210면; 김성태(2002), 424면; 김정호(2022), 205면; 서헌제(2007), 193면; 이종훈(2017), 158면.

설은 상행위법은 기업의 행위의 적법성 여부와는 무관하게 적용되어야 한다는 점 등을 근거로 불법행위도 보조적 상행위가 될 수 있다고 한다.[34)]

생각건대, 보조적 상행위의 개념을 인정하는 실익은 상법을 적용하기 위함인데, 거래법인 상법에서 불법행위에 적용할 규정을 찾기 어렵다(부정설). 판례도 불법행위(예 주의의무를 위반한 계약체결행위)는 보조적 상행위가 될 수 없다고 하여 상사시효[35)] 또는 상사법정이율[36)]의 적용을 부정하고 있다.

(4) 기본적 행위와의 상대성

보조적 상행위의 유형이나 범위는 절대적인 것이 아니라 상인의 영업과 관련성을 근거로 판단하여야 하는 상대적 개념이다. 예를 들면, 은행에서 자금을 차입하는 행위는 물건의 매매를 영업으로 하는 도매업자의 입장에서는 사업자금을 마련하기 위한 것으로서 보조적 상행위에 해당하지만, 은행의 입장에서는 기본적 상행위, 즉 여신행위에 해당한다(제46조 제8호).

3. 보조적 상행위의 판단

(1) 의의

회사의 재산법적 행위는 대부분 상행위가 되겠지만, 비영업적 행위도 있을 수 있다. 그리고 자연인 상인의 경우에는 가계생활도 함께 가지므로 영업을 위하여 하는 보조적 상행위인지 아니면 영업과는 무관한 행위인지에 관한 판단이 필요하다. 이는 상인의 주관적 목적보다는 문제된 행위와 영업의 객관적 관련성에 근거하여 판단하여야 한다.[37)]

(2) 추정 및 추정의 효과

1) 관련 규정

문제된 행위와 영업과의 관련성 자체가 불분명한 경우, 상법은 상인의 행위

---

34) 최기원·김동민(2014), 202면; 정찬형(2025), 217면; 정동윤(2012), 142면; 장덕조(2017), 90면; 최준선(2016), 120면; 채이식(1997), 151면; 강위두·임재호(2009), 177면; 박상조(1999), 311면; 손주찬(2004), 218면; 김병연·박세화·권재열(2012), 210면.

35) 대법원 2021. 11. 11. 선고 2021다220642 판결; 1985. 5. 28. 선고 84다카966 판결.

36) 대법원 2018. 2. 28. 선고 2013다26425 판결; 同旨 대법원 2024. 1. 25. 선고 2020다26133·26140·26157·26164 판결; 2019. 4. 23. 선고 2015다28968 판결.

37) 대법원 2002. 7. 9. 선고 2002다18589 판결.

는 영업을 위하여 하는 것으로, 즉 보조적 상행위로 추정하고 있다(제47조 제2항). 거래의 안전을 도모하기 위한 추정규정이라고 할 수 있다. 그리하여 옷가게(또는 음식점)를 운영하는 상인의 행위는 영업을 위하여 하는 것(보조적 상행위)으로 추정되고, 그 금전대여행위가 설령 고율(예 연 66%)의 이자소득을 얻기 위한 목적으로 행하여졌다는 사정만으로는 위 추정이 번복되지 않는다.

따라서 보조적 상행위가 아님을 주장하기 위하여는 원고, 즉 상인 자신 또는 제3자가 증명책임을 진다.38)

2) 추정의 효과

제47조 제2항에 의한 추정은 채권·채무를 새롭게 발생시키는 거래는 물론 기존의 채권·채무를 정산하기 위한 更改·준소비대차39) 같은 계약에도 적용된다.40) 이에 의거 발생한 새로운 채무에는 상사법정이율(제55조)과 상사시효(제64조)가 적용된다. 그리고 대리의 방식(제48조), 위임(제49조) 및 대리권의 존속(제50조) 등 상행위의 대리에 관한 특칙규정이 적용된다(제48조 내지 제50조). 그 밖에도 상법상의 각종 특칙이 적용된다.

(3) 개업준비행위

상인은 개업준비행위를 할 때에 상인자격을 취득한다. 따라서 개업준비행위는 영업을 위한 행위로서 상인의 최초의 보조적 상행위가 된다. 개업준비행위는 반드시 상호등기, 개업광고 또는 간판부착 등에 의하여 영업의사를 일반적 그리고 대외적으로 표시할 필요는 없고 점포구입, 영업양수 또는 상업사용인의 고용 등 그 준비행위의 성질로 보아 영업의사를 상대방이 객관적으로 인식할 수 있으면 개업준비행위에 해당한다.41)

기술한 바와 같이 다른 상인의 영업을 위한 준비행위는 그 행위자의 보조적

---

38) 대법원 2015. 9. 10. 선고 2015다218693 판결; 2008. 12. 11. 선고 2006다54378 판결.

39) 소비대차에 의하지 아니하고 금전이나 그 밖의 대체물을 지급할 의무가 있는 자가 상대방에게 그 목적물을 소비대차의 목적으로 할 것을 약속하는 계약을 말한다(민법 제605조). 매매대금을 借金으로 하는 행위 등이 있다. 그리고 매매계약에 의하여 대금채무가 생긴 경우에 매도인과 매수인이 그 대금채무를 소비대차로 하는 합의를 하면 그것만으로써 소비대차의 효력이 생긴다.

40) 대법원 1989. 6. 27. 선고 89다카2957 판결; 1992. 7. 28. 선고 92다10173·10180 판결.

41) 대법원 2012. 4. 13. 선고 2011다104246 판결.

상행위로 볼 수 없다(예 대표이사의 행위). 개업 또는 영업준비행위에 해당하여 보조적 상행위로 인정받기 위하여는 그 행위를 하는 자 스스로 상인자격을 취득하는 것을 전제로 하기 때문이다.[42] 그리하여 회사설립을 위한 발기인 개인이 한 행위는 설립 중 회사의 행위로 인정되어 설립할 회사의 보조적 상행위가 될 수 있을지는 별론으로 하고, 장래 설립될 회사가 상인이라는 이유만으로 그 행위자 개인의 보조적 상행위가 될 수는 없다.[43]

(4) 차입행위

영업자금 차입행위는 행위 자체의 성질로 보아서는 영업의 목적인 상행위를 준비하는 행위라고 할 수 없지만, 차입자와 대여자가 모두 영업준비행위라는 사실을 인식한 경우에는 보조적 상행위에 해당한다.[44]

V 절대적 상행위

절대적 상행위란 그 행위의 성격으로 인하여 누가 어떤 목적으로 하든 상행위로 인정되는 행위를 말한다. 현행 상법은 절대적 상행위를 인정하지 아니하고 있다. 다만, 담보부사채신탁법은 위탁회사 또는 신탁업자는 신탁계약에 따라 제3자로 하여금 사채총액을 인수하게 할 수 있고, 이에 따른 사채총액의 인수는 상행위로 보고 있다(동법 제23조 제1항·제2항). 이것이 우리 법상 인정되는 절대적 상행위이다. 즉, 제3자는 상인이 아니더라도, 또 영업으로 하지 않더라도 사채총액을 인수하면 상행위가 되는 것이다.

VI 일방적 상행위와 쌍방적 상행위

일방적 상행위란 거래당사자 중 일방에 대하여만 상행위가 되는 행위, 즉 상인과 비상인간의 거래를 말한다(제3조). 이에 비하여 쌍방적 상행위란 거래당사자 쌍방에 대하여 상행위가 되는 행위, 즉 상인간의 거래를 말한다. 어느 행위를 하

42) 대법원 2020. 3. 12. 선고 2019다283794 판결; 2012. 3. 29. 선고 2011다83226 판결.
43) 대법원 2012. 7. 26. 선고 2011다43594 판결; 同旨 2020. 3. 12. 선고 2019다283794 판결; 1992. 11. 10. 선고 92다7948 판결.
44) 대법원 2012. 7. 26. 선고 2011다43594 판결.

든 거래당사자 쌍방에 대하여 상법이 적용된다(제3조). 다만, 법률관계의 특수성으로 인하여 쌍방적 상행위에 대하여만 적용되는 규정도 있다. 대표적으로는 제58조(상사유치권), 제67조(매도인의 목적물의 공탁, 경매권) 내지 제71조(매수목적물의 수량초과의 경우), 그리고 상호계산에 관한 제72조 내지 제77조 등을 들 수 있다.

제3절 상행위 특칙

I 민법총칙에 대한 특칙

1. 상행위의 대리와 위임

(1) 대리의 방식

1) 의의

일반적으로 대리인이 대리행위를 할 때에는 그 행위가 본인을 위한 것임을 상대방에게 표시하여야 하며, 이를 표시하지 아니한 때에 그 의사표시는 대리인 자신을 위한 것으로 본다(민법 제115조 본문). 다만, 상대방이 대리인으로서 한 것임을 알았거나 알 수 있었을 때에는 본인에게 효력이 생긴다(민법 제115조 단서·민법 제114조). 이를 顯名主義라고 한다. 이에 대하여 상법은 상행위의 대리인이 대리행위를 할 때에는 본인을 위한 것임을 표시하지 아니하여도 그 행위는 본인에 대하여 효력이 있는 것으로 하고 있다(제48조 본문). 이를 非顯名主義라고 한다. 예를 들면, 甲상인의 지배인 乙이 甲을 대리하여 丙과 거래하면서 甲의 대리인 자격으로 거래함을 나타내지 않더라도 그 거래는 甲과 丙 사이에 성립하고, 그 효과는 甲에게 발생하게 된다.

2) 취지

상인의 영업행위는 계속적·반복적으로 이루어져 상대방이 대리관계를 숙지하고 있는 경우가 통상적이어서 대리의사를 밝히는 번거로움을 생략하는 예가 흔하다. 그리고 상거래는 이행 여부가 중요하고, 당사자가 누구인지는 특히 중요한 뜻을 갖지 않는다. 이러한 상거래의 속성에 따른 거래의 신속성 및 현명주의를 채택하였을 때의 다툼을 방지하여 거래의 안전을 기하 고자 비현명주의라는 특칙 규정을 두고 있다.

3) 요건

제48조는 대리권의 존재를 전제로 하는 규정이므로, 동조가 적용되기 위하여는 대리권 자체는 존재하여야 한다. 이는 대리행위의 방식에 관한 특칙규정이고, 대리권이 없더라도 본인에게 효력이 발생한다는 뜻을 밝힌 규정은 아니기 때문이다. 대리권의 존재가 불분명한 경우 동조에 의거 대리권이 추정되는 것도 아니다.

동조는 본인에 대하여 상행위가 되는 행위를 대리한 경우에만 적용된다. 따라서 조세의 부과·징수 등 조세법률관계의 대리행위에는 적용되지 않는다.[45] 어음·수표행위는 고도의 요식성과 문언성이 요구되므로 그 대리행위에도 본조가 적용될 여지가 없다.[46] 반드시 대리관계가 어음·수표면에 기재되어야 본인에게 효과가 발생한다. 어음·수표의 대리에는 민법보다 더 엄격한 현명주의가 적용되는 셈이다. 다만, 대법원은 선하증권의 발행·교부와 관련하여 운송인의 대리인이 본인인 운송인을 표시하지 아니하고, 선하증권에 직접 서명하여 이를 송하인에게 교부하였더라도 행위자인 대리인이 아닌 본인을 운송계약상의 운송인으로 인정하고 있다.[47] 주의를 요한다.

한편 제48조는 기본적 상행위나 준상행위는 물론 보조적 상행위에도 적용된다. 예를 들면, 조합의 업무집행조합원이 조합의 보조적 상행위로서 유류를 공급받으면서 상대방에게 조합을 위한 것임을 표시하지 않았더라도 그 유류공급계약의 효력은 본인인 조합원 전원에게 미친다.[48]

4) 대리에 대한 상대방의 不知 및 입증책임

만일 상대방이 대리행위임을 알았다면 민법 제115조 단서에 의하여 본인에 대하여 효력이 생기므로 제48조를 적용할 필요가 없다. 그러므로 상대방이 대리행위임을 알지 못한 경우에도 제48조가 적용된다는 데에 특칙으로서의 의미가

---

45) 대법원 1968. 5. 28. 선고 68다480 판결.

46) 정찬형(2025), 221면; 정동윤(2012), 155면; 이철송(2022), 334면; 최기원·김동민(2014), 208면; 이병태(1988), 214면; 손주찬(2014), 223면; 대법원 1968. 5. 28. 선고 68다480 판결.

47) 대법원 1997. 6. 27. 선고 95다7215 판결.

48) 대법원 2009. 1. 30. 선고 2008다79340 판결.

있다.

그러나 상대방이 본인을 위한 대리행위임을 알지 못한 때에는 대리인에 대하여도 이행의 청구를 할 수 있다(제48조 단서). 이는 외관을 믿고 거래한 상대방이 예측하지 못한 손해를 입는 것을 방지하기 위한 규정이다. 이 경우 본인과 대리인의 상대방에 대한 책임의 성질이 문제된다. 連帶說은 상대방은 대리인에게 이행을 청구할 수 있을 뿐이고, 그 거래 자체는 적법한 대리권에 의거하여 이루어진 것으로서 본인과 거래상대방 사이에 성립하므로[49] 본인과 대리인간에는 부진정연대채무가 성립한다고 본다.[50] 이에 대하여 擇一說은 상대방이 본인과 대리인 중 유리한 자를 선택하여 이행을 청구하고, 그 중 어느 하나의 법률관계가 종료하면 다른 법률관계도 소멸한다고 본다.[51] 생각건대, 택일설과 같이 대리관계를 알지 못하였던 상대방이 선택권을 행사한다는 것은 옳지 않다고 본다(연대설).

한편 제48조 단서규정을 적용함에 있어 과실유무가 문제된다. 이에 대하여는 ① 상대방이 알지 못한 데 과실유무는 묻지 않는다는 견해[52]와, ② 과실 있는 상대방까지 보호할 필요는 없다는 입장으로 나뉜다.[53] 조문의 취지상 ①설이 타당하다고 본다. 그리고 대리인이 이행책임을 벗어나기 위하여는 상대방의 악의, 즉 대리행위임을 알고 있었음을 증명하여야 한다. 중과실이 있는 때에는 악의와 동일하게 다루어야 한다.

(2) 본인의 사망과 대리권

민법에서는 본인이 사망하면 대리권이 소멸한다(동법 제127조 제1호). 그러나 상인이 그 영업에 관하여 수여한 대리권은 본인이 사망하여도 소멸하지 아니한다(제50조). 대리인은 당연히 상속인의 대리인이 되고 상속인으로부터의 새로운 수권을 요하지 않는다. 상인이 사망하더라도 영업이 당연히 폐지되는 것은 아니기 때

49) 대법원 1996. 10. 25. 선고 94다41935·41942 판결.

50) 송옥렬(2021), 101면; 이철송(2022), 336면; 안강현(2019), 196면; 전우현(2012), 215면: 정경영(2009), 137면; 최기원·김동민(2014), 207면; 손주찬(2014), 222면; 정준우(2021), 217면; 최기원·김동민(2014), 207면.

51) 정동윤(2012), 154면; 최준선(2016), 251면.

52) 이철송(2022), 336면; 송옥렬(2021), 101면; 최기원·김동민(2014), 207면; 정찬형(2025), 221면; 이기수·최병규(2016), 312면.

53) 최준선(2016), 251면; 손주찬(2004), 222면; 정동윤(2012), 154면; 안강현(2019), 197면; 정경영(2009), 137면.

문에 영업거래가 영향을 받지 않도록 기업유지와 거래안전을 위한 특칙이다. 다만, 상속인이 수권행위를 철회하고 새로운 대리권 수여행위를 할 수 있음은 당연하다. 그리고 동조는 그 취지상 본인이 상인인 때에 한하여 적용되고, 본인은 상인이 아니고 대리인이나 대리행위의 상대방만 상인인 때에는 적용되지 않는다. 또한 대리권수여의 기초법률관계로는 고용(예 지배인의 선임 등), 조합 또는 대리상계약이 있는데, 역시 본인의 사망으로 인하여 대리권이 영향을 받지는 않는다.

회사가 본인인 때에 사망이란 소멸을 뜻한다. 회사가 소멸하면 영업도 폐지되므로 상속인에 의한 기업유지라는 명제가 성립될 수 없다. 즉, 제50조가 적용되지 않는다. 또 회사의 청산시에도 청산인이 따로 선임되므로 마찬가지이다.

(3) 수임인의 권한

상행위의 위임을 받은 자는 위임의 본지에 반하지 아니한 범위 내에서 위임을 받지 아니한 행위를 할 수 있다(제49조). 예를 들면, 물품매수를 위임받은 자가 매수한 물품의 가격이 폭락할 상황이 보이므로 급히 매각하여 손해를 최소화하는 것과 같다. 본래 수임인은 위임의 본지에 따라 선량한 관리자의 주의로써 위임사무를 처리하여야 한다고 규정한 민법의 일반원칙(민법 제681조)에 의하더라도 수임인은 사정변경에 처하여 臨機의 필요한 조치를 할 수 있다. 그러므로 제49조는 수임인의 권한에 관한 민법 제681조 규정의 취지를 선명하게 하기 위한 주의적인 규정이다(통설). 왜냐하면 민법학에서도 위임의 본지를 유연하게 해석하여 수임인이 본인의 지시대로 사무를 처리하는 것이 본인에게 불리한 경우 등 위임의 본지에 적합지 아니하는 때에는 본인에게 통지하여 변경을 요구할 수 있고, 사정이 급박한 때에는 수임인이 결정하여 임시의 필요한 조치를 취할 수 있기 때문이다(통설). 그리고 상행위의 위임을 받은 수임자의 권한을 일반적으로 허용되는 수임인의 권한보다 확대한 것으로 해석하면, 본인의 지위가 불안해지고 그 결과 본인의 이익을 해할 우려도 있다.

그러나 판례는 상거래의 위임의 경우에는 위와 달리 위임인과 수임인 쌍방이 대등한 교섭능력을 지니고 있다고 하여 수임인은 위임인으로부터 명시적으로 위임받은 범위 내(예 신디케이트론 대리조항)에서만 선관주의의무를 진다고 판시하였다.[54)]

---

54) 대법원 2012. 2. 23. 선고 2010다83700 판결.

2. 상사시효

(1) 시효기간의 단축

민법상 채권의 소멸시효는 일반적으로 10년이지만(민법 제162조 1항), 상행위로 인한 채권의 소멸시효는 원칙적으로 5년이다(제64조 본문). 상법에서 시효기간을 단축한 취지는 대량적·반복적으로 행하여지는 상거래를 보다 신속히 종결시켜 주기 위함이다.

(2) 적용범위

상사시효는 '상행위로 인한 채권'에 대하여만 적용되는데, 그 구체적인 범위는 아래와 같다.

1) 상행위로 인한 채권의 개념

'상행위로 인한 채권'에는 일방적 상행위로 생긴 채권도 포함된다. 기본적 상행위나 준상행위와 같은 영업적 상행위뿐만 아니라 보조적 상행위로 인한 채권도 포함된다.[55] 채권자가 상인이든 채무자가 상인이든 묻지 아니 한다.[56]

2) 채권의 발생원인

제64조의 법문상 채권의 발생원인이 상행위이어야 하지만, 문제된 채권이 직접 상행위로 인하여 생긴 것이 아닐지라도, 상행위로 생긴 원채권의 변형으로서 원채권과 실질적으로 동일성을 유지하는 채권도 동조의 적용대상이다. 따라서 상행위로 생긴 채무의 불이행으로 인한 손해배상청구권,[57] 상행위인 계약의 해제로 인한 원상회복청구권 등에도 제64조가 적용된다.[58] 상행위인 매매·도급계약(예 건설공사)에 의거한 하자담보책임 역시 같다.[59] 부당이득반환청구권일지라도 그것이 상행위인 계약에 기초하여 이루어진 급부 자체의 반환을 구하는 경우도 동일하다.[60]

한편 대법원은 제54조의 상사법정이율이 적용되는 '상행위로 인한 채무'에는

---

55) 대법원 2024. 3. 12. 선고 2021다309927 판결; 2005. 5. 27. 선고 2005다7863 판결.
56) 대법원 2002. 9. 24. 선고 2002다6760·6777 판결; 2000. 8. 22. 선고 2000다13320 판결.
57) 대법원 2008. 3. 14 선고 2006다2940 판결; 1997. 8. 26. 선고 97다9260 판결; 1979. 11. 13 선고 79다1453 판결.
58) 대법원 2021. 9. 9. 선고 2020다299122 판결; 1993. 9. 14. 선고 93다21569·2775 판결.
59) 대법원 2021. 8. 12. 선고 2021다210195 판결; 2013. 11. 28. 2012다202383 판결.
60) 대법원 2019. 9. 10. 선고 2016다271257 판결.

상행위로 인하여 직접 생긴 채무뿐만 아니라 그와 동일성이 있는 채무 또는 그 변형으로 인정되는 채무도 포함된다고 판시하고 있다.[61] 이 점에서는 상사시효의 법리와 같다. 따라서 상사법정이율을 인정하고 있는 상행위인 운송계약의 불이행에 따른 손해배상청구권,[62] 또는 국가(예 육군)를 상대로 하는 납품계약불이행에 따른 손해배상청구권의 행사[63]에도 상사시효가 적용된다고 본다. 이는 후술하는 부당이득반환청구권의 행사의 경우와는 다소 다르다.

3) 채권의 유형

채권의 유형에는 금전채권은 물론 모든 채권이 포함된다.[64] 따라서 일방적 상행위 또는 보조적 상행위로 인한 채권에도 적용된다.[65] 계약의 해제권은 그 법적 성질이 형성권이지만, 그 계약이 상행위인 경우에는 제64조가 적용된다는 견해가 있다.[66] 그러나 이는 '채권'이 아니고 형성권이므로 명문규정에 어긋나고, 형성권에는 소멸시효가 아닌 제척기간이 적용되어야 한다고 본다.[67]

한편 주주의 배당금지급청구권은 5년의 시효에 걸린다(제464조의 2 제2항). 다만, 이 청구권은 상사채권이 아니다. 이익배당은 내부적 분배행위로서 영업으로 또는 영업을 위하여 하는 행위가 아니기 때문이다.[68] 이 점 주의를 요한다.

4) 주채무와 보증채무시효의 상이성

제64조가 적용되는 경우 주채무와 보증채무의 시효가 달리 적용될 수 있다. 주채무가 민사채무라도 보증채무가 상행위로 인하여 생긴 것인 때에 그 보증채무는 5년의 시효로 소멸한다. 그리고 보증인이 상인(예 은행)이고 그 보증행위가 보증인의 영업을 위한 것인 때에는 보증인이 보증채무를 이행한 후의 주채무자에

---

61) 대법원 2016. 6. 10. 선고 2014다200763 · 200770 판결; 2014. 11. 27. 선고 2012다14562 판결.
62) 대법원 2014. 11. 27. 선고 2012다14562 판결.
63) 대법원 2016. 6. 10. 선고 2014다200763 · 200770 판결.
64) 대법원 2000. 5. 12. 선고 98다23195 판결.
65) 대법원 2000. 5. 12. 선고 98다23195 판결. 이는 영리법인과 상인이 아닌 양수인 간의 매립지 양도약정에 기하여 양수인이 제기한 부동산 소유권이전청구권을 상사시효의 적용대상으로 본 사례이다; 기술한 2015. 9. 10. 선고 2015다218693 판결(기술한 옷가게 주인의 연 66% 고율의 금전대여행위) 등 참조.
66) 손주찬(2004), 225면; 이병태(1988), 217면; 최기원 · 김동민(2014), 211면.
67) 同旨 이철송(2022), 340면.
68) 대법원 2021. 6. 24. 선고 2020다208621 판결.

대한 구상권의 시효도 같다.

5) 부당이득반환청구권이나 불법행위로 인한 손해배상청구권

가) 원칙 제64조는 거래행위로 발생한 채권에만 적용된다. 부당이득반환청구권이나 불법행위로 인한 손해배상청구권과 같은 법정채권에는 적용되지 않는다(통설·판례).[69] 그리하여 선박의 불법행위로 인한 손해배상책임에 대하여는 상사시효가 적용되지 아니한다.[70] 예컨대, 주식회사甲이 부동산을 매수하였으나, 이사회결의가 부존재하여 매매계약이 무효임을 이유로 甲이 매도인(乙)에게 매매대금을 부당이득으로 하여 반환청구하더라도 상사시효가 적용되지 않는다. 해당 부당이득반환청구에 대하여는 '상거래와 같은 정도로 신속하게 해결할 필요성'이 없기 때문이다.[71] 즉, 그러한 채권은 상거래의 신속·안전이라는 본조의 취지와 무관하기 때문이다. 위법배당반환청구권(제462조 제3항)의 경우도 같다. 이러한 청구권은 상행위인 계약에 기초하여 이루어진 급부의 반환을 구하는 것도 아니다.[72]

나) 부당이득반환청구권에 관한 판례의 상이성 및 판단기준 위와 같이 법정채권에는 상사시효가 적용되지 아니한다는 것이 통설·판례이나, 이 중에서 부당이득반환청구권사건에 대하여는 판례가 엇갈린다. 최근 상행위에 기초하여 이루어진 급부를 대상(보증보험회사가 무효인 보증계약에 의하여 지급한 보험금)으로 하는 부당이득반환청구권사건에서는 '상거래와 같은 정도로 신속하게 해결할 필요성'이 있다고 보아 상사시효를 적용한 판례가 있다.[73] 가맹상이 가맹업자에게 과다하게 지급한 수수료를 부당이득으로 반환청구한 사건에서도 '상거래와 같은 정도로 신속하게 해결할 필요성'이 있다고 보아 상사시효를 적용한 판례가 있다.[74] 그리고 부당이득반환청구권이라도 그것이 상행위인 계약에 기초하여 이루어진 급부 자체의 반환을

---

69) 대법원 2019. 9. 10. 선고 2016다271257 판결; 2012. 5. 10. 선고 2012다4633 판결; 2003. 4. 8. 선고 2002다64957·64964 판결; 1985. 5. 28. 선고 84다카966 판결.

70) 대법원 1985. 5. 28. 선고 84다카966 판결.

71) 대법원 2003. 4. 8. 선고 2002다64957·64964 판결.

72) 대법원 2021. 6. 24. 선고 2020다208621 판결; 2019. 9. 10. 선고 2016다271257 판결.

73) 대법원 2021. 7. 22. 선고 2019다277812 전원합의체; 2007. 5. 31. 선고 2006다63150 판결; 同旨 대법원 2021. 8. 19. 선고 2018다258074 판결.

74) 대법원 2018. 6. 15. 선고 2017다248803 판결.

구하는 사례에서도 동일한 판단기준으로 5년의 소멸시효를 인정하고 있다.[75]

이에 비하여 보증채무 없이 타인의 채무를 대신하여 변제함으로써 채무자를 면책시키는 것은 거래행위가 아니고, 따라서 이로 인해 취득하는 구상권도 법정채권이므로 상사시효가 적용되지 않는다고 하였다.[76] 그리고 교통사고 피해자가 책임보험의 보험자로부터 보험금을 수령하였음에도 자동차손해배상 보장사업을 위탁받은 보험사업자로부터 또다시 피해보상금을 수령한 경우, 보험사업자의 부당이득반환청구권의 소멸시효기간은 10년이라고 하였다.[77] 또한 임대인 甲회사와 임차인 乙회사 사이에 체결된 건물임대차계약이 종료되었음에도 乙 회사가 임차건물을 무단으로 점유·사용한 사안에서도, 대법원은 甲회사의 부당이득반환채권은 '상거래 관계에서와 같이 정형적으로나 신속하게 해결할 필요성'이 없으므로 특별한 사정이 없는 한 10년의 민사소멸시효가 적용된다고 하였다.[78]

결국 대법원은 '상거래와 같은 정도로 신속하게 해결할 필요성'이 있는 지를 판단기준으로 삼아 부당이득반환청구권 사건에서 제64조의 적용 여부를 결정하고 있다. 다만, 언제 그리고 무엇이 이러한 판단요건을 충족시키는지에 대하여는 아무런 기준을 제시하지 않고 있다.

6) 어음·수표채권

어음·수표채권은 상사채권이 아니며 별도의 단기시효(어음법 제70조: 만기일로부터 3년, 수표법 제51조: 제시기간이 지난 후 6월)가 마련되어 있으므로 제64조가 적용될 여지가 없다. 이득상환청구권(어음법 제79조·수표법 제63조)[79]도 같다. 그러나 甲이 상인인 乙과의 사이에 乙이 회수한 甲이 대표이사로 있는 회사 발행의 부도난 어

---

75) 대법원 2019. 9. 10. 선고 2016다271257 판결.

76) 대법원 2001. 4. 24. 선고 2001다6237 판결; 1996. 3. 26. 선고 96다3791 판결; 공제조합이 조합원의 채무를 변제하고 보험자대위의 법리에 의해 취득한 구상권을 상사채권이 아니라고 본 사례.

77) 대법원 2010. 10. 14. 선고 2010다32276 판결.

78) 대법원 2012. 5. 10. 선고 2012다4633 판결.

79) 이는 어음·수표상의 권리가 상환청구권보전절차의 흠결·소멸시효의 완성으로 인하여 소멸한 경우 소지인이 그로 인하여 이익을 얻은 어음수표상의 채무자에게 어음·수표금을 청구할 수 있는 권리를 말한다. 이는 어음수표상의 권리가 아니라, 즉 증권적 권리가 아니라 어음법과 수표법상의 권리이다. 이는 어음·수표상의 권리가 소멸함으로써 인정되는 것이기 때문이다.

음과 수표액면금을 甲개인이 乙에게 변제하기로 약정하였다면 乙의 행위는 영업을 위하여 하는 것으로 추정되고, 상사시효가 적용된다. 甲과 乙 사이의 약정은 어음·수표행위가 아니고 일방적 상행위에 해당하기 때문이다.[80]

7) 준소비대차로의 변경 또는 경개

기존의 채무를 준소비대차(민법 제605조)[81]로 변경하거나 更改(민법 제500조)를 한 경우에는 신채무가 성립되므로 기존 채무가 상행위로 인한 것인지를 불문하고 새로운 채무부담행위의 성질에 따라 시효를 결정한다. 따라서 준소비대차 또는 경개가 상행위(보조적 상행위)인 경우 신채무는 5년의 시효로 소멸한다.[82] 시효의 기산점은 신채무를 기준으로 한다.

8) 영업을 위하여 발행한 유가증권이 표창하는 채권

상인이 발행한 이러한 채권은 상행위로 인한 채권으로서 제64조의 적용을 받는다. 예를 들면, 관광호텔업을 하는 주식회사가 발행한 놀이공원입장권에 표창된 이용권은 상행위로 인한 채권이므로 5년의 시효에 걸린다. 기산일은 이용권의 발행일이다.[83] 그 밖에 음식점업자와 같은 공중접객업자가 사업장의 이용권을 표창한 입장권을 발행한 경우도 같다.

9) 양도채권 및 채무인수

채권이 양도되더라도 채권의 성질이 변하는 것은 아니므로 시효 역시 달라지지 않는다. 즉, 상사채권이 상인 아닌 자에게 양도되더라도 여전히 제64조가 적용되고, 반대로 민사채권이 상인에게 양도되거나 그 양도행위가 상행위이더라도 동조는 적용되지 않는다.

채무가 인수되더라도 같다. 상사채무가 성립한 이상 비상인이 인수하더라도 여전히 상사시효가 적용된다.[84] 면책적 채무인수의 경우에도 종래의 채무가 소멸되는 것은 아니기 때문이다.[85] 다만, 소멸시효기간은 채권자의 채무승인(민법 제454

---

80) 대법원 1994. 3. 22. 선고 93다31740 판결.

81) 예를 들면, 매매계약에 의하여 대금채무가 생기고 있는 경우에 매도인과 매수인이 그 대금채무를 소비대차로 하는 합의를 하면 그것만으로써 소비대차의 효력이 생긴다(민법 제605조).

82) 대법원 1989. 6. 27. 선고 89다카2957 판결; 1981. 12. 22. 선고 80다1363 판결.

83) 서울중앙지법 2012. 9. 28. 선고 2011가합16245 판결.

84) 대법원 1999. 7. 9. 선고 99다12376 판결.

85) 대법원 1999. 7. 9. 선고 99다12376 판결; 1996. 10. 11. 선고 96다27476 판결.

조)에 따라 채무인수일로부터 새로이 진행된다.[86] 반대로 비상사채무는 상인이 인수하더라도 제64조가 적용되지 않는다.

(3) 단기시효 및 상사시효의 배제

1) 의의

제64조의 상사시효는 상법이나 다른 법령에 그보다 짧은 시효규정이 없는 때에 적용된다. 별도의 단기시효규정이 있는 때에는 그 규정에 의하고, 5년의 시효는 적용되지 않는다(제64조 단서).

2) 상사법상 단기시효

상법상 상사시효보다 단기시효의 예로는 우선, 운송주선인(제121조 제1항)·육상운송인(제147조·제121조 제1항)·창고업자(제166조 제1항)의 책임의 시효 1년을 들 수 있다. 그리고 운송주선인의 채권(제122조), 육상운송인의 채권(제147조·제122조), 창고업자의 채권(제167조), 선박우선특권(제786조),[87] 해상운송인의 송하인 또는 수하인에 대한 채권 및 채무(제814조), 공동해손채권(제875조),[88] 역시 1년의 시효에 걸린다. 어음채권의 상환청구권행사의 시효기간, 수표채권의 지급보증인에 대한 청구권행사의 시효기간도 1년이다(어음법 제70조 제2항·제77조 제1항 제8호, 수표법 제58조). 이에 비하여 공중접객업자 책임의 시효는 6월이고(제154조 제1항), 수표소지인의 상환청구권 및 재상환청구권(재소구권. 수표법 제51조 제2항),[89] 어음채권의 재상환상환청구권[90]의 시효 역시 동일하다(어음법 제70조 제3항·제77조 제1항 제8호).

2년의 단기시효규정으로는 보험회사의 고객에 대한 보험료청구권(제662조 후단), 선박충돌로 인한 손해배상청구권(제881조 본문) 등이 있다. 이 밖에 ① 고객의 보험회사에 대한 보험금액청구권 및 보험료·적립금의 반환청구권의 소멸시효(제662조 전

86) 대법원 1999. 7. 9. 선고 99다12376 판결.

87) 이는 선박에 관한 특정 채권에 관하여 채권자가 선박과 그 부속물에 대하여 다른 채권자보다 우선변제를 받을 수 있는 특수한 담보권을 말한다. 해상우선특권이라고도 한다.

88) 이는 선박과 적하의 공동위험을 면하기 위한 선장의 선박 또는 적하에 대한 처분으로 인하여 생긴 손해 또는 비용을 모든 이해관계자에게 분담시키는 제도를 공동해손제도라고 하고(제865조), 공동해손채권이란 손해를 입었거나 비용을 지출한 경우에 발생하는 채권을 뜻한다.

89) 수표의 채무자가 다른 채무자에 대하여 행사하는 상환청구권을 말한다.

90) 배서인의 다른 배서인과 발행인에 대하여 행사하는 상환청구권을 말한다.

단) 및 ② 어음채권의 주채무자에 대한 청구권의 소멸시효(어음법 제70조 제1항·제77조 제1항 제8호)는 3년이다.

3) 민법상 단기시효

민법에서는 ① 이자·부양료·급료·사용료 기타 1년 이내의 기간으로 정한 금전 또는 물건의 지급을 목적으로 하는 채권, ② 생산자 및 상인이 판매한 생산물 및 상품의 대가 또는, ③ 수공업자 및 제조자의 업무에 관한 채권(동법 제163조 제1호, 제6호, 제7호) 등에 대하여는 3년의 시효를 적용하고 있다. 그리고 여관, 음식점, 대석, 오락장의 숙박료, 음식료, 대석료, 입장료, 소비물의 대가 및 체당금의 채권 등에 대하여는 1년의 시효를 적용하고 있다(동법 제164조 제1호).

이 가운데 민법 제163조 제6호의 상인이 판매한 상품의 대가, 동조 제7호 및 동법 제164조 제1호의 채권은 상사채권이다. 그럼에도 불구하고 법률은 민법상의 3년 또는 1년의 단기시효를 적용하고 있다.

4) 단기시효 적용채권의 배상채권 등

위와 같은 단기시효가 적용되는 채권의 이행지체로 인한 손해배상채권에 대한 시효도 문제될 수 있다. 이와 관련하여 은행의 대출금채권에 대한 지연손해금은 민법 제163조 제1호의 이자채권도 아니고, 불법행위로 인한 손해배상채권에 관한 민법 제766조 제1항의 단기시효(3년)의 대상도 아니며, 상행위로 인한 채권으로서 제64조의 상사시효가 적용된다.[91)]

위탁자의 상품공급으로 인한 위탁매매인에 대한 이득상환청구권이나 이행담보책임 이행청구권은 민법 제163조 제6호의 '상인이 판매한 상품의 대가'에 해당하지 아니하여 단기시효(3년)가 아니라 상사시효의 대상이 된다.[92)] 그 이유는 민법 제163조 제6호는 위탁매매인에 대한 상품공급과 서로 대가 관계에 있어 등가성이 있는 채권(판매대금)에 대하여 적용되는 것이고, 상품의 공급을 원인으로 하는 부수적인 채권 예를 들면, 위탁자가 위탁매매인에게 갖는 위탁매매의 대금청구권이나 하자담보책임 또는 채무불이행책임은 포함하지 않기 때문이다.[93)]

영업으로 하는 상품의 공급(예 전기공급)과 관련하여 손해배상액을 예정하거나

---

91) 대법원 2008. 3. 14. 선고 2006다2940 판결; 1979. 11. 13. 선고 79다1453 판결.
92) 대법원 1996. 1. 23. 선고 95다39854 판결.
93) 대법원 1996. 1. 23. 선고 95다39854 판결.

위약금을 약정하여 생긴 손해배상채권, 즉 위약금채권은 민법 제163조 제1호의 '1년 이내의 기간으로 정한 금전의 지급을 목적으로 한 채권'이 아니라 '영업으로 하는 전기의 공급에 관한 행위'로서 기본적 상행위(제46조 제4호)에 해당한다. 따라서 전기공급계약에 근거한 위약금 지급채무 역시 상행위로 인한 채권으로서 제64조가 적용된다.[94] 전기공급주체가 공법인인 경우에도 법령에 다른 규정이 없는 한 상법이 적용되므로(제2조), 5년의 시효로 완성되는 것이다.

Ⅱ 민법 물권편에 대한 특칙

1. 유질계약의 허용

(1) 취지

민법은 질권설정시의 계약 또는 채무변제기 전의 계약으로 변제에 갈음하여 질권자(질권설정시의 채권자)에게 질물의 소유권을 취득하게 하거나 기타 법률이 정한 방법에 의하지 아니하고 질물을 처분할 것을 약정하는 행위를 금지하고 있다(동법 제339조). 이 약정을 「유질계약」이라 하는데, 채무자(질권설정자)의 궁박한 사정에 편승하여 채권자가 폭리를 취하는 것을 방지하는 데 그 취지가 있다. 法이 後見的 機能을 하고 있는 것이다. 따라서 민법상 유질계약은 변제기 이후에만 가능하다.

그러나 상인들은 어느 정도의 경제력과 불이익을 판단하여 계약을 체결할 수 있는 능력을 갖추고 있어 법의 후견적 기능은 불필요하다고 보아 유질계약을 허용하여 상인에게 금융의 신속과 편익을 제공하고 있다(제59조).

(2) 적용범위

1) 의의

제59조는 '상행위로 인하여 생긴 채권'을 담보하기 위하여 설정한 질권에 적용된다. 그리하여 이 규정의 적용범위라고 할 수 있는 '상행위로 인하여 생긴 채권'을 이해하는 데 견해가 나뉜다.

2) 학설 및 판례

학설이 나뉘는 주요 논지는 유질계약이 비상인인 채무자(질권설정자)가 질권을

94) 대법원 2013. 4. 11. 선고 2011다112032 판결.

설정하는 경우에도 허용되는지에 있다. 肯定說은 채무자 또는 채권자(질권자) 어느 일방의 상행위로 인하여 생겨난 채권으로 이해한다.[95] 이에 따르면 비상인인 채무자가 상인인 채권자에게 질권을 설정하는 경우에도 상법상 유질계약이 성립한다. 이에 비하여 否定說은 제59조가 상인에 대하여는 법의 후견적 배려가 불필요하다는 점에 입법동기가 있음을 고려하면, 질권자가 상인이고 질권설정자가 비상인인 경우는 이 입법취지에 맞지 않는다고 한다. 그리하여 상인인 채무자가 질권을 설정할 경우에만 동조가 적용된다고 한다.[96]

판례는 "유질약정이 유효하기 위하여는 질권설정계약의 피담보채권이 상행위로 인하여 생긴 것이면 충분하고, 질권설정자가 상인이어야 하는 것은 아니다. 일방적 상행위로 생긴 채권을 담보하기 위한 질권에도 제59조가 적용된다."는 입장을 밝히고 있다(긍정설).[97]

3) 사견

채무자가 비상인인 경우에는 유질계약을 허용할 근거를 찾기 어렵다. 따라서 제59조가 적용되기 위하여는 피담보채권은 일방적 상행위로 생긴 것이어야 하지만, 채무자는 상인이어야만 제59조의 입법취지를 살릴 수 있다고 본다(부정설). 다만, 이는 오래된 논의로써 향후 입법적으로 정리할 필요가 있다.

(3) 성립요건

모든 상사질권설정계약이 당연히 유질계약에 해당하는 것은 아니다. 상사질권설정계약에 있어서 제59조의 유질계약의 성립을 인정하기 위하여는 그에 관하여 별도의 명시적 또는 묵시적인 약정이 있어야 한다.[98]

(4) 질권의 실행 방법 또는 절차

상법은 유질약정이 체결된 경우 질권의 실행 방법이나 절차에 관하여는 아무런 규정을 두지 않고 있다. 때문에 유질약정이 포함된 질권설정계약이 체결된 경

95) 손주찬(2004), 231면; 안강현(2019), 203면; 전우현(2011), 216면; 정동윤(2012), 160면; 최기원·김동민(2014), 215면.

96) 이병태(1988), 220면; 이철송(2022), 354면; 정찬형(2025), 232면; 이기수·최병규(2016), 324면; 김성태(2002), 449면; 장덕조(2017), 197면; 정경영(2016), 268면.

97) 대법원 2017. 7. 18. 선고 2017다207499 판결; 의정부지법 고양지원 2011. 10. 7. 선고 2011가합1439 판결.

98) 대법원 2008. 3. 14. 선고 2007다11996 판결.

우 질권의 실행 방법이나 절차는 원칙적으로 질권설정계약에서 정한 바에 따른다. 따라서 ① 질물인 비상장주식의 가격산정방식에 관하여 질권설정계약에서 정한 바가 없고 또 시장가격이 없는 경우, ② 질권자(채권자)가 유질약정을 근거로 처분정산의 방법으로 비상장주식 가격 산정방식 중 하나를 채택하여 질권을 실행한 이상, ③ 설령 나중에 그 가격이 합리적이 아니었다고 인정되더라도, 채권자의 처분행위 자체가 무효가 되는 것은 아니다.[99)]

2. 상사유치권

(1) 의의

1) 연혁 및 취지

상법은 민법 제320조의 유치권과는 별도의 상사유치권에 관한 규정을 두고 있다(제58조). 양자는 그 목적과 기능이 다르다. 민법상의 유치권은 로마법의 악의의 항변에 기원을 두고 형평의 원칙에 입각한 인도거절권에서, 상법상의 유치권은 상거래채권의 신속하고 편리한 담보방법으로 발달한 것으로서 중세 이탈리아 상업도시의 상관습에서 유래한다.[100)] 즉, 상사유치권은 민사유치권의 성립요건을 변경·완화하여 채권자를 보호하고 계속적 신용거래를 원활·안전하게 할 목적으로 당사자간의 합리적인 담보설정의사를 배경으로 하여 추인된 법정담보물권이다.

2) 유형

상사유치권에는 쌍방적 상행위에 적용되는 일반적 상사유치권(제58조)과 몇 가지 업종에 대하여 특수한 상사유치권을 인정하고 있다. 대표적으로는 대리상·위탁매매인·운송주선인·운송인·해상운송인 등의 영업에서 발생하는 채권을 피담보채권으로 하는 유치권을 인정하고 있다.

(2) 요건

1) 채권의 변제기

상인간의 상행위로 인한 채권(예 보수청구권)이 변제기에 있는 때에는 채권자는 그 변제를 받을 때까지 그 채무자에 대한 상행위로 인하여 자기가 점유하고 있는

99) 대법원 2021. 11. 25. 선고 2018다304007 판결.
100) 이철송(2022), 345면; 정동윤(2012), 158면.

채무자소유의 물건 또는 유가증권을 유치할 수 있다. 그러나 당사자간에 다른 약정이 있으면 그러하지 아니하다(제58조). 이를 민법상의 유치권과 비교하면, ① 상사유치권은 유치물과 피담보채권의 牽聯性을 요구하지 않는 점에서 민법상의 유치권보다 요건이 완화되어 있지만, ② 유치권의 목적물을 채무자의 소유물로 한정하고 있는 점에서는 민법보다 요건을 강화하고 있다. 이는 상사유치권이 채권담보의 수단으로 발달한 데에서 비롯되는 차이이다.

2) 당사자

상사유치권은 채권자와 채무자가 모두 상인인 경우에만 성립할 수 있다(제58조 본문). 따라서 상인인 이상 소상인도 무방하다. 채권자(유치권자) 및 채무자의 상인자격은 피담보채권의 성립시는 물론 유치물의 점유가 개시된 시점에서도 갖추어야 한다. 그러나 채권의 변제기(예 5년) 또는 유치권을 행사할 때에는 상인자격을 요하지 아니한다(통설).

3) 피담보채권

가) 상행위로 인한 채권 피담보채권은 '상인간의 상행위'로 인하여 발생한 것이어야 한다(제58조 본문). 이는 상인인 채권자와 채무자 쌍방에게 상행위가 되는 행위로 인하여 발생한 채권이어야 함을 뜻한다(통설). 따라서 당사자가 모두 상인이더라도 채권의 발생원인이 일방적 상행위 또는 쌍방에게 상행위가 아닌 때는 상사유치권이 성립하지 않는다. 상행위는 기본적 상행위·보조적 상행위 여부를 묻지 않는다.

상사유치권은 제3자로부터 양수한 채권을 가지고는 행사할 수 없다. 상사유치권은 쌍방적 상행위로 발생한 것이어야 하는데, 제3자로부터 양수한 채권은 일방적 상행위에 그치기 때문이다. 또 이를 허용하면 채무자가 예상하지 못한 손해를 입을 수 있다. 예를 들면, 乙의 채권자 甲이 자기의 채권을 乙의 물건을 점유하는 丙에게 양도하더라도 丙은 乙에 대하여 유치권을 행사할 수 없다. 다만, 지시식 또는 무기명식채권은 채권자의 변경(증권유통)을 예상할 수 있으므로 새로운 취득자가 상사유치권을 행사할 수 있다. 앞 사례의 경우 甲이 丙에게 乙이 발행한 어음을 양도하였다면 丙은 자기가 가지고 있던 乙의 물건에 대하여 유치권을 행사할 수 있는 것이다. 같은 논리로 양도가 예정되어 있는 채권(예 양도성대출계약)도 새로운 채권양수인이 상사유치권을 행사할 수 있다.[101] 그리고 상속·합병과 같이 유치목적물과 채권자의 지위가 포괄적으로 이전되는 경우에는 승계인이 유치권을 행사할 수 있다고 본다(통설).[102] 채무자에게 새로이 불이익을 주는 바가 없기 때문이다.

한편 채권이 양도된 후 채무자(甲)가 새로운 채권의 양수인(乙)에게 다른 채무(A)를 부담하여 새로이 물건이나 유가증권을 담보(B)로 제공하는 경우 채권자(乙)는 양수받은 채권을 가지고 이 담보물(B)에 대하여 상사유치권을 행사할 수 있다.

나) 피담보채권의 종류 피담보채권은 금전채권이어야 한다. 유치물의 경매대금에서 변제될 수 있는 것이어야 하기 때문이다. 처음부터 금전채권일 필요는 없고, 금전채권으로 전환할 수 있는 채권도 무방하다. 따라서 종류물채권이나 특정물채권이라도 채무불이행으로 인하여 손해배상채권으로 化한 경우에는 피담보채권이 될 수 있다.[103] 다만, 손해배상청구권이 성립한 시점에서는 상사유치권의 요건을 충족하여야 한다.

다) 변제기 유치권은 채권의 변제기가 도래한 때에 행사할 수 있다. 따라서 유치물의 점유를 취득할 때에는 채권이 변제기에 있지 않아도 되고, 유치권의 성립에 채무자의 이행지체를 요하지 않는다.

4) 목적물(유치물)

가) 소유권 상사유치권의 목적물은 채무자의 소유이어야 한다. 이 점 피담보채권과 牽聯性 있는 물건이라면 누구의 소유이냐를 묻지 않고 유치권이 성립할 수 있는 민법의 경우와 다르다. 상사유치권은 피담보채권과 유치권의 목적물간의 견련성을 요하지 않는다. 그러므로 제3자의 소유물에 대하여도 상사유치권을 성립시킬 수 있다고 하면, 명백한 소유권 침해가 되기 때문에 상사유치권의 목적물을 채무자소유의 것으로 제한하고 있다.[104] 그리고 상사유치권이 채무자소유의 목적물에 대하여만 성립한다는 것은 상사유치권은 그 성립 당시 채무자가 목적물에 대하여 보유하고 있는 담보가치만을 대상으로 하는 제한물권[105]이라는

101) 대법원 2000. 10. 10. 자 2000그41 결정.

102) 상속의 경우 반대: 최기원·김동민(2014), 216면.

103) 대법원 2013. 2. 28. 선고 2010다57350 판결.

104) 대법원 2013. 2. 28. 선고 2010다57350 판결.

105) 일정한 목적을 위하여 타인의 물건에 대해 제한적 지배를 허용하는 물권이다. 제한물권은 지상권, 지역권 또는 전세권을 내용으로 하는 용익물권과 유치권, 저당권 또는 질권을 내

의미를 담고 있다.[106] 따라서 유치권 성립 당시에 채무자 소유이더라도 이미 제3자의 제한물권이 설정되어 있다면, 상사유치권은 그 제한물권이 확보하고 있는 담보가치를 (사후적으로)침해하지 못한다.[107]

목적물이 채무자의 소유이어야 함은 유치권의 성립요건이지 존속요건은 아니다. 때문에 유치권이 성립한 후 채무자가 목적물을 타인에게 양도하더라도 채권자는 유치권을 잃지 않는다.

나) 목적물의 종류 상사유치권의 목적물은 물건 또는 유가증권이다. 이는 민법상의 유치권과 같다(민법 제320조 제1항). '물건'에는 부동산도 포함된다(통설·판례)[108]. 이 밖의 권리나 무체재산권 등은 목적물에 포함되지 않는다.

다) 목적물점유의 원인 상사유치권의 목적물은 '채무자에 대한 상행위로 인하여 채권자가 점유하고 있는' 물건이나 유가증권이다. '상행위로 인하여'는 점유취득행위(예 자동차취득행위)가 상행위이어야 한다는 것이 아니라 점유취득의 원인행위(예 당초의 자동차판매행위)가 상행위이어야 함을 뜻한다. 점유취득의 원인행위는 채권자(예 자동차판매자)에게만 상행위이면 족하고(통설), 보조적 상행위를 포함한다.

5) 피담보채권과 목적물의 일반적 견련성

민법상의 유치권은 개별적 견련성이 있어야 성립한다. 그리하여 피담보채권이 채권자가 점유하는 '목적물에 관하여' 생긴 것이어야 한다(민법 제320조 제1항). 그러나 상사유치권은 이러한 견련성을 요하지 않는다. 유치권의 목적물이 채무자의 소유물이라는 사실, 즉 일반적 견련성만으로 족하다(제58조 본문). 예를 들면, 2021년 11월 1일 과일도매상 甲이 위탁매매업자 乙에게 감귤 1,000상자의 매도를 위탁하자 乙이 이를 이행하여 甲에게 보수청구권 500만원을 갖고 있는 경우, 乙은 채권자의 지위에 서게 된다. 이후 2022년 3월 1일 甲이 다시 乙에게 사과 500상자의 매수를 위탁하자 乙이 이를 이행하여 사과를 점유하고 있는 경우 乙은 귤의 위탁매매로 인한 보수청구권 500만원을 가지고 사과에 대하여 유치권을 행사할 수 있게 된다.

용으로 하는 담보물권으로 나눈다.

106) 대법원 2013. 2. 28. 선고 2010다57350 판결.

107) 대법원 2013. 2. 28. 선고 2010다57350 판결.

108) 대법원 2013. 5. 24. 선고 2012다39769 판결; 最高裁判所 平成 29. 12. 14. 民集 71巻 10号, 2184面. 반대론으로는 최기원·김동민(2014), 218면.

한편 상사유치권은 채무자와의 상행위로 인하여 점유하고 있는 것이라면 현재의 채권과 직접 관련이 없는 목적물일지라도 행사할 수 있다. 예를 들면, 과거의 상행위로 인하여 점유하고 있는 물건 등에 대하여도 현재의 채권을 담보하기 위하여 유치할 수 있는 것이다. 이러한 일반적 견련성이 상사유치권의 중요 특징이다.

(3) 유치권배제의 특약

기술한 요건을 충족하면 상사유치권이 성립하지만, 당사자의 특약으로 이를 배제할 수 있다(제58조 단서). 특약은 묵시의 의사표시로도 할 수 있다(통설·판례).[109] 다만, 은행의 고객이 은행에 대하여 어음의 추심(대금회수)을 위임한 것을 가지고 그 어음에 대하여 유치권의 성립을 배제하기로 하는 특약으로 볼 수는 없다. 어음에 관한 유치권행사가 어음추심의 이행행위와 충돌을 일으킨다고 보기 어렵기 때문이다. 즉, 甲회사에 대출금 채권을 가지고 있던 乙은행이 甲회사로부터 추심위임을 받아 보관 중이던 丙회사가 발행한 약속어음에 관한 상사유치권 취득을 주장한 사건에서, 대법원은 유치권배제의 명시적 약정이 존재하지 않는 상황에서 어음의 추심위임약정만으로는 乙은행과 甲회사 사이에 丙회사가 발행한 어음에 관한 유치권 배제의 묵시적 의사합치가 있었다고 볼 수 없다고 하였다.[110] 즉, 어음금회수라는 이행행위만을 위임한 것으로 본 것이다.

(4) 유치권의 효력

상법은 유치권의 효력에 관해서 채권자가 채권의 변제를 받을 때까지 목적물을 유치할 수 있다는 규정만을 두고 있으므로(제58조 본문), 나머지 사항에 관하여는 민법상의 규정이 준용된다(제1조; 민법 제320조 이하). 따라서 유치권자(채권자)는 변제를 받을 때까지 목적물을 유치할 수 있고(목적물의 유치권; 민법 제320조), 변제받기 위하여 유치물(목적물)을 경매할 수 있으며(경매권; 민법 제322조 제1항), 정당한 이유가 있을 때에는 감정인의 평가에 의하여 유치물로 우선변제에 충당할 것을 법원에 청구할 수 있다(간이변제충당; 민법 제322조 제2항). 그리고 과실을 수취하여 다른 채권자보다 우선적으로 자기의 채권의 변제에 충당할 수 있고(과실수취권; 민법 제323조), 유치물의 보존에 필요한 범위 내에서 목적물을 사용할 수 있으며(유치물사용권; 민법 제324조 제2항), 유치물에 관하여 필요비를 지출한 때에는 소유자에게 그 상환을 청

---

109) 대법원 2012. 9. 27. 선고 2012다37176 판결.
110) 대법원 2012. 9. 27. 선고 2012다37176 판결.

구할 수 있다(비용상환청구권; 민법 제325조 제1항).

(5) 특수한 상사유치권

상법은 일반적인 상사유치권 외에 대리상(제91조)·위탁매매인(제111조·제91조)·운송주선인(제120조)·운송인(제147조·제120조)·해상운송인(제807조 제2항)·항공운송인(제920조·제120조) 등에 관하여는 각 종류별 영업상의 채권을 피담보채권으로 하는 유치권을 인정하고 있다. 이 가운데 대리상과 위탁매매인의 유치권은 ① 일반적인 상사유치권과 같이 피담보채권과 목적물의 견련성을 요구하지 않고, ② 목적물이 민법의 경우와 같이 채무자소유임을 요구하지 아니하여 그 요건을 완화하고 있다. 이에 비하여 운송주선인, 운송인, 해상운송인 및 항공운송인의 유치권은 ① 일반적인 상사유치권과 달리 피담보채권과 목적물의 견련성을 요구하는 반면, ② 목적물이 민법의 경우와 같이 채무자소유임을 요구하지 않고 있다. 그리하여 운송업과 관련된 유치권은 민법상의 유치권과 흡사하나, 목적물이 운송물로 한정된다는 점에서 다르다(다음의 표 참조).

위와 같이 특수한 상사유치권을 분석하여 보면, 대리상과 위탁매매인의 경우가 채권자에게 가장 유리한 제도라고 할 수 있다.

■ 유치권의 유형별 대비

구분	민법상 유치권	일반적 상사 유치권	대리상	위탁 매매인	운송 주선인	운송인	해상 운송인	항공 운송인
피담보 채권	제한 없음	상행위로 인한 채권	대리 또는 중개로 인한 채권	위탁 매매의 이행으로 인한 채권	운송물에 관한 보수·운임·체당금·선대금	좌동	운임·부수비용·체당금·정박료·공동해손 및 해난구조로 인한 부담금	항공 운송물에 관한 보수·운임·체당금·선대금
유치물의 제한	제한 없음	좌동	좌동	좌동	운송물	좌동	좌동	좌동
유치물의	제한	채무자	제한	좌동	좌동	좌동	좌동	좌동

소유권	없음	소유	없음					
피담보 채권과 유치물의 견련성	요	불요	불요	불요	요	요	요	요

Ⅲ 민법 채권편에 대한 특칙

1. 계약의 성립

(1) 청약의 효력

1) 대화자간의 청약

제51조는 '대화자간의 계약의 청약은 상대방이 즉시 승낙하지 아니한 때에는 그 효력을 잃는다.'고 규정하고 있다. 이는 청약단계에서부터 거래관계의 신속한 완결을 도모하기 위한 규정이다. 민법에서는 대화자간의 계약의 성립시기에 관하여 별도의 규정을 두지 않고 있지만, 대화가 계속되는 동안에만 청약의 효력이 존속하는 것으로 해석함이 일반적이다. 따라서 제51조는 민법에 대한 특칙이라기보다는 같은 원리를 적용함을 주의적으로 밝힌 규정이다.

2) 격지자간의 청약

2010. 5. 14. 개정 전 제52조 제1항은 '격지자간의 계약의 청약은 승낙기간이 없으면 상대방이 상당한 기간 내에 승낙의 통지를 발송하지 아니한 때에는 그 효력을 잃는다.'라는 규정을 두고 있었다. 따라서 격지자간 계약의 청약에서 승낙기간이 없는 경우에는 동조에 따라 발신주의가 적용되고, 승낙기간이 있는 경우에는 민법규정(제528조 제1항)에 따라 도달주의가 적용되는 문제점이 있었다. 그리하여 2010년 개정상법은 제52조를 삭제하여 획일적으로 민법상 일반원리가 적용되도록 하여 청약의 효력발생시기를 동일하게 하였다.

(2) 계약의 성립시기

1) 의의

상법은 청약의 효력에 관한 규정만을 두고 있고, 계약의 성립시기에 대하여는 별도의 규정을 두고 있지 않다. 따라서 민법의 일반원칙에 따라야 한다.

2) 승낙기간을 정하지 아니한 상사계약

민법의 일반원칙에 의하면 승낙의 기간을 정하지 아니한 계약의 청약은 도달주의에 따라 청약자가 상당한 기간 내에 승낙의 통지를 받지 못한 때에는 그 효력을 잃는다(동법 제529조). 따라서 상사계약도 도달주의의 원칙상 청약자가 상당한 기간 내에 승낙의 통지를 수령하지 못하면 청약의 효력을 잃게 되므로 계약도 성립하지 않는다(민법 제529조 준용). 이에 비하여 격지자간의 계약은 발신주의에 따라 승낙의 통지를 발송한 때에 성립한다(동법 제531조). 따라서 승낙기간을 정하지 아니한 격지자간의 상사계약도 청약자의 청약 후 승낙자가 승낙의 통지를 발송한 때에 성립한다(민법 제531조 준용). 즉, 발신주의의 원칙상 승낙의 통지가 청약자에게 도달하지 않더라도 계약이 성립하는 것이다. 따라서 불도달로 인한 책임은 청약자가 부담한다. 다만, 증명책임은 승낙자에게 있다. 청약자가 계약의 불성립을 주장하는 때에는 승낙자가 상당한 기간 내에 승낙의 통지를 발송하였음을 증명하여야 하는 것이다.

3) 승낙기간을 정한 상사계약

일반원칙에 의하면 승낙의 기간을 정한 계약의 청약은 도달주의에 따라 청약자가 그 기간 내에 승낙의 통지를 받지 못한 때에는 그 효력을 잃는다(민법 제528조 제1항). 이에 비하여 격지자간의 계약은 발신주의에 따라 그 기간 내에 승낙의 통지를 발송한 때에 성립한다(동법 제531조). 따라서 현행법상 상사계약도 이 원리에 따라 성립할 수밖에 없는 한계가 있다.

(3) 청약수령자의 의무

1) 낙부통지의무

가) 취지 상인이 상시 거래관계에 있는 자로부터 그 영업부류에 속한 계약의 청약을 받은 때에는 지체 없이 낙부의 통지를 발송하여야 한다. 이를 해태한 때에는 승낙한 것으로 본다(제53조). 본래 민사거래이든 상사거래이든 청약의 수령자는 청약자에게 낙부통지를 할 의무는 없다. 그러나 상시 거래관계에 있는 상거래의 당사자간에는 종전의 거래에서 생긴 관성으로 인하여 특별한 사정이 없는 한 청약한 내용에 따라 새 계약이 체결될 것으로 신뢰하는 것이 통상적이다. 그리하여 상법은 상시 거래관계에 있는 상인에게는 지체 없이 낙부통지(예 거절의

통지)를 하도록 함으로써 상거래의 신속을 추구하고 때늦은 거절로 인하여 청약자가 예측하지 못한 손해(예 이행의 준비 등)를 입지 않도록 배려하고 있다. 청약수령자의 입장에서도 거래할 때마다 승낙의사를 통지할 필요 없이 계약을 체결시킬 수 있는 편리성이 있다.

나) 요건

① 당사자

제53조는 상인이 상시 거래관계에 있는 자로부터 청약을 받은 때에 적용된다. 그러므로 청약자는 상인이 아니어도 무방하지만 그 상대방, 즉 청약수령자는 상인이어야 한다(통설). 상인인 청약자가 비상인에게 청약을 할 때에는 적용되지 않는다. 청약의 상대방은 상시 거래관계에 있어야 한다.

'상시 거래관계'란 과거는 물론 장래에도 같은 거래가 반복될 것으로 예상되는 관계를 유지하고 있음을 뜻한다. 다만, 상시 거래관계에 있는 상인이더라도 그 대리상과 거래하여 왔다면, 본인이 아니라 그 대리상에게 청약한 경우에만 제53조가 적용된다.[111] 상시 거래관계를 판단함에는 거래의 규모나 종류 등을 종합적으로 고려하여야 한다. 예를 들면, 하나의 창고를 수회에 걸쳐 설치하거나 폐업을 위한 청약은 포함되지 아니한다.

② 청약의 요건

대화자간의 청약은 대화가 계속되는 중에 승낙하지 아니하면 효력을 잃고(제51조), 승낙기간을 정한 격지자간의 청약은 발신주의에 따라 그 기간 내에 승낙의 통지를 하지 않으면 실효한다(민법 제531조 준용). 그러므로 제53조는 승낙기간을 정하지 아니한 격지자간의 청약의 경우에만 적용된다.

③ 거래의 요건

제53조가 적용되려면 청약의 내용이 상인, 즉 청약수령자의 영업부류에 속한 거래에 관한 것이어야 한다. '영업부류에 속한 거래'라 함은 상인의 기본적 상행위 또는 준상행위에 속한 거래를 뜻한다. 보조적 상행위에 속하는 청약을 받은 때에는 적용되지 않는다. 상인이 사실상 일반인과 마찬가지의 지위에서 행하는 행위에까지 상대방의 신뢰를 보호할 필요가 없기 때문이다. 따라서 출판업자가

111) 이철송(2022), 361면; 近藤光男(2008), 126面.

출판을 위하여 저작자로부터 출판계약, 인쇄업자로부터 인쇄계약을 제의받더라도 이는 출판업자의 보조적 상행위로써 제53조의 적용을 받지 않는다.

다) 적용배제 이상의 요건을 구비하더라도 당사자간에 제53조와 다른 특약이나 관습이 있을 때에는 동조를 적용할 수 없다. 그리고 청약의 내용이 종전의 거래내용과 크게 다른 때에도 같다. 그 예로는 청약자가 공급예정인 상품가격의 큰 폭 인상, 품질·규격·모델 또는 위험부담(예 증권의 가격) 등에 큰 변화가 있을 때 등을 들 수 있다.[112] 그러한 때에는 숙고의 시간이 필요하기 때문이다.

라) 적용효과 상인, 즉 청약의 수령자는 지체 없이 계약체결에 관한 낙부의 통지를 발송하여야 한다(제53조 전단). 발신주의에 따라 거절통지의 경우 그 '발송'으로 족하므로 그의 책임 없는 사유로 거절통지가 연착하거나 도달하지 않은 경우의 불이익은 청약자가 부담한다. 청약수령자가 거절의 통지를 해태한 때에는 승낙한 것으로 의제하므로(제53조 후단) 바로 계약이 성립한다. 이는 청약자가 바로 계약의 성립을 주장할 수 있음을 뜻할 뿐이므로 이로써 청약자가 일방적으로 청약을 철회할 수는 없다. 그리고 청약수령자가 과실 없이 청약의 사실을 알지 못한 경우(예 질병)와 같이 낙부통지가 청약수령자의 책임 없는 사유로 지연되거나 청약수령자가 제한능력자인 경우에는 승낙의제의 효과가 없다(통설).

한편 승낙의제의 효과로서 손해배상책임이 발생하는 것은 아니므로 낙부통지의무는 불완전의무이다.

2) 물건보관의무

가) 의의 물건보관의무란 상인이 그 영업부류에 속한 계약의 청약을 받은 경우에 견품 기타의 물건을 받은 때에는 그 청약을 거절한 때에도 청약자의 비용으로 그 물건을 보관할 의무를 말한다(제60조 본문). 견품이란 화장품의 시용품(샘플)과 같은 것을 뜻하는 것이 아니라 목적물의 완성품을 뜻한다.

나) 취지 민법의 일반원칙에 의하면 청약과 함께 물건을 받더라도 그 물건을 보관할 의무가 없다. 단지 사무관리의무만이 인정될 뿐이다(민법 제734조). 상거래에서는 청약자가 청약의 수령자로 하여금 물건의 모양·품질 등을 시험하게 할 목적 또는 상시 거래관계 있는 때에는 승낙을 기대하고 목적물의 전부 또는

112) 정찬형(2025), 243면; 이철송(2022), 362면; 손주찬·이균성·양승규·정동윤(1992), 472면; 정준우(2021), 241면.

일부를 보내는 경우가 적지 않다. 이러한 송부행위는 청약수령자에게는 계약의 내용을 신뢰하고 승낙 여부를 신속하고 원활하게 결정하는 데 도움을 준다. 청약자에게는 송부물건이 방치될 우려 또는 설령 청약을 받은 상인이 이를 반송한다고 하더라도 반송비용의 부담과 운송도중의 멸실·훼손위험 등으로 인한 불이익을 방지할 수 있는 이점이 있다. 그러므로 상법은 상거래의 관행, 신뢰, 위험성 및 안정성 등을 고려하여 청약수령자에게 특별한 보관의무를 부담시키고 있다.

다) 요건

① 당사자

청약자는 상인이 아닐지라도 청약의 상대방은 상인이어야 한다. 이 점 낙부통지의무의 경우와 같다. 다만, 당사자간 상시 거래관계는 요하지 않는다.

② 청약에 관한 요건

제60조의 의무는 청약 받은 상대방의 점유하에 있는 물건에 대하여 부과하는 것이다. 그러므로 격지자간의 청약을 거절할 때에만 적용되며, 대화자간의 청약에서는 적용되지 않는다. 승낙기간의 유무는 당연히 묻지 않는다.

③ 거래에 관한 요건

청약은 상인, 즉 청약수령자의 영업부류에 관한 것이어야 한다. 이 점 역시 낙부통지의무의 경우와 같다.

④ 물건에 관한 요건

제60조는 계약의 목적인 물건의 전부는 물론 견품으로 송부한 일부에도 적용된다. 다만, 목적물을 소개하고 있는 서면자료 또는 시용품(예 대량으로 판매하기 위하여 송부한 귤 한 상자)에는 적용되지 않는다. 물건은 보관이 가능한 동산 및 유가증권을 말한다.

라) 보관의무의 내용 상인의 보관의무는 물건을 수령한 때에 발생하여 청약자에게 인도할 때까지 존속한다. 보관은 상인 스스로 할 수도 있고, 창고업자에게 임치하거나 운송업자 또는 우체국을 활용하여 청약자에게 물건을 반송하는 방법으로 할 수도 있다.

마) 효과 물건보관에 따르는 비용은 청약자가 부담한다(제60조 본문). 따라서 송부받은 물건의 현상이나 가치를 반송할 때까지 계속 유지·보존하는 데 드는 비용은 청약자가 부담한다.[113] 다만, 그 물건을 보관함에 따라 생기는 기회비용

예를 들면, 물건보관장소의 사용으로 인한 상인의 손실이나 보관에 소요된 시간에 관한 보상 등은 제외한다.[114] 상인은 보관비용에 관한 채권을 가지고 보관물에 대하여 상사유치권 또는 민사유치권을 행사할 수 있다.

상인은 보관비용과 별도로 제61조상의 보수청구권을 행사할 수 없다. 보관의무는 청약을 받은 상인에게 법률상 특별히 부과되는 의무이기 때문이다. 상인은 보수 없이 보관하더라도 선량한 관리자의 주의로써 청약받은 물건을 보관해야 한다(통설. 제62조의 유추). 따라서 상인이 청약을 받은 물건의 보관의무를 불이행하여 청약자에게 손해가 발생한 때에는 채무불이행으로 인한 손해배상책임을 진다.

바) 예외 보관의무는 청약을 받은 물건의 가액이 보관비용을 상환하기에 부족하거나 보관으로 인하여 상인이 손해를 받을 염려가 있는 때에는 부정된다(제60조 단서). 이 의무는 상거래의 신의칙에서 기인하는 것이니만큼 상인이 손실을 입으면서까지 보관하도록 강제하는 것은 이를 부과하는 합리성을 逸脫하기 때문이다. 여기서의 손해 역시 기회비용을 뜻하는 것이 아니라 물건보관으로 인하여 발생하는 적극적인 손해를 뜻한다(예 목적물의 위생위험·부패전이).

2. 영리성의 보장

(1) 의의

상인의 영업활동은 이윤의 획득을 목적으로 한다. 상법은 이를 기본이념으로 삼아 6편에 걸친 상법전에서 상인의 영리성을 보장하고 있다. 그 가운데 제2편 상행위의 통칙에서는 특히 다음 네 가지 사항을 명시하고 있다. 이는 상인의 영업활동 중 특히 타인을 위하여 소비하는 노력과 비용을 보상하여 주기 위한 것이다.

(2) 보수청구권

1) 취지

민법에 의하면 위임·임치 등으로 타인을 위하여 행위를 하더라도 특약이 없으면 비용만을 청구할 수 있고, 보수는 청구할 수 없다(민법 제686조 제1항, 제701조). 이에 비하여 상법은 상인이 그 영업범위 내에서 타인을 위하여 행위를 한 때에는

113) 대법원 1996. 7. 12. 선고 95다41161·41178 판결.
114) 대법원 1996. 7. 12. 선고 95다41161·41178 판결.

특약이 없더라도 이에 대하여 상당한 보수의 청구를 인정하고 있다(제61조). 상인에게 보수는 거래차익과 함께 기업 활동의 주된 목적이며 기업유지의 재정적 원천이 된다. 그리고 상인이 영업범위 내에서 타인을 위하여 노력을 제공할 때에는 당연히 보수를 기대하고, 상인의 행위로 이익을 얻은 자가 그에 상응하는 보수를 지급하는 것은 상거래의 통념에도 부합한다. 상법이 보수청구권을 명시한 것은 거래통념을 존중하여 상인의 영리성을 보장하고, 보수를 약정하지 아니한 경우 발생할 수 있는 분쟁을 방지하기 위함이다.

2) 요건

가) 당사자 상인은 타인을 위하여 행위를 한 경우 그 타인에게 보수청구권을 갖는다. 여기서 '타인'이 상인일 필요는 없으며, 상인이 한 행위의 상대방(예 상인 甲이 乙을 위하여 丙과 행위한 경우의 丙)이 상인일 필요도 없다. 상행위가 아닌 법률행위 중개의 인수를 목적으로 하는 민사중개인(예 결혼중개업자·부동산중개업자)도 상인이므로(제46조 제11호, 제4조) 제61조가 적용된다.[115] 예를 들면, 상인인 택지건물거래업자(甲')가 매도자(乙')를 위하여 그 부동산의 매수자(丙')를 구하여 양자간에 매매계약이 성립한 경우 보수에 대하여 사전에 특약이 없더라도 거래통념상 합리적인 보수액을 의뢰자에게 청구할 수 있다.

나) 「타인을 위한 행위」 상인이 「타인을 위하여」 행위를 하였어야 한다. 그 타인은 상인일 필요는 없다. 「타인을 위하여」라 함은 「타인의 이익을 위하여」 행위함을 뜻한다(통설·판례).[116] 따라서 부동산중개인이 매도인이 아닌 매수인만을 위한 의사를 가지고 매매를 중개하고 매도인에게는 이로 인한 반사적 이익이 돌아간 때에는 매도인에게 보수청구권을 행사하지 못한다. 그리고 '타인의 이익'은 반드시 타인에게 현실의 이익이 발생하였음을 뜻하는 것은 아니다.

다) 「행위」의 요건

① 영업범위 내의 행위

제61조가 적용되기 위하여는 상인이 그 영업범위 내의 행위를 하여야 한다. '영업범위 내의 행위'는 제53조와 제60조의 '영업부류에 속한 계약'보다 넓은 개념

---

115) 대법원 1995. 4. 21. 선고 94다36643 판결; 1968. 7. 24. 선고 68다955 판결.

116) 대법원 1977. 11. 22. 선고 77다1889 판결; 반대설 최기원·김동민(2014), 225면; 김성태(2002), 150면.

이다. 따라서 기본적 상행위와 준상행위뿐만 아니라 보조적 상행위도 포함한다. 예를 들면, 판매업자인 상인이 판매물건을 일시적으로 보관하여 주더라도 보조적 상행위로써 보수청구권을 갖는다. 다만, 무상으로 보관하는 경우에는 예외이다.

② 타인을 위한 행위

제61조가 적용되기 위하여는 '타인을 위하여 행위'를 하여야 한다. 이는 '타인의 이익을 위하여 하는 행위'를 뜻한다. 그러므로 상인인 부동산소개업자가 그 영업범위 내에서 타인을 위하여 행위를 한 이상 특약이 없더라도 제61조에 의하여 소개를 부탁한 자에게 보수를 청구할 수 있다.[117]

이와는 달리 보수가 주된 거래의 대가에 포함되어 있는 행위, 예를 들면 판매한 물건의 포장·배달·수리·물건사용법의 교육 등에 관한 비용은 그 상품의 대가에 포함되어 있으므로 보수청구권이 없다. 주된 거래의 성사 또는 준비를 위한 행위, 예를 들면 부동산소개업자가 매수대상자를 현장에 안내하거나 또는 물건판매상인이 고객을 방문하여 상품을 설명하는 것도 같다. 업계의 관습이나 통념상 무상으로 인식되어 있는 행위, 예를 들면 견적서·납품서의 작성·교부 역시 별도 약정이 없는 한 같다. 그리고 부동산 소개업자가 매수인만을 위한 의사를 가지고 매매를 성사시킨 경우에 매도인, 즉 타인의 이익을 위하여 행위를 한 사실이 인정되지 않는 한 매도인에게 보수청구권을 행사할 수 없다.[118]

③ 제한규정이 없는 행위

상법상 중개인은 결약서의 작성·교부의무를 이행하지 아니하면 보수를 청구할 수 없다(제100조 제1항·제96조). 즉, 중개인은 상인으로서 원칙적으로 보수청구권을 갖지만, 계약이 성립하지 아니하면 이를 행사할 수 없다. 그리고 상인이 보수청구권을 행사하려면 보수를 지급하지 않는다는 특약이나 제한규정이 없어야 한다.

3) 행위의 유형

상인의 행위는 법률행위(예 거래의 대리, 채무의 보증, 어음의 인수·보증)이든 사실행위(예 물건의 보관·운송, 거래의 중개)이든 묻지 않는다. 그 행위를 하게 된 원인이 위임(민법 제686조 제1항), 임치(민법 제701조) 등과 같은 계약상의 의무는 물론 의무 없는 사무관리(민법 제734조)도 포함된다.[119] 다만, 상인의 행위가 법률상 요구되는 의무, 예를 들면

117) 대법원 1968. 7. 24. 선고 68다955 판결.

118) 대법원 1977. 11. 22. 선고 77다1889 판결.

청약수령자의 물건·견품보관의무(제60조), 매수인의 목적물보관의무(제70조)를 이행하더라도 보수청구권은 발생하지 않는다. 타인을 위한 불법행위의 경우도 같다.

4) 상당한 보수

상인이 청구할 수 있는 '상당한 보수'는 거래관행과 사회통념에 따라 결정되어야 한다. 구체적으로는 상인의 노력의 질과 정도, 행위의 성질 및 타인이 얻은 이익의 정도 등을 종합적으로 고려할 필요가 있다. 유상으로 일을 하는 자가 그 직업 또는 영업의 범위 내에서 타인의 사무를 관리한 경우에는 관리자는 통상의 보수를 청구할 수 있다.[120]

(3) 소비대차상인의 이자청구

민법상의 금전소비대차는 특약이 없는 한 무이자가 원칙이다(민법 제598조) 그러나 항상 자금의 순환을 통하여 영리를 실현하고자 하는 상인의 세계에서 이러한 금전거래는 이례적이다. 그리하여 상법은 상인이 그 영업에 관하여 금전을 대여한 경우에는 특약이 없더라도 법정이자를 청구할 수 있도록 하고 있다(제55조 제1항). 貸主는 상인이어야 하고, 借主는 비상인이어도 무방하다. 그리고 대주인 상인에게만 보조적 상행위이어도 무방하다.

(4) 체당금의 이자청구

1) 의의

상인이 그 영업범위 내에서 타인을 위하여 금전을 체당한 때에는 체당한 날 이후의 법정이자를 청구할 수 있다(제55조 제2항). 이는 상인이 금전출연을 한 경우 이자의 약정이 없더라도 법정이율에 따라 보상해 주려는 취지의 규정이다. 금전소비대차의 이자청구권의 취지와 같다.

2) 체당의 의미

제55조 제2항의 '체당'이란 금전소비대차가 아니면서 널리 타인을 위하여 금전을 출연하는 것을 뜻한다. 예를 들면, 부동산중개인이 매수인의 등기이전비용이나 계약금의 일부를 대납하는 것과 같다. 위탁매매·운송 등의 계약관계나 법률상 의무를 이행하는 과정에서도 체당은 발생할 수 있다. 예를 들면, 제60조의 물

119) 同旨 대법원 2010. 6. 10. 선고 2009다98669 판결.
120) 대법원 2010. 1. 14. 선고 2007다55477 판결.

건보관의무를 부담하는 상인이 이 의무를 이행하기 위하여 창고업자에게 물건을 임치하고 보관료를 대납하는 경우 등이 그에 해당한다.

민법의 위임·임치의 경우는 제688조 제1항·제701조에 의거 체당금(필요비)에 대한 법정이자청구권이 인정되고 있으므로 제55조 제2항이 적용될 실익이 없다. 그러나 도급·고용·사무관리 등과 같이 그러한 권리가 인정되지 않는 체당에는 제55조 제2항이 유용하다.

3) 차용한 체당금의 이자

상인(甲)이 체당금을 제3자(乙)로부터 차용하여 타인(丙)에게 지출한 경우 채권자(乙)에게 지급해야 할 법정이자나 약정이자는 그 차용에 관하여 타인(丙)으로부터 수권이 없는 한 청구할 수 없다.

4) 보수

학설은 체당금에 관한 법정이자청구권(제55조 제2항)과 보수청구권이 별개의 것인지에 대하여 의견이 나뉜다. 긍정설은 양 권리가 별개의 것이므로 상인은 체당행위에 대한 법정이자 이외에 보수를 청구할 수 있다고 한다(통설).[121] 부정설은 체당행위에 대하여는 이자가 바로 보수의 의미를 가지므로 통설과 같이 이해한다면 상인은 2중의 보수를 지급받게 되어 부당하다고 한다.[122] 생각건대, 상인이 체당하는 행위는 타인을 위하여 하는 행위이므로 제61조의 법정이자 이외에 보수청구권도 가진다고 본다(긍정설).

5) 적용범위

제55조 제2항의 체당하는 행위자는 상인이어야 하지만, 타인은 상인 여부를 묻지 아니한다. '영업범위 내'의 뜻은 제61조의 보수청구권의 경우와 같다. 따라서 보조적 상행위로 인한 체당행위도 포함한다.

(5) 상사법정이율

민법상 채권의 법정이율은 연 5分이지만(동법 제379조), 상행위로 인한 채무의 법정이율은 연 6分이다(제54조). 상거래는 일반 민사거래보다 자금의 수요가 많고,

---

121) 정찬형(2025), 260면; 최기원·김동민(2014), 226면; 손주찬(2004), 237면; 정동윤(2012), 166면; 안강현(2019), 227면; 이기수·최병규(2016), 343면.

122) 이철송(2022), 371－372면.

투하자금의 수익이 더 높은 것이 일반적이므로 상사법정이율을 민사법정이율보다 高率로 하였다. 상행위는 채무자나 채권자 어느 일방의 상행위가 되면 족하다.[123] 그리고 채무의 발생원인이 상행위임을 뜻하고 현재의 채무가 직접 상행위에서 생긴 것이어야 하는 것은 아니다. 따라서 상행위로 인한 채무의 불이행으로 생긴 지연손해금이나 손해배상채무와 같이 동일성을 가진 채무는 물론 변형된 것도 포함된다.[124] 다만, 상인간에 부당이득반환청구권 또는 불법행위로 인한 손해배상청구권 같은 법정채권이 발생하더라도 제54조는 적용되지 않는다.[125] 이는 상행위가 아닌 행위를 원인으로 하여 발생하였기 때문이다.

3. 무상수치인의 주의의무

(1) 의의

민법의 일반원칙에 의하면 보수를 받고 타인의 물건을 보관하는 경우(유상수치)에는 수치인이 임치물에 대하여 선량한 관리자의 주의의무를 부담하지만, 보수를 받지 아니하는 경우(무상수치)에는 주의의무가 경감되어 수치인은 임치물을 자기재산과 동일한 주의로 보관하면 족하다(민법 제695조). 이에 비하여 상법은 상인이 그 영업범위 내에서 물건의 임치를 받은 경우에는 보수를 받지 아니하는 때에도 선량한 관리자의 주의를 하여야 한다고 규정하고 있다(제62조). 즉, 유·무상임치를 구별하지 않고 상인에게 선관주의의무를 부과하고 있다.

(2) 취지

무상수취인의 주의의무에 관한 일반 원칙은 상거래에서는 적합하지 않다. 그리하여 제62조는 상인이 보수청구권을 행사할 수 있음에도 불구하고 무상수치행위의 경우에도 다른 형태로 보상을 받는 것이 일반적임을 고려하여 민법보다 주의의무를 무겁게 하고 있다. 이 점에서 민법상 '자기재산과 동일한 주의의무'를 과하는 것은 주의의무를 지는 자 개개인의 구체적인 능력의 차이가 있음을 반영한 것인 데 비하여, 상법은 상인은 누구든지 평균인 이상의 능력을 가졌다고 가

---

123) 대법원 2000. 10. 27. 선고 99다10189 판결.

124) 대법원 2000. 10. 27. 선고 99다10189 판결; 同旨 2014. 11. 27. 선고 2012다14562 판결.

125) 대법원 2018. 2. 28. 선고 2013다26425 판결; 2004. 3. 26. 선고 2003다34045 판결; 1985. 5. 28. 선고 84다카966 판결.

정하여 상인의 신용을 높이고 상거래를 원활하게 하고 있다.

(3) 요건

제62조는 상인이 그 영업범위 내에서 물건을 임치 받은 경우에 적용된다. 따라서 수치인은 상인이어야 한다. 임치인은 상인 여부를 불문한다. 수치인이 임치인과 직접 거래관계에 있지 않더라도 임치를 허락한 경우(예 창고업자의 물건보관)에는 동조가 적용되어 수치인이 책임을 진다.[126] '영업범위 내'는 제61조의 보수청구권의 경우와 같으므로 보조적 상행위까지 포함한다. 따라서 창고업자와 같이 임치를 영업으로 하는 경우(기본적 상행위)는 물론 공중접객업자, 물건판매업자 또는 위탁매매인이 (위탁)물건을 일시 보관하는 경우도 포함한다.

(4) 적용범위

상인은 제61조에 의거하여 보수청구권이 있으므로 제62조상의 수치인이 '보수를 받지 아니하는 때'란 예외적인 사례에 속한다. 그리하여 청약을 거절한 상인이 지는 물건·견품보관의무(제60조), 계약을 해제한 매수인이 지는 목적물보관의무(제70조)와 같이 법률상 보관의무를 지는 경우, 상인인 수치인이 보수청구권을 포기한 경우(예 백화점이 무상으로 고객물건보관), 무보수의 특약이나 상관습이 있는 경우 등에 한하여 동조가 적용된다. 다만, 제62조도 임의규정이므로 당사자간에 달리 정할 수 있다(예 책임경감).

(5) 위반의 효과

상인인 수치인이 선관주의를 게을리하여 임치물이 멸실·훼손된 경우에는 손해배상책임을 진다. 다만, 제62조에 의한 수치인은 임치계약이 존속하는 동안에만 선관주의의무를 진다. 임치인이 임치물의 수령을 지체하는 때에는 일반원칙에 따라 수치인의 선관주의의무는 소멸한다. 예를 들면, 수치인이 적법하게 임치계약을 해지하고 임치인에게 임치물(예 건고추)의 회수를 최고하였음에도 임치인의 수령지체로 반환하지 못하고 있는 사이에 임치물이 멸실·훼손된 경우에는 수치인에게 고의나 중과실이 없는 한 채무불이행으로 인한 손해배상책임이 없다.[127]

---

126) 대법원 1994. 4. 26. 선고 93다62539·62546 판결.

127) 대법원 1983. 11. 8. 선고 83다카1476 판결.

4. 채무의 이행

(1) 이행장소

1) 서

민사거래이든 상사거래이든 당사자의 의사표시로 채무이행의 장소를 정한 때에는 그 장소에서 채무를 이행하여야 한다. 이에 관한 합의가 없을 때에는 법률에서 정하는 장소에서 채무를 이행하여야 한다. 상법은 지점거래 외에는 채무이행의 장소에 관한 별도의 규정이 없으므로 지점거래 외의 채무이행장소는 민법의 일반원칙에 따른다(민법 제467조·제516조·제524조).

2) 일반원칙

민법 제467조 제1항의 일반원칙에 따르면 특정물의 인도는 채무성립 당시에 그 물건이 있던 장소에서 하여야 한다. 특정물의 인도 이외의 채무의 이행은 채권자의 현주소에서, 그리고 영업에 관한 채무의 이행은 채권자의 현영업소에서 하여야 한다(민법 제467조 제2항 본문·단서).

증권채권 및 금전·물건 또는 유가증권의 지급을 목적으로 하는 유가증권은 채무자의 현영업소를, 그리고 영업소가 없는 때에는 채무자의 현주소를 이행장소로 한다(추심채무; 민법 제516조·제524조, 제65조). 다만, 증권에 기재한 이행장소가 있으면 그에 의한다(민법 제516조 전단).

3) 지점거래로 인한 채무

2010. 5. 14. 개정상법 제56조는 "채권자의 지점에서의 거래로 인한 채무이행의 장소가 그 행위의 성질 또는 당사자의 의사표시에 의하여 특정되지 아니한 경우 특정물 인도 외의 채무이행은 그 지점을 이행장소로 본다."고 하여 종래 규정의 모호성을 제거하였다. 이와 같이 상법은 채권자의 지점에서 이루어진 거래의 대하여만 그 지점이 채무이행장소가 되도록 규정하고 있다. 그 결과 ① 채무자의 본점 또는 지점에서 이루어진 거래, 또는 ② 채권자의 본점에서 이루어진 거래에 대하여는 민법 제467조 제2항 단서에 따라 채권자의 現영업소를 채무이행장소로 한다(지참채무). 다만, ③ 채권자의 지점에서 이루어진 거래에 대하여만 제56조가 적용되어 그 지점을 이행장소로 한다(지참채무). 이와 같이 제56조는 민법 제467조 제2항과 같이 지참채무가 된다는 점에서 차이가 없지만, 채권자의 지점도 이행의

장소가 된다는 의미를 갖는다.

한편 행위의 성질 또는 당사자의 의사표시에 의하여 이행장소를 특정한 때에는 당연히 그에 따른다(제56조).

(2) 채무이행 또는 이행청구의 시기

상법상 법령 또는 관습에 의하여 영업시간이 정해져 있는 때에는(예 금융기관영업시간) 채무의 이행 또는 이행의 청구는 그 시간 내에 하여야 한다(제63조). 민법에는 이에 관한 명문의 규정이 없으나, 역시 거래관행과 신의칙에 따라 정해져야 한다고 해석된다. 따라서 동조는 민법에 대한 특칙의 의미는 없고 당연한 원칙을 밝힌 주의적인 규정이라고 할 수 있다.

제63조는 채권자나 채무자 중 일방만이 상인인 경우에도 적용된다. 그리고 채무자가 영업시간 외에 이행하는 경우, 채권자는 이를 수령할 의무가 없다. 때문에 이행을 수령할 수 없거나 수령을 거절하더라도 수령지체에 해당하지 않는다. 반대의 경우도 채무자의 이행지체가 되지 아니하며, 시효중단의 효력도 없다. 제63조는 임의규정이므로 당사자가 이와 다른 약정을 하는 경우에는 그에 따른다.

5. 다수당사자의 채권관계

(1) 의의 및 취지

상법은 상사채무의 이행을 확실하게 하고 거래의 신속성과 안정성을 확보하기 위하여 물적 담보와 인적 담보 양면에서 특칙규정을 두고 있다. 물적 담보는 앞서 밝힌 상사유치권의 요건을 완화하고(제58조), 유질계약을 허용(제59조)하여 구현하고 있다. 인적 담보에 대하여는 후술하는 다수채무자의 연대책임의제(제57조 제1항), 보증인의 연대책임의제(제57조 제2항) 규정을 둠으로써 상사채권의 효력을 강화하고 있다. 이와 같이 제57조는 다수당사자의 채권관계에 관한 민법 제408조 이하의 규정 중 일부규정에 대한 특칙을 두고 있다.

(2) 다수채무자의 연대책임

1) 상법의 특칙

하나의 채무에 대하여 수인의 채무자가 있는 경우, 민법에서는 특별한 의사표시가 없으면 각 채무자가 균등한 비율로 채무를 부담하는 분할채무의 원칙이 적용된다(동법 제408조). 이에 비하여 상법은 수인이 그 1인 또는 전원에게 상행위가 되는 행위로 인하여 채무를 부담한 때에는 연대하여 변제할 책임을 지도록 하고 있다(제57조 제1항). 예를 들면, 상인 甲과 상인 乙이 공동으로 丙으로부터 1억원을 차용하였다면, 甲과 乙은 그 이행에 관하여 丙에게 연대책임을 부담한다. 이는 채무자들의 '신용의 총화'를 믿고 거래한 채권자의 신뢰를 보호하고 거래의 안전성을 확보하기 위한 규정이다.

2) 요건

가) 당사자 채무자 중 1인은 반드시 상인이어야 하나, 채권자는 상인 여부를 묻지 않는다.

나) 상행위 제57조 제1항은 기본적 상행위·준상행위는 물론 보조적 상행위로 인하여 발생한 채무에도 적용된다. 반드시 현재의 채무가 직접 상행위에서 발생한 것이어야 하는 것은 아니다. 그리하여 ① 상인인 수인이 공동으로 공사도급계약에 따라 공사를 한 후 도급인에게 부담하는 하자보수의무와 같은 부수적 채무,[128] ② 상행위로 인하여 생긴 채무의 불이행으로 인한 손해배상채무나 상사계약의 해제로 인한 원상회복의무와 같이 상행위로 인한 채무와 실질적으로 동일성을 갖는 채무에도 동조가 적용된다(통설·판례).[129] 또 본래의 상행위로 인하여 발생한 채무의 일부 또는 전부가 부당이득으로 될 경우 그 반환채무에 대하여도 같다. 예를 들면, ① 차량정비와 주유업을 공동으로 운영하는 수인이 부담하는 유류대금 지급채무,[130] 및 ② 조합원 전원을 위하여 상행위가 되는 행위로 인하여 부담하는 조합채무에도 동조가 적용된다.[131]

다) 공동의 상행위

① 의의

제57조 제1항은 하나의 채무를 수인이 부담하는 경우를 대상으로 하기 때문에 채무부담의 원인행위는 수인이 공동으로 하여야 한다. 그 예로는 상가건물의 일부에서 숙박업을 하는 공유자들이 부담하는 관리비 지급채무를 들 수 있다.[132]

---

128) 대법원 2015. 3. 26. 선고 2012다25432 판결.
129) 대법원 1998. 3. 13. 선고 97다6919 판결.
130) 대법원 1976. 12. 14. 선고 76다2212 판결.
131) 대법원 1992. 11. 27. 선고 92다30405 판결.

이에 비하여 각자가 따로이 원인행위를 한 경우에는 채무자마다 1개씩 채무가 발생하므로 동 조항이 적용될 여지가 없다. 수인 중 1인이 타인을 대리한 경우에는 공동으로 한 것으로 보아야 한다. 예를 들면, 동업을 하되 물품의 구입과 납품, 자재납품 및 금전출납 등 업무를 분담 종사한 경우에 부담하는 물품대금채무에도 동 조항이 적용된다(상세한 내용은 후술하는 ②의 ㉣참조).[133]

② **적용범위**

㉠ 조합

공동이행방식의 공동수급체는 민법상 조합의 성질을 가지는데, 조합의 채무는 조합원의 채무이므로 그 지분의 비율에 따라 또는 균일적으로 부담한다. 다만, 조합채무가 조합원 전원을 위하여 상행위가 되는 행위로 인하여 부담하게 된 것이라면 제57조 제1항에 의거 조합원이 연대책임을 진다.[134] 그리하여 조합원들이 상인인 경우 탈퇴한 조합원에 대하여 잔존 조합원들이 탈퇴 당시의 조합재산상태에 따라 부담하는 지분환급의무는 조합원 전원의 상행위에 따라 부담하는 채무로서 잔존 조합원들은 탈퇴한 조합원에게 연대하여 지분환급의무를 이행할 책임이 있다.[135]

나아가 수인이 지속적인 공동사업을 수행하기 위하여 조합을 설립하고, 조합원 일부에게 상행위가 되는 행위로 채무를 부담한 때에도 동조에 따라 전원이 연대책임을 진다. 이때 同業者인 조합원들이 공동으로 상행위를 하는 수도 있지만, 그 중 1인이 타인을 대리하더라도 그 역시 공동의 상행위이다. 때문에 동업자들간의 내부적인 업무분담에 따라 그 중 1인만 상행위를 한 경우에도 묵시적인 대리권의 수여에 의한 공동의 상행위로 보고 동업자 전원이 연대책임을 진다.[136] 이와 같이 제57조 제1항은 지속적인 동업관계가 아닌 일시적·일회적으로 수인이 공동으로 하는 상행위에도 적용된다.

---

132) 대법원 2009. 11. 12. 선고 2009다54034·54041 판결.

133) 대법원 1976. 1. 27. 선고 75다1606 판결.

134) 대법원 2018. 4. 12. 선고 2016다39897 판결; 2016. 7. 14. 선고 2015다233098 판결; 1992. 11. 27. 선고 92다30405 판결.

135) 대법원 2016. 7. 14. 선고 2015다233098 판결.

136) 대법원 1976. 1. 27. 선고 75다1606 판결.

㉡ 기업집단의 계열사간의 공동행위

ⓐ 문제점

동일인의 지배를 받는 수개의 기업들이 하나의 기업집단의 외관을 보이며 대외거래를 하는 수가 있다. 예를 들면 "LG그룹 조달본부"라 하여 그룹 내 계열회사의 물품구매를 통할하거나, "삼성인력관리위원회"라고 하는 식으로 汎 그룹차원의 인사관리기구를 창설하여 채용을 공동으로 하는 것과 같다. 이때 통합기구가 어느 계열회사를 위하여 대외거래를 하는 경우 기업집단의 소속 계열회사들 전원의 공동행위로 보아 모든 계열회사에게 연대책임을 지울 수 있느냐 문제될 수 있다.

ⓑ 판례

舊명성그룹의 계열회사 甲의 소요물품을 "명성그룹 조달본부"라는 공동의 기구를 통해 구매한 후, 甲이 대금채무를 이행하지 아니하자 채권자 乙이 다른 계열회사에 연대책임을 물어 온 사례가 있었다. 이 사건에서 대법원은 '조달본부는 법인격 없는 그룹 내의 편의상 기구에 불과한 것으로서 조달본부의 물품구매행위는 그룹 내의 독립한 법인체인 계열회사들이 조달본부에 위임하거나 대리권수여에 따른 행위로 봄이 타당하다. 따라서 그 법률효과는 그 당사자 甲과 乙에게만 직접 미치므로 조달본부에서 물품을 발주 구입하였다는 사실을 들어 제57조 제1항의 수인이 그 1인 또는 전원에게 상행위로 인하여 부담하는 공동구매라고 할 수 없다.'고 하였다.137)

ⓒ 사견

제57조 제1항을 적용함에 있어 거래의 효과가 누구에게 귀속되느냐는 것은 내부적인 분배문제일 뿐 대외거래의 책임을 논하는 데에는 고려의 여지가 없다. 기업집단 계열회사간에 통합관리기구의 창설에 관한 합의가 있고, 대외거래를 공동으로 하겠다는 합의가 있으면, 그 통합기구는 계열회사를 구성원으로 하는 조합이다. 따라서 이 기구를 통하여 이루어진 대외거래는 계열회사들의 공동의 상행위로 보아 동조를 적용하여야 한다고 본다.

---

137) 대법원 1987. 6. 23. 선고 86다카633 판결.

㉢ 어음의 공동행위

수인이 1개의 어음을 발행하는, 이른바 어음의 공동발행은 한 개의 어음행위가 아니고 수인의 독립된 어음행위로 이해된다(통설). 그리하여 어음의 공동발행인은 동조에 의한 연대책임이 아니라 어음법 제47조 제1항에 따른 합동책임[138]을 진다.

㉣ 공동경영자

공동경영자는 제57조에 따른 상행위로 인하여 물품대금채무가 발생한 경우에는 이를 연대하여 부담한다.[139] 예를 들면, 甲과 乙이 시멘트가공보도부록 등을 제조판매하는 丙회사로부터 물품을 구입하여 同業으로 丁에게 공사자재납품을 하는 사업 및 도로포장 공사를 하되, 甲은 주로 丁에 대한 교섭과 사업자금을 제공하고 乙은 물품의 구입과 납품 및 금전출납 등 업무를 분담 종사한 경우에 甲과 乙은 동업자로서 丙에 대하여 부담하는 물품대금채무는 상행위로 인하여 발생한 것으로써 제57조 제1항의 연대책임을 진다.[140] 같은 논리로 건축공사공동기업(joint venture)의 채무도 동조에 의거한 연대채무가 된다.[141]

3) 효과

제57조 제1항에 의거 수인의 채무자는 연대채무를 부담한다. 그리고 제3조는 당사자 1인의 행위가 상행위인 때에는 전원에 대하여 상법을 적용한다고 규정하고 있다. 그리하여 수인의 채무자 중 1인만이 상인인 경우에도 채무자 및 채권자 전원에게 상법이 적용되므로 채무자 전원은 채권자에게 연대채무를 진다. 연대채무자는 상사이율(제54조)과 상사시효(제64조)에 관한 규정의 적용을 받고 내부적으

---

138) 어음소지인에 대해서는 다수의 어음행위자가 채무를 부담한다. 이들 중에는 환어음의 인수인, 약속어음의 발행인과 같은 주채무자가 있고 배서인 및 보증인과 같은 상환의무자가 있다. 이들은 민법상의 연대채무자와 흡사하게 무작위로 소지인의 권리에 복종한다. 이 다수 어음채무자의 책임관계를 어음법은 합동책임이라고 하는데, 어음법에 특유한 것이다. 합동책임은 연대채무와 유사하지만, 몇 가지 차이점이 있다. 가장 기본적인 차이점은 연대채무는 채무의 발생원인이 모든 채무자에게 공통되지만(연대의 합의), 어음채무자들의 책임은 발생원인을 달리한다는 점이다. 즉, 각자의 독립된 어음행위가 책임의 원인을 이루는 것이다.

139) 대법원 1991. 3. 27. 선고 90다7173 판결; 1976. 12. 14. 선고 76다2212 판결; 1976. 1. 27. 선고 75다1606 판결.

140) 대법원 1976. 1. 27. 선고 75다1606 판결.

141) 最高裁判所, 平成 10. 4. 14. 民集 52巻 3号, 813面.

로는 구상권도 행사할 수 있다.

(3) 보증인의 연대책임

1) 의의 및 취지

민법에서는 주채무와 연대하여 보증한다는 특약이 없는 한 보증인은 최고 및 검색의 항변권을 갖는다. 즉, 보증채무는 주채무에 대하여 보충성을 갖는 것이다(동법 제437조). 보증인이 수인일 경우(공동보증)에는 각자 균등한 비율로 보증채무를 부담한다(분별의 이익; 동법 제439조·제408조). 이에 비하여 상법은 보증인이 있는 경우에 그 보증이 상행위이거나 주채무가 상행위로 인한 것인 때에는 주채무자와 보증인은 연대하여 변제할 책임이 있다고 규정하고 있다(제57조 제2항). 이는 위의 제57조 제1항과 같이 상인이 부담하는 채무 또는 보증채무의 이행과 거래의 안전성을 확보함으로써 채권자를 보호하기 위한 규정이다.

2) 요건

가) 당사자 제57조 제2항은 주채무가 상행위로 인한 것이거나 또는 보증이 상행위(예 은행의 지급보증)인 경우에 적용된다. 채권자는 상인이 아니라도 무방하다. 쌍방적 상행위는 물론 일방적 상행위도 포함한다.

나) 주채무의 원인행위와 보증계약 제57조 제1항은 수인의 채무가 하나의 상행위로 발생할 것을 요구하지만, 제2항의 보증계약은 주채무의 원인행위와 별도로 체결된다. 따라서 주채무가 성립한 후에 보증계약을 체결하여도 무방하다.

다) 주채무가 상행위로 인한 것인 때 이때 보증행위는 상행위가 아니더라도 보증인은 연대보증인으로서의 책임을 진다. 주채무의 원인이 된 행위가 상인의 기본적 상행위(예 매매) 또는 보조적 상행위(예 상인의 영업자금차용) 여부를 묻지 아니한다.

라) 보증이 상행위

① 의의

보증이 상행위인 때에는 보증인은 상사보증인으로서 주채무자와 연대하여 변제할 책임이 있다(제57조 제2항). 보증이 상행위인 경우는 보증이 보증인에게 상행위로 되는 경우와 채권자에게 상행위로 되는 경우가 있다.

② **보증이 보증인에게만 상행위인 경우**

보증이 보증인에게 상행위인 경우(예 보증보험회사의 보증행위)에는 당연히 동 조항이 적용되어 그 보증인은 상사보증인으로서 연대책임을 진다. 그리고 보증이 상행위인 때에는 주채무가 상행위로 인한 것이 아니더라도 보증인은 연대책임을 진다. 예를 들면, 甲의 과수원 경영은 농업으로서 제46조의 기본적 상행위가 아니므로 甲은 상사보증인으로서 연대책임을 지지 않고 민법상의 보증책임을 진다. 그러나 甲이 과수원에서 생산한 과일을 점포 또는 기타 유사한 설비에 의하여 상인적 방법으로 판매하면 의제상인으로 되고(제5조 제1항), 이러한 甲의 보증은 보조적 상행위로 추정된다(제47조 제2항). 따라서 甲은 영업과 관계없이, 즉 사적 생활로서 보증하였다는 사실을 증명하지 못하는 한 상사보증인으로서 연대책임을 진다.

③ **보증이 채권자에게만 상행위인 경우**

㉠ 상법규정

제57조 제2항의 문맥상으로는 주채무가 상행위로 인한 것이거나 보증이 상행위인 때에 한하여 연대보증이 된다. 여기서 주채무도 상행위로 인한 것이 아니고 보증도 상행위가 아니며, 단지 채권자가 상인인 경우에 본조가 적용되는지에 관하여 학설이 나뉜다. 즉, 보증이 채권자에게만 상행위인 경우(예 은행이 비상인에게 대출하고, 역시 비상인의 보증을 받는 경우)에 본조가 적용되는지에 관하여 학설이 대립한다.

㉡ 학설

우선 긍정설은 제57조 제2항이 '보증이 상행위'인 때라고만 규정하고 있고 다른 제한이 없으므로 보증이 채권자에게 상행위로 되는 경우에도 동 조항이 적용되어 보증인이 상사보증인으로서 연대책임을 진다고 한다(소수설).[142] 이에 비하여 부정설은 제57조 제2항은 채무자의 신용을 강화하기 위하여 채무자 측에 엄격책임을 과한 것이므로 채권자에게만 상행위로 되는 경우에는 적용되지 아니하여 보증인이 연대책임을 지지 않는다고 한다(통설).

㉢ 판례

대법원은 舊상법 제511조 제2항에 보증이 상행위라 함은 보증이 보증인에 있어서 상행위인 경우뿐 아니라 채권자에 있어서 상행위성을 가진 경우를 포함한다

142) 손주찬(2004), 243면; 최기원·김동민(2014), 231면.

고 하여 긍정설을 취하고 있다.[143]

㉣ 사견

제57조 제1항이 채무자 측에 상행위로 되는 경우에 관한 규정이므로 동조 제2항도 보증이 채무자 측(보증인)에 상행위로 되는 경우에 적용되는 것이 균형에 맞다(부정설). 또한 상사보증의 신용을 강화하기 위하여도 상인이 보증을 한 경우로 한정하는 것이 제도운영상 바람직하다. 그리고 상인과 비상인간의 거래에서는 일반적으로 상인이 보다 우월한 능력을 갖추고 있으므로 그(예 앞 사례의 은행)의 채권을 확보하는 것은 사적 자치의 범주에 속하고 상법이 특별히 배려할 필요는 없다.

3) 효과

이상의 요건을 구비하면, 그 보증채무는 보충성이 배제되고 보증인은 주채무자와 연대책임을 진다. 따라서 보증인은 최고 검색의 항변권을 갖지 못한다(민법 제437조 단서). 보증인이 수인이 있는 경우에는 주채무자와 각 보증인간, 그리고 각 보증인 상호간에도 분별의 이익(민법 제439조)을 상실하고 연대관계가 생기며, 보증채무전액을 변제할 책임을 진다(통설).

(4) 특약의 성립

제57조 제1항과 제2항은 연대를 의제하는 임의규정으로서 당사자간에 이와 다른 약정을 할 수 있다.

Ⅳ 상사매매의 특칙

1. 서 설

(1) 의의 및 취지

상법은 민법의 매매 관련 규정에 대한 특칙으로서 매도인의 목적물의 공탁·경매권(제67조), 확정기매매의 해제(제68조), 매수인의 목적물의 검사 및 하자통지의무(제69조), 매수인의 목적물 보관·공탁의무(제70조, 제71조) 등 네 가지 사항에 관해 5개 조의 규정을 두고 있다. 이러한 특칙은 매매 이외의 상거래(예 임대차계약(제46조 제2호) 등의 유상계약)에는 적용되지 아니한다.[144] 도급과 매매의 성질이 복합된 제

---

143) 대법원 1959. 8. 27. 선고 4291민상407 판결; 大審院, 昭和 14. 12. 27. 民集 18巻, 1681面.

작물공급계약[145]의 경우 목적물이 대체물이면 매매에 해당하고, 불대체물이면 도급으로 보아 매매에 관한 규정이 적용되지 않는다.[146]

이 규정들은 '상인간의 매매'에만 적용된다. 그리하여 상인간의 매매시의 불안정한 법률관계를 간이·신속하게 종결시키고자 도입되었다. 그리고 상인 특히 매도인의 영업상의 부담을 완화하여 주고, 상사매매에서 전형적으로 발생하는 분쟁을 예방하고자 하는 취지도 있다.

(2) 인적범위

상사매매에 관한 규정 중 확정기매매의 해제에 관한 제68조를 제외하고 나머지 규정은 매도인의 이익과 권리를 강화하는 규정이다. 법률이 매도인·매수인 중 어느 입장을 강화할 것인가의 여부는 상대적·호환적이기 때문에 주로 매수인의 입장을 보호하는 소비자법과는 달리 상사매매시에는 매도인의 입장을 강화하더라도 사회적으로 불공정함이 발생할 우려가 없기 때문에 도입된 것이다.

(3) 적용거래

이 특칙들은 상사매매일반이 아닌 상인간에 상행위로서 하는 '상사매매'에만 적용된다. 이로 인하여 일방적 상사매매에 관하여는 민법상의 매매규정이 적용된다. 다만, 일방적 상사매매에 상법 제48조 내지 제64조의 특칙이 적용됨은 당연하다. 그리고 이 특칙들은 '상사매매'에 적용되므로 상인의 영업부류에 속하는 매매는 물론 보조적 상행위로서 하는 매매에도 적용된다. 또 이들 특칙은 임의규정이므로 당사자간의 다른 특약으로 배제할 수 있다.

2. 매도인의 공탁·경매권

(1) 의의

민법에서는 매매에 관해 별도의 규정을 두고 있지는 않지만 채권일반에 관하여 채권자(매수인)가 목적물의 수령을 지체할 경우에 채무자(매도인)가 목적물을 공

---

144) 대법원 1995. 7. 14. 선고 94다38342 판결.

145) 이 계약은 그 제작의 측면에서는 도급의 성질이 있고 공급의 측면에서는 매매의 성질이 있어 대체로 매매와 도급의 성질을 함께 가지고 있다(대법원 2006. 10. 13. 선고 2004다21862 판결).

146) 대법원 2006. 10. 13. 선고 2004다21862 판결; 1987. 7. 21. 선고 86다카2446 판결.

탁·경매함으로써 인도의무를 면할 수 있음을 밝히고 있다(동법 제487조·제490조). 이에 비하여 상법은 상인간의 매매에 있어서 매수인이 목적물의 수령을 거부하거나 수령할 수 없는 때에 매도인은 그 물건을 공탁하거나 상당한 기간을 정하여 최고한 후 경매를 허용하고 있다(제67조 제1항 전단). 그러나 매수인에게 최고할 수 없거나 목적물이 멸실 또는 훼손될 염려가 있는 때에는 최고 없이 경매할 수 있다(제67조 제2항).

(2) 상법의 특징

매도인의 공탁·경매권에 관한 규정을 살펴보면 다음과 같은 특징이 있다. 우선, 민법은 공탁을 원칙으로 하고, 경매는 ① 변제의 목적물이 공탁에 적합하지 아니하거나, ② 멸실 또는 훼손의 염려가 있거나, ③ 공탁에 과다한 비용을 요하는 경우에 한하여, 즉 최후적 수단으로서 허용한다. 또 이 경우에도 법원의 허가를 얻어야 한다(동법 제490조). 그러나 상사매매의 매도인은 이러한 요건 없이 경매할 수 있다. 즉, 매도인은 공탁권과 경매권을 선택적으로 행사할 수 있는 것이다. 그리고 민법상으로는 경매대금을 반드시 공탁하여야 하는데(동법 제490조 후단), 상사매매의 매도인은 목적물을 경매한 때에는 그 대금을 공탁하여야 하지만, 그 전부나 일부를 매매대금에 충당할 수도 있다(제67조 제3항).

이와 같이 공탁의 부분은 민법과 상사매매의 매도인간의 차이가 없으나, 경매의 부분은 상사매매의 매도인이 일반채권자에 비해 월등히 유리한 지위에 있다.

(3) 취지

제67조는 일차적으로 매도인으로 하여금 신속히 자신의 채무를 면할 수 있게 한다는 점에서는 민법상의 공탁제도와 같지만, 매도인의 경매권을 강화하여 매도인의 이익을 보호하고자 하는 데 그 취지가 있다. 그리하여 매매 후 목적물의 가격이 하락하여 매수인이 수령을 기피하는 때에, 매도인은 신속하게 경매권을 행사하여 자기의 대금채권을 용이하게 확보할 수 있게 된다.

그러나 공탁·경매권은 매도인의 권리이지 의무는 아니므로 매도인이 이를 행사하지 않고 일반원칙에 따라 계약을 해제하고 매수인에게 손해배상을 청구할 수도 있다(민법 제544조, 제551조). 예를 들면, 매도인은 매수인의 수령지체로 인한 계약을 해제하고, 목적물의 가격하락분에 대하여 매수인에게 손해배상을 청구할 수 있는데, 이 경우 제67조는 적용되지 않는다.

(4) 공탁권

1) 의의

상인간의 매매에 있어서 매도인은 매수인이 목적물의 수령을 거부하거나 이를 수령할 수 없는 때에는 그 물건을 공탁할 수 있다(제67조 제1항). '매수인이 목적물의 수령을 거부하거나 수령할 수 없는 때'는 민법 제487조 공탁의 요건인 '채권자가 변제를 받지 아니하거나 받을 수 없는 때'와 같은 의미이다. 그리고 민법 제487조는 '변제자가 과실 없이 채권자를 알 수 없는 경우에도 같다.'고 하여 공탁할 수 있음을 규정하고 있는데, 상법은 관련 규정을 두지 않고 있다. 상사매매에서는 매도인이 과실 없이 매수인을 알지 못하는 경우는 드물지만, 설령 그런 경우(예 매수인의 상속인을 알 수 없거나 자칭매수인이 다수인 경우)일지라도 민법 제487조에 따라 공탁할 수 있다고 본다(이설 없음).[147] 그 밖의 공탁의 방법이나 공탁물의 회수 등에 관하여는 민법상 공탁에 관한 일반원칙에 의한다(동법 제488조 내지 제490조).

2) 공탁의 방법

공탁은 목적물 수령지의 공탁소에서 하여야 한다. 공탁소에 관하여 법률에 특별한 규정이 없으면 법원은 목적물매도인의 청구에 의하여 공탁소를 지정하고 공탁물보관자를 지정하여야 한다. 공탁자는 지체 없이 목적물매수자에게 공탁통지를 하여야 한다(제67조 제1항, 민법 제488조 제3항 참조). 실무적으로는 공탁관이 매수인에게 통지를 하므로 공탁자가 직접 통지할 필요는 없다(공탁규칙[148] 제29조·제27조).

3) 공탁물의 회수

목적물매수자가 공탁을 승인하기까지 또는 공탁소에 대하여 공탁물을 받기를 통고하거나 공탁유효의 판결이 확정되기까지는 목적물매도인은 공탁물을 회수할 수 있다. 이 경우에는 공탁하지 아니한 것으로 본다(민법 제489조 참조).

4) 자조매각금의 공탁

목적물이 공탁에 적당하지 아니하거나 멸실 또는 훼손될 염려가 있거나 공탁

147) 정준우(2021), 251면; 안강현(2019), 387면; 정찬형(2025), 246면; 이철송(2022), 387면; 손주찬(2004), 247면.

148) 대법원규칙 제2147호, 2007. 12. 31.

에 과다한 비용을 요하는 경우에는 목적물매도인은 법원의 허가를 얻어 그 목적물을 경매하거나 시가로 放賣하여 대금을 공탁할 수 있다(민법 제490조 참조). 이를 自助賣却金의 공탁이라고 한다.

(5) 경매권

1) 의의

매도인은 공탁에 대신하여 상당한 기간을 정하여 매수인에게 목적물을 수령하도록 최고한 후 경매할 수 있다(제67조 제1항). 이러한 매도인의 경매권을 「自助賣却權」이라고도 한다. 기술한 바와 같이 민법의 경우 경매는 최후의 수단이지만, 상법의 경우는 공탁의 요건이 충족되면, 매도인은 공탁권과 경매권을 선택적으로 행사할 수 있다.

2) 요건

가) 수령지체 매수인이 목적물의 수령을 거부하거나 수령할 수 없는 경우에 한함은 공탁과 같다.

나) 매수인에 대한 최고 경매를 하고자 할 때에는 먼저 상당한 기간을 정하여 매수인에게 목적물의 수령을 최고하여야 한다(제67조 제1항 본문). 매수인이 서둘러 수령하여 손실을 예방할 기회를 주기 위함이다. 최고는 구두이든 서면이든 무방하다. 최고한 사실에 대하여는 매도인이 증명책임을 진다. 그러나 ① 최고를 할 수 없는 때, 예를 들면 매수인의 주소·거소를 알 수 없는 때 또는, ② 목적물이 멸실·훼손될 염려가 있는 때에는 최고 없이 경매할 수 있다(제67조 제2항). 매수인을 알지 못하는 때에는 최고가 불가능하므로 최고 없이 경매할 수 있다.

다) 목적물 목적물은 특정물이냐 불특정물이냐를 가리지 아니한다. 부동산은 포함되지 않는다는 소수설이 있다.[149] 그러나 명문으로 배제하는 규정이 없고 민법에서도 공탁의 목적물에는 부동산도 포함된다는 것이 일반적이고, 오늘날은 부동산도 상품화 되어 가는 경향이 있고, 부동산의 거래에서도 매도인의 신속한 자금회수를 보장해 줄 필요는 다른 물건의 경우와 같으므로 포함시키는 것이 타당하다(통설).[150]

---

149) 최기원·김동민(2014), 234면.

150) 정경영(2016), 273면; 이철송(2022), 389면; 손주찬·이균성·양승규·정동윤(1992), 507면; 최준선(2016), 277면; 이기수·최병규(2016), 359면; 김정호(2022), 257면.

라) 법원의 허가 불요 기술한 바와 같이 민법에서는 경매시 법원의 허가를 얻도록 하고 있으나(동법 제490조), 상법에서는 그러한 절차를 요하지 않는다.

3) 효과 및 후속 법률관계

경매비용은 매수인이 부담한다. 이 점 공탁의 경우와 같다. 그러므로 매도인이 목적물을 경매한 때에는 그 대금에서 경매비용을 공제하고 잔액을 공탁하여야 한다(제67조 제3항 본문). 그리고 경매대금의 전부나 일부를 매매대금에 충당할 수도 있다(제67조 제3항 단서). 이 점 매도인의 경매권에 관한 특칙상 가장 중요하다. 민법에서는 辨濟充當權을 인정하지 않기 때문이다(동법 제490조 참조). 매매대금에 충당한 후 잔액이 있으면 공탁하여야 하고, 충당한 후에도 부족한 때에는 매수인에게 잔대금을 청구할 수 있다.

매도인이 경매를 하여 그 대금을 공탁 또는 매매대금에 충당하면 매도인의 채무는 소멸한다. 매도인은 공탁의 경우와 같이 이 절차가 완료한 후 지체 없이 매수인에게 그 사실의 통지를 발송하여야 한다. 민법의 到達主義와는 달리 發信主義를 택하고 있다(제67조 제1항). 따라서 불도달의 위험은 매수인이 부담한다.

3. 확정기매매의 해제

(1) 의의

확정기매매란 상인간의 매매에 있어서 매매의 성질 또는 당사자의 의사표시에 의하여 일정한 일시 또는 일정한 기간 내에 이행하지 아니하면 계약의 목적을 달성할 수 없는 매매를 말한다(제68조). 이는 민법 제545조에서 말하는 정기행위의 일종이다. 본래 민법상 채무불이행을 이유로 계약을 해제하고자 할 때에는 먼저 상당한 기간을 정하여 채무자에게 이행을 최고하고, 그 기간 내에 이행하지 아니한 때에 비로소 해제할 수 있다(민법 제544조). 다만, 정기행위를 이행하지 아니한 때에는 최고 없이 계약을 해제할 수 있다(민법 제545조). 상법은 이에 덧붙여 확정기매매를 이행하지 아니한 때에는 상대방인 매수인(채권자)이 즉시 그 이행을 청구하지 아니하면 계약을 해제한 것으로 본다(제68조). 즉, 민법상의 정기행위는 매수인(주로 채권자)이 최소한 해제의 의사표시를 하여야 하나, 상법상의 확정기매매는 매수인이 해제의 의사표시 없이 이행기가 경과하면 당연히 해제된 것으로 의제되는 것이다.

(2) 취지

제68조는 매수인(주로 채권자)과 매도인(주로 채무자)에게 각각 다음과 같은 이점이 있다. 먼저, 매수인은 해제의 의사표시를 하는 번거로움과 그 증명에 관한 부담 없이 바로 계약해제의 효과를 거둘 수 있다. 그 결과 매수인은 신속히 매매관계를 매듭짓고 대체수단을 강구할 수 있다. 이에 대하여 매도인은 민법상 정기행위의 일반원칙에 의하면 매수인이 해당 목적물의 가격추세를 보아 가며 이행의 청구 또는 계약해제를 임의로 선택할 수 있기 때문에 그로 인한 비용 등의 위험부담을 안게 된다. 그리고 매도인은 해제 여부가 불명한 상태에 놓이면 장기간 목적물을 보유하여야 하므로 매각할 기회를 잃게 된다. 즉, 매수인이 투기적인 결정을 하더라도, 매도인은 매수인의 해제 의사표시가 있을 때까지 목적물을 이행할 수 있도록 항상 준비를 하여야 하는 부담을 안게 되지만, 제68조는 매매가 해제된 것으로 의제함으로써 매도인을 계약적 구속에서 신속하게 벗어나게 하고, 손해를 예방할 수 있도록 배려하고 있다.

(3) 요건

1) 개요

제68조가 적용되기 위하여는 ① 상인간의 매매, ② 확정기매매, ③ 매도인(채무자)의 채무불이행, ④ 매수인(채권자)이 즉시 이행을 청구하지 아니할 것 등의 요건을 충족하여야 한다(제68조).

2) 상인간의 매매

제68조는 상인간의 상행위인 매매에만 적용되고 목적물에 제한이 없다는 점에서 제67조(매도인의 공탁·경매권)의 경우와 같다.

3) 확정기매매

가) 유형 제68조는 확정기매매, 즉 일정한 시기 또는 일정한 기간 내에 이행되지 아니하면 계약의 목적을 달성할 수 없는 매매에 한하여 적용된다. 이 매매는 매매의 성질(절대적 확정기매매) 또는 당사자의 의사표시(상대적 확정기매매)에 의하여 정해진다. 이 가운데 '매매의 성질에 의한 확정기매매'는 급부의 객관적 성질로 보아 목적물의 이용시기(예 여름)가 한정되거나 특히 이행시기(예 추석)가 중요한 뜻을 갖는 매매를 말한다(예 여름수영복, 추석한과). 약정된 결제일의 환율변동의

위험을 피하기 위한 선물환계약도 이에 해당한다.[151] 약정된 결제일에 이행되지 않으면 환율변동위험회피라는 목적을 달성할 수 없기 때문이다.

'당사자의 의사표시에 의한 확정기매매'는 계약시에 표시된 채권자의 주관적 동기에 비추어 이용시기가 한정되어 있음을 알 수 있는 매매를 말한다. 예를 들면, 선적기일이 정해져 있고 특정시기에 인도해야 함을 알리고 수출상품을 주문하는 경우가 이에 해당한다.[152] 단지 ① 이행기일을 정했거나, 또는 ② 이행기일을 지킬 것을 약속하는 것은 확정기매매라고 할 수 없다.[153]

나) 국제무역에 관한 판단기준 국제무역에 관한 사건에서 최근의 판례는 '상인간의 확정기매매인지 여부는 매매목적물의 가격변동성, 매매계약을 체결한 목적 및 그러한 사정을 상대방이 알고 있는지 여부, 매매대금의 결제 방법 등과 더불어 이른바 C.I.F(Cost, Insurance and Freight; 운임보험료포함) 약관[154]과 같이 선적기간의 표기가 불가결하고 중요한 약관이 있는지 여부, 계약 당사자 사이에 종전에 계약이 체결되어 이행된 방식, 당해 매매계약에서의 구체적인 이행 상황 등을 종합하여 판단하여야 한다.'이라는 기준을 제시하고 있다.[155]

나아가 동 판례는 '가격변동이 심한 원자재를 계약의 목적물로 하는 국제 중개무역이라는 사유만으로는 제68조에 정한 상인간의 확정기매매에 해당한다고 볼 수 없다.'고 하였다. 계약 당사자 사이에 종전에 계약이 체결되어 이행된 방식 및 당해 매매계약에서의 구체적인 이행 상황 등을 고려하여야 한다는 것이다. 반면 甲물산사건에서는 '매매의 목적물이 매매 당시 가격변동이 심한 원자재이고, 수입자인 매수인이 전매를 목적으로 하여 매매계약을 체결한 경우에는 선적기일의 약정은 계약상 특히 중요한 의미를 가지므로 확정기매매에 해당한다.'고 보았다.[156] 동 사건은 위 판례와 유사한 점이 있으나, 선적기일의 약정을 중시하였다.

151) 대법원 2003. 4. 8. 선고 2001다38593 판결.
152) 대법원 1995. 5. 26. 선고 93다61543 판결.
153) 대법원 1954. 3. 31. 선고 4287민상320 판결; 이철송(2022), 391면.
154) C.I.F 약관은 판매자가 물품이 목적항까지 운송하는 데 필요한 운임과 보험비용을 지불하고, 선적 전까지의 위험을 부담하는 인코텀즈(incoterms; 국제적으로 관용되고 있는 무역용어 해석에 관한 국제규칙)를 말한다.
155) 대법원 2009. 7. 9. 선고 2009다15565 판결.
156) 대법원 1995. 5. 26. 선고 93다61543 판결.

4) 채무불이행

가) 학설 제68조가 적용되기 위하여는 채무자가 정기에 이행해야 할 급부를 정기에 이행하지 않아야 한다. 이때 일반채무불이행의 요건을 충족하여야 하는지에 대하여 학설이 나뉜다. 긍정설은 채무자에게 귀책사유가 있는 등 일반채무불이행의 요건을 충족하여야 한다고 본다.[157] 부정설은 채무자의 귀책사유가 없더라도 제68조가 적용되고, 따라서 동시이행의 항변은 문제되지 않는다고 한다.[158]

나) 사견 상법상 확정기매매의 취지는 거래관계를 신속하게 종결시키고자 하는 데 있어 최고와 해제의 의사표시를 요구하지 아니할 뿐 확정기매매의 기능을 크게 확장하는 데 있는 것은 아니므로 채무불이행책임의 일반법리가 적용되어야 한다(긍정설). 그리고 계약이 해제되는 경우 채무자는 원상회복의무(민법 제548조) 및 손해배상책임(민법 제551조)을 부담하게 되는데, 과실도 없는 채무자에게 이러한 책임을 묻는 것은 해제의 일반법리에 어긋난다.

5) 이행청구가 없을 것

채무자(매도인)의 채무불이행이 있음에도 불구하고 채권자(매수인)가 즉시 이행을 청구하지 아니하여야 한다. 이행을 청구하면 계약은 해제되지 않는다. 이행이 지체되더라도 이행을 수령하는 것이 채권자에게 이익이 될 수도 있어 그 기회를 준 것이다. '즉시'는 이행시기의 도래와 동시 또는 직후를 뜻한다. 이행의 청구에는 도달주의가 적용되어 상대방(채무자. 매도인)에게 도달하여야 효력이 생긴다(민법 제111조 제1항). 따라서 도달에 관한 위험부담은 채권자가 진다.

(4) 효과

이상의 요건을 모두 충족하면 확정기매매계약은 해제된다. 정기행위의 이행기가 경과한 경우 민법에서는 해제권만이 발생하므로 해제의 의사표시를 요하지만, 상법에서는 직접 해제의 효력이 발생한다는 점에서 큰 차이가 있다. 확정기매매계약이 해제되면 계약해제의 일반원리에 따라 계약은 소급하여 소멸하고, 채무자는 원상회복의무와 손해배상책임을 지게 된다(민법 제548조·제551조).

157) 송옥렬(2021), 125면; 이철송(2022), 392면; 정찬형(2025), 248면; 김홍기(2021), 171면; 정경영(2016), 275면; 최준선(2016), 290면; 전우현(2011), 241면; 이종훈(2017), 207면.

158) 최기원·김동민(2014), 249면; 손주찬(2004), 250면; 정동윤(2012), 209면; 김병연·박세화·권재열(2012), 233면.

4. 매수인의 검사·통지의무

(1) 의의

민법의 일반원칙에 의하면 물건을 인도받은 매수인은 매매목적물에 하자가 있거나 수량이 부족하더라도 이를 적극적으로 발견하여야 할 의무는 없고, 언제든지 하자 또는 수량부족을 발견하면 매도인에게 담보책임을 물을 수 있다. 다만, 담보책임을 물을 수 있는 기간은 하자를 안 날 또는 계약한 날로부터 6월(목적물의 하자) 또는 1년(수량부족)으로 제한되어 있다(동법 제582조, 제574조·제573조).

그러나 이 일반원칙은 후술하는 바와 같이 상사매매에 적용하기에는 적당하지 않다. 때문에 상법은 이에 관한 특칙을 두고 있다. 그리하여 매도인의 담보책임의 존속기간을 단기로 제한하고 있다. 즉, 상인간의 매매에 있어서 매수인이 목적물을 수령한 때에는 지체 없이 이를 검사하여야 하며 하자 또는 수량부족을 발견한 경우에는 즉시 매도인에게 그 통지를 발송하여야만 담보책임을 물을 수 있다(제69조 제1항 전단). 다만, 매매의 목적물에 즉시 발견할 수 없는 하자가 있을 경우에는 매수인의 검사기간은 6월로 연장되며(제69조 제1항 후단), 매도인이 악의인 경우에는 이 특칙이 적용되지 않는다(제69조 제2항).

(2) 취지

하자담보책임에 관한 민법의 일반원칙은 매매의 목적물에 관하여 전문적인 지식을 갖춘 상인들간의 매매에는 어울리지 아니한다. 특히 신속성을 중시하는 상인간의 매매의 특성을 고려하면 더욱 그렇다. 왜냐하면 상인들은 물건을 수령하는 즉시 조사하는 것이 통례임에도 불구하고 일반원칙을 택하는 경우에는 ① 매수인은 유리한 시점을 택하여 책임을 추궁함으로써 투기를 할 수 있는 기회를 주고, 그로 인하여 매도인에게 손실을 전가시키는 불공평을 초래하고, ② 매도인은 매수인이 하자 있다고 주장하는 물건을 달리 전매하여 손실을 줄일 수 있는 기회를 상실할 수 있기 때문이다. 그리고 ③ 상당기간이 경과한 후에 매수인이 사용 중에 새로이 생긴 하자임에도 불구하고 매도인의 담보책임을 주장할 경우 매도인이 인도 당시의 목적물에 대한 하자의 조사를 어렵게 하여 인도 당시에 하자가 없었다는 반증을 하는 데 어려움을 줄 수도 있기 때문이다.[159] 따라서 제69조는

---

159) 대법원 1987. 7. 21. 선고 86다카2446 판결.

매도인의 지위가 오랫동안 불안정한 상태에 방치되는 것을 방지하고, 전문적 지식을 가진 매수인에게 신속한 검사와 통지의 의무를 부과함으로써 상거래를 신속하게 결말짓도록 하고 있다.[160)]

(3) 요건

1) 당사자

제69조는 상인간의 상행위로서 행해진 매매에 한하여 적용된다(제69조 제1항). 이는 기술한 제67조(매도인의 목적물의 공탁, 경매권) 및 제68조(확정기매매의 해제)와 같다.

2) 목적물의 인도

제69조가 적용되기 위하여는 목적물이 매수인에게 인도되어야 한다. 목적물의 인도는 매수인이 목적물을 검사할 수 있는 상태, 즉 목적물이 현실로 매수인의 점유하에 놓여야 하므로 현실의 인도(민법 제188조 제1항)를 뜻한다. 매도인이 매수인에게 화물상환증·선하증권을 교부(제133조·제861조)하거나 또는 목적물반환청구권을 양도한 상태에서는 동조를 적용할 수 없다.

3) 목적물의 종류

목적물은 특정물은 물론 불특정물을 포함한다. 부동산도 같다. 그러나 특정한 매수인의 수요를 만족시키기 위하여 제작한 不代替物(예 J로스쿨명칭이 새겨진 단체맞춤복)을 제작하여 공급하는 계약은 매매라기보다는 도급의 성질이 강하여 제69조는 적용되지 않는다. 예를 들면, 매수인만이 사용할 수 있는 규격으로 만들어지고 그 매수인의 이름이나 상표가 새겨져 있는 물품과 같이 매각처분이 곤란한 물건에는 동조를 적용할 이유가 없다.[161)] 이 경우에는 수급인의 하자담보책임에 관한 민법 제667조 내지 제672조를 적용하여야 한다.

4) 하자 또는 수량부족

제69조가 적용되기 위하여는 목적물에 하자가 있거나 수량이 부족하여야 한다. 즉, 물리적 하자에 한하며, 권리의 하자(예 재산권행사의 제한)에는 적용되지 않는다. 권리의 하자는 목적물을 검사한다고 하여 발견할 수 있는 것이 아니기 때문

---

160) 대법원 1999. 1. 29. 선고 98다1584 판결; 1987. 7. 21. 선고 86다카2446 판결.

161) 대법원 1996. 6. 28. 선고 94다42976 판결; 1987. 7. 21. 선고 86다카2446 판결.

이다. 그리고 수량초과는 동조의 적용대상이 아니다(제71조 참조).

5) 매도인의 선의

매도인이 선의이어야 한다(제69조 제2항). 매도인이 악의인 경우에는 본 특칙을 적용하지 아니하고(제69조 제3항), 민법의 일반원칙에 따라 해결하면 된다. '악의'라 함은 매도인이 목적물의 인도 당시 목적물에 하자가 있거나 수량이 부족함을 알고 있었음을 뜻한다.

6) 특약

제69조는 임의규정이므로 당사자의 특약으로 그 적용을 배제할 수 있다. 그리고 동 규정의 적용을 배제한다는 명시의 특약이 없더라도 매도한 물건의 품질 및 성능을 수년간 보증한다든지, 납품불이행이나 하자발생 등으로 인한 손해에 대하여는 별도로 배상하도록 한다든지, 기타 제69조 제1항에 따른 절차 없이도 매도인의 책임을 추궁할 수 있다고 해석되는 계약상의 규정이 있는 경우에도 제69조 제1항의 적용이 배제된다.[162]

(4) 의무와 내용

1) 검사의무

매수인은 목적물을 지체 없이 검사하여야 한다. 다만, 목적물에 즉시 발견할 수 없는 하자가 있는 때에는 6월 내에 검사하여야 한다(제69조 제1항 후단). 이는 하자의 성질상 즉시 발견되지 않는 경우를 뜻한다(예 사과의 과심이 썩은 경우).[163] 검사의 정도·방법은 일반적으로 상인에게 요구되고 있는 객관적인 주의를 기울여 선택하여야 하며, 목적물의 성질 수량 등에 따라 적절한 방법을 택하여야 한다. 따라서 질병이나 능력과 같은 매수인의 주관적인 사정은 고려되지 않는다.

2) 통지의무

매수인은 목적물을 검사하여 하자 또는 수량부족을 발견할 때에는 즉시 매도인에게 통지를 발송하여야 한다. 이른바 발신주의를 채택하고 있다(제69조 제1항 전단). 매수인은 목적물을 지체 없이 검사하여 하자를 발견한 때에나 즉시 발견할 수 없어 6개월 내에 발견한 때에도 동일하게 즉시 통지할 의무를 부담한다. 통지

162) 대법원 2008. 5. 15. 선고 2008다3671 판결.
163) 대법원 1993. 6. 11. 선고 93다7174·7181 판결.

발송에 대한 증명책임은 매수인이 진다.[164]

(5) 적용범위

1) 심층적 하자

제69조는 6월 내에 발견할 수 없는 하자가 있는 경우(예 반도체부품, 과일 100,000 상자에 대한 표본검사)에도 적용한다면 물건의 성질에 따라서는 매도인의 담보책임 자체를 면제시킬 수 있는 불합리가 있다.[165] 그러나 다수설[166]과 판례[167]는 제69조가 상거래의 신속한 처리와 매도인의 보호를 위한 특칙이라는 이유를 들어, 6월 이후에 발견한 하자에 관하여는 매도인이 담보책임을 면하는 것으로 해석하고 있다.

2) 불완전이행

제69조는 민법상의 매도인의 담보책임에 대한 특칙이므로 일반 채무불이행에 해당하는 불완전이행으로 인한 손해배상책임을 묻는 청구에는 적용되지 않는다.[168] 그러므로 목적물에 하자가 있지만, 동조가 정한 기간이 지나 담보책임을 묻지 못하는 경우에도 불완전이행(예 오염된 토양 미정화)으로 인한 손해배상책임은 물을 수 있다.[169]

(6) 효과

매수인이 검사 통지의무를 이행한 때에는 일반원칙에 따라 담보책임을 물을 수 있다. 그러나 매수인이 검사를 이행하지 아니한 경우에는 담보책임으로 인정되는 계약해제권·손해배상청구권·대금감액청구권(민법 제572조·제574조) 등을 행사할 수 없다(제69조 제1항 전단). 이와 같이 매수인이 목적물의 검사 통지의무를 게을리한다고 하여 매수인의 손해배상책임이 발생하는 것은 아니고, 매도인에 대한 자신의 권리를 행사하지 못하는 불이익을 입을 뿐이다. 그러므로 이 의무는 매수인의 불완전의무 또는 간접의무이다.

---

164) 대법원 1990. 12. 21. 선고 90다카28498·28504 판결.

165) 同旨 이철송(2022), 398면; 김성태(2002), 507면; 임중호(2015), 351면.

166) 송옥렬(2021), 128면; 최준선(2016), 284면; 정동윤(2012), 211면; 이기수·최병규(2016), 372면; 서헌제(2007), 250면; 안강현(2019), 222면; 손주찬(2004), 253면.

167) 대법원 1999. 1. 29. 선고 98다1584 판결.

168) 대법원 2015. 6. 24. 선고 2013다522 판결.

169) 대법원 2015. 6. 24. 선고 2013다522 판결.

5. 매수인의 보관·공탁의무

(1) 의의

제69조에 따라 목적물의 하자 또는 수량부족을 발견하여 매수인이 계약을 해제한 경우, 민법의 일반원칙에 의하면 매수인은 원상회복의무에 의거 목적물을 매도인에게 반환하여야 한다(민법 제548조 제1항). 이에 비하여 상법은 원격지 상인간의 매매에 한하여, 제69조 목적물의 하자를 이유로 계약을 해제한 때에도 매수인에게 매도인의 비용으로 목적물을 보관 또는 공탁하거나 경우에 따라 경매하도록 규정하고 있다(제70조 제1항). 그리고 매도인으로부터 인도받은 물건이 매매의 목적물과 상위하거나 수량을 초과한 때에도 제70조를 준용하여 같은 방법으로 해결하도록 하고 있다(제71조).

(2) 취지

상법의 특칙은 원격지 상인들간의 매매에 민법의 일반원칙을 적용하는 것이 합리적이지 않기 때문에 마련되었다. 즉, 원상회복을 하도록 하면 매도인은 목적물의 소재지에서 전매할 기회나 달리 처분할 기회를 잃게 되고, 운송비용의 부담 및 운송 중의 멸실·부패위험 등의 불이익이 발생한다. 매도인의 입장에서는 어차피 처분을 예정했던 물건이므로, 보관비용이 소요되더라도 목적물의 소재지에서 처분하거나 경매에 의하여 減價를 방지하는 것이 비용과 손해 측면에서 경제적이다. 이러한 점에서 상법은 특칙을 도입하였다.

(3) 상인의 견품 기타의 물건보관의무 등과의 비교

제70조 '매수인의 목적물보관·공탁의무'와 제60조 '상인의 견품 기타의 물건보관의무'는 서로 유사해 보이지만 다음과 같은 차이점이 있다. ① 제60조의 의무는 상인의 청약거절, 즉 계약이 성립하지 아니함을 전제로 하지만, 제70조의 의무는 계약이 성립한 것을 전제로 하여 해제여부와 관계없이 발생하며, ② 제60조의 의무는 상인의 영업부류에 속한 거래의 청약을 받은 때에 발생하지만, 제70조의 의무는 '영업부류'요건을 묻지 않고, 상인간의 매매인 경우 발생하며, ③ 제60조는 '원격지'요건이 없지만, 제70조는 원격지 상인간의 매매에만 적용되고(동조 제3항), ④ 제60조의 의무는 물건의 가액이 보관의 비용을 상환하기에 부족하거나 보관으로 인하여 상인이 손해를 받을 염려가 있는 때에는 면제되지만(동조 제1항 단서),

제70조는 그러한 예외를 인정하지 않는다.

한편 제70조 매수인의 목적물공탁·경매의무를 제67조의 '매도인의 목적물의 공탁·경매권'과 비교하여 보면, 제70조 매수인의 경매의무는 공탁의무에 비하여 제2차적인 의무이지만, 제67조 매도인의 경매권은 공탁권과 함께 선택적으로 행사할 수 있는 권리라는 점에서 다르다.

(4) 요건

1) 당사자

제70조의 매수인의 보관·공탁의무는 제69조(매수인의 목적물검사·통지의무)의 적용을 전제로 한다. 따라서 제69와 같이 당사자는 모두 상인이어야 하고, 매매는 쌍방적 상행위이어야 한다.

2) 계약의 해제·수량초과 등

제70조는 제69조를 전제로 하므로 ① 매수인이 목적물을 수령한 후 목적물에 하자가 있거나 수량이 부족하여 매수인이 매매계약을 해제한 때(제69조 제1항), 또는 ② 매수인이 인도받은 물건이 매매의 목적물과 상위(예 사과 vs. 귤)하거나 수량을 초과한 경우(제71조)에 적용된다. ②의 경우, 매수인은 계약의 해제를 요하지 않으며, 매매목적물과 상위한 물건 또는 수량이 초과된 부분에 대하여만 보관의무를 부담한다. 동조는 계약이 목적물의 하자나 수량부족 이외의 사유로 해제된 경우(예 제68조(확정기매매의 해제)의 사유·약정해제·매수인의 채무불이행으로 인한 계약해제 등)에도 유추적용된다(통설). 이러한 점에서 보면, 제70조의 조문에도 불구하고 매매계약해제의 원인은 그리 중요하지 않다.

3) 매도인의 선의

매도인이 선의이어야 한다. 악의인 매도인의 이익을 고려할 필요가 없기 때문이다. 제70조 계약을 해제한 때의 보관의무에는 제69조 제2항에 따라 매도인에게 악의가 없어야 함은 명백하다. 제71조의 경우 목적물이 상위하거나 수량이 초과된 때의 보관의무에 대하여는 명문의 규정은 없으나 신의칙상 매도인이 선의인 경우에만 매수인의 보관·공탁의무가 인정된다(통설). 선의라 함은 매도인이 목적물의 하자, 수량부족, 목적물의 상위 또는 수량을 초과하여 물건을 인도한 사실을 알지 못함을 뜻한다(제69조 제2항·제71조 참조).

4) 인도장소(격지자간의 매매)

제70조는 매매목적물에 대한 매도인의 관리 지배가 어려운 상황을 배려한 규정이므로 원격지매매에 한하여 적용된다. 때문에 목적물의 인도장소가 매도인의 영업소 또는 주소와 동일한 특별시·광역시·시·군에 있는 때에는 적용되지 않는다. 즉, 목적물의 인도장소가 매도인의 영업소나 주소와는 다른 특별시 광역시·시·군에 있어야 하는 것이다(제70조 제3항·제71조). 인도장소와 매도인의 영업소·주소가 같은 지역에 있는 때에는 매도인이 직접 목적물을 회수하는 등 필요한 조치를 취할 수 있기 때문이다.

한편 인도장소가 매도인의 영업소나 주소와는 다른 지역에 있는 한, 제70조가 적용된다. 때문에 매도인의 영업소·주소와 매수인의 영업소가 같은 지역에 있더라도 매수인은 보관·공탁의무를 진다. 다만, 인도장소와 매도인의 영업소·주소가 다른 지역에 있는 경우에도 인도장소의 지역에서 매도인을 대신하여 목적물을 처리할 수 있는 대리인이 있다면 동조는 적용되지 않는다.

(5) 효과(의무의 내용)

1) 보관·공탁의무의 발생

가) 관련 규정 위의 요건이 충족되어 매수인이 계약을 해제하면, 매수인은 인도받은 물건이 매매목적물과 상위하거나 인도받은 물건이 계약상의 수량을 초과하는 때에는 그 목적물을 보관 또는 공탁하여야 한다(제70조 제1항 본문, 제71조). 계약의 일부만 해제한 때에는 해제한 부분만을, 수량이 초과된 때에는 초과된 부분만을 보관 또는 공탁하면 족하다. 매수인은 직접 보관할 필요는 없고 창고업자에게 임치할 수 있다(제62조 유추적용). 보관비용은 매도인이 부담한다(제70조 제1항, 71조). 보관의무는 매수인의 법적 의무이지 권리가 아니기 때문이다.

나) 보수청구권(보관료) 매수인이 보관에 따른 보관료, 즉 보수청구권(제61조)을 갖는지에 대하여 학설이 나뉜다. 긍정설은 매수인은 상인이므로 상당한 보수를 청구할 수 있다고 한다(다수설).[170] 부정설은 매수인의 보관의무는 법률에 의거 인정되는 의무이므로 제61조의 적용대상이 아니라고 한다(소수설. 사견지지).[171]

170) 최기원·김동민(2014), 247면; 최준선(2016), 288면; 안강현(2019), 226면; 이기수·최병규(2016), 374면; 김성태(2002), 511면; 손주찬(2004), 256면; 김홍기(2021), 177면.

171) 정준우(2021), 261면; 정찬형(2025), 256면; 이철송(2022), 403면.

2) 경매(긴급매각)

매수인이 보관하여야 할 목적물이 멸실 또는 훼손될 염려가 있는 때에는 법원의 허가를 얻어 경매하여 그 대가를 보관 또는 공탁하여야 한다(제70조 단서). 이러한 경매를 '긴급매각'이라 한다. 이는 기술한 제67조 제1항과는 달리 제2차적인 수단이다. 이와 같이 제70조는 매수인의 목적물보관에 중점을 두고, 경매는 부득이한 경우 차선의 방법으로 채택하고 있다. 매수인이 경매를 한 때에는 지체 없이 매도인에게 통지를 발송하여야 한다. 이른바 발신주의를 채택하고 있는 것이다(제70조 제2항).

한편 제70조의 경매, 즉 긴급매각은 제67조의 自助賣却의 경우와 달리 법원의 허가를 요하는 점 주의를 요한다.

(6) 의무위반의 효과

매수인이 제70조에 위반하여 보관 또는 공탁을 하지 아니하거나 목적물에 대한 주의를 게을리한 때에는 매도인에게 손해배상책임을 진다. 목적물이 멸실 또는 훼손될 염려가 없는데도, 매수인이 경매를 하는 때에는 의무위반으로써 손해배상책임을 진다. 반대로 목적물이 멸실 또는 훼손의 염려가 있는데도, 매수인이 경매를 하지 않으면 이 역시 의무위반으로서 손해배상책임을 진다.

V 유가증권

우리나라에는 유가증권 전반을 포괄하는 법률은 없다. 다만, 민법에 지시채권과 무기명채권에 관한 일반규정이 있고, 어음에 관하여는 어음법, 수표에 관하여는 수표법이 있으며, 상법에 화물상환증(제128조 내지 제133조)·창고증권(제156조 내지 제159조)·선하증권(제852조 내지 제862조)·주권(제355조 내지 제360조)·채권(제469조 내지 제512조 기타)·전환사채(제513조 내지 제516조)·신주인수권부사채(제516조의 2 내지 제516조의 11)·신주인수권증권(제516조의 5) 등 몇몇 유가증권에 관한 법률관계의 일부를 규율하는 단편적인 규정만을 두고 있다.

상법은 유가증권 일반에 관한 유일한 통칙규정으로서 제65조 제1항을 명시하고 있다. 동조 제1항은 금전의 지급청구권, 물건 또는 유가증권의 인도청구권이나 사원의 지위를 표시하는 유가증권에 대하여는 민법 제508조 내지 제525조

(지시채권 무기명채권)의 규정을 적용하는 외에 어음법 제12조 제1항(배서의 단순성), 제2항(일부배서의 무효)의 규정을 준용한다고 규정하고 있다(2011년 개정). 또한 제65조 제1항의 유가증권은 제356조의 2 제1항의 전자등록기관의 전자등록부에 등록하여 발행할 수 있다.

제65조의 규정에 의해 상법상의 유가증권은 각 증권에 특유한 관련 규정을 제외하고는 위 민법 및 어음·수표법의 해당 규정에 의하여 규율된다. 다만, 유가증권에 관한 일반론은 주로 어음·수표법에서 다룬다.

한편 2011년 개정상법 및 2019년 9월 16일부터 시행되고 있는 「주식·사채 등의 전자등록에 관한 법률」(전자증권법)172) 및 동법시행령173)은 주식 및 社債 등의 전자등록 제도를 마련하여 그 권리의 발생·변경·소멸을 원활하게 하고 발행인·권리자, 그 밖의 이해관계인의 권익을 보호하고 있다(제65조 제2항, 전자증권법 제1조·제24조이하, 동법부칙 제3조·제4조·제10조 제1항).

제4절 상호계산

I 의 의

1. 개 념

상호계산은 상인간 또는 상인과 비상인간에 상시 거래관계가 있는 경우에 일정한 기간의 거래로 인한 채권채무의 총액에 관하여 상계하고 그 잔액을 지급할 것을 약정하는 계약을 말한다(제72조). 예를 들면, 甲과 乙이 2025년 1월 1일부터 2025년 6월 30일까지를 상호계산기간으로 정한 경우, 그 기간 동안 甲이 乙에 대하여 1월 30일 200만원, 4월 25일 300만원의 채권을 취득하고, 乙이 甲에 대하여 2월 5일 300만원, 3월 7일 200만원, 6월 20일 200만원의 채권을 취득한 경우에 각각의 채권 채무를 발생할 때가 아닌 2025년 6월 30일에 쌍방의 채권·채무의

172) 법률 14096호, 2016. 3. 22.
173) 대통령령 29892호, 2019. 6. 25.

잔액, 즉 乙의 甲에 대한 200만원의 채권을 확정하고 이를 지급하면 된다.

2. 목적 및 기능

상업활동의 경우에는 동일한 당사자간에 채권·채무가 수회에 걸쳐 교차하는 일이 흔하다. 이로 인하여 채권 채무가 발생할 때마다 변제를 하는 것은 번거롭고, 채권·채무별로 결제자금을 준비하여야 하는 번잡함도 있다. 격지자간에서는 송금에 비용과 위험도 따른다. 그리하여 상법은 상호계산제도를 도입하여 일정기간 내의 채권·채무를 통합하고 단일화하여 차액만을 결제를 할 수 있도록 함으로써 '결제의 편의'를 제공하고 있다. 그리고 상호계산은 개개의 채무의 이행을 계산기간의 종료시까지 유예하는 제도이므로 당사자들에게 '신용제공'의 기능을 한다. 또 상호계산은 당사자 쌍방이 자기의 채권을 위하여 자기의 채무, 즉 상대방의 채권을 담보로 확보하는 셈이 되므로 '담보적 기능'을 한다.

이러한 목적 및 기능을 고려하면, 상호계산제도는 ① 철도회사간의 운임 등의 精算, ② 보험회사와 대리점간의 자금이동 등에 특히 유용하다.

Ⅱ 상호계산의 성질

상호계산은 당사자간의 채권·채무를 대등액의 범위에서 소멸시킨다는 점에서 민법상의 상계(민법 제492조)와 유사하다. 그러나 상계는 쌍방의 개별적 채권·채무를 소멸시키지만, 상호계산은 일정기간에 걸쳐 발생한 채권·채무를 포괄적으로 소멸시킨다는 점에서 변제의 수월성과 편의성이 돋보인다. 법적 성질은 상계는 당사자 일방의 단독행위이지만, 상호계산은 계약이라는 점에서 차이가 있다.

Ⅲ 상호계산의 요건

1. 당사자

상호계산은 '상시 거래관계'에 있는 '상인간' 또는 '상인과 비상인간'에 맺는 계약이므로 당사자 중 일방은 상인이어야 한다. 상인에는 소상인도 당연히 포함된다. 당사자인 상인에게 상호계산은 그의 '영업을 위하여 하는 행위'이므로 보조적 상행위(제47조)이다. 상호계산은 상시 거래관계에 있는 당사자 사이에 체결하는 계약이지만, 계약체결 후에 계속적 거래관계가 생기는 경우에도 '상시 거래관계'에 해당한다. 즉, 계약체결 당시에 상시 거래관계에 있을 필요는 없고, 상시 거래관계가 있을 것을 예상하고 계약을 할 수도 있는 것이다. 그리고 상호계산은 당사자간의 채권 채무의 총액을 상계하는 수단이므로 일방만이 채권자가 될 것을 예정하고, 일정기간 후에 포괄적으로 변제하기로 하는 거래관계, 즉 일방적 상호계산은 제72조의 상호계산이 아니다(예 아파트단지내 편의점과 일반소비자와의 거래관계).

2. 상호계산의 대상

(1) 서

제72조의 상호계산의 대상은 '일정기간의 거래로 인한 채권·채무'의 총액이다.

(2) 일정기간

일정기간은 상호계산기간이라고 하는데, 이 기간은 당사자의 약정으로 정하지만, 약정이 없으면 6월로 한다(제74조). 상호계산은 수회의 거래에서 생긴 채권 채무를 일괄결제하는 제도이므로 동종의 채권이어야 하고, 일괄상계가 가능한 금전채권이어야 한다.

(3) 상인간 또는 상인과 비상인간의 거래로 인한 채권·채무

상호계산은 이를 대상으로 하므로 어느 일방에게 상행위가 되는 거래로 채권이 발생하여야 한다.

(4) 거래로 인한 채권

상호계산은 거래로 인하여 발생한 채권을 대상으로 하므로 거래에 의하지 않는 불법행위·사무관리·부당이득 등으로 발생한 법정채권 또는 제3자로부터 양수한 채권은 제외된다. 어음채권과 같이 성질상 적기에 행사해야 하는 채권 혹은 상호계산에 포함시키면 담보가 소멸하는 담보부채권 역시 제외된다.

이 밖에 당사자의 특약으로 특정거래를 상호계산에서 제외하거나 상호계산을 특정 종류나 품목 등의 거래로 한정시킬 수도 있다.

Ⅳ 상호계산의 효력

1. 소극적 효력

(1) 개념

소극적 효력은 상호계산기간 중의 각 채권 채무에 대한 효력을 뜻한다. 이를 분설하면 다음과 같다.

(2) 당사자간의 효력

1) 원칙

상호계산은 일정기간에 걸쳐 발생한 채권·채무의 총액을 상계하는 제도이다(제72조). 따라서 상호계산기간 중에 발생한 개별적인 채권·채무는 독립성을 잃고 하나의 계산 단위로 흡수된다. 이를 相互計算不可分의 原則이라고 한다. 그 결과 당사자는 상호계산에 계입된 채권을 임의로 분리시켜 행사하지 못하며, 이행청구에 응하지 않더라도 이행지체가 되지 않는다. 그리고 당사자는 상호계산에 계입되지 않은 다른 채권·채무를 가지고 상호계산에 계입된 채무·채권과 상계하지 못함은 물론, 개별 채권의 이행을 구하는 訴를 제기할 수도 없다. 따라서 상호계산에 계입된 개별적인 채권·채무는 시효가 진행되지 않는다.

그러나 상호계산에 계입된 개별채권이 독립성을 잃는다고 하여 그 채권이 소멸하는 것은 아니다. 각 채권은 동일성을 유지하면서 존속하고, 상계기간의 종료시 상계될 뿐이다. 그러므로 당사자는 개별채권을 행사하지 못할 뿐, 그 존재의 확인을 위한 확인의 소를 제기하거나 해제권·취소권 등 채권별로 존재하는 원인행위에 의거한 권리는 행사할 수 있다.

2) 예외

상법은 상호계산불가분의 원칙에 관한 예외를 명시하고 있다. 즉, 어음 기타의 상업증권(예 화물상환증·창고증권·선하증권)으로 인한 채권·채무를 상호계산에 계입한 경우에 그 증권채무자가 변제하지 아니한 때에는 당사자는 그 채무의 항목을 상호계산에서 제거할 수 있다(제73조). 예를 들면, 상호계산의 당사자인 甲이 계산의 상대방인 乙에게 200만원의 어음을 어음할인에 의하여 배서양도하고, 그 대가인 150만원(채권)을 상호계산에 계입한 경우, 어음채무자인 丙(예 환어음의 지급인. 약속어음의 발행인)이 만기에 어음금을 乙에게 지급하지 아니하면, 乙은 甲에 대한 채무 150만원을 상호계산에서 제거할 수 있다. 乙은 丙으로부터 채권을 변제받지 못하고 있는데, 그 대가인 甲의 乙에 대한 채권 150만원은 상호계산에 계입되어 상계된다면 甲의 채권만 변제받게 되어 불공정하기 때문이다. 물론 이 경우 乙은 甲에게 상환청구권을 행사하여 200만원의 어음금을 청구할 수 있다. 그러나 이는 어음법상의 권리구제방식이며(동법 제43조, 제44조), 제73조와는 무관하다.

한편 상호계산불가분의 예외가 인정되는 것은 상업증권의 대가에 한하고, 어음금과 같은 증권상의 권리 자체는 그 행사시기와 행사방식이 정하여져 있으므로 처음부터 상호계산의 대상이 될 수 없다.

(3) 제3자에 대한 효력

1) 의의

상호계산의 소극적 효력이 제3자에 대하여도 미치느냐에 관하여 학설이 나뉜다. 이는 제3자가 상호계산에 계입된 채권을 개별적으로 양수하거나 압류할 수 있는지의 문제이다.

2) 학설

우선 절대적 효력설은 상호계산계약의 체결은 당사자의 자유이지만, 일단 체결되면 특수성과 강행성을 가지므로 상호계산기간 중에 계입된 채권은 독립성을 잃는다는 점을 중시한다. 따라서 당사자 일방이 개개의 채권을 양도 또는 입질하더라도 제3자(양수인·질권자)의 선의·악의를 불문하고 효력이 없고, 당사자 일방의 제3채권자는 계입된 채권을 압류할 수도 없다고 한다.174)

상대적 효력설은 상호계산이 당사자간의 계약관계라는 점을 중시하여 상호계산불가분의 원칙은 그 효력이 당사자에게만 미치고, 당사자의 의사표시에 의거 처분을 금지하는 것에 지나지 않는다고 한다. 그러므로 당사자 일방이 이를 위반하여 개별 채권을 양도·입질하더라도 상대방에게 손해배상책임을 질 뿐, 선의의 제3자에게는 대항할 수 없다고 한다(민법 제449조 제2항). 그리고 당사자 일방의 제3채권자는 선의·악의를 불문하고 채권을 압류할 수 있다고 한다(다수설).175)

---

174) 최기원·김동민(2014), 254면; 손주찬(2004), 275면; 채이식(1997), 204면; 이기수·최병규(2016), 254면; 大審院判決, 昭和 11. 3. 11. 民集 15卷 327面.

175) 최준선(2016), 298면; 안강현(2019), 240면; 정찬형(2025), 269면; 김홍기(2021), 179면; 이

절충설은 우선, 채권의 양도와 입질에 관하여는 양도인 등이 채무자에 대한 대항요건을 갖추고(민법 제450조·제451조·제349조), 이때 채무자가 이의 없이 채권의 양도 등을 승낙하면 당사자간에는 이를 상호계산에서 제거하기로 하는 묵시적인 합의가 있다고 보아 상대적 효력설이 타당하다고 한다. 그 결과 상호계산에 계입된 채권의 양도·입질은 효력이 있다. 반면 압류에 관하여는 제3 채권자에게 압류권을 허용할 이유가 없으므로 상호계산에 계입된 개별채권은 압류의 대상이 되지 않는다고 보아 절대적 효력설이 타당하다고 한다.[176]

3) 판례

상호계산불가분의 원칙을 전면으로 다룬 판례는 없다. 다만, 민사집행법 제227조와 제231조에 의거한 '양도금지의 특약이 있는 채권에 대한 압류 및 전부명령의 효력'에 관한 다툼에서 대법원은 "당사자 사이에 양도금지의 특약이 있는 채권이라도 압류 및 전부명령에 따라 이전될 수 있고, 양도금지의 특약이 있는 사실에 관하여 압류채권자가 선의·악의인가는 전부명령의 효력에 영향이 없다."고 판시하였다.[177] 이 점에서 상대적 효력설에 가깝다고 할 수 있고, 절대적 효력설은 현행법의 틀과 다소 배치된다.

4) 사견

상호계산제도의 기능을 활용하기 위하여 이를 채택할 것인가의 여부는 거래당사자의 자유 의사에 속하는 것인데, 당사자간의 합의로 이 제도를 채택하였다고 하여 선의의 제3자를 해할 수 없다고 본다. 당사자간의 약정에 의하여 국가의 강제집행권을 제한하는 재산권을 만들 수도 없다. 따라서 상호계산불가분의 원칙의 효력은 당사자에만 미치고 제3자를 구속할 수는 없다고 본다(상대적 효력설).

2. 적극적 효력

(1) 의의

적극적 효력은 상호계산기간이 만료됨으로 인하여 발생하는 효력을 뜻한다.

병태(1988), 240면; 김성태(2002), 396면; 김정호(2022), 283면; 송옥렬(2021), 134면; 서헌제(2007), 264면.

176) 정동윤(2012), 184면; 이철송(2022), 416－417면.

177) 대법원 2002. 8. 27. 선고 2001다71699 판결.

(2) 잔액채권의 성립

상호계산기간이 만료되면 그 기간 중에 발생한 채권·채무는 일괄상계되어 소멸하고 자동적으로 잔액채권이 성립한다. 이에 반하여 기간경과 후에 당사자가 계산서를 승인하여야 잔액채권이 성립(제75조)하는 듯한 주장이 있다.[178] 그러나 잔액채권의 성립과 계산서의 승인은 구별되어야 하고, 상호계산계약에는 잔액채권을 성립시킬 의사가 포함된 것으로 보아야 한다. 그리고 제76조 제1항은 잔액에 관한 법정이자를 기산일의 폐쇄일로 삼고 있는데, 이는 계산기간의 경과로 잔액채권의 성립을 전제로 한 것이다.[179]

잔액채권은 상호계산기간 중의 채권·채무의 합산물로써 기간 중의 채권·채무에 관하여 有因性을 갖는다. 따라서 상호계산에 계입된 채권·채무가 무효이거나 취소되면 잔액채권의 금액도 변한다.

상호계산기간이 만료되어 잔액채권이 성립하면 당사자 일방은 채권자가 되어 이 채권을 행사할 수 있고 이때부터 소멸시효가 진행한다. 채권자의 제3 채권자는 이 잔액채권을 압류할 수 있음은 물론이다. 그리고 잔액채권이 성립하면 기간 중의 채권채무는 소멸하는데, 통설은 이를 경개(민법 제500조)로 보아 舊채권·채무는 소멸하고 잔액채권은 독립된 新채권이 되며, 舊채무의 담보권·보증채무도 함께 소멸한다고 한다. 그러나 담보·보증제도의 취지상 개별 채권에 담보를 설정하거나 보증을 했다면 이러한 채권은 처음부터 상호계산에서 제거할 의사가 있었다고 보아야 한다. 즉, 당사자간의 특약으로 보증·담보가 있는 개별채권을 상호계산에 계입한 경우 종래의 담보·보증은 잔액채권의 담보·보증으로 이전된다고 본다(민법 제505조 참조).[180]

잔액채권에 대하여 채권자는 계산서 승인일이 아니라 계산폐쇄일부터 법정이자 연 6분을 청구할 수 있다(제76조 제1항). 그리고 당사자는 각 채권을 상호계산에 계입한 날로부터 이자를 붙일 것을 약정할 수 있는데(제76조 제2항), 이때 계산

---

178) 안강현(2019), 241면; 최기원·김동민(2014), 419면; 서헌제(2007), 265면; 김성태(2002), 397면; 송옥렬(2021), 135－136면.

179) 이철송(2022), 419면; 김정호(2022), 287면; 정동윤(2012), 184면; 이기수·최병규(2016), 282면; 최준선(2021), 299면; 정준우(2021), 125면.

180) 同旨 大審院判決, 大正 9. 1. 28. 民録 15輯 79面; 반대 일본민법 제518조 제1항.

폐쇄일 이후에는 법정이자와 약정이자가 동시에 발생한다(重利·法定複利).[181]

(3) 계산서 승인의 효력

1) 의의

상호계산기간이 만료되면 각 당사자는 계산서를 작성하여 이를 승인하는 절차를 밟는다. 일반적으로는 일방이 각 채권·채무와 그 합산잔액을 기재한 서면을 상대방에게 제시하고 상대방은 자기의 장부와 대조한 후 동의하는 형식을 취한다. 승인은 묵시적이어도 무방하다. 계산서의 승인은 무인성을 갖는 잔액채권을 창설하는 행위이므로 계약이다.

2) 승인의 효과

당사자가 각 항목의 채권채무를 기재한 계산서를 승인한 때에는 그 각 항목에 대하여 이의를 하지 못한다(제75조 본문). 계산서의 승인은 상호계산에 계입된 개별 채권·채무를 승인하는 뜻도 포함하는데, 이를 번복하고 계입된 채권·채무의 효력을 새롭게 다룬다면 각 항목의 이행관계에 혼란을 초래하고, 잔액채권을 압류한 제3 채권자의 권리행사에도 영향을 미치기 때문이다. 그리고 각 항목에 대하여 이의를 제기하지 못하기 때문에 당사자는 각 항목을 구성하는 채권·채무의 數額을 다투지 못하고, 그 발생원인이 되는 행위(예 매매)가 무효·취소되어 채권이 존재하지 않는 때에도 이를 주장할 수 없다. 그 결과 상호계산기간의 종료로 성립된 유인적인 잔액채권은 상호계산의 승인에 의거 무인성을 갖는 잔액채권으로 바뀌게 된다. 다만, 계산서의 승인행위 자체에 하자가 있는 경우에는 의사표시의 일반원칙에 따라 그 승인은 무효·취소되고, 무인성을 갖는 잔액채권은 확정되지 않는다.

3) 착오·탈루의 효과

제75조 단서는 "錯誤나 脫漏가 있는 때에는 그러하지 아니하다."라고 규정하고 있다. 그리하여 계산서의 각 항목채권·채무에 존재하는 하자 중에서 착오나 탈루가 있는 경우, 각 당사자는 예외적으로 이의를 제기할 수 있다. 이는 계산서의 승인시 '착오와 탈루의 경우를 제외하고'(S. E. & O. = salvo errore et ommissione)라는 표현을 부기하는 외국의 관행을 조문화한 것으로서 민법과는 다른 무효·취소사

---

181) 곽윤직(2009), 40면.

유를 정한 것은 아니다.[182] 따라서 제75조 단서의 규정만으로는 승인행위의 무효·취소를 주장할 수는 없고 민법상의 무효·취소의 법리를 적용하여야 한다.

V 상호계산의 종료

1. 일반종료원인

상호계산계약은 존속기간의 만료나 계약의 일반적인 종료원인에 의하여 종료한다(예 사망·회사해산). 상호계산계약(예 2년)의 존속기간과 '상호계산기간'(예 6월)(제74조)은 다르다. 전자는 계약의 존속기간이므로 그 기간이 만료하면 계약이 소멸하나, 후자는 개개 채권·채무의 상호계산계입의 하나의 단위가 되는 기간이므로 상호계산기간이 만료하더라도 상호계산계약 자체가 종료하는 것은 아니다. 이 경우에는 다시 다음 상호계산기간이 시작되고, 확정된 잔액은 새로운 상호계산의 1항목이 된다. 즉, 상호계산계약은 그 계약의 존속기간의 만료 등으로 종료되며, 상호계산기간의 만료로 종료하는 것은 아니다.

2. 특별종료원인

(1) 해지

각 당사자는 언제든지 상호계산을 해지할 수 있다(제77조 전단). 상호계산은 쌍방의 신용을 기초로 하는 계약이므로 일방의 신용이 악화되거나 기타 특별한 사정이 있는 때에는 상대방이 신속히 권리를 행사할 수 있도록 하기 위함이다. 상호계산계약을 해지하는 경우에는 즉시 계산을 폐쇄하고 잔액의 지급을 청구할 수 있다(제77조 후단).

(2) 거래관계의 종료

상호계산은 상시 거래관계에 있는 자들 간의 일괄결제방법이므로 거래관계가 종료되면 상호계산 역시 종료한다. 영업이 양도되는 경우에도 상호계산은 원칙적으로 종료된다(이설 없음). 다만, 양수인과 상호계산계약의 상대방이 합의하면

---

182) 이철송(2022), 421면. 다만, 이에 대하여는 견해가 나뉜다. 정찬형(2025), 271면; 송옥렬(2021), 135-136면; 최기원·김동민(2014), 256면 참조.

양수인은 상호계산을 승계할 수 있다.

3. 그 밖의 법률상 종료원인

상호계산은 당사자 일방이 파산선고를 받거나(파산법 제343조 제1항), 일방의 회생절차가 개시된 때에도 종료한다(동법 제125조 제1항). 상호계산의 기초가 되는 당사자의 신용에 중대한 변화를 가져오기 때문이다.

4. 상호계산종료의 효과

당사자는 상호계산계약이 종료하면 즉시 계산을 폐쇄하고 그 잔액의 지급을 청구할 수 있다(제77조 단서). 다만, 당사자 일방이 파산선고를 받은 경우 파산자가 잔액채권을 가지는 때에는 파산재단에 속하고, 계약상대방이 이를 가지는 때에는 파산채권이 된다(파산법 제343조 제2항). 당사자 일방의 회생절차가 개시된 경우 상대방이 잔액채권을 가지는 때에는 회생채권이 된다(동법 제125조 제2항).

제5절 익명조합

I 의의 및 특징

익명조합이란 당사자의 일방(익명조합원)이 상대방(영업자)의 영업을 위하여 출자하고 상대방은 영업으로 인한 이익을 분배할 것을 약정하는 계약을 말한다(제78조). 이 계약에 의거 익명조합원은 영업자에게 출자할 의무를 갖는 대신 이익을 분배받을 권리를 가지며, 영업자는 출자받은 재산으로 자기의 영업을 할 권리·의무 및 익명조합원에게 이익을 분배할 의무를 갖는다. 익명조합은 상법이 인정하는 공동기업의 한 형태이나, 그 의의는 익명조합원과 영업자의 내부조직에서 찾을 수 있을 뿐이고 대외적으로는 영업자의 단독기업으로 나타나는 데 그 특징이 있다. 이 점에서 익명조합은 민법상의 조합을 기업 활동에 맞게 변형시켜서 그 수요를 충족시키고자 하는 공동기업의 한 형태이다.

익명조합은 10세기경부터 지중해연안의 해상무역에서 널리 활용된 當座組合

(commenda)[183]에 그 沿革을 두고 있다.[184] 이 형태는 이후 발전하여 15세기경 익명조합과 합자회사로 분화된다.

Ⅱ 기 능

익명조합은 그 구조상 세제 등 상법이외의 규제변화와 아울러 시대에 따라 그 기능을 달리한다. 외국의 경우 이전에는 항공기를 구입하여 항공회사에 리스하는 방법(operating lease) 등의 방식으로 활용되기도 하였다. 현재 우리나라는 부동산집합투자기구(real estate collective investment scheme, REITS. 자본시장법 제9조 제18항 참조)나 부동산유동화를 위한 특수목적회사(special purpose company, SPC)의 방식에 활용되고 있다. 또한 크라우드 펀딩(crowd funding) 중 펀드(fund)형태의 투자방식도 익명조합의 출자지분형태로 이용되고 있다. 신용 있는 영업자는 타인의 자금을 사업자금으로 활용할 수도 있다. 다만, 사기적인 투자거래의 수단으로 활용될 수도 있다.

한편 익명조합은 경영능력·사회적 신분·법률상의 장애(예 경업피지의무 제17조·제41조·제397조)로 직접 영업을 수행하기 곤란한 자에게 영업의 성과를 누리도록 하는 부수적인 기회를 제공한다.

Ⅲ 익명조합의 성질

1. 법적 성질

익명조합은 유상·쌍무의 낙성계약이다. 다만, 어떤 종류의 전형계약인가에 대하여는 종래 異論이 있었으나 오늘날은 상법상의 특수한 계약으로 본다(이설 없음).

2. 조합과의 비교

익명조합은 '조합'이라는 명칭이 붙어 있는 데에서 알 수 있듯이 그 내용도 조합과 흡사한 점이 많다. 그러나 민법상의 조합은 모든 조합원이 직·간접적으로

---

183) 이는 두 사람 이상이 출자하여 일시적으로 공동사업을 할 목적으로 조직하는 조합을 뜻한다.
184) 이병태(1988), 244면.

업무를 집행하고(민법 제706조) 조합채무에 대하여 무한책임을 지며, 조합재산은 합유라는 형태로 조합원 전원에게 공동으로 귀속하므로(민법 제704조) 대외적으로 조합원 전원의 공동기업이라는 점이 표시된다. 이에 비하여 익명조합은 조합의 재산과 채무가 영업자의 단독기업에 속하고 대외적인 거래도 영업자의 단독기업이고, 대외적인 책임도 영업자가 부담한다. 다만, 내부조직 면에서는 경제적·법적으로 공동기업이므로 익명조합계약에서 정하지 아니한 내부관계에 대하여는 내적 조합의 관계를 인정하여 조합에 관한 규정을 유추적용한다.

한편 익명조합원의 출자목적물은 후술하는 바와 같이 '금전 또는 재산'으로 한정되지만(제86조·제272조), 조합 조합원의 경우는 '노무'를 포함한다(민법 제703조 제2항).

3. 합자회사와의 비교

합자회사와 익명조합은 연혁적 출발점이 같고, 경영에 참여하지 않는 자본가(익명조합원·유한책임사원)와 대외적으로 무한책임을 지는 기업가(영업자·무한책임사원)가 공동으로 조직하는 기업이라는 면에서는 흡사하다. 그리하여 합자회사의 유한책임사원에 대한 규정 일부를 익명조합에 준용하고 있다(제86조). 다만, 다음과 같은 면에서 차이를 보인다. 즉, ① 익명조합은 대내적인 의미에서의 공동기업에 불과하고 대외적으로는 영업자의 단독기업이지만, 합자회사는 법인격을 가진 단체로서 대내외적으로는 모든 사원이 드러나는 공동기업이다(제169조·제179조·제180조·제279조). 그리하여 ② 익명조합은 두 당사자간의 계약에 불과하므로 그 법률관계는 개인법적·거래법적 영역에 속하지만, 합자회사의 법률관계는 단체법적·조직법적 영역에 해당한다.

4. 합자조합과의 비교

합자조합은 업무집행자로서 조합의 채무에 대하여 무한책임을 지는 자와 출자가액을 한도로 하여 유한책임을 지는 자가 공존한다는 점에서 합자회사 및 익명조합과 유사하다. 법인성이 없다는 점은 익명조합과 같다. 그러나 익명조합과 합자조합은 다음과 같은 면에서 차이가 있다. 즉, ① 재산의 소유형태 면에서 익명조합의 경우는 영업자의 단독소유이지만(제79조), 합자조합의 경우는 조합원의 합유이다(민법 제704조). ② 익명조합은 익명조합원만이 금전 또는 재산에 한하여 출자할 수 있으나(제78조), 합자조합은 합자조합원의 출자목적물에 제한이 없고 조합계약에서 정하여지며(제86조의 3 제6호), 모든 조합원이 출자의무를 부담한다(제86조의 2, 제86조의 3 제6호). ③ 익명조합은 익명조합원에게만 이익을 분배하고 이를 계약의 요소로 삼지만(제78조), 합자조합은 모든 조합원에게 손익분배를 하는데 이는 계약의 요소가 아니라 조합계약으로 정한다(제86조의 3 제7호).

5. 신탁과의 비교

익명조합원이 출자한 재산을 기초로 영업자가 관리·운용을 하여 출자자에게 이익을 분배하는 형태는 신탁관계, 즉 위탁자와 수탁자의 관계와 유사하다. 다만, 신탁관계에서는 신탁재산과 수탁자의 고유재산의 분별관리 원칙이 적용되고(신탁법 제37조), 재산을 운용하는 수탁자가 파산하더라도 신탁재산은 수탁자의 파산재단으로 편입되지 않지만(동법 제24조), 익명조합에서는 이러한 분리기능이 없어 영업자의 파산재단으로 편입된다는 차이가 있다.

6. 소비대차와의 비교

익명조합은 익명조합원이 영업자에 대한 계약상의 채권자라는 점에서 소비대차와 유사하지만, 다음과 같은 차이점이 있다. 즉, ① 익명조합은 이익의 분배를, 소비대차는 이자의 지급을 요소로 한다. ② 익명조합원은 업무감시권이 있는 등(제86조·제277조) 영업에 관여할 권리가 있으나, 소비대차의 貸主는 借主의 원본 사용에 관여할 수 없다. ③ 익명조합에서는 출자액이 손실로 감소한 때에는 계약의 종료시 그 잔액만을 반환하면 되지만(제85조 단서), 소비대차에서는 계약이 종료시 원본 전액을 반환하여야 한다(민법 제598조).

Ⅳ 익명조합의 요소

1. 당사자

익명조합은 두 당사자간의 계약이므로 당사자 일방은 출자를 하는 자인 익명조합원이 되고 타방은 그 출자를 받아 영업을 하는 자인 영업자가 된다. '두 당사자'라고 하여 일방에 복수의 자가 존재할 수 없다는 뜻은 아니다. 예를 들면, 익명조합원이 2인 이상인 경우에는 각각의 익명조합원과 영업자간의 별개의 익명조합이 병존하게 된다. 물론 복수의 익명조합원이 민법상의 조합을 설립한 후 영업자와 하나의 익명조합계약을 체결할 수도 있다.

영업자는 상인이어야 하는데, 익명계약체결 이전에는 상인자격이 없더라도 체결 이후에 상인이 된다. 그리하여 계약체결은 영업자에게 영업의 준비행위로서 보조적 상행위가 된다. 상인에는 소상인도 포함된다. 반면, 익명조합원은 조합계약 전후에 걸쳐 상인자격을 요하지 않고, 조합계약으로 상인자격을 취득하는 것도 아니다.

2. 영 업

익명조합의 영업은 구체적이고, 특정되어야 한다. 단순히 수익성이 있는 사업을 수행하고 그 결과를 분배한다는 식의 약정은 해당하지 않는다. 익명조합은 지속적인 영업을 위한 제도이므로 1회적인 거래에 출자하는 것 역시 익명조합이 아니다.

3. 이익의 분배

이익의 분배는 공동기업성을 부여하는 요소로서 익명조합의 결정적인 요건이다. 이익을 분배하지 않는다는 특약이 있으면, 민법상의 조합에 지나지 않는다. 이익의 분배는 영업의 성과에 기초하는 것으로써 불확정적이다. 그러므로 이익유무에 관계없이 정기적으로 일정액을 지급하기로 한다든지 매출액의 일부를 지급하기로 약정하는 것은 익명조합이 아니다.[185] 이에 비해 손실의 분담은 익명조합의 요건이 아니다.

V 익명조합의 효력

1. 내부관계

(1) 출자

익명조합원은 조합계약에서 정한 바에 따라 출자의무를 진다(제78조). 영업자

185) 대법원 1983. 5. 10. 선고 81다650 판결; 1962. 12. 27. 선고 62다660 판결.

도 영업을 위하여 재산을 출연할 수 있으나, 그것은 자기의 영업을 위한 것이므로 공동기업에 대한 출자로 볼 수 없다. 익명조합은 익명조합원의 자본참가를 전제로 한 제도이고, 익명조합원은 무한책임조합원도 아니므로 출자목적물은 금전 또는 재산(현물)출자로 한정되고, 노무·신용출자는 할 수 없다(제86조·제272조). 출자의 종류와 금액 등 구체적인 내용은 조합계약으로 정한다. 출자한 재산은 영업자의 재산에 포함되므로(제79조) 익명조합원은 재산의 종류별로 등기나 인도 등 재산권의 이전에 필요한 절차를 갖추어야 한다.

(2) 영업의 수행 및 선관주의의무

익명조합은 영업자의 단독기업이므로 영업의 수행은 영업자가 단독으로 하며, 익명조합원은 직접 업무를 집행하거나 대리하지 못한다(제86조·제278조). 익명조합자의 내부관계에는 조합에 관한 규정이 유추적용되므로 영업자는 조합계약의 본지에 따라 선량한 관리자의 주의로써 영업을 수행하여야 한다(민법 제707조·제681조).[186] 이와 같이 영업의 수행은 영업자의 의무이기도 하므로, 익명조합원은 익명조합계약에 따라 영업자에게 영업을 개시하고 계속하도록 청구할 권리를 갖는다. 이에 반하여 영업자가 휴업, 폐업 또는 영업을 양도하는 때에 익명조합원은 계약을 해지할 수 있으며(제83조 제2항), 채무불이행으로 인한 손해배상을 청구할 수 있다.

(3) 경업피지의무

영업자는 영업수행의무 및 익명조합원에 대한 선관주의의무를 부담하므로, 동종영업을 따로이 수행하여 익명조합원의 이익과 충돌하도록 할 수는 없다. 따라서 영업자는 경업피지의무를 진다(통설). 다만, 지배인 또는 대리상의 경우(제17조 제2항, 제89조 제2항)와는 달리 명문의 규정이 없기 때문에 익명조합원은 영업자가 이 의무를 위반하더라도 개입권을 행사할 수는 없다. 일반 법리에 따른 계약해지권과 손해배상청구권은 행사할 수 있다. 익명조합원은 영업을 수행할 수 없으므로 경업피지의무를 부담하지 않는다.

(4) 익명조합원의 감시권

익명조합원은 출자자로서 영업자의 영업에 관하여 이해관계가 크지만, 영업

---

186) 最高裁判所, 平成 28. 9. 6. 判例時報 2327号 82面.

에는 관여할 수 없다. 그리하여 상법은 익명조합원의 이익을 지키는 수단으로서 합자회사의 유한책임사원 및 합자조합의 유한책임조합원과 같이 감시권을 부여하고 있다(제86조·제277조, 제86조의 8 제3항·제277조). 구체적으로 익명조합원은 영업년도 말에 있어서 영업시간 내에 한하여 회사의 회계장부·대차대조표 기타의 서류를 열람할 수 있고 회사의 업무와 재산상태를 검사할 수 있다. 중요한 사유가 있는 때에는 언제든지 법원의 허가를 얻어 서류를 열람하고 업무와 재산상태를 검사할 수 있다(제86조·제277조).

(4) 손익분배

1) 손익의 개념

익명조합원은 이익을 배당받을 권리 및 손실을 분담할 의무를 갖는다. 익명조합에서의 이익 또는 손실은 조합원의 출자총액을 기준으로 삼아 영업으로 인한 순재산의 증가 또는 감소를 뜻한다. 그러므로 고정자산가격의 상승·하락은 포함되지 않는다.

2) 익명조합원의 이익분배청구권

영업의 결과 매 영업연도를 기준으로 이익이 발생하면 영업자는 익명조합원에게 이익을 분배하여야 한다. 영업연도에 관한 특약이 없으면 1년으로 한다(제30조 제2항). 이익분배는 출자의 대가를 이루며, 출자와 함께 익명조합의 본질적인 요소이다. 당사자 사이에 영업으로 인한 이익을 분배할 것이 약정되어 있지 않으면 익명조합이 아니다.[187] 따라서 익명조합원은 이익의 발생과 동시에 분배청구권을 갖는다. 익명조합원과 영업자간의 이익분배비율은 원칙적으로 익명조합계약에 따른다. 조합계약에서 정하지 않는 때는 일반적인 조합의 이익분배원칙(민법 제711조)을 유추적용하여 각자의 출자가액에 비례한다. '각자의 출자가액에 비례'란 ① 익명조합원의 출자액과 ② 영업자 자신이 영업에 투자한 재산 및 노무를 평가한 액을 합산하여 ①과 ②가 차지하는 비율을 뜻한다.

3) 익명조합원의 손실부담

손실분담은 익명조합의 본질적인 요소는 아니다. 때문에 당사자간의 특약으로 익명조합원이 손실을 분담하지 않기로 정할 수 있다(제82조 제3항). 그러나 손실

187) 대법원 2009. 4. 23. 선고 2007도9924 판결.

부담은 공동기업의 보편적인 원칙이라 할 수 있으므로 특약이 없으면 익명조합원은 손실을 분담하여야 한다. 이 경우 그 분담비율은 다른 약정이 없으면 이익의 분배비율과 동일하다(민법 제711조 제2항).

여기서 익명조합원의 손실분담은 실제로 재산을 출연하여 손실을 전보하는 것이 아니라 그의 출자액이 감소됨을 뜻한다. 그 결과 익명조합원의 출자가 손실로 인하여 감소된 때에는 그 손실을 전보한 후가 아니면 이익배당을 청구할 수 없다(제82조 제1항).

익명조합의 영업은 영업자의 단독기업이기 때문에 영업상의 손실이 커서 출자액이 부(-)가 되더라도 그 채무에 대하여는 영업자가 무한책임을 지며 익명조합원은 추가출자의무(예 증자의무)를 지지 않는다. 이미 배당받은 이익을 반환할 필요도 없고(제82조 제2항), 그 부분은 영업자의 손실이 된다.

(5) 지위의 전속성

익명조합원의 출자는 영업자에 대한 고도의 신뢰를 전제로 한다. 이를 전제하지 않으면, 익명조합은 사기적인 투자거래에 활용되기 쉽고, 법은 이를 조장하는 셈이 되어 버린다. 그러므로 특약이 없는 한 영업자는 그 지위를 타인에게 양도할 수 없고 상속·합병에 의하여도 이전되지 않는다. 익명조합원도 특약이 없는 한 그 지위를 양도할 수 없다. 상호간의 신뢰와 영업에 관한 감시권을 가지고 영업에 정통할 수 있는 지위에 있기 때문이다(통설).[188]

2. 외부관계

(1) 출자재산의 귀속

익명조합원이 출자한 금전 기타 재산은 영업자의 재산으로 본다(제79조). 이는 제3자와의 관계에서 출자한 재산은 모두 영업자의 영업재산으로 편입되어 영업상의 채권자에 대한 책임재산을 구성하게 됨을 뜻한다. 그러므로 영업자는 타인의 재물을 보관하는 자에 해당하지 않는다(형법 제355조 제1항). 그 결과 영업자가 영업재산을 임의로 소비하였더라도 조합계약의 채무불이행이 되는 것은 별론으로

---

188) 김두진(2020), 274면; 손주찬(2004), 284면; 정찬형(2025), 281면; 정동윤(2012), 190면; 안강현(2019), 250면; 송옥렬(2021), 143면; 임중호(2015), 274면.

하고 횡령죄는 성립하지 않는다.[189)]

반면 익명조합원의 다른 원인으로 인한 채권자는 이 재산을 압류할 수 없다. 다만, 익명조합원이 영업자에게 행사할 수 있는 이익배당청구권 및 조합계약을 해지하는 때 발생하는 출자가액에 관한 반환청구권은 압류할 수 있다.

(2) 영업상의 권리·의무

익명조합에 의한 영업은 대외적으로는 영업자의 단독영업이다. 그러므로 영업자는 자기명의로 영업을 하므로 제3자에 대한 모든 권리·의무의 귀속의 주체가 된다. 반면 익명조합원은 영업자의 거래상대방에 대하여 권리·의무가 없다. 그 결과 영업자의 거래상대방에게 채권을 행사할 수 없고, 영업상의 채무에 대하여 책임을 지는 바도 없다.

(3) 상호와 외관책임

익명조합의 대외관계상 익명조합 자체의 상호는 있을 수 없고, 거래상 익명조합이 표시되지도 않으며, 영업자의 상호만이 존재함이 원칙이다. 익명조합계약이 등기사항도 아니다. 그럼에도 대외적인 신뢰도 및 명성이 높은 익명조합원의 성명이나 상호를 영업자의 영업에 사용하는 수가 있다. 이때에는 그 영업이 익명조합원의 영업인 것으로 신뢰하고 거래한 제3자를 보호하여야 한다. 그리하여 상법은 '익명조합원이 자기의 성명을 영업자의 상호 중에 사용하게 하거나 자기의 상호를 영업자의 상호로 사용할 것을 허락한 때에는 그 사용 이후의 영업상의 채무에 대하여 영업자와 연대하여 변제할 책임이 있다.'고 규정하고 있다(제81조). 이는 기본적으로 외관주의 또는 금반언의 법리를 반영한 것으로써 명의대여에 관한 제24조와 별개로 해석할 내용은 없다. 따라서 명문의 규정은 없으나 익명조합원은 자기를 영업자로 오인하고 거래한 선의의 제3자에 대하여만 책임을 진다.

---

189) 대법원 2011. 11. 24. 선고 2010도5014 판결; 1971. 2. 8. 선고 71도2032 판결.

Ⅵ 익명조합의 종료

1. 종료사유

(1) 의의

익명조합은 계약이므로 계약의 일반적인 종료사유로 종료하고, 존속기간을 정한 때에는 그 기간의 만료로써 종료한다. 그 밖에 상법은 다음과 같은 종료사유를 두고 있다.

(2) 계약의 해지

1) 일반론

익명조합계약의 당사자는 상대방의 채무불이행이 있는 경우 그 계약을 해지할 수 있다(민법 제543조). 또 채무불이행이 없더라도, 상법상 다음과 같은 경우에는 해지할 수 있다.

2) 존속기간의 미설정·종신의 경우

조합계약으로 익명조합의 존속기간을 정하지 아니하거나 존속기간을 어느 당사자의 종신까지로 약정한 때에는 각 당사자는 영업연도 말에 계약을 해지할 수 있다. 다만, 조합영업의 계속적인 성질을 고려하여 6월 전에 상대방에게 예고하여야 한다(제83조 제1항). 이 예고기간은 합명회사·합자회사·유한책임회사의 '지분압류채권자에 의한 퇴사청구'의 경우(제224조, 제269조, 제287조의 29)와 흡사하지만, 조합원의 채권자가 조합원을 강제퇴출(예 해지권의 행사)시키고 자기의 채권을 실현할 수 있는 수단이 없다는 점은 다르다.

3) 부득이한 사정이 있는 경우

조합의 존속기간의 약정유무에도 불구하고 부득이한 사정이 있는 때에는 각 당사자는 언제든지 계약을 해지할 수 있다(제83조 제2항). '부득이한 사정'은 영업자의 재산상태 악화로 인한 영업자에 대한 신뢰도의 변화, 익명조합원의 재산상태 악화로 인한 출자불이행, 영업자의 이익분배 불이행, 익명조합원의 급박한 자금수요 발생 또는 영업자의 질병 등으로 인한 영업의 수행불능과 같이 동업관계를 유지하기 어려운 사정을 뜻한다. 익명조합계약이 익명조합원과 영업자간의 신뢰관계에 의존하기 때문에 '위임의 상호해지의 자유'(민법 제689조)와 유사한 취지의 규정이라 할 수 있다.

(3) 법정종료사유

익명조합계약은 다음과 같은 법정사유가 발생하면 종료한다.

1) 영업의 폐지 또는 양도(제84조 제1호)

이러한 사유가 발생하면 익명조합의 목적을 달성할 수 없기 때문에 계약은 종료한다.

2) 영업자의 사망 또는 피성년후견인(제84조 제2호)

익명조합에서는 영업자의 신용이 매우 중요하고, 상속인과 피상속인의 신용도는 다르기 때문에 영업자의 지위는 상속의 대상이 될 수 없다. 그리고 영업자가 피성년후견인이 된다는 것은 영업수행 자체가 불가능함을 뜻하므로 종료사유로 한 것이다. 다만, 특약으로 상속인이 영업자의 지위를 승계하거나, 피성년후견이 개시된 때에는 법정대리인이 영업을 수행하게 할 수는 있다.

3) 영업자 또는 익명조합원의 파산(제84조 제3호)

영업자가 파산하면 신뢰관계가 훼손되고 영업이 불가능하며, 익명조합원이 파산하면 출사를 회수하여야 하므로 익명조합이 지속될 수 없다. 영업자가 파산한 경우 익명조합원은 일반채권자와 같은 지위를 가지므로 우선변제청구권이나 환취권을 행사할 수 없다. 익명조합원이 파산한 경우 영업자에 대한 출자반환청구권은 익명조합원의 파산재단에 귀속된다.

2. 익명조합계약종료의 효과

익명조합계약이 종료한 때에 영업자는 익명조합원에게 출자의 가액을 반환하여야 한다(제85조 본문). '출자의 가액'은 납입된 출자를 말한다. 그러므로 납입미필액이 있음에도 계약이 종료하면, 조합원은 잔액납입의무를 부담하지 않는다. 종료시 이익이 있으면 출자반환과는 별개로 이익을 분배한다. 출자가 손실로 인하여 감소한 때에는 그 잔액을 반환하면 된다(제85조 단서). 다만, 익명조합원이 손실을 부담하지 않는다는 약정이 있으면(제82조 제3항), 출자가액 전액을 반환하여야 한다. 반환하여야 하는 것은 '출자재산 자체'가 아니라 '출자가액'이다. 출자한 재산은 영업자의 재산에 귀속되기 때문이다(제79조). 그러므로 익명조합원이 현물출자를 한 때에도 이를 금전으로 평가하여 그 가액을 반환하여야 한다. 그리고 익명조합이 채무초과상태가 되더라도 손실을 분담한다는 약정이 없으면, 익명조합원은 추가출자를 할 필요가 없고(제82조 제2항·제3항), 계약종료 후 익명조합의 잔여채무는 영업자의 채무가 된다. 이런 의미에서 영업자는 무한책임을 진다.

제6절 합자조합

I 총 설

1. 의 의

合資組合은 2011년 4월 개정상법에서 도입되었다. 이는 조합의 업무집행자로서 조합의 채무에 대하여 무한책임을 지는 조합원(무한책임조합원)과 출자가액을 한도로 하여 유한책임을 지는 조합원(유한책임조합원)이 상호출자하여 공동사업을 경영할 것을 약정함으로써 성립하는 상법상의 조합을 뜻한다(제86조의 2). 종래에도 합자조합과 유사한 형태로써 「중소기업 창업 지원법」상 중소기업 창업투자조합(동법 제20조 제2항)[190]과 자본시장법상 舊투자조합(現: 투자합자조합)(동법 제219조)[191]이 있었다. 따라서 2011년 개정법은 특별법상으로만 인정되었던 합자조합을 일반화하였다고 평가할 수 있다.

한편 합자조합은 상법상의 영업조직이기 때문에 제86조의 2 조합원의 '공동사업'은 '영업'을 뜻한다. 따라서 공동사업이 기본적 상행위일 때에는 물론 기본적 상행위가 아닐 때에도 조합원들은 상인이 된다(제5조 제1항·미국의 RULPA 제106조 참조).

190) 중소기업 창업 지원법 제20조 제2항: 중소기업 창업투자조합은 조합의 채무에 대하여 무한책임을 지는 1인 이상의 조합원(업무집행조합원)과 출자액을 한도로 하여 유한책임을 지는 유한책임사원으로 구성한다. 이 경우 업무집행조합원은 「벤처기업육성에 관한 특별조치법」 제4조의 3 제1항 각 호 등의 어느 하나에 해당하는 자로 하되 그 중 1인은 중소기업창업투자회사이어야 한다.

191) 자본시장과 금융투자업에 관한 법률 제219조 제1항: 투자조합은 투자조합의 채무에 대하여 무한책임을 지는 집합투자업자인 업무집행조합원 1인과 출자액을 한도로 하여 유한책임을 지는 유한책임조합원으로 구성된다.

2. 연혁 및 기능

합자조합은 미국의 합자조합(Limited Partnership, LP)과 2005년 이를 본받은 일본의 합동회사(일본회사법 제576조 제4항)·「유한책임사업조합법」상 유한책임사업조합(Limited Liability Partnership, LLP)을 참조하여 도입하였다. 다만, 미국의 합자조합은 무한책임조합원(general partner)과 유한책임조합원(limited partner)으로 구성된다는 점에서 우리와 같지만, 일본의 양 단체는 유한책임사원·조합원만이 존재한다.[192]

합자조합은 위와 같은 특성을 가지고 있으므로 특히 사모투자펀드(Private Equity Fund, PEF) 등에 적합한 기업형태나[193] 벤처기업과 같이 창의적인 인적 자산을 위주로 하는 창업자들에 적합한 기업형태로 기능할 것으로 본다.

3. 합자조합과 유사제도와의 비교

(1) 합자회사와의 비교

합자조합과 합자회사는 매우 유사하지만, 다음과 같은 점에서는 차이가 있다.

1) 법인격

합자회사만이 법인격이 있다(제169조).[194] 따라서 회사는 합자회사의 무한책임사원이 될 수는 없으나, 합자조합의 무한책임조합원은 될 수 있다(제173조).

2) 성립

합자조합은 무한책임조합원과 유한책임조합원의 계약으로 성립하고, 일정한 사항에 대하여만 등기하도록 한다(제86조의 2, 제86조의 4). 합자회사는 정관의 작성과 설립등기에 의하여 성립한다(제269조·제178조·제179조, 제270조, 제271조).

3) 지분의 양도

유한책임조합원의 지분의 양도는 조합계약에서 정하는 바에 따르지만(제86조

---

192) 黒沼悦郎(2020), 380·389面; 江頭憲治郎(2017), 11·12面.

193) 법무부, 「상법(회사편)개정 공청회자료」 공청회자료, 2006. 7. 4, 55면.

194) 2008년 10월 21일 국회에 제출한 정부의 상법개정안에서는 합자조합에 대하여 상법상 기업형태의 하나로서 거래의 편의를 고려하여야 한다는 점에서 법인격은 없지만 소송의 당사자능력을 인정하였었다(동 개정안 제86조의 8). 그러나, 국회의 논의과정에서 삭제되었다. 이에 관하여는 구승모, "상법 회사편 입법과정과 향후과제," 「선진상사법률연구」(법무부), 통권 제55호(2011. 7), 134면 참조.

의 7 제2항, 제86조의 3 제8호), 유한책임사원의 지분의 양도는 무한책임사원 전원의 동의를 요한다(제276조).

4) 업무집행권

합자조합에서는 무한책임조합원이 업무를 집행하나(제86조의 5 제1항), 조합계약으로 유한책임조합원도 업무를 집행할 수 있는 길을 열어 두고 있다(제86조의 4 제1항). 그러나 유한책임사원은 합자회사의 업무집행이나 대표행위를 하지 못한다(제278조).

5) 사적 자치

합자조합은 업무집행조합원(무한책임조합원)과 유한책임조합원의 권리·의무를 조합계약에서 달리 정할 수 있도록 함으로써 합자회사에 비하여 사적 자치를 널리 인정하고 있다(제86조의 8 제2항 단서, 제86조의 8 제3항·제4항).

(2) 민법상 조합과의 비교

1) 법정기재사항

합자조합에서는 조합계약서에 기재되어야 하는 사항이 법정되어 있으나(제86조의 3), 민법상의 조합에서는 그러하지 않다(동법 제703조 참조).

2) 등기

합자조합에서는 일정 사항을 등기하여야 하나(제86조의 4), 민법상의 조합에서는 등기사항이 없다.

3) 업무집행

합자조합에서는 조합계약에 다른 규정이 없으면 업무집행조합원(무한책임조합원)의 각자가 업무를 집행하고 조합을 대리할 권리·의무가 있다(제86조의 5 제1항). 그러나 민법상의 조합에서는 원칙적으로 조합원이 공동으로 업무를 집행하고(동법 제706조 제2항), 업무집행조합원은 업무집행의 대리권이 있는 것으로 추정한다(민법 제709조).

4) 변제책임

합자조합의 채권자는 유한책임조합원에 대하여 그 권리를 행사할 수 없고, 유한책임조합원은 무자력의 조합원이 변제할 수 없는 부분을 변제할 책임도 없다(제86조의 8 제4항 단서·민법 제712조·제713조). 그러나 민법상 조합의 채권자와 조합원에 대하여는 이러한 규정이 없다(민법 제712조, 제713조).

Ⅱ 합자조합계약의 성립

1. 의 의

합자조합은 구성원들간에 조합계약을 체결함으로써 성립한다. 합자조합은 조합계약 자체, 또는 조합계약에 의하여 조직되는 단체를 뜻한다.

2. 당사자

합자조합은 무한책임조합원 및 유한책임조합원이 각각 1인 이상으로 구성되어야 한다. 회사나 비영리법인도 합자조합의 유한책임조합원이 될 수 있다. 회사가 무한책임조합원이 될 수도 있다(제173조 참조). 미국의 합자조합에서는 1인이 동시에 무한책임조합원(general partner)과 유한책임조합원(limited partner)의 지위를 겸할 수 있다(미국의 ULPA 제113조). 그러나 상법은 이러한 규정이 없으므로 합자조합원은 양 지위를 겸할 수 없다고 본다.

3. 합자조합계약의 법정기재사항

(1) 의의

조합계약서에는 각 조합원 및 제3자에 대한 권리·의무를 명확히 하기 위하여 다음과 같은 사항을 기재하고, 모든 조합원이 기명날인 또는 서명하여야 한다(제86조의 3 본문).

(2) 목적(제86조의 3 제1호)

이는 조합이 수행할 공동사업의 내용을 뜻한다. 그리고 합자회사 정관의 절대적 기재사항과 같다(제270조·제179조 제1호).

(3) 명칭(제86조의 3 제2호)

이는 조합원들이 영업에 사용하는 명칭이므로 商號로서의 보호대상이며, 동시에 상호에 관한 규제를 받는다(제20조 이하). 이 역시 합자회사 정관의 절대적 기재사항과 같다(제270조·제179조 제2호). 합자조합의 명칭에 '합자조합'임을 표시하는 문자를 부기하여야 하는지에 대하여는 명문의 규정은 없으나, 부기하여야 한다고 본다[195]. 사원의 전부 또는 일부가 유한책임을 진다고 알리는 것은 거래상대방에게 중대한 이해관계를 갖기 때문이다(일본회사법 제576조 제4항·제1항 제5호 참조). 立法의 不備이다.

(4) 업무집행조합원의 성명 또는 상호, 주소 및 주민등록번호(제86조의 3 제3호)

이 역시 합자회사 정관의 절대적 기재사항과 같다(제270조·제179조 제3호). 다만, 업무집행조합원의 상호도 기재하도록 하고 있기 때문에 합자회사의 경우와는 달리 회사도 업무집행조합원(무한책임조합원)이 될 수 있다.

(5) 유한책임조합원의 성명 또는 상호, 주소 및 주민등록번호(제86조의 3 제4호)

이는 합자회사 정관의 절대적 기재사항과 같다(제270조·제179조 제3호). 유한책임조합원의 상호도 기재하도록 함으로써 회사도 유한책임조합원이 될 수 있음을 인정하고 있다. 합자회사의 경우에도 회사는 유한책임사원이 될 수 있다.

(6) 주된 영업소의 소재지(제86조의 3 제5호)

이는 모든 조합원에게 영업소가 됨을 뜻한다. 즉, 합자조합원에 대한 영업상의 채무는 조합의 영업소에서 변제하여야 한다(민법 제467조 제2항 단서). 그리고 영업소는 조합원을 대상으로 訴를 제기하는 경우에 그 영업소가 있는 곳의 법원에 특별재판적이 있고(민사소송법 제12조), 조합원에 대한 송달장소가 된다(민사소송법 제183조 제1항).

(7) 조합원의 출자에 관한 사항(제86조의 3 제6호)

(8) 조합원에 대한 손익분배에 관한 사항(제86조의 3 제7호)

(9) 유한책임조합원의 지분의 양도에 관한 사항(제86조의 3 제8호)

(10) 둘 이상의 업무집행조합원이 공동으로 합자조합의 업무를 집행하거나 대리할 것을 정한 경우에는 그 규정(제86조의 3 제9호)

(11) 업무집행조합원 중 일부 업무집행조합원만 합자조합의 업무를 집행하거나 대리할 것을 정한 경우에는 그 규정(제86조의 3 제10호)

---

195) 미국의 ULPA(2001) 제108조(b), 일본회사법 제576조 제1항 제2호·유한책임사업조합법 제9조 제1항 참조.

(12) 조합의 해산시 잔여재산 분배에 관한 사항(제86조의 3 제11호)

(13) 조합의 존속기간이나 그 밖의 해산사유에 관한 사항(제86조의 3 제12호)

(14) 조합계약의 효력 발생일(제86조의 3 제13호)

이 가운데 (2) 내지 (8)은 합자조합계약이 유효하기 위한 필요조건이고, (8) 내지 (13)은 조합계약이 없는 경우 민법규정을 보충적으로 적용할 수 있는 임의적 사항이며, (14)는 당사자가 의사해석의 문제로 삼아 정할 수 있으므로 이를 결하더라도 무효는 아니나, 법정화하고 있다.

4. 등 기

(1) 등기사항

상법은 제86조의 3이 정하는 조합계약의 법정기재사항 중 제6호, 제7호, 제8호를 제외하고는 등기사항으로 정하고 있다(제86조의 4 제1항 제1호). 이들 사항을 등기하도록 한 것은 제3자, 특히 채권자의 이해에 영향을 미칠 수 있기 때문이다(86조의 4 제1항 제1호). 등기사항이 변경된 경우에는 2주 내에 변경등기를 하여야 한다(제86조의 4 제2항).

등기제외사항 중 제7호와 제8호는 제3자의 이해와 직접 관계가 없고, 제6호는 조합의 신용도 판단정보가 되는 사항이지만, 제86조의 4 제1항 제2호에서 '조합원의 출자의 목적, 재산출자의 경우에는 그 가액과 이행한 부분'이라는 상세정보를 등기하도록 하기 때문에 제외한 것으로 풀이된다.

합자조합이 본점을 이전한 경우에는 종전 소재지 또는 새 소재지에서 2주일 내에 새 소재지와 이전 연월일을 등기하여야 한다(제86조의 8 제1항 · 제182조 제1항).

(2) 유한책임조합원의 등기

상법은 '유한책임조합원이 업무를 집행하는 경우에 한정'하여 조합계약의 법정기재사항인 '유한책임조합원의 성명 또는 상호 및 주소, 주민등록번호'를 등기사항으로 하고 있다(제86조의 4 제1항 제1호 · 제86조의 3 제4호). 이는 합자조합의 유한책임조합원도 업무집행을 할 수도 있다는 뜻을 내포하고 있다. 이에 관한 문제점과 해석론에 대하여는 후술하는 「Ⅲ. 내부관계. 1. 업무집행」에서 밝힌다.

(3) 미등기·부실등기의 효과

합자조합원의 책임의 유형은 거래상대방에게 매우 중요하다. 따라서 조합원의 유형별 책임관계를 등기함에 있어 등기할 사항을 등기하지 않거나 부실등기한 때에는 善意의 제3자에게 대항하지 못한다. 예를 들면, 무한책임조합원이 탈퇴를 했음에도 등기를 게을리한 경우에 해당 조합원은 선의의 채권자에 대하여 탈퇴 이후의 조합채무에 대하여도 무한책임을 진다(제37조 제1항). 그리고 고의 또는 과실로 인하여 유한책임조합원이 무한책임조합원으로 등기된 경우 해당 조합원은 유한책임조합원이라는 사실을 善意의 제3자에게 대항하지 못한다(제39조).

Ⅲ 내부관계

1. 업무집행

(1) 업무집행권

1) 원칙

합자조합의 업무집행은 조합계약에 다른 규정이 없으면 업무집행조합원 각자가 담당한다(제86조의 5 제1항). 업무집행조합원은 무한책임사원이 된다(제86조의 2). 따라서 조합원이 아닌 자가 지배인이나 기타사용인의 지위에서 조합업무를 보조하는 행위는 합자조합의 *受任人*(민법 제680조)이나 *勞務者*(민법 제655조)의 지위에서 하는 사무처리 또는 노무의 제공에 해당한다.

2) 유한책임조합원의 업무집행

제86조의 2의 법문상 합자조합의 경우에는 무한책임조합원만이 업무집행권을 갖는다는 것이 자연스러운 해석이고 대원칙이다. 그러나 기술한 바와 같이 제86조의 4 제1항 제1호와 제86조의 3 제4호는 합자조합의 유한책임조합원도 업무집행을 할 수도 있다는 뜻을 내포하고 있으므로 업무집행조합원은 무한책임을 진다는 제86조의 2의 대원칙과 충돌한다. 그리고 '합자회사의 유한책임사원은 회사의 업무집행행위를 하지 못한다.'는 준용규정과도 모순된다(제86조의 8 제3항·제278조). 또한 문언대로 유한책임조합원이 업무집행을 할 수 있다고 해석할 경우 합자조합의 제3자인 채권자에 대한 책임 주체도 모호해지는 문제점도 있다. 때문에

입법론적 개선이 필요하다. 다만, 현행 규정들을 합리적으로 적용하기 위하여는 ① 조합원의 유형별 성명은 상시 공시되어야 하고(ULPA 제111조 참조), ② 제278조는 임의규정이므로(통설·판례),[196] 유한책임사원에게는 조합계약으로 업무집행권을 부여할 수 있는 것으로 해석하여야 한다.

한편 2011년 4월 개정시 모델로 삼은 미국의 모범합자조합법(ULPA)에서는 무한책임조합원만이 업무집행권을 행사하고, 유한책임조합원은 업무집행권이 없다고 규정한다(동법 제302조, 제406조). 다만, 미국의 경우 양 유형의 조합원은 자격을 겸할 수 있으므로 유한책임조합원이 무한책임조합원의 자격을 겸할 경우 무한책임조합원으로서 업무집행을 할 수 있다.

(2) 업무집행의 방법

1) 각자집행의 원칙

합자조합의 업무집행조합원은 원칙적으로 각자가 업무를 집행하고 대리할 권리와 의무가 있다. 다만, 조합계약으로 달리 정할 수는 있다(제86조의 5 제1항).

2) 과반수결의에 의한 집행원칙

둘 이상의 업무집행조합원이 있는 경우에 그 각 업무집행소합원의 업무집행행위에 대하여 다른 업무집행조합원의 이의가 있는 경우에는 그 행위를 중지하고 업무집행조합원 과반수의 결의에 따라야 한다. 다만, 조합계약으로 다른 처리방법을 정할 수는 있다(제86조의 5 제3항). 이때의 과반수는 조합원의 頭數를 기준으로 한다. 동조의 집행원칙은 합자회사의 경우와 흡사하다(제269조·제201조 제2항).

3) 공동집행

합자조합은 조합계약으로 둘 이상의 업무집행조합원이 공동으로 합자조합의 업무를 집행하도록 정할 수 있다(제86조의 3 제9호).

4) 업무집행권의 제한적 귀속

합자조합은 조합계약으로 업무집행조합원 중 일부 업무집행조합원만 합자조합의 업무를 집행하거나 대리할 것을 정할 수 있다(제86조의 3 제10호). 이 규정은 합자회사의 경우와 유사하다(제210조·제207조).

---

196) 대법원 1977. 4. 26. 선고 75다1341 판결.

(3) 업무집행의 범위

제86조의 5 제1항에서 말하는 '업무집행조합원 각자가 집행할 수 있는 업무'란 합자조합의 통상적인 업무를 뜻한다(민법 제706조 제3항). 통상적이 아닌 업무는 업무집행조합원의 과반수로써 결정한다(민법 제706조 제2항).

(4) 업무집행조합원의 선관주의의무

업무집행조합원은 선량한 관리자의 주의로써 합자조합의 업무를 집행하고 대리하여야 한다(제86조의 5 제2항). 업무집행조합원에 대하여는 민법이 준용되므로(제86조의 8 제4항 본문·민법 제707조·제681조), 이 조문만으로도 업무집행조합원은 선관주의의무를 부담하게 되는데, 제86조의 5 제3항은 이를 반복하여 강조하고 있다.

업무집행은 업무집행조합원의 권리이자 의무이므로 업무집행에 관한 별도의 보수를 청구할 수 없다(미국 ULPA 제406조(f) 참조). 다만, 조합계약으로 달리 정할 수는 있다(제86조의 8 제4항).

(5) 직무집행정지

합자조합은 업무집행조합원의 업무집행을 정지하거나 직무대행자를 선임하는 가처분을 하거나 그 가처분을 변경·취소하는 경우에는 본점소재지의 등기소에서 이를 등기하여야 한다(제86조의 8 제2항·제183조의 2). 이 경우 직무대행자는 가처분명령에 다른 정함이 있거나 법원의 허가를 얻은 경우 외에는 합자조합의 통상업무에 속하지 아니한 행위를 하지 못한다. 직무대행자가 이에 위반한 행위를 한 경우 합자조합은 善意의 제3자에 대하여 책임을 진다(제86조의 8 제2항·제200조의 2 제2항).

(6) 업무집행의 감시

합자회사의 유한책임사원이 갖는 감시권은 합자조합의 유한책임조합원에 준용된다. 그러므로 업무집행권이 없는 유한책임조합원은 조합계약에 다른 규정이 없으면, 업무감시권이 있다(제86조의 8 제3항·제277조). 구체적인 내용은 匿名組合員의 감시권에서 기술한 바와 같다.

2. 출자와 손익분배

(1) 출자

조합원의 出資에 관한 사항은 조합계약으로 정한다(제86조의 3 제6호). 합자회사의 유한책임사원의 출자의 목적은 합자조합의 유한책임조합원에게 준용된다. 따라서 유한책임조합원은 信用 또는 勞務를 출자의 목적으로 하지 못한다(제86조의 8 제3항·제272조). 다만, 조합계약으로 달리 정할 수는 있다(제86조의 8 제2항). 그리고 제86조의 8 제3항·제272조의 반대해석으로 업무집행조합원은 신용·노무를 출자할 수도 있고, 조합계약으로 금할 수도 있다.

(2) 손익분배

상법은 조합원에 대한 손익분배에 관한 사항을 조합계약으로 정하도록 하는 규정만을 두고 있다(제86조의 3 제7호). 그러므로 구체적인 방법은 민법의 조합에 관한 규정을 준용한다(제86조의 8 제4항 본문). 예를 들면, 조합계약에서 이익 또는 손실 중 어느 하나의 분배비율만을 정한 때에 그 비율은 이익과 손실에 공통된 것으로 추정한다(민법 제711조 제2항). 조합계약에서 손익분배비율을 전혀 정하지 않는 때에 손익분배비율은 각 조합원의 출자가액에 비례한다(민법 제711조 제1항). 다만, 합자조합에 이익이 없음에도 불구하고 유한책임조합원이 배당을 받은 금액이 있으면 변제책임의 한도액에 이를 더한다(제86조의 6 제2항).

3. 경업피지의무와 자기거래제한

(1) 경업금지 및 겸직금지의무

상법은 업무집행조합원의 경업피지의무에 관하여 합명회사의 사원에 관한 규정을 준용하고 있다. 그리하여 업무집행조합원은 다른 조합원의 동의가 없으면 자기 또는 제3자의 계산으로 합자조합의 營業部類에 속하는 거래를 하지 못하며 同種營業을 목적으로 하는 다른 회사의 무한책임사원 또는 이사가 되지 못한다(제86조의 8 제2항·제198조 제1항). 다만, 조합계약으로 달리 정할 수는 있다(제86조의 8 제2항 단서). 이 점 합자회사와 다르다.

업무집행조합원의 경업피지의무와 관련하여서는 두 가지 점에 주의하여야 한다. 즉, ① 겸직금지의 대상이 동종영업을 목적으로 하는 다른 회사의 무한책임사원 또는 이사로 한정되기 때문에 다른 합자조합의 업무집행조합원 또는 다른 상인의 사용인은 될 수 있다. ② 조합계약으로 업무집행권이 부여된 유한책임조합원도 동 의무를 부담한다(제86조의 4 제1항 제1호·제86조의 3 제4호).

업무집행조합원이 이에 위반하는 경우 다른 조합원들은 상업사용인과 합명회사 사원의 경우와 같이 경업에 대하여는 介入權과 손해배상청구권을, 겸직에 대하여는 손해배상청구권을 행사할 수 있다(제86조의 8 제2항·제198조 제2항·제3항). 다만, 개입권의 행사는 다른 조합원 과반수의 결의를 요하며, 일정한 제척기간 내, 즉 다른 조합원 중 1인이 그 거래를 안 날로부터 2주간 내 또는 그 거래가 있은 날로부터 1년 내에 행사하여야 한다(제86조의 8 제2항·제198조 제4항).

(2) 자기거래의 제한

조합원은 합명회사의 사원의 경우와 같이 다른 조합원의 과반수의 결의가 있는 때에 한하여 自己 또는 제3자의 계산으로 합자조합과 거래할 수 있다(제86조의 8 제2항·제3항·제199조). 경업금지의무와는 달리 제한대상이 '조합원'이므로 유한책임조합원도 포함된다.[197] 다만, 이러한 자기거래의 제한 역시 조합계약으로 달리 정할 수 있다(제86조의 8 제2항 단서·제3항).

4. 조합원의 변동

(1) 의의

상법은 조합원의 변동 사유 중 持分의 讓渡에 관하여만 명시하고 있고, 새로운 조합원의 가입, 기존 조합원의 탈퇴·제명에 관한 별도의 규정은 두지 않고 있다. 조합원의 탈퇴와 제명은 민법의 조합에 관한 규정을 적용하여 해결할 수 있으나, 가입에 관하여는 아무런 규정이 없어 해석을 요한다.

(2) 새로운 조합원의 가입

새로이 조합원이 가입하는 때에는 그 조합원이 업무집행조합원이 되든 유한책임조합원이 되든 조합계약의 당사자에 변동이 생긴다. 따라서 모든 조합원의 합의로 새로운 조합계약을 체결·변경하여야 하고(제86조의 3 제3호·제4호), 변경등기

---

197) 합자회사의 경우 상법에 규정이 없으므로 유한책임사원은 자기거래를 할 수 있다고 해석하고 있다. 이 점에서 합자조합의 경우와 다르다.

를 하여야 한다(제86조의 4 제2항). 신입조합원의 조합재산에 관한 지분은 새로운 조합계약으로 정한다.

(3) 지분의 양도

1) 유형별 지분의 양도

가) 개요 민법상의 조합원은 조합재산 및 조합의 법률관계에 대하여 갖는 지분을 조합원 전원의 동의를 얻어 양도할 수 있다(통설·판례).[198] 합자조합도 본질적으로 조합이므로 조합원의 지분은 양도할 수 있는데, 상법은 이를 업무집행조합원과 유한책임조합원으로 나누어 규정하고 있다.

나) 업무집행조합원 업무집행조합원은 다른 조합원 전원의 동의를 받지 아니하면 그 지분의 전부 또는 일부를 타인에게 讓渡하지 못한다(제86조의 7 제1항). 이는 합명회사 및 합자회사의 무한책임사원의 경우와 같다(제197조·제269조).

다) 유한책임조합원 유한책임조합원의 지분은 조합계약에서 정하는 바에 따라 양도할 수 있다(제86조의 7 제2항). 이는 합자회사의 유한책임사원이 지분을 양도하는 경우 무한책임사원 전원의 동의를 요하는 것(제276조)에 비하여 완화된 규정이다. 또 이 규정은 민법에 대한 특칙의 의미를 갖는다. 때문에 조합계약에서 지분의 양도에 관한 정함이 없으면 조합원 전원의 동의를 얻어야 한다. 유한책임조합원의 지분의 양도에 관한 사항은 조합계약의 법정기재사항이다(제86조의 3 제8호).

2) 지분양도의 효과

상법은 업무집행조합원과 유한책임조합원의 지분양도의 효과를 구분하고 있다.

가) 유한책임조합원 유한책임조합원의 지분을 양수한 자는 양도인의 조합에 대한 권리·의무를 승계한다(제86조의 7 제3항). 권리에는 조합재산에 대한 합유지분과 의결권 등 비재산적 권리가 포함된다. 이 가운데 '지분의 양도'는 개개의 재산에 대해 존재하는 지분적 권리를 일괄하여 양도하는 것이다. 그러므로 이러한 재산에 관하여 양수인이 권리를 승계한다는 것은 양도인에게 권리이전절차(예 등기·등록)를 밟을 것을 청구할 수 있는 채권적 권리가 발생한다는 뜻으로 보아야 한다.[199] 그리고 양수인에게 승계되는 의무는 출자의무가 유일하다.

---

198) 民法註解[XVI], 133면; 대법원 1958. 2. 26. 선고 4290민상693 판결.
199) 이철송(2022), 451－452면.

따라서 양도인의 출자미필부분이 있을 경우 그 금액(제86조의 6 제1항), 조합의 이익이 없음에도 배당을 받음으로써 소극적으로 부담하는 변제책임이 있다면 그 책임(제86조의 6 제2항)을 승계한다. 또한 양도인의 권리·의무가 양수인에게 승계되는 결과, 양도인의 지분의 계산(환급)은 없다(민법 제719조 비적용). 양도인은 조합의 채권자에 대한 변제책임도 없다.

나) 업무집행조합원 상법은 유한책임조합원의 지분양도의 효력만을 밝히고 있고(제86조의 7 제3항), 업무집행조합원에 대하여는 별도의 규정을 두지 않고 있다. 그러나 업무집행조합원의 지분양도의 효과에는 여러 가지 권리·의무가 복합되어 있다. 우선 업무집행조합원의 권리는 조합재산에 대한 지분과 업무집행권을 의미한다. 따라서 지분양수인은 업무집행권도 승계한다(제86조의 5 제1항 참조).

업무집행조합원의 의무는 양도당시의 조합채무에 대한 직접·무한책임을 뜻한다(제86조의 8 제2항·제212조). 이 채무의 귀속주체에 관하여, 상법은 합명회사에서의 신입사원의 책임(제213조) 또는 퇴사원의 책임(제225조)과는 달리 입법적인 해결책을 제시하지 않고 있다. 따라서 당사자의 약정으로 정해야한다고 해석할 수밖에 없다. 약정에 따라 양수인은 ① 권리만을 승계하거나, 아니면 ② 양도인의 지분으로 한정하여 분할적으로 조합채무를 승계하거나, ③ 조합채무 전부에 대한 직접·연대책임을 승계할 수도 있다. 다만, 이 경우에도 양도인이 채권자에 대한 관계에서 면책되기 위하여는 조합원 전원의 동의는 물론 免責的 債務引受의 절차를 밟아야 한다(민법 제453조·제454조).

(4) 탈퇴

1) 관련 규정

상법은 합자조합원의 脫退에 대하여 별도로 정하지 않고 있으므로 민법상 조합의 탈퇴에 관한 규정이 준용된다(제86조의 8 제4항 본문).

2) 탈퇴사유

조합원의 탈퇴사유에는 任意脫退와 非任意脫退가 있다.

가) 임의탈퇴 조합계약으로 합자조합의 존속기간을 정하지 아니하거나 조합원의 종신까지 존속할 것을 정한 때에 각 조합원은 언제든지 탈퇴할 수 있다. 다만, 부득이한 사유 없이는 조합의 불리한 시기에 탈퇴하지 못한다(제86조의

8 제4항·민법 제716조 제1항). 합자조합의 존속기간을 정한 때에도 조합원은 부득이한 사유가 있으면 탈퇴할 수 있다(제86조의 8 제4항·민법 제716조 제2항). 조합계약으로 임의탈퇴사유를 완화 또는 사회질서에 반하지 않는 범위에서 강화할 수는 있지만, 금지하는 것은 무효이다.

나) 비임의탈퇴 비임의탈퇴 사유에는 사망, 파산, 성년후견개시 또는 除名이 있다(제86조의 8 제4항·민법 제717조). 다만, 유한책임조합원은 조합계약에 다른 규정이 없으면, 사망하더라도 탈퇴하지 아니하고 그 상속인이 지분을 승계하여 조합원이 되고(제86조의 8 제3항·제283조 제1항), 성년후견개시를 받더라도 탈퇴하지 않는다(제86조의 8 제3항·제284조). 탈퇴사유는 조합계약으로 추가할 수도 있다고 본다.

한편 조합원의 除名은 조합계약에 다른 규정이 없으면, 정당한 사유가 있는 때에 한하여 다른 조합원의 일치로써 이를 결정한다(제86조의 8·민법 제718조 제1항). 그리고 제명의 결정은 제명된 조합원에게 통지하지 아니하면 그 조합원에게 대항하지 못한다(제86조의 8·민법 제718조 제2항).

3) 탈퇴의 효과

조합원이 탈퇴하면 지분의 환급과 조합채무에 관한 책임문제가 남는다.

가) 지분의 환급(계산) 조합원이 탈퇴하면 탈퇴자와 잔존 조합원간에 조합재산을 분할하여야 한다. 조합계약에 다른 규정이 없으면, 지분의 계산은 탈퇴 당시의 조합재산의 상태에 의한다(제86조의 8 제4항·민법 제719조 제1항). 현물을 출자한 조합원에게는 그 현물을 일부 또는 전부 반환할 수도 있지만, 출자의 종류 여하에 불구하고 금전으로 반환할 수도 있다(제86조의 8 제4항·민법 제719조 제2항). 탈퇴 당시에 완결되지 아니한 사항(예 불확실한 채무)이 있다면 그에 대하여는 완결 후에 계산할 수도 있다(민법 제719조 제3항). 환급 후의 잔여재산은 여전히 조합재산이고 잔존 조합원들의 合有에 속한다.

나) 조합채무의 귀속 탈퇴조합원은 장래의 조합채무에 대하여는 책임을 지지 아니한다. 다만, 탈퇴시점에 존재하는 조합채무에 관하여는 탈퇴조합원이 기본적으로는 책임을 져야 하는데, 탈퇴조합원의 유형에 따라 책임내용이 구별된다. 이에 대하여는 후술한다.

Ⅳ 외부관계

1. 의 의

합자조합은 법인격이 없으므로 권리능력이나 행위능력을 갖지 못한다. 앞의 '조합재산'이라는 표현 역시 조합이 소유하는 재산이 아니라 조합원이 공동사업을 위하여 출자한 재산을 의미한다. 따라서 조합재산은 조합원들의 합유에 속한다. 대외적인 행위도 조합의 행위란 있을 수 없고, 조합원 전원을 위한 代理와 조합원의 責任이 핵심을 이룬다.[200]

2. 합자조합의 대리

(1) 대리권

1) 업무집행조합원

합자조합의 대리권의 행사자는 원칙적으로 업무집행권의 경우와 같다. 조합계약에 다른 규정이 없으면, 업무집행조합원은 각자가 합자조합의 업무를 집행하고 대리할 권리와 의무가 있다(제86조의 5 제1항). 단독대리권을 행사할 수 있는 것이다. 무한책임조합원 중 일부만 업무집행조합원이 된 경우(제86조의 3 제10호)에는 그 업무집행조합원인 무한책임조합원만 대리권을 갖는다. 다만, 조합계약으로 업무집행조합원 중 일부 업무집행조합원만 업무를 집행하거나 대리할 것을 정한 경우에는 그 조합원만 대리권을 갖는다(제86조의 3 제10호). 그리고 무한책임조합원의 일부에게만 업무집행권이나 대리권을 부여할 수 있는 것과 같이 업무집행권과 대리권을 구분하는 것도 가능하다고 본다.[201]

2) 유한책임조합원

제86조 제1항 제1호는 유한책임조합원이 업무집행권을 행사할 수 있는 길을 열어놓고 있는 데 비하여 대리에 관하여는 별도의 규정이 없다. 그리고 제86조의 8 제3항은 제278조를 준용하도록 하고 있으므로, 원칙적으로 유한책임조합원은 조합의 대리권을 갖지 못한다. 다만, 동 조항의 단서는 '조합계약에 다른 규정이

---

200) 2008년 상법개정안에서는 合資組合도 소송당사자가 될 수 있음을 제안하였지만(同개정안 제86조의 8), 심의과정에서 폐기되었다.

201) 이철송(2022), 455면.

없으면'이라고 하는 조건을 붙이고 있다. 따라서 조합계약으로 유한책임조합원에게 대리권을 인정할 수 있다.

(2) 공동대리

기술한 바와 같이 업무집행조합원이 수인인 경우에도 단독대리가 원칙이지만(제86조의 5 제1항), 조합계약으로 둘 이상의 업무집행조합원이 공동으로 조합의 업무를 집행하거나 대리할 것을 정할 수 있다(제86조의 3 제9호). 이른바 공동대리를 인정하고 있다. 공동대리를 정하였음에도 불구하고 1인의 업무집행조합원이 단독으로 대리하는 때에는 무권대리로써 무효이다. 다만, 이를 가지고 제3자에게 대항하기 위하여는 등기하여야 한다(제86조의 4 제1항 제1호, 제37조 제1항).

능동대리와는 달리 제3자가 합자조합원들에게 하는 의사표시, 즉 受動代理는 대리권이 있는 조합원 1인에게만 하면 족하다(제86조의 8 제2항·제208조 제2항).

(3) 현명주의

합자조합 자체가 법인이 아니므로, 업무집행조합원이 조합을 대리하는 때에는 원칙적으로 조합원 전원을 顯名하여야 한다. 그러나 업무집행조합원이 本人의 표시로 조합의 명칭만 기재하고 의사표시를 한 경우에는 저법한 대리행위로 보아야 한다.[202] 그리고 합자조합은 '공동사업', 즉 '영업'을 수행하기 위한 영업조직이므로, 그 商行爲에서는 顯名主義가 완화된다(제48조).

(4) 대리권의 범위

대리권을 행사하는 업무집행조합원은 조합의 영업에 관하여 재판상 재판외의 모든 행위를 할 수 있으며(제86조의 8 제2항·제209조 제1항), 그 권한의 제한은 善意의 제3자에게 대항하지 못한다(제86조의 8 제2항·제209조 제2항). 그리고 합자조합은 법인격이 없으므로 업무집행조합원이 업무집행으로 인한 불법행위를 하더라도 회사와 대표사원의 연대책임규정(제210조 제1항)은 적용되지 아니한다. 다른 조합원이 피해자에게 손해배상책임을 부담하지도 아니한다.

---

202) 대법원 1970. 8. 31. 선고 70다1360 판결; 본문에 인용한 판결은 조합의 어음행위에 관한 사건이다. 조합대표가 어음에 조합원 전원을 표시하는 대신 조합명칭만 기재한 채, 자신의 대표자격을 표시하고 기명날인한 것을 적법하다고 판시한 것이다. 어음의 대리는 강한 현명주의가 적용되는 법률행위임에도 불구하고 이 같이 완화한 것으로 미루어 다른 법률행위에 대하여도 당연히 본문에서와 같은 결론을 내릴 수 있다.

3. 책 임

(1) 업무집행조합원

1) 책임의 내용

업무집행조합원에 대하여는 합명회사의 사원의 책임에 관한 제212조가 준용되는 결과, 동 조합원은 합자조합의 채권자에 대하여 직접·연대·무한책임을 진다(제86조의 2, 제86조의 8 제2항·제212조). 따라서 조합재산으로 조합채무를 완제할 수 없거나 조합재산에 대한 강제집행이 주효하지 못하는 때, 각 업무집행조합원은 연대하여 변제할 책임이 있다. 다만, 업무집행조합원은 조합에 변제의 자력이 있으며 집행이 용이한 것을 증명하여 책임을 면할 수 있다(제86조의 8 제2항·제212조). 이와 같이 업무집행조합원의 책임에는 부종성과 보충성이 있다는 면에서 일반적인 연대보증인의 책임과 다르다.

2) 신입조합원의 책임

신입조합원은 조합계약에서 정하는 바에 따라 출자의무를 부담한다(제86조의 3 제6호 참조). 그런데 상법은 합명회사와 합자회사의 무한책임사원의 경우와는 달리 새로이 가입한 합자조합의 업무집행조합원이 가입 전 조합채무에 대한 책임을 진다는 규정을 두지 않고 있다(제213조 참조). 따라서 신입조합원은 가입 전의 채무에 대하여는 책임을 지지 않는다.[203] 다만, 조합계약으로 달리 정할 수는 있다고 본다.

3) 탈퇴조합원의 책임

업무집행조합원이 탈퇴하더라도, 탈퇴 당시의 조합채무에 대하여는 탈퇴 후에도 책임을 진다. 내부관계에서는 탈퇴조합원은 자신의 지분에 해당하는 금액에 관한 변제책임을 지고, 조합채권자와의 관계에서는 탈퇴시의 조합채무 전부에 관하여 직접·연대·무한책임을 진다(제86조의 2·제86조의 8 제2항·제212조 제1항·제2항). 다만, 탈퇴조합원은 조합에 변제자력이 있으며 집행이 용이한 것을 증명하여 책임을 면할 수 있다(제86조의 8 제2항·제212조 제3항).

한편 상법은 합명회사와 합자회사의 무한책임사원이 퇴사한 경우와는 달리 탈퇴 전 조합채무에 관한 탈퇴조합원의 단기소멸시효(예 탈퇴변경등기 후 2년) 규정을 두지 않고 있다. 따라서 탈퇴한 업무집행조합원의 책임은 탈퇴 당시의 조합채무

---

203) 반대: 정찬형(2025), 298면.

가 변제되거나 소멸시효가 완성될 때까지 존속한다.

(2) 유한책임조합원

유한책임조합원은 조합채권자에 대하여 직접·유한책임을 진다. 그리하여 조합계약에서 정한 출자가액에서 이미 이행한 부분을 뺀 가액을 한도로 하여 조합채무를 변제할 책임이 있다. 합자조합에 이익이 없음에도 불구하고 유한책임조합원이 배당을 받은 금액이 있는 경우에는 변제책임을 정할 때에 변제책임의 한도액에 이를 더한다(제86조의 6). 이는 합자회사의 유한책임사원의 책임과 유사하다(제279조). 그리고 유한책임조합원에 대하여는 민법 제713조가 준용되지 않기 때문에, 유한책임조합원은 다른 조합원이 無資力이 되더라도 연대책임을 지지 않는 것이 원칙이다(제86조의 8 제4항 단서).

유한책임조합원의 탈퇴 당시 현존하는 책임에 대하여는 별도의 규정이 없으므로 탈퇴하더라도 소멸하지 않는다. 다만, 탈퇴시 책임질 금액을 차감하고 지분을 환급받는 때에는 출자를 이행하고 이익이 없음에도 배당받은 금액을 반환한 것과 같으므로 유한책임조합원의 책임은 소멸한다. 이 점 탈퇴한 업무집행조합원의 책임과 구별된다.

한편 조합계약으로 대리권을 부여받아 대리행위를 한 유한책임조합원은 내부적인 책임구분에도 불구하고 거래상대방에게 무한책임조합원과 같은 표현적 외관을 창출하게 되므로 업무집행조합원과 같이 무한책임을 진다.

(3) 자칭무한책임사원의 책임

합자회사의 경우 유한책임사원이 타인에게 자기를 무한책임사원이라고 오인시키는 행위를 한 때에는 회사와 거래를 한 자에 대하여 무한책임을 진다(제281조). 그러나 합자조합에 관한 제86조의 8은 이를 준용하지 않고 있다. 입법의도가 밝혀진 바 없으나, 합자조합과 합자회사가 기본적으로 같은 구조를 가지고 있다는 점을 고려하고, 또 외관법리는 거래안전을 위한 핵심이므로 제281조를 유추적용할 수 있다고 본다.

V 합자조합의 해산

1. 의 의

합자조합도 다른 계속적이고 이해관계가 교차하는 단체처럼 일정한 사유가 발생하면 그 법률관계가 종료하는데, 법인의 경우와 같이 解散과 淸算制度를 두고 있다.

2. 해산사유

(1) 조합계약상의 해산사유

합자조합은 조합계약에서 정한 존속기간의 종료 또는 해산사유의 발생시 해산한다(제86조의 3 제12호). 조합계약에서 정하지 않은 때에는 전원의 합의로 해산할 수 있다고 본다.

(2) 목적의 달성 또는 불능

조합계약의 목적을 달성하였거나, 달성하지 못할 것이 명확한 때에는 조합의 목적(제86조의 3 제1호)이 존재하지 않게 되므로 해산사유에 해당한다고 본다.

(3) 조합원의 단종화

어느 한 종류의 조합원 전원이 탈퇴함으로써 업무집행조합원 또는 유한책임조합원만 남게 되면 법정해산사유에 해당한다. 다만, 잔존한 무한책임조합원 또는 유한책임조합원은 전원의 동의로 새로이 다른 종류의 조합원을 가입시켜서 조합을 계속할 수 있다. 이때에는 신입사원의 책임에 관한 제213조 및 본점에서의 계속등기에 관한 제229조 제3항을 준용한다(제86조의 8·제285조).

(4) 해산청구 및 해산등기

합자조합원은 부득이한 사유가 있는 경우 각자가 조합의 해산을 청구할 수 있다(제86조의 8 제4항·민법 제720조). '부득이한 사유'에 해당하는지의 여부는 조합이 상호신뢰가 크게 훼손되거나 자율적인 해체가 불가능한 상황에 봉착한 경우 등 인적 단체운영의 기본원리를 고려하여 판단하여야 한다.

합자조합이 해산된 때에는 합병과 파산의 경우 외에는 그 해산사유가 있은 날로부터 2주일 내에 본점소재지에서 해산등기를 하여야 한다(제86조의 8 제1항·제228조).

Ⅵ 청 산

합자조합이 해산하면 청산절차를 밟게 되는데, 청산절차는 청산인이 관장한다. 청산인은 업무집행조합원의 과반수의 결의로 선임하는데, 선임하지 않을 때에는 업무집행조합원이 청산인이 된다(제86조의 8·제287조). 청산인이 선임된 때에는 그 선임된 날로부터, 업무집행조합원이 청산인이 된 때에는 해산된 날로부터 본점소재지에서 2주일 내에 법정사항을 등기하여야 한다(제86조의 8 제1항·제253조 제1항). 이러한 등기사항이 변경된 때에는 같은 기간 내에 변경등기를 하여야 한다(제86조의 8 제1항·제253조 제2항). 그리고 청산이 종결된 때에는 청산인은 총조합원의 청산종결승인이 있은 날로부터 2주일 내에 본점소재지에서 청산종결의 등기를 하여야 한다(제264조).

이 밖의 구체적인 청산절차는 民法상의 조합의 청산절차와 같다(민법 제721조 내지 제724조).

02장 각 론

제1절 대리상

I 총 설

1. 개 념

대리상(Handelsvertreter)은 일정한 상인을 위하여 영업거래를 계속적으로 대리하거나 중개함으로써 그 상인의 활동을 보조하는 자이다(제87조). 보험대리점이 좋은 예이다. 대리상은 상인의 활동을 보조한다고 하더라도 독립상인이라는 점에서 상업사용인과 다르다.

2. 경제적 기능

기업규모를 확장하기 위하여는 영업활동지역을 확대하여야 한다. 이를 위하여 상인은 확대예정지역에 상업사용인을 선임하는 방법을 고려할 수 있는데, 상업사용인은 제도운영에 상당한 고정비를 지출하여야 하고, 지배인의 권한이 포괄적인 데 비추어 영업주가 이를 감독·견제할 수 있는 수단도 마땅치 않아 영업활동의 시행착오와 위험부담을 감수해야 한다.

또 다른 방법으로 현지에 있는 중개인이나 위탁매매인을 활용할 수도 있지만, 이들은 불특정다수의 상인을 고객으로 삼아 영업을 하므로 상인이 그 조직을 지속적·배타적으로 이용할 수 없는 한계가 있다. 대리상은 이러한 한계가 없으므로 현지에 지속적인 영업조직을 유지하고자 하는 때에는 그곳의 시장사정에 밝은 자를 대리상으로 삼아, 대리와 중개의 영업실적에 따른 대가만을 지급함으로써 시장개척비용을 절약할 수 있다.

3. 연 혁

대리상은 같은 보조상인 중개업과 위탁매매업에 비하여 늦게 생겨났다. 대리상은 대량의 상품을 계속적으로 공급하는 데 적합한 보조상이라는 점에서 자본주의경제체제가 정착한 이후 해외무역이 발전하면서 생겨났다. 연혁적으로는 19세기 후반에 지방에서 行商을 하던 상업사용인들이 현지에 정착, 독립 상인이 된 것이 그 기원이다. 법률상 개념은 1892년 9월 2일 독일제국재판소의 판결에서 정하여졌고, 법제는 그 판결을 기초로 하여 1897년 독일 新商法(HGB 1897)이 처음 대리상제도를 명확히 하였다. 그 후 1953년 개정법에서 대리상에게 독립적인 지위를 부여하여 상업사용인과 구분하였고, 동시에 보호장치를 강화하였다(동법 제84조 내지 제92조).[204]

상법은 독일 상법을 원형으로 하여 대리상제도를 도입하였는데, 간략하게 8개의 조문(제87조 내지 제92조의 3)만을 두고 있다. 이 중 7개의 조문은 대리상과 본인과의 관계에 관한 것이고, 1개의 조문만이 거래상대방과 관련된 것이다.

Ⅱ 대리상의 의의

1. 관련 규정

대리상이란 일정한 상인을 위하여 상업사용인이 아니면서 상시 그 영업부류에 속하는 거래의 대리 또는 중개를 영업으로 하는 자이다(제87조). 이러한 개념요소에 대하여는 아래와 같이 분설할 수 있다.

2. 일정한 상인의 보조상

대리상은 자기의 영업을 완결적으로 영위하는 자가 아니라 다른 상인을 위하여 그의 영업 거래를 대리 또는 중개하는 방법으로 다른 상인의 영업을 보조하는 자이다. 이 점에서 대리상은 중개인, 위탁매매인 및 운송주선인과 더불어 상법상의 補助商이다. 그리고 대리상의 유형은 다른 상인의 거래를 ① 대리하는 「締約代理商」과, ② 중개하는 「仲介代理商」이 있다.

---

204) 안동섭·소륜(2010), 182면; 이병태(1988), 254면; 이철송(2022), 462면; 최준선(2021), 320면.

3. 본인의 일정·계속

대리상은 '一定한 商人'을 위하여 '常時', 즉 계속적으로 그 영업거래를 대리 또는 중개하여야 한다. 따라서 대리상이 성립하려면, ① 본인인 상인은 '일정'하여야 하며, ② 그와 '계속적 관계'에서 대리 또는 중개를 하여야 한다는 두 가지 요건을 충족하여야 한다. 때문에 불특정 다수의 상인 또는 비상인을 위하여 대리·중개하는 자는 대리상이 아니다. '일정한 상인'이라고 하여 특정한 1인의 상인만을 가리키는 것은 아니다.

4. 대리·중개하는 거래

대리상은 본인인 상인의 영업부류에 속하는 거래를 대리 또는 중개하는 자이다. '영업부류에 속하는 거래'는 '영업적 상행위', 즉 기본적 상행위나 준상행위처럼 상인이 '영업으로 하는 상행위'를 말한다. 따라서 다른 특정한 상인의 보조적 상행위를 대리·중개하는 자는 그 관계가 계속적일지라도 대리상이 아니다. 예를 들면, 출판업을 하는 특정한 상인의 금융거래(또는 인쇄업자와의 인쇄계약)를 상시적으로 대리·중개를 하는 자는 대리상이 아니다.

5. 상인성(독립상인)

제87조가 '상업사용인이 아니면서'라고 밝히는 있듯이 대리상은 그 자체가 독립적인 상인이다.[205] 그리하여 대리상은 본인에게 종속되지 아니하고 자신의 계획과 계산에 따라 영업을 한다. 이 같이 대리상이 독립상인이라는 점은 상업사용인과 구별되는 요소이다. 물론 연혁에서 알 수 있듯이 발생기원이 상업사용인에 있는 만큼 대리상을 상업사용인과 구별하는 것이 모호하거나 약정내용이 불명확한 경우도 같다. 이때에는 ① 독립적으로 운영하는 영업소의 유무, ② 영업비용의 부담관계, 즉 자신이 영업비용을 부담하는지의 여부, ③ 보수의 성격, 즉 수수료인지 아니면 정액의 급여인지 여부, ④ 본인인 상인에게 종속되어 있는 지의 여부, ⑤ 본인인 상인의 업무에 대한 관여 정도, 즉 지휘·감독인가, 특정 사무의 위탁인가 등을 종합하여 판단해야 한다.[206]

---

205) 대법원 2012. 7. 16. 자 2009마461 결정.
206) 대법원 2012. 7. 16. 자 2009마461 결정; 1962. 7. 5. 선고 62다244 판결.

한편 1인의 상인만을 상대로 하는 대리상일지라도 상행위의 대리·중개를 반복·계속하는 경우에는 복수의 상인과 대리상계약을 체결하지 않더라도 독립상인에 해당한다.

6. 대리·중개의 인수

대리상의 영업은 일정한 상인을 위하여 거래의 대리 또는 중개를 하는 행위 그 자체가 아니다. 대리 또는 중개의 인수, 즉 일정한 상인을 위하여 대리 또는 중개하기로 계약하는 것이다. 대리·중개행위는 그 계약의 이행에 불과하여 대리상의 보조적 상행위에 해당한다(제47조 제1항).

7. 상인자격취득의 종속성

대리상이라는 지위는 이미 존재하는 일정한 상인과 대리·중개를 인수(계약)함으로써 취득된다. 즉, 대리상이라는 지위가 이미 존재하여 상인이 그에게 대리 또는 중개를 위임하는 것이 아니다. 대리상계약인지의 여부는 명칭(예 특약점, 위탁매매업)에 구애되어서는 아니 되고 계약내용의 실질에 의하여 판단되어야 한다.[207] 예를 들면, 제조회사가 판매회사와 '대리점총판계약'을 체결하고 그 대리점을 제조회사제품의 전문취급점 및 전국총판으로 기재하여 신문에 한 번 광고하였더라도, 판매회사가 스토어(노래방기기 중 본체)를 매입하고 스스로 10여 종의 주변기기를 부착하여 노래방기기세트의 판매가격을 결정하여 판매한 때에는 그 대리점을 제조회사의 상법상의 대리상으로 볼 수 없다. 그리고 위 광고를 제조회사가 제3자에 대하여 해당 대리점에게 자사제품의 판매에 관한 대리권을 수여함을 표시한 것이라고 볼 수도 없다.[208]

Ⅲ 그 밖의 보조상과의 구별

1. 의 의

상법상의 보조상은 대리상 외에도 중개인·위탁매매인·운송주선인이 있다.

---

207) 대법원 2013. 2. 14. 선고 2011다28342 판결.
208) 대법원 1999. 2. 5. 선고 97다26593 판결.

이 가운데 운송주선인은 기본적으로 주선업으로서 위탁매매인과 같다. 단지 주선의 대상이 운송으로 특정되어 있을 뿐이다. 그리고 대리상, 중개인 및 위탁매매인 간에는 다음과 같은 본질적인 차이가 있다.

2. 대리의 방식과 대상

대리상은 '대리 또는 중개'(제87조), 중개인은 '중개'(제93조), 위탁매매인은 '자기명의로 매매'(제101조)의 방식으로 각각 다른 상인의 영업활동을 보조하는 것이다. 중개대리상과 중개인은 거래의 중개를 보조한다는 점에서 같지만, 중개대리상은 '일정한 상인'을 위하여 계속적으로 중개하고, 중개인은 '불특정·다수인'을 위하여 중개하는 점에서 구분된다.

3. 자격취득의 시점 및 본인의 상인자격

기술한 바와 같은 대리상은 일정한 상인을 위하여 그와 대리 또는 중개의 인수(계약)를 함으로써 대리상의 자격을 취득하는 데(地位取得의 從屬性) 비하여, 중개인과 위탁매매인은 불특정·다수인을 상대로 업무를 수행하므로 사전에 중개인(예 보험중개인) 또는 위탁매매인(예 증권회사)의 자격을 취득하고 상인이 된다(地位取得의 獨自性). 그리고 대리상의 본인은 반드시 상인이어야 하지만, 중개인의 본인들은 그 중 일방만 상인(예 보험회사 vs. 비상인)이면 족하고, 위탁매매인의 위탁자 또는 매매상대방은 상인이 아니더라도 무방하다. 증권회사를 통하여 주식매도·매수를 하는 일반인이 그에 해당한다.

4. 경업피지의무

대리상은 일정한 상인과 계속적인 관계를 맺기 때문에 경업을 금지시켜 본인인 상인과의 이해충돌을 방지하고 있다(제89조). 이에 비하여 중개인과 위탁매매인은 본인 또는 위탁자와 계속적인 관계를 갖지 아니하므로 경업피지의무를 부담하지 않는다.

5. 입법의 중점

대리상, 중개인 및 위탁매매인의 특성이 서로 상이하므로 상법도 입법의 중점을 달리한다. 즉, ① 대리상에 대하여는 본인과 대리상간의 이해조정에, ② 중개인에 대하여는 거래당사자의 보호를 위하여 중개된 거래의 원만한 이행의 확보에, ③ 위탁매매업은 계산의 주체와 위탁매매의 형식적 당사자가 상이하여 법률관계의 분열이 생기므로, 위탁매매인에 대하여는 거래(매매)의 안전과 위탁자의 이익을 보호하는 데 중점을 둔다.

Ⅳ 대리상계약과 대리

1. 대리상계약

(1) 의의 및 성질

위에서 설명한 바와 같이 대리상은 본인인 상인과 그 영업부류에 속하는 거래를 계속적으로 대리 또는 중개하기로 하는 계약을 체결함으로써 성립된다(제87조). 이 계약을 일반적으로 대리상계약이라 한다. 단순히 개별적이고 偶發的인 거래행위를 위임받는 것은 포함되지 않는다. 대리상계약을 체결한 것인지는 명칭 여부에 불구하고, 본인인 상인의 영업부류에 속하는 거래를 계속적으로 대리·중개한다고 하는 대리상의 실질을 갖추었는지에 따라 판단된다.[209] 대리상계약은 법률행위(체약대리상) 또는 사실행위(중개대리상)를 대리상에게 위탁하는 것을 내용으로 하므로 그 성질은 위임계약이다(민법 제680조)(통설). 따라서 대리상은 선관주의로써 대리·중개를 하여야 한다(민법 제681조). 이 밖에도 위임에 관한 민법규정이 일반적으로 적용되지만, 상법은 몇 가지 사항에 관하여 특칙을 두고 있다.

(2) 대리상계약 인정 여부에 관한 주요 사례

1) 대리상을 부인한 사례

가) 대법원은 '... 어떤 자가 제조회사의 대리점총판계약이라고 하는 명칭의 계약을 체결하였다고 하여 바로 제87조의 대리상이 되는 것은 아니고, 그 계약내용을 실질적으로 살펴 대리상인지의 여부를 판단하여야 하는바, ... 원고(甲)회사는 피고(乙)회사로부터 이 사건 스토어를 매입하여 甲회사 스스로 10여 종의 주변기기를 부착하여 노래방기기 세트의 판매가격을 결정하여 위 노래방기기 세트

209) 대법원 2013. 2. 14. 선고 2011다28342 판결; 1999. 2. 5. 선고 97다26593 판결.

를 소비자에게 판매하였으므로 甲회사를 乙회사제품의 전문취급점 및 A/S센터 전국총판으로 원고 회사를 기재한 광고를 한 번 실었다고 하더라도, 전문취급점이나 전국총판의 실질적인 법률관계는 대리상, 특약점 또는 위탁매매업인 경우도 있기 때문에, 위 광고를 곧 乙회사가 제3자에 대하여 甲회사에게 乙회사 제품의 판매에 관한 대리권을 수여함을 표시한 것이라고 보기 어렵다.'고 판시하였다.[210)]

나) 대법원은 甲과 乙이 명칭상으로는 '대리상계약'을 체결하였으나, 계약의 내용은 甲이 乙에게 제품을 공급하면 乙은 甲에게 대금을 지급하고 제품과 관련된 일체의 위험과 비용을 부담하며 자신의 거래처에 제품을 재판매하는 것이고, 재판매시에는 乙의 판단으로 판매가격을 정하고 乙의 명의와 계산으로 제품을 판매하는 하는 사례에서, 해당 계약은 대리상계약이 아니라고 판단하였다.[211)]

다) 대법원은 甲보험회사가 乙에 대하여 매월 일정액을 지급하고, 화재보험의 유형에 따라 보험료의 40% 또는 30%를 지급하며, 반면 보험계약 모집에 필요한 수수료 교통비 및 교제비 기타 일절 비용은 乙이 부담하기로 하는 계약은 상업사용인에 관한 것이며, 대리상계약이 아니라고 판시하였다.[212)]

2) 대리상을 인정한 사례

대법원은 선박대리점이 선박소유자 등을 대리하여 선박의 항해에 필요한 계약을 체결하는 것은 통상 제87조의 대리상의 지위에서 하는 것으로 보았다. 그리고 선박대리점이 이행인수약정에 의거 자신의 재산을 출연하여 선박소유자의 채무를 변제하면 민법 제481조상의 법정대위권을 행사할 수 있다고 하였다.[213)]

3) 법원의 판단기준

위 1)과 2)의 판례를 보면 당사자간에 대리상계약이라는 명칭의 계약을 체결하더라도 이른바 대리상이라고 지칭되는 자가 추가 기능을 부착하여 가공을 한다든지 독립적인 판매활동을 하는 때에는 상법상의 대리상계약에 해당하지 않는다. 상인에게 종속되어 있는 경우에도 같다. 기술한 바와 같이 명칭에도 불구하고 당사자간의 계약의 실질적인 내용을 중심으로 대리상계약 여부를 판단하고 있기 때문이다.

---

210) 대법원 1999. 2. 5. 선고 97다26593 판결.
211) 대법원 2013. 2. 14. 선고 2011다28342 판결.
212) 대법원 1962. 7. 5. 선고 62다244 판결.
213) 대법원 2012. 7. 16. 자 2009마461 결정.

2. 상사대리특칙의 적용

체약대리상에 대하여는 상사대리에 관한 제48조 내지 제50조의 특칙이 적용된다. 따라서 체약대리상의 행위에는 非顯名主義가 적용되고(제48조), 체약대리상은 대리상계약의 본지에 반하지 아니한 범위 내에서 위임받지 아니한 행위를 할 수 있으며(제49조), 대리권은 본인이 사망하더라도 소멸하지 않는다(제50조).

V 대리상의 의무

1. 대리상의 통지의무

대리상은 거래의 대리 또는 중개를 한 때에는 지체 없이 본인에게 그 통지를 발송하여야 한다(제88조). 본래 민법의 위임계약에서는 수임인은 위임인의 청구가 있거나 위임이 종료한 때에 한하여 위임사무의 처리내용을 보고하면 된다(동법 제683조). 그러나 민법상의 위임은 보통 1회적인데, 대리상의 위임관계는 장기간 지속되고 여러 건의 대리나 중개가 반복되므로 개개의 거래별로 본인이 처리상황을 파악할 수 있도록 정하고 있다. 또 중개대리상의 경우는 본인이 직접 계약을 체결하여야 하므로 본인에세 중개사실을 알릴 필요도 있다. 이와 같이 제88조는 본인을 보호하고자 대리상의 의무를 엄격하게 하고 있다. 대리상이 통지의무를 게을리하여 본인이 손해를 입은 때에는 그 손해에 대한 배상책임을 진다.[214)]

한편 동조의 통지의무는 發信主義이다. 그리하여 다른 한편으로는 대리상을 보호하고 있다. 통지에는 대리·중개의 사실 및 거래의 내용도 포함되어야 한다.

2. 대리상의 경업피지의무

(1) 의의 및 내용

대리상은 본인의 허락 없이 자기나 제3자의 계산으로 본인의 영업부류에 속한 거래를 하거나 동종영업을 목적으로 하는 회사의 무한책임사원 또는 이사가 되지 못한다(제89조 제1항). 대리상은 본인의 영업을 보조하여 계속 반복적으로 거

---

214) 同旨 최준선(2021), 323면; 최기원·김동민(2014), 284면; 안동섭·소륜(2010), 184면; 정동윤(2012), 219면; 최준선(2021), 323면; 정찬형(2025), 305면; 이병태(1988), 258면; 大審院, 昭和 10. 5. 27. 民集 14巻 949面.

래의 대리 또는 중개하는 자이므로 영업기밀을 알 수 있는 기회를 갖는다. 이러한 기회를 이용하여 자기 또는 제3자의 이익을 추구할 때에 본인은 손해를 입는다. 상법은 이를 방지하기 위하여 대리상에게 경업피지의무를 부담시키고 있다.

(2) 상업사용인과의 비교

대리상의 경업피지의무의 내용은 상업사용인의 경우와 유사하다. 다만, 명문상 대리상이 다른 상인의 사용인이 되는 것을 금지하지 않는 점은 다르다(제17조 제1항). 그러나 제89조가 본인의 이익을 위한 규정이고, 회사의 이사가 되는 것을 금지하는 것과 같은 형평의 관점에서 상업사용인이 되는 것을 허용할 수는 없다. 그리고 제89조 제1항은 '동종영업을 목적으로 하는' 회사의 무한책임사원·이사가 되는 것을 금지하고 있으므로 동종영업을 목적으로 하지 않는 회사에 참여할 수 있다는 점은 상업사용인의 겸직금지의무와 구분된다(제17조 제1항). 이 규정은 상업사용인의 경업피지의무가 이해충돌과 정력분산을 방지하기 위한 제도인 데 비하여, 대리상의 경우는 주로 이해충돌을 방지하기 위한 제도라는 데에서 나오는 결과이다. 즉, 대리상은 독립된 상인이기 때문에 비독립적인 상업사용인과는 달리 겸직금지의 범위를 한정하고 있는 것으로 풀이할 수밖에 없다.

(3) 위반의 효과

대리상이 경업피지의무를 위반한 경우 그 효과는 상업사용인의 규정이 준용된다(제89조 제2항·제17조 제2항 내지 제4항). 즉, 본인은 대리상계약을 해지할 수 있고, 손해배상청구권을 가지며(제17조 제3항), 대리상이 자기 또는 제3자의 계산으로 경업을 한 때에는 본인이 개입권을 행사할 수 있다(제17조 제2항). 개입권의 제척기간도 본인이 그 거래를 안 때로부터 2주간, 거래가 있은 날로부터 1년이다(제17조 제4항).

3. 대리상의 영업비밀준수의무

(1) 의의

대리상은 계약의 종료 후에도 계약과 관련하여 알게 된 본인의 영업상의 비밀을 준수하여야 한다(제92조의 3). 이 규정은 독일 상법 제90조(1953년 신설) 대리상의 비밀준수의무제도를 도입한 것으로서 대리상의 보상청구권에 대응하는 것이다. 대리상은 본인과 고도의 신뢰관계에 있으며, 本人의 이익을 보호할 信認義

務를 지는데, 비밀준수의무는 신인의무에 기초하여 부여되는 것이다. 그리고 대리상은 대리상계약에 따라 본인에게 선량한 관리자로서의 주의의무를 지고, 비밀준수의무도 이 의무에 포함된다. 때문에 별도의 비밀준수의무에 관한 규정은 불필요한데, 동조는 비밀준수의무를 대리상계약이 종료한 후까지 연장하고 있는 점에 의의를 찾을 수 있다. 즉, 대리상계약의 비밀준수의무는 계약의 존속 중은 물론 종료 후에도 계약상의 의무인 것이다.

(2) 영업비밀의 개념

부정경쟁방지법은 영업비밀을 "공연히 알려져 있지 아니하고 독립된 경제적 가치를 가지는 것으로서, 상당한 노력에 의하여 비밀로 유지된 생산방법·판매방법 기타 영업활동에 유용한 기술상 또는 경영상의 정보를 말한다."고 정의하고 있는데(동법 제2조 제2항), 상법에서도 같은 내용으로 이해할 수 있다. 이 정의에서 보듯 영업비밀은 통상 경제성·미공지성·관리가능성을 그 요건으로 한다(미국 Uniform Trade Secret Act 제1조(4), 일본 부정경쟁방지법 제1조 제3항 참조). 영업비밀에는 저작권·특허권과 같이 법으로 보호되는 것은 물론 생산·구매·판매활동(예 고객명단), 장·단기사업계획에 관한 정보도 포함되며, 영업주의 신상에 관한 사실(예 최고경영자의 건강상태)도 기업의 경쟁력과 관계될 때에는 포함된다. 연구 개발사업에 활용하는 방식으로 기업활동에 직간접적으로 사용하는 정보도 포함된다.[215]

정보화 시대의 영업비밀은 기업의 가장 중요한 경제적 자원이고, 영업주가 배타적으로 누리는 권리의 하나이다.

(3) 의무의 유형 및 내용

1) 유형

제92조의 3은 대리상은 계약과 관련하여 알게 된 본인의 '영업비밀을 준수하여야 한다.'고만 규정하지만, 본인에게 줄 수 있는 불이익의 유형을 고려하면, 대리상은 영업비밀을 ① 누설하지 아니할 '守秘義務'뿐만이 아니라, ② 사익을 위하여 이용하지 않을 '비밀이용금지의무'도 부담한다.

2) 수비의무

가) 개념　　수비의무란 대리상 자신이 知得한 본인의 영업비밀을 공개하지

215) 대법원 2019. 9. 10. 선고 2017다34981 판결; 2019. 9. 10. 선고 2016도1241 판결.

않아야 함은 물론 타인에 의하여 공개되지 않도록 주의를 기울여야 하는 의무를 말한다.

나) 영업비밀의 범위 공개된 것은 더 이상 영업비밀이 아니며, 법규상 공시의무가 따르는 사항들, 예를 들면 정관, 주주총회·이사회의 의사록, 주주명부·사채명부, 재무제표·영업보고서 같은 것은 영업비밀이 아니다(제396조 제1항, 제448조 제1항). 회계장부는 주주의 회계장부열람청구권과 같이 법상 허용되는 경우 외에는 공개할 의무가 없으므로(제466조 제1항) 영업비밀에 속한다. 장래에 공시할 정보일지라도 법상 공시의무 이행시점까지는 영업비밀이다(예 제448조 제1항의 재무제표, 지본시장법 제161조의 주요사항(어음·수표부도, 영업정지, 영업양수도 등)).

한편 영업비밀의 취득은 문서, 도면, 사진, 녹음테이프, 필름, 전산정보처리조직에 의하여 처리할 수 있는 형태로 작성된 파일 등 유체물의 점유를 취득하는 형태로 이루어질 수도 있다.[216] 따라서 회사파일도 영업비밀에 해당할 수 있다.[217]

다) 수비대상 상법은 대리상의 수비의무위반의 요건으로 현실의 손해가 발생할 것을 요하지 않고 있기 때문에 손해의 발생 유무와는 무관하게 비밀을 누설하면 제92조의 3의 위반이다. 따라서 대리상이 본인과 경쟁관계에 있는 제3자는 물론 영업과 무관한 제3자에게 알리거나 본인의 사용인이라도 그 비밀을 갖지 않고 있던 자에게 알리는 경우에도 동조의 위반이다. 또한 본인이 주식회사이면, 그 주주에게 비밀을 누설하더라도 같다.

라) 적용범위 본래 수비의무는 적법한 권리 또는 사실관계에 대하여만 과하여진다. 따라서 본인의 범죄행위나 기타 위법한 행위(예 도박)에 관하여는 수비의무가 없으며, 대리상이 법률상 자신의 영업과 관련하여 신고의무가 있는 사항에 대하여는 수비할 수 없다. 수비의 기대 가능성이 없는 경우, 예를 들면 대리상이 자신의 민·형사사건에서 스스로의 이익을 방어하여야 할 경우 또는 소송에서 영업비밀에 관한 사항을 증언하여야 할 때에도 수비의무가 없다.

3) 비밀이용금지

대리상은 영업비밀을 이용하여 사익을 추구할 가능성도 있다. 대리상의 경업을 금지하는 것(제89조)은 대리상이 본인의 영업비밀을 이용할 가능성을 의식한

---

216) 대법원 2009. 10. 15. 선고 2008도9433 판결; 1998. 6. 9. 선고 98다1928 판결.
217) 대법원 2021. 5. 7. 선고 2020도17853 판결.

것이다. 이 밖에 대리상이 경업을 하지 않으면서 영업비밀을 이용하여 사익을 추구할 수 있는 예로는 자본시장법상 내부자거래(insider trading)를 들 수 있다(동법 제174조). 이를 위반한 때에는 벌칙이 적용된다. 대리상은 내부자거래가 제한되는 자로서 법상 열거된 당해 회사와 계약관계에 있는 자(동법 제174조 제1항 제4호)인 동시에 당해 회사의 대리인(동조 동항 제5호)에 해당된다. 따라서 본인이 상장회사인 경우, 대리상은 본인의 영업비밀을 이용하여 본인이 발행한 주식 기타 유가증권에 관한 (내부자)거래를 할 수 없다.

(4) 의무의 존속기간

대리상은 대리상계약이 종료한 후에도 비밀을 준수하여야 한다(제92조의 3). 즉, 비밀준수의무가 계약 종료 후에도 미치는 것이다. 본래 대리상의 비밀준수의무는 명문의 규정이 없더라도 대리상계약의 존속 중에는 계약의 내용으로서 인정할 수 있지만, 계약관계가 종료한 후까지 동 의무가 당연히 연장된다고 해석하기는 어렵다. 따라서 제92조의 3은 특히 계약종료 후의 비밀준수의무를 규정하였다는 데 의미가 있다.

(5) 의무위반의 효과

대리상이 대리상계약의 존속 중에 비밀준수의무를 위반하면 채무불이행에 해당한다. 그러므로 본인인 상인은 사전예고(제92조 제1항) 없이 대리상계약을 해지하고, 손해배상을 청구할 수 있다. 그리고 대리상의 책임 있는 사유로 대리상계약이 종료하므로 후술하는 보상청구권(제92조의 2)은 행사할 수 없다. 대리상계약의 종료 후에 동 의무를 위반하더라도 채무불이행에 해당하므로 대리상은 본인에게 손해배상책임이 있다. 다만, 계약은 종료하였으므로 보상청구권은 행사할 수 있다.

한편 계약의 존속 또는 종료 후를 불문하고 동 의무를 위반하는 때는 불법행위가 성립할 수 있으므로 본인은 불법행위로 인한 손해배상책임을 선택적으로 행사할 수 있다.

Ⅵ 대리상의 권리

1. 대리상의 보수청구권

(1) 의의

대리상의 보수는 통상 대리상계약시 또는 대리상계약의 존속 중에 거래별로 정해지는데, 별도의 약정이 없더라도 대리상은 독립된 상인으로서 보수청구권을 갖는다(제61조). 보수의 액은 동종거래에 관한 관습과 사회통념으로 결정되면 족하다. 비교법적으로 보면, 독일상법은 대리상의 보수에 한하여 6개의 조문(제87조, 제87a조, 제87b조, 제87c조, 제87d조, 제88조)을 두어 상세한 내용을 제시하고 있는데, 상법은 별도의 조문을 두지 않고 있어 보수에 관한 일체의 법률관계를 해석에 의존하고 있는 실정이다. 그리하여 후술하는 보상청구권을 이해하는 데에도 다소간 어려움을 준다.

(2) 보수의 지급시기

보수의 지급시기는 그에 관한 합의가 있으면 그에 따른다. 합의가 없는 경우에는 대리 또는 중개에 의하여 계약이 성립되고 그 이행이 종료한 때에 보수를 청구할 수 있다고 본다.[218] 계약은 성립되었으나 본인이 이행하지 않더라도 보수청구에는 영향이 없다. 다만, 본인의 과실 없이 이행불능이거나 이행할 필요가 없는 때에는 보수를 청구할 수 없다고 본다. 후술하는 바와 같이 중개인의 보수청구권은 중개한 계약이 성립하면 발생하는 것과 달리 대리상의 경우 계약의 이행이 있어야 발생한다고 보는 이유는 대리상은 거래의 효과를 본인에게 귀속시킬 의무를 가지고 있다고 보기 때문이다.

2. 대리상의 보상청구권

(1) 의의

대리상의 보상청구권이란 대리상계약의 존속 중의 대리상의 활동으로 본인인 상인이 새로운 고객을 획득하거나 영업상의 거래가 현저히 증가하여 계약의 종료 후에도 본인이 이익을 얻고 있는 경우에 대리상이 본인에 대하여 상당한 보

---

218) 이철송(2022), 473면.

상을 청구할 수 있는 권리를 말한다(제92조의 2). 즉, 보상청구권은 대리상계약의 종료 후에 대리상이 시장개척(예 보험계약)의 移延效果에 대한 보상청구를 인정하는 제도로서 본인과 대리상간의 이익분배의 형평을 조정하기 위한 것이다. 따라서 대리상계약이 존속하는 중에 대리상이 받는 보수와는 다르다.

이 제도는 1995년 개정상법에서 독일상법 제89b조 등의 보상청구권규정을 본받아 도입하였다. 독일에서는 대기업과 거래하는 영세대리상들이 적정한 보상을 받도록 하자는 취지에서 1953년에 위 규정을 신설하였다.

(2) 법적 성질

상법상 보상청구권은 본인의 불법행위로 인한 손해배상청구권이 아니며, 대리상계약의 종료에 따른 손해배상청구권이나 부당이득반환청구권도 아니며 대리상계약이 정한 당초의 보수에 부수하여 발생하는 계약상의 권리이다.[219] 즉, 계약의 존속 중 대리상이 제공한 역무의 대가인 일상적인 보수로는 부족한 부분에 대하여 보상을 구하는 권리인 것이다. 이 권리는 대리상을 보호하기 위한 법정의 채권이므로 당사자간에 약정이 없더라도 법정요건을 충족하는 한 대리상계약이 종료한 후 당연히 발생한다.

(3) 발생요건

1) 대리상계약의 종료

가) 의의　보상청구권은 대리상계약이 종료되어야 발생한다(제92조의 2 제1항 본문). 다만, 대리상계약의 종료가 대리상의 책임 있는 사유로 인한 경우 보상청구권은 발생하지 않는다(제92조의 2 제1항 단서). 대리상의 책임 있는 사유로 시장을 상실한 경우까지 본인에게 보상하게 함은 형평에 어긋나기 때문이다.

나) 책임 있는 사유(귀책사유)　대리상의 '책임 있는 사유'를 판단함에 있어 대리상계약을 누가 해지하였느냐는 것은 그리 중요하지 않다. 비교법적으로 독일상법 제89b조 제3항은 보상청구권발생의 소극적 요건인 대리상의 '책임 있는 사유'를 세 가지로 나누어 표현하고 있다. 즉, ① 본인에게 책임 있는 사유가 있거나 대리상의 질병 또는 고령으로 인한 경우[220] 이외의 사유로 대리상이 계약을

219) 서울고법 2005. 1. 14. 선고 2004나14040 판결.

220) 독일은 질병이나 고령을 생존배려 등의 사회정책적 차원에서 보상청구권을 인정하고 있다.

해지한 경우, ② 대리상의 책임 있는 행동이 중요한 사유가 되어 본인이 대리상계약을 해지한 경우, ③ 본인과 대리상간의 합의로 대리상의 지위를 제3자에게 이전하는 경우 등이 그에 해당한다. 우리 상법도 같은 내용으로 해석할 수 있을 것인데, 결국 보상청구권 발생 여부의 중요한 기준은 귀책사유가 누구에게 있느냐이다.

다) 보상청구권이 발생하는 경우 대리상이 보상청구권이 발생하는 경우로는 우선, 대리상에게 책임을 물을 수 있는 사유가 없음에도 계약의 종료 전에 본인이 계약을 해지한 경우를 들 수 있다. 그리고 본인에게 책임 있는 사유로 인하여 대리상이 계약을 해지한 경우, 예를 들면 ① 대리상에게 보수의 지급을 게을리하거나, ② 대리상이 본인을 위하여 체결한 계약을 본인이 정당한 사유 없이 이행하지 않거나, ③ 그 밖에 본인의 신의칙에 반하는 행동으로 인하여 계약의 목적을 달성할 수 없는 경우 등이 이에 해당한다. 또한 쌍방이 책임질 수 없는 사유로 계약이 종료된 경우, 예를 들면 계약기간의 만료 또는 일방의 사망으로 인한 계약의 종료 등이 이에 해당한다.

라) 보상청구권이 발생하지 않은 경우 기술한 바와 같이 대리상의 책임 있는 사유가 있는 경우는 보상청구권이 발생하지 않는다(제92조의 2 제1항 단서). 이를 구체적으로 보면, ① 본인에게 책임지울 수 있는 사유가 없음에도 대리상이 계약을 종료 전에 해지한 경우, 예를 들면 대리상영업의 폐업, 영업종류의 변경 또는 개인사정으로 대리상계약을 종료한 경우가 이에 해당한다. ② 대리상이 계약의 종료 전에 본인이나 자신에게 책임이 없는 불가항력적인 사유로 계약을 해지한 경우, 예를 들면 대리상이 노령·질병으로 계약을 해지한 때에는 독일상법과는 달리 보상청구권은 발생하지 않는다고 본다. 이 경우에는 위험부담의 문제로 접근하여야 하고 대리상의 생계보장을 위한 수단으로 볼 것은 아니기 때문이다. ③ 대리상의 책임 있는 사유를 원인으로 하여 본인이 대리상계약을 해지한 경우, 예를 들면 대리상이 경업금지의무(제89조) 등 법정의무를 위반한 경우가 이에 속한다. ④ 본인과 대리상이 합의하여 대리상의 지위를 제3자에게 이전하는 경우, 이 예에서는 대리상이 제3자로부터 그에 상응하는 대가를 받을 수 있기 때문이다. ⑤ 이 밖에 대리상이 거래상대방의 선택이나 거래내용 등의 결정에 주의를 게을리하여 본인에게 손해를 입힌 경우도 이에 속한다.

2) 영업거래의 증가

대리상의 활동으로 본인의 새로운 고객의 획득이나 영업상의 거래가 현저하게 증가하고, 그에 따른 이익이 대리상계약의 종료 후에도 현존해야 한다(제92조의 2 제1항 본문). 이는 보상청구권 발생의 현실적인 근거가 되는 가장 중요한 요건이다. 법문에서는 본인이 '새로운 고객을 획득'하는 것을 제시하고 있으나 이는 예시에 불과하다. 즉, 대리상이 기존의 고객을 상대로 영업거래의 수량이나 금액(예 보험가입금액·기간)을 증가시키거나 새로운 내용의 계약을 체결하는 것도 이에 해당한다. 그리고 '새로운 고객'은 일시적인 고객이 아니라 본인과의 거래관계가 상당기간 지속되는 고객임을 뜻한다.

3) 이익의 현존

보상청구권을 행사하려면 대리상활동으로 증가된 영업거래로 인한 이익이 대리상계약의 종료 후에도 현존하여야 한다. 그러므로 본인이 계약의 종료 후 영업을 폐지하거나 대리상이 체약한 상대방과의 거래를 중단하는 때에는 보상청구권이 발생하지 않는다. 이때 거래중단의 책임이 누구에게 있느냐는 것은 대리상계약의 종료 후이므로 중요하지 않다. 이에 비하여 본인이 영업을 양도하는 때에는 대리상이 개척한 고객관계가 양수인에게 이전되고, 양도인은 그에 상응하는 대가를 양도대금의 형태로 얻을 것이므로 이익이 현존하는 것으로 볼 수 있다. 특히 영업양도의 대가에 영업권의 대가가 있는 때에는 본인(양도인)이 이익을 누린 것으로 볼 수 있다.

본인에게 현존하는 '이익'은 회계학적 영업이익만을 뜻하는 것이 아니라 대리상이 개척한 고객과의 거래가 유지됨으로써 얻게 될 기업상의 경제적 가치를 포함한다. 따라서 본인이 그 거래로 인하여 현실적인 영업이익을 얻었는지의 여부와는 무관하다. 예를 들면, 대리상이 개척한 고객에게 공급하는 제품의 원가가 상승하여 영업이익을 얻지 못하더라도, 대리상이 개척한 고객이 존속한다는 사실만으로도 '이익이 현존'한다고 해석한다.

4) 증명책임

보상청구권에 관한 위의 요건을 충족하는지는 대리상이 증명하여야 한다. 다만, 대리상은 자신이 체약한 고객과의 거래관계가 계속되고 있음을 증명하는 것으로 족하고, 이익이 현존하는지에 관한 증명책임은 없다고 본다.

(4) 보상청구권의 내용

1) 청구액

위 요건을 구비하면 대리상은 본인에게 '상당한 보상'을 청구할 수 있다(제92조의 2 제1항 본문). 상당한 보상이란 대리상계약기간 종료 전·후의 대리상의 영업활동, 기여도 및 본인의 현존하는 이익 등 관련 사항을 종합적으로 고려하여 후술하는 제92조의 2 제2항 전단의 한도 내에서 합리적으로 결정되는 보상액을 뜻한다고 본다. 보상액이 당사자 사이에 협의되지 않을 때에는 사안별로 법원의 판단으로 결정될 수밖에 없다.

2) 보상의 한도

보상청구금액은 대리상계약의 종료 전 5년간의 평균연보수액을 초과할 수 없다(제92조의 2 제2항 전단). 이는 대리상계약의 존속기간이 5년 이상인 경우를 상정한 것이다. 여기서 보수액은 계약기간 중에 대리상이 본인을 위하여 체약한 계약에 관하여 본인으로부터 수령한 보수총액을 말한다. 그리고 '5년간의 평균연보수액'은 '계약의 종료 전 5년간의 총보수액을 5년의 기간으로 나누어 산정된 1개년치의 평균연보수액'을 뜻한다(예 8,000만원÷5=1,600만원).

대리상계약기간이 5년 미만인 경우에는 '그 기간의 평균연보수액을 기준'으로 하는데(제92조의 2 제2항 후단), 이 역시 계약기간 중의 1개년치의 평균연보수액을 보상의 최고한도액이 됨을 뜻한다. 대리상계약이 1년 미만인 때에는 문리적으로는 5년 미만이므로 계약기간 중의 보수를 1년으로 환산하고 이를 한도로 하여서는 계약기간 중에 실제로 받은 보수보다 많은 보상청구를 할 수 있는 문제점이 있다. 예를 들면, 대리상이 계약기간 6개월 동안 1,500만원의 보수를 받은 결과, 보상청구권은 연보수로 환산하여 3,000만원으로 계산되는 문제점이 생기는 것이다. 그러므로 계약기간이 1년 미만인 때에는 그 기간 중에 실제로 받은 보수액을 한도로 보상청구를 할 수 있다.

한편 1개년치의 평균연보수액을 보상의 한도로 하는 것은 보상청구권의 법적 성질에서 본 바와 같이 보상청구액이 대리상계약기간 중의 보수의 연장이라는 성격을 갖기 때문이다. 그리고 상인의 일반적인 손익계산의 단위가 1년이라는 관행과도 일치한다.

3) 보수의 의미

제92조의 2 제2항에 의거한 보수액은 대리상이 본인으로부터 받은 보수총액을 의미하며, 대리상이 영업활동을 위하여 지출한 필요경비를 뺀 순보수를 의미하지는 않는다. 이와 같이 대리상이 지출한 비용을 고려하지 않고 보상한도를 정하기 때문에, 대리상은 이를 가지고 형평에 맞지 않는다고 여길 수 있지만, 이는 보상액을 협의할 때에 고려할 요소이다.

(5) 행사기간

보상청구권은 대리상계약이 종료한 날부터 6월 내에 행사하여야 한다(제92조의 2 제3항). 이는 제척기간이다.

(6) 보상청구권의 배제·포기의 특약

독일 상법에서는 보상청구권을 배제하는 사전의 합의를 할 수 없다고 규정하고 있다(제89b조 제4항 제1문). 그러나 상법은 명문의 규정을 두지 않고 있어 보상청구권을 당사자의 합의로 배제할 수 있는지에 대하여 견해가 나뉜다. 否定說은 대리상계약시 또는 대리상계약의 기간 중에 당사자간의 대리상의 보상청구권을 배제하는 특약은 무효라고 본다. 주요 논지는 보상청구권이 경제력의 차등이 있는 본인과 대리상간에 이익배분의 형평을 기하고자 하는 제도라는 데에 있다. 다만, 대리상계약의 종료 후 대리상이 이미 발생한 보상청구권을 스스로 포기하는 것은 유효하다고 본다(다수설).[221] 같은 취지에서 보상청구권의 범위를 제한하는 합의도 무효라고 본다. 肯定說은 독일과 같은 명문의 규정이 없는 이상 대리상계약의 종료 전에도 특약으로 보상청구권을 배제할 수 있다고 본다(소수설).[222]

생각건대, 제92조의 2는 대리상을 보호하기 위한 강행규정으로써 보상청구권은 법정채권이므로 당사자의 합의로 배제할 수 없다고 본다(부정설).

221) 김두진(2020), 299면; 정찬형(2025), 308면; 이철송(2022), 481면; 김정호(2022), 329면; 정경영(2016), 285면; 정준우(2021), 273면; 김성태(2002), 542면; 서헌제(2007), 294면.

222) 송옥렬(2021), 156면; 최준선(2021), 327면; 최기원·김동민(2014), 294면.

(7) 보상청구권제도의 국제적 강행성

보상청구권에 관한 제92조의 2는 강행규정이다. 때문에 涉外的 사건에서 準據法의 여하를 불문하고 강행적으로 적용할 수 있는지, 즉 국제적 강행법규인지 문제될 수 있다. 國際私法은 '입법목적에 비추어 준거법에 관계없이 해당 법률에 적용되어야 하는 대한민국의 강행규정은 국제사법에 의하여 외국법인 준거법으로 지정되는 경우에도 이를 적용한다.'고 명시하고 있다(동법 제7조). 이와 관련하여 국내의 기업이 외국기업(예 캐나다)의 대리상이고 그 법률관계에 관한 준거법이 외국법(예 캐나다 온타이로주법)으로 지정되는 경우, 그 준거법에도 불구하고 국내기업이 제92조의 2에 의해 보상청구권을 행사할 수 있는지 문제된 사례가 있었다. 이 문제를 다룬 학설과 하급심은 이를 부정하고 있다.[223)]

(8) 보상청구권규정의 유추

실무계에서는 특약점, 가맹상 또는 전속위탁매매업자 등과 같이 제조자나 공급자로부터 제품을 구매하여 그 제품을 자신의 이름 또는 계산으로 판매하는 중간상이 많다. 이러한 중간상들은 일정한 상인으로부터 제품을 공급받아 고객을 획득하고 거래를 현저히 증가시키는 등 공급업자의 시장을 개척하고 이익을 창출하는 등의 경제적 측면에서 대리상과 흡사하다. 이 경우 제품공급업자는 큰 비용의 지출 없이 위 중간상 등의 활동으로 인한 결과물을 얻게 된다. 따라서 대리상에 적용하는 논리와 같이 제92조의 2를 제품공급업자에게 유추적용할 수 있는지 문제될 수 있다. 통설은 중간상의 거래관계가 종결된 후에도 일정한 조건하에서 동조를 유추적용해야 한다고 본다. 판례 역시 ① 특정한 판매구역에서 제품에 관한 독점판매권을 가지면서 제품판매를 촉진할 의무와 더불어 계약을 통하여 사실상 제조자나 공급자의 판매조직에 편입됨으로써 대리상과 동일하거나 유사한 업무를 수행하였고, ② 중간상이 획득하거나 거래를 현저히 증가시킨 고객에 관한 정보를 제조자나 공급자가 계약 종료 후에도 이용할 수 있게 할 계약상 의무를 부담하였으며, ③ 계약체결 경위, 영업을 위하여 투입한 자본과 그 회수 규모 및 영업 현황 등 제반 사정에 비추어 대리상과 마찬가지의 보호필요성이 인정된다는

223) 서울고법 2005. 1. 14. 선고 2004나14040 판결; 석광현, "국제거래에서의 대리상의 보호－상법 제92조의 적용범위와 관련하여－," 「법조」 제592호(2006. 1), 56면.

요건을 모두 충족하는 때에는 상법상 대리상이 아니더라도 제92조의 2를 유추적용할 수 있다고 본다.[224)]

3. 유치권

(1) 의의 및 취지

대리상은 거래의 대리 또는 중개로 인한 채권이 변제기에 있는 때에는 그 변제를 받을 때까지 본인을 위하여 점유하는 물건 또는 유가증권을 유치할 수 있다(제91조 본문). 이는 대리상의 대리 또는 중개로 인하여 본인에게 갖는 보수청구권(제61조), 체당금반환청구권(제55조 제2항) 등의 이행을 확보하기 위한 것이다.

(2) 성립요건 및 특징

대리상의 유치권은 그 목적물과 피담보채권의 견련성이 요구되지 않는 점에서 일반적인 상사유치권과 같고(제58조) 민법상의 유치권과 다르다(민법 제320조 제1항). 대리상과 상인간의 계속적 관계를 고려하면 견련성을 요구하는 것이 적당하지 않기 때문이다. 그러나 목적물이 본인인 채무자의 소유임을 요하지 않는 점에서 일반 상사유치권과 다르고 민법상의 유치권과 같다. 일반 상사유치권과 다른 이유는 ① 대리상은 본인을 위하여 대리 또는 중개를 한다는 업무의 특성에서 본인에게 속하지 아니한 물품을 본인을 위하여 점유한다는 점과, ② 그 점유를 제3자가 취득하는 경우가 적지 않기 때문이다.

이 점에서 제91조는 일반 상사유치권에 관한 제58조의 특칙이라 할 수 있고, 민법상의 유치권이나 일반 상사유치권보다 대리상을 강하게 보호하고 있다.

(3) 예외

대리상의 유치권은 대리상을 특히 보호하기 위한 것이므로 당사자간의 다른 약정으로 이를 배제하거나 위와 다른 내용의 합의를 할 수 있다(제91조 단서).

(4) 효력

대리상의 유치권의 효력에 관하여는 상법상 별도의 규정이 없기 때문에 민법 규정에 따른다(민법 제320조 이하). 그리하여 대리상은 유치권, 경매권 또는 과실수취권(변제충당권) 등을 행사할 수 있다.

---

224) 대법원 2013. 2. 14. 선고 2011다28342 판결.

Ⅶ 대리상과 제3자의 관계

1. 의 의

대리상이 대리인으로서 제3자에게 행사할 수 있는 권한의 범위는 원칙적으로 대리상계약의 내용에 따른다. 체약대리상은 위탁을 받은 거래에 관하여 대리권을 갖지만, 중개대리상은 당연히 대리권을 갖는 것은 아니다.

2. 통지수령권한

(1) 취지

위와 같은 원칙에도 불구하고 상법은 대리상과 제3자와의 관계에 관하여 대리상의 통지수령권을 인정하고 있다. 그리하여 물건의 판매나 그 중개를 위탁받은 대리상은 매매목적물의 하자 또는 수량부족 기타 매매의 이행에 관한 통지를 받을 권한이 있다(제90조). 이는 대리상을 통하여 상인의 물품을 구입한 매수인의 편의를 배려하는 데 그 취지가 있다. 그리고 본래 체약대리상은 제90조가 없더라도 대리의 일반원칙에 따라 통지의 수령권한이 있으므로 중개대리상에게도 통지수령권을 부여하였다는 데 의미가 있다. 즉, 중개대리상은 대리권이 없어 거래상대방이 대리상에게 통지를 하였더라도 본인에게 통지한 것은 아닌데, 제90조는 중개대리상의 受動代理權을 의제하여 이러한 불편을 덜어주고 있는 것이다.

(2) 성립요건 및 범위

제90조의 통지수령권은 거래상대방인 매수인이 상인이 아니어도 무방하다. 이 점 제69조 '매수인의 목적물의 검사와 하자통지의무'에서의 매수인과 구분된다. 제90조는 목적물의 하자나 수량부족과 같은 매매의 이행에 관한 통지로 한정하므로 그 밖의 매매계약 자체의 무효·취소·해제 등에 따른 통지는 직접 본인에게 하여야 한다. 대금의 수령은 물론[225] 지급유예나 대금감액의 경우도 같다. 그리고 동조는 '기타 매매의 이행에 관한 통지'에도 적용되므로 대리상은 상대방의 지급유예의 신청, 목적물인도장소의 지정 등에 관한 수령권한을 갖는다고 풀이한다.

이 밖에 통지수령권이 없는 사항에 관하여는 표현대리의 법리에 의하여 거래

225) 대법원 1997. 3. 25. 선고 96다51271 판결.

상대방을 보호하여야 하는데, 표현대리가 성립하지 않는 때는 거래의 안전을 해할 수 있으므로 입법론적으로 대리상의 대리권을 확장·명확히 할 필요가 있다. 특히 보험대리상의 경우가 그러하다. 그리고 법문은 '물건의 판매나 그 중개를 위탁받은 대리상'으로 적용대상을 한정하고 있으나, 그 이외의 대리상에 대하여도 통지를 수령할 권한을 인정하는 입법론적 보완이 요구된다.

(3) 효과

제90조에 의거 거래상대방은 대리상에 대한 통지로써 본인에게 대항할 수 있다. 그리고 대리상의 통지수령권은 법정의 권한이므로 이를 내부적으로 제한하더라도 선의의 제3자에게 대항할 수 없다고 본다.[226] 그리고 대리상 또는 그의 피용자가 대리행위나 중개행위 중에 제3자에게 불법행위를 한 경우에는 대리상만이 책임을 지고 본인은 책임지지 않는다.[227] 대리상은 본인과는 독립된 상인이기 때문이다.

한편 매수인인 거래상대방은 제90조에 의거 대리상에게 통지를 하면 제69조의 매수인의 목적물의 검사와 하자통지의무를 이행한 것이 된다.

Ⅷ 대리상계약의 종료

1. 일반적 종료사유

대리상계약은 위임계약의 일반적인 종료사유로 종료한다. 대리상계약에 존속기간을 두는 때에는 그 기간의 만료로 종료하고, 만료 전이라도 본인 또는 대리상이 영업을 폐지하면 당연히 종료한다. 그리고 대리상의 사망 역시 종료사유이다(민법 제690조). 다만, 대리상계약은 상행위의 위임에 의한 대리이기 때문에 본인의 사망은 종료사유에 해당하지 않는다(제50조).

2. 계약의 해지(예고에 의한 종료)

민법에 의하면 위임인 또는 수임인은 언제든지 위임계약을 해지할 수 있다(민

226) 同旨 안동섭·소륜(2010), 186면.
227) 정찬형(2025), 309면; 최준선(2021), 329면; 同旨 서울민사지방법원 1989. 6. 1. 선고 88가합59756 판결.

법 제689조). 그러나 상법은 대리상계약의 계속성 및 영리성추구라는 특색에서 일반원칙에 대한 특칙을 정하고 있다. 즉, 상법은 당사자가 계약의 존속기간을 정하지 아니한 때에는 각 당사자는 2월 전에 예고하고 계약을 해지할 수 있게 하였다(제92조 제1항). 그러나 부득이한 사정이 있는 때에는 존속기간 중이라도 각 당사자는 언제든지 계약을 해지할 수 있다. 이 점 '부득이한 사정'이 예고기간을 둘 수 없는 사정이라면 이를 생략하고 해지할 수 있음을 뜻한다(제92조 제2항). 따라서 '부득이한 사유'가 사유가 중요한데, ① 본인의 영업상의 중대한 실패, ② 본인의 보수지급의무 불이행, ③ 대리상의 중대한 의무위반,[228] ④ 대리상의 불성실한 행위나 월권행위, ⑤ 대리상이 위탁을 받아 판매한 상품대금을 착복하는 행위, ⑥ 대리상의 경업금지의무위반, ⑦ 본인 또는 대리상이 반사회적 세력에 해당하는 경우 등 신뢰관계가 훼손되어 대리상계약을 계속하는 것이 사회통념상 현저하게 부당하다고 인정되는 경우 등이 그에 해당한다고 풀이한다.

제2절 중개업

I 총 설

1. 중개업의 의의 및 기능

상거래에는 성립에서 종료까지 다양한 성질의 보조자가 관여한다. 내부에서의 대표적인 보조자는 상업사용인이다. 중개업은 외부에서 상인과는 독립적으로 상거래를 성립시키는 데 관여하는 영업인데, 이를 전문으로 하는 자를 중개업자라고 한다. 즉, 중개업은 상품과 시장에 관하여 일반인보다 상세한 정보를 가지고 공급자와 수요자에게 타협적인 거래조건을 제시하고 계약의 체결에 조력하는 대가로 보수를 받는 영업이다. 상인은 중개업자가 갖고 있는 거래정보와 조직을 적은 비용으로 이용하고, 중개업자의 능력과 신용을 활용하여 거래활동을 확대할 수 있는 장점이 있다. 오늘날 상품시장이 세분화·복잡화되어 감에 따라 분야별로

228) 東京地判, 平成 10. 10. 30. 判例時報 第1690号, 153面.

전문적인 중개인의 역할이 점차 커지고 있다. 대표적으로는 석유·곡물 등과 같이 유통과정이 복잡한 상품, 항공기·무기와 같이 수요자와 공급자가 표시되지 아니할 수 있는 상품, 매매나 가격구조가 고도로 기술적인 파생·스왑상품매매 등, 선박임대차·보험·여행·해상운송·은행간 콜(call)거래 등의 금융거래 분야를 들 수 있다.

2. 연 혁

仲介業의 기원은 고대 로마 시대로 거슬러 올라갈 수 있듯 상당히 오랜 역사를 가지고 있다. 본격적으로 발달한 것은 중세 상업도시에서였다. 그리하여 점차 동시당국 또는 상인단체에 의하여 공식적으로 독점적인 영업으로 인정되어 내외국인간의 거래를 통역·감정인으로서의 직무를 수행하고 거래에 관한 서류의 작성·보조와 같은 공증인적인 업무도 하였으며, 영업경찰업무도 담당하였다. 이 같은 공적 지위로 인하여 중개인은 쌍방에 대한 공평의무를 부담하고, 자기 또는 제3자의 이익을 위하여 영업을 할 수 없다는 제한을 받게 되었다. 이후 독일 舊상법도 공직적인 중개인을 정하는 것으로 국한되어 왔으나, 독일신상법에서 비로소 사적인 자유업으로서의 중개업이 인정되었고, 우리 상법에도 계수되었다.[229] 다만, 특수한 거래 분야에서는 행정단속적 목적에서의 공적인 규제를 받고 있다(자본시장법 제6조 제1항 제2호·제10항·제8조의 2 등).

Ⅱ 중개인의 의의

1. 개 념

仲介人이란 타인간의 상행위의 중개를 영업으로 하는 자이다(제93조). 이 개념을 분설하면 다음과 같다.

2. 중 개

중개는 추진 중인 계약의 쌍방과 교섭하여 그 계약이 체결되도록 조력하는

229) 안동섭·소륜(2010), 190면; 이병태(1988), 261면.

행위를 말한다. 중개의 뜻이 이러하므로 단지 당사자 일방에게 거래에 필요한 정보나 거래기회를 제공하는 행위 또는 당사자간의 자발적인 합의를 문서화하는 단계에서 계약서의 작성만을 대행하는 행위는 중개가 아니다. 따라서 중개는 사실행위이다. 이 점에서 상인을 대리하여 계속적으로 계약을 체결하는 체약대리상(제87조), 제3자와 자기의 이름으로 위탁자의 계산으로 계약을 체결하는 위탁매매인(제101조)과 다르다. 그리고 중개인이 중개를 하는 점은 중개대리상과 유사하나, 일정한 상인을 위하여 상시 중개하는 자가 아니라는 점은 다르다.

3. 상행위의 중개

중개인은 '상행위'의 중개를 업으로 하는 자로서 상사중개인이다. 그러므로 결혼중매·직업소개 또는 비상인간의 토지·가옥의 매매 또는 임대차중개를 하는 민사중개인은 그 기능이 유사하다 할지라도 상법상의 중개인이 아니다. 즉, 민사중개인도 그 중개행위를 영업으로 하면 상인이 되는 것이지만(제46조 제11호), 제93조 이하의 상사중개인은 아닌 것이다. 그러나 민사중개인도 상행위가 되지 않는 중개행위의 인수를 영업으로 한다면 당연상인(제4조·제46조 제11호)이 되어 상법규정이 유추적용할 수 있다(예 제100조 중개인의 보수청구권).

중개인의 영업범위에 관하여 보조적 상행위도 포함되는지에 관하여 입장이 나뉜다. 否定說은 상법의 중개인에 관한 규정(제93조 내지 제100조)이 영업으로서 반복되는 상행위의 중개를 예상한 것이므로 기본적 상행위나 준상행위만이 중개의 대상이 된다고 한다.[230] 肯定說은 중개인은 불특정 다수인을 상대로 중개하는 자이므로 어차피 중개인과 계약 당사자와의 관계는 1회적이라는 점,[231] 그리고 당사자가 상인인 바에는 상법규정을 적용하는 것이 타당하고 그 행위가 기본적 상행위나 보조적 상행위이냐에 따라 차별을 둘 것은 아니라고 한다.[232] 즉, 긍정설은 중개되는 행위가 상대방에게 상행위가 되면 족하고, 그에게 계속적으로 반복

230) 정찬형(2025), 311면; 최기원·김동민(2014), 297면; 손주찬(2004), 302면; 정동윤(2012), 225면; 김정호(2022), 332면.

231) 실제는 특정인이 같은 중개인을 자주 이용할 수도 있겠지만, 상법은 1회적인 중개를 전제하고 있다.

232) 안강현(2019), 280면; 이철송(2022), 487면; 이기수·최병규(2016), 404면; 최준선(2021), 331면; 정경영(2016), 286면; 김홍기(2021), 200면.

되는 행위이냐를 따지는 것은 무의미하다고 본다(사견지지).

4. 타인의 상행위의 중개

중개인의 중개행위는 불특정·다수인을 상대로 한다. 이 점 일정한 상인을 대상으로 하는 중개대리상과 다르다. 다만, 타인간의 거래가 상행위이어야 하므로 쌍방 또는 일방은 상인이어야 한다.

5. 상인성(독립상인)

중개인은 독립된 상인이다(보조상). 그 상인성의 근거는 중개행위의 사실 그 자체에 있는 것이 아니라 중개의 인수를 영업으로 한다는 데에 있다. 이는 대리상의 상인성과 같다.

Ⅲ 중개계약의 성질

중개계약은 중개를 위탁하는 자와 중개인간의 계약을 뜻한다. 그 청약은 누가 먼저 하더라도 유효하다. 이러한 중개계약의 성질에 대하여는 ① 도급 또는 그에 준하는 계약이라는 견해와, ② 위임이라는 견해로 나뉜다. 이 가운데 ①설은 중개계약을 계약의 내용에 따라 ㉠ 중개인이 적극적으로 중개할 의무가 있는 雙方的 仲介契約과, ㉡ 적극적 중개의무는 없지만 계약이 성립하면 중개인이 보수를 청구할 수 있는, 즉 위탁자가 보수지급의무를 지는 一方的 仲介契約으로 나우어, 쌍방적 중개계약은 위임(민법 제680조)이고 일방적 중개계약은 도급(제664조)이거나 도급에 준한다고 한다. 그리고 특약이 없으면 쌍방적 중개계약으로 보고 있다.[233] 쌍방적 중개계약으로 보는 경우 중개인은 적극적 중개의무를 부담하므로 이에 반하면 채무불이행이 되며 그로 인한 손해배상책임도 진다. 이에 비하여 ②설은 거래의 실정상 중개인이 적극적 중개의무를 지는 것은 이례적이고, 적극적으로 중개를 하지 않았다는 사실을 증명하기도 쉽지 않으며, 상법에 적극적인 중개의무를 상정한 규정도 없으므로 중개인은 특약이 없는 한 적극적 중개의무를 지지 않는다고 한다. 그리고 ①설이 일방적 중개계약의 성질을 도급이라고 하는 점

233) 안강현(2019), 281면; 손주찬(2004), 303면; 정동윤(2012), 225면; 정찬형(2025), 314면.

에 대하여도 의문을 제기하여 도급에서는 수급인이 일을 완성할 의무를 지는데, 중개는 이러한 의무 없이 단지 계약이 특정인이 특정인에게 일정한 사무의 처리를 위탁하는 것이므로 어느 경우이든 위임이라고 한다(다수설).[234]

생각건대, 일방적 중개계약의 경우에도 일정한 사무의 처리를 위탁하는 것이므로 위임으로 보는 것이 합리적이다(①설).

Ⅳ 중개인의 의무

1. 주의의무 및 중립성의 원칙

중개계약은 위임계약이므로 중개인은 계약당사자에 대하여 수임인으로서 선량한 관리자의 注意義務를 진다(민법 제681조). 구체적으로 중개인은 중개를 위한 상대방의 선택시 상당한 범위에서의 신용조사, 중개대상물의 권리관계 등의 조사·확인 또는 법령의 규정에 의한 거래·이용제한사항 등을 확인하여 중개의뢰인에게 설명할 의무가 있다.[235] 중계계약의 성질에서 본 바와 같이 중개인은 적극적 중개의무를 부담하지 않는다. 그러므로 중개를 하지 않거나 중개한 대로 계약이 성사되지 않았다고 하여 주의의무를 게을리한 것은 아니다. 다만, 중개할 기회를 회피하는 것은 주의의무위반에 해당한다고 본다.

한편 중개계약의 쌍방당사자는 서로 반대의 이해를 갖는다. 매도인은 고가매도를, 매수인은 저가매수를 바라기 때문이다. 이때 중개인은 중개위탁자 또는 많은 보수를 약속하는 자의 이익에 치중할 수 있다. 그러나 중개인은 위탁자는 물론 그 상대방에 대하여도 중립성과 객관성을 유지하고 공평하여야 한다. 이를 중개인의 '중립성 원칙'이라고 한다. 중립성의 원칙은 다음에 기술하는 상법상의 특수한 의무에도 미친다.

---

234) 김성태(2002), 559면; 김홍기(2021), 201면; 이철송(2022), 489면; 송옥렬(2021), 159면; 최준선(2021), 332면; 전우현(2019), 294면.

235) 대법원 2015. 1. 29. 선고 2012다74342 판결; 2007. 11. 15. 선고 2007다44156 판결; 1992. 2. 11. 선고 91다36239 판결. 민사중개인에 관한 의무이지만, 상사중개인에게도 같다.

2. 견품보관의무

중개인은 중개한 행위에 관하여 見品을 받은 때에는 그 행위가 완료될 때까지 이를 보관하여야 한다(제95조). 이는 견품에 의한 매매의 경우 견품과 같은 品質과 性質의 것으로 이행될 것을 담보하고, 나중에 거래의 목적물에 관한 분쟁시 그에 대한 증거를 보전하여 분쟁을 신속히 해결하고자 하는 취지이다. 따라서 보관의무의 존속기간을 뜻하는 '행위가 완료된 때'란 단순히 중개행위가 완료되거나 계약이 이행된 때가 아니라, 매도인의 담보책임(품질·성질에 관한 분쟁)의 소멸, 시효기간의 만료, 계약의 해제 또는 쌍방당사자간의 화해의 성립과 같이 목적물을 둘러싼 분쟁의 소지가 없어진 시점을 뜻한다.

보관의무가 종료하면, 중개인은 다른 약정이 없는 한 견품을 제공자에게 반환하여야 한다. 이 보관의무는 법률상 당연한 의무로써 중개인은 특약이 없는 한 보수를 청구하지 못한다. 보관은 중개인이 직접 하여야만 하는 것은 아니다.

3. 결약서작성 · 교부의무

(1) 의의 및 취지

당사자간에 계약이 성립된 때에는 중개인은 지체 없이 각 당사자의 성명 또는 상호, 계약연월일과 그 요령을 기재한 서면을 작성하여 기명날인 또는 서명한 후 각 당사자에게 교부하여야 한다(제96조 제1항). 여기서의 '서면'을 結約書라고 한다. 이 의무도 계약의 성립, 계약조건 또는 내용을 명확히 하여 당사자간의 분쟁을 방지하거나 분쟁발생시 이를 신속히 처리하기 위한 증거를 보전하는 데 그 취지가 있다.

(2) 성질

결약서는 계약이 이루어진 후에 증거방법으로서 작성하는 서류이므로 창설적 효력이 없고, 계약의 실체적인 내용에도 영향이 없다. 그리고 계약을 즉시 이행하는 때에는 당사자의 기명날인을 요하는 것도 아니므로(제96조 제2항 전단 참조) 거래실무상 작성하는 계약서 그 자체도 아니다. 그리고 계약의 성립요건도 아니다. 단순한 증거서면에 불과하다.

(3) 요령의 기재사항

이 의무의 취지상 결약서는 정확하게 기재되어야 한다. 그리고 계약의 '요령'에는 계약의 목적물·목적물의 명칭·수량·품질·대가·이행시기, 방법 및 장소를 포함하여 분쟁이 발생할 수 있는 사실에 관한 증거가 되도록 구체적으로 기재하여야 한다.

(4) 당사자의 결약서 기명날인·서명

당사자가 즉시 이행을 하여야 하는 경우를 제외하고 중개인은 각 당사자로 하여금 결약서에 기명날인 또는 서명하게 한 후 그 상대방에게 교부하여야 한다(발신주의)(제96조 제2항). 이는 계약이 즉시 이행되지 않는 성질의 것인 때, 즉 기한부 또는 조건부인 결과 이행기가 후일인 때에는 결약시와 시간적인 간격이 생기므로 경우 각 당사자에게 금반언의 구속을 주고자 함이다. 각 당사자는 분쟁이 발생하는 경우 이 기명날인·서명에 의하여 결약서의 진정 성립이 추정되는 이익을 누릴 수 있다(민사소송법 제358조).[236] 이 경우 중개인은 결약서 내용의 진실성에 대한 책임을 지며, 이를 부실기재 하는 때에는 손해배상책임을 진다.[237]

(5) 당사자의 결약서 수령 거부, 기명날인·서명 거부

당사자의 일방이 결약서의 수령을 거부하거나 기명날인 또는 서명하지 않는 때에는 중개인은 지체 없이 상대방에게 그 통지를 발송하여야 한다(발신주의)(제96조 제3항). 이 같은 사실의 발생은 결약서의 기재사항에 이의가 있고 분쟁의 발생가능성을 의미하므로 상대방이 신속한 조치를 취하고 적당한 대책을 수립할 기회를 갖게 하는 데 그 취지가 있다.

4. 장부작성·등본교부의무

중개인은 결약서에 기재할 사항을 帳簿에 기재하여야 한다(제97조 제1항). 이 의무 역시 다툼이 있을 경우 증거를 보전하는 데 그 취지가 있다. 그리고 이 장부를 중개인의 日記帳(Tagebuch)이라 한다. 이 장부는 중개인의 재산 및 손익상황을 기재한 것이 아니라 중개인이 중개한 타인간의 거래내용을 기재한 것이므로 제29조

236) [사문서의 진정의 추정] 사문서는 본인 또는 대리인의 서명이나 날인 또는 무인(拇印)이 있는 때에는 진정한 것으로 추정한다.

237) 梅田武敏(2006), 239面; 近藤光男(2008), 180面.

상의 상업장부의 일종인 일기장이 아니다. 다만, 중개인이 이 장부에 수수료 등 자신의 재산거래나 영업사항을 같이 기재한다면 상업장부인 일기장을 겸할 수도 있다. 이러한 장부는 중개인에 대한 과세나 행정에 참고자료가 된다.

당사자는 중개인에게 언제든지 자기를 위하여 중개한 행위에 관한 장부의 謄本의 교부를 청구할 수 있다(제97조 제2항). 이러한 일기장의 보존에 관한 명문규정은 없으나, 상업장부에 관한 규정(제33조)을 준용하여 '장부를 폐쇄한 날로부터 10년간' 보존해야 한다고 본다.

한편 당사자는 장부에 대한 등본의 교부청구권은 있지만, 원본장부 그 자체 대한 열람청구권은 없다. 즉, 중개인은 등본을 열람시킬 의무는 없다. 이는 후술하는 성명묵비의 경우에 의미가 있다.

5. 성명·상호묵비의무

(1) 의의

당사자 일방이 자신의 성명 또는 상호를 상대방에게 표시하지 아니할 것을 중개인에게 요구한 때에는 중개인은 그 상대방에 교부할 결약서 및 장부(일기장)의 등본에 이를 기재하지 못한나(제98조·제96조 제1항·제2항). 이를 중개인의 黙秘義務라고 한다.

(2) 취지

상거래는 당사자의 개성을 중시하지 않고 계약이 체결되는 것이 일반적이다. 그리고 경쟁관계에 있는 거래상대방 또는 제3자에게 성명이나 상호를 알리지 않고 거래사실을 隱蔽함으로써 자기에게 유리한 교섭을 하고자 하는 경우도 있다. 또 경쟁관계에 있는 거래상대방에게 자신이 노출되는 때에는 거래가 성립되지 않거나 교섭시 불리하게 작용할 가능성도 있다(예 甲중공업의 기계처분 vs. 乙중공업의 인수). 이러한 점에서 상법은 중개인의 묵비의무를 인정하고 있다.

(3) 적용대상

제98조의 묵비의무는 '상대방에게 교부할 결약서 및 장부의 등본'을 대상으로 하므로 중개인의 장부(일기장) 그 자체에는 성명이나 상호를 기재하여야 한다. 따라서 중개인이 묵비의무가 있을 때, 타방의 당사자가 중개인의 일기장의 등본을 청구하는 경우 묵비하여야 할 성명·상호를 기재하지 않고 등본을 작성하여 교부

하여야 한다. 기술한 바와 같이 당사자에게 장부의 등본에 대한 교부청구권은 인정되지만(제97조 제2항), 장부의 원본에 대한 열람청구권은 인정되지 않는 이유가 여기에 있다. 다만, 당사자 일방이 중개인을 자처하고 당사자인 자신의 성명·상호를 묵비하여 계약한 때 또는 중개인 자신이 직접 당사자가 되고 당사자가 묵비를 요구한다고 하며 계약하는 때는 달리 취급하여야 한다. 거래상대방은 중개인이 중립의무를 준수함으로써 얻는 이익을 잃을 수 있는데, 이는 중개인을 겸한 당사자 또는 당사자를 겸한 중개인의 기망행위(민법 제110조 제1항) 때문이다. 따라서 상대방은 사기를 이유로 계약을 취소할 수 있고, 당사자인 중개인에 대하여 주의의무위반을 이유로 손해배상을 청구할 수 있다.

(4) 효과

중개인의 묵비의무는 계약교섭의 초기단계에서 흥정의 수단으로서 유용하고 의미가 있다. 다만, 제98조는 문리적으로 계약의 성립 후에도 성명·상호를 은폐하는 것을 인정하는 것으로 해석되는데, 그 실용성은 의문이다.[238)]

6. 중개인의 개입의무(이행담보책임)

(1) 의의

중개인이 임의로 또는 당사자 일방의 요구에 의하여 그 당사자의 성명 또는 상호를 상대방에게 알리지 아니한 때에는 상대방은 중개인에 대하여 이행을 청구할 수 있다(제99조). 이때 중개인은 스스로 이행할 의무를 진다. 중개인은 계약이 성립하도록 중개하는 데 그치고 계약관계에는 개입하지 않는 것이 원칙인데, 동조는 예외적으로 계약의 이행의무를 지는 한도에서 계약관계에 개입시키고 있다. 때문에 이러한 중개인의 이행의무를 介入義務라 한다.

(2) 취지

중개인이 일방당사자의 성명·상호를 묵비하면 타방당사자는 계약의 상대방을 알 수 없기 때문에 이행을 청구할 수 없게 되고, 목적물에 흠결이 있더라도 대체물을 청구할 수 있는 상대를 달리 찾을 수 없게 된다. 그리하여 상법은 상대방의 신뢰를 보호하기 위하여 중개인의 신용하에서 계약이 체결될 수 있도록 중개

---

238) 同旨 江頭憲治郎(2005), 209面.

인에게 이행책임을 부담시키고 있다. 이점에서 위탁매매인의 이행담보책임(제105조)과 구별된다.

(3) 성립시기 및 범위

중개인의 개입의무는 일방의 당사자와의 사이에서 계약이 성립되었다고 보아 결약서를 작성하고 교부한 때에 발생한다고 본다. 그 시점까지가 중개인의 사명이며, 또 그렇게 해석하는 것이 비용과 보수(제100조)간의 균형이 맞기 때문이다. 따라서 계약의 성립 후 당사자의 성명·상호를 표시하더라도 상대방의 신뢰는 계속 보호되어야 하는 까닭에 중개인의 개입의무는 소멸하지 않는다.

(3) 효과

중개인이 이행하면 묵비한 당사자에게 구상권을 가지며, 반대당사자에게는 변제할 정당한 이익이 있는 자이므로 묵비된 당사자를 대위한다(민법 제481조). 그러나 이 경우에도 중개인이 계약의 당사자가 되는 것은 아니며, 계약은 묵비한 당사자와 상대방간에 성립한다. 제99조의 의무가 일종의 담보책임에 불과하기 때문이다. 즉, 상대방의 이행청구가 있는 경우에 한하여 인정되는 의무이며, 이행청구가 없음에도 스스로 묵비한 당사자를 대신하여 이행하고, 그 대가로 상대방에게 반대급부를 청구할 수는 없다. 당사자가 아니므로 계약상의 권리를 상대방에게 주장할 수 없는 것이다. 이 점 위탁매매인(제107조) 및 운송주선인의 개입권(제116조 제1항)과 다르다. 지배인, 대리상 및 이사의 경업금지의무위반에 따른 개입권(제17조, 제89조, 제397조)과도 구분된다.

V 중개인의 권리

1. 보수청구권

(1) 의의

중개인은 상인이므로 약정의 유·무와 관계없이 보수청구권을 갖는다(제61조). 중개인의 보수는 중개료를 뜻하므로 당사자 쌍방에게 청구할 수 있다. 중개료는 정액으로 하거나 별도의 산정기준을 정하지 않는 때에는 거래가액을 기준으로 산출한다.[239]

239) 대법원 2007. 12. 20. 선고 2005다32159 판결; 2002. 9. 4. 선고 2000다54406·54413 판결;

(2) 성질

당사자 쌍방이 균분하거나 중개인과의 합의로 정한 보수의 지급의무는 분할채무(민법 제408조)이다. 따라서 일방이 이행하지 않더라도 다른 당사자에게 청구할 수 없다.

(3) 요건

중개인의 보수청구권이 발생하기 위하여는 먼저, 계약이 유효하게 성립되어야 한다. 본래 계약이 무효·취소되거나, 정지조건부계약에서 조건이 불성취된 때에는 보수청구권이 생겨나지 않는다. 그러나 중개인의 중개계약상의 의무는 계약체결을 조력하는 데 그치므로 계약이 일단 유효하게 성립하면, 계약의 이행 여부와는 관계없이 보수청구권이 생긴다. 계약의 이행 여부는 당사자들에게 귀속되는 위험이기 때문이다. 같은 논리로 채무불이행을 이유로 계약이 해제되어 계약이 소급적으로 소멸하더라도 보수청구권에는 영향이 없다.[240] 그러나 많은 경우 계약의 이행을 조건으로 중개료를 지급하기로 하는 특약을 하거나 그러한 관습이 있는데, 이러한 특약·관습은 유효하다(예 부동산거래 중개 등).

두 번째, 보수는 결약서를 작성·교부하기 전에는 청구할 수 없다(제100조 제1항). 계약서의 작성·교부까지를 중개인의 사명으로 보고 이를 지급시기로 보고 있는 것이다.

세 번째, 중개료를 계약의 이행 후에 지급하기로 합의하는 때에는 이행을 조건으로 지급하기로 하는 묵시의 특약이 있은 것으로 본다.

네 번째, 중개행위와 계약의 성립간에 상당인과관계가 있어야 한다. 따라서 중개를 하였으나 계약이 성립하지 않은 때에는 보수청구권이 발생하지 않음이 원칙이다. 다만, 중개인의 행위가 거래의 성사단계에 이르는 데 결정적인 역할을 하였음에도 중개료의 지급을 면하려고 중개인의 귀책사유 없이 중개인을 배제한 채 당사자들이 직접 계약을 체결한 때에는 신의칙상 중개인의 보수청구권이 인정된다.[241]

1985. 10. 8. 선고 85누542 판결; 1976. 6. 8. 선고 76다766 판결; 1964. 6. 30. 선고 64다268 판결.

240) 同旨 서울지법 1996. 4. 18. 선고 95가합103509 판결.

241) 부산지법 2007. 1. 25. 선고 2005나10743 판결.

(4) 비율

중개료는 당사자 쌍방이 균분하여 부담함이 원칙이다(제100조 제2항). 다만, 중개인이 각 당사자와 달리 정하거나 계약당사자간의 합의로 보수분담액을 달리 정할 수도 있다. 후자의 경우에는 그 합의를 가지고 중개인에게 대항할 수 없다.[242] 따라서 중개인은 쌍방에게 반액씩 청구할 수도 있다. 이러한 해석은 제100조의 제2항이 중개를 위임한 자뿐만이 아니라 상대방의 이익을 공평하게 배려하여야 한다는 취지의 규정이라는 점에서 도출 가능하다. 중개료의 액은 보통 백분율로 정한다.[243]

2. 비용청구권

중개인이 당사자를 위하여 기울이는 노력은 중개료로 보상되므로 중개를 하면서 지출한 그 밖의 비용(예 광고비, 교통비)은 별도로 청구할 수 없다. 계약이 성립되지 않는 경우에도 같다. 다만, 당사자의 특별한 지시에 의하여 통상의 중개행위에 소요되는 것 이상의 비용을 지출한 때에는 보상청구권을 행사할 수 있다(제61조).

3. 급여수령대리권

중개인은 일방당사자의 대리인이 아니고 계약당사자의 지위를 갖는 것도 아니다. 따라서 중개인은 자신이 중개한 행위에 관하여 당사자를 대리하여 지급 기타의 이행을 받지 못한다(제94조 본문). 그 결과 당사자 일방이 중개인에게 지급 기타 이행을 하더라도 다른 상대방에게 대항하지 못한다. 이 규정은 중개와 대리가 그 성격이나 기능 면에서 구별된다는 점을 명확히 한 것이다. 다만, 다른 약정이나 관습이 있으면 수령대리권이 인정된다(제94조 단서).

한편 당사자 일방이 그 성명·상호의 묵비를 중개인에게 요구한 때(제98조)에는 그 당사자는 중개인에게 급여수령권을 부여하는 묵시의 의사표시를 한 것으로 보아야 한다.

---

242) 近藤光男(2008), 183面; 다만, 부동산소개업자의 중개수수료에 관하여는 공인중개사법 및 그 하위규정에 따른다(대법원 2024. 1. 4. 선고 2023다252162 판결; 2021. 7. 27. 선고 2017다243723 판결).

243) 대법원 2007. 12. 20. 선고 2005다32159 판결; 2002. 9. 4. 선고 2000다54406·54413 판결.

제3절 위탁매매업

I 총 설

1. 기 능

위탁매매업은 타인, 즉 위탁자로부터 물건이나 유가증권의 매매를 위탁받고 이를 자기의 이름으로 제3자와 매매하여 그 결과를 위탁자에게 귀속시키는 업을 말한다. 따라서 이를 전문으로 하는 위탁매매인은 그 활동의 실질적 효과를 자기가 아니라 제3자, 즉 위탁자에게 귀속시키므로 대리상 및 중개인과 함께 보조상의 일종이다. 그리고 위탁매매인은 형식적으로는 상인의 직접거래상대방이고, 실질적으로는 대리상의 역할을 한다. 또 공급자와 수요자를 간접적으로 연결시키는 중개인의 기능 등을 고루 갖추고 있다. 이 밖에도 경제적으로 상인의 영업활동을 촉진하는 장점도 지니고 있다. 예를 들면, 대리상이나 지점의 설치와 같은 장기적인 조직을 갖추지 못하는 경우 상인은 위탁매매인의 지식, 경험, 신용 및 영업수완을 활용함으로써 자기가 기반을 갖추지 못한 시장에 쉽게 진입할 수 있기 때문이다. 또 위탁매매인의 상대방에게도 이점이 있다. 위탁매매인이 계약의 당사자이므로 상대방은 대리권의 유무와 배후에 있는 위탁자의 자력이나 신용 등을 조사할 필요가 없기 때문이다.

이러한 장점은 반대로 위탁매매인제도가 남용될 수 있음을 뜻하기도 한다. 그리하여 법은 시장과 상품의 특성을 감안하여 시장의 질서유지와 신뢰를 확보하기 위하여 사전에 일정한 자격을 가진 자만을 매매당사자로 제한하고, 일반대중은 그 자의 위탁매매를 통하여만 간접적으로 거래하도록 규율하기도 한다. 자본시장법상의 유가증권시장, 코스닥시장, 파생상품시장(동법 제386조 제1항), 농수산물유통 및 가격안정에 관한 법률에 의거 개설되는 농수산물도매시장(동법 제17조)은 그 좋은 예이다.

2. 연 혁

위탁매매제도는 서구의 국제무역과 관련하여 발달하여 왔다. 고대에는 외국

여행을 하는 자에게 知人이 상품이나 자금을 맡기며 외국에서의 거래를 부탁할 때, 여행자가 외국에서 그 지인의 名義를 사용하는 것은 의미가 없으므로 여행자 자신의 명의로 부탁받은 거래를 하는 경우가 흔하였고, 이것이 위탁매매제도의 기원이다. 이후 위탁매매업이 본격적으로 발전하게 된 것은 중세 도시국가에서였다. 처음에는 상인이 자신의 보조자를 외국에 주재시키는 방식으로 거래를 시켰는데, 점차 그 지역에 정착하여 독립상인인 위탁매매인으로 발전하게 되었다. 이같이 독립한 위탁매매인은 거꾸로 본국의 상인을 위탁매매인으로 하여 본국과도 거래하게 되었고, 중세 도시국가에서는 외국상인에게 관세를 중과하였으므로 국제무역에서 위탁매매인을 이용할 실익이 컸으며, 근세에도 외국 무역에서 외국상인이 토착 위탁매매인의 신용과 지식을 이용할 필요가 컸으므로 위탁매매업은 널리 번성하였다.

그러나 초기에는 직접대리와 간접대리[244]에 관한 개념이 명확히 정리되지 아니하여 법적으로 대리상과 위탁매매인의 구별이 엄격하지 못하였다. 최초로 위탁매매를 대리상과 구별하여 법제화한 것은 1609년 네덜란드의 안베르스市 조례였으며, 그 후 프랑스 혁명, 독일의 구상법, 신상법이 이를 본받았고, 우리나라에 이르게 되었다.[245]

오늘날 위탁매매인은 유가증권거래나 농산물의 분산거래 등 매매거래에 고도의 기술과 신용을 요하는 분야에서 발달하고 있다.

Ⅱ 위탁매매인의 의의

1. 개 념

위탁매매인은 자기명의로써 타인의 계산으로 물건 또는 유가증권의 매매를 영업으로 하는 자이다(제101조). 이하 이를 나누어 설명한다.

---

244) 이는 타인의 계산으로, 그러나 자기명의로 하는 법률행위를 말한다. 그리하여 대리인의 대리행위에 따른 법률효과가 간접적으로 본인(위탁자)에게 귀속한다. 이 점에서 대리인의 대리행위에 따른 법률효과가 직접적으로 본인에게 귀속하는 직접대리와 구별된다.

245) 이병태(1988), 269면; 이철송(2022), 498면.

2. 명의와 계산의 분리(주선)

위탁매매인은 자기명의로, 그러나 타인의 계산으로 법률행위를 한다. 따라서 주선업자이다. '자기명의로'라는 것은 스스로 법률행위의 직접 당사자가 됨을 뜻하므로 그 행위에서 생기는 권리·의무의 주체가 된다. '타인의 계산으로'라는 것은 법률행위의 경제적 효과를 타인, 즉 위탁자에게 귀속시킴을 뜻한다. 예를 들면, 甲이 위탁매매인 乙(예 증권회사)에게 주식(또는 곡물)의 매도를 위탁하여 乙이 丙에게 주식을 매도하는 경우 그 매매계약은 '乙의 명의'로 '甲의 계산'으로 성립한다. 이때 '乙의 명의'란 丙과의 관계에서 법률상의 매도인은 乙이 되고, 乙이 매도인으로서 모든 책임을 지고 대금지급청구권의 행사 등 매도인으로서의 권리를 행사하게 됨을 뜻한다. '甲의 계산'이란 乙이 丙으로부터 받은 대금은 내부적으로 甲의 것이므로 甲에게 전달하여야 하고, 乙은 甲로부터 매매를 하여 준 대가로 보수만을 받게 됨을 뜻한다.

이와 같이 위탁매매는 명의와 계산의 분리를 본질로 하는 까닭에 법적 효과와 경제적 효과 역시 분리된다. 즉, 위탁매매의 법적 효과가 본인(위탁자)에게 간접적으로 귀속되므로, 위탁매매인의 행위는 위탁자를 위한 간접대리이다.

그러나 이론적인 설명과는 달리 실제 매매에서는 명의와 계산의 법적 귀속관계가 불분명한 경우가 많으므로 일반매매계약 또는 위탁매매계약인지는 계약의 명칭 내지 형식적인 문언을 떠나 그 실질을 중시하여 판단하여야 한다.[246)]

■ 위탁매매인과 유사개념의 비교

구 분	본인의 매매	대리상	위탁매매	중개상
매매계약의 당사자(명의)	행위자	본인	위탁매매인	본인
매매의 경제적 효과(계산)	행위자	본인	위탁자(본인)	본인
매매의 법적효과 (권리·의무)의 주체	행위자	본인	위탁매매인	원칙적으로 본인
위탁하는 자의 속성	–	일정한 상인	불특정다수인	불특정다수인

246) 대법원 2011. 7. 14. 선고 2011다31645 판결; 2008. 5. 29. 선고 2005다6297 판결.

3. 영업의 범위(위탁매매의 목적물)

위탁매매인은 물건 또는 유가증권의 매매의 주선을 업으로 한다. 여기서 물건에 부동산을 포함하는지에 대하여는 학설이 나뉜다. 부정설은 부동산은 포함하지 아니한다고 본다.[247] 긍정설은 명문으로 배제하여야 할 근거가 없으므로 포함한다고 본다.[248] 생각건대, 운송업, 운송주선업 및 창고업 등의 목적물인 '물건'의 경우에도 부동산은 제외되고, 위탁매매인이 자기명의로 부동산을 매매하는 때에는, 제103조로 인하여 등기내용과 다른 소유관계가 형성되는 등 복잡한 문제가 생긴다. 그 결과 위탁자의 이익을 해할 수 있으므로 부정설이 타당하다.[249] 실거래에서도 위탁매매의 중요한 대상은 상장주식·상장채권·파생상품과 같은 유가증권이다. 유가증권은 주로 한국거래소가 개설한 유가증권시장 등에서 매매되는데, 이 시장에서 매매하려면 한국거래소의 회원이어야 한다. 증권회사가 대표적인 회원이다.

한편 물건이나 유가증권의 판매·매매 이외의 주선을 업으로 할 경우 이를 '준위탁매매업'이라 하여 위탁매매업에 관한 규정을 준용한다(제113조). 출판·광고·호텔숙박의 주선 등이 대표적인 예이다. 다만, 운송주선인에 관하여는 상법에서 따로 규정을 두고 있다.

4. 위탁매매인의 상인성

위탁매매인의 영업은 매매의 주선을 인수하는 것, 즉 위탁자로부터 위탁보수를 받고 위탁매매를 수락하는 것이고 매매 자체는 그 이행행위로써 보조적 상행위에 지나지 않는다. 이 점 대리상 및 중개인의 경우와 같다. 위탁자는 상인 여부를 불문한다. 일반인도 증권회사에게 위탁하여 주식거래를 할 수 있는 것과 같다. 상인일 경우에는 後述하는 특칙(제110조)이 적용된다. 또 위탁자가 상인인 경우 매도·매수의 위탁은 보조적 상행위가 된다.

---

247) 김홍기(2021), 205면; 최기원·김동민(2014), 305면; 이기수·최병규(2016), 417면; 정준우(2021), 285면; 최준선(2021), 340면; 김정호(2022), 343면; 임중호(2015), 426면.

248) 정찬형(2025), 323면; 김두진(2020), 319면; 안강현(2019), 287면; 송옥렬(2021), 164면; 정경영(2016), 288면; 손주찬(2004), 310면.

249) 最高裁判所 昭和 32. 5. 30. 民集 第11巻 第5号, 854面.

Ⅲ 위탁매매의 법률관계

1. 서

위탁매매업은 거래의 명의와 계산이 분리되는 까닭에 그 법률관계도 내부관계, 즉 위탁자와 위탁매매인의 관계, 외부관계 즉 위탁자·위탁매매인과 제3자의 관계로 분리된다. 나아가 상법은 위탁물의 귀속관계에 한 특칙을 두고 있다.

2. 내부관계(위탁매매인과 위탁자, 위탁계약)

(1) 의의

위탁매매의 외부관계와는 달리 내부관계는 법적 형식보다도 경제적 실질이 중시된다. 이를 설명하면 아래와 같다.

(2) 위탁계약

위탁자와 위탁매매인간에는 위탁매매인이 위탁자를 위하여 물건·유가증권의 매매를 주선하기로 하는 계약인 委託契約이 체결된다. 이때 위탁매매인의 영업은 매매의 주선을 인수하는 것이고 매매 자체는 그 이행행위로써 보조적 상행위에 지나지 않음은 기술한 바와 같다. 위탁계약은 물건 또는 유가증권의 매매라는 사무처리를 위탁하는 有償의 委任이다. 그리하여 위탁매매인은 위탁자를 위하여 선관주의의무를 부담하고, 위탁자와 위탁매매인의 관계에는 상법의 규정을 제외하고는 위임에 관한 일반규정(민법 제112조)이 적용된다(제112조).

위탁의 종류에는 위탁자가 처분을 원하는 물건·유가증권의 매도를 의뢰하는 '매도의 위탁'과 반대로 매수를 의뢰하는 '매수의 위탁'이 있으며, 매도와 매수를 동시에 위탁할 수도 있는데, 어느 것이나 법적 성질은 위임이다. 목적물은 특정물 또는 불특정물일 수도 있다.

매도위탁 또는 매수위탁의 여부, 매매목적물, 매매거래일 및 매매거래일의 총매매금액·총매매수량 등에 관하여는 약정을 하는 것이 일반적이지만, 이 사항 중 전부 또는 일부를 일임하는 一任賣買의 위탁도 가능하다. 예를 들면, 유가증권의 매매의 위탁에서는 법령이 정하는 범위 내에서 일임매매를 허용하고 있다(자본시장법 제71조 제6호·제7조 제4항·시행령 제7조 제3항).

(3) 위탁계약의 성립시기

위탁계약의 전형이라고 할 수 있는 유가증권의 매매사례에서는 위탁계약의 성립시기를 확인하여 주고 있다. 먼저, 채권매매거래의 위탁계약에서는 위탁금이나 위탁채권을 받을 권한이 있는 직원이 매매거래를 위탁한다는 의사로 위탁하는 고객으로부터 금원이나 채권을 수령하면 곧바로 위탁계약이 성립한다.[250] 그 이후에 그 직원의 금원수납에 관한 처리는 위탁계약의 성립에 영향이 없다. 이는 다른 유형의 유가증권, 예를 들면 국민주택채권이나 양도성예금증서의 경우에도 같다.[251]

(4) 위탁계약의 유효성 판단기준

유가증권거래에서 고객이 증권회사에 맡긴 위탁증거금을 계약담당 임직원이 유용하거나 횡령하는 경우 고객은 증권회사에게 위탁계약을 근거로 위탁증거금의 반환이나 손해배상청구를 하게 된다. 이 경우 위탁계약이 적법하게 체결된 이상, 사후에 담당 임직원이 위탁증거금을 여하히 처리하였지는 위탁계약의 유효성에 영향이 없다.[252] 이에 비하여 유가증권의 거래시 투자수익보장(예 연수익율 5% 또는 1,000만원)약정은 증권거래질서를 유지시키고자 하는 강행법규에 반하는 것으로서 무효라고 보아야 한다. 원금(손실)보장약정 역시 같다.[253] 이는 강행법규에 반하는 위탁계약은 법의 취지에 따라 무효가 될 수 있음을 뜻하는 것이다.

3. 외부관계(위탁자·위탁매매인과 거래상대방)

(1) 의의

내부관계와는 달리 외부관계는 경제적 실질보다도 법적 형식이 중시된다. 이를 설명하면 아래와 같다.

(2) 위탁매매효과의 귀속

위탁매매인이 위탁계약의 이행으로서 제3자와 물건·유가증권의 매매를 하는 때에는 자기의 명의로 하므로 위탁매매인이 상대방에 대하여 직접 권리를 취득하

---

250) 대법원 2004. 2. 27. 선고 2001다38067 판결; 1997. 2. 14. 선고 95다19140 판결.
251) 대법원 2004. 2. 27. 선고 2001다38067 판결.
252) 대법원 2002. 12. 26. 선고 2000다56952 판결; 1997. 2. 14. 선고 95다19140 판결.
253) 대법원 2002. 12. 26. 선고 2000다56952 판결; 1997. 2. 14. 선고 95다19140 판결.

고 의무를 부담한다(제102조). 즉, 위탁매매인이 매매당사자가 되는 것이다. 상대방이 위탁매매라는 사실, 즉 제3자의 계산으로 한다는 사실을 알고 있는지의 여부는 영향이 없다. 그 결과 위탁매매의 성립 또는 효력에 영향을 미치는 사실, 예를 들면 착오, 의사표시의 하자, 사기 또는 상계 등의 유무는 위탁매매인과 상대방을 기준으로 판단하여야 한다.

(3) 위탁자의 지위

위탁매매의 당사자는 위탁매매인인 까닭에 위탁자와 위탁매매인의 상대방 사이에는 아무런 법률관계가 없다. 위탁자는 상대방에 대하여 직접 권리·의무가 없는 것이다. 그 결과 위탁자는 위탁매매계약의 상대방에게 이행을 청구하거나 불이행을 이유로 손해배상을 청구할 수 없다. 상대방 역시 같다. 그리고 위탁자에게 발생한 사유, 즉 제한능력·착오 등은 매매에 영향이 없고, 위탁매매상대방은 위탁자에게 가지고 있는 반대채권을 가지고 매매로 인한 채무와 상계하지 못한다. 당사자간의 특약으로 위탁자와 상대방이 직접 이행하게 할 수 있으나, 이는 이행방법에 관한 합의에 불과하고, 이로써 위탁자와 상대방간에 직접적인 법률관계가 생기는 것은 아니다.

상대방(乙)이 채무를 이행하지 아니하면, 결과적으로 위탁자(甲)가 손해를 입게 된다. 다만, 상대방(乙)의 채무불이행은 결국 위탁매매인(丙)의 위탁자(甲)에 대한 채무불이행으로 귀결된다. 이때 위탁매매인은 위탁자에게 손해배상책임을 지고, 위탁자는 보호된다. 위탁매매인은 자신이 배상하는 손해액을 다시 상대방(乙)에게 청구할 수 있다.

한편, 위탁자(甲)가 위탁물의 인도나 대금의 교부를 게을리하여 위탁매매인(丙)이 상대방(乙)에게 손해배상책임을 지게 될 때, 그로 인한 위탁매매인의 손해는 위탁자와의 내부관계에서 해결되므로 위탁자와 위탁매매계약의 상대방간에는 아무런 문제가 없게 된다.

4. 위탁물의 귀속

(1) 의의 및 취지

상법은 위탁매매인이 위탁자로부터 받은 물건 또는 유가증권이나 위탁매매로 인하여 취득한 물건, 유가증권 또는 채권은 위탁자와 위탁매매인 또는 위탁매매인의 채권자간의 관계에서는 이를 위탁자의 소유 또는 채권으로 본다고 규정하고 있다(제103조). 본래 위탁매매인은 위탁자로부터 매매를 위탁받은 때로부터 그 매매의 결과를 다시 위탁자에게 이전시킬 때까지 위탁자를 위하여 물건·유가증권을 점유하거나 위탁매매상대방에 대하여 채권을 취득하게 된다. 그리고 대외적인 관계에서는 위탁매매인이 매매당사자이므로 그 재산 역시 대외적으로는 위탁매매인에게 귀속한다.

그러나 이러한 원리는 실질적인 권리자인 위탁자의 이익을 보호하지 못하는 불합리한 결과를 초래한다. 예를 들면, 위탁매매인이 그 재산을 위탁자에게 이전하기 전에 파산하였을 때에 그 재산은 파산재단에 편입되므로 위탁자는 위탁매매인의 다른 채권자와 동등한 파산채권자의 지위에서 불충분한 변제를 받을 수밖에 없게 된다. 또 위탁매매인의 채권자가 위탁물을 강제집행을 하더라도 이의를 제기할 수 없게 된다(민사집행법 제48조).[254] 이 때문에 상법은 위탁매매시 법률관계의 실질과 형식이 괴리됨으로 인하여 초래되는 불합리를 제거하기 위하여 후술하는 바와 같이 위탁물의 귀속에 관한 명시규정을 두고 있다.

(2) 적용범위

1) 물적범위

제103조는 위탁매매인이 위탁자로부터 받은 물건 또는 유가증권, 위탁매매로 취득한 물건, 유가증권 또는 채권에 적용된다. 즉, ① 위탁자가 위탁매매인에게 매도를 의뢰하며 맡긴 물건·유가증권, ② 위탁매매인이 매수를 의뢰받아 매매상대방으로부터 매수하여 인도받은 물건·유가증권, ③ 위탁매매인이 매도를 의뢰받아 위탁물을 처분하고, 매매상대방으로부터 취득한 대금채권 또는 상대방의 불이행으로 인한 손해배상채권, ④ 위탁매매인이 매수를 의뢰받아 상대방으로부터 매수하여 얻은 목적물인도청구권 또는 상대방의 불이행으로 인한 손해배상채권 등이다.

한편 제103조는 위탁자가 매수를 의뢰하며 맡긴 금전이나 위탁매매인이 매도를 의뢰받아 매매상대방에게 매도하여 받은 대금에는 적용되지 않는다. 위탁매

---

254) [제3자이의의 소] 제1항: 제3자가 강제집행의 목적물에 대하여 소유권이 있다고 주장하거나 목적물의 양도나 인도를 막을 수 있는 권리가 있다고 주장하는 때에는 채권자를 상대로 그 강제집행에 대한 이의의 소를 제기할 수 있다.

매인의 일반재산과 혼용되어 특정할 수 없기 때문이다.

2) 인적범위

제103조는 ① 위탁자와 위탁매매인 또는, ② 위탁자와 위탁매매인의 채권자와의 관계에 적용된다. 다만, '위탁매매인의 채권자'에는 위탁매매인의 '매매상대방'은 포함되지 않는다(통설). 이에 따라 매매상대방이 매도인으로서 위탁매매인에 대한 대금채권자인 경우에는 위탁매매인에게 인도한 목적물에 대하여 강제집행을 하거나 매매계약을 해제하고 목적물의 반환을 청구할 수 있다. 이 경우에까지 위탁자가 소유권을 주장할 수 있게 한다면, 그것이 오히려 불합리하기 때문이다. 이로써 위탁매매인의 매매상대방의 권리는 보호된다.

'위탁자의 채권자'도 명문의 규정도 없거니와 제103조의 적용대상에 포함되지 않는다. 위탁자의 채권자는 위탁자가 위탁매매인에게 갖는 채권을 압류하면 족하고, 이로써 그의 권리는 보호된다.

(3) 효과

제103조에 의거 위탁매매인이 취득한 위탁물에 대하여는 별도의 이전행위가 없더라도 ① 위탁자와 위탁매매인 또는, ② 위탁자와 위탁매매인의 채권자와의 관계에서는 위탁자에게 귀속되는 것으로 본다. 따라서 위탁매매인이 파산하더라도 위탁자는 위탁한 물건·유가증권을 환취할 수 있다(파산법 제407조). 그리고 위탁자는 위탁매매의 반대급부로 위탁매매인이 취득한 물건, 유가증권 또는 채권에 대하여는 대체적(대상적) 환취권(파산법 제410조)을 행사하여 그 이전을 청구할 수 있다.[255] 또한 위탁자는 위탁매매인의 채권자가 위탁물을 강제집행한 때에도 자기 소유임을 이유로 채권자를 상대로 제3자이의의 소를 제기할 수 있다(민사집행법 제48조). 나아가 위탁매매인이 위탁자로부터 받거나 위탁매매로 취득한 물건·유가증권, 위탁매매로 취득한 채권을 자신의 채권자에게 변제·담보의 제공 등의 방법으로 양도한 경우, 그 양도는 위탁자에 속하는 채권을 위탁매매인이 무권리자로서 처분한 것이므로 양수인은 선의취득을 하였다는 등의 특별한 사정이 없는 한 위탁자에 대하여 효력이 없다.[256]

255) 대법원 2008. 5. 29. 선고 2005다6297 판결.

256) 대법원 2011. 7. 14. 선고 2011다31645 판결. 다만, 법원은 선의취득을 언급하고 있으나, 이 사건의 목적물은 채권이므로 선의취득은 논외이다. 가령, 위탁매매인이 위탁받은 물건을

한편 제103조의 법리는 형법의 해석론으로 채용되고 있다. 그 결과 위탁매매인이 위탁물이나 판매대금을 사용 또는 소비한 때에는 횡령죄(형법 제355조)가 성립한다.[257]

Ⅳ 위탁매매인의 의무

1. 일반적 의무(선관주의의무)

기술한 바와 같이 위탁계약은 위임이므로 위탁매매인은 수임인으로서의 선관주의의무를 부담한다(제112조·민법 제681조). 그러므로 위탁매매인은 매매거래를 함에 있어서 위탁계약의 본지에 따라 선량한 관리자의 주의를 베풀어야 함은 물론 위탁물·취득물의 보관, 물건을 매도하여 취득한 채권의 보전, 매수한 물건에 대한 하자유무의 조사·담보책임의 추궁 등 매매와 관련된 모든 권리를 행사하고 상대방에 대한 적절한 의무를 이행하여야 한다. 그리고 위탁매매인은 자기의 이익을 위하여 위탁자의 이익을 침해하거나 자기의 사무를 타인에게 재위임시켜서는 아니 되는데, 이 역시 선관주의의무의 내용에 포함된다. 그 밖에 상법은 위탁자를 보호하기 위하여 다음과 같은 특별한 의무를 명시하고 있다.

2. 통지 및 계산서제출의무

위탁매매인이 위탁받은 매매를 한 때에는 지체 없이 위탁자에 대하여 그 계약의 요령과 상대방의 주소, 성명에 대한 통지를 발송하여야 하며 계산서를 제출하여야 한다(제104조). 여기서의 통지의무는 발신주의를 채택하고 있다.

민법의 경우 수임인은 위임인의 청구가 있거나 위탁사무가 종료한 때에만 보고의무를 부담한다(동법 제683조). 이에 대하여 제104조는 상거래의 신속성의 요청에서 위탁자의 청구가 없더라도 위탁자가 속히 관련 계획을 수립하고, 기동성 있게 적절한 지시를 다시 할 수 있도록 위탁매매인에게 매매거래가 있을 때마다,

---

채권자에게 담보로 제공하더라도 채권자는 제103조로 인하여 권리취득이 불가능하므로 역시 선의취득은 논외이다. 다만, 채권자로부터 전득한 자에 대하여는 선의취득을 논할 실익이 있다.

257) 대법원 1986. 6. 24. 선고 86도1000 판결; 1982. 2. 23. 선고 81도2619 판결.

그리고 매매를 이행하기 전에 이러한 의무를 부과하고 있다. 위탁매매인이 이를 게을리하는 경우, 위탁자는 위탁매매인에 대하여 손해배상을 청구할 수 있으나, 위탁매매거래의 결과를 위탁자에게 귀속시키는 데에는 영향이 없다.

3. 지정가액준수의무

(1) 지정가액방법

위탁매매인은 선관주의의무를 부담하므로 위탁자의 요구나 지시가 있는 경우에는 그에 따라 위임사무를 처리하여야 함은 당연하다. 위탁자가 매매가액을 요구하거나 지정하는 것이 그 대표적인 예이다. 위탁자가 가액을 지정하는 방법으로는 자동차를 ① 1,000만원에 사 달라는 매수주문과 같이 절대가를 정하는 방법, ② 1,000만원 이하로 사 달라는 매수주문과 같이 상한가를 정하는 방법, 또는 ③ 1,000만원 이상으로 팔아 달라는 매도주문과 같이 하한가를 정하는 방법이 있다. 특정일, 특정 시각의 時價 그 밖에 가액결정의 기준을 제시하는 방법도 가능하다. 어느 경우이든 그 요구나 지시에 따라야 한다. 다만, 희망가액, 즉 요구나 지시없이 위탁자가 단순히 희망적으로 특정가액을 밝힌다고 하여 지정가액이 되는 것은 아니다.

(2) 차손거래의 효과

위탁매매인이 지정가액에 반하여 지정가액보다 염가로 매도하거나 높은 가액으로 매수한 경우, 위탁자는 그로 인한 差額의 損失을 부담할 이유가 없기 때문에 그 매매의 효과를 자기에게 귀속시키는 것을 거절할 수 있다(제106조 제1항의 반대해석). 다만, 이 경우에도 위탁매매인과 제3자의 매매 자체는 무효가 되지 않는다. 그 대신 위탁매매인은 거래의 경제적 효과를 위탁자에게 귀속시킬 수 없어 거래의 경제적 효과를 부담하여야 하고, 매매의 성사를 근거로 하는 보수를 청구할 수 없게 된다. 그리하여 상법은 위탁자의 지정가보다 염가로 매도하거나 고가로 매수한 경우에도 위탁매매인이 그 차액을 부담, 즉 差損을 負擔하는 때에는 그 매매는 위탁자에 대하여 효력이 있는 것으로 하고 있다(제106조 제1항). 差損負擔을 하는 경우 위탁매매인은 보수를 청구할 수 있고, 매매의 효과를 위탁자에게 귀속시킬 수 있다. 위탁자 역시 위탁의 목적을 달성할 수 있으므로 위탁매매인의 차손부담을 거부할 이유가 없다. 위탁자는 매매의 상대방의 개성을 중요시할 필요가 없기 때문이다.

한편 지정가액준수의무와는 달리 차손부담은 의무가 아니다. 따라서 위탁자가 위탁매매인에게 차손부담을 요구할 수는 없다. 즉, 위탁매매인이 지정가액에 반하여 계약을 체결한 경우 위탁자는 그 경제적 효과를 자기에게 귀속시키는 것을 부인할 수 있고, 선관주의의무위반으로 인한 손해배상을 청구할 수 있을 뿐이다. 그리고 위탁매매인이 차손을 부담하더라도 지정가액을 준수하지 아니하는 행위로 인하여 위탁자가 입은 다른 손실은 별도로 전보되어야 한다. 예를 들면, 지정가액보다 낮은 가액으로 매도함으로써 위탁자가 별도로 보유하는 동종의 자산(예 장외주식·감귤) 가격이 하락하면, 위탁자는 손해배상을 청구할 수 있다.

(3) 차익의 귀속

위탁매매인이 지정가액보다 고가로 매도하거나 염가로 매수한 때에는 差益이 생긴다. 이 차익은 당사자간에 다른 약정이 없는 한 위탁자의 이익으로 한다(제106조 제2항). 이는 매매거래가 위탁자의 계산으로 하는 데서 오는 理致이다.

4. 이행담보책임

위탁매매인은 위탁자를 위한 매매에 관하여 상대방이 채무를 이행하지 아니하는 경우에는 위탁자에 대하여 이를 이행할 책임이 있다. 그러나 다른 약정이나 관습이 있으면 그러하지 아니하다(제105조). 본래 위탁매매인의 매매상대방이 채무를 이행하지 않고, 그 불이행에 위탁매매인의 과실이 개입되어 있다면[258] 이는 위탁계약의 불이행이므로 위탁매매인이 책임을 져야 하지만, 위탁매매인의 과실 없이 매매상대방이 이행하지 않는다면 위탁매매인이 책임질 것은 아니다.

그러나 위탁자는 매매상대방과 직접적인 법률관계가 없으므로 매매상대방이 계약상의 채무를 이행하지 않는 경우에는 상대방에게 손해배상을 청구할 수 없다. 단지 위탁매매인에게 상대방의 이행을 재촉하도록 요구하거나 손해배상을 청구하도록 요구하는 수준에 그칠 수밖에 없다. 이 점 채무의 이행에 관련하여 위탁자를 보호하여 위탁매매제도의 신용을 유지할 필요가 있음을 뜻한다. 그리하여 상

---

258) 상대방의 선택에 과실이 있거나 위탁자가 요구한 이행일자보다 뒤늦은 이행일자로 합의한 경우 등.

법은 위탁매매인에게 무과실책임으로서의 이행담보책임을 과하고 있는 것이다.

한편 위탁매매인이 이행담보책임을 이행함으로써 입는 손해는, 대부분의 경우 매매상대방에게 손해배상으로 청구할 수 있기 때문에 위탁자와의 관계에서 위탁매매인에게 특히 불리한 제도는 아니다.

5. 위탁물에 관한 통지·처분의무

(1) 의의

위탁매매인이 위탁매매의 목적물을 인도받은 후에 그 물건의 훼손 또는 하자를 발견하거나 그 물건이 부패할 염려가 있는 때 또는 價格低落의 상황을 안 때에는 지체 없이 위탁자에게 그 통지를 발송하여야 한다(제108조 제1항. 발신주의). 이 경우 위탁자의 지시를 받을 수 없거나 그 지시가 지연되는 때에는 위탁매매인은 위탁자의 이익을 위하여 적당한 처분을 할 수 있다(제108조 제2항). 제108조는 위탁매매인이 위탁자로부터 매도를 의뢰받아 받은 물건, 매수위탁을 이행하여 매매상대방으로부터 받은 물건 모두에 적용된다.

(2) 성질 및 취지

수임인(위탁매매인)이 물건의 훼손 또는 하자를 발견하거나 부패할 염려가 있는 때에 통지·처분을 하여야 할 의무는 선관주의의무에서도 끌어낼 수 있는 일반적인 의무라고 할 수 있다. 그러나 '가격저락의 상황을 안 때에 통지·처분하는 행위'까지 수임인의 일반적인 주의의무라고 할 수는 없다. 그러므로 제108조 제2항은 위탁자의 영리성을 의식하여 위탁매매인에게 위탁자의 손실을 최소화시키도록 하는 특별한 의무이다.

(3) 상인성

제108조 제2항의 취지가 위와 같으므로 상인이 아닌 위탁자에게 이 조항을 적용하는 것은 입법론적으로 불합리하다. 증권회사가 위탁거래로 보관 중인 고객의 株券을 가격저락 상황이라 하여 고객의 승낙이나 법령의 근거(예 자본시장법시행령 제7조 제3항 제1호) 없이 매도하는 행위를 합리적이라고 할 수는 없는 것과 같다. 결국 이 조항은 위탁자가 상인인 경우에만 적용된다고 해석함이 옳다.

(4) 적당한 처분

제108조 제2항의 '적당한 처분'이란 상거래의 통념에 부합하는 범위에서의 보관방법의 강구, 하자담보책임의 추궁, 계약의 해제 또는 轉賣 등을 뜻한다고 본다.[259] 공탁·경매를 예시로 드는 입장도 있으나,[260] 위탁매매인의 공탁·경매권은 상사매매(제67조)에서와는 달리 위탁자가 비상인인 경우에도 행사할 수 있다는 규정(제109조)과 배치된다.

V 위탁매매인의 권리

1. 의 의

위탁계약에는 위임에 관한 규정이 적용되므로, 위탁매매인은 비용선급청구권(민법 제687조)·비용상환청구권(민법 제688조)을 갖고, 상행위의 일반원칙에 의하여 보수청구권(제61조)을 갖는 외에 상법상 다음과 같은 특별한 권리를 갖는다.

2. 보수청구권

위탁매매인은 상인이므로 위탁계약에서 보수를 정하지 않더라도 보수청구권을 갖는다(제61조). 보수청구권은 원칙적으로 '위임사무를 완료할 때' 행사할 수 있다(민법 제686조 제2항). 즉, 위탁계약의 실행이 있어야 보수를 청구할 수 있는 것이다. '위탁계약의 실행'은 위탁매매인의 매매상대방이 이행을 완료하고 위탁매매인이 이를 위탁자에게 이전하였음을 뜻한다. 이러한 해석은 위탁매매인의 이행담보책임(제105조)을 부담하는 취지와도 같다.

위탁자와 위탁매매인의 거래관계는 지속성을 띠는 것이 아니라 위탁계약별로 형성되므로 보수는 위탁계약을 단위로 청구하는 것이 원칙이다. 다만, 하나의 위탁계약으로 수개의 매매를 위탁하고 그 중 일부의 위탁계약만이 실행되었다면 그 부분에 해당하는 일부의 보수를 청구할 수 있다. 그리고 위탁계약이 위탁자의 귀책사유(예 위탁자가 인도한 물건의 하자)로 인하여 실행되지 않는 때에도 보수청구권을 행사할 수 있다.

---

259) 김두진(2020), 325면; 이철송(2022), 510면.
260) 안강현(2019), 291면; 최기원·김동민(2014), 314면; 정동윤(2012), 234면.

3. 비용선급청구권 및 비용상환

위탁매매인이 위탁받은 사무의 처리에 비용을 요하는 때에는 위탁자에게 비용의 선급을 청구할 수 있고, 위탁자는 이에 따라야 한다(제112조·민법 제687조). 그리고 위탁매매인이 위탁받은 업무를 처리하는 과정에서 위탁자를 위하여 비용을 替當하였을 때에는 체당한 날 이후의 법정이자를 청구할 수 있다(제55조 제2항·민법 제688조 제1항). 또한 위탁매매인이 위탁받은 사무를 처리하는 중에 자기의 책임 없는 사유로 인하여 위탁사무가 종료된 때에는 위탁자에게 이미 처리한 위탁사무의 비율에 따른 보수를 청구할 수 있다(제112조·민법 제686조 제3항).

4. 개입권

(1) 의의

위탁매매인이 거래소의 시세 있는 물건 또는 유가증권의 매매를 위탁한 경우에는 위탁매매인 스스로가 매도인(매수위탁의 경우) 또는 매수인(매도위탁의 경우)이 될 수 있다(제107조 제1항). 이 같이 위탁매매인이 직접 위탁받은 매매거래의 상대방이 될 수 있는 권리를 위탁매매인의 개입권이라 한다. 이 경우의 매매대가는 위탁매매인이 매매의 통지를 발송할 때의 거래소의 시세에 따른다. 이 권리는 물건에 대하여만 인정되어 왔으나, 2010년 5월 개정시 유가증권으로 확대되었다.

(2) 취지

위탁매매인이 매매상대방의 지위를 겸한다면 가격·수량 등의 매매조건을 스스로 결정하는 등의 방법으로 위탁자의 이익을 해할 우려가 있다. 이로 인하여 위탁매매인은 위탁자와의 이해충돌을 회피하기 위하여 제3자 중에서 매매상대방을 찾는 것이 원칙이다(제107조 제1항의 반대해석). 이는 대리인의 自己契約의 금지(민법 제124조) 또는 이사의 自己去來의 금지(제398조)와 같은 理致이다.

그러나 위탁자는 가격 등 매매조건의 공정성이 보장된다면 매매상대방이 위탁매매인이든 누구이든 불리할 것이 없다. 위탁매매인이 거래상대방이 된다면, 오히려 거래가 신속히 이루어지고 위탁자가 위탁매매인에게 직접 이행을 청구할 수 있는 便宜도 있다. 위탁매매인은 위탁자가 매수하고자 하는 물건·유가증권을 자신이 소유하고 있거나 위탁자가 처분하고자 하는 물건 등을 자신이 필요로 할 때에는, 직접 거래상대방이 됨으로써 비용을 줄이고 이윤을 배가시킬 수 있다. 이 같이 위탁매매인의 개입권은 위탁자와 위탁매매인 쌍방에게 便益을 제공하고자 인정되고 있다.

(3) 성질 및 유사개념과의 구분

위탁매매인의 개입권은 위탁매매인의 권리이며 의무는 아니다. 그리고 위탁매매인의 일방적 의사표시에 의거 효과가 발생하므로(제107조 제1항) 형성권이다. 이 점에서 상업사용인·대리상·이사 등이 경업금지의무를 위반하였을 때에 영업주·본인·회사가 갖는 개입권(제17조 제2항, 제89조 제2항, 제397조 제2항)의 성질과 같다. 그러나 입법취지와 내용은 전혀 다르다. 즉, 위탁매매인의 개입권은 운송주선인 및 준위탁매매인의 개입권과 같이 직접 거래상대방이 된다는 점(제116조, 제113조)에서 상업사용인 등의 경제적 이익만을 박탈하는 영업주 등의 개입권과는 구별된다.

(4) 행사요건

1) 개요

위탁매매인의 개입권행사는 위탁자의 이익을 해할 우려가 있으므로 다음과 같은 요건을 모두 충족하여야만 인정된다.

2) 거래소의 시세

위탁매매인의 개입권은 거래소의 時勢 있는 물건 또는 유가증권의 매매를 위탁받은 경우에만 행사할 수 있다. '거래소'는 공개·경쟁적인 방법으로 매매가 체결되는 시장을 뜻한다. 지정도매인 등이 참가하여 농수산물을 경매하거나 입찰의 방법으로 거래하는 농수산물도매시장(농수산물유통 및 가격안정에 관한 법률 제17조), 한국거래소가 개설한 金融投資商品市場(자본시장법 제67조)·金 現物市場(조세특례제한법 제126조의 7 제1항) 등이 대표적인 예이다. 동종의 거래소는 위탁자가 소재하는 지역(예 오사카)과 위탁매매인이 소재하는 지역(예 동경)에도 있을 수 있는데, 제107조의 거래소는 당사자간의 특약이 있으면 그에 따르고, 그 이외는 후자를 말한다.

'시세'는 거래소에서의 매매로 형성된 가격을 뜻한다. 따라서 거래소에서 거래되는 물건·유가증권일지라도 개입권을 행사하는 시점에서 매매되고 가격이 형성되어 있어야 한다. '거래소'와 '시세'의 뜻이 위와 같으므로 '거래소의 시세'는 거래계의 객관적인 평가지표이고, 위탁매매인이 그 가격을 지급한다면 위탁자에게 공정한 매매가 되므로 개입권의 행사를 인정하고 있는 것이다. 따라서 가장 중요한 요건이라고 할 수 있다.

3) 개입금지 특약이나 법률이 없을 것

위탁매매인의 개입권은 위탁자가 위탁매매인의 매매상대방을 지정하거나 개입을 금지하는 명시 또는 묵시의 의사표시가 있으면 행사할 수 없다. 이 의사표시는 위탁과 동시에 할 필요는 없고 위탁매매인이 개입권을 행사하기 전에는 언제든지 할 수 있다.

한편 법률로 위탁매매인의 개입을 금지하는 경우가 있다. 증권회사가 금융투자상품의 매매시 자기계약이 금지되는 것이 그 대표적인 예이다(자본시장법 제67조).

4) 위탁매매를 하지 않았을 것

위탁매매인의 개입권은 위탁매매인이 위탁받은 매매를 하지 않은 상태에서만 행사할 수 있다. 이미 제3자와 매매를 한 때에는 그 제3자에 대한 채권이 발생하고, 이 채권은 위탁자와 위탁매매인의 사이에서는 위탁자에게 귀속되므로(제103조) 위탁매매인이 개입권을 행사할 여지가 없기 때문이다.

위탁매매 후의 개입권의 행사를 금지하는 보다 실질적인 이유는 위탁매매인이 거래차단의 방법으로 위탁자의 이익을 해하고 자신의 이익을 취할 수 있기 때문이다. 예를 들면, 위탁매매인이 이미 위탁받은 매매를 실행한 후 위탁자에게는 이를 숨긴 채 실제 매매가 보다 낮은 시세(매도위탁의 경우 5,000원 vs. 4,000원(위탁매매인 매수)) 또는 높은 시세(매수위탁의 경우 4,000원 vs. 5,000원(위탁매매인 매도))로 개입권을 행사할 수 있기 때문이다.

(5) 행사절차

1) 방식

제107조 제1항 후단의 취지상 개입권은 형성권으로서 위탁매매인의 일방적 의사표시에 의하여 행사한다. 매매대가는 통지를 '발송한 때'의 거래소의 시세에 따른다(제107조 제1항 후단). 이 규정으로 인하여 개입권행사에 관한 통지의 효력이 발신주의를 취한 것으로 오해할 수 있다. 그러나 이 규정은 가격결정의 기준시점(예 2022년 2월 7일)을 정한 것에 불과하고 통지의 효력은 일반원칙에 의거 위탁자에게 도달한 때(예 2022년 2월 24일)에 발생한다(도달주의)(민법 제111조 제1항). 위탁매매인이 개입권의 행사로 이익을 얻으면서 불도달의 불이익을 위탁자에게 전가하는 것

은 불공평하기 때문이다.

위탁매매인의 통지방식에는 아무런 제한이 없으므로 서면이든 구두이든 무방하다. 단지 위탁자에게 개입권을 행사한다는 뜻을 명시적으로 통지하면 족하다.[261] 따라서 매매계약과 이행시기 등 구체적인 계약내용을 함께 통지하여야 한다.

2) 가격결정

기술한 바와 같이 개입권을 행사하는 때의 매매가격은 위탁매매인이 매매의 통지를 '발송한 때'의 거래소의 시세에 따른다(제107조 제1항 후단). 통지를 발송한 때의 시세로 한 것은 발송 후의 가격의 변동에 관하여는 쌍방이 위험을 나누게 되므로 공평한 가격결정방법이라 할 수 있기 때문이다. 예를 들면, 위탁매매인은 위탁받은 후 시세의 흐름을 분석하여 자기에게 유리한 시기, 즉 매도위탁이면 시세가 하락한 시기(5,000원→4,000원=4,000원), 매수위탁이면 시세가 상승한 시기(4,000원→5,000원=5,000원)에는 개입권을 행사하고, 반대의 시기에서는 개입권행사를 포기하고 제3자와의 매매를 택함으로써 위탁 이후의 가격변동에 따른 위험부담을 위탁자에게 전가할 수가 있다. '발송한 때'의 시세로 한 것은 이러한 행위를 예방하기 위함이다. 이 규정에 의거 위탁매매인은 위탁자에게 가장 유리한 시기나 적당한 시기에 개입하여야 할 주의의무를 부담한다고 볼 수 없다.

그런데 개입권의 행사는 곧 相對賣買를 뜻하는 바, 위탁자에게 가장 유리한 시기(시세)는 곧 위탁매매인에게 가장 불리한 시기(시세)이다. 때문에 위탁매매인에게 이러한 시기를 택하여 개입하도록 것은 비현실적이다. 개입권은 위탁자의 이익은 물론 위탁매매인의 이익을 희생시키면서 행사되어도 무방한 성질의 것은 아니며, 또 개입권은 위탁매매인의 권리이지 의무는 아니기 때문이다. 다만, 위탁매매인은 위탁자에게 최대한 이익이 되도록 위탁받은 매매를 실행할 주의의무를 부담하기 때문에 의무의 이행에 요구되는 합리적인 시기를 놓쳐 위탁자에게 불리한 가격으로 개입권을 행사하는 때에는 위탁계약위반으로써 손해배상책임을 진다고 풀이함이 옳다.

---

261) 단순히 매매가 체결되었음을 통지하거나, 매매대금·물건을 송부하는 것만으로는 개입권행사라 할 수 없다.

(6) 행사효과

위탁매매인이 개입권을 행사하면 위탁매매가 완결된다. 그러나 위탁자와 위탁매매인간의 위탁계약이 매매계약으로 변질되는 것은 아니므로 위탁계약과 매매계약이 병존하게 된다. 개입권의 행사는 곧 위탁계약의 실행이라 할 수 있으므로 위탁매매인은 위탁자에게 매매계약의 이행을 구하는 것과 별도로 보수를 청구할 수 있으며(제107조 제2항), 이 보수청구권을 가지고 유치권을 행사할 수 있다.

5. 매수물의 공탁·경매권

위탁매매인이 매수위탁을 받고 매수물을 위탁자에게 이전하는 단계에서는 상사매매에서의 매도인과 유사한 경제적 상황에 놓여진다. 때문에 위탁매매인이 신속하게 보관의무에서 벗어나고, 보관하는 매수물의 가치가 손상되지 않은 상태에서 영업자금을 회전할 수 있도록 배려할 필요가 있다. 그리하여 상법은 위탁매매인이 매수위탁을 받고 이를 이행하였지만, 위탁자가 매수물의 수령을 거부하거나 수령할 수 없는 때에는, 상인간의 매매에 관한 규정을 준용하여, 위탁매매인은 매수물을 공탁·경매할 수 있도록 하고 있다(제109조·제67조). 그 절차와 경매대금의 처리는 상사매매에서 기술한 바와 같다. 다만, 상사매매에서와는 달리 위탁매매인은 위탁자가 상인이 아니더라도 공탁·경매권을 행사할 수 있다.[262] 상사매매에 관한 규정 제67조 내지 제71조 중 제68조 내지 제71조에 대하여는 위탁자가 상인인 경우에 준용하도록 밝히고 있으나(제110조), 제67조에 대하여는 위탁자가 상인임을 요구하지 않은 채 별도의 준용규정(제109조)을 두고 있으므로 이 같이 해석할 수 있다. 이 점 주의를 요한다.

6. 유치권

위탁매매인은 대리상과 같은 내용의 유치권을 행사할 수 있다. 즉, 위탁매매인은 위탁자와 다른 약정이 없는 한 위탁자에 대한 채권이 변제기에 있는 때에는 그 변제를 받을 때까지 위탁자를 위하여 점유하는 물건 또는 유가증권을 유치할 수 있다(제111조·제91조).

---

262) 송옥렬(2021), 170면; 이철송(2022), 515면; 김홍기(2021), 212면; 김병연·박세화·권재열(2012), 291면.

위탁매매인이 갖는 유치권의 내용, 그리고 민법상의 유치권 및 일반적이 상사유치권(제58조)과의 차이점은 대리상의 유치권에 관하여 설명한 바와 같다. 그럼에도 제111조를 둔 것은 위탁하는 자 가운데는 대리상과 달리 비상인도 있기 때문이다.

Ⅵ 상인간의 매수위탁계약의 특칙

위탁자가 상인이고 그의 영업에 관하여 물건의 매수를 위탁한 경우에는 위탁자와 위탁매매인간의 관계에는 상인간의 매매시의 확정기매매의 해제에 관한 제68조, 상인간의 매매시 매수인의 목적물 검사와 하자통지의무에 관한 제69조, 상인간의 매매시 매수인의 목적물 보관·공탁의무에 관한 제70조와 제71조의 규정을 준용한다(제110조). 위탁자를 매수인, 위탁매매인을 매도인으로 보고 이 규정들을 준용하고 있다. 이는 매수위탁의 경우 위탁자와 위탁매매인간의 관계는 매수인과 매도인의 관계와 유사하고, 위탁자가 상인인 때에는 상인간의 매매에서와 같이 위탁매매인을 매도인처럼 보호하는 데 그 취지가 있다.

본 특칙은 위탁자가 상인이며 매수위탁을 한 경우에 한한다는 점에 주의를 요한다. 즉, 물건의 매수행위가 위탁자의 기본적 상행위이며, 물건의 매매를 영업으로 하는 자가 영업상 취급하는 물건의 매수를 위탁한 경우에만 적용한다는 뜻이다.

Ⅶ 준위탁매매업

준위탁매매인은 자기명의로써 타인의 계산으로 매매 아닌 행위를 영업으로 하는 자 중 물건운송주선인을 제외한 자를 말한다(제113조). 물건운송주선인을 제외한 것은 상법이 특별 규정(제114조 내지 제124조)을 두어 독립적인 주선업자로 다루며 규율하고 있기 때문이다. 대표적인 준위탁매매인으로는 출판, 광고, 여객운송·숙박·보험 및 금융(예 여신)에 관한 위탁거래(주선) 또는 증권의 모집·私募·매출의 인수(자본시장법 제9조 제12항)를 하는 자를 들 수 있다. 위탁매매에서 기술한 바와 같이 어떠한 계약이 일반적인 매매계약인지 위탁매매계약인지 또는 준위탁매매인지는 계약의 명칭 또는 형식적인 문언을 떠나 그 실질을 중시하여 판단하여

야 한다.[263)]

준위탁매매인은 상인이므로(제46조 제12호) 상법 일반의 적용을 받고, 영업의 내용이 위탁매매인과 유사하므로 위탁매매업에 관한 규정을 준용한다(제113조). 그러나 위탁매매인의 개입권(제107조), 위탁물에 대한 통지·처분의무(제108조), 위탁매매인의 매수물의 공탁·경매권(제109조), 상인간의 매수위탁계약의 특칙(제110조·제68조 내지 제71조) 등에 관한 규정들은 성질상 물건·유가증권의 위탁매매를 전제하므로 준위탁매매에는 준용될 여지가 없다.

따라서 준위탁매매에는 위탁매매인의 지위(제102조), 위탁물의 귀속(제103조), 통지·계산서제출의무(제104조), 위탁매매인의 이행담보책임(제105조), 지정가액준수의무(제106조), 유치권(제111조·제91조) 및 제112조(민법의 위임에 관한 규정의 적용)만이 준용된다.

제4절 운송업

I 총 설

1. 의의 및 기능

운송은 사람, 물건 또는 서신을 장소적으로 이동시키는 행위를 말하며, '운송업'은 이러한 운송의 인수를 전문으로 하는 영업을 뜻한다. 운송인은 陸上 또는

---

263) 대법원 2011. 7. 14. 선고 2011다31645 판결. 甲(영화제작사)이 제작한 영화의 국내배급을 乙(영화배급업자)과 국내배급대행계약을 체결하였고, 乙은 다수의 극장과 甲의 영화에 관한 상영계약을 체결하였다. 그리고 乙은 국내극장으로부터 상영대가로 수령할 채권을 乙이 丙에게 부담하는 채무의 변제를 위하여 양도하였다. 이에 甲은 제103조(위탁물의 귀속)를 근거로 丙에게 채권의 반환을 청구하였다. 이 청구의 선결문제로 이 사건의 국내배급대행계약의 성질이 문제되었다. 대법원은 극장의 수입료수입의 일부를 乙이 분배받아 수수료를 빼고 甲에게 이전하는 방식으로 영화흥행·실패로 인한 위험은 甲이 지는 등의 거래내용으로 보아 계약의 실질은 준위탁매매라고 하였다; 同旨 대법원 2023. 12. 28. 선고 2020두56780 판결. 이는 한국철도공사(甲)와 코레일관광개발주식회사(乙)가 위탁운영 협약을 체결하여, 乙이 관광열차를 이용한 여행상품을 판매·운영하고 여행상품 판매대금에서 판매·운영수수료, 행사비용, 운영비용을 공제한 나머지를 매월 정산하여 甲에게 지급하였는데, 그 여행상품 관련 용역의 공급주체가 문제된 사안이었다. 이에 관하여 대법원은 乙은 준위탁매매인, 공급주체는 위탁자인 甲이라고 하였다.

湖川(하천과 호수), 港灣에서 물건이나 여객의 운송을 영업으로 하는 자이다(제125조). 운송계약은 송하인과 운송인간에 체결하는 것으로서 물건 또는 여객을 일정한 장소까지 이동시킬 것을 내용으로 하는 도급계약(민법 제664조)이다.

운송업은 상인의 거래활동을 효율화하고 공간적으로 확대하는 데 중요한 역할을 담당한다. 원격지매매 또는 과잉생산물의 지역적 분매활동에는 운송업이 불가결하기 때문이다. 그리고 운송업은 고객의 생명과 재산을 다루므로 고객의 생명·재산의 보호를 위한 배려에도 소홀히 할 수 없다.

그러나 오늘날의 운송업은 집단화·대량화되어 감에 따라 위험이 커지는 경향이 있으므로 위험의 대종을 이루는 손해배상책임을 경감하여 순기능을 촉진시킬 필요가 있다. 또한 운송업에 관한 법률관계를 정형적·획일적으로 처리하는 법기술이 요망된다. 이와 같이 운송업은 사회적 편익수단으로서의 公益性을 가지므로 운송의 유형별로 특별법이 제정되어 공법적 규제를 가하고 있고, 소비자보호를 위하여 私的 自治를 크게 제한하고 있다.

이와 달리 상법은 거래법적 측면에서 운송인과 이용자의 사법적 이해관계를 조정하는 데 집중하고 있고, 다수의 입법정책이 반영된 점이 다른 상거래규정에 비하여 특싱석이다.

2. 체계 및 연혁

운송업은 운송수단에 따라 陸上運送業·海上運送業·航空(空中)運送業으로 구분된다. 연혁적으로 오늘날과 같은 운송수단이 체계화된 것은 1400년대부터라고 할 수 있다. 1415년 포르투갈의 북아프리카의 세우타(Ceuta) 정복으로부터 시작된 유럽 국가들의 식민지개척은 해상운송업과 관련 법제를 발달시켰고, 그 후 육상운송업이 해상운송에 관한 법제를 수용하여 왔다. 근대 이후 성문화된 주요 법제로는 1918년 국제육상운송에 관한 「베른조약」,[264] 1924년 국제해상운송에 관한 「선하증권에 관한 규칙의 통일을 위한 국제조약」(선하증권통일조약),[265] 1929년 국제항공운송조약에 관한 「바르샤바조약」(Warsaw Convention) 등이 있다.

한편 상법전에서는 편제상 육상운송에 관하여 상세한 규정을 두고 그 중 일

264) 이병태(1988), 298면.

265) 헤이그규칙(Hague Rules)이라고도 한다.

부를 해상운송에서 준용하고 있다. 우리나라의 항공운송은 세 가지 운송수단 중 가장 늦게 발달하였고, 법제의 완성도 역시 가장 뒤늦었다. 즉, 종전에는 항공(공중)운송에 관하여 상법에 규정을 둔 바 없었으므로 그 사법적 규율은 항공운송업자가 정하는 약관에 전적으로 의존하여 왔는데, 2011. 5. 23. 상법 개정 시 제6편에서 항공운송을 신설하였다.

3. 운송의 종류

(1) 객체에 의한 분류

운송의 종류는 운송물의 객체에 따라 물건운송·여객운송·통신운송으로 나눌 수 있다. 물건운송은 물건을, '여객운송'은 사람을 운송하는 영업이다. 영업으로 하는 물건운송 또는 여객운송의 引受는 기본적 상행위이다(제46조 제13호). 다만, 운송의 객체 면에서 하나는 순수한 재화이고, 다른 하나는 사람이기 때문에 운송을 함에 있어서 기울여야 할 주의의 내용이나 손해발생시의 운송인의 배상책임이 같을 수는 없다. 이 점에서 상법은 물건운송과 여객운송을 구분하여 규율한다.

한편 '통신운송'(서신의 전달 등)은 원칙적으로 국가가 독점하지만 예외적으로 개인, 법인 또는 단체 등에게 허용할 수 있다(우편법 제2조 제1항·제2항, 항공법 제2조 제38호 등).

(2) 수단에 따른 분류

운송은 운송수단에 따라 陸上運送·海上運送·航空(空中)運送으로 나뉘고, 운송업은 이에 대응하여 분류된다. 그리하여 육상운송은 상법 제2편 상행위에서 규정하고(제125조 내지 제150조), 해상운송은 제5편(제791조 내지 제826조), 항공운송은 제6편(제899조 내지 제929조)에서 별도로 다루고 있다. 상법이 세 가지 운송을 구분하여 규정하는 이유는 운송설비·운송시간·운송규모는 물론, 특히 운송에 따르는 위험의 성격과 정도가 서로 다르기 때문이다.

4. 운송인의 의의

(1) 개념

상법 제2편 제9장(제125조 내지 제150조)에서 명시하는 운송업은 육상운송업만을 뜻한다. 따라서 여기서의 운송인도 육상운송인만을 가리킨다. 그러므로 상법상

운송인이라 함은 육상, 호천 또는 항만에서 물건 혹은 여객의 운송을 영업으로 하는 자를 말한다(제125조).

(2) 운송영역

육상운송은 철도·차량·人便 등에 의한 운송을 말한다. 그리고 지하에서의 운송, 즉 지하철은 물론 일시 공중을 운행하더라도 육상에 연결된 수단(예 케이블카)을 이용하는 운송 역시 육상운송이다. 호천·항만은 內水運送으로 구분할 수 있음에도 陸上運送에 포함시킨 이유는 호천·항만 내에서의 운송에 따르는 위험의 정도가 육상운송과 같기 때문이다. 호천과 항만의 범위는 平水區域으로 한다(시행령 제4조·선박안전법 시행령 제2조 제1항 제3호 가목). 평수구역은 일반적으로 평온한 수역을 말한다.

(3) 운송의 객체

육상운송의 객체는 물건 또는 여객이다. 문서의 전달이나 통신은 대상이 아니다. 물건이란 장소적으로 이동 가능한 모든 동산과 유가증권이며, 상품인지의 여부는 불문한다. 여객이란 自然人을 뜻하므로 시신운반은 물건운송이다.

(4) 운송(사실행위)

운송은 물건 또는 여객을 지역적으로 이동시키는 사실행위이다. 거리의 장단, 운송방법 또는 운송설비(도구·용구) 등에 제한이 없다(예 동일고층건물 내의 운송). 도구·용구를 사용하지 않고 인편으로 운반하더라도 운송이다. 이는 해상운송의 운송용구가 선박이어야 하는 점과 구별된다. 다만, 운송에 해당하기 위하여는 물건 또는 여객이 운송인의 관리(예 물건의 보관)하에 놓여진 상태에서 이동되어야 한다. 따라서 단순한 물리적 작용만을 가하여 물체·사람을 이동시키는 것은 운송이 아니다. 예를 들면, 물건을 들거나 사람을 업어서 옆으로 옮겨 넣은 행위 또는 曳船契約[266]과 같이 예인되는 배의 선장이 여전히 보관행위를 하는 경우는 운송이 아니다. 이는 고용이나 도급의 범주에 속한다.

(5) 상인성

기술한 바와 같이 운송 자체는 사실행위이므로 그로부터 운송인의 상인성이 도출되지는 않는다. 그 대신에 운송인이 타인을 위하여 운송을 실행해 주기로 하

---

266) 선박소유자가 예선으로 다른 선박을 예인하는 것에 관한 계약을 말한다.

는 계약, 즉 운송의 引受(계약)를 영업으로 하기 때문에 기본적 상행위를 하는 (당연)상인이 된다(제4조, 제46조 제13호). 따라서 자기의 물건을 자기의 영업을 위하여 운송하거나, 보조적 상행위로 운송을 인수한 경우는 운송인이 아니다. 예를 들면, 고객이 구입한 상품의 운송을 백화점이 무상으로 인수하거나 근로자의 출퇴근을 위하여 회사가 무상으로 차량을 운행하는 경우 그 백화점이나 회사는 운송인이 아니다. 실제의 운송행위는 타인에게 맡길 수도 있다.

5. 운송계약의 성질

운송계약은 물건 또는 여객을 일정한 장소까지 이동시킬 것을 목적으로 하는 도급계약(민법 제664조)이다.[267] 다만, 상법은 운송에 관하여 상세히 규정하고 있으므로 민법의 도급에 관한 규정이 준용될 여지는 거의 없다. 불요식의 낙성계약이므로 화물명세서나 화물상환증 기타 어떤 서면의 작성도 요하지 않으며, 운송물의 인도도 그 요건이 아니다. 또 운송계약은 유상계약이다. 설령 운송계약으로 운임을 정하지 않더라도 운송인은 상인의 보수청구권(제61조)에 의거 운임을 청구할 권리를 가지므로 有償契約임에는 변함이 없다.

Ⅱ 물건운송

1. 운송계약

(1) 계약의 관계자 및 당사자

運送契約에는 운송을 위탁하는 送荷人, 그 운송을 인수하는 運送人 및 운송의 목적지에서 운송물을 인도받을 受荷人이 관계한다. 다만, 운송계약은 송하인과 운송인간에 체결되고, 수하인은 그 당사자가 아니다. 수하인은 송하인 또는 제3자일 경우도 있는데, 송하인인 경우에는 운송계약의 당연히 당사자로서의 권리를 행사할 수 있고, 제3자인 경우라도 운송의 진행에 따라 운송계약과 상법의 규정에 의거 일정한 권리를 취득한다.

---

267) 同旨 대법원 1983. 4. 26. 선고 82다92 판결.

(2) 계약의 요소

1) 서

운송계약의 요소에는 운송물, 발송지와 도착지, 수하인 및 운임 등이 있다. 운송수단이 明示되는 경우가 대부분이므로 운송계약에 포함될 수 있다.

2) 운송물

운송계약에는 운송물을 명시하여야 하는데, 특정물(예 '서귀포시 신례리 xx번지 황금향 5kg감귤 100상자'·'秋史김정희의 歲寒圖') 또는 종류물(황금향감귤 또는 감귤 100상자·미술품 한 점)로 명시될 수도 있다. 다만, 계약시에는 종류물로 명시했더라도 운송인에게 인도된 후에는 특정물채권으로 변한다.

3) 발송지·도착지

운송계약에는 발송지와 도착지를 명시하여야 한다. 이는 운송의 행선지를 정함으로써 적합한 운송수단을 택하고, 운임계산에 필요하다. 다만, 도착지는 운송도중에 송하인·화물상환증소지인 등의 처분권의 행사로 무시되거나 변경될 수 있다. 계약시에는 운송거리만 정하고 구체적인 발송지와 도착지는 운송개시까지 확정하기로 하는 것도 유효하다. 다만, 계약시 운송인이 예상할 수 없었던 부담을 주어서는 아니 된다(예 운송물·운송수단의 큰 변경 등).

4) 수하인

송하인은 운송계약시 수하인을 확정하여야 한다. 운송인이 도착지에서 운송물을 인도해야 할 상대방이 있어야 하기 때문이다. 다만, 수하인도 계약시에 정하지 않고 목적지에 도착하기 전까지 확정하기로 하는 것도 유효하며, 화물상환증을 발행하는 때에는 그 소지인이 운송물인도청구권을 배타적으로 행사하므로 수하인을 정할 필요가 없다. 다만, 목적지에 도착하기 전까지 수하인을 정하기 아니하면, 송하인이 스스로 운송물을 인도받는 것으로 해석한다(제140조 제1항 참조).

5) 운송수단

운송수단은 보통 운송계약시에 확정한다. 운송인이 계약상의 운송수단을 임의로 변경하는 것은 계약위반이다. 설령 계약시 운송수단이 明示되지 않았더라도, 운송인은 주로 취급하는 운송수단·운송물의 성질·운임 등을 고려하여 가장 적합한 운송수단을 선택해야 한다.

6) 운임

운임은 운송인의 영리수단으로써 가장 중요한 계약의 요소이므로 운송계약에서 확정된다. 일정액으로 정하는 것이 보통이지만, 확정할 수 있는 기준만 정해도 된다(예 요금미터기에 의한 기준). 운임의 계산단위는 물품의 수나 중량, 일정한 장소·운송시간(예 자동차貸切) 또는 운송거리 등을 기준으로 삼아도 무방하다.[268)]

(3) 화물명세서의 교부

1) 의의

운송계약은 불요식의 행위로서 당사자간의 합의만으로 성립하지만, 통상 貨物明細書를 작성한다. 화물명세서는 운송인의 청구에 의하여 송하인이 작성·교부한다(제126조 제1항). 따라서 송하인에게는 운송지시서와 같은 의미가 있고, 운송인에게는 운송물의 도착지 및 수하인 등을 알 수 있는 의미가 있다.

2) 법적 성질 및 작성시기

화물명세서는 재산권을 표창하는 유가증권이나 계약서는 아니며, 운송계약의 성립과 내용을 증명하기 위한 증거서면이다. 운송인은 화물명세서를 확보하여 둠으로써 자신이 이행한 행위가 송하인의 지시와 다르지 않음을 증명할 수 있다. 화물명세서는 운송계약이 성립한 후에 운송인이 자유롭게 송하인에게 교부를 청구할 수 있는 것이다. 그러므로 화물명세서의 청구와 교부는 운송계약의 성립요건이 아니다. 그러나 송하인이 교부를 게을리하면 채권자지체가 되어, 운송인의 운송지연에 대한 채무불이행책임을 물을 수 없다.

3) 기재사항

화물명세서에는 ① 운송물의 종류, 중량 또는 용적, 포장의 종별, 개수와 기호, ② 도착지, ③ 수하인과 운송인의 성명 또는 상호, 영업소 또는 주소, ④ 운임과 그 先給 또는 着給의 구별, ⑤ 화물명세서의 작성지와 작성연월일을 기재하고 송하인이 기명날인 또는 서명하여야 한다(제126조 제2항). 송하인의 기명날인이나 서명은 이 명세서를 진정한 것으로 추정하게 한다(민사소송법 제358조).

---

268) 대법원 1963. 4. 18. 선고 63다126 판결.

4) 부실기재의 효과

송하인이 화물명세서에 허위 또는 부정확한 기재를 한 때에는 운송인에 대하여 이로 인한 손해를 배상하여야 한다(제127조 제1항). 예를 들면, 운송물이 부패하기 쉬운 물질임을 은폐하여 운송인이 예방을 소홀히 한 결과, 운송인이 제137조의 책임을 지게 된 경우와 같다. 그러나 운송인이 惡意인 경우에는 악의의 자를 보호할 필요가 없으므로 손해가 생기더라도 송하인은 배상책임이 없다(제127조 제2항). 부실기재로 인한 송하인의 책임은 無過失責任이다(통설).[269] 이 점에서 송하인의 손해담보책임으로 보는 것이 올바르다.

2. 운송인의 의무

(1) 기본적 의무(선관주의의무·목적물운송의무)

운송인은 운송계약에 의하여 송하인으로부터 수령한 운송물을 목적지까지 운반하여 약정한 날에 수하인 기타 운송물을 수령할 권한 있는 자에게 인도할 의무를 진다. 운송인은 이러한 일을 선량한 관리자의 주의로써 수행하여야 하며, 또 운송물을 수령하여 수하인에게 인도할 때까지 운송물을 점유하게 되므로 역시 선량한 관리자로서의 주의를 다하여 이를 보관하여야 한다. 이는 계약에 따르는 운송인의 기본적인 의무로써 이에 반하는 때에는 손해배상책임을 진다(제135조). 이 외에도 상법은 몇 가지 특수한 의무를 추가하고 있다.

(2) 화물상환증의 교부의무

운송인은 송하인의 청구가 있으면 화물상환증을 교부하여야 한다(제128조). 운송에는 장시간을 요하는 경우가 있으므로 송하인이 운송 도중에 있는 물건의 교환가치를 활용할 수 있도록 하는 데 그 취지가 있다.

(3) 운송물의 처분의무

1) 의의

송하인 또는 화물상환증소지인은 운송인에 대하여 운송의 중지, 운송물의 반환 기타의 처분을 청구할 수 있다(제139조 제1항 전단). 이러한 송하인 또는 화물상환

---

269) 최기원·김동민(2014), 363면; 정동윤(2012), 261면; 정찬형(2025), 373면; 안강현(2019), 316면; 김두진(2020), 364면; 이기수·최병규(2016), 462면; 안동섭·소륜(2010), 231면.

증소지인의 권리를 운송물의 處分權 또는 指示權이라고 하며, 이 청구에 응해야 하는 운송인의 의무를 處分義務라 한다. 다만, 이 처분권은 운송 도중 또는 수하인이 권리행사를 하기 전에 행사되어야 한다.

2) 취지

상법이 이러한 특칙을 둔 것은 운송에 장시간을 요하는 경우 등에 송하인·화물상환증소지인이 거래의 상황변화에 대처할 수 있게 하기 위함이다. 즉, 매수인의 신용상태의 악화, 송하인이 수하인과 체결한 매매계약이 해제·취소로 인한 운송의 불필요 또는 다른 장소에서 유리한 거래의 성립 등의 사정이 있을 경우 송하인 등이 이에 신속히 대응하여 손해를 방지하거나 또는 이익을 보호할 수 있도록 배려한 것이다.

3) 처분권자

처분권자는 통상 송하인이지만, 화물상환증이 발행된 경우에는 화물상환증소지인(예 송하인 또는 증권양수인)만이 처분을 청구할 수 있다(제139조 제1항 전단). 처분권은 운송물이 도착지에 도착하기 전에 행사하는 것이므로 수하인에게 인정될 여지가 없다.

4) 처분의 내용

처분권은 운송계약의 범위 내에서 행사되어야 하므로 운송인에게 새로운 부담이나 불이익을 주는 내용이어서는 안 된다. 따라서 「운송의 중지」란 운송물이 현존하는 지점에서 더 이상 운송을 진행하지 않는 것을 말하고, 「운송물의 반환」이란 운송물의 발송지로 반송이 아니라 현존하는 지점에서 인도함을 뜻한다. 가령 도착지 인근까지 운송을 하였음에도 발송지로 반송하도록 하는 것은 운송인에게 지나친 의무를 과하기 때문이다. 「기타의 처분」 역시 운송인에게 부담을 주지 않는 수하인·운송노선·積荷의 방법의 변경 등 운송에 관한 처분을 뜻한다.

따라서 운송노선의 연장·奧地로의 변경, 추가운송, 포장의 改替와 같이 운송인의 본래 의무를 부당하게 확대하는 것은 금지된다. 물론 송하인과 운송인이 새롭게 합의하여 실행할 수는 있다. 이와 같이 「처분」은 운송이라는 사실행위에 관한 것이고, 법률상의 처분을 뜻하는 것이 아니다. 그러므로 송하인 등이 운송인에게 운송물의 양도·입질·경매 등을 청구하는 것은 제139조의 처분이 아니다.

5) 행사의 효과(운임 등의 계산)

제139조의 처분권은 운송에 상당한 시간을 요하는 경우 등의 특수성을 고려하여 상법이 인정하는 권리이다. 따라서 송하인 등이 이를 행사하더라도 운송계약이 해제되는 것은 아니다. 송하인 등의 손해배상책임도 발행하지 아니한다. 이와 같이 처분권은 송하인 등의 이익을 보호하기 위한 권리이지만, 운송인의 이익을 무시하여서도 아니 된다. 그리하여 상법은 운임의 지급에 관한 특칙을 두고 있는데, 운송인은 이미 운송한 비율에 따른 운임, 체당금과 처분으로 인한 비용의 지급을 청구할 수 있다(제139조 제1항 후단). 여기서 체당금과 처분으로 인한 비용은 처분에 따르는 실비변상의 성격을 가지므로 문제될 게 없으나, 운임은 제134조 제2항(송하인의 과실로 인한 운송물 멸실의 경우 운임전액청구 인정) 규정과 균형이 맞지 않는다.[270] 따라서 '운송한 비율'을 계산할 때에는 운송거리는 물론 운송시간, 운송의 난이도 및 운송비용 등을 종합적으로 고려하여야 한다.

6) 처분권의 제한 및 부활

화물상환증이 발행되지 아니한 경우 운송물이 목적지에 도착한 후 수하인이 인도를 청구한 때에는 수하인의 권리가 우선하므로 송하인의 처분권이 제한된다(제140조 제2항). 그러나 수하인이 운송물의 수령을 거부하거나 수령할 수 없는 때에는 운송인이 송하인에게 處分指示를 최고할 수 있으므로(제143조 제1항, 제142조 제2항) 송하인의 처분권도 조건부로 부활한다.

(4) 운송물인도의무

1) 의의

가) 인도의 개념　　운송물의 인도란 수하인의 점유, 즉 사실상의 지배하에 옮겨주는 것을 뜻한다.[271] 그러므로 특약이 없는 한 일반적으로 현실의 인도를 의미한다. 다만, 인도방법에 관한 별도의 관습이 있는 경우에는 그에 의하고, 법령상의 절차 때문에 현실의 인도가 불가능한 때에는 수하인이 인도를 청구할 수 있는 자에게 인도한다면 수하인에게 인도한 것으로 보아야 한다(예 수입화물의 경우 保稅運送(Bonded Transportation)[272]업자).[273]

---

270) 이철송(2022), 527면; 정찬형(2025), 359면; 近藤光男(2008), 198面.

271) 대법원 1996. 3. 12. 선고 94다55057 판결.

나) 의무이행의 상대방 운송인은 운송계약에 따라 운송을 완료하면 수하인 등에게 운송물을 인도할 의무를 부담한다. 이에 대응하여 수하인 등은 운송물 인도청구권을 갖는다. 이 의무는 화물상환증이 발행된 경우와 발행되지 않은 경우에 인도할 상대방을 달리하므로 이를 나누어 설명한다.

2) 화물상환증이 발행되지 않은 경우

운송물이 목적지에 도착한 때에는 수하인은 송하인과 동일한 권리를 취득한다(제140조 제1항). 그러므로 수하인은 운송인에게 운송물의 인도를 청구할 수 있으며, 운송인은 수하인에게 인도하여야 한다(동조 제2항). 다만, 이때에도 송하인의 인도청구권은 소멸하는 것이 아니라 수하인의 권리와 순위관계에 놓인다(수하인의 지위에서 후술). 그리고 운송계약상 송하인이 수하인의 지위를 가질 수도 있다.

한편 해상운송시 화물이 통관을 위하여 보세창고에 입고되면, 운송인과 보세창고업자간에는 화물에 관한 묵시적 임치계약이 성립한다. 따라서 보세창고업자는 임치계약에 따라 운송인이나 그가 지정하는 자에게 화물인도의무가 있다.[274)]

3) 화물상환증이 발행된 경우

화물상환증이 발행되면 그 소지인이 배타적으로 운송물인도청구권을 갖는다. 운송계약으로 수하인을 따로 정하였더라도 같다. 화물상환증소지인은 유가증권이 적법하게 발행되어 이를 취득한 자 또는 그에 의하여 권리자로 지시된 자를 뜻한다. 때문에 단순한 점유자는 소지인이 아니다.

한편 해상운송시 선하증권이 발행된 경우 운송인 또는 이행보조자인 보세창고업자는 해상운송의 선하증권 소지인에게 화물인도의무를 부담한다. 나아가 보세창고업자는 화물인도과정에서 운송인이 발행한 화물인도지시서가 화물을 인도

---

272) 보세란 세금(관세)을 보류하는 것을 말한다. 그러므로 보세운송이란 외국물품(수입화물)을 보세 상태로 국내에서 운송하는 것을 의미한다. 예를 들면, '해상운송'의 경우 주로 부산·평택·인천 등과 같은 항구도시에 물품이 도착하게 되는데, 이때 양하항(Port of discharge)에서 통관(Customs Clearance)을 하지 않고 다른 보세지역에 수입화물을 운송하여 그곳에서 수입통관 절차를 취할 수 있다. 즉, 부산항에 수입한 물품이 도착했지만, 통관은 회사의 본점소재지인 서울에서 수입통관을 하고 싶은 경우, 수입물품을 서울세관관할 보세구역에 반입 후 수입통관을 진행하면 된다. 이때 부산에서 서울세관관할 보세구역까지 이동할 때에는 보세운송으로 진행하게 된다.

273) 대법원 1996. 3. 12. 선고 94다55057 판결.

274) 대법원 2023. 12. 14. 선고 2022다208649 판결.

할 수 있는 근거서류로서의 적법성 등을 확인할 주의의무를 부담한다.[275)]

4) 운송인의 주의의무

운송인은 위와 같은 구분에 따라 운송물을 수하인·송하인 또는 화물상환증 소지인에게 인도하여야 하며, 운송물의 소유자가 누구이냐는 것은 인도청구권과 무관하다. 따라서 운송인은 수하인 등에게 운송물을 인도하여야 하며, 그 밖의 자에게 인도하면 이들에게 손해배상책임을 진다. 설령 수하인과의 계약에 의하여 운송물의 소유권을 취득한 자라고 하더라도 수하인의 지시 없이 그에게 인도하면 손해배상책임을 진다.[276)]

(5) 물건운송인의 손해배상책임

1) 특징 및 취지

상법상 운송인의 손해배상책임의 특징은 그 책임을 완화하는 데 있다. 이는 운송인의 위험부담을 덜어줌으로써 운송업을 정책적으로 보호·육성하기 위함이다. 그리하여 상법은 채무불이행책임의 일반원칙에 대한 특칙을 두어 손해의 유형별로 운송인의 손해배상액을 제한하고, 송하인이 明示하지 않은 高價의 운송물에 관하여는 운송인의 손해배상책임을 경감하는 한편, 손해배상책인의 특별소멸사유와 단기의 소멸시효를 정하고 있다.

2) 책임발생요건

운송인은 自己 또는 운송주선인이나 사용인, 그 밖에 운송을 위하여 사용한 者가 운송물의 수령, 인도, 보관과 운송에 관하여 주의를 게을리하지 아니하였음을 증명하지 아니하면 운송물의 멸실, 훼손 또는 연착으로 인한 손해를 배상할 책임이 있다(제135조). 동조가 담고 있는 뜻을 분석하여 보면, ① 운송인의 손해배상책임은 과실책임주의이고, ② 운송인은 본인의 과실은 물론 이행보조자의 과실에 관하여도 책임을 져야 하며, ③ 과실의 유무에 대한 證明責任은 운송인이 부담하고, 즉 운송인이 無過失을 입증하여야 하고, ④ 손해의 원인은 운송물의 수령·인도·보관·운송에 관한 주의해태이고, 손해의 유형은 운송물의 멸실·훼손·연착이다. 이와 같이 제135조상의 운송인의 책임구조는 민법의 일반손해배상책

275) 대법원 2023. 12. 14. 선고 2022다208649 판결.
276) 대법원 1965. 10. 19. 선고 65다697 판결.

임과 다를 바 없으므로(민법 제391조) 이 규정은 채무불이행의 일반원칙을 구체화시켜 놓은 데 지나지 않는다. 따라서 위 ④의 손해의 원인과 유형의 명시적인 예시적인 것이다.

3) 배상액의 정형화 및 제한

가) 관련 규정 상법은 운송인의 손해배상액에 관한 특칙을 두어, 원칙적으로 배상액을 물건의 가액으로 한정하고 그 밖의 손해는 배상에서 제외하고 있다(제137조 제1항·제2항). 다만, 예외적으로 운송인에게 고의·중과실이 있는 때에는 민법의 일반 원칙을 적용하고 있다(동조 제3항).

나) 취지 운송인의 손해배상책임에 관하여 민법상의 채무불이행책임을 적용한다면, 운송인은 채무불이행과 상당인과관계 있는 모든 손해(민법 제393조 제1항)를 배상해야 함은 물론, 예외적으로는 운송인이 알 수 있었던 특별한 사정으로 인한 손해(특별손해)까지 배상하여야 한다(민법 제393조 제2항). 때문에 이 법리를 운송업에도 그대로 적용하면, 다수의 送荷人을 상대로 하는 운송인의 손해배상책임을 획일적인 기준에 의거 산정할 수 있도록 定型化함으로써 운송업을 보호·육성한다는 정책적 목적을 달성하기 어려울 수 있다. 그리하여 상법은 제137조 제1항 내지 제3항의 규정을 두어 운송인의 책임을 완화하고 있다.

다) 원칙 제137조는 운송물에 관한 손해의 유형별로 배상액산정의 기준을 구분하고 있다.

① 전부멸실·연착한 경우

㉠ 관련 규정

운송물이 全部滅失되거나 延着한 경우의 손해배상액은 인도할 날의 到着地價格에 의한다(제137조 제1항)(2011. 4. 14 개정). 「운송물의 전부멸실」은 ⅰ 파괴와 같은 물리적 멸실은 물론, ⅱ 도난·분실 등의 사유로 운송인이 점유를 회복할 수 없어 인도할 수 없는 법률적 멸실, ⅲ 운송물이 現存하지만 인도에 법률적 장애가 있거나 사회통념상 인도가 불가능한 경우를 두루 포함한다.

㉡ 적용요건 및 정의

제137조 제1항의 '인도할 날'이란 운송계약상의 인도예정일 또는 화물상환증에 이와 같이 기재된 날을 뜻한다. 즉, 통상 운송계약의 내용에 좇아 이행되었으면 인도가 행하여져야 했던 날을 말한다.[277] '도착지의 가격'은 도착지에서의 통

상 거래되는 시장가격을 말한다. 거래소의 시세 있는 운송물이라면 그에 따른다. 운송물이 멸실되지 않고 운송되었다면 '인도한 날'이 아니라 '인도할 날'의 도착지의 가격에 의하여 송하인의 이익이 실현되었을 것이므로 이를 기준액으로 삼는 것이다.

「연착」(delay in delivery)은 단순히 목적지에 예정일보다 늦게 도착하였다는 의미가 아니라, 인도할 날에 인도하지 못하고 그 이후의 날에 인도함을 뜻한다.[278] 때문에 적기에 도착은 하였으나 운송인의 사정으로 인도할 날에 인도하지 못하면, 역시 연착에 해당한다. 이에 비해 인도할 날 이후에 도착하였더라도 수령권자가 그 이후에 인도를 청구하여 바로 인도한다면 연착에 해당하지 않는다. 반면, 인도에 관한 약정일시가 존재하지 않는 경우에는 운송계약의 내용과 통상적인 거래 관념을 등을 모두 고려하여 운송에 필요한 통상적인 기간을 현저히 경과한 때에는 연착을 인정할 수 있다고 본다.[279]

한편 상법은 연착 자체로 인한 가격등락시 그에 따른 손해를 고려하지 않고 있다. 제137조가 특칙이니만큼 채무불이행의 일반원칙을 적용하거나 따로 배상액을 정형화함이 옳다.

② 일부멸실·훼손의 경우

운송물이 일부멸실 또는 훼손된 경우의 손해배상액은 인도한 날의 도착지의 가격에 의한다(제137조 제2항). 「일부멸실」은 운송물의 잔존부분이 독립된 경제적 가치를 가짐을 뜻하고, 중요한 부분의 멸실로 인하여 전부가 쓸모없게 되면 전부멸실에 해당한다. 「毁損」은 물질적 손상을 뜻하는데, 물건이 부패·변질되거나 불가분물의 일부가 파괴되어 경제적 가치가 손상된 경우 등이 이에 해당한다.

이 유형의 손해배상액을 「인도한 날」의 도착지가격으로 한 것은 전부멸실의 경우와는 달리 운송물의 가치 중 일부는 실현되고, 실현된 가치는 인도한 날의 가격에 의하여 평가되므로 일실된 가격도 같은 기준에 의하여 평가하는 것이 균형에 맞기 때문이다. 다만, 일부멸실 또는 훼손된 상태에서 연착된 경우에는 앞서의 연착의 경우(제137조 제1항)와 같이 「인도할 날」의 가격을 기준으로 배상액을 선

277) 대법원 2019. 7. 10. 선고 2019다213009 판결; 1997. 11. 28. 선고 97다28490 판결.
278) 서울지법 2002. 8. 28. 선고 2002가단121261 판결(확정).
279) 서울중앙지법 2021. 5. 28. 선고 2020가합540450 판결.

정하여야 한다. 그리하여 인도할 날의 운송물의 가격(5,000만원)에서 인도한 날의 잔존물의 가격(2,000만원)을 공제하여 배상액(3,000만원)을 산정한다. 그러나 이 경우에도 상법은 연착 자체로 인한 손해를 고려하지 않고 있다.

③ 예외 및 기타의 훼손

㉠ 운송인의 고의·중과실

제137조는 대량적이고 획일적인 물건운송에서의 운송인을 보호하고 배상액을 정형화함으로써 법률관계의 처리를 획일화하여 이에 관한 분쟁을 방지하는 데 그 취지가 있다.[280] 따라서 동조 제1항과 제2항의 배상기준은 운송인에게 경과실이 있는 때에만 적용되고, 운송물의 멸실·훼손·연착이 운송인의 고의 또는 중과실로 인한 때에는 운송인은 '모든 손해'를 배상해야 한다(제137조 제3항). 고의 또는 중과실이 이행보조자에게 있는 경우도 같다. 그리하여 운송인은 일반원칙에 따라 상당인과관계 있는 모든 손해(민법 제393조 제1항)를 배상하여야 하고, 예외적으로 운송인이 알았거나 알 수 있었을 때에는 특별한 사정으로 인한 손해(예 위자료)[281] (민법 제393조 제2항)에 대하여도 배상하여야 한다. 운송인에게 고의·중과실로 인한 가중책임을 묻기 위하여는 손해배상청구권자가 이를 증명하여야 한다.

㉡ 기타의 훼손

제137조 제1항 및 제2항의 책임제한은 운송물이 멸실·훼손·연착된 경우에만 적용되고, 기타 유형의 손해에 대하여는 민법의 일반원칙(민법 제393조 제1항·제2항)이 적용된다. 운송인이 화물상환증의 발행을 거부하거나 처분의무(제139조 제1항 본문)를 위반한 경우 등이 그 예이다.

④ 운임 등의 상계

운송물의 멸실·훼손으로 인하여 지급을 요하지 아니하는 운임 기타 비용은 損益相計를 위하여 제137조 제1항 내지 제3항의 기준에 따라 산정한 배상액에서 공제한다(제137조 제4항).

⑤ 한계

제137조는 손해배상액을 정형화한 것으로써 다음과 같은 의미를 갖는다. 즉, ㉠ 실제 발생한 손해액이 법정액 이상이더라도 운송인은 법정의 액을 지급하면

---

280) 最高裁判所 昭和 53年 4月 20日 民集 31巻 3号, 670面.

281) 대법원 1997. 2. 25. 선고 96다45436 판결; 1996. 6. 11. 선고 95다12798 판결.

족하고, ㉡ 반대로 실제로 발생한 손해액이 법정액 이하이더라도 법정액을 지급하여야 한다. 후자의 결론은 전자와의 공평성, 그리고 운송인은 운임을 손해배상의 법정액을 기준으로 결정할 수도 있기 때문에 딱히 부당하다고 볼 수 없다. 다만, 권리자에게 전혀 손해가 발생하지 아니한 경우 운송인은 손해배상의무를 부담하지 않는다고 풀이한다.282)

4) 고가물에 관한 특칙

가) 관련 규정 화폐, 유가증권 기타의 高價物에 대하여는 송하인이 운송을 위탁할 때에 그 종류와 가액을 명시한 경우에 한하여 운송인이 손해를 배상할 책임이 있다(제136조). 다만, 이 면책규정은 고가물의 멸실·훼손의 경우에만 적용된다고 새겨야 한다. 연착의 경우에는 고가물과 보통물을 구별할 필요가 없기 때문이다. 그리하여 운송인은 일반원칙에 따라 모든 손해를 배상하여야 한다(민법 제393조).

나) 취지 고가물은 대체로 멸실·훼손될 위험이 크고 손해의 규모도 크므로, 운송인은 포장·운반·보관 등에 각별한 주의를 기울여야 하고, 보험에 가입하거나 운임을 증액하는 등의 특별한 고려를 하게 된다. 이 때문에 송하인이 고가물(예 歲寒圖)임을 명시하지 아니하고 보통물에 대한 운임만을 지급한 탓에 운송인이 고가물에 알맞은 주의를 베풀지 못하여 손해가 발생한 경우 운송인에게 고가물의 가액으로 배상을 하게 하는 것은 不公平하고 信義則에도 어긋난다. 그리하여 상법은 고가물임을 밝히는 사전의 명시를 제도화하여 거액의 손해발생을 방지하고, 불명시로 인한 책임을 제한하여 운송인의 영업을 보호하고 있다.

다) 고가물의 개념 「고가물」이라 함은 부피·무게 등에 비추어 다른 물건보다 현저히 고가의 물건을 말한다. 毛皮·화폐·유가증권·귀금속·보석·고가미술품·골동품·중요한 정보가 있는 디스켓(Diskette) 같은 것이 이에 속하지만, 그 범위는 그때그때의 사회경제·거래상태 등의 사회통념에 의하여 판단된다. 그리하여 絹織物은 고가물이 아니고,283) 직지제조용 조직기 중 흡입압착롤284)이나 시분할교환기(Time Division Switching System, TDX)285)는 고가물이라 할 수 있다. 다만,

---

282) 最高裁判所 昭和 53年 4月 20日 民集 31巻 3号, 670面.
283) 대법원 1963. 4. 18. 선고 63다126 판결.
284) 대법원 1991. 1. 11. 선고 90다8947 판결.

해당 물건이 갖는 객관적·경제적 가치를 기준으로 판단하여야 하고 송하인이 특별히 부여하는 주관적 가치(예 친구간의 편지모음집)는 제외된다.[286] 또 해당 물건의 현재 가치를 기준으로 판단하여야 하고, 취득가격은 문제되지 않는다. 따라서 결혼선물로 받은 귀금속·보석은 무상으로 취득했지만 고가물이다.[287]

한편, 부피·무게·상표 등의 면에서 고가임이 一見 명료한 물건(예 高級車)은 제136조의 고가물에 해당하지 않는다고 새긴다.[288]

라) 불명시 고가물에 대한 책임 제136조에 대하여는 다음과 같이 몇 가지 풀이하여야 할 사항이 있다.

① 명시의 대상

송하인이 고가물임을 명시하지 않은 때에는 그 고가물이 멸실·훼손되더라도 운송인은 손해배상책임을 지지 아니한다(제136조). 송하인의 명시는 운송인 또는 그 대리인에게 하면 족하고, 그 운송인을 위하여 운송행위를 하는 자, 그 운송인의 하도급을 받아 운송하는 자 또는 운수회사의 의뢰를 받아 하역작업을 하는 자에게까지 할 필요는 없다.[289]

② 보통물로서의 주의

운송인이 불명시된 고가의 운송물을 보통물로 보고 보통물의 운송에 요구되는 주의를 기울였다면 보통물로서의 책임도 지지 아니한다. 다만, 운송인이 보통물에 대한 주의조차 기울이지 아니함으로써 그 고가물이 멸실·훼손된 경우 운송인은 보통물로서의 책임을 지는지 문제될 수 있다. 이에 대하여는 학설이 나뉜다. 否定說(무책임설)은 고가물을 보통물로 치환하여 가액을 산정하기 어렵고, 송하인들로 하여금 고가물의 명시를 촉구하는 의미에서 보통물로서의 책임도 지지 않는다고 한다(다수설).[290] 肯定說(보통물책임설)은 운송인이 자신의 과실에 대하여도 책임을 지지 아니한다는 것은 불공평하기 그지없으므로 이 경우에는 제136조가 적

285) 대법원 1967. 10. 23. 선고 67다1919 판결.

286) 물론 이러한 가치에 대한 배상액을 별도로 합의할 수는 있다.

287) 대법원 1977. 2. 8. 선고 75다1732 판결.

288) 同旨 最高裁判所 昭和45年 4月 21日 判例時報 593号, 87面.

289) 대법원 1991. 1. 11. 선고 90다8947 판결.

290) 최준선(2021), 381면; 최기원·김동민(2014), 354면; 정찬형(2025), 367면; 안강현(2019), 313면; 채이식(1997), 299면; 김정호(2022), 396면; 김두진(2020), 356면; 이기수·최병규(2016), 478면.

용되지 않고, 운송인은 보통물로서의 책임을 부담한다고 본다. 또 이 학설은 고가물을 보통물로 의제하여 가액을 산정하는 것도 과실상계로 인한 배상액의 산정에서와 같이 법원의 재량이 개입되면 불가능하지 않다고 한다. 그 결과 송하인의 손실은 고가물과 보통물의 차액에 그치고, 고가물을 명시하지 않은 과실에 대한 불이익은 이것으로 충분하다고 본다(소수설).[291] 생각건대, 제136조는 고가물이 대체로 손해가 발생할 위험성이 크고, 손해가 발생한 경우 운송물의 가액으로 배상하도록 하는 것은 운송인에게 예상치 못한 거액의 손해배상책임을 과하게 되는 결과를 고려한 규정이다. 때문에 운송·보관을 전문으로 하는 운송인의 과실에 대해서까지 면책시킬 수는 없다고 본다(긍정설. 보통물책임설).

③ 우연히 고가물임을 알게 된 경우의 책임

송하인이 고가물임을 명시하지 않았으나 운송인이 고가물임을 우연히 알게 된 경우의 운송인의 책임에 관해서도 학설이 나뉜다.

㉠ 무책임설

이 학설은 고가물임을 명시하지 않은 이상 운송인은 운송물에 발생한 손해로부터 면책되며, 대량의 물건을 다루는 운송인이 우연히 알게 되었다는 주관적 사유는 책임의 기준이 되지 않는다고 본다.[292]

㉡ 고가물책임설

이 학설은 운송인이 고가물임을 알게 된 이상 고가물에 해당하는 주의를 베풀어야 하고 만약 이를 게을리하여 손해가 발생했다면 고가물로서의 책임을 져야 한다고 본다.[293]

㉢ 절충설

이 학설은 운송인이 고가물임을 알았더라도 고가물로 명시된 것도 아니고 그에 상당하는 운임을 받은 것도 아니므로 보통물로서의 주의를 기울이면 족하고, 만약 이를 게을리한 경우에 한하여 고가물로서의 책임을 진다고 본다(다수설).[294]

---

291) 이철송(2022), 537면; 이종훈(2017), 299면; 정준우(2021), 318면; 김병연·박세화·권재열(2012), 304면; 同旨 송옥렬(2021), 189면.

292) 채이식(1997), 299면.

293) 김두진(2020), 358면; 손주찬(2004), 344면; 이철송(2022), 537면; 김성태(2002), 643면; 강위두·임재호(2009), 283면; 서헌제(2007), 362면.

294) 안강현(2019), 314면; 김정호(2022), 397면; 이기수·최병규(2016), 477면; 전우현(2019),

㉣ 사견

제62조는 無償으로 타인의 물건을 수령한 상인에게도 선량한 관리자의 주의를 요구하고 있다. 때문에 유상계약인 운송에 대하여 보통물에 관한 책임만 진다거나 아예 책임이 없다고 함은 제62조와 균형이 맞지 않는 해석이다. 또 누구든지 손해방지를 위하여 최선의 노력을 기울이는 것은 공동생활에서 요구되는 기본적인 윤리이자 신의칙상의 의무인 바, 타인의 재산을 자신의 관리 하에 보관·운송을 전문으로 하는 운송인이 고가물임을 알게 된 이상 비례적으로 이러한 의무와 책임을 부담한다고 본다(고가물책임설). 그 결과 운송인은 운임의 증액은 물론 추가되는 비용도 따로이 청구할 수 있다고 본다.

④ 고의 또는 중대한 과실로 멸실·훼손한 경우의 책임

송하인이 고가물임을 명시하지 않았더라도 운송인의 고의·중과실로 운송물이 멸실·훼손되어 손해가 발생한 경우 제136조를 적용할 수 있는지에 대하여는 중과실책임설과 중과실무책임설이 대립한다. 생각건대, 이 경우에는 제136조가 적용될 수 없고, 채무불이행의 일반원칙에 의하여 해결하는 것이 합리적이다(일본상법 제577조 제2항 제2호).[295]

마) 고가물 명시의 시기·효과(명시한 경우의 책임)

① 명시의 시기

송하인의 명시는 운송계약의 성립 후 운송물을 인도할 때까지 하면 된다는 입장이 다수이나, 운송계약의 성립시까지 하여야 한다고 본다. 그 명시에 따라 운송계약의 내용(운임·운송수단 등)이 달라질 수 있기 때문이다.

② 효과

송하인이 고가물임을 명시한 경우에는 고가물로서의 책임을 진다. 이때의 배상액은 송하인이 명시한 가액을 최고한도로 하고 제137조(손해배상의 액)를 적용하여 산정한다. 다만, 명시가액은 배상액의 최고한도를 뜻하지만, 운송인의 손해배상액으로서의 구속력은 없다. 이로 인하여 고가물에 관한 명시가액이 실제가액과 상이한 경우 배상액이 문제될 수 있다. 생각건대, ㉠ 명시가액(1,000만원)이 실제가

342면; 정찬형(2025), 361면; 정동윤(2012), 254면; 최준선(2021), 381－382면; 임중호(2015), 461면.

295) 이철송(2022), 538면; 最高裁判所 平成 15年 2月 28日 判例時報 1829号, 151面.

액(3,000만원)보다 낮은 경우 운송인은 명시가액에 대하여만 책임을 지면되고, ㉡ 반대로 명시가액(3,000만원)이 실제가액(1,000만원)보다 높은 경우에는 운송인은 이를 입증하여 실제가액의 범위 내에서 책임을 지면 족하다고 새긴다.

바) 증명책임 운송인이 제136조에 의거 책임을 면하기 위하여는 운송물이 고가라는 점, 송하인의 明示가 없었다는 점을 증명하여야 한다. 이에 비하여 송하인은 자기의 손해액만을 증명하면 되고, 고가물임을 명시한 사실을 증명할 필요는 없다.

사) 적용범위 제136조는 운송계약상의 채무불이행으로 인한 청구에만 적용되므로, 운송인 또는 그 사용인의 不法行爲로 인하여 고가물이 멸실·훼손된 때에는 적용되지 않는다.[296] 즉, 운송인은 고가물에 관한 손해액 전액은 물론 사용자배상책임도 질 수 있다(민법 제763조·제393조·제750조). 운송인이나 그 사용인이 운송물의 소유권을 침해하였기 때문에 불법행위책임을 지는 것이다.

5) 손해배상책임의 소멸

가) 의의 및 취지 운송인은 대량의 운송을 반복하므로 자신의 無過失, 즉 운송물의 상태를 증명하기 위한 증거를 장기간 보존하기가 쉽지 않다. 그리하여 法은 송하인에게 신속하게 이의를 제기하도록 하여 운송인의 책임관계를 조기에 종결시킴으로써 운송인을 보호하고 있다. 구체적으로는 운송인의 손해배상책임에 관한 특별한 소멸사유와 단기소멸시효를 규정하고 있다.

나) 특별소멸사유

① 관련 규정

운송인의 책임은 운송물의 수령권자가 운송인으로부터 留保 없이 운송물을 수령하고 운임 기타 비용을 지급한 때에는 원칙적으로 소멸한다(제146조 제1항). 운임 등의 지급과 운송물의 인도가 교환될 때에는 운송계약의 이행을 승인한 것으로 의제한 것이다.

② 적용요건

제146조 제1항 본문의 '유보'는 승인의제와 상반되는 뜻을 통지하는 것이다. 예를 들면, 운송물이 일부멸실·훼손·연착된 사실이나 운송계약이 불완전하게 이

---

296) 대법원 1991. 8. 23. 선고 91다15409 판결; 1977. 12. 13. 선고 75다107 판결.

행되었음을 통지하거나 또는 앞으로 운송물을 검사할 뜻을 통지하는 것이다. 따라서 '유보 없이'란 수령권자가 운송인에 대하여 운송물의 일부멸실·훼손·연착에 관한 이의를 제기함이 없이 운송물을 수령하는 것을 말한다. 이와 같이 제146조는 운송물의 수령을 요건으로 한다. 따라서 운송물이 전부멸실에 대하여는 적용되지 않는다고 풀이한다.

③ **예외**

제146조 제1항의 본문에도 불구하고 운송물에 즉시 발견할 수 없는 훼손 또는 일부 멸실이 있을 경우에 운송물을 수령한 날로부터 2주간 내에 운송인에게 그 통지를 발송한 때에는 운송인의 책임은 소멸하지 아니한다(제146조 제1항 단서). 그리고 운송인 또는 그의 사용인이 惡意인 경우에는 운송물수령권자가 유보 없이 운송물을 수령하였더라도 운송인의 책임은 소멸하지 아니한다(제146조 제2항). 여기서의 '惡意'는 운송물이 일부멸실·훼손된 사실을 알면서 이를 수령권자에게 알리지 않고 인도한 경우를 뜻한다.[297] 이른바 일반적인 악의를 뜻하는 것이다. 제146조가 운송물이 운송인의 점유를 벗어난 후 책임문제가 제기되는 경우, 운송인이 자신에게 책임이 없음을 증명하기 위한 증거보존의 어려움을 배려한 규정이기 때문에 '악의'를 이 같이 해석할 수 있다.

다) 단기소멸시효

① **관련 규정**

운송인의 손해배상책임은 전부멸실의 경우에는 운송물을 인도할 날로부터, 그 밖의 손해의 경우에는 수령권자가 운송물을 수령한 날로부터, 각각 1년을 경과하면 소멸시효가 완성한다(제147조·제121조 제1항·제2항). 이 1년이라는 기간은 당사자의 합의로 연장하거나 단축할 수 있다.[298] 그러나 운송인이나 그 사용인이 '악의인 때'에는 이 단기소멸시효가 아닌 일반상사시효(제64조 본문) 5년을 적용한다(제147조·제121조 제3항).

---

297) 대법원 1987. 6. 23. 선고 86다카2107 판결.

298) 대법원 2009. 8. 20. 선고 2008다58978 판결; 다만, 해상운송에서는 연장만 할 수 있다(제814조 제1항). 이 점 주의를 요한다(대법원 2022. 6. 9. 선고 2017다247848 판결; 2019. 6. 13. 선고 2019다205947 판결).

② 악의의 의미

㉠ 문제의 제기

운송인의 손해배상책임에 관한 단기소멸시효제도에서의 '악의'의 의미(제147조·제121조 제3항)와 특별소멸사유에 관한 제146조 제2항에서의 '악의'의 의미가 같은지에 대하여 견해가 나뉜다.

㉡ 학설 및 판례

否定說은 단지 멸실·훼손·연착 등의 사실을 운송인이 알고서 인도한 경우를 뜻하는 것이 아니라, 운송인이 故意로 운송물을 멸실·훼손·연착시키거나 이러한 사실을 은폐하고 인도한 경우를 뜻한다고 본다.[299] 그리하여 제146조 제2항의 '악의'의 뜻과 달리한다고 본다. 그 이유는 단지 운송인이 손해발생사실을 안다는 뜻으로 이해하면, 전부 멸실이나 연착의 사실은 운송인이 당연이 알 것이므로 그에 대하여는 단기소멸시효를 적용할 일이 없게 되고, 그 결과 단기소멸시효를 특별히 마련한 법의 취지가 무의미해진다는 것이다. 肯定說[300]과 判例[301]는 특별소멸사유의 경우와 구분 없이 운송물에 훼손 또는 멸실이 있는 것을 알면서 이를 수하인에게 알리지 않고 인도한 경우를 포함하는 것으로 본다(일반적인 악의).

㉢ 사견

여기서의 '惡意'는 특별소멸사유에 관한 제146조 제2항에서의 일반적인 '악의'와 구별하여야 한다. 단기소멸시효의 취지가 운송인의 책임관계를 조기에 종결시킴으로써 운송영업을 보호하는 데 있기 때문이다. 따라서 설령 손해 발생의 사실을 운송인이 알고 있다고 하더라도, 송하인 등의 채권자가 권리를 행사하지 않는 경우에는 채무를 소멸시키더라도 부당하다고 할 수 없다. 이 점에서 운송인이 '악의인 때', 즉 단기소멸시효제도의 적용이 부정되는 때에는 제한적으로 해석하여 운송인이 故意로 운송물을 멸실·훼손·연착시키거나 이러한 사실을 은폐하고 인도한 때로 한정하는 것으로 새겨야 한다. 또 악의의 뜻을 긍정설과 판례와 같이 이해하면, 일반상사시효를 적용하여야할 범위가 넓어지게 되므로 단기소멸

---

299) 최준선(2021), 386면; 김홍기(2021), 235면; 이철송(2022), 539면; 김두진(2020), 363면; 손주찬(2004), 346면; 정준우(2021), 320면; 안동섭·소륜(2010), 222면; 전우현(2019), 317면.

300) 송옥렬(2021), 189면; 강위두·임재호(2009), 286면; 이기수·최병규(2016), 481면; 정동윤(2012), 256면.

301) 대법원 1987. 6. 23. 선고 86다카2107 판결.

시효의 입법취지에 맞지 않는다. 따라서 그와 같이 새기기 어렵다(부정설).

6) 불법행위책임과의 관계(청구권의 경합)

가) 문제의 제기 제135조 이하의 손해배상책임은 운송인의 채무불이행책임인데, 운송인의 행위가 동시에 不法行爲(민법 제750조)를 구성할 수도 있다. 이때 운송인은 不法行爲責任도 지는지에 대하여는 청구권경합설과 법조경합설로 나뉜다.

나) 학설 우선 請求權競合說은 채무불이행책임과 불법행위책임은 그 요건과 효과를 달리하므로 양 책임은 청구권경합의 관계에 있다고 보고, 송하인은 이를 선택적으로 청구할 수 있다고 한다. 송하인의 보호에 중점을 두고 있다. 송하인이 고가물을 운송인에게 신고하지 않아 운송인이 그 고가물의 멸실·훼손 등에 대하여 제136조에 의하여 면책되더라도, 운송인이 불법행위의 요건을 충족하는 때에는 불법행위책임(민법 제750조)을 면할 수 없다.[302] 다만, 이 경우에는 운송인에게 고의(악의) 또는 중대한 과실이 있어야 한다. 이에 비하여 法條競合說은 송하인이 고가물을 신고하지 않아 운송인이 제136조에 의하여 면책되는 경우에 운송인은 당연히 불법행위에 기한 손해배상책임을 면한다고 한다. 이 학설은 계약법과 불법행위법의 관계를 특별법과 일반법의 관계임에 착안하여, 채무불이행책임은 불법행위책임보다 무거우므로 불법행위책임은 배제된다고 한다. 즉, 불법행위책임은 손해발생에 대한 일반법적인 배상책임이므로 계약책임과 경합할 경우에는 불법행위로서의 위법성이 조각되어 양 책임은 법조경합의 관계에 있다고 한다. 따라서 운송계약상의 손해배상책임이 성립하면 불법행위책임은 배제되고, 송하인은 운송계약상의 손해배상책임만을 청구할 수 있다고 한다. 다만, 이 학설에서도 운송인에게 고의(악의) 또는 중대한 과실이 있는 경우에는 운송인에게 민법 제750조의 불법행위에 기한 손해배상청구권을 행사할 수 있다고 한다.

다) 판례 대법원은 "해상운송인이 운송 도중 운송인이나 그 사용인 등의 고의·과실로 인하여 운송물을 감실 훼손시킨 경우, 선하증권 소지인은 운송인에 대하여 운송계약상의 채무불이행으로 인한 손해배상청구권과 아울러 소유권 침해의 불법행위로 인한 손해배상청구권을 취득하며 그 중 어느 쪽의 손해배상 청

302) 최기원·김동민(2014), 357면; 이철송(2022), 541면; 정찬형(2025), 370-371면; 김두진(2020), 359면; 최준선(2021), 383면.

구권이라도 선택적으로 행사할 수 있다."고 하였다(청구권경합설).[303]

라) 사견 어느 견해에 의하든 운송인에게 고의 또는 중대한 과실이 있는 경우에는 운송인은 불법행위에 의거한 손해배상책임을 부담하므로 그 결과에 있어서는 같다. 다만, 운송계약상의 책임과 불법행위책임은 그 요건과 효과를 달리하므로 양 책임은 청구권경합의 관계에 있다고 보고 송하인은 두 가지 중 택일하여 청구할 수 있다고 본다(청구권경합설).

7) 면책약관

가) 의의 면책약관이란 운송인의 책임을 경감하거나 면제하는 약관이나 특약을 말한다. 해상운송은 1991년의 개정, 항공운송은 2011년의 개정을 통하여 해상이나 항공물건운송인의 책임을 감면하거나 책임한도액을 낮게 정하는 특약, 이른바 면책약관을 무효로 하는 강행규정을 두었다(제799조 제1항·제903조). 이와 달리 육상운송에 관하여는 그러한 규정을 두지 않고 있다. 그러므로 육상운송인의 손해배상책임에 관한 규정은 임의규정이라고 할 수 있고, 당사자간의 特約으로 배상책임을 경감 혹은 가중할 수 있다. 따라서 이러한 면책약관은 신의성실의 원칙 및 권리남용의 금지 등의 일반원칙과 「약관의 규제에 관한 법률」에 반하지 않는 한 유효하다. 실무석으로 가중하는 예는 드물지만, 約款으로 책임의 일부 또는 전부를 면제하는 예는 적지 않다. 흔히 ① 일정기간 내의 延着에 관하여는 책임지지 않는다는 내용, ② 운송인의 배상액을 일정액으로 제한하는 내용의 특약 등이 대표적이다.

나) 학설 면책약관이 불법행위책임도 면책하는지의 여부가 문제되는데, 이에 대하여는 견해가 나뉜다. 肯定說은 면책약관을 불법행위책임에도 적용하는 것이 당사자의 의사에 합치한다고 본다. 면책약관이 운송계약상의 채무불이행에만 적용된다면 면책약관을 둘 실효성이 적다고 한다.[304] 否定說은 본래 면책약관은 계약상의 책임을 면제하고자 하는 것이므로 당사자간의 명시적 묵시적 합의가 없는 한 청구원인을 달리하는 불법행위책임에는 적용되지 않는다고 본다.[305]

다) 판례 당초의 육상운송에 관한 판례에서는 면책약관은 운송계약상의

303) 대법원 1983. 3. 22. 선고 82다카1533 판결; 1977. 12. 13. 선고 75다107 판결 등.
304) 서헌제(2007), 367면; 전우현(2019), 345면; 정동윤(2012), 258면.
305) 정찬형(2025), 370면; 이철송(2022), 541면; 강위두·임재호(2009), 290면.

채무불이행으로 인한 청구에만 적용되고 불법행위로 인한 손해배상청구에는 그 적용이 없다고 하였다.[306] 이 논지는 해상운송인의 책임에도 적용되었다.[307] 그러나 그 이후에는 해상운송인이 발행한 선하증권에 기재된 면책약관은 일반 운송계약상의 면책특약과는 달리 운송계약상의 채무불이행책임뿐만이 아니라 그 운송물의 소유권침해로 인한 불법행위책임에도 적용하기로 하는 숨은 합의가 있다고 보아 불법행위책임도 면책한다고 판시하였다.[308] 다만, 운송인 측에 고의 또는 중대한 과실이 있을 때에는 불법행위책임을 면할 수 없음을 피력하였다.[309] 이와 달리 2004년의 항공운송사건에서는 청구권경합설의 입장에서 운송계약상의 채무불이행책임과 불법행위로 인한 손해배상책임은 병존하고, 면책약관은 운송계약상의 채무불이행책임에 관한 것이므로 당사자 간의 명시적 또는 묵시적 합의가 없는 한 불법행위로 인한 손해배상책임에는 적용되지 않는다고 판시하였다.[310] 다소 일관성이 결여된 모습을 보이고 있다.

라) 사견 법조경합설을 취하면 운송인은 당연히 불법행위책임이 경감되거나 면제될 수 있다. 개인적으로는 청구권경합설을 취하므로 면책약관에 의하여 운송인의 불법행위책임은 원칙적으로 경감되거나 면제되지 않는다. 결국 육상운송의 경우 손해배상책임에 관한 면책약관은 유효하고, 당사자간의 묵시적 또는 명시적 합의가 있는 경우에 한하여 불법행위책임에도 적용된다고 볼 수 있다. 그리고 위의 82다카1533 판결은 운송인의 '소유권의 침해로 인한 불법행위책임'에 관한 것이므로 운송인의 행위가 기타의 불법행위를 구성할 때는 적용할 수 없을 것이다.

3. 운송인의 권리

(1) 운송물인도청구권

송하인은 통상 운송계약과 동시에 운송인에게 운송물을 인도하지만, 물건의

---

306) 대법원 1977. 12. 13. 선고 75다107 판결.

307) 대법원 1980. 11. 11. 선고 80다1812 판결.

308) 대법원 1983. 3. 22. 선고 82다카1533 판결. 이 사건은 선하증권에 관한 것이지만, 1991년 개정 전의 것이므로, 같은 규정이 없는 육상운송인의 책임론에는 여전히 유효하다.

309) 대법원 1983. 3. 22. 선고 82다카1533 판결.

310) 항공운송에 관한 대법원 2004. 7. 22. 선고 2001다58269 판결; 1999. 7. 13. 선고 99다8711 판결.

인도 없이 운송계약부터 체결할 수도 있다. 운송계약은 要物契約[311]이 아니라 불요식의 낙성계약이므로 송하인이 운송물을 인도하지 않더라도 그 계약은 성립하고, 운송인은 운송의 채무를 부담한다. 그러나 운송물이 없으면 운송계약상의 채무를 이행할 수 없게 된다. 그리하여 운송인은 운송계약에 의거하여 운송물의 인도를 청구할 권리를 갖는다. 만약 송하인이 적시에 운송물을 인도하지 않는다면 債權者遲滯가 된다(민법 제400조 내지 제403조). 그리고 수하인에 대한 운송물의 인도에서 본 바와 같이 운송인에게 하는 운송물의 인도도 특약이나 관습이 없는 한 현실의 인도를 뜻하고, 목적물반환청구권의 양도에 의한 인도는 제외된다.[312]

(2) 화물명세서교부청구권

운송인은 송하인에게 화물명세서를 작성·교부하여 줄 것을 청구할 수 있다(제126조 제1항). 이 명세서는 운송계약의 성립요건은 아니지만, 계약의 내용에 대한 증거자료가 될 수 있다는 점 등 상세한 사항에 관하여는 앞서 설명하였다.

(3) 운임 기타 비용청구권

1) 운임의 의의

운임은 운송의 대가로서 운송인에게 주어지는 보수이다. 운송인의 상인으로서의 營利性은 주로 운임에 의하여 구체화되므로 運賃債權은 운송인에게 있어 가장 중요한 권리이다. 운임은 보통 운송계약에서 정하여지지만, 운송계약에서 정하지 않는 경우에도 운송인은 당연상인으로서(제4조, 제46조의 제13호) 운임(보수)청구권을 갖는다(제61조). 후자의 경우는 거래관행, 운송비용 및 송하인 등의 이윤 등을 고려하여 운임액을 정하여야 한다.

2) 운임채권의 행사

운송인은 운송을 완료하고 수하인 또는 화물상환증소지인에게 운송물을 인도한 때에 운임을 청구할 수 있다(제141조). 즉, 先給의 약정이 없는 한, 일반 도급에 있어서의 보수청구권(민법 제665조)과 같이 後給이 원칙이다. 여기서의 '운송의 완료'란 운송물을 현실적으로 인도할 필요는 없으나, 인도할 수 있는 상태를 갖추

---

311) 당사자의 합의 외에 물건의 인도 기타 급부를 하여야 성립하는 계약을 말한다.
312) 대법원 1995. 6. 16. 선고 92다19293 판결.

면 충분하다.[313] 따라서 인도 없이 운송을 완료한 것만으로는 운임채권을 행사할 수 없고 인도와 운임채무는 同時履行의 관계에 선다. 다만, 운송을 완료하지 않은 상태에서도 송하인이나 화물상환증소지인이 처분권을 행사한 때(제139조) 혹은 운송물이 송하인의 과실로 멸실한 때에는 운임의 전액을 청구할 수 있다(제134조 제2항).

3) 운임의 채무자

운송인이 운송물을 인도한 때라 함은 수령권자가 운송물을 수령한 때를 뜻한다. 그러므로 수하인이나 화물상환증소지인이 운송물을 수령한 때에는 운송인에 대하여 운임 기타 운송에 관한 비용과 체당금을 지급할 의무를 부담한다(제141조). 제141조의 문언상 수령권자가 운송물을 수령하지 아니한 때에는 운송인이 운임을 받지 못하게 되는데, 이 경우에는 운송계약에 의거 계약 당사자인 송하인이 운임채무를 부담한다고 본다(제134조 제2항). 다만, 운송인이 운임을 받지 아니한 채 수령권자에게 운송물을 인도한 때에는 송하인에게 운임을 청구할 수 없다고 본다.

4) 운송물의 멸실과 운임채권

가) 의의　운임채권의 행사는 운송의 완료를 전제로 한다. 따라서 운송물의 일부 또는 전부가 멸실된 경우에 그 부분에 해당하는 운임은 청구할 수 없는 것이 원칙이다. 다만, 그 滅失이 누구의 과실로 인한 것이냐에 따라 운임채권의 행사가 달라진다.

나) 운송인의 과실로 인한 경우　운송물의 멸실 또는 훼손이 운송인의 과실로 인한 경우, 운임은 송하인의 損益相計를 위하여 운송인의 손해배상액에서 공제한다(제137조 제4항).

다) 송하인의 과실 등의 경우　운송물의 전부 또는 일부가 그 성질(예 생선의 부패)이나 하자(예 포장의 흠결로 인한 파손) 또는 송하인의 과실로 인하여 멸실한 때에는 운송인은 운임의 전액을 청구할 수 있다(제134조 제2항). 본래 운송물의 멸실로 인하여 운송인에게 절감되는 비용, 예를 들면 운송 도중 전부 멸실되어 도착지까지의 운반이 불필요하게 됨으로써 절감되는 경비는 손익상계를 하여야 하지만, 운송인의 기회비용을 보상해 주기 위하여 운임 전액을 청구할 수 있도록 한 것이다.

---

313) 대법원 1993. 3. 12. 선고 92다32906 판결.

라) 불가항력의 경우　운송물의 전부 또는 일부가 송하인의 책임 없는 사유로 인하여 멸실한 때에는 운송인은 그 운임을 청구하지 못한다(제134조 제1항). 운송인이 이미 그 운임의 전부 또는 일부를 받은 때(先給)에는 이를 반환하여야 한다. 이 규정은 不可抗力으로 운송물이 멸실된 경우에 적용된다. 그리고 채무자위험부담주의의 일반원칙(민법 제537조)을 따른 것으로서 주의규정에 불과하다. 다만, 제134조 제1항은 임의규정이므로 불가항력으로 운송물이 멸실하더라도 운임을 지급하기로 하는 특약은 유효하다.[314] 또 훼손이나 연착의 경우에는 운송이 완료된 것이고 법문이 '멸실'의 경우로 한정하기 때문에, 운송인은 손해배상책임을 부담하는 것은 별론으로 하고 운임청구권을 갖는다. 그리고 '송하인의 책임 없는 사유'는 제134조 제2항 이외의 사유이어야 한다.

5) 기타 비용의 청구

운송인은 운임 외에 운송에 관한 비용과 체당금을 청구할 수 있다(제141조). '운송에 관한 비용'이란 운송계약상 운임으로 보상되지 아니하는 비용을 말하고, 통관비·보관료·보험료·수하인의 수령지연으로 인하여 발생한 보관료 등을 뜻한다. 체당금은 송하인 등을 위하여 운송인이 지출한 금전을 말한다(제55조 제2항). 이 비용에 대하여는 제134조 제1항이 준용되지 않고, 위험부담의 문제도 아니므로 불가항력으로 인하여 운송물이 멸실된 경우에도 청구할 수 있다.

6) 운임 등 채권의 확보

운송인은 운임과 기타 비용을 변제받기 위하여 운송물의 인도와 同時履行의 抗辯權을 가진다. 운송인은 이 채권을 가지고 운송물에 대하여 유치권을 행사할 수 있으며(제147조·제120조), 운송물을 수령하지 않는 경우에는 운송물을 경매하여 그 代金으로 운임에 충당할 수 있다(제145조·제67조 제2항·제3항).

7) 운임채권 등의 시효

운송인의 송하인·화물상환증소지인에 대한 운임 기타의 채권은 1년간 행사하지 않으면 소멸시효가 완성한다(제147조·제122조).

(4) 유치권

운송인은 운임·비용·체당금 등의 채권을 가지고 운송물에 대하여 유치권을

314) 대법원 1972. 2. 22. 선고 71다2500 판결.

행사할 수 있다(제147조, 제120조). 운송인의 유치권은 제58조의 상인간의 일반상사유치권과 여러 면에서 구분된다. 즉, ① 목적물이 운송물로 제한되는 점에서는 민사유치권(민법 제320조) 또는 일반상사유치권(제58조)과 다르고, ② 유치목적물이 채무자소유임을 요하지 않는 점에서는 일반상사유치권과 다르지만, 민사유치권과 같고, ③ 피담보채권이 목적물과 제한된 의미에서의 견련성이 있는 채권에 국한된다는 점에서는 견련성을 요하지 않는 일반상사유치권과 다르지만, 민사유치권과 유사하다.

(5) 운송물의 공탁·경매권

1) 의의 및 취지

수하인 등이 운송물의 수령을 거부하거나 수령하지 않을 경우 운송인은 운송물을 보관하여야 하는 부담을 안게 되어 영업의 신속한 수행에 어려움을 겪게 된다. 그리하여 상법은 운송인에게 운송물에 관한 공탁·경매권을 인정하여 보관의무에서 조기에 벗어나도록 하고, 더불어 운임 기타 비용 등의 채권을 실현할 수 있는 길을 열어주고 있다.

2) 공탁권

공탁권은 운송인이 수하인을 알 수 없을 때(제142조 제1항) 또는 수하인이 운송물의 수령을 거부하거나 수령할 수 없는 때(제143조 제1항)에 인정된다. 여기서의 '수하인'은 송하인이 지정한 수하인뿐만 아니라 화물상환증의 所持人과 같이 운송물을 수령할 권한이 있는 자를 가리킨다. 화물상환증도 발행하지 않고 수하인도 없을 때에는 송하인을 뜻한다.

'수하인을 알 수 없는 때'란 송하인이 수하인을 지정하였으나, 수하인을 특정할 수 없거나 수하인이 소재불명인 때 또는 화물상환증을 발행하였으나, 화물상환증소지인이 누구인지 알 수 없는 때 등을 말한다. '수령을 거부한 때'란 수하인이 정당한 사유 없이 수령을 거절한 때를 뜻한다. 다만, 운송물이 일부멸실·훼손·연착으로 인한 손해배상 다툼 때문에 수령을 거절하고 있는 때는 이에 속하지 않는다. '수령할 수 없는 때'란 수하인의 주관적 사정(여행·체포·질병) 또는 객관적 사정(예 천재지변으로 인한 연락두절)으로 장기간 수령할 수 없는 때를 말한다.

위의 사유가 있을 경우 운송인은 수하인의 비용부담하에 供託할 수 있으며,

이때에는 지체 없이 송하인에게 그 통지를 발송하여야 한다(제142조 제3항).

3) 경매권

가) 의의 供託事由가 있을 경우, 운송인은 공탁에 갈음하여 경매를 할 수 있는데, 다음과 같은 요건을 구비하여야 한다.

나) 요건 수하인을 알 수 없는 때(제142조 제1항)에 운송인은 먼저 송하인에 대하여 상당한 기간을 정하여 운송물의 처분에 대한 지시를 최고하고, 그 기간 내에 지시를 받지 못한 때에는 운송물을 경매할 수 있다(제142조 제2항). 수하인을 알 수 있지만, 수하인이 수령을 거부하거나 수령할 수 없는 때(예 행방불명)에는(제143조 제1항) 경매를 하기 전에 수하인에 대하여 상당한 기간을 정하여 운송물의 수령을 최고하여야 하고, 그 후 다시 송하인에게 상당한 기간을 정하여 운송물의 처분에 대한 지시를 최고하고 그 기간 내에 지시를 받지 못한 때에는 경매를 할 수 있다(제143조 제2항·제142조 제2항).

그러나 위의 송하인 등에게 최고를 할 수 없거나 운송물이 멸실 또는 훼손될 염려가 있는 때에는 최고 없이 경매할 수 있다(제145조·제67조 제2항).

다) 통지 경매를 한 때에는 지체 없이 송하인에게 통지를 발송하여야 한다(제142조 제3항).

라) 공시최고와 경매 송하인·화물상환증소지인·수하인을 모두 알 수 없을 때에는 위와 같은 최고 절차를 밟을 수 없으므로 공시최고를 하고 경매할 수 있다. 즉, 운송인은 권리자에 대하여 6월 이상의 기간을 정하여 그 기간 내에 권리를 주장할 것을 관보나 일간신문에 2회 이상 공고하여야 한다. 이러한 공고를 하여도 그 기간 내에 권리를 주장하는 자가 없는 때에 운송인은 운송물을 경매할 수 있다(제144조).

마) 대금의 공탁·채권에의 충당 운송물을 경매한 후에는 그 대금에서 경매비용을 공제한 잔액을 공탁하여야 하나, 그 전부나 일부를 운임·체당금·기타의 비용 등 운송인의 채권의 변제에 충당할 수 있다(제145조, 제67조 제3항). 이 점에서 운송인의 경매권을 自助賣却權이라고 할 수 있다.

4. 수하인의 지위

(1) 의의

수하인은 도착지에서 운송인으로부터 운송물을 수령할 자를 말한다. 운송계약의 당사자인 송하인은 자신을 수하인으로 하여 직접 운송물을 수령할 수도 있고, 화물상환증을 발행한 때에는 화물상환증소지인만이 배타적으로 운송물에 관한 권리를 행사할 수 있으므로 수하인이 반드시 필요한 것은 아니다. 따라서 화물상환증이 발행되지도 않고, 송하인이 제3자를 수하인으로 지정한 때에 그 수하인은 운송계약의 당사자가 아니면서 운송계약상의 권리·의무를 갖는다.

(2) 수하인의 지위의 성질

운송계약의 당사자가 아닌 수하인이 운송계약상의 권리와 의무를 갖는 독특한 지위에 있다. 그리하여 그 지위를 설명하기 위하여 학설은 나뉜다. 즉, ① 수하인을 송하인의 대리인으로 보는 설, ② 수하인이 송하인을 위하여 사무관리를 하는 것으로 보는 설, ③ 수하인의 지정을 제3자를 위한 계약(민법 제539조)으로 보는 설[315] 등이 있으나 모두 어느 일면의 설명에 그치므로 ④ 다수설은 수하인의 지위는 운송의 특수성을 고려하여 상법이 인정한 특수한 지위라고 한다(특별규정설).[316]

(3) 수하인의 지위변화

1) 특징

수하인의 法的 地位는 운송의 진행단계에 따라 점차 확대·변화되는 특수한 모습을 보인다. 이를 분설하면 아래와 같다.

2) 도착 전·수하인의 인도청구 전

운송물이 도착지에 '도착하기 전'에는 송하인만이 운송물에 대한 권리를 갖고, 受荷人은 아무런 권리를 갖지 못한다. 그리고 운송 도중에 운송물이 전부 멸실된 때에도 송하인만이 손해배상청구권을 가진다. 또 운송 도중 또는 운송물이 도착지에 도착한 후 수하인의 '인도청구 전'에 송하인이 처분권(제139조)을 행사하면, 수하인은 권리를 행사할 기회조차 갖지 못한다.

---

315) 이기수·최병규(2016), 484면; 최기원·김동민(2014), 340면.

316) 이병태(1988), 314면; 정찬형(2025), 363면; 송옥렬(2021), 192면; 이철송(2022), 550면; 손주찬(2004), 339면; 강위두·임재호(2009), 298면; 정동윤(2012), 264면; 최준선(2012), 393면.

3) 도착 후·수하인의 인도청구 전

운송물이 도착지에 현실로 도착한 때에는 수하인은 운송계약상의 송하인의 권리와 동일한 권리를 취득한다(제140조 제1항). 따라서 수하인은 자기의 명의로 운송물의 인도를 청구할 수 있고, 운송물의 일부멸실·훼손·연착으로 인한 손해배상을 청구할 수 있다. 다만, 이 경우 수하인이 권리를 취득한다고 하여 송하인의 권리가 소멸하는 것은 아니다. 송하인은 수하인이 인도청구를 할 때까지는 여전히 처분권을 갖는다(제139조). 즉, 이 시점에서는 양자의 권리가 병존하게 되므로 송하인과 수하인 중 먼저 권리를 행사하는 자가 우선하게 된다. 따라서 운송인은 송하인에 대하여 갖는 항변사유로써 수하인에게 대항할 수 있다. 이 점 수하인의 지위가 화물상환증소지인의 지위보다 매우 약화되어 있음을 뜻한다.

4) 도착 후 수하인의 인도청구 후

운송물이 도착지에 도착한 후 수하인이 그 인도를 청구한 때에는 수하인의 권리가 송하인의 권리에 우선한다(제140조 제2항). 따라서 송하인은 같은 권리를 행사할 수 없다. 그러나 수하인이 운송물의 수령을 거부하거나 수령할 수 없는 때에는 운송인이 송하인에게 處分指示를 최고하는 수도 있으므로(제143조 제1항, 제142조 제2항) 송하인의 권리도 조건부로 존속한다.

5) 수하인의 운송물 수령

이 경우 수하인은 운송인에 대하여 운임 기타 운송에 관한 비용과 체당금을 지급할 의무를 부담한다(제141조). 그러나 이로 인하여 운송계약상 송하인의 운임 등의 지급의무가 소멸하는 것은 아니다. 즉, 수하인과 송하인은 운송인에게 부진정연대책임을 진다.[317]

5. 화물상환증

(1) 의의

1) 개념

화물상환증이란 운송인이 운송물의 수령을 증명하고, 도착지에서 운송물을

317) 同旨 정찬형(2025), 363면; 정동윤(2012), 263면; 안강현(2019), 309면; 안동섭·소륜(2010), 257면.

증권소지인에게 인도할 의무를 표창하는 유가증권이다. 즉, 소지인의 운송인에 대한 운송물의 인도청구권을 표창하는 유가증권이다.

2) 성질

화물상환증의 성질에 대하여는 다음과 같이 정리할 수 있다. 첫째, 文言證券性을 갖는다. 유가증권의 일반적 속성상 화물상환증이 발행되면 운송물의 인도청구권은 배타적으로 화물상환증소지인에게 귀속한다. 그리하여 화물상환증소지인은 증권의 文言에 따라 운송물인도청구권 등의 권리를 행사할 수 있다(제131조),

둘째, 處分證券性을 갖는다. 화물상환증이 일단 발행되면 운송물에 관한 처분은 화물상환증에 의해 하여야 한다(제132조).

셋째, 指示證券性을 갖는다. 화물상환증소지인은 그 증권의 양도에 의하여 운송물에 관한 권리를 이전할 수 있다(제130조).

넷째, 要式證券性을 갖는다. 화물상환증은 운송물에 관한 권리 그 자체와 같은 중요성을 띠고서 유통될 수 있으므로 형식적 엄격성이 요구된다. 즉, 법 소정의 형식을 갖추어야 그 효력이 인정된다(제128조 제2항).

다섯째, 相換證券性을 갖는다. 운송물은 화물상환증과 상환하여 인도하여야 한다(제129조). 이는 운송물이 인도되어 실체적 권리가 소멸하였음에도 화물상환증이 유통되는 것을 방지하기 위함이다. 이 성질에 의하여 운송인은 화물상환증의 제시가 없는 한 운송물의 인도를 거절할 수 있는데, 이는 운송인의 권리이자 의무이기 때문이다.[318] 이 의무에 위반하는 운송인의 행위로 화물상환증소지인의 권리를 침해하는 때에는 고의 또는 중대한 과실에 의한 불법행위가 성립할 수 있다. 이로 인한 손해배상청구권은 화물상환증의 소지인이 행사한다.[319]

위와 같이 화물상환증은 유가증권으로서의 성격을 충실히 갖추고 있다. 그러나 운송물에 관한 권리는 화물상환증의 작성으로 생기는 것이 아니다. 즉, 화물상환증은 운송계약에 의거 이미 발생한 권리를 표창할 뿐이므로 非設權證券性을 갖는다. 그 권리의 내용도 어음·수표와 같은 無因證券[320]과는 달리 실체적인 권

318) 대법원 2023. 8. 31. 선고 2018다289825 판결; 1992. 1. 21. 선고 91다14994 판결.

319) 대법원 2023. 8. 31. 선고 2018다289825 판결.

320) 이는 예컨대 어음이 매매대금의 지급을 위하여 발행되었을 때에 어음상의 권리는 어음발행의 요건을 충족시키기만 하면 유효하게 성립되고, 어음수수의 원인인 매매계약이 무효

리관계가 운송계약에 의거하여 주어지므로 要因證券性을 갖는다(제128조 제1항).

3) 기능

운송 중에는 운송물의 가치가 동결되므로 상인의 입장에서는 이를 처분하여 자금과 상품의 순환을 통하여 영리를 실현할 수 있는 수단이 필요하다. 이를 가능하게 하는 것이 화물상환증이다. 즉, 송하인은 화물상환증을 교부받아 운송 중의 물건을 양도·입질 등의 방법으로 처분함으로써 운송물의 交換價値를 활용할 수 있는 것이다. 그리고 그 소지인은 운송물에 관한 배타적인 인도청구구권을 행사할 수 있다. 또 화물상환증에 관한 법리는 창고증권 및 선하증권의 기초법리를 이루고 있어 그 중요성은 육상운송에서의 실제 활용도와 달리 매우 크다.

(2) 화물상환증의 발행

1) 발행

화물상환증은 송하인의 청구에 의하여 운송인이 발행(작성·교부)한다(제128조 제1항). 운송인은 대리인을 통하여도 발행할 수 있다.[321] 발행청구는 송하인의 임의사항이지만 송하인이 발행을 청구하면 운송인은 반드시 발행하여야 한다. 화물상환증은 송하인의 재산적 이익과 관련되기 때문이다. 발행시기에 관하여는 명문의 규정이 없으나, 화물상환증은 운송물의 수령도 증명하므로 운송인이 운송물을 수령한 후에 발행하여야 한다.

2) 기재사항

가) 법정기재사항 화물상환증에 기재해야 할 사항은 ① 운송물의 종류, 중량 또는 용적, 포장의 종별, 개수와 기호, ② 도착지, ③ 수하인과 운송인의 성명 또는 상호, 영업소 또는 주소, ④ 송하인의 성명 또는 상호, 영업소 또는 주소, ⑤ 운임 기타 운송물에 관한 비용과 그 先給 또는 着給의 구별, ⑥ 화물상환증의 작성자와 작성연월일 등이다. 운송인은 이를 기재하고 기명날인 또는 서명하여야 한다(제128 제2항). 이 가운데 ③의 受荷人은 반드시 운송계약상의 수하인이 아니라 화물상환증에 의거 권리를 행사할 자, 즉 화물상환증의 수취인을 뜻하며 송하인

·취소되더라도 아무런 영향도 받지 않는 성질을 말한다. 증권을 무인증권으로 하는 것은 증권의 기재만을 신뢰하여 증권을 양수한 제3자를 보호함으로써 증권의 유통을 촉진시키고자 하는 데 그 목적이 있다.

321) 대법원 1997. 6. 27. 선고 95다7215 판결.

에 의해 지정된다. 화물상환증은 무기명식으로 발행되어도 무방하다(제65조·민법 제523조).

나) 취지 및 요식성의 완화 상법이 화물상환증의 기재사항을 정하는 취지는 운송을 원활하게 하는 데 있다. 그리하여 위의 기재사항은 법정사항이지만, 화물상환증은 요인증권이므로 어음·수표와 달리 그 요식성이 완화된다. 일부 기재사항을 결여하더라도 운송물의 동일성이 인정되고 도착지에서 인도의무가 확정되어 있으면 유효하다. 반면, 본질적 기재사항(예 종류·수량·중량)이나 기명날인(또는 서명)이 생략된 경우 그 증권은 무효라고 본다.[322] 운임은 절대적 기재사항에 속하지 않는다고 본다.[323] 운임은 운송물의 동일성의 판단에 중요요소가 아니고, 운임의 지급 여부는 증권의 기재라는 외관으로는 제3자가 알 수 없기 때문이다. 다만, 이러한 증권도 증거로서의 가치를 갖는다고 해석한다.

다) 임의적 기재사항 위의 법정기재사항 외에도 운송인과 송하인은 합의에 따라 그 밖의 사항을 기재할 수 있다. 흔한 예로는 유효기간, 보증기간, 배상액 또는 면책사항 등이 있다.

(3) 화물상환증의 양도

화물상환증은 당연한 指示證券으로서 記名式인 경우에도 背書에 의하여 양도할 수 있다(제130조 본문). 화물상환증을 양도하면, 송하인 또는 그 이후의 소지인은 운송물을 환가·처분할 수 있다. 즉, 송하인으로부터 배서의 연속이나 그 밖의 방법으로 실질적 권리를 취득하였음을 증명하는 자는 정당한 소지인으로서 증권상의 권리를 행사할 수 있다.[324] 다만, 화물상환증에 배서를 금지하는 뜻을 기재하면 배서에 의하여 양도할 수 없다(제130조 단서). 이때에는 일반 지명채권양도의 방법에 따라 양도할 수 있으므로(민법 제450조), 운송인에게 통지하거나 그의 승낙을 받아야 한다. 배서는 무조건으로 하여야 하며, 배서에 붙인 조건은 기재하지 아니한 것으로 본다. 즉, 조건이 없는 배서로 본다(제65조·어음법 제12조 제1항). 화물상환증의 배서는 권리이전적 효력과 자격수여적 효력이 있지만(제65조·민법 제508조

---

322) 同旨 정경영(2021), 523면; 김두진(2020), 372면; 정찬형(2025), 380면; 정동윤(2012), 265면; 이철송(2022), 552면; 近藤光男(2008), 214面.

323) 同旨 정찬형(2025), 380면; 정동윤(2012), 265면; 近藤光男(2008), 215面.

324) 대법원 2023. 8. 31. 선고 2018다289825 판결.

내지 제513조), 어음·수표의 배서(어음법 제15조 제1항, 수표법 제18조 제1항)와 달리 담보적 효력은 없다. 그것은 운송인이 채무를 불이행하더라도 권리(운송물인도청구권)의 성질상 어음·수표와는 달리 배서인들에게 이행을 상환청구(어음법 제47조 제3항·수표법 제39조 본문)할 수 없기 때문이다. 따라서 증권소지인은 자기의 배서인에게 손해배상을 청구할 수 있을 뿐, 그 이전의 배서인에게는 청구할 수 없다.

(4) 화물상환증의 담보취득

송하인으로부터 담보 목적으로 화물상환증을 취득한 자는 증권의 정당한 소지인이므로 증권상의 권리를 행사할 수 있다. 또 송하인과의 법률관계·화물상환증의 문언 등에 따라 송하인을 대신하여 운송인으로부터 증권을 교부받을 권한이 있는 자가 증권에 관한 실질적 권리를 취득한 경우 및 그로부터 담보 목적으로 증권을 취득한 자도 정당한 소지인으로서 증권상의 권리를 행사할 수 있다.[325]

(5) 화물상환증의 효력

1) 서

화물상환증은 운송물인도청구권을 표창하는 債權的 유가증권이고(제131조), 또 운송물 자체를 대표하므로 화물상환증의 교부는 운송물 자체를 인도하는 것과 같은 物權的 유가증권이다. 이를 채권적 효력과 물권적 효력으로 나누어 설명하면 아래와 같다.

2) 채권적 효력(화물상환증에 운송계약의 추정적 효력 부여)

가) 의의　　화물상환증소지인은 운송인에 대하여 운송물인도를 청구할 수 있는 채권관계를 갖는다. 이를 화물상환증의 채권적 효력이라고 한다.

나) 요인증권성과 문언증권성

① 개념

2010년 개정상법은 화물상환증이 발행된 경우에는 운송인과 송하인 사이에 화물상환증에 적힌 대로 운송계약이 체결되고 운송물을 수령한 것으로 추정하고 있다(제131조 제1항). 따라서 화물상환증소지인은 운송인에게 화물상환증의 기재된 바에 따라 권리를 행사하고 운임지급 등의 의무를 부담한다. 이를 화물상환증의 文言證券性이라 한다. 그런데 화물상환증은 운송계약에 원인을 두고 발행되므로

---

325) 대법원 2023. 8. 31. 선고 2018다289825 판결.

화물상환증에 의한 권리관계는 그 원인인 운송계약의 내용에 구속된다. 이를 화물상환증의 要因證券性이라 한다.

② **요인증권성과 문언증권성의 상위성에 관한 문제**

화물상환증은 문언증권성과 요인증권성을 갖는 결과, 화물상환증의 기재사항과 운송계약의 내용이 서로 다를 경우 어느 쪽에 의할지 문제된다. 예를 들면, 화물상환증에는 운송물이 감귤 1,000상자로 기재되어 있는데, 운송인이 실제로 송하인으로부터 인도받아 운송하는 물건은 사과 1,000상자인 경우 또는 인도받은 것이 없는 경우와 같다. 이때 요인증권성을 중시하면 운송인은 사과를 인도받았기 때문에 사과를 인도하면 족하고, 인도받은 것이 없으면 운송물인도의무를 부담하지 않는다. 이에 대하여 문언증권성을 중시하면 운송인은 감귤을 인도하여야 하는데, 인도가 불가능하기 때문에 운송물이 전부 멸실한 경우와 같은 기준으로 손해배상을 하여야 한다. 이 문제는 화물상환증의 소지인이 송하인인지 아니면 제3취득자인지에 따라 달리 해결될 수 있다.

㉠ 소지인이 송하인인 경우

소지인이 송하인인 경우에는 화물상환증의 기재사항과는 무관하게 운송인과의 실제 운송계약에 의하여 해결해야 한다. 즉, 위의 사례에서 운송인은 운송물의 수령권자인 송하인에게 사과 1,000상자를 인도하면 된다. 그러나 실제문제로서 계약당사자인 송하인이 운송인에게 사과 1,000상자를 인도하고도 감귤 1,000상자를 인도하였다고 주장할 수도 있고, 반대로 운송인은 감귤 1,000상자를 계약당사자인 송하인으로부터 인도받고서도 사과 1,000상자를 수령하였다고 주장할 수도 있다.

이와 같이 운송물의 동일성에 관하여 운송인과 송하인간에 다툼이 있는 때에는 법문에 의거 화물상환증의 文言性에 따라 증명책임이 배분된다. 왜냐하면 운송인과 송하인 사이에는 화물상환증에 기재된 사항과 같이 운송계약이 체결되고 운송물을 수령한 것으로 추정하는 효력만이 있기 때문이다(제131조 제1항). 다만, 송하인과 화물상환증 소지인이 일치하는 경우, 화물상환증 소지인인 송하인은 계약의 당사자로서 그 내용을 알고 있기 때문에, 설령 운송계약의 내용과 다른 화물상환증을 소지하고 있더라도 문언증권성이 우선될 수 없고, 요인증권성에 따라 해결하여야 하는 것이다.

㉡ 소지인이 제3자인 경우

상법은 운송인은 화물상환증을 선의로 취득한 소지인에 대하여 화물상환증에 적힌 대로 운송물을 수령한 것으로 보고 화물상환증에 적힌 바에 따라 운송인으로서 책임을 지도록 명시하고 있다(제131조 제2항). 본래 화물상환증이 유통되어 송하인 이외의 제3자가 취득한 때에도 화물상환증의 要因性에 의하여 해결함이 원칙이다. 그러나 화물상환증에 실제와 다른 기재를 하였음에도 이를 신뢰하고 취득한 제3자가 있는 때에는 화물상환증의 유통성을 존중하여 그 제3자를 보호하여야 한다. 이러한 취지에서 상법은 증권소지인이 제3자인 경우에는 문언성에 따라 해결하도록 규정하고 있는 것이다.

따라서 위의 사례에서 화물상환증에 감귤 1,000상자라고 기재되어 있는 경우에는 실제 운송인이 수령한 물건이 사과 1,000상자이고, 또 이를 증명하더라도 善意의 제3자에 대하여는 감귤 1,000상자를 인도하여야 한다. 물론 운송인은 수령하지 않은 물건, 즉 감귤 1,000상자를 인도할 수는 없으므로 결국 채무불이행이 되고 손해배상책임을 진다.

㉢ 문언성의 적용범위

제131조 제2항에 따라 화물상환증의 文言性을 중시한다고 하더라도 惡意의 취득자는 보호받지 못한다. 그리고 운송인은 物的 抗辯事由, 예를 들면 불가항력에 의한 운송물의 멸실, 소멸시효의 완성 등에 의한 항변권을 소지인에게 직접 행사할 수 있다.

3) 물권적 효력

가) 의의 및 취지 화물상환증에 의하여 운송물을 받을 수 있는 자에게 화물상환증을 交付한 때에는 운송물 위에 행사하는 권리의 취득에 관하여 운송물을 인도한 것과 동일한 效力이 있다(제133조). 이를 화물상환증의 '物權的 效力'이라고 한다. 이는 운송 중에 있는 운송물의 양도나 입질을 용이하게 하는 데 그 취지가 있다. 따라서 운송인이 운송물을 양도나 입질을 하기 위하여 화물상환증을 교부한 때에 그 수취인은 운송물 위에 소유권 또는 질권을 취득한다.

나) 발생요건 화물상환증의 교부로 물권적 효력이 발생하기 위하여는 몇 가지 요건을 충족하여야 한다.

① **운송인이 운송물을 인도받아 점유할 것**

물권적 효력은 운송물이 실물로 존재하고 운송인의 占有下에 있음을 전제로 하여 인정되는 효력이다. 그러므로 화물상환증이 운송물의 인도 없이 발행되거나, 즉 空券이거나 운송물이 멸실된 때에는 운송인의 점유가 없게 되므로 이 효력은 생기지 아니한다.

② **운송물이 존재할 것**

물권적 효력이 생기기 위하여는 운송물이 존재하여야 함은 물론이다.

③ **화물상환증에 의하여 운송물을 받을 수 있는 자에게 증권이 교부될 것**

'화물상환증에 의하여 운송물을 받을 수 있는 자'란 증권상의 권리자로서의 자격이 있는 자, 즉 화물상환증이 정당한 소지인을 말한다. 화물상환증이 지시식이면 연속된 배서의 최후의 피배서인, 무기명식이거나 소지인출급식[326]이면 증권의 소지인을 뜻한다. 善意取得者는 포함되지만, 증권의 단순한 점유자(예 절취범)는 해당하지 않는다. 상속·합병과 같이 법률상의 권리를 당연히 승계하는 자도 화물상환증을 정당하게 취득한 자이다.

다) 물권적 효력과 선의취득과의 관계 기술한 바와 같이 화물상환증의 물권적 효력이란 '운송물을 받을 수 있는 자'에게 증권을 교부한 때는 운송물의 점유를 이전하는 효력, 즉 운송물 자체를 인도한 것과 거의 동일한 효력이 발생함을 의미한다. 따라서 '물권적 효력'이라고 표현하더라도 화물상환증 자체가 물권을 표창한다는 의미는 아니다. 즉, 화물상환증의 선의취득자에게는 운송물의 점유를 취득한 것과 같은 효력이 있을 뿐 그 소유권이나 운송물을 선의취득한 것도 아니다. 그 결과 운송물의 선의취득자가 있는 때에는(민법 제249조 이하) 운송물의 선의취득자가 우선한다.[327]

라) 물권적 효력의 내용

① **민법 제190조 등과의 관계**

운송인은 운송물을 直接占有하고, 최초의 화물상환증소지인은 운송인에 대하여 갖는 운송물반환청구권을 통하여 운송물을 間接占有한다고 볼 수 있다. 이

326) 증권의 소지인을 권리자로 하여 소지인에게 지급하라는 뜻으로 발행하는 유가증권을 말한다. 소지인출급식수표가 대표적이다(수표법 제5조).

327) 同旨 정찬형(2025), 384면; 大審院 1932. 2. 23. 民集 第11巻 148面.

때 간접점유자가 목적물을 양도하고자 할 경우, 민법상으로는 그가 직접점유자에게 갖는 목적물반환청구권을 양수인에게 양도함으로써 목적물을 인도한 것으로 본다(민법 제190조). 그리고 목적물반환청구권은 채권적 청구권이므로 이를 양도하기 위하여는 운송인에게 통지하거나 그의 승낙을 받는 등 채권양도의 절차(민법 제450조)를 밟아야 한다. 그런데 제133조는 물권적 효력규정으로서 '화물상환증의 交付는 운송물의 인도와 동일한 효력이 있다.'고 명시하고 있다.

따라서 제133조와 민법 제190조·제450조간의 관계에 대한 법리구성에 관하여 다음과 같은 학설이 있다.

② 절대설

이 학설은 제133조의 화물상환증의 교부는 민법 제190조의 점유이전방법에 대한 특칙으로서 상법이 운송물에 관하여 특별히 인정한 점유이전방법이라고 한다. 그리하여 증권이 교부되면 운송물의 점유가 절대적으로 이전한다고 본다. 따라서 이 학설에 따르면 운송인이 운송물을 점유하고 있는지의 여부를 불문하고 증권의 교부에 의하여 증권의 소지인은 절대적으로 운송물의 점유를 취득한다. 그 결과 민법 제190조가 적용될 여지는 없고, 목적물반환청구권의 양도를 위한 절차(민법 제450조의 통지 또는 승낙 등의 대항요건)를 밟을 필요도 없다. 다만, 이 학설은 운송물의 존재를 기본 전제로 하므로 화물상환증의 空券, 운송물의 멸실 또는 제3자가 운송물을 선의취득한 경우에는 증권이 교부되더라도 물권적 효력은 생기지 아니한다. 결국 이 학설에서는 증권의 교부와 운송물의 존재라는 요건이 충족되면 인도가 이루어진다. 증권소지인의 지위강화와 증권의 유통성을 중시하는 견해라고 할 수 있다.

③ 상대설

이 학설은 제133조의 의미를 민법 제190조와 연결지어 이해하려고 하는데, 연결의 정도에 따라 두 가지 입장이 있다. 우선 嚴正相對說은 제133조의 증권의 교부를 인도의 특수한 방법으로 보지 않고 민법 제190조의 목적물반환청구권의 양도에 의한 간접점유를 이전하는 한 방법을 예시한 것이 불과하다고 본다. 이 학설을 취하면 화물상환증의 물권적 효력을 부인하게 되어 제133조는 사문화된다. 현재는 이 說을 취하는 학자는 없다.

代表說은 화물상환증이 운송물을 대표한다고 보고 증권의 교부만으로도 운송물의 간접점유를 이전하는 효과가 생긴다고 한다. 따라서 운송인이 운송물을 직접점유하고 있어야 한다. 다만, 이 학설은 화물상환증의 교부에 의하여 이전되는 것은 운송물의 간접점유라고 보므로, 제133조를 민법 제190조에 근거를 두면서 그 특칙으로서의 의미가 있음을 인정하고 있다(통설).[328] 그리고 이 학설은 화물상환증이 운송물을 대표하기 때문에 증권의 교부에 민법 제450조와 같은 대항요건을 구비할 필요가 없다고 한다. 이 점에서는 절대설과 같다. 그리고 운송인의 직접점유를 넓게 해석하여 운송인이 창고업자에게 운송물을 보관시킬 때에도 운송인이 직접점유한 것으로 보며, 설사 운송인이 일시 占有를 잃더라도 占有回收의 訴權(민법 제204조 제1항, 제208조)을 갖는 한 운송인이 점유한 것으로 보아 물권적 효력을 인정한다.

④ 절충설(유가증권적 효력설)

이 학설은 제133조상의 화물상환증에 표창된 운송물반환청구권을 민법 제190조의 단순한 목적물반환청구권의 양도로 보지 않고, 유가증권법적으로 양도하는 특별한 방식을 규정한 것으로 본다. 따라서 민법 제450조에 의한 대항요건을 구비할 필요는 없다고 한다. 이 경우 운송인은 운송물을 직접 점유하여야 한다. 다만, 운송인이 점유회수청구권을 가지고 있다면 화물상환증의 물권적 효력이 인정한다.

⑤ 판례

판례는 엄정상대설을 취하지 아니함은 분명하지만,[329] 절대설 또는 대표설을 취하고 있는지의 여부를 밝혀주는 판례는 없다.

⑥ 사견

절대설은 화물상환증소지인의 지위를 강화하고 증권의 유통성을 중시하는 것으로 보이지만 공권의 발생, 운송물의 멸실 또는 제3자가 운송물을 선의취득한 경우에는 물권적 효력이 부정되는 문제점이 있다. 절충설은 물권변동에 관하여 형식주의[330]를 취하고 있는 우리나라에서는 수용하기 어렵다. 또 제133조가 독

328) 안동섭·소륜(2010), 243면; 최준선(2021), 405면; 정찬형(2025), 386－387면; 송옥렬(2021), 198면; 이철송(2022), 557면; 최기원·김동민(2014), 381면.

329) 대법원 1997. 7. 25. 선고 97다19656 판결; 1989. 12. 22. 선고 88다카8688 판결.

330) 물권변동에서의 형식주의는 당사자의 의사표시만으로는 그 목적이 되는 물권변동이 발생되지 않고 부동산은 등기, 동산은 인도라는 공시방법을 갖추어야 물권변동이 일어남을 뜻

자적인 물권변동방법을 만든 것으로 보기도 어렵다. 따라서 동산의 인도에 관한 법리를 해치지 않으면서 절대설과 유사한 수준의 거래의 안정을 기하고, 화물상환증 없이는 운송물의 처분이나 반환청구를 할 수 없다는 점을 고려할 때 증권이 운송물을 대표한다는 논리를 구성하는 것이 타당하다(대표설).

마) **효과** 위와 같이 화물상환증에는 물권적 효력이 있으므로 화물상환증이 발행된 때 운송물의 처분은 화물상환증을 가지고 하여야 하며(제132조), 화물상환증과 상환하지 아니하면 운송물의 인도를 청구할 수 없다(제129조). 또 화물상환증을 소지하지 아니하면 운송인에 대하여 운송의 중지, 운송물의 반환 기타의 처분권도 행사할 수 없다(제139조).

6. 순차운송

(1) 의의 및 취지

순차운송은 동일한 운송물의 운송에 수인의 운송인이 참여하는 운송을 말한다. 거래가 지역적·공간적으로 확대되고 있는 오늘날 주로 장거리운송에 활용된다. 장거리운송의 경우 1인의 운송인이 全 구간을 운송하는 것은 효율적이지 않고, 어려움을 겪을 수도 있다. 따라서 상법은 운송의 효율성과 용이성을 위하여 구간별로 수인의 전문운송인이 참여하는 순차운송을 인정하고 있다. 예를 들면 서울의 가락시장에서 감귤을 싣고 춘천시 남산면의 남이섬까지 운송하는 경우 가락시장에서 청량리역까지는 트럭을 소유하는 甲운송인이 담당하고, 청량리역에서 춘천시까지는 乙(철도공사)의 기차로 운송하고, 춘천시에서 남산면까지는 丙의 트럭으로 운송하며, 남산면에서 남이섬까지는 丁의 보트로 운송하는 것과 같다

상법은 이러한 순차운송시 운송 중에 발생한 운송물의 손해에 대한 운송인간의 책임분담과 순차운송인들간의 채권의 代位行使에 관하여 규율하고 있다.

(2) 순차운송의 종류

1) 부분운송

이는 수인의 운송인이 각 구간별로 독립하여 송하인과 운송계약을 체결하는 형태를 말한다. 따라서 위의 사례에서는 송하인이 甲과는 가락시장－청량리, 乙과는

한다.

청량리－춘천시, 丙과는 춘천시－남산면, 丁과는 남산면－남이섬의 구간에 대하여 각각 운송계약을 체결한다. 그리고 각 운송인은 자기 구간의 운송에 대해서만 책임을 진다. 즉, 운송인은 다른 구간의 운송에 대하여는 직접적인 관계가 없다.

2) 하수운송

이는 1인의 운송인이 송하인과 전 구간에 대한 운송계약을 체결하고, 그 운송인이 전부 또는 일부구간을 다른 운송인(제2의 운송인)과 운송계약(下都給)을 체결하는 형태이다. 위 사례에서는 송하인이 甲과 가락시장－남이섬 구간의 운송계약을 체결한다. 따라서 제2의 운송인(하수운송인)은 송하인과 직접적인 법률관계를 갖지 않고 운송인의 이행보조자에 불과하며, 송하인과 운송계약을 체결한 운송인 甲이 운송에 관한 모든 책임을 진다.

3) 동일운송

이는 수인의 운송인이 공동으로 송하인과 전 구간에 대한 운송계약을 체결하고, 내부적으로 각 운송인이 分擔할 구간을 정하는 형태이다. 위 사례에서는 甲, 乙, 丙, 丁이 공동으로 송하인과 가락시장－남이섬의 운송계약을 체결하고, 내부적으로 운송구간을 분담한다(예 甲은 가락시장－청량리, 乙은 청량리－춘천시, 丙은 춘천시－남산면, 丁은 남산면－남이섬). 이와 같이 동일운송에서는 1개의 운송계약만이 존재하므로 수인의 운송인은 송하인에게 전 구간에 대한 연대책임을 진다(제57조 제1항). 이 운송계약은 운송주선인의 경우에는 없다.

4) 공동운송(협의의 순차운송)

이는 수인의 운송인이 각 구간별로 운송을 인계·인수하는 연락관계를 가지고 있을 때 송하인이 최초의 운송인(위 사례의 甲)과 운송계약을 체결함으로써 나머지 운송인을 동시에 이용할 수 있는 형태이다. 이를 협의의 순차운송이라고 한다. 공동운송의 경우 송하인과 최초의 운송인간의 운송계약에는 나머지 운송인의 운송조직을 이용한다는 합의가 포함되어야 한다. 위 사례에서는 甲, 乙, 丙, 丁간에는 가락시장에서 남이섬까지 이동하는 운송물을 순차운송하기로 합의되어 있고, 송하인은 이 합의를 알고 또 그 운송조직을 이용하기 위하여 甲과 운송계약을 체결한다. 그리고 수인의 운송인은 법률상 하나의 운송관계에 순차적으로 참가하게 된다. 일반적으로는 하나의 운송계약에 하나의 화물명세서, 이른바 通화물명세서로 운송이 인계·인수될 것이다.

5) 상법상 순차운송

가) 의의 제138조는 운송물의 손해에 대한 순차운송인의 연대책임과 순차운송인간의 부담부분에 관하여 명시하고 있다. 그리하여 동조가 협의의 순차운송을 뜻하는지에 대하여 학설이 나뉜다.

나) 학설 肯定說은 특히 제138조 제1항에서 '수인이 순차적으로 운송할 경우'라고 명시하고 있으므로 부분운송과 하수운송에는 적용될 여지가 없고, 공동운송에만 적용된다고 한다.[331] 또 연대책임은 제57조 제1항을 적용하는 것으로 족하다고 한다(통설). 否定說은 제138조 제2항과 제3항에서 규정하는 순차운송인의 손해분담내용과 제147조에 의하여 준용되는 제117조의 대위제도는 제57조 제1항에서 도출할 수 없기 때문에 제138조 제2항·제3항 및 제147조·제117조를 적용하기 위하여는 동일운송도 순차운송에 포함시켜야 한다고 본다(소수설).[332]

다) 사견 후술하는 바와 같이 후자의 운송인에게 인정되는 대위제도는 전자의 운송인을 보호하는 데 그 취지가 있다. 때문에 제138조의 순차운송의 개념을 넓게 보아 동일운송도 순차운송에 포함시킬 필요가 있다(부정설).

(3) 순차운송인의 손해배상책임

1) 연대책임 및 그 취지

수인이 순차로 운송할 경우 각 운송인은 운송물의 멸실·훼손·연착으로 인한 손해를 연대하여 배상할 책임이 있다(제138조 제1항). 이에 따라 송하인 및 受荷人 등은 누구의 구간 또는 어느 구간에서 손해가 발생하였는지를 證明하지 않더라도 배상을 청구할 수 있고, 각 운송인은 연대하여 손해배상책임을 진다. 이는 손해를 발생하게 한 일부구간의 순차운송인의 資力이 열등한 때에도 수하인 등에게 충분한 손해배상을 확보할 수 있게 하기 위함이다.

2) 청구권 및 분담부분

제138조 제1항의 연대책임은 대외적인 책임이다. 내부적로는 손해발생과 무

---

331) 최기원·김동민(2014), 370면; 송옥렬(2021), 200면; 정찬형(2025), 391면; 최준선(2021), 395면; 김정호(2022), 414면; 정경영(2021), 522면; 안강현(2019), 319면; 임중호(2015), 486면.

332) 이철송(2022), 560－561면; 김두진(2020), 385면.

관한 운송인이 受荷人 등에게 손해를 배상한 때에는 그 손해의 원인이 된 행위를 한 운송인에 대하여 구상권이 있다(제138조 제2항). 이 경우 그 손해의 원인이 된 행위를 한 운송인을 알 수 없는 때에는 각 운송인이 운임액의 비율로 손해를 분담한다. 그러나 손해의 원인된 행위를 한 운송인은 알지 못하지만, 특정의 운송인이 손해발생과 무관함이 판명되는 경우, 그 운송인은 손해가 자기의 운송구간 내에서 발생하지 아니하였음을 증명하여 분담책임을 면할 수 있다(제138조 제3항).

(4) 순차운송인의 대위의무와 대위권

1) 대위의무

순차운송에서는 운송물의 점유가 운송인들간에 이전되므로 선순위의 운송인, 예컨대 위의 가락시장－남이섬의 운송계약사례에서 甲, 乙, 丙은 운임 기타의 채권을 가지고 유치권을 행사할 수 없다. 그리하여 후자의 운송인, 예컨대 위 사례에서의 丁은 전자의 모든 운송인에 갈음하여 그 권리를 행사할 의무를 부담한다(제147조 · 제117조 제1항). 이를 代位義務라 한다. 이에 따라 후자의 운송인은 전자로부터의 수권 없이 전자를 대리하여 수하인 등에게 운임 기타 채권을 행사하고 운송물에 대하여 유치권을 행사할 수 있다. 이는 법적 권리이므로 수하인은 후자 운송인의 권리행사에 대하여 本人이 아니라는 이유로 이행을 거절하지 못한다. 반대로 후자의 운송인이 代位權行使를 게을리한 때에는 전자에 대하여 손해배상책임을 진다. 다만, 후자의 운송인이 대위를 한다고 하여 전자의 권리가 소멸하는 것은 아니므로 전자도 스스로 자기의 채권을 행사할 수 있다.

한편 후자가 대위할 전자의 범위에 대하여 위의 설명과는 달리 자기의 직접의 전자, 즉 위의 사례에서 丁이 대위권을 행사할 경우 丙만을 뜻한다는 입장이 있다.[333] 자기가 선관주의의무를 다하여야 할 자는 직전의 순차운송인이며, 前前者 사이에는 아무런 법률관계가 없다는 점을 주요 논지로 한다. 그러나 이 대위의무는 운송의 원격성으로 인하여 앞선 운송인들을 보호를 위한 법정의무이므로 모든 전자를 포함하는 것이 옳다.[334]

333) 정경영(2021), 522면; 안강현(2019), 320면; 정찬형(2025), 391면; 손주찬(2004), 355면; 전우현(2019), 350면; 최기원 · 김동민(2014), 371면; 안동섭 · 소륜(2010), 218면; 近藤光男(2008), 212面; 柴田和史(2024), 246面.

334) 同旨 최준선(2021), 396면; 이철송(2022), 562면; 송옥렬(2021), 200면; 서헌제(2007), 343

2) 대위권

후자의 운송인이 미리 전자에게 전자의 채권을 변제한 경우, 후자는 전자가 受荷人에게 갖는 채권을 취득한다(제147조·제117조 제2항). 그리하여 후자는 전자의 채권을 자기의 권리로서 행사할 수 있다. 즉, 후자는 변제할 정당할 이익이 있는 자가 변제하여 채권자를 대위하는 法定代位權(민법 제481조)과 같은 권리를 취득하는 것이다. 이는 순차운송의 경우 지역적인 사정으로 전자의 운송인이 직접 채권을 행사하는 것이 용이하지 않을 수 있으므로 후자가 전자에게 운임 등을 먼저 지급하고 후자가 전 구간에 대한 권리를 일괄하여 행사하는 관행을 존중한 제도이다. 이로써 전자의 운송인의 이익을 보호된다.

3) 적용범위

상법상 순차운송의 개념에 관한 통설은 공동운송만을 순차운송이라고 하면서 그 중 다수설은 운송채권의 代位에 관한 제147조만은 공동운송 외에도 모든 순차운송에 적용하여야 한다는 입장을 취한다. 이에 비해 통설 중 소수설은 그 같이 볼 근거가 없다는 이유로 공동운송에만 적용된다고 한다.

생각건대, 제138조와 마찬가지로 대위제도를 적용함에 있어서도 수하인이 운송인의 대위권 행사에 복종하게 할 근거를 갖는 공동운송은 물론 동일운송에도 적용된다고 본다.

Ⅲ 여객운송

1. 의 의

旅客運送은 물건운송과는 달리 자연인을 대상으로 한다. 즉, 제148조 이하에서 규정하는 여객운송은 육상 또는 호천, 항만에서 여객을 장소적으로 이동시키는 행위이다(제125조).

2. 특 징

여객운송은 물건운송과는 달리 운송물의 점유·보관, 수령·인도와 같은 복잡

면; 김두진(2020), 388면; 정준우(2021), 333면; 김홍기(2021), 248면.

한 문제가 생기지 않는다. 그리하여 상법은 여객운송에서 발생하는 운송인의 손해배상책임만을 규정하고 있다.

3. 여객운송계약

여객운송은 운송대상이 자연인이므로 여객운송계약은 운송 중 여객의 생명·신체가 안전하게 보호되어야 함이 무엇보다도 중요하므로 물건운송의 경우보다 高度의 注意를 베풀어야 한다. 그리하여 여객의 생명·신체에 대한 손상으로 인한 손해배상액의 산정도 물건운송에서와는 다른 원리로 결정된다.

여객운송계약은 보통 운송인과 여객간에 체결되지만, 여객이 아닌 자가 당사가가 될 수 있다(예 여객이 영아나 유아인 경우). 여객운송에는 일반적으로 승차권이 이용되는데, 무기명식은 유가증권으로서 양도할 수 있지만, 기명식은 특정인의 운송책임에 관한 증거증권으로써 양도할 수 없다.

4. 여객운송인의 책임

(1) 의의 및 유형

여객운송인은 운송계약에 따라 여객을 목적지까지 선량한 관리자로서의 주의를 기울여 운송하여야 하며 이를 게을리한 경우에는 손해배상책임을 진다. 여객운송에서는 물건운송과 달리 ① 운송인의 부주의로 여객 자신의 생명·신체·의복 등에 손상을 입히는 경우의 對人的 損害와, ② 수하물에 관하여 손실을 발생시키는 경우의 對物的 損害가 있다. 이 때문에 상법은 손해의 유형을 두 가지로 나누어 규정하고 있고, 생명·신체에 손상을 입히는 때에는 재산상의 손해 외에 정신적인 손해도 발생하므로 손해배상도 나누어 고려하여야 한다.

(2) 대인적 손해에 대한 책임

1) 손해의 유형

여객운송인은 자기 또는 사용인이 운송에 관한 주의를 해태하지 아니하였음을 증명하지 아니하면 여객이 운송으로 인하여 받은 손해를 배상할 책임을 면하지 못한다(제148조 제1항). 이는 물건운송인의 경우와 같이 여객운송인의 채무불이행책임이다. 여객운송인이 무과실의 증명책임을 지는 것도 물건운송의 경우와 같다.

여객운송인의 주의의무는 차량의 운행에만 그치는 것이 아니라 운송설비의 안전점검이나 운송인의 관리범위에 속하는 노선의 안전 확보에도 미친다. 그리하여 운행하던 열차의 열려진 창문의 틈 사이로 유리조각이 날아들어 와서 승객이 상해를 입은 경우 그 유리조각이 제3자의 투척 등의 행위에 기인된 것이 아니고, 열차 진행에 수반하여 통상적으로 날아들어 온 것이라면, 운송에 관한 주의를 해태하지 아니하였음을 증명하지 못하는 한, 운송업자는 이에 대한 손해배상책임이 있다.[335] 다만, 운송 중에 사고가 발생하였다고 하더라도 외부에서 차량에 투석하는 등 제3자의 행위가 개입된 때에는 운송인이 책임지지 않는다.[336]

나아가 여객운송인의 주의의무는 운행 전에 사고발생을 사전에 방지하기 위한 주의를 베풀어야 하는 등 그 범위가 넓다. 책임 역시 그에 비례하여 무겁다. 그리하여 열차승무차장은 승강단에 매달려 가는 승객의 유무를 살펴 객차 안으로 들여 보내고 승강구의 門扉[337]를 폐쇄하는 등 사고발생을 미연에 방지하는 데 필요한 업무상 주의의무가 있다.[338] 같은 논리로 운송인은 승객이 열차에 들어간 후 출입문을 닫은 후에 열차를 출발케 하여 승객이 운송 도중 추락되는 등의 사고가 발생하지 않도록 조처할 주의의무가 있다.[339] 또 여객운송인이 책임을 면하기 위하여는 자기 또는 사용인의 무과실을 증명하여야 하므로 그만큼 입증부담도 무겁다. 그리하여 플랫폼(platform)에서 열차를 기다리다가 통과열차의 風壓으로 인하여 전도된 자에 대하여도 철도회사나 전철회사는 손해배상책임을 진다고 풀이한다.

기술한 바와 같이 여객운송인의 책임은 채무불이행책임이다. 그러므로 열차승차권이 아니라 배웅을 위하여 승강장까지만 입장할 수 있는 입장권을 구매한 자가 열차가 출발한 후 100여 미터 정도 진행하였을 때 열차에서 뛰어내리다가 자갈밭에서 사망한 경우, 입장권의 발매만으로는 여객운송계약이 체결된 것이 아니므로 철도청은 제148조에 의한 손해배상책임을 지지 않는다.[340]

---

335) 대법원 1979. 11. 27. 선고 79다628 판결.
336) 대법원 1979. 11. 27. 선고 79다628 판결; 1969. 7. 29. 선고 69다832 판결.
337) 문틀이나 창틀에 끼워서 여닫게 되어 있는 문이나 창의 한 짝을 말한다.
338) 대법원 1977. 9. 28. 선고 77다982 판결.
339) 대법원 1980. 1. 15. 선고 79다1966·1967 판결.
340) 대법원 1991. 11. 8. 선고 91다20623 판결.

2) 손해배상

여객운송인의 부주의로 여객의 생명·신체 등이 손상을 입은 경우, 여객운송인은 그로 인한 재산상의 손해를 배상하여야 한다. 이 경우 여객의 손해배상은 치료비·장례비와 같은 적극적인 손해액은 물론 장래의 逸失利益도 배상하여야 한다. 이는 물건운송과 여객의 수하물에서의 손해배상액이 정형화되어 있는 점(제137조·제149조)과 구분되는데, 여객의 생명·신체에 대한 손해는 개별적으로 고려하여 배상하는 것이 합리적이기 때문이다. 일실이익의 계산은 사고 당시의 수익을 기준으로 함이 원칙이고, 사고 당시 직업이 없었다면 일반노동 임금을 기준으로 할 수밖에 없으나, 일정한 직업에 종사하여 수익을 얻을 것이라고 확실하게 예측할 만한 객관적 사정이 있을 때에는 장차 얻게 될 수익을 기준으로도 산정할 수 있다.[341] 특히 법원은 손해배상액을 정함에 있어서 피해자와 그 가족의 정상을 참작하여야 한다(제148조 제2항). 이는 통상의 손해의 배상을 원칙으로 하는 민법 제393조에 대한 예외를 인정한 것인데, 생명·신체에 대한 손해는 피해자와 가족의 장래의 생계문제로 이어진다는 점을 배려한 규정이다.

제148조의 손해배상의 범위에는 피해자의 정신적 손해에 대한 배상, 이른바 慰藉料도 포함한다. 다만, 이는 채무불이행책임이므로 피해당사자가 아닌 가족이 입은 정신적 손해는 포함되지 않는다.[342] 대인적 손해에 대한 여객운송인의 책임에는 일반상사시효 5년(제64조)이 적용된다. 즉, 후술하는 대물적 책임과는 달리 특칙규정이 없다(제147조·제121조 제1항).

3) 연착으로 인한 손해배상

제148조 제1항은 운송의 연착으로 인하여 여객의 신체나 생명에 생긴 손해는 물론 일실이익에 대하여도 적용된다. 따라서 여객의 신체나 생명에 손해가 없는 단순한 연착에 대하여는 적용되지 않는다. 그리고 연착으로 인한 손해배상액을 정함에는 성질상 피해자와 그 가족의 정상을 참작할 필요는 없다. 즉, 제148조 제2항은 적용되지 않는다.

---

341) 대법원 1982. 7. 13. 선고 82다카278 판결.
342) 대법원 1982. 7. 13. 선고 82다카278 판결.

(3) 대물적 손해에 대한 책임

1) 손해의 유형

여객운송인은 여객수하물의 손해에 관하여도 책임을 지는데, 수하물을 인도받은 경우와 인도받지 아니한 경우에 그 책임내용이 서로 다르다.

2) 인도받은 경우(탁송수화물)

여객운송인은 여객으로부터 인도받은 수하물에 관하여는 운임을 받지 아니한 경우에도 물건운송인과 동일한 책임이 있다(제149조 제1항). 따라서 여객운송인은 물건운송인과 같이 무과실의 증명책임을 부담한다(제135조). 그리고 손해배상책임은 제137조에 의거 정형화된 내용에 따르고, 고가물에 대하여도 제136조의 특칙이 적용된다. 다만, 상법은 여객이 수하물의 수령을 지체할 때를 대비한 特則만을 명시하고 있으므로 물건운송에 관한 규정은 적용되지 아니한다. 즉, 수하물이 도착지에 도착한 날로부터 10일 내에 여객이 인도를 청구하지 아니한 때에는 운송인이 수하물을 공탁·경매할 수 있다. 그러나 주소 또는 거소를 알지 못하는 여객에 대하여는 최고와 통지를 하지 않고도 할 수 있다(제149조 제2항). 또 경매를 한 때에 운송인은 경매대금에서 경매비용을 공제한 잔액을 공탁하여야 한다(제149조 제2항·제67조 제3항).

3) 인도받지 않은 경우(휴대수화물)

여객운송인은 여객으로부터 인도받지 아니한 수하물의 멸실 또는 훼손에 대하여는 자기 또는 사용인의 과실이 없으면 손해를 배상할 책임이 없다(제150조). 따라서 손해배상을 청구하는 여객은 운송인의 過失을 증명하여야 한다. 이는 여객이 수하물을 휴대하는 때에는 수하물이 운송인의 점유하에 있지 아니하므로 운송인의 책임을 경감한 것이다. 만약 운송인의 과실이 증명되는 경우 명시규정은 없지만, 인도받은 수화물의 경우와 같이 제137조에 따라 배상액을 정한다(통설). 민법의 일반원칙을 적용하여 배상액을 정하면, 휴대수화물의 경우가 탁송수화물보다 무거운 책임을 지게 되기 때문이다.

5. 여객운송인의 권리

여객운송인은 상인이므로 보수청구권을 갖는다(제61조). 운송계약은 도급이므로, 원칙적으로는 운송이 종료된 후에 운임을 청구할 수 있으나(민법 제665조), 실제로는 약관이나 상관습에 의하여 승차권의 발행을 통하여 先給인 경우가 많다.

여객운송인이 운임채권 등을 확보하기 위하여 여객의 탁송수하물[343]을 유치할 수 있는지에 대하여는 명문의 규정이 없다. 그러므로 여객운송인이 운임채권 등을 확보하기 위하여는 민법상의 유치권만 행사할 수 있다. 민법상의 유치권은 유치물과 채권의 견련성을 요구하므로 여객운송인은 탁송수하물의 운임에 대하여만 유치권을 행사할 수 있다.

그런데 탁송수하물에 관한 운임은 별도로 받지 않는 것이 일반적이므로 결국 여객운송인은 유치권을 행사할 수 없는 것과 같은 결과가 된다. 이로 인하여 다수설은 여객운송인에게 물건운송인의 특별상사유치권에 관한 규정(제147조·제120조)을 유추적용하여야 한다고 본다.[344] 이는 物權法定主義의 원칙[345](민법 제185조)에 어긋나므로 해석론으로서 채택할 수 있는지 의문이다. 다만, 입법론으로서는 올바르므로 이를 통한 해결이 바람직하다.

제5절 운송주선업

I 총 설

1. 개 념

운송주선업의 법적 원형은 위탁매매업이다. 그리하여 운송업과는 달리 운송 자체를 실행하는 것이 아니라 송하인(위탁자)의 위탁을 받아 자기의 명의로 송하인의 계산으로 운송인과 운송계약을 체결하여 송하인과 운송인의 운송을 연결하는 영업이다. 보통은 운송주선인 자신이 운송수단을 구비하지 않고 운송업계 및 운

343) 탁송수하물은 사람이나 운송인이 여객으로부터 인도받아 직접 보관하면서 운송하는 물건을 말한다.

344) 이기수·최병규(2016), 541면; 안강현(2019), 332면; 최기원(2021), 411면; 정찬형(2025), 400면; 최기원·김동민(2014), 391면; 전우현(2019), 370면.

345) 물권은 법률 또는 관습법에 의하는 외에는 임의로 창설하지 못한다는 원칙을 말한다.

송노선, 그리고 운송물의 공급시장에 관한 전문적인 정보를 활용하여 운송을 주선한다.

2. 기 능

오늘날의 상거래는 대형화되고, 운송의 거리가 육해공 삼면에 걸쳐 길어지고, 운송수단도 다양하다. 뿐만 아니라 운송물도 복잡·대량화되고 있다. 이에 따라 운송인과 운송수단에 관한 정확한 정보를 갖지 못하는 송하인들은 운송물을 송부하고자 할 때 적합한 운송수단·운송인의 선택, 적절한 운임의 결정에 어려움을 겪는다. 이 경우에 운송주선인을 활용하게 되면, 송하인은 보다 신속·효율적인 송부를 할 수 있고, 각종 수고를 덜 수도 있다. 왜냐하면 운송주선인은 본래 물건운송계약의 체결 등 위탁의 인수를 영업목적으로 하나, 운송목적의 실현에 도움을 주는 상품의 통관절차, 운송물의 검수·보관·附保(보험가입 운송물)의 수령·인도 등의 부수적 업무를 담당하는 것이 常例이기 때문이다.[346] 또한 운송인은 운송물을 확보하기 위한 비용을 절감하고 운송에 전념할 수 있는 이점이 있다.

3. 연 혁

운송주선업은 중세시대 국제무역과 관련하여 발달한 위탁매매업에 그 기원을 둔다. 그 후 위탁매매업이 확대되고, 운송업이 발달함에 따라 운송주선업도 독립된 영역으로 분리되어 왔다. 이러한 기원과 발달과정에서 운송주선업과 위탁매매업·운송업간의 관계에 대한 입법례는 상이하다. 상법이 운송주선업을 위탁매매업과 운송업으로부터 독립된 영업으로 명시한 것은 독일신상법의 계수에서 연유한다.[347] 다만, 상법은 운송주선업이 위탁매매업과 같이 타인을 위하여 주선행위를 한다는 점과 운송이라는 전문영역을 다루는 업종이라는 점을 반영하여 위탁매매업과 운송업에 관한 규정을 다수 준용하고 있다(제123조·제124조).

4. 운송과 운송주선의 구별기준

운송주선인은 위탁자를 위하여 자기의 명의로 물건운송의 주선을 영업으로

346) 대법원 2018. 12. 13. 선고 2015다246186 판결; 1987. 10. 13. 선고 85다카1080 판결.
347) 이병태(1988), 281면; 정찬형(2025), 335면.

하는 상인이지만, 다른 사람의 운송목적의 실현에 도움을 주는 부수적 업무를 담당할 수도 있다. 그리하여 상품의 통관절차, 운송물의 검수·보관·부보·운송물의 수령·인도 등의 업무를 담당하고 있는 것이 상례에 속하고 오히려 순수한 운송주선업만을 영업으로 하는 사례는 드물고, 이러한 부수업무 외에도 운송수단까지 갖추어 거기에 알맞은 운송영업까지 겸하여 수행하는 사례가 많다.[348] 따라서 운송주선업자가 송하인으로부터 운송을 의뢰받은 것인지, 운송주선만 의뢰받은 것인지 당사자의 의사가 명확하지 않을 수가 있다. 이러한 경우에는 화물상환증(해상의 경우 선하증권)의 발행자의 명의, 운임의 지급형태 등 제반 사정을 종합적으로 고려하여 논리와 경험칙에 따라 운송주선업자가 송하인으로부터 운송을 인수하였다고 볼 수 있는지를 확정하여야 한다.[349]

Ⅱ 운송주선인의 의의

1. 서

운송주선인이란 자기의 명의로 물건운송의 주선을 영업으로 하는 자이다(제114조). 이 점에서 다른 주선업자인 위탁매매인 또는 준위탁매매인(예 출판·광고의 주선)과 같다. 이를 설명하면 다음과 같다.

2. 주 선

운송주선인은 물건운송의 周旋을 영업으로 한다. 주선은 일반적으로 자기의 명의로 타인의 계산으로 거래하는 행위를 뜻하므로 운송주선인은 송하인의 위탁을 받아 자기의 명의로 위탁자(송하인)의 계산으로 운송계약을 체결한다. 이 점에서 위탁매매인(제101조)과 법구조가 같다. 그리하여 별도의 규정이 없는 사항은 위탁매매인에 관한 규정을 준용한다(제123조). 그리고 물건 또는 유가증권의 매매 아닌 그 밖의 행위를 주선하는 자를 준위탁매매인(제113조)이라 하는데, 상법은 운송주선인에 대하여 따로 규정하므로 준위탁매매인이 아니다. 송하인과 운송인 사이

---

348) 대법원 1987. 10. 13. 선고 85다카1080 판결.

349) 대법원 2017. 6. 8. 선고 2016다13109 판결; 2012. 12. 27. 선고 2011다103564 판결; 2007. 4. 27. 선고 2007다4943 판결.

에는 대리인·대리상·운송중개인이 관여하는 방법이 있으나, 운송주선인과 이들과의 차이점은 앞서 위탁매매인과 대리인·대리상·중개인을 <표>로 비교·기술한 바와 같다.

그러나 판례는 운송주선인이 편의상 위탁자(송하인)의 대리인으로서 운송인과 운송계약을 체결한 때에도 운송주선계약으로 볼 수 있다고 한다.[350] 즉, 운송주선인은 자기명의로 주선행위를 하는 것이 원칙이지만, 실제로 주선행위를 하였다면 荷主나 운송인의 대리인, 위탁자(송하인)의 이름으로 운송계약을 체결한 경우에도 운송주선인으로서의 지위를 상실하지 아니한다.[351]

3. 물건운송의 주선

운송주선인은 물건의 운송을 주선하는 자이므로 여객운송의 주선을 영업으로 하는 자는 운송주선인이 아니라 준위탁매매인(제113조)에 해당한다. 물건의 운송을 주선하면 족하므로 운송수단에는 제한이 없다. 그리하여 상법 제2편의 운송인은 육상운송인을 지칭하지만, 운송주선인은 해상 또는 공중운송의 주선도 영업범위로 한다. 그 결과 복합운송주선인이 운송인인지 아니면 운송주선인인지 문제될 수 있다. 이 경우 운송인이 될 의사로 계약을 체결한 때에는 일반적인 개념에 따라 운송인의 지위를 갖지만,[352] 복합운송증권을 발행하지 아니하고 운송주선인으로서 화물수취증(Forwarder's Cargo Receipt, FCR)만을 발행한 때에는 운송주선인으로서의 의무만을 부담한다.[353]

4. 상인성

운송주선인은 독립된 상인이다. 송하인으로부터 위탁을 받고 운송인과 운송계약을 체결하는 것이 운송주선인의 전문적인 영업활동인데, 이 중 송하인과의 위탁계약이 운송주선인의 상행위이다. 운송계약의 체결은 위탁계약의 실행행위에 불과하다.

---

350) 대법원 1987. 10. 13. 선고 85다카1080 판결.
351) 대법원 2007. 4. 26. 선고 2005다5058 판결; 1997. 6. 27. 선고 95다7215 판결.
352) 대법원 2007. 4. 27. 선고 2007다4943 판결.
353) 대법원 1988. 12. 13. 선고 85다카1358 판결.

5. 자 격

상법은 운송주선인의 자격을 특별히 제한하지 않는다. 다만, 특별법에서는 운송수단별로 운송주선업의 면허 또는 등록기준으로서 일정한 재산적 기초 기타 인적·물적 설비 기준을 요하는 경우가 있다(예 화물자동차운수사업법 제8조·제23조·제24조). 이는 행정목적상의 단속규정이므로 원칙적으로 운송주선계약의 사법적 효력과는 무관하지만, 확정운임계약에 관하여는 상법의 해석에 영향을 미치는 때가 있다(후술).[354]

Ⅲ 운송주선의 법률관계

운송주선에는 위탁매매에서와 같이 2개의 법률관계가 존재한다. 즉, 송하인(위탁자)과 운송주선인간에는 송하인이 수하인을 정하여 운송계약을 체결할 것을 위탁하는 주선계약이 성립하고, 운송주선인은 그 위탁계약의 이행으로써 자기의 명의로 운송인과 운송계약을 체결한다. 그 결과 운송인과의 관계에서는 운송주선인이 송하인이 되므로 原送荷人인 위탁자와 운송인 사이에는 직접적인 법률관계가 존재하지 않는다. 따라서 송하인이 운송인에게 권리를 행사하기 위하여는 운송주선인으로부터 지명채권의 양도방식에 의하거나, 화물상환증(또는 선하증권)이 발행된 경우에는 운송주선인이 이를 위탁자에게 배서 또는 교부함으로써 채권을 양도받아야 한다.[355]

상법은 운송주선인과 운송인과의 관계에 대하여는 따로 규정하지 않고 있다. 일반 운송계약에 관한 규정으로 이를 규율하면 되기 때문이다. 이에 비하여 상법은 송하인과 운송주선인간의 관계가 기본적으로는 위탁자와 위탁매매인의 경우와 같지만, 운송계약을 주선의 목적으로 한다는 특수성을 반영한 규정을 두고 있다(제114조 내지 제124조). 그 밖의 문제는 위탁매매인에 관한 규정을 준용함으로써 해결하고 있고, 주선계약은 위임이므로 그에 관한 민법규정도 함께 적용된다.

한편 운송주선인이라는 명칭을 불문하고 발송지 운송인의 위탁을 받고 하는 도착지운송주선인이나 중간운송주선인의 행위 등은 특별한 사정이 없는 한 상법

354) 대법원 1987. 10. 13. 선고 85다카1080 판결.
355) 대법원 1987. 10. 13. 선고 85다카1080 판결.

상의 운송주선행위가 아니다.[356]

Ⅳ 운송주선인의 의무

1. 일반적 의무(주의의무)

운송주선인은 송하인(위탁자)의 수임인으로서 선량한 관리자의 주의를 다하여 주선계약을 이행해야 한다(제123조·제112조, 민법 제681조). 계약의 이행이란 운송계약의 체결만을 뜻하는 것이 아니라, 기술한 그에 부수하는 사무 및 그 밖의 주선계약으로 정한 사항과 상관습상 운송주선인의 임무에 속하는 사항을 두루 포함한다. 그러므로 운송주선인이 부담하는 주의의무의 정도는 운송주선계약의 내용 및 상관습에 의하여 결정된다. 예를 들면, 운송인을 선택함에 있어서 운송경로를 고려하여 신용이 있는 적절한 자를 선택하는 것과 같다. 제3자가 운송물을 압류한 때에 운송주선인이 그 뜻을 송하인에게 통지할 의무도 주의의무의 구체적인 내용이라고 풀이한다. 이 의무를 게을리할 경우에는 손해배상책임을 진다.

2. 개별적인 의무

운송주선인에 관하여는 별도의 규정이 없으면, 위탁매매인에 관한 규정을 준용한다(제123조). 그러므로 운송주선인은 제104조의 통지의무·계산서제출의무, 제106조의 지정가액준수의무, 제108조의 운송물의 하자통지의무와 같은 개별적인 의무도 부담한다.

3. 손해배상책임

(1) 의의 및 성질

운송주선인은 자기나 그 사용인이 운송물의 수령·인도·보관, 운송인이나 다른 운송주선인의 선택 기타 운송에 관하여 주의를 해태하지 아니하였음을 증명하지 아니하면 운송물의 멸실, 훼손 또는 연착으로 인한 손해를 배상할 책임을 면하지 못한다(제115조). 이 규정의 뜻은 운송인의 손해배상책임을 규정한 제135조와

---

356) 대법원 1987. 10. 13. 선고 85다카1080 판결.

대체로 같고, 해석의 기본방침도 그러하다. 그러므로 이 규정은 민법상의 채무불이행에 대한 특칙이 아니고, 운송주선인의 손해배상책임에 대한 주요 골자에 관하여 주의를 환기시키는 데 그친다. 다만, 운송인의 손해배상액을 정형화한 제137조와 같은 규정을 두지 않고 있다는 점은 중요한 차이점이다.

(2) 손해배상의 원인 및 특징

상법이 운송주선인의 손해배상의 원인으로서 운송물의 수령·인도·보관 기타 운송에 관한 주의해태를 들고 있는 점은 운송인에 관한 제135조와 같지만, 운송인이나 다른 운송주선인의 선택에 관한 주의해태를 추가하고 있는 점은 특징적이다. 이는 운송주선인이 운송인이나 운송주선인을 선택하여 운송계약과 주선계약을 체결하는 자라는 성격에서 연유한다. 그리고 제115조에 열거된 손해의 원인은 예시에 불과하고, 그 밖의 사항이라도 주선계약상의 의무를 위반하면 운송인의 경우와 같이 일반원칙에 따라 손해배상책임을 진다. 또한 여기서의 보관은 운송주선인이 운송물을 수령하여 운송인에게 인도할 때까지의 보관을 뜻한다.

(3) 손해의 유형

제115조는 손해의 유형으로서 운송물의 멸실·훼손·연착을 명시하고 있는데, 이 역시 예시적인 열거에 지나지 아니한다.

(4) 이행보조자(사용인)의 과실

운송주선인은 운송인과 같이 채무불이행의 일반원칙에 따라 이행보조자의 과실에 대하여도 책임을 진다. 그러나 운송주선인이 선택한 운송인은 이행보조자가 아니므로 운송인의 과실에 대하여는 책임을 부담하지 않고, 운송인의 선택에 과실이 있는 때에 책임을 진다(제115조). '운송인의 선택에 과실이 있는 때'란 운송물·운송수단·경험·운송노선별 전문성·업계에서의 평판 등을 고려하지 아니하고 운송에 부적합한 운송인을 선정하여 운송계약을 체결한 때를 말한다.

한편 여기서의 '이행보조자'는 채무자인 운송주선인의 의사 관여 아래 그 채무의 이행행위에 속하는 활동을 하는 자이면 족하고(민법 제391조 참조), 반드시 채무자의 지시·감독을 받는 관계에 있어야 하는 것은 아니다. 따라서 그가 채무자에 대하여 종속 또는 독립적인 지위에 있는지는 상관없다.[357]

357) 대법원 2018. 12. 13. 선고 2015다246186 판결.

(5) 증명책임

제115조는 일반적인 채무불이행책임을 구체화한 것으로서 과실책임이며, 채무자인 운송주선인이 무과실의 증명책임을 진다. 이행보조자의 행위에 대하여는 선임감독에 관한 자기의 무과실을 증명하는 것만으로는 부족하고, 이행보조자의 무과실을 증명하여야만 책임을 면할 수 있다고 풀이한다.

(6) 손해배상액의 유형별 정형화 여부

상법은 운송물의 멸실·훼손·연착으로 인한 운송인의 손해배상액에 대하여는 유형별로 정형화하고 있으나(제137조), 운송주선인에 관하여는 이 같은 특칙을 두지 않고 있다. 따라서 운송주선인은 운송물의 멸실·훼손·연착의 경우 일반원칙에 따라 상당인과관계 있는 모든 손해에 대하여 배상하여야 한다(민법 제399조 제1항).

(7) 불법행위책임과의 관계(청구권의 경합)

운송주선인의 과실은 운송주선계약의 불이행과 동시에 불법행위를 구성할 수 있다. 이 경우 송하인의 권리행사, 즉 운송주선인이 불법행위책임도 지는가에 대하여 청구권경합설과 법조경합설이 대립한다. 이에 대하여는 운송인의 손해배상책임에서 분석한 바와 같으므로 청구권경합설이 타당하다.

(8) 고가물에 대한 특칙

운송주선인에 대하여는 운송인의 손해배상책임을 완화하는 제136조가 준용된다(제124조). 그리하여 화폐, 유가증권 기타의 고가물에 대하여는 운송을 위탁할 때에 그 종류와 가액을 명시한 경우에 한하여 운송주선인이 손해배상책임을 진다. 즉, 고가물의 종류와 가액을 명시하지 않으면 운송주선인은 손해배상책임을 부담하지 않는다(제124조·제136조). 그 밖의 내용은 운송인에 관하여 설명한 바와 같다.

(9) 단기소멸시효

상법은 운송물의 멸실, 훼손 또는 연착으로 인한 운송주선인의 손해배상책임에 대하여 단기소멸시효를 규정하고 있다(제121조). 이에 따르면 운송주선인의 책임은 수하인이 '운송물을 수령한 날'로부터 1년을 경과하면 소멸한다. 다만, 운송물이 전부멸실한 경우 1년이라는 기간은 그 '운송물을 인도할 날'로부터 기산한다. 즉, 그 '운송물을 인도할 날'로부터 1년을 경과하면 소멸시효가 완성하는 것이다. 그러나 이러한 단기소멸시효는 운송주선인이나 그 사용인이 악의인 경우에는 적용하지 아니한다. 때문에 '악의'의 경우에는 5년의 시효로 완성한다(제64조). 그리고 상법은 손해의 책임발생원인을 '운송물의 멸실, 훼손 또는 연착'으로 한정하고 있으므로 그 이외의 원인으로 발생한 경우에도 5년의 시효로 완성한다.

한편 상법은 제121조를 운송인에 대하여 준용하고 있으므로(제147조) 그 밖의 내용은 운송인에서 설명한 바와 같다.

4. 통지의무 · 계산서제출의무 및 운송물의 하자통지의무

운송주선인에 대하여는 위탁매매에 관한 다수의 규정이 준용된다. 그리하여 운송주선인은 위탁받은 행위를 한 때에는 지체 없이 이를 위탁자에게 통지하고 계산서를 제출하여야 한다(제123조 · 제104조). 그리고 운송주선인이 운송의 목적물을 인도받은 후에 그 물건의 훼손 또는 하자를 발견하거나 그 물건이 부패할 염려가 있는 때에는 지체 없이 송하인(위탁자)에게 그 통지를 발송하여야 한다. 이 경우에 송하인의 지시를 받을 수 없거나 그 지시가 지연되는 때에 운송주선인은 적당한 처분을 할 수 있다(제123조 · 제108조).

5. 지정가액준수의무

운송주선인은 위탁받은 운송계약을 체결함에 있어서 지정가액준수의무를 진다(제123조 · 제106조). 여기서 지정가액은 송하인이 정한 운임을 말한다. 그리하여 송하인이 지정한 운임보다 고가로 운송계약을 체결한 경우에도 운송주선인이 그 차액을 부담하는 때에 그 운송계약은 송하인에 대하여 효력이 있다. 그리고 송하인이 지정한 가액보다 염가로 운송계약을 체결한 경우에 그 차액은 다른 약정이 없으면 송하인의 이익으로 한다(제123조 · 제106조).

6. 이행담보책임 및 제3자이의의 소 제기의무의 유무

제123조는 위탁매매인에 관한 규정들을 준용함을 밝히고 있지만, 위탁매매인의 이행담보책임에 관한 규정(제105조)은 성질상 운송주선인에게 적용할 수 없다. 위탁매매시 위탁매매인의 상대방이 지는 의무는 매매대금의 변제 또는 매매목적물의 인도와 같이 대체성이 있는 급부이므로 위탁매매인이 담보책임을 져도 무방

하지만, 운송인의 의무는 물건의 운송이라는 특정의 작위의무이므로 운송주선인이 대체성 있는 급부를 할 것이 아니기 때문이다. 다만, 운송주선인이 운송인의 선택에 과실이 있으면, 손해배상책임을 지므로(제115조) 송하인은 이에 의하여 구제받을 수 있다.

한편 송하인의 채권자가 운송물을 압류한 경우에 운송주선인은 주의의무에 의거 송하인에게 그 뜻을 통지하여야 하지만, 직접 압류채권자를 상대로 第3者異議의 訴(민사집행법 제48조)를 제기할 의무는 없다고 풀이한다. 이는 운송주선인에게 이행담보책임을 물을 수 없는 같은 이치이다.

7. 수하인에 대한 의무(수하인의 지위)

물건운송의 경우 수하인은 운송계약의 당사자는 아니지만, 운송물이 목적지에 도착한 때에는 운송계약에 따라 송하인의 권리를 취득한다(제140조). 마찬가지로 수하인은 운송주선계약의 당사자가 아니므로, 운송주선인과 아무런 법률관계를 갖지 않는 것이 원칙이지만, 상법은 운송주선인과 법률관계를 갖는 것으로 정하고 있다. 그리하여 제124조는 운송인에 관한 규정 중 수하인의 지위에 관한 규정과 수하인의 의무에 관한 규정(제140조)을 운송주선인에 준용하고 있다. 운송의 목적상 위탁자와 수하인을 일체로 다루는 것이 편리하기 때문이다. 그리하여 운송물이 도착지에 도착한 때에는 운송주선계약에서 정한 수하인은 송하인과 동일한 권리를 취득한다(제124조·제140조 제1항). 즉, 운송주선인은 이러한 수하인에 대하여도 주선계약상의 의무 및 그 위반으로 인한 책임을 진다. 반면 수하인은 운송주선인에게 보수 및 기타의 비용을 지급할 의무를 진다(제124조·제141조).

한편 판례는 운송주선인의 국내대리점(운송취급인)이 항공화물운송장 등 운송서류를 수하인이나 통지처가 아닌 제3자에게 임의 교부하고, 제3자가 이를 이용하여 물품을 반출하여 간 사례에서, 운송취급인은 수하인에게 불법행위책임을 진다고 해석하였다.[358] 그 운송장 등의 교부로써 운송취급인이 제3자에게 수입물품을 인도한 법적 효력이 발생하였는지 여부와는 상관없이 그러한 운송취급인의 과실행위가 수하인의 수입물품에 대한 인도청구권을 침해하였다고 본 것이다.

---

358) 대법원 1996. 9. 6. 선고 94다46404 판결.

V 운송주선인의 권리

1. 보수청구권

(1) 의의

운송주선인은 상인이므로 보수에 관한 약정이 없더라도 주선계약을 이행한 때에는 송하인에게 상당한 보수를 청구할 수 있다(제61조).

(2) 보수청구권의 행사시기

보수청구권은 '주선계약을 이행한 때'에 행사할 수 있다. 이는 운송주선계약에 따라 운송계약을 체결하고 운송인에게 운송물을 인도하였을 때를 말하므로 그 즉시 보수를 청구할 수 있다(제119조 제1항). 다만, 운송계약은 체결되었으나, 운송주선인의 책임 없는 사유로 운송주선인이 운송물을 인도할 수 없을 때에는 운송물의 인도 없이 보수를 청구할 수 있다(민법 제686조 제3항). 그리고 운송인이 수하인에게 운송물을 인도하지 못하더라도, 운송주선인은 위임사무를 완료하였기 때문에 보수를 청구할 수 있다. 다만, 운송주선인이 도착지운송주선인의 사무까지 인수한 경우에는 운송물을 수하인에게 인도한 때에 비로소 보수를 청구할 수 있다. 도착지운송주선인은 도착한 운송물을 수령하여 수하인에게 인도할 때까지의 사무를 담당하기 때문이다.[359] 이러한 점에서 도착지운송주선인은 상법상의 운송주선인이 아니라,[360] 순차운송주선인에 해당한다(제117조 참조).

한편 보수의 지급시기에 대하여는 당사자의 약정으로 달리 정할 수 있다.

(3) 보수청구권행사의 제한

1) 의의

운송주선계약에서는 운임의 액까지 정하는 수가 있는데, 이 경우 다른 약정이 없으면 운송주선인은 따로 보수를 청구하지 못한다(제119조 제2항).

2) 제한의 요건 및 한계

제119조 제2항이 적용되기 위하여는 위탁자와 운송주선인간에 확정운임에 대한 합의가 있어야 한다. 이에 근거하여 운송주선계약으로 운임의 액을 정한 확

---

359) 同旨 정찬형(2025), 344면; 이철송(2022), 582면.

360) 대법원 1987. 10. 13. 선고 85다카1080 판결.

정운임 속에 모든 보수가 포함되었다고 볼 수 있기 때문이다. 그러므로 이 규정에 따른 확정운임운송주선계약으로 볼 수 있으려면, 주선인에게 운송인으로 기능을 수행할 수 있는 재산적 바탕이 있어야 하고, 또 당사자가 정한 운임의 액이 순수한 운송수단의 대가, 즉 운송부분에 대한 대가만이 아니라, 운송물이 위탁자로부터 수하인에게 도달하기까지의 액수가 정해진 경우라야만 한다.[361)]

그런데 위 판례는 동시에 제119조 제2항의 적용상의 한계를 밝히고 있다. 그리하여 ① 운임의 액이 순수한 운송부분에 대한 대가임이 명백한 때에는 제119조 제2항이 적용되지 아니하기 때문에 별도로 보수를 청구할 수 있고, ② 확정운임청구권은 운송주선인이 운송인에게 운송물을 인도한 때가 아니라 운송을 완료한 때에 행사할 수 있다. ③ 운송주선인은 스스로 운송을 실행할 수 있는 재산적 기초가 있어야 하는데, 현재의 운송주선업은 면허나 등록을 요하지 않는 것이 보통이므로 별도의 물적 설비(예 선박·트럭과 같은 영업시설, 상업신용)를 일반적인 적용요건으로 삼을 필요는 없다. 다만, 일부의 법령에서는 여전히 등록사업으로 하고 있으며, 일정한 시설을 등록요건으로 삼는 경우가 있으므로(예 물류정책기본법 제43조의 국제물류주선업) 해당 사업에 한하여 제119조 제2항이 적용될 수 있다.

3) 학설과 판례

학설은 제119조 제2항에 따른 운송주선인의 보수청구권이 제한되는 근거에 관하여 다음과 같이 나뉜다. 우선 介入說은 확정운임을 지급하는 경우에는 운송주선인이 개입권을 행사한 것으로 본다. 이에 비하여 運送契約說은 위탁자와 운송주선인간에 운송계약이 성립된 것으로 본다(통설). 판례 역시 운송계약으로 본다.[362)] 다만, 운송계약설 중에는 당사자가 운송계약 또는 운송주선계약인지를 분명히 밝히지 아니하고 운송에 관한 계약을 체결하며 확정운임을 약속했다면, 당사자의 의사해석의 방법으로 운송계약설을 취한 것으로 보지만, 당사자가 명시적으로 운송주선계약을 체결하고 다만 확정운임을 약속한 때에는, 위탁자가 운송주선인의 보수와 운송인에 대한 운임을 포괄하여 정하고, 다만 그 배분(예 일정액은 운임)을 운송주선인에게 위임한 것이라는 견해도 있다.[363)]

---

361) 대법원 1987. 10. 13. 선고 85다카1080 판결.
362) 대법원 1987. 10. 13. 선고 85다카1080 판결.
363) 이철송(2022), 577－578면.

생각건대, 개입권은 당사자간의 약정이 아닌 상법의 규정에 의하여 발생하고 그 권리의 성질은 형성권이므로 확정운임운송주선계약을 개입권이 행사된 것으로는 볼 수 없고, 운송계약으로 보는 것이 합리적이다. 운송계약설을 취하면 계산관계를 간편하게 하고 적용법규도 운송법제로 하는 편리성이 있다.

2. 수임인으로서의 권리(비용상환청구권)

운송주선인에 관하여는 별도의 규정이 없으면 위탁매매인에 관한 규정을 준용한다. 또 위탁자와 위탁매매인간의 관계에는 위임에 관한 규정을 적용한다. 그리하여 운송주선인이 운송인에게 운임 기타 운송을 위한 비용을 지급한 때에는 위탁자(송하인)에게 그 상환을 청구할 수 있다(제123조·제112조, 민법 제688조). 이 비용청구권은 운송주선인이 주선계약의 이행에 따른 보수청구권과는 무관하다.

3. 유치권

(1) 의의

운송주선인은 운송물에 관하여 받을 보수, 운임 기타 위탁자를 위한 체당금이나 선대금에 관하여서만 운송물을 유치할 수 있다(제120조).

(2) 요건(일반 상사유치권 등과의 비교)

운송주선인의 유치권은 그 목적물이 운송물로 한정되어 있다는 점에서 일반상사유치권(제58조)은 물론 민사유치권(민법 제320조 제1항)과 다르다. 그러나 목적물의 소유관계를 묻지 않는 점, 피담보채권과 목적물의 견련성을 요구하고 있는 점에서는 일반 상사유치권과 다르고 민사유치권과 같다. 이에 관한 상세한 내용은 운송인의 유치권에서 설명한 바와 같다.

(3) 특징

제120조는 운송주선인이 행사할 수 있는 유치권의 대상 채권을 보수 등으로 한정하고 있다. 피담보채권의 범위를 제한하는 이유는 위탁자와 운송주선인간에는 계속적인 거래관계가 없는 것이 상례이고, 수하인의 이익을 보호할 필요도 있기 때문이다. 운송주선인의 유치권의 또 하나의 특징은 물건의 점유를 요건으로 하는 일반 상사유치권 등과는 달리 운송주선인이 운송인을 통하여 운송물을 간접

점유하는 동안에도 유치권을 행사할 수 있다는 것이다. 즉, 운송주선인은 운송인과의 관계에서 송하인의 지위에 있기 때문에 운송 중에는 운송물을 간접점유하게 되고 이에 기한 처분청구권을 통하여 유치권을 행사할 수 있는 것이다.

4. 개입권

(1) 의의

운송주선인은 다른 약정이 없으면 스스로 운송인이 되어 직접 운송할 수 있다(제116조 제1항 전단). 이를 운송주선인의 介入權이라 한다.

(2) 취지

운송은 위탁매매와 같이 정형화된 행위로서 그 이행이 확실하다면 누가 운송을 하느냐는 중요하지 않다. 즉, 위탁자의 입장에서는 운송주선인이 운송을 실행하더라도 특히 손해가 될 일이 아니고, 오히려 보다 저렴한 운임으로 운송을 위탁할 수 있으므로 득이 되는 측면도 있다. 운송주선인은 운송단계에서 생기는 부가가치를 자신의 것으로 함으로써 영리실현을 배가할 수 있다. 상법은 이 같은 고려하에서 운송주선인의 개입권을 인정하고 있는데, 이는 위탁매매인의 경우와 동일한 취지이다.

(3) 행사요건

운송주선인의 개입권은 위탁매매인의 경우와는 달리 운송물이 거래소의 시세가 있을 것을 요하지 않는다. 운송주선인의 개입권은 운송물을 매매하는 것이 아니라 장소적으로 이동시키는 권리이고, 운임은 물건이나 유가증권과 달리 구간에 따라 정형화되어 있는 것이 현실이고, 거래소의 시세라는 것이 있을 수 없기 때문이다. 따라서 위탁자의 입장에서는 운송주선인이 개입권을 행사한다 하여 부담이 될 것도 아니다. 다만, 운송주선인의 개입권을 배척하는 약정은 없어야 한다(제116조 제1항 전단). 위탁자가 특히 운송인의 전문성에 관심을 가지는 때에는 반대의 약정으로 운송주선인의 개입권을 배척할 수 있기 때문이다. 위탁자는 운송주선계약시에 반대의 약정을 하지 않더라도 개입권을 행사할 때까지는 언제든지 개입권의 행사를 중단시킬 수 있다고 해석한다(통설).

(4) 개입권의 행사 및 의제

개입권은 형성권이므로 운송주선인의 명시 또는 묵시의 일방적인 의사표시로 행사한다. 이 점 위탁매매인의 경우와 같다. 다만, 상법은 일정한 경우 운송주선인의 개입권행사를 의제하고 있다. 즉, 운송주선인이 위탁자(송하인)의 청구에 의하여 화물상환증을 작성한 때에는 직접 운송하는 것으로 본다(제116조 제2항). 원래 화물상환증은 운송인이 발행한다(제128조). 그러므로 송하인이 운송주선인에게 화물상환증의 발행을 청구한 것은 개입을 권유한 것이고, 이에 대하여 운송주선인이 자기의 명의로 화물상환증을 발행한 것은 개입한다는 묵시의 의사표시를 한 것으로 볼 수 있기 때문이다. 상법은 화물상환증의 작성에 대하여만 규정하고 있으나, 선하증권을 작성한 경우에도 동일하게 해석하여야 한다.[364] 이 같이 개입권행사는 운송주선인이 자기의 명의로 화물상환증을 발행한 경우에만 의제된다. 이 때문에 운송주선인이 타인을 대리하여 타인 명의로 화물상환증을 발행한 때에는 개입의 의제조건인 '운송주선인이 작성한 증권'으로 볼 수 없다.[365]

한편 개입권은 형성권이기 때문에 운송주선인이 개입을 통지하면 위탁자는 개입을 금지하지 못한다.

(5) 개입의 효과

운송주선인이 개입권을 행사하면 운송인과 동일한 권리·의무를 갖는다(제116조 제1항 후단). 따라서 운송주선인은 운송주선인과 운송인의 지위를 겸하게 된다. 그 결과 운송주선인이 운송인을 사용하여 운송을 하게 하는 경우 그 운송인은 이행보조자에 해당한다.

운송주선인의 개입권행사는 주선계약을 이행하는 하나의 방법에 불과하므로 위임관계가 종료하는 것은 아니다. 운송주선인은 운송주선인으로서의 의무를 부담하고 권리를 갖는다. 따라서 운송주선인은 운임과 운송주선인으로서의 비용과 보수를 청구할 수 있다(제61조, 제123조·제107조·제112조, 민법 제688조). 이 경우 보수는 개입권을 행사하였을 때에 청구할 수 있다. 개입권을 행사하면 운송주선계약을 이행한 것으로 볼 수 있기 때문이다.[366]

---

364) 대법원 2015. 5. 28. 선고 2014다88215 판결.

365) 대법원 2007. 4. 26. 선고 2005다5058 판결; 1987. 10. 13. 선고 85다카1080 판결.

366) 同旨 송옥렬(2021), 175면.

5. 채권의 시효

운송주선인의 위탁자 또는 수하인에 대한 채권은 1년간 행사하지 아니하면 소멸한다(제122조). 이 단기시효는 운송주선인의 보수청구권과 비용상환청구권에도 적용된다. 시효기간의 기산점은 채권을 행사할 수 있는 때이다.

Ⅵ 순차운송주선에 관한 특칙

1. 의 의

동일운송물의 운송에 수인의 운송인이 참여하는 것을 순차운송이라고 하듯, 동일운송물의 운송에 수인의 운송주선인이 관계하는 것을 순차운송주선이라 한다.

2. 유 형

순차운송주선의 유형에는 다음과 같은 것이 있다.

(1) 부분운송주선

이는 위탁자(송하인)가 수인의 운송주선인에게 구간별로 운송주선을 위탁하는 유형이다. 이 경우 각 운송주선인과 송하인간에는 직접적이고 독립적인 주선계약이 성립하므로 별다른 법률문제가 생기지 아니한다.

(2) 하수운송주선

이는 최초의 운송주선인이 전 구간에 걸쳐 운송주선을 인수하고, 그 주선업무의 전부 또는 일부를 다른 운송주선인에게 위탁, 즉 下受하는 유형이다. 이 경우 위탁자(송하인)와의 관계에서 보면, 주선계약의 당사자는 최초의 운송주선인이고, 다른 운송주선인(下受運送周旋人)들은 최초의 운송주선인의 이행보조자에 해당한다. 때문에 위탁자와 직접적인 법률관계를 갖지 아니한다.

(3) 중계(중간)운송주선

이는 발송지의 최초의 운송주선인(甲)이 송하인(乙)의 위탁에 따라 최초 구간의 운송주선을 인수하고, 제2의 구간은 자기(甲)의 이름으로 위탁자(乙)의 계산으로 제2의 운송주선인(丙)에게 운송주선을 위탁하는 유형이다. 이를 확대하면, 제3

의 구간은 제2의 운송주선인이 자기(丙)의 이름으로 최초의 운송주선인(甲)의 계산으로 제3의 운송주선인(丁)과 운송주선계약을 체결하게 된다. 또 제4의 구간은 제3의 운송주선인(丁)이 같은 방식으로 제4의 운송주선(戊)인에게 순차로 주선을 위탁할 수 있다. 이 유형을 협의의 순차운송주선이라 한다. 그리고 제2 이하의 운송주선인을 中繼地運送周旋人이라 한다. 이러한 구조상 발송지의 운송주선인은 송하인(위탁자)으로부터 운송물을 수령하여 운송인에게 운송물을 인도할 때까지의 사무를 담당하고, 도착지의 운송주선인은 도착한 운송물을 수령하여 수하인에게 인도할 때까지의 사무를 맡고, 중계지의 운송주선인은 중간지점에서 운송인이 교체될 때의 운송중계를 맡는다.

(4) 상법상 순차운송주선

상법은 '수인이 순차로 운송주선을 하는 경우'를 순차운송주선이라고 하므로(제117조) 중계운송주선을 뜻한다. 운송주선인 상호간에 새로운 법률문제가 생기므로 이를 규율하기 위함이다. 또 부분 또는 하수운송주선의 경우 제2 이하의 운송주선인은 중계운송주선인이 아니므로 상법상의 순차운송주선인에 해당하지 않는다. 이에 비하여 중계지 및 도착지의 운송주선인을 中間運送周旋人이라고 하는데, 상법상 순차운송주선은 이를 뜻한다(제117조). 때문에 이러한 주선인의 행위는 특별한 사정이 없는 한 상법상 운송주선행위가 아니다.[367] 위탁자(송하인)의 위탁이 아니라 발송지운송주선인의 위탁을 받고 주선행위를 하기 때문이다.

3. 순차운송주선의 법률관계

(1) 중간운송주선인의 의무(대위의무)

순차운송주선에서 후자는 前者에 갈음하여 그 권리를 행사할 의무를 부담한다(제117조 제1항). 여기서 후자가 대위할 '전자'의 범위에 대하여 학설이 대립한다. 制限說은 자기의 직접적인 전자, 즉 운송주선계약의 상대방을 뜻한다고 본다.[368] 擴張說은 자기의 위탁자인 운송주선인 및 그 이전 단계의 운송주선인을

367) 대법원 1987. 10. 13. 선고 85다카1080 판결.

368) 정경영(2021), 514면; 안강현(2019), 303면; 손주찬(2004), 330면; 정동윤(2012), 293면; 정찬형(2025), 351면; 전우현(2019), 324면; 최기원·김동민(2014), 333면; 近藤光男(2008), 236面.

모두 포함한다고 본다.[369] 확장설이 옳다고 본다. 주요 논지는 순차운송에서 설명한 바와 같다. 따라서 중간운송주선인은 자기의 위탁자인 운송주선인은 물론 그 이전 단계의 운송주선인이 갖는 보수·비용청구권 및 이를 위한 유치권 등의 권리를 행사할 의무를 부담한다. 그 취지 및 그 밖의 상세한 내용은 순차운송에서 설명한 바와 같다.

(2) 대위변제의 효과

1) 대위권

순차운송주선에서 후자가 전자에게 변제한 때에는 전자의 권리를 취득한다(제117조 제2항). 여기서의 전자는 자기의 직접의 전자는 물론 그 이전 단계의 운송주선인도 포함한다. 운송주선인들의 권리가 명백하다면 후자가 변제하는 것이 전자에게 불리하지 않기 때문이다. 따라서 여기서의 '변제'는 대물변제와 상계도 포함된다고 본다. 그 밖의 상세한 내용은 순차운송에서 설명한 바와 같다.

2) 운송인의 권리취득

순차운송주선의 경우에는 중간운송주선인(乙)이 전단계의 운송인(A)으로부터 운송물을 수령할 때에 운송인(A)의 요구에 따라 운임·비용을 지급하는 것이 상례이다. 이를 반영하여 상법은 운송주선인이 운송인에게 변제한 때에는 운송인의 권리를 취득한다고 규정하고 있다(제118조). 이는 중간운송주선인이 전자에게 변제한 경우와 같이 운송인의 운임·비용상환청구권 등의 권리를 취득함을 뜻한다. 그러므로 여기서의 운송주선인은 운송인에게 운송을 위탁한 운송주선인이 아니라 그 다음 단계의 운송주선인을 뜻한다. 예를 들면, 서울-청주구간은 甲운송주선인이 A운송인에게 운송을 의뢰하고, 이를 인계받은 乙운송주선인이 청주-목포구간을 B운송인에게 운송하게 하는 경우, 乙이 A에게 변제함으로써 A의 권리를 취득한다는 뜻이다. 운송주선인(甲)이 운송계약을 체결한 운송인(A)에게 변제하는 것은 당연하고, 그로 인하여 甲이 A의 권리를 취득한다면, A가 甲에게 갖는 권리를 취득하는 것이 되어 무의미하기 때문이다.

369) 김두진(2020), 413면; 임중호(2015), 511면; 최준선(2021), 368면; 김홍기(2021), 224면; 이철송(2022), 583면; 송옥렬(2021), 178면; 정준우(2021), 308면.

제6절 공중접객업

I 의 의

1. 개 념

공중접객업은 극장·여관·음식점 그 밖의 공중이 이용하는 시설에 의한 거래를 영업으로 하는 것을 말하고, 이를 영업으로 하는 자를 공중접객업자라고 한다(제151조·제46조 제9호). '공중이 이용하는 시설'은 불특정다수인이 모여 특정한 목적을 위하여 이용할 수 있도록 제공된 인적·물적 설비 및 장소를 뜻한다. '이에 의한 거래'는 유상으로 그 시설을 이용하게 하거나 役務(서비스)를 제공하는 행위를 말한다. 이에 해당하는 업종은 위에서 열거한 것 이외에도 목욕탕·영화관·미용실·볼링장·찻집·실내체육시설 등 다양하다.

2. 특징 및 취지

공중접객업의 거래내용은 유형에 따라 매매·임대차·교환·노무제공 등 다양하지만, 인적·물적시설을 이용하고자 하는 다수의 자가 빈번하게 출입하기 때문에 고객 휴대품의 안전이 위협받을 수 있다. 고객의 생명·신체가 침해받을 수도 있다. 이러한 특징으로 인하여 공중접객업자에 대하여는 고객을 자유롭게 선택할 수 있는 계약자유의 원칙을 적용하기에 적합하지 않다. 이에 따라 상법은 고객에 대한 업주의 책임을 명확히 하여 고객을 보호하고 공중접객업자의 신용을 제고하고 있다.

한편 공중접객업자는 위생, 사회의 치안유지 및 공공복지의 차원에서도 중요하므로 공중위생관리법[370] 및 식품위생법[371] 등 각종 행정법규에서 해당 영업을 단속·감독하고 있다.

370) 1999. 2. 8. 법률 제5839호.
371) 전부개정 2009. 2. 6. 법률 제9432호.

Ⅱ 물적 손해에 대한 책임

1. 서

상법은 고객이 휴대한 물건에 대한 공중접객업자의 책임을 수치한 물건, 수치하지 않은 물건 및 고가물에 대하여 각각 달리 규정하고 있다. 그리하여 수치한 물건에 대한 책임을 가중하고, 고가물에 대하여는 특칙을 두고 있다.

2. 수치한(임치받은) 물건에 대한 책임

(1) 책임의 가중

공중접객업자는 자기 또는 그 사용인이 고객으로부터 任置받은 물건의 보관에 관하여 주의를 게을리하지 아니하였음을 증명하지 아니하면 그 물건의 멸실 또는 훼손으로 인한 손해를 배상할 책임을 면하지 못한다(제152조 제1항). 이와 같이 이 규정은 증명책임을 피고인 업자에게 전환시키고 있다. 이 규정은 '공중접객업자는 물건의 멸실 또는 훼손이 불가항력으로 인한 것임을 증명하지 아니하면 책임을 면하지 못한다.'는 종전의 내용을 2010년 5월에 개정한 것이다. 그리하여 운송인(제135조·제148조), 운송주선인(제115조) 및 창고업자(제160조)의 책임과 동일한 기준으로 책임을 묻고 있다. 이에 따라 공중접객업자는 휴대품의 수치시 별도의 보수를 받지 않았더라도 같은 책임을 지며, 자기의 종업원 등 이행보조자의 행위에 대하여도 마찬가지이다.

(2) 고객과 공중접객업자간의 합의

제152조 제1항의 책임이 발생하기 위하여는 고객과 공중접객업자와의 사이에 물건보관에 관한 명시 또는 묵시적 합의가 있어야 한다.[372] 따라서 여관 부설 주차장에 시정장치가 된 출입문이 설치되어 있거나 출입을 통제하는 관리인이 배치되어 있는 등 여관 측에서 그 주차장에의 출입과 주차시설을 통제하거나 확인할 수 있는 조치가 되어 있다면, 그 주차장에 여관투숙객이 주차한 차량에 관하여는 명시적인 위탁의 의사표시가 없어도 임치의 합의가 있는 것으로 볼 수 있다.[373] 반대로 공중접객업자가 이용객들의 차량을 주차할 수 있는 주차장을 설치

---

372) 대법원 1992. 2. 11. 선고 91다21800 판결.

하면서 그 주차장에 차량출입을 통제할 시설이나 인원을 따로 두지 않았다면, 그 주차장은 단지 이용객의 편의를 위하여 제공된 것에 불과하고, 공중접객업자와 이용객간에 통상 그 주차차량에 대한 관리를 공중접객업자에게 맡긴다는 의사까지는 없는 것이다. 때문에 공중접객업자에게 차량시동열쇠를 보관시키는 등의 명시적·묵시적인 방법으로 주차차량의 관리를 맡겼다는 등의 특수한 사정이 없는 한, 공중접객업자는 선량한 관리자의 주의로써 주차차량을 관리할 책임이 없다.[374] 같은 논리로 주유소에서 차량기름을 급유한 후 주유소 한편에 장시간 주차시킨 동안에 도난사고가 있더라도 공중접객업자는 책임을 지지 않는다고 본다.

(3) 불법행위책임

제152조 제1항의 책임은 임치계약상의 책임이므로 이 책임과 불법행위책임은 별개이다. 예를 들면, 도적이 외부로부터 호텔의 비상문을 부수고 침입하여 호텔유숙객의 일반휴대물을 보관하여 두고 있던 2층 숙직실 창고의 물건을 절취한 행위 등에 대하여는 공중접객업자에게 주의의무위반을 이유로 책임을 물을 수 없다.[375]

(4) 고객의 범위

공중접객업자는 고객, 즉 공중접객업자가 관리하는 시설의 이용자에 대하여 책임을 부담하는데, 반드시 이용계약이 성립되어야 하는 것은 아니다. 객관적으로 보아 업자의 시설을 이용할 의사를 가지고 시설 내에 소재한 자도 고객이라 할 수 있다. 예를 들면, 영화관에서 상영시간을 기다리다가 그냥 나왔어도 고객이라 할 수 있으므로 그가 기다리는 동안 종업원에게 맡긴 물건이 훼손되었다면, 공중접객업자는 책임을 부담한다. 또 숙박계약을 체결한 이용자가 가족을 동반하는 경우 그 가족 역시 고객이다. 이와 같이 제152조 제2항의 고객은 공중접객업자의 영업과 관련된 시설이용의사가 있어야 하므로 단순 출입객이나 방문객은 포함되지 않는다.

373) 대법원 1998. 12. 8. 선고 98다37507 판결.
374) 대법원 1998. 12. 8. 선고 98다37507 판결.
375) 대법원 1965. 2. 23. 선고 64다1724 판결.

3. 수치하지(임치받지) 않은 물건에 대한 책임

공중접객업자는 고객으로부터 임치받지 아니한 경우에도 그 시설 내에서 휴대한 물건이 자기 또는 사용인의 과실로 인하여 멸실 또는 훼손된 때에는 그 손해를 배상할 책임이 있다(제152조 제2항). 법문과 같이 임치받지 않는 물건에 대한 공중접객업자의 책임은 임치받은 경우 보다 훨씬 경감된다. 고객이 영업주 또는 사용인의 부주의에 대한 증명책임을 지기 때문이다. 그리고 이는 계약책임이나 불법행위책임이 아니라 공중접객업자와 고객 사이의 시설이용관계를 근거로 하는 특별한 법정책임이다. 고객이 점유하는 물건에 대하여도 책임을 인정하는 것은 공중접객업자는 영업장 내에서의 안전 및 질서유지의 책임이 있기 때문이다. '고객'의 범위는 임치받은 물건에 대한 책임에서 설명한 바와 같다.

4. 면책약관의 효력

(1) 유효성 여부

공중접객업자가 영업장에 '고객의 휴대품에 대하여 책임지지 아니한다.'는 내용을 게시하거나 그 밖의 방법으로 고객에게 알리는 수가 있다. 개인 또는 가족 간 문화·취비활동이 활발한 오늘날에는 이러한 사례가 증가하고 있다. 제152조 제1항이 강행규정이 아니고, 또 내용에 따라서는 당사자간의 면책약관으로서 유효하게 보아야 할 경우도 있다. 그러나 상법은 그러한 게시를 하였다고 하더라도 제152조 제1항과 제2항의 두 가지 책임을 면하지 못한다고 규정하고 있다(제152조 제3항). 공중접객업자가 고객의 휴대품에 대하여 전혀 책임지지 아니한다는 특약은 사회질서(민법 제103조)에 반하기 때문이다.

(2) 과실상계의 대상 여부

위와 같은 면책약관의 내용을 알리는 것이 과실상계의 대상이 될 수 있는 지에 대하여는 입장이 나뉜다. 肯定說은 고객의 과실을 판단하는 자료는 될 수 있으므로, 공중접객업자의 책임 산정시 과실상계의 대상이 될 수는 있다고 본다(다수설).[376] 否定說은 제152조 제3항은 강행규정으로써 면책약관의 효력을 부정하

---

376) 정찬형(2025), 403면; 김정호(2022), 455면; 이기수·최병규(2016), 568면; 최기원·김동민(2014), 394면; 안강현(2019), 334면; 丸山秀平(2020), 134面.

고 있음에도 책임배분에 고려한다는 것은 타당하지 않고, 고객의 부주의가 가담되어 손해가 발생하거나 확장되었다면 이는 고객의 부주의 자체에 대해 과실상계를 인정해야 할 것이지 면책약관과는 무관하다고 본다(사견지지).[377]

5. 고가물에 대한 책임경감

화폐, 유가증권, 그 밖의 고가물에 대하여는 고객이 그 종류와 가액을 명시하여 임치하지 아니하면 공중접객업자는 그 물건의 멸실 또는 훼손으로 인한 손해를 배상할 책임이 없다(제153조). 그 취지는 운송인의 고가물에 대한 책임규정인 제136조와 대체로 같다. 고가물임을 '명시'하여 영업주에게 '임치'한 때에 한하여 책임을 물을 수 있기 때문에 고가물임을 명시만 하고 고객이 계속 점유한다면 영업주에게 책임을 물을 수 없다. 다만, 영업주나 종업원의 고의 또는 중과실로 고가물에 손해가 생긴 때에는 동조를 적용할 수 없다고 본다.

6. 소멸시효

(1) 단기시효

제152조와 제153조에 의거한 공중접객업자의 책임은 공중접객업자가 임치물을 반환하거나 고객이 휴대물을 가져간 후 6개월이 지나면 소멸시효가 완성한다(제154조 제1항). 이 기간은 물건이 전부 멸실된 때에는 고객이 그 시설로부터 퇴거한 날로부터 기산한다(제154조 제2항). 이와 같은 단기시효를 적용하는 까닭은 운송인의 책임에서 설명한 바와 같다.

(2) 일반상사시효

공중접객업자나 그 사용인이 악의인 경우에는 위의 단기시효를 적용하지 아니한다(제154조 제3항). 영업주 등이 악의인 경우에는 이를 특히 보호할 필요가 없고, 단기시효를 적용하는 것은 오히려 공평의 원칙에 반하기 때문이다. 따라서 이 경우는 5년의 소멸시효로 완성된다(제64조).

---

377) 이철송(2022), 588면; 정준우(2021), 345면.

Ⅲ 인적 손해에 대한 책임

1. 시설의 현대화·대형화와 법의 미비

공중접객업자의 책임과 관련하여 상법은 고객이 휴대한 물건이 멸실·훼손되어 생긴 손해에 대하여만 규정하고 있고, 여객운송인의 책임에서와 같은 인적 특칙규정(제148조)은 두지 않고 있다. 그러나 호텔·백화점·영화관 등과 같이 오늘날의 접객시설은 현대화·대형화·기계화되어 있는 경우가 많아 고객의 생명·신체가 화재나 그 밖의 위험에 노출되어 있고, 그로 인하여 고객의 생명 등이 침해되어 손해를 입는 사례가 적지 않다. 이 점 공중접객업소 시설의 이용객 역시 여객운송 시설의 이용객에 못지않은 위험에 노출되어 있음을 뜻한다. 따라서 여객운송인의 책임에 준하는 입법적 고려가 요망된다.

2. 인적 손해의 해결법리

(1) 의의

상법은 특칙 규정을 두지 않는 까닭에 공중접객업자가 접객시설을 이용하는 고객의 생명·신체를 침해하여 손해를 입힌 때에는 불법행위책임이나 일반 채무불이행책임 법리에 따라 공중접객업자에게 책임을 물을 수밖에 없다.

(2) 불법행위책임

고객의 생명·신체의 손해가 공중접객업자의 불법행위로 인한 때에는 불법행위로 인한 손해배상책임을 물을 수 있다(민법 제750조). 그러나 불법행위책임을 물을 때에는 고객이 손해의 증명과 아울러 공중접객업자의 귀책사유를 증명하여야 하므로 책임추궁이 용이하지 않다. 예를 들면, 숙박시설의 화재는 그 원인이 밝혀지지 않는 경우가 많은데, 이 경우에는 불법행위책임을 이유로 손해배상을 받을 수 없게 된다. 실제로 여관에 고객이 투숙 중 화재가 나서 질식 사망하자 그 가족이 여관주인을 상대로 주청구로서 불법행위로 인한 손해배상책임을 물은 적이 있다. 그러나 대법원은 화재원인이 밝혀지지 않았고 따라서 원고 측이 여관주인에게 화재에 대한 과실이 있다는 점을 증명하지 못하였음을 이유로 주청구를 기각하였다.[378]

(3) 채무불이행책임

고객의 생명·신체의 손해가 공중접객업자의 채무불이행으로 인한 때에는 공중접객업자에게 채무불이행책임을 물을 수 있다. 이 경우 고객은 채무불이행사실만을 증명하면 되고, 공중접객업자 측에서 무과실을 증명하여야 하므로 책임추궁이 훨씬 쉬워질 수 있다. 다만, 불법행위책임을 물을 때와는 달리 피해자가 사망하였더라도 그 가족의 위자료는 청구할 수 없다(민법 제752조).[379] 따라서 공중접객업자에 대한 채무불이행책임을 물음에 있어서는 어디까지가 영업주의 채무에 속하는지를 결정하는 것이 중요하다.

위의 93다43590판례의 사안에서 원고는 불법행위를 주청구로 하고 예비적 청구로 채무불이행책임을 물었는데, 여관주인은 자기의 채무는 고객에게 객실을 제공하고 이를 이용하게 하는 데 그친다고 항변하였다. 이에 대하여 대법원은 여관주인의 주된 의무는 객실의 제공이지만 투숙 중인 고객이 안전하게 지낼 수 있도록 할 보호의무를 진다고 하면서, 이러한 의무를 이행하지 않으면 불완전이행에 해당하므로 고객은 여관주인의 불완전이행의 사실을 증명하면 족하고, 여관주인은 그 불완전이행이 자신의 과실에 기인하지 않았음을 증명하여야 한다고 하면서 원고의 청구를 인용하였다.[380]

(4) 채무불이행책임에 관한 입법적 보완

공중접객업자의 채무를 위의 판례와 같이 이해한다면 공중접객업자의 과실을 증명하기 어려운 사고에 관하여도 손해를 전보 받을 수 있을 것이다. 그러나 업태마다 접객시설의 제공방식이 다르므로 모든 공중접객업자에게 같은 논리를 적용하기 쉽지 않다. 그리고 접객업소의 시설은 갈수록 기계화·전자화되고 있기 때문에 공중접객업자는 자기의 무과실을 증명하기 용이하지만, 원고의 반증은 용이하지 않을 수 있다. 또한 여객운송의 경우에는 고객의 생명·신체에 대한 손해배상액을 정함에 있어 피해자와 가족의 정상을 참작하도록 규정하고 있으나(제148조 제2항), 공중접객업자에게 채무불이행책임을 물을 때에는 규정의 미비로 이 같은 부수사정을 참작할 수 없다.

---

378) 대법원 1994. 1. 28. 선고 93다43590 판결.

379) 대법원 2000. 11. 24. 선고 2000다38718·38725 판결; 1974. 11. 12. 선고 74다997 판결.

380) 대법원 1994. 1. 28. 선고 93다43590 판결; 同旨 2000. 11. 24. 선고 2000다38718·38725 판결.

결국 오늘날의 공중접객업의 특성과 현실을 고려하면 여객이 받은 손해의 배상책임(제148조)과 같은 특칙규정을 두어 증명책임을 공중접객업자에게 전환하고, 피해자와 가족의 정상을 참작하도록 배려하는 것이 옳다.

제7절 창고업

I 총 설

1. 경제적 기능

창고업(Lagergeschäft)은 상품의 유통과정에서 발생하는 시간적 장해에 개입하여 그 가치를 보존하는 것을 영업으로 한다. 상품을 보존하는 것은 상인 스스로가 해결하여야 할 몫이나, 상품거래가 대량화·복잡화됨에 보관에 관한 지식과 특수한 시설을 갖춘 창고업자가 별도의 전문상인으로 발전하게 되었다. 창고업자는 임치물을 대표하는 창고증권을 발행함으로써 임치물의 교환가치를 휴면시키지 않고 유통하거나 처분할 수 있는데, 이 점도 임치물이 대량화됨에 따른 중요한 기능이라 할 수 있다. 이러한 점에서 창고업은 타인의 영업을 보조하는 보조상이다. 그리하여 상법은 제155조 이하에서 창고업자와 임치인의 법률관계를 규율하고 있다. 그리고 창고업에 대한 감독의 요청에서 물류정책기본법[381] 및 화물유통촉진법[382]에서 행정단속규정을 두고 있다.

2. 연 혁

창고업은 서구의 고대사회에서 그 기원을 찾을 수 있다. 중세 이후에는 서구의 항구도시에서 국제거래가 활성화되자 보세창고 및 외국화물을 보관하는 창고가 등장함에 따라 큰 발전을 하게 되었다. 오늘날과 같은 창고업은 19세기 이후 영국의 항구도시에서 창고업(Dock)이 성행함에 따라 자리를 잡게 되었다.[383]

---

381) 전문개정 2007. 8. 3. 법률 제8617호.
382) 1991. 12. 14. 법률 제4433호.

3. 운송업과의 유사성

창고업과 운송업은 물건의 보관과 물건의 운송이라는 거래행위의 성격에서는 다르지만, 몇 가지 점에서는 유사하다. 우선, 운송업은 공간적 장해를 극복하기 위한 것이고, 창고업은 시간적 장해를 극복하기 위한 것인데, 이러한 의미에서 보면 양자 모두 상인의 장해를 극복하기 위한 보조상이다.

둘째, 운송업에서는 화물상환증을, 창고업에서는 창고증권을 발행하여 이용할 수 있다. 그리하여 물건을 처분하고자 하는 때에는 이 증권을 이용하여 원활하고 신속하게 처분할 수 있다. 양자 모두 금융상의 편익을 얻을 수 있다는 점에서 같다.

Ⅱ 창고업자의 의의 및 성립요건

1. 의 의

창고업자는 타인을 위하여 창고에 물건을 보관함을 영업으로 하는 자를 말한다. 이를 분설하면 아래와 같다.

2. 요 건

(1) 목적물

창고업자는 타인의 물건을 보관한다. 물건은 보관에 적합한 동산에 한정되기 때문에 민법상의 임치의 목적물(동산·부동산)보다 그 범위가 제한적이다. 화폐·유가증권 등도 그 표창하는 재산권의 가치를 떠나 동산으로서 목적물이 될 수 있다.

(2) 목적물의 점유권 및 소유권

창고업자는 임치물을 직접 점유하고, 임치인은 창고업자를 통하여 임치물을 간접점유하고 그 반환청구권을 가진다. 이 경우 소유권은 이전하지 않는다. 타인 소유의 임치물이더라도 같다. 따라서 물건의 소유권을 취득하는 消費任置(민법 제702조)를 하는 자는 창고업자가 아니다. 수인의 임치인으로부터 대체성이 있는 같은 종류의 물건을 임치받아 혼장보관하고 동종·동량의 물건을 반환하기로 약정하는 혼장임치의 경우에도 창고업에 해당한다. 다만, 이 경우에도 창고업자는 소

---

383) 이병태(1988), 341면.

유권을 갖지 못하고 임치인들이 공유한다.

(3) 보관장소

통상의 창고는 지붕이 있는 건물을 의미하지만, 이에 한정되지 않는다. 임치물의 종류에 따라서는 보관기능이 있는 공작물, 냉동저장고나 野積場所(예 감귤·목재 등의 저장장소)도 창고에 포함된다. 또 창고업자가 반드시 창고를 소유하여야 하는 것은 아니고, 타인의 창고를 임차하여 보관할 수도 있다.

(4) 상인성

법문은 창고업자를 '물건을 보관함을 영업으로 하는 자'로 표현하고 있으나, 물건의 보관은 사실행위이므로 임치의 인수를 영업으로 하는 데에 상인성이 있다(제4조·제46조 제14호). 따라서 운송인이나 운송주선인이 그 고유영업에 부수하는 행위로서 물건을 임치한다고 하여 창고업자는 아니다. 다만, 임치의 인수를 영업으로 하면 창고업자의 지위를 겸하게 된다.

3. 임치계약

임치인과 창고업자간의 물건임치계약은 민법 제693조의 임치이다. 따라서 불요식·유상계약이다. 그리고 창고업은 임치의 인수를 영업으로 하므로 이를 위한 계약은 諾成契約[384]이다. 따라서 要物契約과 달리 물건의 인도를 요하지 않는다. 창고증권의 발행도 계약의 성립요소가 아니다. 창고임치계약의 성질이 이와 같으므로 창고업자에 대하여는 상법규정 외에 민법상의 임치에 관한 규정이 보충적으로 적용된다. 다만, 물건의 소유권이 이전하는 소비임치계약(민법 제702조)은 창고업의 임치계약이 아니다.

창고업자의 보관의무는 목적물의 점유를 취득하여 자기의 지배하에 두면서 멸실·훼손을 방지할 의무를 말한다. 따라서 창고업자는 원상유지에 관한 감시의무도 부담한다. 그러나 창고이용방식에 따라서는 그 목적물의 점유·감시가 전부 또는 부분적으로 창고의 이용자(임차인)에 있는 경우가 있다. 이 경우에는 창고의 임대차로 보아야 하며, 창고업자에게 상법상의 책임을 물을 수 없다. 예를 들면,

384) 당사자의 의사표시의 합치만으로 성립하는 계약을 말한다. 이는 당사자의 의사표시의 합치 이외에 물건의 인도 그 밖의 給付를 하여야만 성립하는 要物契約에 대응하는 개념이다.

창고에 보관한 마른고추가 부패하였으므로 제기된 소송에서 법원은 ① 냉동저장고에 입고할 물품의 종류나 수량을 특정하지 않고, ② 원고 및 냉동저장고 사용계약자들은 피고의 관리사무실에 보관된 저장고의 열쇠를 사용하여 각 저장고에 출입하며 피고의 검수나 확인절차 없이 물품의 반입이나 출고를 해 왔으며, ③ 개별적으로 경비용역 회사와 입고된 물품의 도난방지를 위한 용역계약을 체결하여 왔으므로 해당 계약은 피고가 저온저장고의 온도를 0°C로 유지하여 줄 것을 특약으로 하여 원고에게 이 사건 저장고를 임대한 임대차계약으로 볼 수 있고, 피고가 원고를 위하여 건고추를 보관하기로 한 임치계약이라고 할 수는 없다고 판단하였다.[385] 즉, 창고이용의 방법이 위와 같으므로 피고에게 창고업자로서의 보관의무가 없다고 판단한 것이다.

한편 해상운송시 화물이 통관을 위하여 보세창고에 입고되면, 운송인과 보세창고업자간에는 화물에 관한 묵시적 임치계약이 성립한다.[386]

Ⅲ 창고업자의 의무

1. 선관주의의무(보관의무)

창고업자는 임치계약의 유상 또는 무상을 불문하고 선량한 관리자의 주의로써 임치물을 보관하여야 한다(제62조). 이 경우 창고업자는 물건보관에 관한 전문가로로 민법상의 임치인보다 높은 수준의 주의의무를 진다. 따라서 임치물의 종류·성질에 적합한 보관방법을 선택하여 임치물의 멸실·훼손을 방지하여야 하며, 천재지변·도난과 같이 외부로부터 예상되는 손해를 방어하기 위한 조치도 취하여야 한다. 이 보관의무를 게을리할 때에는 손해배상책임을 진다(후술). 예를 들면, 甲이 乙과의 임치계약에 의하여 건고추를 창고업자인 丙 소유의 냉동창고 중 乙이 임차한 부분에 운반·적치하고, 그 입고시에 丙은 甲이 제시한 서류만을 근거로 하여 物品引受證을 甲에게 발행하였다면, ① 甲과 乙 간의 임치계약은 위 창고의 소유자이자 임대인인 丙의 냉동시설을 가동함으로써 그 계약목적을 달성하려는 것이 전제되는 것이고, ② 丙이 그 영업범위 내에서 건고추의 입고와 보관

385) 대법원 2002. 2. 26. 선고 2001다74728 판결.
386) 대법원 2023. 12. 14. 선고 2022다208649 판결.

에 관여한 사실 등을 고려하면, 丙은 물품인수증을 甲에게 발행함으로써 甲에 대한 관계에서는 건고추에 대한 무상수치인으로서의 선관주의의무를 진다.[387)]

2. 임치인의 검사 등의 수인의무

임치인이나 창고증권소지인은 영업시간 내에 언제든지 창고업자에 대하여 임치물의 검사 또는 견품의 적취를 요구하거나 그 보존에 필요한 처분을 할 수 있으며, 창고업자는 이에 응할 의무를 부담한다(제161조). 이는 임치인의 이익을 보호하기 위한 규정이다. 즉, 임치인으로 하여금 창고업자가 적절하게 보관하고 있는 지의 여부를 확인할 수 있도록 하고, 또 임치 중인 물건의 양도나 입질 등을 편의롭게 하도록 하는 데 그 취지가 있다. 예를 들면, 임치물의 양도를 위하여는 견품이 필요할 수 있기 때문이다. 그러므로 이러한 행위는 임치인은 물론 임치인이 동의하는 제3자(예 매수자)도 할 수 있다.

창고업자는 임치인 등의 점검과 적출을 단순히 인용하는 정도에 그치는 것이 아니라 적극적으로 협력할 의무를 부담한다. 이는 법적 의무이므로 별도의 보수를 청구할 수 없다.

임치인의 '보전에 필요한 처분'은 임치물의 현상을 유지하기 위한 행위(예 청소·환기)에 그쳐야 하며, 특약이 없는 한 물건의 수리·개작·가공 등 등 창고업자에게 새로운 부담을 주는 행위는 포함되지 않는다.

3. 임치물에 대한 하자통지·처분의무

창고업자에 대하여는 위탁물의 훼손·하자 등의 효과에 관한 제108조를 준용하고 있다. 그리하여 창고업자가 임치물을 받은 후 그 물건의 훼손 또는 하자를 발견하거나 그 물건이 부패할 염려가 있는 때에는 지체 없이 임치인에게 통지를 발송하여야 한다(제168조·제108조 제1항). 이 경우 임치인의 지시를 받을 수 없거나 그 지시가 지연되는 때에는 창고업자는 임치인의 이익을 위하여 적당한 처분을 할 수 있다(제168조·제108조 제2항). '적당한 처분'의 의미에 대하여는 위탁매매인에 관한 해당 규정의 해설에서 설명한 바와 같다. 다만, 위탁매매인의 경우와는 달리

---

387) 대법원 1994. 4. 26. 선고 93다62539·62546 판결.

가격저락의 상황을 안 때에도 통지의무는 없다. 그것은 위탁자를 위하여 자기명의로 법률행위를 하는 위탁매매인과는 달리 창고업자는 단지 물건의 보관이라는 사실행위를 하는 자이므로 그 지위나 임치계약의 본지에 부합한다고 볼 수 없기 때문이다(통설).

4. 손해배상책임

(1) 책임의 내용

창고업자는 자기 또는 사용인이 임치물의 보관에 관하여 주의를 해태하지 아니하였음을 증명하지 아니하면 임치물의 멸실 또는 훼손에 대하여 손해배상책임을 면하지 못한다(제160조). 임치물의 「멸실」은 물리적으로 소멸된 경우뿐만 아니라 창고업자가 임치물을 반환받을 권리가 없는 자에게 출고함으로써 정당한 권리자가 반환받지 못하게 되는 경우를 포함한다.[388] 그 밖의 상세한 내용은 운송인의 손해배상책임에서 설명한 바와 대체로 같다. 그리고 창고업자에 대하여는 운송업자·운송주선업자의 고가물에 대한 책임(제136조·제124조) 및 공중접객업자의 고가물의 책임(제153조)과 같은 특칙을 두지 않고 있다. 때문에 고가물의 손해에 대한 책임은 임치계약 및 손해배상의 일반원칙에 따라 해결하여야 한다고 본다(통설). 창고업자는 다른 업자와는 달리 임치를 전문으로 하는 자이기 때문이다.

(2) 책임의 소멸

1) 특별소멸사유

운송인의 특별한 책임소멸사유(제146조)는 창고업자에게 준용된다(제168조). 그리하여 임치인 또는 창고증권소지인이 유보 없이 임치물을 수령하고 보관료 기타의 비용을 지급한 때에는 창고업자의 책임이 소멸한다. 그러나 ① 임치물에 즉시 발견할 수 없는 훼손 또는 일부 멸실이 있는 경우에 임치인 또는 창고증권수령인이 임치물을 수령한 날로부터 2주간 내에 창고업자에게 그 통지를 발송한 때, 또는 ② 창고업자 또는 그 사용인이 악의인 때에는 특별소멸사유를 적용하지 아니한다(제168조·제146조).

---

388) 대법원 1981. 12. 22. 선고 80다1609 판결; 1978. 9. 26. 선고 78다1376 판결.

2) 단기소멸시효

특별소멸사유 이외의 창고업자의 책임에 대하여는 운송인의 책임의 경우와 같이 1년간의 단기시효가 적용된다(제166조). 그리하여 임치물의 멸실 또는 훼손으로 인한 창고업자의 책임은 그 물건을 출고한 날로부터 1년이 경과하면 소멸시효가 완성한다. 이 기간은 임치물이 전부 멸실한 경우에는 창고업자가 임치인과 알고 있는 창고증권소지인에게 그 멸실의 통지를 발송한 날로부터 기산한다(제166조 제1항 · 제2항).

그러나 창고업자 또는 그 사용인이 악의인 때에는 이 단기시효를 적용하지 않는다(제166조 제3항). 창고업자 또는 사용인의 악의는 원칙적으로 상대방이 증명하여야 하지만, 기술한 바와 같이 임치물을 반환받을 권리가 없는 자에게 인도한 경우에는 창고업자가 악의에 기한 것이 아님을 증명하여야 한다.[389] 이 단기소멸시효는 창고업자의 계약상대방인 임치인의 청구에만 적용되고, 임치물이 타인 소유의 것이어서 그 소유권자가 청구하는 경우에는 적용되지 않는다.[390]

5. 창고증권의 발행의무

(1) 의의 및 취지

창고증권(Lagerschein)은 창고업자에 대한 임치물반환청구권을 표창하는 유가증권이다. 물건을 창고에 임치하면 상당기간 물건의 사용가치와 교환가치가 死藏되는데, 창고증권을 발행하면 임치인은 임치물을 양도하거나 또는 질권설정 등의 담보제공에 이용할 수 있어 임치물의 사용가치와 교환가치를 활용할 수 있다. 그리하여 상법은 창고증권의 발행을 인정하고 있다. 그 기능은 화물상환증과 유사하다.

(2) 성질

창고증권에 관하여는 화물상환증에 관한 제129조 내지 제133조의 규정이 준용된다(제157조). 따라서 창고증권은 문언증권 · 상환증권 · 지시증권 · 처분증권성을 가지며, 창고증권의 교부에는 물권적 효력이 있다. 창고증권은 임치계약과 물건

---

389) 대법원 1981. 12. 22. 선고 80다1609 판결; 1978. 9. 26. 선고 78다1376 판결.
390) 대법원 2004. 2. 13. 선고 2001다75318 판결.

의 임치를 근거로 발행되므로 요인증권이며, 동시에 법정기재사항을 요하는 요식증권이다. 다만, 요인증권이라는 점에서 어음·수표와 달리 그 요식성이 완화된다. 이 점도 화물상환증과 같다.

(3) 입법주의

1) 의의

창고증권의 가장 중요한 용도는 이에 의하여 임치물을 양도하거나 질권설정 등의 담보제공에 이용하는 것이다. 그리하여 그 발행에 관하여 입법주의가 나뉜다.

2) 복권주의

이는 창고증권을 양도용증권과 담보용증권으로 구분하여 2통을 발행하는 방식이다. 複券主義를 채택하면, 임치인은 먼저 담보용증권을 입질하여 금융의 편의성을 얻고, 그 후 유리한 시기에 양도용증권으로 처분할 기회를 모색할 수 있다. 프랑스·이탈리아·벨기에 등이 채용하고 있다.

3) 단권주의

이는 창고증권을 양도용증권과 담보용증권을 겸하는 1통만 발행하는 방식이다. 單券主義는 1통의 증권으로 양도나 입질을 할 수 있기 때문에 간편하기는 하지만, 일단 입질하면 양도가 어려워지는 단점이 있다. 우리나라·미국·독일·네덜란드·스페인 등이 채택하고 있다.

4) 병용주의

이는 임치인의 선택에 따라 복권 또는 단권을 발행할 수 있게 하는 방식이다. 併用主義는 일본이 채택하고 있다(일본상법 제598조·제627조). 실제로는 단권주의인 경우가 많다.[391]

(4) 발행

1) 발행청구

창고증권은 임치물을 수령한 후 임치인의 청구에 의하여 창고업자가 발행한다(제156조 제1항). 창고증권 발행청구권은 임치인의 중요한 권리이다. 그러므로 임치인이 창고증권의 발행을 청구하면, 창고업자는 이를 거절할 수 없다. 반면, 임

---

391) 近藤光男(2008), 254面.

치인의 발행청구가 없으면 발행할 필요가 없다.

2) 기재사항 및 요식성의 완화

창고증권에는 법정사항을 기재하고 창고업자가 기명날인(또는 서명)하여야 한다(제156조 제2항). 그리하여 ① 임치물의 종류·품질·수량·포장의 종별·개수와 기호, ② 임치인의 성명 또는 상호, 영업소 또는 주소, ③ 보관장소, ④ 보관료, ⑤ 보관기간을 정한 때에는 그 기간, ⑥ 임치물을 보험에 붙인 때에는 보험금액, 보험기간과 보험자의 성명 또는 상호, 영업소 또는 주소, ⑦ 창고증권의 작성지와 작성년월일 등등을 기재하여야 한다.

한편 창고증권은 요인증권이므로 그 요식성은 어음·수표와 달리 엄격하지 않고 완화된다. 따라서 법정기재사항 중 본질적 사항이 아닌 것(예 창고증권의 작성지)은 사실과 다르거나 기재하지 않더라도 창고증권의 효력에는 영향이 없다. 그리고 당사자간의 합의에 따라 그 밖의 사항을 기재할 수 있다(예 증권의 유효기간).

(5) 창고증권의 분할청구

임치한 물건이 可分物인 경우 임치인은 임치물을 가분단위로 분할하여 각 부분별로 별개의 창고증권을 교부받을 수 있다. 또 이미 발행된 창고증권의 소지인도 창고업자에게 그 증권을 반환하고 임치물을 분할하여 각 부분에 대한 창고증권의 교부를 청구할 수 있다(제158조 제1항). 이에 따라 창고증권소지인은 임치물을 세분하여 수인의 매수인에게 양도하거나 일부는 양도하고 일부는 입질할 수도 있다. 이때 분할한 물건의 종류·품질이 서로 상이하여 혼장임치할 수 없다면 창고업자는 이를 분리·보관하여야 한다. 이에 소요되는 비용과 분할된 창고증권의 교부에 소요되는 비용(예 인지세 등)은 증권소지인이 부담한다(제158조 제2항).

(6) 임치물의 일부 반환

창고증권소지인이 임치물을 입질하고자 하는 경우에는 창고증권을 질권자(채권자)에게 교부하여야 한다(제157조·제133조). 그리고 창고증권은 상환증권이므로 그 증권이 없으면 창고업자에게 임치물의 반환을 청구할 수 없다(제157조·제129조). 그러므로 질권설정자(당초의 창고증권소지인)는 채무를 변제하고 증권을 반환받지 아니하면 임치물도 반환받을 수 없음이 원칙이다.

그러나 질권자의 승낙이 있으면 임치인은 채권의 변제기 전이라도 임치물의 일부 반환을 청구할 수 있다(제159조 전단). 예를 들면, 임치인은 질권자의 승낙이 있으면, 채권액(예 10억원)을 초과하는 임치물(예 15억원)을 창고증권의 반환 없이 활용할 수 있는 것이다. 이 경우 창고업자는 반환한 임치물의 종류, 품질과 수량을 증권에 기재하여야 한다(제159조 후단). 이는 창고업자가 2중의 반환책임을 부담할 수 있는 위험을 방지하기 위함이다. 이에 의거 창고업자는 창고증권을 분할하는 부담을 덜 수 있다. 그리고 임치인이 창고업자에게 임치물의 일부 반환을 청구할 때에는 증권을 반환하지는 않더라도, 증권의 제시는 하여야 한다. 반환한 물건을 창고증권에 기입하여야 하기 때문이다.

한편 질권이 설정된 임치물에 대하여 일부 반환청구를 허용한다면, 질권이 설정되지 않은 임치물에 대하여도 증권소지인은 일부 반환을 청구할 수 있다고 보아야 한다. 이때 증권소지인은 창고업자로 하여금 창고증권에 같은 요령의 기재를 하게 하여 일부 반환을 청구할 수 있다.

Ⅳ 창고업자의 권리

1. 보관료·비용상환청구권

창고업자는 상인이다. 그러므로 창고업자는 무상임치의 특약을 하지 않은 한 별도의 약정이 없더라도 보수, 즉 보관료를 청구할 수 있다(제61조). 다른 특약이나 관습이 없는 한, 보관료나 기타 비용(예 통관세·운임·보험료·경매비용 등) 또는 체당금은 임치물을 出庫할 때에 청구할 수 있다(제162조 제1항 본문). 다만, 보관기간이 경과한 후에는 출고하기 전이라도 이를 청구할 수 있다(제162조 제1항 단서). 임치인 또는 창고증권소지인이 출고를 게을리하는 경우 창고업자가 손해를 입지 않도록 배려하기 위한 것이다. 반대로 창고업자의 사정으로 보관기간이 경과하였음에도 출고할 수 없는 경우에는 보관료를 청구할 수 없다.

임치물을 일부 출고할 때에는 그 비율에 따른 보관료나 기타 비용 또는 체당금의 지급을 청구할 수 있다(제162조 제2항). 다만, 비용·체당금 전액이 일부 출고한 물건과 관련되어 지출한 경우에는 그 전액을 청구할 수 있다(제162조 제2항 적용배제). 그리고 임치인이 보관기간이 경과하기 전에 전부의 출고를 청구하거나 임치계약이 보관기간이 경과하기 전에 종료한 때에도 보관기간에 비례하여 보관료를 청구할 수 있다. 창고업자는 출고할 때 보관료 등에 관한 채권을 가지고 동시이행의 항변권을 행사할 수 있다.

이와 같이 보관료 등의 채무는 당연히 임치인이 부담한다. 창고증권이 발행된 경우에는 그 소지인이, 증권이 양도되어 임치물의 소유권이 이전된 때에는 양수인이 부담한다.[392] 그런데 창고업자가 증권소지인에게 보관료 등의 금액을 액면으로 하는 수표와 교환하여 임치물을 출고하였는데, 그 수표가 부도난 경우 누구에게 지급청구를 하여야 하는지 문제될 수 있다. 이 경우 창고증권의 권면상 보관료와 비용 등을 소지인이 지급한다는 기재가 있는 때, 증권소지인이 배서양도에 의하여 창고증권을 취득하였으면 그에 따라 보관료 등의 채무를 인수한다는 의사의 합치가 있었던 것으로 보아 증권소지인이 채무를 부담한다고 본다.[393] 다만, 이 경우에는 증권소지인이 임치물을 인도받을 것을 정지조건으로 하는 것으로 해석한다.

2. 공탁·경매권

상법은 상인간의 매매시 매도인이 갖는 공탁·경매권에 관한 규정을 창고업자에게 준용하고 있나. 그리하여 창고업자는 임치인 또는 창고증권소지인이 임치물의 수령을 거부하거나 수령할 수 없는 때에는 임치물을 공탁하거나 경매할 수 있다(제165조·제67조 제1항·제2항).

3. 유치권

창고업자의 보관료 등의 채권에 대하여는 별도의 유치권이 인정되지 않는다. 때문에 창고업자는 보관료 등에 관하여 민법상의 유치권(민법 제320조)을 행사할 수 있고, 임차인이 상인인 때에는 일반 상사유치권(제58조)을 행사할 수 있을 뿐이다. 창고업자의 유치권 행사를 상당한 이유 없이 배제하는 보통거래약관 조항은 무효이다.[394]

---

392) 同旨 정찬형(2025), 413면; 대법원 1963. 5. 30. 선고 63다188 판결.

393) 最高裁判所 昭和 31年 2月 19日 民集 11巻 2号, 295面.

394) 대법원 2009. 12. 10. 선고 2009다61803·61810 판결; 최병규, “은행근저당설정비 부담주체에 대한 약관의 효력,” 「상사판례연구」 제24집 제1권(2011. 3), 179－180면.

4. 채권의 단기시효

창고업자의 임치인 또는 창고증권소지인에 대한 채권은 임치물을 출고한 날로부터 1년간 행사하지 아니하면 소멸시효가 완성한다(제167조).

V 임치계약의 소멸

임치기간의 약정이 없으면, 당사자는 언제든지 계약을 해지할 수 있음이 원칙이다(민법 제699조). 그러나 창고업자가 불시에 해지한다면 임치인은 예측하지 못한 손해를 입을 수 있다. 그리하여 상법은 당사자가 임치기간을 정하지 않은 경우에는 창고업자는 임치물을 받은 날로부터 6월이 경과한 후에야 임치계약을 해지하고 임치물을 반환할 수 있으며, 그것도 2주간 전에 예고하도록 하고 있다(제163조). 다만, 부득이한 사유(예 임치물의 부패, 장기간보관료의 미지급 등)가 있는 때에는 언제든지 임치물을 반환할 수 있다(제164조).

한편 상법은 임치인의 임치계약 해지에 관하여는 별도의 규정을 두지 않고 있다. 그러므로 기간의 약정이 있든 없든 임치인은 언제든지 계약을 해지하고 임치물의 반환을 청구할 수 있다고 볼 수도 있을 것이다(민법 제698조). 다만, 임치기간이 있음에도 불구하고 기간의 경과 전에 임치물을 조기 출고하는 때에는 창고업자에게 기회비용이 발생한다. 그러므로 창고업자는 기간에 따른 보관료는 물론 (기회비용에 대한) 손해배상도 청구할 수 있다고 풀이한다.[395]

제8절 금융리스업

I 입법배경

위에서 살펴본 바와 같이 상법 제2편 상행위 제1장 내지 제11장에서는 전형적인 상거래를 규정하고 있다. 그러나 상거래는 진보적인 성격이 있기 때문에 경

395) 同旨 이철송(2022), 601면; 이기수·최병규(2016); 558면; 김성태(2002), 709면.

제가 발전할수록 그에 따른 새로운 유형의 거래가 생겨난다. 그 가운데는 민법·상법의 전형계약의 틀에서 설명할 수 있는 것도 있으나, 당사자의 약정이나 상관습만을 가지고 이해하여야 하는 유형도 있다. 따라서 민법·상법에서 찾아볼 수 없는 비전형 상거래에서 생겨나는 문제에 대하여는 사법의 일반원리를 바탕으로 당사자의 의사와 거래관행을 존중하여 각각의 이해를 조정하여야 한다. 궁극적으로는 입법적으로 수용하는 것이 마땅하다.

이러한 작업의 일환으로 1995년 개정상법은 상행위편 제46조에서 ① 「物融」이라는 기계, 시설, 그 밖의 재산의 금융리스에 관한 행위(제46조 제19호), ② 상호·상표 등의 사용허락에 의한 영업에 관한 행위(가맹업·프랜차이즈업, 동조 제20호), ③ 영업상 채권의 매입·회수 등에 관한 행위(채권매입업·팩터링, 동조 제21호) 등 세 가지 신종상행위를 기본적 상행위로 편입하였다.

이하에서는 신종 상행위에 관하여 금융리스업을 우선으로 하여 상법규정은 물론 거래의 성격과 거래통념을 토대로 타당한 법리를 밝혀 보고자 한다.

Ⅱ 금융리스업의 의의

1. 리스의 종류와 개념

리스(lease)에 대하여는 크게 금융리스(finance lease)와 운용리스(operating lease)로 나눌 수 있다. 양자의 공통점은 시설대여라는 법형식을 이용한다는 점이다. 이 가운데 금융리스는 이용자가 선정한 기계, 시설, 그 밖의 재산(금융리스물건)을 제3자(공급자)로부터 취득하거나 대여받아 금융리스이용자에게 이용하게 하는 것을 말한다. 그리고 이를 영업으로 하는 자를 금융리스업자라 한다(제168조의 2).[396] 따라서 금융리스는 대체로 범용성이 없는 고가의 물건을 대상으로 이루어진다. 금융리스에서는 리스업자가 리스물건의 선정에 관여하거나 리스물건을 점유하지 않는다. 그리하여 리스기간 중에 리스물건에 관한 유지·관리책임은 리스이용자에게 있다.

운영리스는 금융리스가 아닌 것을 통칭한다. 그리하여 금융보다 서비스제공

396) 대법원 1997. 11. 28. 선고 97다26098 판결.

의 성격이 강하다. 리스업자가 사전에 취득하여 구비하고 있는 물건을 이용자가 선정하고, 물건사용기간 동안 정기적인 대가를 분할하여 지급하고 이용한 후 계약기간이 종료하면 리스업자에게 반환하는 거래를 뜻한다. 금융리스와는 달리 리스기간 중 리스물건에 대한 유지·관리책임은 리스업자가 부담한다. 대체로 선박·항공기·컴퓨터·자동차·복사기·정수기 등 범용성이 있는 물건을 대상으로 한다.

2. 연 혁

리스업의 기원은 19세기 중엽이라고 할 수 있고, 현대적인 같은 리스거래는 1950년대에 미국에서 새로운 금융기법으로 시작되었다. 우리나라에는 1972년 12월에 설립한 한국산업리스 주식회사를 통하여 비로소 도입되었다. 이후 1973년 시설대여산업육성법이 제정되었고, 이후 1997년 다른 특수 업종과 함께 여신금융전문업법으로 통합되어 현재에 이르고 있다.[397] 이러한 입법과정은 과정은 우리나라의 고도성장기와 맞물리는 것으로서 선진국의 기계·시설 등 국내이용자들이 필요로 하는 물건을 선진국의 공급자 혹은 리스회사로부터 조달하는 근거가 되기도 하여 왔다.

그러나 여신금융전문법은 리스업에 관한 행정규제적 목적에서 마련된 것으로써 사법적 측면에서 발생하는 문제에 대한 전반적인 해결수단은 되지 못한다. 현재 리스계약은 리스업자가 작성한 약관에 의하여 체결되므로 분쟁의 발생시 그 약관의 해석이 무엇보다 중요하다. 그런데 약관을 해석하는 때에는 리스의 법적 성질이 출발점이 되며, 또한 이 점이 리스에 관한 법률문제의 중심을 이룬다.

Ⅲ 금융리스계약의 성질

1. 성질론의 의의

운용리스는 전형적인 임대차와 본질적인 차이가 없으므로 그 법적 성질은 임대차계약이라고 할 수 있다. 그런 까닭에 리스편에서 설명을 특히 보탤 것은 없다. 상법 역시 두 종류의 리스의 성질을 반영하여 금융리스에 관한 규정만을 두

397) 1997. 8. 28. 법률 제5374호.

고 있다. 금융리스의 법적 성질은 금융리스계약의 가장 본질적인 것으로서 리스계약의 효력에 영향을 미친다. 그런데 리스계약은 리스회사가 작성한 리스약관에 의하여 체결되고, 리스약관에는 리스물건의 인도가 지연되거나 물건의 규격·사양·기능 등에 있어서의 부적합, 불완전 또는 기타의 하자가 있을 때에도 리스회사는 리스이용자에 대하여 책임을 지지 않는다는 면책조항을 두는 것이 통상적이다. 이로 인하여 리스계약의 본질에 관한 이견이 제기된다. 리스계약을 임대차라고 하면, 위 면책약관은 임차인에게 불리한 특약으로써 임대차의 특성상 무효라고 볼 여지가 있다(민법 제652조). 반면, 임대차와는 다른 비전형 계약으로 보고 그 나름대로의 특성을 인정하는 때에는 위 면책약관은 유효하고 리스회사의 담보책임은 부정될 수 있다. 이러한 문제들도 결국에는 리스의 성질론으로 해결되어야 한다.

2. 학 설

(1) 임대차설(특수임대차설)

이 학설은 금융리스계약의 법적 형식을 중시하여 그 법적 성질은 임대차로 본다. 그리고 리스계약의 금융거래적 특수성을 어느 정도 인정한다. 그 결과 리스의 특성으로 인하여 임대차의 법리적용이 맞지 않는 부분에만은 임대차관계의 강행규정에 반하지 아니하는 범위에서 약관의 유효성을 인정한다.[398] 이 학설에 따르면 앞서 본 면책약관은 무효이다.

(2) 비전형계약설(무명계약설)

이 학설은 금융리스의 경제적 실질인 물적 금융거래의 측면을 중시하여 금융리스계약의 법적 성질을 민법의 임대차와는 다른 특수한 무명계약(비전형계약)[399] 이라고 한다. 그 근거는 대체로 ① 금융리스는 자산의 소유보다 자본의 효율적 이용에 중점을 두고 있는 점, ② 사용가치의 회수보다는 교환가치의 회수에 중점

398) 최기원·김동민(2014), 414면.

399) 민법에서는 증여·매매·교환·소비대차·사용대차·임대차·고용·都給·위임·임치·조합·終身定期金·화해·懸賞廣告 등 14종류의 典型契約을 정하고 있으며, 이를 계약의 이름이 정해졌다는 의미에서 有名契約이라고도 한다. 그 이외의 계약을 非典型契約 또는 無名契約이라고 한다.

을 두고 있는 점, ③ 여신전문금융업법 역시 리스는 물적 금융이라는 점을 전제하여 소유자가 부담하여야 할 각종 의무와 책임을 이용자에게 전가하고 있는 점(예 동법 제30조·제33조 내지 제35조, 동법시행령 제2조 제4항), ④ 리스물건의 보수·관리책임이 이용자에게 있고, 계약부대비용도 이용자의 부담으로 한다는 점 등에서 구하고 있다(통설). 그리하여 금융리스거래의 특성상, 금융리스는 금융거래로서의 성격이 강하여 임대차와는 다른 비전형계약이라고 한다. 이 설에 의하면 금융리스계약에는 민법 제652조가 적용되지 않으므로 앞서 본 면책약관은 유효하다.

(3) 특수소비임대차설

이 학설은 금융리스계약의 본질을 소비대차계약이라고 한다. 그리고 임대차계약은 아니라는 점을 전제하지만, 비전형계약이라는 성격규정은 편의적인 것에 불과하다고 비판하며, 금융리스는 이용자가 공급자로부터 물건을 공급받고 금융리스업자가 그 물건의 소유권을 담보로 하여 자금을 융자하는 거래라고 설명한다.[400]

3. 판 례

판례는 '시설대여(리스)는 시설대여회사(리스업자)가 대여시설이용자가 선정한 특정물건을 새로이 취득하거나 대여받아 그 물건에 대한 적법적인 유지·관리책임을 지지 아니하면서 대여시설이용자에게 일정기간 사용하게 하고 그 기간에 걸쳐 일정대가를 정기적으로 분할하여 지급받으며, 그 기간 종료 후의 물건의 처분에 관하여는 당사자간의 약정으로 정하는 계약으로서 형식에서는 임대차계약과 유사하나 그 실질은 물적 금융이고 임대차계약과는 여러 가지 다른 특질이 있기 때문에 시설대여(리스)계약은 비전형계약(무명계약)이고 따라서 이에 대하여는 민법의 임대차에 관한 규정이 바로 적용되지 않는다.'고 결론내리고 있다.[401]

이와 같이 판례는 임대차 관련 규정의 적용을 배제하고 비전형계약설을 취하는데, 리스거래의 금융거래적 성격에 착안하여 '물적 금융'이라는 용어를 사용하고 있다.

---

400) 최준선(2021), 436면.
401) 대법원 1997. 10. 24. 선고 97다27107 판결; 1996. 8. 23. 선고 95다51915 판결; 1986. 8. 19. 선고 84다카503·504 판결 등.

4. 사 견

금융리스의 성질에 관하여 견해의 차이가 있는 것은 리스가 경제적 실질은 금융이면서 법적 형식은 임대차라는 양면성을 가지고 있기 때문이다.[402] 그리하여 경제적 실질을 중시하면 비전형계약설, 법적 형식을 중시하면 임대차계약설을 취하게 된다.

생각건대, 리스는 금융거래적 특성이 강하므로 비전형계약설이 합리적이다. 거래의 법적 측면을 보더라도 임대차로 보기 어려운 면이 다분하다. 예를 들면, 여신전문금융업법 제2조 제10호는 시설대여, 즉 리스를 '… 물건을 새로이 취득하거나 대여받아 … 일정기간 이상 사용하게 하고, 그 기간에 걸쳐 일정대가를 정기적으로 분할하여 지급받으며, 그 기간 종료 후의 물건의 처분에 대하여는 당사자간의 약정으로 정하는 방식의 금융을 말한다.'고 정의하고 있는데, 이 정의에 의거한 거래는 법형식적 측면에서도 임대차라고 보기 어렵다. 현재 우리나라에서 이루어지는 리스는 바로 이 정의규정을 충족하는 거래이다. 그런 까닭에 상법은 제46조 제19호의 금융리스를 제46조 제2호의 임대차와 별도로 규정하게 되었다.

Ⅳ 금융리스거래의 구조

금융리스의 법적 성질에 관하여 올바르게 접근하기 위하여는 금융리스의 거래구조의 특성을 파악하는 것이 중요하다. 아래의 그림과 같이 금융리스는 이용자, 공급자 및 리스업자 등 3당사자간에서 이루어진다.

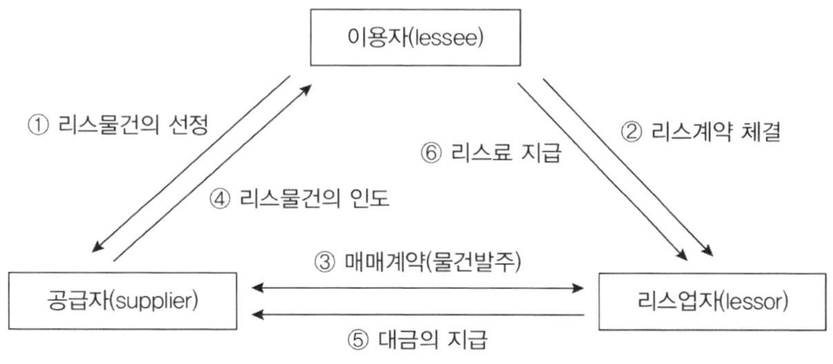

402) 실제 리스회사의 계약서에서도 흔히 임대인, 임차인이라는 용어를 쓴다.

위 圖示 구조상의 순서를 풀어 보면, ① 이용자는 자신이 필요로 하는 기계·설비 그 밖의 금융리스물건을 공급자와 상담하여 선정하고, 목적물·가격·인도시기 등에 관한 실질적인 합의를 한다. ② 이용자는 앞에서 합의한 내용을 토대로 리스업자와 리스계약을 체결한다. 이때 리스기간, 리스료, 유지·관리책임 등은 모두 약관에 따라 결정된다. ③ 리스업자는 리스계약의 이행으로서 ①의 공급자와 ①에서 합의한 내용대로 매매계약을 체결한다(물건발주). 이때 공급자는 예외 없이 이용자에게 직접 이행하기로 합의한다. ④ 공급자는 매매계약에서 정한 바에 따라 이용자에게 리스물건을 인도하고, ⑤ 리스업자는 공급자에게 리스물건의 대금을 지급한다. 이 과정에서 리스물건이 수입물품인지 국내에서 조달물건인지의 따라 구체적인 절차에 차이가 있다. 다만, 리스계약의 본질과는 관계없다. ⑥ 이용자는 리스업자에게 소정의 리스료를 지급한다.

V 금융리스계약의 법률관계

1. 계약의 개시

금융리스계약의 개시시점은 리스계약에 정해진 쌍방의 의무의 이행시점과 관련되는 문제이다. 이에 대하여 상법은 "금융리스업자는 금융리스이용자가 금융리스계약에서 정한 시기에 금융리스계약에 적합한 금융리스물건을 수령할 수 있도록 하여야 한다."라고 규정하고(제168조의 3 제1항), 이어 동조 제2항에서 "금융리스이용자는 제1항에 따라 금융리스물건을 수령함과 동시에 금융리스료를 지급하여야 한다."라고 규정하고 있다. 따라서 리스계약은 리스물건의 수령으로 개시된다.

그리고 동조 제1항은 리스물건을 이용자에게 인도할 의무를 부담하는 자는 형식적으로는 공급자이지만, 실질적으로는 리스업자라는 점을 고려한 규정이다. 동조 제2항의 '금융리스물건'을 '수령함과 동시에 금융리스료를 지급'하라는 것은 금융리스료는 보통 리스기간 동안 분할지급되므로 리스물건의 수령과 동시에 지급하여야 할 금융리스료는 당초 계약에서 정한 회차의 리스료를 의미한다. '동시에' 지급하라는 것은 리스료의 지급이 리스물건의 인도와 동시이행의 관계에 있음을 뜻한다.

한편 이러한 금융리스계약의 법적 성격을 고려하면, 계약당사자인 리스업자와 이용자 사이에는 리스업자가 직접 물건의 공급을 담보하기로 약정하는 등의 특별한 사정이 없는 한, 리스업자는 이용자가 공급자로부터 제168조의 3 제1항에 따라 적합한 리스물건을 수령할 수 있도록 협력할 의무를 부담할 뿐이고, 별도로 독자적인 리스물건 인도의무 또는 검사·확인의무를 부담하지는 않는다.[403]

2. 수령증의 성격

이용자가 리스업자에게 금융리스물건수령증을 발급한 경우에는 리스계약 당사자 사이에 적합한 금융리스 물건이 수령된 것으로 추정한다(제168조의 3 제3항). 이 규정은 2010년 5월 개정상법에서 도입되었는데, ① 먼저 공급자가 금융리스물건을 이용자에게 인도하면, ② 이용자가 리스업자에게 수령증을 발급하고, 이에 따라 ③ 리스업자가 공급자에게 대금을 지급하는 현실을 반영한 것이다. 즉, 이용자와 리스업자간 이루어지는 리스물건의 인도는 수령증의 발급에 의하여 인식되는 것이다. 이는 개정 전에도 리스물건이 이용자에게 인도되기 전이라도 이용자가 수령증을 발급하면 리스기간이 개시되고 이용자는 리스료지급의무를 부담한다는 대법원의 입장과도 부합한다.[404]

그러나 제168조의 3 제3항은 추정규정이므로 수령증이 리스계약상의 권리·의무의 발생요건은 아니고, 리스물건의 공급에 관한 입증수단에 불과하다. 그런 까닭에 리스업자는 물건이 실제로 납품되었고 이용자가 정당한 사유 없이 수령증의 발급을 지연하거나 거절하고 있는 사실을 알고 있다면, 공급자에게 대금을 지급하여야 한다.[405]

3. 리스료의 성격·시효

리스료는 리스업자가 이용자에게 제공하는 취득자금의 금융편의에 대한 원금의 분할변제 및 이자·비용 등의 변제기능을 갖는 것은 물론이고, 그 외에도 리스업자가 이용자에게 제공하는 이용상의 편익을 포함하여 거래관계 전체에 대한 대가로서의 의미를 지닌다.[406] 따라서 리스료채권 전체의 시효는 일체적으로 일

403) 대법원 2019. 2. 14. 선고 2016다245418·245425·245432 판결.
404) 대법원 1995. 7. 14. 선고 94다10511판결; 1995. 5. 12. 선고 94다2862 판결.
405) 대법원 1998. 4. 14. 선고 98다6565 판결.

반 상사채권인 5년이다.407) 원금과 이자 상당액의 시효기간과 기산점을 달리하거나 매회 분리·인식하여서는 아니 된다. 시효중단도 리스료 전체를 일체로 한다.

4. 리스업자의 하자담보책임

기술한 바와 같이 금융리스계약에서는 금융리스업자가 금융리스물건에 대한 하자담보책임을 지지 아니한다는 특약을 두는 것이 통례이다. 금융리스의 특성상 리스업자가 리스물건의 선정이나 그 협상에 관여하지 않기 때문이다. 그리하여 금융리스약관에서는 리스물건의 하자에 관한 담보책임을 주로 ① 리스업자는 금융리스물건의 인도시 물건이 정상적인 사양·기능·성능을 갖추고 있음을 담보하고, ② 이용자가 물건수령증을 발급하였을 때에는 물건의 상태 및 성능이 정상적인 것을 확인한 것으로 의제하며, ③ 물건의 사용, 보관 및 유지책임과 멸실·훼손책임은 모두 이용자가 부담한다는 내용으로 적시한다. 이러한 약관내용은 약관규제법상 사업자의 '면책조항의 금지'에 관한 제7조 제2호·제3호에도 반하지 않는다.408)

또 앞의 ①과 ②의 내용과 관련하여 대법원은 '피고 시설대여회사(리스업자)의 담보책임은 리스물건이 공급자로부터 이용자에게 인도될 당시의 물건의 성능이 정상임을 담보하되, 원고(이용자)가 별다른 이의 없이 물건 인도인수확인서, 즉 수령증을 발급하면 피고의 하자담보의무가 충족된 것으로 보는 범위 내에서의 책임'이라고 결론내리고 있다.409) 이와 같이 리스업자는 원칙적으로 리스물건에 대한 검사·확인의무나 하자담보책임을 부담하지 않는다.410) 이른바 '협력의무'만을 부담할 뿐이다.

---

406) 대법원 2004. 9. 13. 선고 2003다57208 판결; 同旨 2019. 2. 14. 선고 2016다245418·245425·245432 판결; 2013. 7. 12. 선고 2013다20571 판결.

407) 대법원 2013. 7. 12. 선고 2013다20571 판결.

408) 대법원 1996. 8. 23. 선고 95다51915 판결.

409) 대법원 1996. 8. 23. 선고 95다51915 판결.

410) 대법원 2019. 2. 14. 선고 2016다245418·245425·245432 판결.

5. 공급자의 의무

(1) 물건인도의무

금융리스물건의 공급자는 공급계약에서 정한 시기에 그 물건을 이용자에게 인도하여야 한다(제168조의 4 제1항). 그런데 이는 다소 이례적인 규정이다. 본래 공급계약은 리스업자와 공급자간에 체결되므로 물건의 인도시기 등도 그 계약에서 결정되고, 그에 따라 공급자는 계약에서 정한 시기에 리스물건의 인도의무를 리스업자에 대하여 부담하는 것이 순리이기 때문이다. 그러므로 이 규정은 공급자가 이용자에게 부담하는 '법정의무'를 정한 것이라고 볼 수 있다.

(2) 손해배상책임 및 적합한 물건의 인도의무

금융리스이용자는 금융리스물건이 공급계약에서 정한 시기와 내용에 따라 공급되지 아니한 경우 공급자에게 직접 손해배상을 청구할 수 있다. 이에 따라 공급자는 물건의 공급이 지연되거나 하자가 있는 경우 이용자에게 손해배상책임을 진다. 그리고 이용자는 공급자에게 공급계약의 내용에 적합한 금융리스물건의 인도를 청구할 수 있다(제168조의 4 제2항). 따라서 공급자는 이용자의 청구에 따라 적합한 물건을 인도할 의무를 부담한다.

한편 금융리스업자는 금융리스이용자가 동조 제2항의 권리, 즉 손해배상청구권이나 적합한 물건인도청구권을 행사하는 데 필요한 협력을 하여야 한다(제168조의 4 제3항).

(3) 적용의 한계

공급자가 위와 같은 책임이나 의무를 부담하는 것은 당연하다. 문제는 공급자와 공급계약의 상대방이 리스업자라는 데에 있다. 그러므로 제168조의 4 제1항과 제2항은 리스이용자가 실질적인 매수인임에도 법 기술적인 문제로 리스업자가 공급계약의 상대방이 되고 이용자는 계약의 결과에 따라 간접적인 수익을 얻는 데 불과한 지위에 있는 점을 고려한 제도라고 풀이할 여지가 있다. 반면 공급자의 입장에서는 수용하기 힘든 규정이다. 법적으로 공급자의 거래상대방인 리스업자가 아니라 이용자에게 책임을 져야하기 때문이다.

이러한 구조적인 문제로 인하여 제168조의 4 제1항과 제2항에 의거한 리스이용자의 권리와 공급자가 의무는 '공급자와 리스업자간에 체결되는 공급계약에서 그 계약은 리스업자와 이용자간에 한 단계 앞서 체결된 리스계약의 이행을 위한 계약임'을 명시한 경우에 한하여 발생하는 것으로 보아야 한다.[411] 다만, 이에 대하여는 법정책임이라는 견해가 있다.[412]

6. 리스물건의 관리책임(선관주의의무)

리스기간 중의 리스물건은 리스업자의 소유물이지만, 사용권은 이용자가 가진다. 그리하여 상법은 이용자에게 리스물건을 수령한 이후에는 선량한 관리자의 주의로 리스물건을 유지 및 관리할 의무를 명시하고 있다(제168조의 3 제4항). 이 의무를 위반하면, 리스업자는 이용자에게 손해배상청구권과 계약해지권을 행사할 수 있다. 다만, 금융리스물건수령증이 발급되었더라도 리스물건이 공급되지 아니하였다면, 입법취지상 이용자는 리스물건의 유지·관리책임을 부담하지 않는다.

한편 리스이용자의 관리책임은 일반 임대차의 경우 임대인에게 수선의무를 부담시키는 것(민법 제623조)과 크게 대조된다. 금융리스가 금융거래의 성격이 강하기 때문이다.

7. 리스물건의 매도시 이용자의 하자담보책임

리스이용자가 금융리스물건을 제3자에게 매도하여 리스관계를 승계시키고, 매수인으로부터 매매대금과 장래의 리스료채무 차액상당을 지급받은 경우, 당초의 이용자는 리스업자와의 리스계약관계에서는 탈퇴하게 된다. 다만, 이 경우에도 매수인에 대한 소유권이전의무 및 매도인으로서의 담보책임은 존속한다. 대표적으로는 리스업자가 리스물건인 자동차의 구입대금 중 일부를 리스이용자에게 금융리스의 형태로 제공하고 리스업자 명의로 자동차소유권 등록을 해 둔 다음 공여된 리스자금을 리스료로 분할회수하는 리스계약관계에서, 이용자가 그 자동차를 제3자에게 매도하고 리스계약관계를 승계하도록 하는 사례를 들 수 있다.[413]

---

411) 同旨 이철송(2022), 617면.
412) 정찬형(2025), 429면; 김두진(2020), 452-454면.
413) 대법원 2013. 6. 13. 선고 2012다100890 판결.

Ⅵ 금융리스의 종료

1. 기간의 만료

금융리스기간이 만료하면 리스는 종료한다. 리스기간이 만료하면 리스물건의 耐久年限은 만료하고 리스업자는 통상 리스물건의 가액과 이자를 모두 회수한 상태가 된다. 이 때문에 리스계약에서는 리스가 종료하면, 부외자산의 備忘價額(예 10,000원, 10달러 등)[414]으로 이용자가 소유권을 취득하는 약정을 하는 것이 일반적이다.

2. 계약의 해지

(1) 의의

리스계약은 解止로 인하여 중도에 종료하는데, 그 사유는 아래와 같다.

(2) 리스업자의 해지(리스이용자의 채무불이행 등)

금융리스이용자의 책임 있는 사유가 있는 때에 리스업자는 리스계약을 해지할 수 있다. 이 경우 리스업자는 ① 잔존 금융리스료 상당액의 일시 지급 또는, ② 리스물건의 반환을 청구할 수 있다(제168조의 5 제1항). '사유'는 이용자가 리스료를 지급하지 않거나 리스물건의 관리부실 등 채무불이행이 있는 경우를 말한다. 그리고 동조 제1항에 따른 청구는 리스업자의 이용자에 대한 손해배상청구에 영향을 미치지 아니한다(동조 제2항). 이에 따라 동조 제1항의 두 가지의 권리 중 하나를 선택하여 행사한 결과 손해가 있으면, 리스업자는 별도로 손해배상을 청구할 수 있다. 본래 이용자의 채무불이행으로 인한 해지는 일반원칙에 의하여도 가능하지만(민법 제544조), 상법은 그 효과에 관하여 특칙을 두고 있는 것이다.

이와 같이 이용자(甲)의 귀책사유로 인하여 리스업자(乙)가 리스계약을 해지할 수 있는 경우, 리스업자(乙)와 리스물건의 공급자(丙)간에 사전에 재매입약정을 체결하였다면 그 재매입계약은 유효하다. 따라서 丙이 재매입을 거부하여 乙이 리스물건을 매각하였더라도, 丙에 대한 재매입대금 지급청구권을 포기하였다고 볼

414) 우선 명목적인 금액에 의하여 표시하는 계정을 비망계정이라 하고, 이 계정에 기록된 금액을 비망가액이라 한다.

수 없다.[415] 그 매각행위는 손해확대방지를 위한 조치로 볼 수 있기 때문이다. 다만, 리스업자와 공급자간의 재매입약정이 있더라도 상당기간 경과 후(예 1년 4개월) 재매입을 청구하는 것은 신의칙에 반하는 것으로써 공급자의 재매입대금 지급책임이 제한될 수 있다.[416] 즉, 리스업자의 재매입대금 지급청구권의 행사가 제한될 수 있는 것이다.

(3) 이용자의 해지

1) 취지

종래 금융리스에 관한 대부분의 약관은 리스기간 중에는 리스계약을 해지할 수 없다는 내용을 담고 있었다. 금융리스는 범용성이 없는 고가의 물건을 대상으로 하므로 리스업자가 중도에 반환을 받더라도 물건의 성능이나 내구성 등의 면에서 타인에게 같은 조건으로 빌려주거나 처분하여 투하자금을 회수하는 것이 어려웠기 때문이다. 이러한 약관에 대하여는 리스업자의 이익을 지나치게 보호한다는 비판이 이어져 왔다. 그리하여 2010년 5월 상법개정시 제168조의 5 제3항에서 이용자의 리스계약 해지권을 인정하게 되었다. 그리고 입법취지상 동 조항은 강행규정으로써 이를 부정하는 약관은 당연히 무효이다.

2) 절차 및 내용

금융리스이용자는 중대한 사정변경으로 인하여 리스물건을 계속 사용할 수 없는 경우 리스업자에게 3개월 전에 예고하고 리스계약을 해지할 수 있다(제168조의 5 제3항 전문). 이 조문은 특히 '3개월 전 예고'하여야 한다는 점에 의의가 있다. 왜냐하면 이는 ① 이용자는 예고시점부터 해지시까지 3개월분의 리스료를 지급하여야 한다는 것과 아울러 그 이상의 리스료 부담은 불필요하고, ② 중대한 사정변경이 있더라도 예고 후 3개월 동안은 리스계약을 해지할 수 없음을 뜻하기 때문이다. 그리고 계약의 해지로 인하여 리스업자에게 손해가 발생한 경우 이용자는 그 손해를 배상하여야 한다(동 조항 후문). 잔존리스료는 이 손해의 범위에 포함되지 않는다. 이를 포함하면 계약의 해지를 인정하지 않는 것과 같기 때문이다.

상법상 명문규정은 없으나, 리스업자의 채무불이행을 이유로 이용자가 리스

---

415) 대법원 2012. 3. 29. 선고 2010다16199 판결.
416) 대법원 2013. 2. 14. 선고 2010다59622 판결.

계약을 해지할 수 있음은 물론이다(민법 제544조). 예컨대 리스물건의 공급이 지연되는 경우와 같다. 이때에는 위와는 반대로 이용자가 손해배상을 청구할 수 있다.

3. 청 산

리스기간 도중에 리스업자가 리스물건을 반환 받은 경우 리스업자와 이용자의 이해조정이 문제된다. 판례는 '리스기간의 도중에 이용자가 리스물건을 반환하더라도 리스업자가 리스료 채권을 전부 상실하는 것은 아니므로 리스료 채권을 지불받는 외에 리스물건의 중도반환에 의한 이익까지 전부 취득하는 것은 리스기간이 정상대로 만료한 경우와 비교하여 과대한 이익을 취득한 것으로써 형평에 반하기 때문에 청산'하도록 한다.[417] 이때 청산의 대상이 되는 것은 반환시의 리스물건이 가지고 있는 가치(예 5,000만원)와 리스기간 만료시에 예측되는 잔존가치(예 3,000만원)의 차액(2,000만원)이다. 즉, 리스업자는 이 차액만큼 이익을 취한 것이므로 이 차액에서 미지급된 리스료(예 500만원)를 공제한 잔액(1,500만원)을 이용자에게 반환하여야 한다. 가령 이 차액이 負數(예 −1,000만원)인 경우에는 이용자가 그 액만큼을 리스업자에게 지급하여야 한다.

제9절 가맹업(프랜차이즈)

I 의 의

1. 개 념

자신의 상호·상표 등(이하 '상호 등'이라 한다)을 제공하는 것을 영업으로 하는 자를 加盟業者(franchisor)라 하고 가맹업자로부터 그의 상호 등을 사용할 것을 허락받아 가맹업자가 지정하는 품질기준이나 영업방식에 따라 영업을 하는 자를 加盟商(franchise)이라 한다(제168조의 6). 따라서 가맹업은 가맹업자의 이러한 영업 자체를 뜻한다. 우리나라의 경우 피자헛·롯데리아·xx굴국밥과 같이 음식점 사업을 중심

417) 대법원 1995. 9. 29. 선고 94다60219 판결.

으로 가맹업이 발전하여 왔으나, 최근에는 편의점·미용실·안경점·커피전문점 등 다양한 분야로 확대되고 있다.

제168조의 6에서 알 수 있듯이 품질기준이나 영업방식의 지정을 포함한 '경영지도'가 가맹업의 핵심소요소인데, 여기에는 원재료의 공급도 수반된다. 그리고 명문의 규정은 없으나, 가맹업자의 상호 등의 제공과 경영지도는 有償으로 행하여진다. 가맹상이 상호 등의 제공에 대한 반대급부로 가맹업자에게 지급하는 대가를 加盟金이라고 한다.

2. 연 혁

종래에는 가맹업을 프랜차이즈(franchise)라고 하여 왔는데, 1995년 개정상법에서 '상호·상표 등의 사용허락에 의한 영업에 관한 행위'로 포섭하게 되었다(제46조 제20호). 그러나 당시에도 가맹업에 관한 구체적인 법률관계를 다루는 규정은 없었다. 그리하여 2010년 5월 개정상법은 제2편 상행위의 제13장을 추가하여 제168조의 6 내지 제168조의 10에서 가맹업에 관한 상행위법적인 규정을 신설하였다. 현재에도 가맹업을 둘러싼 법률문제는 매우 다양하다. 때문에 상법상의 규정들만으로는 각종의 법률관계를 완전히 규율될 수는 없어 아직도 상당부분은 가맹업자가 정하는 약관에 의존하는 실정이다. 그리고 가맹사업의 공정한 거래질서를 확립하고 가맹본부와 가맹점사업자가 대등한 지위에서 상호보완적으로 균형있게 발전하도록 함으로써 소비자의 복지를 증진하기 위하여 약칭 '가맹사업법'[418]이 제정되어 있는데, 이 법은 감독법규로서의 역할 뿐만이 아니라 거래법적 규율에도 중요한 法源으로서의 역할을 한다. 그리고 가맹업자는 당연상인인 까닭에(제46조 제20호) 동법의 규율하는 내용에 따라서는 가맹업의 상행위법적 규율에 원용될 수 있다. 동법에서의 가맹업에 관한 개념정의가 상법상의 그것과 다를 바 없기 때문이다(동법 제2조 제1호).

3. 기 능

가맹업자의 입장에서 보면, 소규모의 본점조직만으로도 스스로 직접투자를

418) 2002. 5. 13. 법률 제6704호.

함이 없이 영업규모와 시장을 확대할 수 있고, 가맹상으로부터 사용료의 수익을 얻을 수 있다. 다만, 품질과 서비스를 유지·향상시키기 위하여 지속적인 경영지도와 감독을 하여야 한다는 점은 부담이다. 가맹상의 입장에서 보면, 해당 사업에 대한 지식과 경험의 부족함을 메울 수 있고, 유명 상표 등과 비결·기술을 사용함으로써 비교적 소액자금으로 사업을 개시하고 이익을 얻을 수 있다. 다만, 가맹상은 가맹업자의 지도를 받아야 하고, 대가를 지급하여야 하며 자기의 사업을 타인에게 양도할 수 없는 제약을 받는다.

4. 가맹거래의 법적 성질

가맹업자와 가맹상의 지위를 갖게 되는 계약을 加盟契約 또는 加盟去来라고 부르기도 한다. 이는 일정기간에 걸쳐 권리·의무를 발생시키는 계속적인 채권계약이다. 그리고 ① 가맹업자가 가맹상에 원재료를 공급하는 경우 가맹거래는 매매로, ② 가맹업자가 가맹상에 자신의 건물이나 각종 설비를 대여하는 경우에는 임대차로, ③ 가맹업자가 가맹상에 경영지원을 하고 교육을 하는 경우에는 都給 혹은 委任으로 볼 수 있다. 나아가 ④ 명의대여(제24조)는 필수이다. 이러한 측면에서 가맹거래는 여러 계약의 요소가 혼합된 상법상의 특수계약이라고 할 수 있다.

Ⅱ 가맹계약의 요건

1. 의 의

제168조의 6이 정하는 가맹업자 및 가맹상의 개념을 분설하면 아래와 같은 요건을 추출할 수 있다.

2. 상호 등의 사용

가맹업자는 가맹상으로 하여금 자신의 상호 등을 사용하게 하여야 한다. 제168조의 6은 상호·상표를 예시하고 이를 '상호 등'으로 약칭하고 있는데, 가맹사업법은 이를 구체화하여 '상표·서비스표·상호·간판 그 밖의 영업표지'라 예시하고 '영업표지' 약칭한다(동법 제2조 제1호). 가맹사업법상의 서비스표 또는 간판 등이

제168조의 6의 '상호 등'에 해당함은 물론이다.

3. 상품의 품질기준의 통제

가맹상은 가맹업자가 지정하는 품질기준이나 영업방식에 따라 영업을 하여야 한다. 가맹상은 가맹업자와의 동일성을 표방하며 상품·용역을 공급하므로 그 상품·용역의 품질이 떨어지게 되는 때에는 가맹업자의 신용과 영업가치의 저하로 이어진다. 따라서 가맹업자는 가맹상에게 자신이 공급하는 원재료의 사용을 강제하거나, 자신이 제공하는 품질과 규격을 따르도록 하는 것이 일반적이다. 이 통제를 통하여 가맹업자와 가맹상 각자가 공급하는 상품·용역이 서로 균질하게 된다.

4. 영업방식의 통제

영업방식의 통제는 주로 경영지원 및 경영통제를 통하여 이루어진다. 이를 반영하여 가맹사업법은 상법 제186조의 6상의 품질기준이나 영업방식에 따르도록 하는 것에 더하여 가맹업자가 가맹상의 경영 및 영업활동에 대한 지원·교육과 통제를 할 것을 요구하고 있다(동법 제2조 제1호). 제186조의 6은 가맹업자가 통제하는 대상으로 '품질기준'이나 '영업방식'을 선택적으로 규정하는데, 가맹사업법에서는 가맹업자가 가맹상의 경영과 영업활동 모두를 지원하고 교육하도록 하고 있다. 가맹업자와 가맹상의 영업의 일체성을 유지하기 위하여 영업방식을 실무적이고 구체적으로 통제하고 있다고 할 수 있다. 예를 들면, 종업원의 복장, 인사법, 상품의 가격, 상품의 포장·배달방법, 영업에 유용한 표현 등을 통제하는 것과 같다.

5. 가맹금

상법은 가맹금에 관한 규정을 두지 않고 있다. 그러나 가맹업은 기본적 상행위(제46조 제20호)이므로 有償去來이다. 그리하여 가맹사업법은 가맹상으로 하여금 상호 등의 사용, 경영 및 영업활동에 대한 지원·교육의 대가로 가맹업자에게 소정의 금원(가맹금)을 지급하도록 명시하고 있다(가맹사업법 제2조 제1호). 가맹금의 형태는 가입비·입회비·가맹비·교육비·광고분담금·지도훈련비등 매우 다양하다(동법 제2조 제6호).

Ⅲ 당사자의 권리·의무(내부관계)

1. 당사자간의 신의칙

상법은 가맹거래의 당사자가 함께 준수하여야할 의무에 관하여는 별도로 명시하지 않고 있다. 다만, 가맹사업법 '가맹사업당사자는 가맹사업을 영위함에 있어서 각자의 업무를 신의에 따라 성실하게 수행하여야 한다.'고 규정하고 있다(동법 제4조). 가맹업은 신뢰관계를 바탕으로 가맹상의 개별적인 이익보호와 가맹업자의 전체적인 가맹조직의 유지·발전이라는 공동의 이해관계를 가지므로 쌍방에게는 당연히 신의칙이 요구된다. 판례는 이를 가맹상과 가맹업자간의 '相互依存的 사업방식'이라고 표현한다.[419] 따라서 가맹업자와 가맹상간의 계약관계의 공정 또는 불공정의 여부도 상호의존성의 관점에서 판단해야 할 여지가 있다.

2. 가맹업자의 의무

(1) 지원의무

가맹업자는 가맹상의 영업을 위하여 필요한 지원을 하여야 한다(제168조의 7 제1항). '지원'의 내용에 관한 상세한 내용은 주로 가맹계약에서 정하여지겠지만, 일반적으로는 다음과 같은 사항을 포함한다. 즉, ① 商號 등의 사용허락을 들 수 있다. 이는 소극적으로 가맹상이 상호 등을 사용하도록 수인하는 데 그치는 것이 아니라, 적극적으로 가맹상이 가맹업자와 같은 수준으로 자신의 영업을 위하여 사용할 수 있도록 협력하여야 함을 뜻한다(예 간판 등의 설치, 도안기술제공). 이에 의거 가맹상은 가맹업자의 상호 등을 제한적이나마 배타적으로 상용할 권리를 취득한다. 따라서 제3자가 가맹상이 사용하는 상호 등을 침해하는 행위를 하는 경우, 가맹업자는 이를 배척하여 가맹상의 권리를 보호해 주어야 한다. ② 원재료의 공급, 각종 정보, 신기술의 전수, 교육 또는 경영지도 등 다양한 형태의 지원사항과 부수사항을 들 수 있다. 이와 같은 가맹업자의 지원의무란 넓게는 가맹상에 대한 미래지향적인 협력의무를 포함한다.

한편, 가맹사업법은 가맹업자가 준수하여야 할 사항으로서 가맹사업의 성공을 위한 사업구상, 가맹점사업자의 경영·영업활동에 대한 지속적인 조언과 지원

419) 대법원 2005. 6. 9. 선고 2003두7484 판결.

등 7가지 사항을 명시하고 있는데(동법 제5조), 이는 당사자간의 신의칙에 터잡은 의무라고 할 수 있다.

(2) 경업금지의무(가맹상의 영업권보장)

가맹업자의 경업은 금지된다. 즉, 가맹업자는 다른 약정이 없으면 가맹상의 영업지역 내에서 동일 또는 유사한 업종의 영업을 하거나, 동일 또는 유사한 업종의 가맹계약을 체결할 수 없다(제168조의 7 제2항). 가맹상은 일정한 영업지역, 거래단계, 소비자권 등에 있어서의 독점을 확보하는 데에 그 목적을 두고 있다는 특성을 반영한 규정이다. '다른 약정'은 가맹업자의 경업을 허용하는 약정을 말한다. 따라서 법문상 당사자가 합의하면, 가맹업자가 가맹상의 영업지역 내에 직영점 등을 설치할 수 있다고 풀이할 수밖에 없다.

그러나 ① 약관은 가맹업자로 하여금 일정지역 내에서의 다른 가맹상과의 가맹계약을 금지하는 뜻을 규정하여 가맹상의 독점적 권리를 보장하는 것이 일반적이고, ② 가맹사업법 제5조 제6호는 가맹계약기간 중 가맹상의 영업지역 안에서 가맹업자가 직영점을 설치하거나 가맹상과 유사한 업종의 가맹점을 설치하는 행위를 금지하고 있다. 따라서 해석론상으로도 가맹사업법 제5조 제6호를 유추적용하여 가맹업자는 당사자간의 약정에도 불구하고 가맹상의 점포와 동일지역 내에 자기의 직영점을 설치할 수 없다고 풀이하는 것이 옳다.[420] 결국 약관과 가맹사업법을 반영한 입법이 요망된다.

(3) 가맹상의 영업양도에 대한 동의의무

1) 가맹상의 영업양도의 의의

가맹상은 가맹업자의 동의를 받아 그 영업을 양도할 수 있다(제168조의 9 제1항). 가맹상이 영위하는 영업(예 롯데리아 햄버거영업)에는 두 가지 의미가 있다. 즉, ①은 가맹계약과 가맹업자의 지원과 무관하게 존재하는 가맹상의 영업이고, ②는 가맹계약에 따라 가맹업자의 지원을 받으며 영위되는 영업이 그에 해당한다. 따라서 ①의 경우는 롯데리아의 지원 없이 단지 일정한 점포에서 햄버거를 만들어 파는 영업을 양도하는 것이고, ②는 롯데리아의 지원과 함께 햄버거판매업을 양도하는 것과 연계된다. 제168조의 9 제1항의 가맹상의 영업양도는 ②의 영업양도를 뜻한

420) 同旨 정찬형(2025), 437면; 대법원 2010. 6. 9. 선고 98다45553·45560·45577 판결.

다. ②의 영업양도는 가맹업자, 즉 롯데리아의 가맹상이라는 지위를 함께 양도하는 것이므로 가맹업자, 즉 롯데리아의 이해가 걸리기 때문이다. ①의 양도라면, 가맹계약의 중단을 가져오므로 가맹상의 채무불이행이 되는 것은 별론으로 하고, 가맹업자의 동의를 받을 일이 없을 것이다.

2) 가맹업자의 동의의 의무성

본래 가맹상의 영업은 가맹계약상의 지위가 더하여져 일체를 이루는 기능적인 영업재산이므로 그 양도에는 가맹업자에 대한 권리(예 가맹금의 반환청구) 및 채무(예 사용료지급)의 이전을 포함한다. 따라서 가맹상의 가맹업자에 대한 채무를 이전하는 때에는 채권자인 가맹업자의 승인을 요한다(민법 제454조 제1항). 가맹업자에 대한 채권도 그 성질상 일반 지명채권과는 달리 양도할 수 없는 채권이기 때문에 가맹상과 양수인의 합의만으로는 가맹상의 영업이 양도될 수 없다. 제168조의 9 제1항은 가맹상의 이러한 영업의 특성을 고려하여 영업양도시 가맹업자의 동의를 얻도록 한 것이다.

그런데 제168조의 9 제2항은 '가맹업자는 특별한 사유가 없으면 가맹상의 영업양도에 동의하여야 한다.'고 규정하고 있다. 이는 가맹상의 투자금회수가 부당하게 제한되는 것을 방지하기 위하여 마련된 규정이다. 이에 비하여 가맹거래의 특성상 가맹업자는 가맹상의 변경을 항상 수인할 수만은 없다. 동조 제2항에서 가맹업자는 '특별한 사유가 없으면'이라고 전제한 것은, 당사자간의 이러한 이해충돌을 상호협력적으로 타협한 결과이다. 따라서 동조 제2항의 가맹업자의 동의는 신의칙상의 의무이고, '특별한 사유'의 유무는 가맹거래의 특성상 가맹상의 동일성의 중요성, 동의거절시 가맹상이 입을 손실(예 가맹상의 투자액) 또는 동의시 가맹업자가 입을 손실(예 가맹상의 변경으로 인한 손실), 동종 업계에서의 거래관행, 가맹업자의 영업에 관한 권리침해의 정도 등을 고려하여 결정하여야 한다.

한편 가맹업자가 특별한 사유 없이 동의를 거절하면 채무불이행에 해당한다. 이 경우에는 동의에 갈음하는 판결(민법 제389조 제2항)을 구할 수는 없고, 손해배상책임만을 물을 수 있다고 본다.

(4) 그 밖의 의무(정보제공의무 및 불이익제공행위금지 등)

1) 정보제공의무

가맹사업법은 가맹거래의 附從契約性으로 인하여 생길 수 있는 거래의 불공정성을 예방하기 위한 규정을 두고 있다. 그 가운데 가장 중요한 것이 올바르고 공정한 정보의 제공에 관한 것 등이다. 여기에는 ① 정보공개서의 제공의무 등(동법 제6조의 2, 제7조), ② 허위·과장된 정보제공 등의 금지(동법 제9조), ③ 가맹업자가 앞 ①과 ② 등의 의무위반하는 경우 가맹금의 반환(동법 제10조), ④ 가맹계약서의 기재사항의 법정화(제11조) 등이 그에 속한다. 그리고 가맹금반환의 원인인 가맹업자가 가맹상에게 제공하는 '중요한 사항의 누락'(동법 제10조 제1항 제3호·제9조 제1항)이란 가맹계약의 체결과 유지 등 가맹희망자의 의사결정에 중대한 영향을 줄 수 있는 사실 또는 가맹희망자가 일정한 사정에 관하여 고지를 받았더라면 가맹계약을 체결하지 않았을 것임이 경험칙상 명백한 경우 그와 같은 사정 등을 가맹계약을 체결하기 위하여 상담하거나 협의하는 단계에서 이를 가맹희망자에게 고지하지 아니한 경우를 의미한다.[421]

2) 불이익제공행위 금지 등

가맹사업법은 가맹업자의 불이익제공행위도 금지하고 있는데, 가맹업자는 가맹상단체의 구성·가입·활동 등을 이유로 가맹점사업자(가맹상)에게 불이익을 주는 행위를 하여서는 아니 된다(동법 제14조의 2 제5항 전단). 여기서 '불이익제공행위'에 해당하는지는 해당 행위의 의도나 목적, 가맹상이 한 가맹상단체의 활동 등의 구체적인 내용, 불이익제공의 경위, 불이익의 내용 및 정도, 관계 법령의 규정 등 제반 사정을 종합적으로 고려하여 불이익제공행위가 실질적으로 가맹상단체의 활동 등을 주된 이유로 하는 것인지에 따라 판단된다.[422]

나아가 가맹사업법은 가맹업자가 우월한 입장을 남용하여 가맹상에게 상품의 공급을 부당하게 거절하는 등 가맹사업의 공정한 거래를 저해할 우려가 있는 행위를 하거나 다른 사업자로 하여금 이를 행하도록 하는 것도 금지하고 있다(동법 제12조). 이른바 우월적 지위를 이용한 불공정한 행위를 금지하는 것이다.

---

421) 대법원 2020. 11. 26. 선고 2019다211324 판결; 2015. 4. 9. 선고 2014다84824·84831 판결.
422) 대법원 2021. 9. 30. 선고 2020두48857 판결.

3. 가맹상의 의무

(1) 가맹업자의 권리존중

가맹상은 가맹업자의 영업에 관한 권리가 침해되지 않도록 하여야 한다(제168조의 8 제1항). 이는 가맹상의 일반적인 주의의무로써 가맹업자의 명성을 유지할 의무가 있음을 밝히는 규정이다. 가맹사업법은 제4조의 신의칙에 터잡아 가맹상에게 가맹사업의 통일성 및 가맹업자의 명성을 유지하기 위한 노력 등을 요구하고 있는데(동법 제6조), 이는 가맹사업이 당사자간의 '상호의존적 사업'이라는 점을 구체화한 것으로서 제168조의 8 제1항의 해석론으로도 원용될 수 있는 의무이다.

한편 기술한 바와 같이 가맹업자는 가맹상에게 '영업을 위한 필요한 지원'(예 원재료의 공급·경영지도 등)의무를 부담하는데(제168조의 7 제1항), 가맹업의 특성상 가맹상도 이러한 지원을 수용하고 가맹업자의 명성을 유지할 의무를 진다.

(2) 비밀준수의무

가맹상은 가맹계약이 종료한 후에도 가맹계약과 관련하여 알게 된 가맹업자의 영업상의 비밀을 준수하여야 한다(제168조의 8 제2항). 영업비밀은 가맹업자의 자산이므로 명문이 없더라도 가맹상은 계약기간 존속 중에는 선량한 관리자의 주의를 베풀어 이를 준수하여야 한다. 그러므로 제168조의 8 제2항은 가맹상에게 가맹계약이 종료한 후에도 영업비밀을 준수하도록 하는 데 그 취지가 있다. 이는 대리상에게 대리상계약이 종료한 후에도 영업비밀을 준수하도록 하는 것과 그 취지가 같다(제92조의 3 참조). 영업비밀의 범위는 대리상의 영업비밀준수의무에서 설명한 바와 같다.

(3) 사용료 등의 지급의무

기술한 바와 같이 가맹상은 가맹계약에서 정하는 바에 따라 가맹업자에게 사용료 등의 대가를 지급한다. 사업개시 전에는 입회비·입회보증금 등을, 개시 후에는 가맹업자의 상호 등의 제공에 대한 반대급부로 加盟金을 지급한다.[423] 이와 같이 사용료의 명칭은 다양하다.

---

423) 대법원 2019. 6. 13. 선고 2019다208533·208540 판결.

(4) 경업피지의무

가맹상의 영업이 양도되면(제168조의 9 제1항) 가맹상은 가맹업자와의 관계에서 가맹계약상의 지위를 상실하고 후술하는 해지에서와 같은 구속을 받지만, 동종영업을 하는 것 자체는 금지되지 아니한다. 예를 들면, 롯데리아 햄버거라는 가맹계약은 종료되었지만, 햄버거판매영업은 할 수 있는 것과 같다. 다만, 상호나 영업의 외관 등이 '롯데리아 햄버거'와 혼동되게 하여서는 아니 된다.

이 외에도 가맹상은 영업의 양수인에 대하여 제41조가 규정하는 일반원칙에 따라 영업양도인으로서 경업피지의무를 진다.

Ⅳ 제3자에 대한 책임(외부관계)

1. 가맹업자의 명의대여책임

가맹거래에서 가맹업자는 가맹상에게 자기의 상호 또는 상호의 사용을 허락하고 가맹상은 이 명의를 가지고 영업을 한다. 따라서 대부분의 경우 가맹상의 영업은 명의대여(제24조)의 요건을 충족한다. 이 경우 가맹업자는 가맹상과 연대하여 책임을 져야 한다. 책임의 성질은 부진정연대책임이다.

2. 표현대리의 책임

제24조는 명의대여자의 성명 또는 상호를 사용하도록 허락하는 것이다. 이에 비하여 가맹업자가 사용을 허락하는 상호 등은 상호·서비스표·상표·간판 그 밖의 영업표지 등을 두루 포함한다. 따라서 제24조상의 명의대여보다는 적용범위가 넓어 가맹업자에게는 제24조에 의한 책임을 지울 수 없는 경우도 생길 수 있다. 이 경우에는 민법상의 표현대리의 법리를 적용할 수도 있을 것이다(민법 제125조 본문·제126조·제129조). 표현대리에는 명의대여와 달리 정형화된 요건을 요하지 않기 때문에 가맹상이 가맹업자의 영업표지를 사용함으로써 거래상대방이 가맹업자의 거래로 오인하는 때에는 표현대리가 성립할 수 있기 때문이다.

3. 불법행위책임 또는 사용자배상책임

가맹상이 영업에 관하여 제3자에게 불법행위를 한 때 가맹업자가 그 행위에 가담하여 공동의 불법행위(민법 제760조 제1항)를 구성하지 않는 한, 가맹업자는 불법행위책임을 지지 않는다. 그리고 가맹상은 가맹업자의 피용자가 아니기 때문에 가맹업자는 가맹상의 불법행위로 인한 사용자배상책임(민법 제756조 제1항)을 지지 않음이 원칙이다.

그러나 가맹업자는 가맹계약이나 약관에 의하여 가맹자의 영업상 품질기준·영업방식을 지정하고, 영업에 관한 일정한 판매전략, 지시, 통제, 교육 및 경영지원 등을 한다. 때문에 그 강도에 따라서는 가맹상의 불법행위에 관하여 사용자배상책임을 져야 할 경우도 있을 수 있다.

4. 제조물책임

가맹상의 영업은 기본적으로 제조물책임법의 적용을 받는 제조물을 판매하는 것이다. 따라서 제조물책임법상 가맹업자는 그 제조물을 자신이 제조·가공하였거나, 그 제조물에 성명·상호·상표 기타 識別 가능한 기호 등을 사용하여 자신의 제조·가공물로 오인하게 할 수 있는 표시가 있는 경우에는 제조물의 결함으로 인한 생명, 신체, 재산상의 손해를 입은 자에게 배상하여야 한다(동법 제2조 제3호, 제3조 제1항). 이때 가맹업자가 제조물의 결함을 알면서도 방치한 경우에는 제1항의 손해액의 3배를 넘지 아니하는 범위 내에서 배상책임을 진다(동법 제3조 제2항).

V 가맹계약의 종료

1. 종료사유

(1) 존속기간의 만료

1) 관련 규정

가맹계약은 계약에서 정한 존속기간의 만료로 종료한다. 가맹업은 계속적인 채권관계이고, 약관에 의하여 규율되는 바가 많다. 따라서 가맹계약의 존속기간을 부당하게 단기 또는 장기로 하거나 존속기간의 만료 이전에 계약종료의 통보가 없으면 묵시적인 기간의 연장 또는 갱신이 가능하도록 하는 조항은 가맹상에게 부당하게 불이익을 줄 우려가 있는 것으로써 무효이다(약관규제법 제9조 제6호·제6조 제2항 제1호).

2) 계약갱신요구권

가맹상은 거액의 초기투자를 하는 것이 보통이므로 존속기간이 만료하였을 때 계약이 갱신되지 아니하면 손실을 입을 수가 있다. 그리하여 가맹사업법은 가맹상이 계약기간만료 전 180일부터 90일 사이에 그 갱신을 요구하는 경우 가맹업자는 정당한 사유 없이 이를 거절하지 못한다고 규정하고 있다(가맹사업법 제13조 제1항). 그리고 가맹상의 계약갱신요구권은 전체 계약기간의 10년을 초과하지 않는 범위 내에서만 행사할 수 있다(동조 제2항). 이 기간이 경과하면 당사자는 계약갱신에 관하여 새로이 협의하여야 한다.[424)]

(2) 해지

가맹상과 가맹업자 중 일방이 가맹계약을 위반하면, 상대방은 일반원칙에 따라 계약을 해지할 수 있다(민법 제544조). 나아가 상법은 부득이한 사유가 있을 때에도 당사자에게 해지권을 인정하고 있다. 즉, 가맹계약상 존속기간에 대한 약정의 유무와 관계없이 부득이한 사정이 있으면 각 당사자는 상당한 기간을 정하여 예고한 후 가맹계약을 해지할 수 있다(제168조의 10). '부득이한 사정'이란 ① 가맹상이 가맹업자가 지정한 품질기준이나 영업방식에 따르지 않는 경우(제168조의 6 후단, 제168조의 8 제1항), ② 가맹업자가 경업금지의무(제168조의 7 제2항) 등을 위반하는 경우를 뜻한다. 문제는 리스이용자의 경우(제168조의 5 제3항)와는 달리 당사자가 부득이한 사정으로 가맹계약을 해지하는 때에는 손해배상규정을 두지 않고 있다는 점이다. 리스계약의 해지나 가맹계약의 해지는 본질이 같으므로 입법의 불비로 보고 가맹계약을 해지한 경우에도 손해배상책임이 인정된다고 본다.

한편 가맹사업법은 가맹업자가 해지하고자 할 경우 2월 이상의 유예기간을 두고, 구체적 해지사유를 서면으로 2회 이상 통지하도록 정하고 있다(동법 제14조 제1항). 가맹상이 초기투자금을 회수할 수 있는 대비책을 강구할 수 있도록 계약의 해지권을 제한하고 있는 것이다. 또 이러한 절차를 거치지 아니한 계약은 무효라고 하여 사법적 효력까지 부여하고 있다(동조 제2항).

424) 대법원 2020. 7. 23. 선고 2019다289495 판결.

2. 종료의 효과

(1) 가맹금의 반환

가맹계약이 종료하면, 가맹업자는 가맹상이 가맹업자에 예치한 담보적 성격의 가맹금을 반환하여야 한다. 여기서의 가맹금에는 가맹업자가 가맹상에게 제공하는 역무의 대가로 수취하는 것은 제외된다.

(2) 상호 등의 폐기

가맹계약이 종료하면, 가맹상은 가맹업자의 상호 등을 사용할 근거를 상실한다. 때문에 다른 약정이 없는 한, 가맹상은 자신이 사용하던 상호 등을 폐지하여야 한다. 가맹상이 상호를 계속 사용하는 때에는 상호권침해에 따른 손해배상책임을 진다.[425]

(3) 경업금지 여부

이는 가맹상이 영업을 양도하였을 경우의 법리와 같다. 따라서 가맹상은 가맹업자와의 관계에서 가맹계약상의 지위를 상실하지만, 동종 영업을 하는 것 자체는 금지되지 아니한다. 예를 들면, 롯데리아 햄버거라는 가맹계약은 종료되었지만, 햄버거판매영업은 할 수 있는 것과 같다. 나반, 상호나 영업의 외관 등이 '롯데리아 햄버거'와 혼동되게 하여서는 아니 된다.

제10절 채권매입업(팩터링)

I 의 의

1. 개 념

채권매입업(factoring)이란 영업상 채권의 매입·회수 등에 관한 영업을 말하고(제46조 제21호), 이를 영업으로 하는 자를 채권매입업자(factor)라고 한다. 즉, 타인이 물건·유가증권의 판매, 용역의 제공 등에 의하여 취득하였거나 취득할 영업상의 채권(영업채권)을 매입하여 회수하는 것을 영업으로 하는 자를 채권매입업자라고

425) 전주지법 2008. 8. 20. 선고 2007가합6382 판결.

하는 것이다(제168조의 11).

2. 연 혁

채권매입업은 중세 영국 또는 식민시대의 미국에서 그 기원을 찾을 수 있지만, 오늘날과 같은 형태는 20세기 초에 미국에서 갖추게 되었고, 활성화되었다. 우리나라의 경우는 과거 가계소비지출의 단위가 영세하였고, 가계의 신용도가 낮았으므로 채권매입업이 발달할 수 있는 토양이 미약하였다. 이후 경제규모와 가계의 소비지출이 커짐에 따라 이에 대한 법률수요도 생기게 되었다. 그리하여 1980년에 종합금융회사가 이 업무를 처음으로 다루게 되었다. 현재는 여신전문금융업법에 의거한 신용카드회사와 여신전문금융회사 등도 채권매입업시장에 가담하고 있고, 은행은 겸영하고 있다. 그리고 2009년부터는 약칭 신용정보법[426]에 의거한 신용정보회사도 채권추심업을 영위하고 있는데, 이 회사는 채권매입을 하지는 않지만, 채권추심을 하므로 기능면에서 채권매입업과 유사하다.

이러한 입법과정 속에 상법은 1995년 개정시 기본적 상행위의 하나로 채권매입업에 관한 개념규정을 마련하였으나, 구체적인 법률관계를 다루는 규정은 없었다. 그리하여 2010년 개정상법은 제2편 상행위의 제14장 제168조의 11 내지 제168조의 12에서 가맹업에 관한 상행위법적인 규정을 신설하였다.

3. 경제적 기능

채권매입업은 물건판매상인이 외상판매채권을 전문적인 채권매입업자에게 양도하여 관리·회수하게 하는 것을 내용으로 하는 거래이다. 오늘날의 신용사회에서는 외상거래가 증가하고, 외상채권이 고액화됨에 따라 채권의 회수도 전문성을 요하게 되었다. 상인은 채권매입에 관한 전문가를 이용하면 자신의 본업인 판매에만 전념할 수 있고, 적은 비용으로 채권을 회수할 수 있다. 또 자신이 직접 채권을 매입하는 경우 외상채권이 회수될 때까지 자금의 회전·운용에 어려움을 겪을 수 있지만, 전문업자에게 채권의 양도와 함께 금융을 얻을 수 있다면, 채권을 조기에 회수하는 효과를 누릴 수도 있다. 채권매입업자는 채권매입과 관련된 전문적인 서비스를 제공하는 대가로 수수료수입을 얻거나, 채권을 본래의 가액보

---

426) 2009. 4. 1. 법률 제9617호.

다 저가로 매입함으로써 차익을 얻을 수도 있으며, 前途金融에 따른 이자수입을 얻을 수도 있다.

채권매입업은 이러한 기능이 있는 까닭에 로봇청소기, 자동차나 컴퓨터 등과 같은 고가물을 거래하는 때에 더욱 유용하다. 신용이 중시되기 때문이다.

Ⅱ 채권매입거래의 구조

1. 당사자 및 채권매입거래과정

채권매입거래에는 3당사자가 있다. 당사자간의 거래과정을 보면, 우선 물건 판매상인은 고객(소비자)에게 물건을 외상으로 판매한다. 그 후 판매상인은 채권매입업자에게 자신의 외상매출채권을 양도한다. 이에 따라 채권매입업자는 만기에 당초의 고객으로부터 채권을 변제받아 판매상인에게 대금을 지급한다. 고객은 판매상인으로부터 외상으로 물건을 매입하거나 용역을 제공받는 자이다. 이러한 당사자들을 채권매입업자 입장에서 보면, 채권매입업자는 factor, 판매상인은 client (채권매입업자의 고객), 소비자를 customer라고 칭할 수 있다.

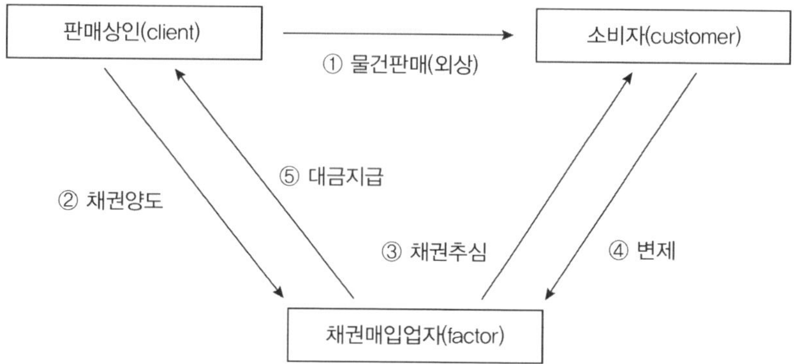

2. 팩터링금융

일반적인 의미의 채권매입업의 경우 채권매입업자는 판매상인의 외상매출채권을 회수하면, 그 자금으로 매입대금을 지급한다. 이에 비하여 팩터링金融은 판매업자가 채권매입업자로부터 판매대금에 상응하는 금액을 차입하는 것을 말한다. 이른바 前途金融하는 것을 말한다. 판매대금업자는 일반적으로 자금을 원활하게 회전하기를 원하므로 팩토링금융은 채권매입거래에서 매우 중요한 기능을 한다.

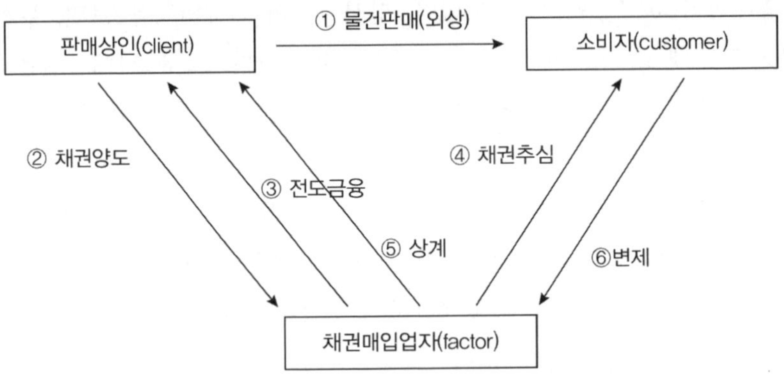

3. 위험인수의 방식

채권매입업자가 고객의 무자력, 물건매매계약의 무효·취소·해제 등으로 인하여 채권을 회수하지 못하는 경우 그 위험을 누가 부담하는지에 따라 眞正債權買入과 不眞正債權買入으로 나눌 수 있다. 진정채권매입은 채권매입업자가 그 위험을 부담하는 것을 말한다. 따라서 채권매입업자는 영업채권양도상인(client)에게 회수불능대금에 대한 상환을 청구할 수 없다. 부진정채권매입은 그 위험을 판매상인이 부담하는 것을 말한다. 따라서 채권매입업자는 영업채권양도상인에게 회수불능대금에 대한 상환을 청구할 수 있다.

제168조의 12는 영업채권의 채무자가 그 채무를 이행하지 아니하는 경우 채권매입업자는 채권매입계약의 채무자에게 그 영업채권액의 상환을 청구할 수 있다고 규정하고 있는데, 채권매입계약의 채무자라고 함은 영업채권을 양도한 판매상인을 뜻한다. 따라서 상법상의 채권매입은 부진정채권매입을 원칙으로 한다. 다

만, 당사자간의 채권매입계약으로 진정채권매입으로 달리 정할 수는 있다(제168조의 12 단서).

Ⅲ 채권매입업의 법적 특징

1. 기본계약

채권매입거래은 판매상인과 채권매입업자간에 기본적인 채권매입계약(기본계약)을 체결하고, 이에 근거하여 외상채권을 채권매입업자에게 양도하게 된다. 기본계약은 채권매입업자가 작성한 약관에 의하여 체결되는데, 일회적이 아니라 일정기간 발생하는 외상채권을 매입할 것을 약속하고, 수수료·이율·위험부담과 같은 채권매입거래의 일반적인 준수사항을 약정하는 방식으로 체결된다. 따라서 기본계약은 계속적 계약이며, 개별적인 채권매입거래는 그에 따른 이행행위이다.

2. 개별적인 채권매입의 이행

기본계약에 기초하여 개별적인 채권매입행위가 이루어지는데, 채권매입행위에서 가장 큰 법적 효과는 외상재권의 양도이다. 다만, 채권매입행위 그 자체가 채권의 양도는 아니다. 채권매입행위는 채권매입업자에게 채권을 양도하는 동시에 그 채권의 포괄적인 관리를 위탁하고, 때로는 전도금융을 포함하는 채권계약이다. 따라서 이 계약은 계속적 채권계약이자 소비대차·위임 등이 혼합된 무명계약이다.

외상채권의 양도를 위하여는 지명채권의 대항요건을 갖추어야 한다(민법 제450조). 따라서 판매상인은 소비자(채무자)에게 통지하거나 또는 그의 승낙을 얻어야 하는데, 보통은 외상판매계약, 즉 판매약관으로 소비자의 승낙을 얻는다.

3. 채권매입업자의 상인성

제46조 제21호는 영업상 채권의 '매입·회수 등에 관한 행위', 즉 채권매입행위를 기본적 상행위로 열거하고 있다. 따라서 채권매입업자는 당연상인(제4조)이다. 제168조의 11도 채권을 '매입하여 회수'하는 것을 채권매입업자의 영업으로 정의하고 있다. 그러나 채권의 회수는 채권매입업자의 권리실현을 위한 사실행위

또는 준법률행위[427]에 불과하고 거래가 아니다. 때문에 상행위가 되는 것은 채권매입자가 행하는 채권의 '매입'이다. 즉, 기본계약 및 개별적인 채권매입행위가 채권매입업자의 영업행위가 되는 것이다.

427) 의사표시에는 미치지 못하나 법률의 규정에 의거 법률효과가 주어지는 법률사실을 말한다. 사법상 준법률행위에는 일정한 의식내용의 표현과 관련하여 일정한 효력이 인정되는 표현행위와, 법률이 의사내용을 전제로 하는 일정한 행위의 객관적 가치에 중점을 두고, 이에 일정한 법률효과가 인정되는 실행행위가 있다. 의사의 통지(최고, 이행의 청구 등)·관념의 통지(채권양도의 통지, 사원총회소집의 통지 등)·감정의 표시 등은 표현행위이다. 유실물 습득·先占(민법 제252조)·사무관리(민법 제734조) 등은 실행행위이다.

판례색인

대법원 1954. 3. 31. 선고 4287민상320 판결 ········ 282
대법원 1955. 3. 10. 선고 4287민상292 판결 ········ 74
대법원 1958. 2. 26. 선고 4290민상693 판결 ········ 323
대법원 1959. 5. 28. 선고 4291민상1 판결 ········ 29
대법원 1959. 8. 27. 선고 4291민상407 판결 ········ 275
대법원 1960. 6. 5. 선고 4296민상53 판결 ········ 80
대법원 1960. 12. 8. 자 4293민상22 결정 ········ 87
대법원 1962. 7. 5. 선고 62다244 판결 ········ 334, 338
대법원 1962. 12. 27. 선고 62다660 판결 ········ 305
대법원 1963. 4. 18. 선고 63다126 판결 ········ 392, 401
대법원 1963. 5. 30. 선고 63다188 판결 ········ 471
대법원 1964. 4. 28. 선고 63다811 판결 ········ 122
대법원 1964. 6. 30. 선고 64다268 판결 ········ 363
대법원 1965. 2. 23. 선고 64다1724 판결 ········ 456
대법원 1965. 10. 19. 선고 65다697 판결 ········ 397
대법원 1967. 9. 26. 선고 67다1333 판결 ········ 81
대법원 1967. 10. 23. 선고 67다1919 판결 ········ 402
대법원 1967. 10. 25. 선고 66다2362 판결 ········ 138, 142
대법원 1967. 10. 31. 선고 67다1102 판결 ········ 205
대법원 1968. 3. 5. 선고 67다2297 판결 ········ 74, 86
대법원 1968. 5. 28. 선고 68다480 판결 ········ 237
대법원 1968. 7. 23. 선고 68다442 판결 ········ 63, 66
대법원 1968. 7. 24. 선고 68다955 판결 ········ 227, 261, 262
대법원 1969. 3. 25. 선고 68다1560 판결 ········ 197
대법원 1969. 3. 31. 선고 68다2270 판결 ········ 148, 149
대법원 1969. 7. 29. 선고 69다832 판결 ········ 433
대법원 1970. 8. 31. 선고 70다1360 판결 ········ 327
대법원 1970. 9. 29. 선고 70다1703 판결 ········ 144, 145
대법원 1971. 2. 8. 선고 71도2032 판결 ········ 309
대법원 1971. 2. 23. 선고 70다1361·1362 판결 ········ 177
대법원 1971. 3. 30. 선고 71다65 판결 ········ 92

대법원 1971. 5. 24. 선고 71다656 판결 ········ 87
대법원 1972. 2. 22. 선고 71다2500 판결 ········ 413
대법원 1972. 12. 26. 선고 72다538 판결 ········ 172
대법원 1973. 11. 27. 선고 73다642 판결 ········ 142
대법원 1974. 2. 12. 선고 73다1070 판결 ········ 171, 176
대법원 1974. 6. 11. 선고 74다492 판결 ········ 86
대법원 1974. 11. 12. 선고 74다997 판결 ········ 460
대법원 1975. 5. 27. 선고 74다1366 판결 ········ 177, 178
대법원 1976. 1. 27. 선고 75다1606 판결 ········ 270, 272
대법원 1976. 2. 24. 선고 73다1238 판결 ········ 120, 134
대법원 1976. 6. 8. 선고 76다766 판결 ········ 363
대법원 1976. 6. 22. 선고 76다28 판결 ········ 56, 121
대법원 1976. 7. 13. 선고 76다860 판결 ········ 92
대법원 1976. 9. 28. 선고 76다955 판결 ········ 141
대법원 1976. 12. 14. 선고 76다2212 판결 ········ 269, 272
대법원 1977. 2. 8. 선고 75다1732 판결 ········ 402
대법원 1977. 4. 26. 선고 75다1341 판결 ········ 319
대법원 1977. 7. 26. 선고 77다797 판결 ········ 142
대법원 1977. 7. 26. 선고76다2289 판결 ········ 147
대법원 1977. 9. 28. 선고 77다982 판결 ········ 57, 198, 433
대법원 1977. 11. 22. 선고 77다1889 판결 ········ 261, 262
대법원 1977. 12. 13. 선고 75다107 판결 ········ 405, 409, 410
대법원 1978. 6. 13. 선고 78다236 판결 ········ 147
대법원 1978. 6. 27. 선고 78다864 판결 ········ 141
대법원 1978. 9. 26. 선고 78다1376 판결 ········ 466, 467
대법원 1978. 12. 13. 선고 78다1567 판결 ········ 82
대법원 1978. 12. 26. 선고 78누167 판결 ········ 169, 173
대법원 1978. 12. 26. 선고 78도2131 판결 ········ 67
대법원 1979. 3. 13. 선고 78다2330 판결 ········ 205
대법원 1979. 11. 13 선고 79다1453 판결 ········ 240, 246
대법원 1979. 11. 27. 선고 79다628 판결 ········ 433
대법원 1980. 1. 15. 선고 79다1966·1967 판결 ········ 57, 198, 433
대법원 1980. 11. 11. 선고 80다1812 판결 ········ 410
대법원 1981. 12. 22. 선고 80다1609 판결 ········ 244, 466, 467
대법원 1982. 2. 23. 선고 81도2619 판결 ········ 375
대법원 1982. 7. 13. 선고 82다카278 판결; ········ 57, 198, 434

대법원 1982. 12. 28. 선고 82다카887 판결 ········ 142
대법원 1983. 3. 22. 선고 82다카1533 판결 ········ 147, 409, 410
대법원 1983. 4. 26. 선고 82다92 판결 ········ 390
대법원 1983. 5. 10. 선고 81다650 판결 ········ 305
대법원 1983. 6. 14. 선고 80다3231 판결 ········ 29
대법원 1983. 11. 8. 선고 83다카1476 판결 ········ 266
대법원 1983. 12. 27. 선고 83다카331 판결 ········ 175
대법원 1984. 7. 10. 선고 84다카424·425 판결 ········ 74
대법원 1985. 5. 28. 선고 84다카966 판결 ········ 233, 242, 265
대법원 1985. 10. 8. 선고 85누542 판결 ········ 363
대법원 1986. 6. 24. 선고 86도1000 판결 ········ 375
대법원 1986. 8. 19. 선고 84다카503·504 판결 ········ 476
대법원 1987. 3. 24. 선고 85다카2219 판결 ········ 143
대법원 1987. 3. 24. 선고 86다카2073 판결 ········ 74, 76
대법원 1987. 6. 23. 선고 86다카1418 판결 ········ 64, 88
대법원 1987. 6. 23. 선고 86다카2107 판결 ········ 406, 407
대법원 1987. 6. 23. 선고 86다카633 판결 ········ 271
대법원 1987. 7. 21. 선고 86다카2446 판결 ········ 225, 276, 284, 285
대법원 1987. 10. 13. 선고 85다카1080 판결 ········ 437, 438, 439, 440, 441, 446, 447, 450, 452
대법원 1988. 1. 19. 선고 87다카1295 판결 ········ 135
대법원 1988. 2. 9. 선고 87다카1304 판결 ········ 138, 142
대법원 1988. 12. 13. 선고 85다카1358 판결 ········ 439
대법원 1989. 3. 28. 선고 87다카2470 판결 ········ 165
대법원 1989. 3. 28. 선고 88다4845 판결 ········ 34
대법원 1989. 3. 28. 선고 88다카12100 판결 ········ 199, 200
대법원 1989. 5. 23. 선고 89다카3677 판결 ········ 78, 79
대법원 1989. 6. 27. 선고 89다카2957 판결 ········ 234, 244
대법원 1989. 8. 8. 선고 88다카23742 판결 ········ 83, 86
대법원 1989. 9. 12. 선고 88다카26390 판결 ········ 145
대법원 1989. 10. 10. 선고 88다카8354 판결 ········ 141
대법원 1989. 12. 22. 선고 88다카8688 판결 ········ 426
대법원 1989. 12. 22. 선고 89다카11005 판결 ········ 191
대법원 1989. 12. 26. 선고 88다카10128 판결 ········ 183, 200, 203
대법원 1990. 1. 23. 선고 88다카3250 판결 ········ 87, 88
대법원 1990. 9. 28. 선고 90누4235 판결 ········ 169, 173

대법원 1990. 12. 21. 선고 90다카28498·28504 판결 ······ 287
대법원 1991. 1. 11. 선고 90다8947 판결 ······ 401, 402
대법원 1991. 3. 27. 선고 90다7173 판결 ······ 272
대법원 1991. 8. 9. 선고 91다15225 판결 ······ 193
대법원 1991. 8. 23. 선고 91다15409 판결 ······ 405
대법원 1991. 10. 8. 선고 91다22018·22025 판결 ······ 183, 185, 190, 191
대법원 1991. 11. 8. 선고 91다20623 판결 ······ 433
대법원 1991. 11. 12. 선고 91다18309 판결 ······ 144
대법원 1991. 12. 27. 선고 91다4409·91다4416 판결 ······ 175
대법원 1992. 1. 21. 선고 91다14994 판결 ······ 418
대법원 1992. 2. 11. 선고 91다21800 판결 ······ 455
대법원 1992. 2. 11. 선고 91다36239 판결 ······ 358
대법원 1992. 7. 28. 선고 92다10173·10180 판결 ······ 234
대법원 1992. 11. 10. 선고 92다7948 판결 ······ 235
대법원 1992. 11. 27. 선고 92다30405 판결 ······ 270, 269
대법원 1993. 3. 12. 선고 92다32906 판결 ······ 412
대법원 1993. 3. 26. 선고 92다10081 판결 ······ 149
대법원 1993. 6. 11. 선고 93다 7174·7181 판결 ······ 224, 286
대법원 1993. 7. 13. 선고 92다49492 판결 ······ 122, 125
대법원 1993. 9. 10. 선고 93다21705 판결 ······ 49
대법원 1993. 9. 14. 선고 93다21569·2775 판결 ······ 240
대법원 1993. 12. 10. 선고 93다36974 판결 ······ 81
대법원 1994. 1. 20. 자 95마535 결정 ······ 165
대법원 1994. 1. 28. 선고 93다43590 판결 ······ 460
대법원 1994. 1. 28. 선고 93다49703 판결 ······ 74, 80, 81, 86, 88
대법원 1994. 3. 22. 선고 93다31740 판결 ······ 244
대법원 1994. 4. 26. 선고 93다62539·62546 판결 ······ 266, 465
대법원 1994. 4. 29. 선고 93다54842 판결 ······ 46, 47, 56
대법원 1994. 5. 12. 선고 93다56183 판결 ······ 138
대법원 1994. 6. 28. 선고 93다33173 판결 ······ 192
대법원 1994. 9. 30. 선고 94다20884 판결 ······ 87
대법원 1994. 10. 28. 선고 94다22118 판결 ······ 86
대법원 1995. 2. 24. 선고 94누9146 판결 ······ 189
대법원 1995. 4. 21. 선고 94다36643 판결 ······ 227, 261
대법원 1995. 5. 12. 선고 94다2862 판결 ······ 479
대법원 1995. 5. 26. 선고 93다61543 판결 ······ 282

대법원 1995. 6. 16. 선고 92다19293 판결 ···· 411
대법원 1995. 7. 14. 선고 94다10511판결 ···· 479
대법원 1995. 7. 14. 선고 94다20198 판결 ···· 183, 191
대법원 1995. 7. 14. 선고 94다38342 판결 ···· 276
대법원 1995. 7. 14. 선고 94도399 판결 ···· 133
대법원 1995. 7. 25. 선고 95다7987 판결 ···· 183, 184, 185, 191
대법원 1995. 8. 22. 선고 95다12231 판결 ···· 200, 201
대법원 1995. 9. 29. 선고 94다31365·31372 ···· 131
대법원 1995. 9. 29. 선고 94다54245 판결 ···· 192
대법원 1995. 9. 29. 선고 94다60219 판결 ···· 485
대법원 1996. 1. 23. 선고 95다39854 판결 ···· 246
대법원 1996. 3. 12. 선고 94다55057 판결 ···· 395, 396
대법원 1996. 3. 26. 선고 96다3791 판결 ···· 243
대법원 1996. 6. 11. 선고 95다12798 판결 ···· 400
대법원 1996. 6. 28. 선고 94다42976 판결 ···· 285
대법원 1996. 7. 12. 선고 95다41161·41178 판결 ···· 260
대법원 1996. 8. 23. 선고 95다39472 판결 ···· 63, 85
대법원 1996. 8. 23. 선고 95다51915 판결 ···· 476, 480
대법원 1996. 9. 6. 선고 94다46404 판결 ···· 445
대법원 1996. 10. 11. 선고 96다27476 판결 ···· 244
대법원 1996. 10. 15. 선고 96다24637 판결 ···· 122, 124
대법원 1996. 10. 25. 선고 94다41935·41942 판결 ···· 238
대법원 1996. 10. 29. 선고 96다19321 판결 ···· 175
대법원 1996. 12. 23. 선고 96다37985 판결 ···· 196
대법원 1997. 2. 5. 자 96마364 결정 ···· 133
대법원 1997. 2. 14. 선고 95다19140 판결 ···· 371
대법원 1997. 2. 25. 선고 96다24385 판결 ···· 32
대법원 1997. 2. 25. 선고 96다45436 판결 ···· 400
대법원 1997. 3. 25. 선고 96다51271 판결 ···· 352
대법원 1997. 4. 25. 선고 96누19314 판결 ···· 186
대법원 1997. 6. 27. 선고 95다7215 판결 ···· 237, 419, 439
대법원 1997. 7. 25. 선고 97다19656 판결 ···· 426
대법원 1997. 8. 26. 선고 96다36753 판결 ···· 66, 72, 74
대법원 1997. 8. 26. 선고 97다9260 판결 ···· 240
대법원 1997. 10. 24. 선고 97다27107 판결 ···· 476
대법원 1997. 11. 25. 선고 97다35085 판결 ···· 82, 184

대법원 1997. 11. 28. 선고 97다26098 판결 ··· 473
대법원 1997. 11. 28. 선고 97다28490 판결 ··· 399
대법원 1997. 12. 12. 선고 96도2650 판결 ··· 111, 120
대법원 1997. 12. 26. 선고 97다42540 판결 ··· 197
대법원 1998. 3. 13. 선고 97다6919 판결 ··· 269
대법원 1998. 3. 24. 선고 97다55621 판결 ··· 146
대법원 1998. 4. 14. 선고 96다8826 판결 ··· 199, 201
대법원 1998. 4. 14. 선고 98다6565 판결 ··· 479
대법원 1998. 5. 15. 선고 97다58538 판결 ··· 149
대법원 1998. 6. 9. 선고 98다1928 판결 ··· 342
대법원 1998. 7. 10. 선고 98다10793 판결 ··· 56
대법원 1998. 8. 21. 선고 97다6704 판결 ··· 74, 81, 82, 100
대법원 1998. 10. 13. 선고 97다43819 판결 ··· 74, 80, 81
대법원 1998. 12. 8. 선고 98다37507 판결 ··· 456
대법원 1999. 1. 29. 선고 98다1584 판결 ··· 52, 285, 287
대법원 1999. 2. 5. 선고 97다26593 판결 ··· 335, 337, 338
대법원 1999. 3. 9. 선고 97다7721·7738 판결 ··· 74, 76
대법원 1999. 5. 28. 선고 98다34515 판결 ··· 87
대법원 1999. 7. 9. 선고 99다12376 판결 ··· 244, 245
대법원 1999. 7. 13. 선고 99다8711 판결 ··· 410
대법원 1999. 7. 27. 선고 99다12932 판결 ··· 86, 87, 90
대법원 2000. 5. 12. 선고 98다23195 판결 ··· 241
대법원 2000. 8. 22. 선고 2000다13320 판결 ··· 240
대법원 2000. 10. 10. 자 2000그41 결정 ··· 251
대법원 2000. 10. 27. 선고 99다10189 판결 ··· 265
대법원 2000. 11. 24. 선고 2000다38718·38725 판결 ··· 460
대법원 2000. 12. 22. 선고 99다4634 판결 ··· 32
대법원 2001. 4. 24. 선고 2001다6237 판결 ··· 243
대법원 2001. 7. 27. 선고 99두2680 판결 ··· 183, 186, 191
대법원 2001. 8. 21. 선고 2001다3658 판결 ··· 149
대법원 2001. 10. 12. 선고 99다45543, 45550 판결 ··· 32
대법원 2002. 1. 25. 선고 99다25969 판결 ··· 88
대법원 2002. 2. 26. 선고 2001다73879 판결 ··· 122, 125, 126
대법원 2002. 2. 26. 선고 2001다74728 판결 ··· 464
대법원 2002. 3. 29. 선고 2000두8455 판결 ··· 191, 192, 193
대법원 2002. 6. 14. 선고 2002다14488 판결 ··· 192

대법원 2002. 6. 28. 선고 2000다5862 판결 ··· 199
대법원 2002. 7. 9. 선고 2002다18589 판결 ··· 233
대법원 2002. 8. 27. 선고 2001다71699 판결 ··· 297
대법원 2002. 9. 4. 선고 2000다54406·54413 판결 ··· 365
대법원 2002. 9. 24. 선고 2002다6760·6777 판결 ··· 240
대법원 2002. 12. 26. 선고 2000다56952 판결 ··· 371
대법원 2003. 4. 8. 선고 2001다38593 판결 ··· 282
대법원 2003. 4. 8. 선고 2002다64957·64964 판결 ··· 242
대법원 2003. 5. 30. 선고 2002다23826 판결 ··· 191
대법원 2004. 2. 13. 선고 2001다75318 판결 ··· 467
대법원 2004. 2. 27. 선고 2001다38067 판결 ··· 371
대법원 2004. 2. 27. 선고 2002다19797 판결 ··· 176, 177
대법원 2004. 3. 26. 선고 2001다72081 판결 ··· 120, 123, 128, 130
대법원 2004. 3. 26. 선고 2003다34045 판결 ··· 265
대법원 2004. 7. 22. 선고 2001다58269 판결 ··· 410
대법원 2004. 9. 13. 선고 2003다57208 판결 ··· 480
대법원 2004. 9. 24. 선고 2004다20081 판결 ··· 197
대법원 2004. 11. 11. 선고 2003다30807 판결 ··· 34
대법원 2005. 2. 22. 선고 2005다602 판결 ··· 185, 188
대법원 2005. 2. 25. 선고 2003다36133 판결 ··· 149
대법원 2005. 2. 25. 선고 2004다34790 판결 ··· 193
대법원 2005. 4. 7. 자 2003마473 결정 ··· 197
대법원 2005. 5. 27. 선고 2005다7863 판결 ··· 240
대법원 2005. 6. 9. 선고 2002다70822 판결 ··· 183, 184
대법원 2005. 6. 9. 선고 2003두7484 판결 ··· 489
대법원 2005. 7. 21. 선고 2002다1178 판결 ··· 30
대법원 2005. 7. 22. 선고 2005다602 판결 ··· 181, 183, 185
대법원 2005. 11. 10. 선고 2004다22742 판결 ··· 231
대법원 2006. 4. 27. 선고 2006다1381 판결 ··· 121, 231
대법원 2006. 5. 25. 선고 2006도577 판결 ··· 111
대법원 2006. 6. 15. 선고 2006다13117 판결 ··· 87
대법원 2006. 10. 13. 선고 2004다21862 판결 ··· 225, 276
대법원 2007. 4. 26. 선고 2005다5058 판결 ··· 439, 450
대법원 2007. 4. 27. 선고 2007다4943 판결 ··· 438, 439
대법원 2007. 5. 31. 선고 2006다63150 판결 ··· 242
대법원 2007. 7. 26. 선고 2006마334 판결 ··· 112

대법원 2007. 8. 23. 선고 2007다23425 판결 ······ 88, 90
대법원 2007. 11. 15. 선고 2007다44156 판결 ······ 358
대법원 2007. 12. 20. 선고 2005다32159 판결 ······ 363, 365
대법원 2007. 12. 27. 선고 2007다51017 판결 ······ 191
대법원 2008. 1. 24. 선고 2006다21330 판결 ······ 42, 144
대법원 2008. 3. 14 선고 2006다2940 판결 ······ 240, 246
대법원 2008. 3. 14. 선고 2007다11996 판결 ······ 248
대법원 2008. 4. 11. 선고 2007다89722 판결 ······ 199, 203
대법원 2008. 5. 15. 선고 2008다3671 판결 ······ 286
대법원 2008. 5. 29. 선고 2005다6297 판결 ······ 368, 374
대법원 2008. 6. 26. 자 2007마996 결정 ······ 48
대법원 2008. 7. 10. 선고 2006다43767 판결 ······ 76, 89
대법원 2008. 7. 24. 선고 2006다24100 판결 ······ 177
대법원 2008. 10. 23. 선고 2008다46555 판결 ······ 145
대법원 2008. 12. 11. 선고 2006다54378 판결 ······ 231, 234
대법원 2008. 12. 15. 자 2007마1154 결정 ······ 166, 167
대법원 2009. 1. 15. 선고 2007다17123·17130 판결 ······ 185, 199, 201, 203
대법원 2009. 1. 30. 선고 2008다79340 판결 ······ 237
대법원 2009. 4. 23. 선고 2007도9924 판결 ······ 307
대법원 2009. 5. 28. 선고 2007다20440·20457 판결 ······ 87
대법원 2009. 7. 9. 선고 2009다15565 판결 ······ 204, 282
대법원 2009. 7. 9. 선고 2009다23696 판결 ······ 204
대법원 2009. 8. 20. 선고 2008다58978 판결 ······ 406
대법원 2009. 9. 10. 선고 2009다38827 판결 ······ 186, 200
대법원 2009. 9. 14. 자 2009마1136 결정 ······ 184, 185
대법원 2009. 10. 15. 선고 2008도9433 판결 ······ 342
대법원 2009. 11. 12. 선고 2009다54034·54041 판결 ······ 270
대법원 2009. 12. 10. 선고 2009다61803·61810 판결 ······ 471
대법원 2010. 1. 14. 선고 2007다55477 판결 ······ 263
대법원 2010. 1. 14. 선고 2009다77327 판결 ······ 203
대법원 2010. 3. 14. 선고 2009다82244 판결 ······ 98, 197
대법원 2010. 5. 27. 선고 2007다8044 판결 ······ 197
대법원 2010. 6. 9. 선고 98다45553·45560·45577 판결 ······ 490
대법원 2010. 6. 10. 선고 2009다98669 판결 ······ 263
대법원 2010. 9. 9. 선고 2009다105383 판결 ······ 33, 32
대법원 2010. 9. 30. 선고 2010다35138 판결 ······ 181, 189, 199, 202

대법원 2010. 9. 30. 선고 2010다41089 판결 ······ 192
대법원 2010. 10. 14. 선고 2010다32276 판결 ······ 243
대법원 2010. 11. 11. 선고 2010다26769 판결 ······ 203
대법원 2010. 11. 25. 선고 2010다56685 판결 ······ 225
대법원 2011. 4. 14. 선고 2010다91886 판결 ······ 150
대법원 2011. 7. 14. 선고 2011다31645 판결 ······ 368, 374, 386
대법원 2011. 7. 28. 선고 2010다70018 판결 ······ 177
대법원 2011. 11. 24. 선고 2010도5014 판결 ······ 309
대법원 2011. 12. 27. 선고 2010다20754 판결 ······ 128, 131
대법원 2012. 2. 23. 선고 2010다83700 판결 ······ 239
대법원 2012. 3. 29. 선고 2010다16199 판결 ······ 484
대법원 2012. 3. 29. 선고 2011다83226 판결 ······ 232, 235
대법원 2012. 4. 13. 선고 2011다104246 판결 ······ 48, 52, 234
대법원 2012. 5. 10. 선고 2011다45217 판결 ······ 192
대법원 2012. 5. 10. 선고 2012다4633 판결 ······ 242, 243
대법원 2012. 6. 28. 선고 2010다57466 판결 ······ 32
대법원 2012. 7. 16. 자 2009마461 결정 ······ 334, 338
대법원 2012. 7. 26. 선고 2011다43594 판결 ······ 224, 235
대법원 2012. 7. 26. 선고 2012다27377 판결 ······ 181
대법원 2012. 9. 27. 선고 2012다37176 판결 ······ 253
대법원 2012. 11. 29. 선고 2011다79258 판결 ······ 197
대법원 2012. 12. 27. 선고 2011다103564 판결 ······ 438
대법원 2013. 2. 14. 선고 2010다59622 판결 ······ 484
대법원 2013. 2. 14. 선고 2011다28342 판결 ······ 335, 337, 338, 351
대법원 2013. 2. 15. 선고 2012다102247 판결 ······ 183
대법원 2013. 2. 28. 선고 2010다57350 판결 ······ 251, 252
대법원 2013. 2. 28. 선고 2011다79838 판결 ······ 87
대법원 2013. 3. 28. 선고 2012다114783 판결 ······ 204
대법원 2013. 4. 11. 선고 2011다112032 판결 ······ 247
대법원 2013. 5. 24. 선고 2012다39769 판결 ······ 252
대법원 2013. 6. 13. 선고 2012다100890 판결 ······ 482
대법원 2013. 7. 12. 선고 2013다20571 판결 ······ 480
대법원 2013. 7. 25. 선고 2013다27015 판결 ······ 33
대법원 2013. 9. 26. 선고 2011다870 판결 ······ 177
대법원 2013. 11. 28. 2012다202383 판결 ······ 240
대법원 2014. 4. 10. 선고 2013다680207 판결 ······ 40

대법원 2014. 5. 16. 선고 2011다77269 판결 ………… 133
대법원 2014. 5. 16. 선고 2013다36453 판결 ………… 206
대법원 2014. 11. 27. 선고 2012다14562 판결 ………… 241, 265
대법원 2015. 1. 29. 선고 2012다74342 판결 ………… 358
대법원 2015. 3. 26. 선고 2012다25432 판결 ………… 269
대법원 2015. 3. 26. 선고 2014다70184 판결 ………… 232
대법원 2015. 4. 9. 선고 2014다84824·84831 판결 ………… 492
대법원 2015. 5. 28. 선고 2014다88215 판결 ………… 450
대법원 2015. 6. 24. 선고 2013다522 판결 ………… 287
대법원 2015. 9. 10. 선고 2014다80440 판결 ………… 194, 195, 196
대법원 2015. 9. 10. 선고 2015다218693 판결 ………… 234, 241
대법원 2015. 12. 10. 선고 2013다84162 판결 ………… 206
대법원 2016. 1. 28. 선고 2013다76635 판결 ………… 121, 122, 125
대법원 2016. 5. 25. 자 2014마1427 결정 ………… 193
대법원 2016. 6. 10. 선고 2014다200763·200770 판결 ………… 241
대법원 2016. 7. 14. 선고 2015다233098 판결 ………… 270
대법원 2016. 8. 24. 선고 2014다9212 판결 ………… 199, 212
대법원 2017. 1. 19. 선고 2013다17292 판결 ………… 30
대법원 2017. 4. 7. 선고 2016다47737 판결 ………… 182, 183, 189, 212
대법원 2017. 4. 7. 선고 2016다55462 판결 ………… 49
대법원 2017. 6. 8. 선고 2016다13109 판결 ………… 438
대법원 2017. 7. 18. 선고 2017다207499 판결 ………… 248
대법원 2017. 10. 12. 선고 2014두3044·3051 판결 ………… 101
대법원 2018. 2. 28. 선고 2013다26425 판결 ………… 233, 265
대법원 2018. 4. 12. 선고 2016다39897 판결 ………… 270
대법원 2018. 4. 24. 선고 2017다205127 판결 ………… 47, 232
대법원 2018. 6. 15. 선고 2017다248803 판결 ………… 242
대법원 2018. 10. 18. 선고 2016다220143 전원합의체 판결 ………… 193
대법원 2018. 12. 13. 선고 2015다246186 판결 ………… 437, 442
대법원 2019. 2. 14. 선고 2016다245418·245425·245432 판결 ………… 479, 480
대법원 2019. 4. 23. 선고 2015다28968 판결 ………… 233
대법원 2019. 6. 13. 선고 2019다208533·208540 판결 ………… 493
대법원 2019. 7. 10. 선고 2019다213009 판결 ………… 399
대법원 2019. 9. 10. 선고 2016다271257 판결 ………… 240, 242, 243
대법원 2019. 9. 10. 선고 2016도1241 판결 ………… 341
대법원 2019. 9. 10. 선고 2017다34981 판결 ………… 341

대법원 2020. 2. 6. 선고 2019다270217 판결 ······ 191, 199, 204, 205
대법원 2020. 3. 12. 선고 2019다283794 판결 ······ 224, 232, 235
대법원 2020. 3. 26. 선고 2019도7729 판결 ······ 166
대법원 2020. 7. 23. 선고 2019다289495 판결 ······ 496
대법원 2020. 8. 27. 선고 2019다225255 판결 ······ 185, 188, 190
대법원 2020. 11. 5. 선고 2018두54705 판결 ······ 192
대법원 2020. 11. 26. 선고 2019다211324 판결 ······ 492
대법원 2020. 12. 10. 선고 2020다245958 판결 ······ 193
대법원 2021. 5. 7. 선고 2020도17853 판결 ······ 342
대법원 2021. 6. 24. 선고 2020다208621 판결 ······ 241, 242
대법원 2021. 7. 15. 선고 2016다25393 판결 ······ 119, 121
대법원 2021. 8. 12. 선고 2021다210195 판결 ······ 240
대법원 2021. 8. 19. 선고 2018다258074 판결 ······ 231, 242
대법원 2021. 9. 9. 선고 2020다299122 판결 ······ 240
대법원 2021. 9. 30. 선고 2020두48857 판결 ······ 492
대법원 2021. 11. 11. 선고 2021다220642 판결 ······ 233
대법원 2021. 11. 25. 선고 2018다304007 판결 ······ 249
대법원 2021. 12. 10. 선고 2020다295359 판결 ······ 53
대법원 2022. 4. 28. 선고 2021다305659 판결 ······ 201, 203
대법원 2022. 5. 26. 선고 2022다200249 판결 ······ 48
대법원 2022. 6. 9. 선고 2017다247848 판결 ······ 406
대법원 2022. 8. 25. 선고 2021다31111 판결 ······ 48
대법원 2022. 11. 30. 선고 2021다227629 판결 ······ 196
대법원 2023. 8. 31. 선고 2018다289825 판결 ······ 418, 420, 421
대법원 2023. 12. 7. 선고 2020다225138 판결 ······ 205
대법원 2023. 12. 14. 선고 2022다208649 판결 ······ 396, 397
대법원 2023. 12. 28. 선고 2020두56780 판결 ······ 386
대법원 2024. 1. 4. 선고 2023다252162 판결 ······ 365
대법원 2024. 3. 12. 선고 2021다309927 판결 ······ 240

서울고법 1973. 12. 26. 선고 73나1624·1625 판결 ······ 210, 212
서울고법 1977. 5. 26. 선고 76다3276 판결 ······ 122
서울고법 2005. 1. 14. 선고 2004나14040 판결 ······ 345, 350
서울고법 2011. 10. 20. 선고 2009나92854 판결 ······ 197
서울고법 2013. 4. 10. 선고 2012나22640 판결 ······ 40
서울고법 2014. 6. 27. 선고 2013나59373 판결 ······ 201, 204

서울중앙지법 2009. 10. 8. 선고 2009가합31369 판결 ······ 187
서울중앙지법 2012. 9. 28. 선고 2011가합16245 판결 ······ 244
서울중앙지법 2015. 9. 10. 선고 2015가합526542 판결 ······ 182
서울중앙지법 2020. 11. 17. 선고 2019가단5064866 판결 ······ 203
서울중앙지법 2021. 5. 28. 선고 2020가합540450 판결 ······ 399

서울지법 1996. 4. 18. 선고 95가합103509 판결 ······ 364
서울지법 2002. 8. 28. 선고 2002가단121261 판결(확정) ······ 399
부산지법 2007. 1. 25. 선고 2005나10743 판결 ······ 364
대구지법 2012. 4. 30. 자 2012카합103 결정 ······ 197
대구지법 상주지원 2014. 5. 1. 선고 2013가합634 판결 ······ 132
대전지법 홍성지원 2011. 8. 18. 선고 2010가합1712 판결 ······ 131
수원지법 2011. 2. 10. 선고 2010가합14646 판결 ······ 195
의정부지법 2013. 1. 29. 자 2012카합408 결정 ······ 112, 120
의정부지법 고양지원 2011. 10. 7. 선고 2011가합1439 판결 ······ 248
인천지법 2013. 4. 26. 선고 2012가합16564 판결 ······ 200
전주지법 2008. 8. 20. 선고 2007가합6382 판결 ······ 497
제주지법 1998. 4. 23. 선고 97가합3244 판결 ······ 108
제주지법 1998. 6. 3. 선고 98가합129 판결 ······ 195
청주지법 2008. 7. 15. 선고 2008나24 판결 ······ 212

헌법재판소 1996. 10. 4. 선고 94헌가5 결정 ······ 194

INDEX

사항색인

ㄱ

가격결정의 기준시점 ··· 382
가등기상호권자의 사전등기배척권 ··· 113
가등기의 관할 ··· 115
가맹거래의 법적 성질 ··· 487
가맹계약의 요건 ··· 487
가맹계약의 종료 ··· 495
가맹금 ··· 488
가맹금의 반환 ··· 497
가맹상 ··· 242
가맹상의 변경으로 인한 손실 ··· 491
가맹상의 영업양도에 대한 동의의무 ··· 490
가맹상의 의무 ··· 493
가맹업 ··· 485
가맹업자 ··· 486
가맹업자의 권리존중 ··· 493
가맹업자의 명의대여책임 ··· 494
가맹업자의 의무 ··· 489
가족의 정상 ··· 434
간접대리 ··· 368
간접적 공시 ··· 159, 160
간판의 철거청구 ··· 126
강산면옥 ··· 138
강제집행의 불허 ··· 205
개업준비행위 ··· 231, 234
개입권 ··· 96, 306, 380, 448, 449
개입권과 손해배상청구권과의 관계 ··· 97
개입권의 행사 및 의제 ··· 450
개입금지 특약이나 법률이 없을 것 ··· 382
개입의 효과 ··· 450
객관적 의의의 영업 ··· 180, 181
거래소의 시세 ··· 383, 449
거래소의 時勢 있는 물건
또는 유가증권 ··· 381
거래안전의 보호 ··· 21
거래의 요건 ··· 257
거래의 정형성 ··· 221
건고추 ··· 464
건설업면허 ··· 145
건축공사의 발주 ··· 93
검사의무 ··· 286
격지자간의 매매 ··· 290
격지자간의 청약 ··· 255
견품 ··· 258, 359
견품보관의무 ··· 359
결약서 ··· 359
결약서의 진정 성립 ··· 360
결약서작성·교부의무 ··· 359
결혼상담업 ··· 48
결혼중개업자 ··· 261
겸직금지 ··· 98
겸직금지의무 ··· 99, 321
경리담당 상무이사 ··· 85
경매 ··· 291
경매권 ··· 279, 415
경매비용 ··· 280
경업금지기간 ··· 194
경업금지약정의 효력 ··· 98
경업금지에 관한 특약 ··· 196
경업금지의 대상 ··· 195
경업금지의무 ··· 490
경업금지의무위반의 효과 ··· 198
경업금지의무의 승계 ··· 198

경업의 지역적 제한 ······ 195
경업제한합의사항 ······ 197
경업피지의무 ······ 193, 211, 306, 336, 494
경업피지의무와 자기거래제한 ······ 321
경영의 위임 ······ 212
계리부장대리 ······ 87
계산서 승인의 효력 ······ 299
계속기업 ······ 181
계속성 ······ 65
계약갱신요구권 ······ 496
계약의 성립시기 ······ 255
계약의 해지권 ······ 96
고가물 명시 ······ 404
고가물에 관한 특칙 ······ 401, 443
고가물의 개념 ······ 401
고객과 공중접객업자간의 합의 ······ 455
고용계약의 종료 ······ 70
고율의 이자소득 ······ 234
고의 또는 중대한 과실로 멸실·훼손한
경우의 책임 ······ 404
고정적인 설비 ······ 101
골프클럽 ······ 202
空券 ······ 424, 425
공급자의 의무 ······ 481
공동경영자 ······ 270, 272
공동대리 ······ 327
공동대리인 ······ 89
공동대표이사제도 ······ 79
공동운송 ······ 428, 431
공동의 상행위 ······ 269
공동지배인 ······ 76
공법상의 권리관계 ······ 193
공법상의 제한 ······ 60
공법인 ······ 56
공시방법과 상업등기 ······ 160
공시의 형태 ······ 159
공시제도 ······ 21
공시최고와 경매 ······ 415
공익법인 ······ 55
공익을 위하여 금지하는 행위 ······ 60
공인회계사 ······ 48
공중운송의 주선 ······ 439
공중이 이용하는 시설에 의한 거래 ······ 227
공중접객업 ······ 454
공중접객업자의 책임의 시효 ······ 245
공탁·경매권 ······ 471
공탁권 ······ 278, 414
공탁물의 회수 ······ 278
공탁의 방법 ······ 278
과실로 알지 못하고 방치한 경우 ······ 177
광고·통신 또는 정보에 관한 행위 ······ 226
광물 또는 토석의 채취에 관한 행위 ··· 229
교육사업 ······ 189
교육시설 ······ 189
구스타브 브와소나드 ······ 5
국가의 상인자격 ······ 56
국가재정상 수요에 의한 제한 ······ 61
국내에 널리 인식된 상표, 상호 ······ 133
국민건강보험 ······ 228
국민주택채권 ······ 371
국영철도운송회사 ······ 56
국제무역에 관한 판단기준 ······ 282
국제회계기준 ······ 158
권리이전적 효력 ······ 420
귀책사유 ······ 177
근로계약상 주의의무(보호의무) ······ 231
근로관계승계에 관한 반대의 특약 ······ 191
근로관계승계의 거부 ······ 192
근로관계승계의 효과 ······ 192
근로관계의 승계 ······ 191
근로자가 제출한 사직서 ······ 193
금융리스거래의 구조 ······ 477

금융리스계약의 개시시점 ······ 478
금융리스계약의 법률관계 ······ 478
금융리스계약의 성질 ······ 474
금융리스물건의 인도 ······ 480, 481
금융리스업 ······ 473
금융리스업의 의의 ······ 473
금융리스의 종료 ······ 483
금융위원회 ······ 60, 157
金融投資商品市場 ······ 381
金 現物市場 ······ 381
급여수령대리권 ······ 365
기계·시설, 그 밖의 재산의 금융리스에 관한 행위 ······ 229
기대이익의 상실 ······ 96
기본적 상행위 ······ 224, 334
기본적 행위와의 상대성 ······ 233
기업결합의 효과 ······ 188
기업생성의 촉진 ······ 19
기업의 강화(영리성의 보장) ······ 20
기업의 공시 ······ 159
기업의 엄격책임주의(기업책임의 강화) ······ 22
기업의 유지 ······ 19
기업집단의 계열사간의 공동행위 ······ 271
기업책임의 가중·경감 ······ 220
기업활동의 원활보장 ······ 20
기업회생수단 ······ 207
기회비용 ······ 260
긴급매각 ······ 291
길드 ······ 4

ㄴ

낙부의 통지 ······ 256
남성사 ······ 200
남성정밀공업 주식회사 ······ 200
납세번호증 ······ 141
납품계약불이행 ······ 241
내부자거래 ······ 343
냉동명태사건 ······ 147
넷플릭스 ······ 230
노무사 ······ 48
노선의 안전 확보 ······ 433
놀이공원입장권 ······ 244
농수산물도매시장 ······ 381
농업기계대리점 ······ 141
농업협동조합 ······ 197
농장주가 생산한 농산물 ······ 230
능동대리 ······ 77

ㄷ

다른 지배인의 선임 ······ 75
다른 회사의 이사 등 취임제한 ······ 98
다수당사자의 채권관계 ······ 268
다수채무자의 연대책임 ······ 268
단기소멸시효 ······ 220, 221, 406, 443, 467
단기시효 ······ 245, 458
단기시효 적용채권의 배상채권 ······ 246
단독행위 ······ 232
단순육체노동 ······ 93
단체협약 ······ 231
담보적 효력 ······ 421
당사자의 결약서 기명날인·서명 ······ 360
당사자의 결약서 수령 거부·기명날인·서명 거부 ······ 360
당연상인 ······ 44, 45
대금의 공탁·채권에의 충당 ······ 415
대리·중개의 인수 ······ 335
대리·중개하는 거래 ······ 334
대리권의 남용 ······ 75, 88
대리권의 범위 ······ 73, 85

代理權의 授與行爲 ······ 91
대리권의 양도가능성 ······ 75
대리권의 제한 ······ 88
대리권의 한계 ······ 74, 86
대리상 ······ 332, 333
대리상계약 ······ 337
대리상계약 인정 여부 ······ 337
대리상계약과 대리 ······ 337
대리상계약의 종료 ······ 345, 353
대리상과 제3자의 관계 ······ 352
대리상의 '책임 있는 사유' ······ 345
대리상의 경업·겸직금지 ······ 94
대리상의 경업피지의무 ······ 339
대리상의 권리 ······ 344
대리상의 보상청구권 ······ 344
대리상의 보수청구권 ······ 344
대리상의 영업비밀준수의무 ······ 340
대리상의 유치권 ······ 351
대리상의 의무 ······ 339
대리상의 의의 ······ 333
대리상의 통지수령권 ······ 352
대리상의 통지의무 ······ 339
대리에 대한 상대방의 不知 및
입증책임 ······ 237
대리의 방식 ······ 236
대리의 방식과 대상 ······ 336
대리인의 自己契約의 금지 ······ 380
대리점 ······ 141
대리점총판계약 ······ 335
대물적 손해에 대한 책임 ······ 435
대성홀딩스 주식회사 ······ 125
대여한 명의와 객관적으로
추론되는 영업 ······ 146
대위권 ······ 431, 453
대위변제의 효과 ······ 453
대위의무 ······ 430
대인적 손해에 대한 책임 ······ 432
대차대조표 ······ 151, 153
代替財 ······ 95
대체적(대상적) 환취권 ······ 374
대표이사가 발행한 유통어음 ······ 169
대한광업진흥공사에 관한 사건 ······ 56
대한불교조계종 직영서점 ······ 110
대항력의 의미 ······ 170
대항력의 제한을 받는 자 ······ 169
대화자간의 청약 ······ 255
도달주의 ······ 256
도메인이름(예: 굿옥션) ······ 121
도착지운송주선인 ······ 440, 446
독립상인 ······ 334, 357
동부건설 주식회사 ······ 130
동부주택건설 주식회사 ······ 130
동산·부동산·유가증권 기타의
재산의 매매 ······ 224
동산·부동산·유가증권 기타의 재산의
임대차 ······ 224
동산의 인도 ······ 427
동의거절시 가맹상이 입을 손실 ······ 491
동일·유사상호의 사용 ······ 121
동일상호등기의 배척 ······ 127
동일상호의 범위 ······ 130
동일성의 유지 ······ 184
동일운송 ······ 428
동종영업 ······ 194
동종영업에 사용要否 ······ 126
동종영업의 범위 ······ 129
등기공무원 ······ 165
등기관 ······ 164
등기관할 ······ 164
등기말소청구권 ······ 130
등기배척 ······ 126
등기배척권 ······ 129

등기상호권자의 상호전용권 강화 ······ 127
등기상호와 미등기상호간 차별성 여부 ··· 118
등기소의 심사권 ······ 164
등기신청인의 고의·과실 ······ 177
등기와 공신력 ······ 175
등기의 공시 ······ 167
등기의 수정 ······ 166
등기절차 ······ 112, 164
등기할 사항 ······ 168

ㄹ

롯데리아 ······ 490
리스료 ······ 478
리스료의 성격·시효 ······ 479
리스물건의 관리책임 ······ 482
리스물건의 매도시 이용자의
  하자담보책임 ······ 482
리스물건의 인도의무 ······ 481
리스업사의 재매입대금 지급청구권 ······ 484
리스업자의 하자담보책임 ······ 480
리스업자의 해지 ······ 483
리스의 종류와 개념 ······ 473
리스이용자의 채무불이행 ······ 483

ㅁ

마산고려당 ······ 122, 124
매도위탁 ······ 370
매도인의 공탁·경매권 ······ 20, 276
매수물의 공탁·경매권 ······ 384
매수위탁 ······ 370
매수인의 검사·통지의무 ······ 20, 284
매수인의 목적물보관의무 ······ 263
매수인의 보관·공탁의무 ······ 288, 289
메이저리거 ······ 110
면책약관 ······ 409
면책약관의 효력 ······ 457
면책적 등기사항 ······ 163
면책적 채무인수 ······ 204
명시의 대상 ······ 402
명의대여 ······ 141
명의대여자 ······ 142
명의대여자와 명의차용자의 연대책임 ··· 150
명의대여자와 차용자의 요건 ······ 142
명의대여자의 사용자배상책임 ······ 149
명의대여자의 증명책임과
  제3자의 범위 ······ 144
명의대여자의 책임 ······ 138, 140
명의대여자의 책임의 형태 ······ 149
명의대여책임의 범위와 형태 ······ 144
명의사용의 허락 ······ 141
명의와 계산의 분리 ······ 368
명의차용 등의 행위 ······ 196
명의차용자 ······ 143
명의차용자와 표현대리 ······ 150
명의차용자의 영업거래로 인한 채무 ··· 145
명의차용자의 영업상 불법행위 ······ 145
명의차용자의 영업상의 채무 ······ 148
명칭사용방법 ······ 81
모범사업회사법 ······ 5
모범합자조합법 ······ 319
목적물반환청구권 ······ 425
목적물의 인도 ······ 285
목적물의 종류 ······ 285
목적물점유의 원인 ······ 252
무권대리 ······ 86
무기명식채권 ······ 250
무보수임치인의 선관주의의무 ······ 222
무상수취인 ······ 265
무상수치인의 주의의무 ······ 265
무의결권주식의 주주 ······ 188

무한책임사원 ········ 58
묵시적 허락 ········ 142
문서위조로 인한 등기 ········ 178
문언증권성 ········ 422
물건보관의무 ········ 258
물건수령증 ········ 480
물건운송 ········ 390
물건운송의 주선 ········ 439
물건운송인의 손해배상책임 ········ 397
물건의 판매 ········ 93
물건인도의무 ········ 481
물건판매점포의 사용인 ········ 91
물건판매점포의 사용인의 선임·종임 ···· 92
물건판매점포인의 사용인 ········ 94
物權法定主義의 원칙 ········ 436
물권변동 ········ 426
물권적 효력 ········ 423
물권적 효력과 선의취득과의 관계 ······ 424
물권적 효력의 내용 ········ 424
물권행위 ········ 190, 232
물적 손해에 대한 책임 ········ 455
미등기 및 귀책사유 ········ 169
미등기상호 ········ 136
미성년자의 무한책임사원으로서의 행위 ··· 58
미용실 영업 ········ 195
민법 물권편에 대한 특칙 ········ 247
민법 채권편에 대한 특칙 ········ 255
민법의 법원성 ········ 25
민법의 상화 ········ 16
민법총칙에 대한 특칙 ········ 236
민사유치권 ········ 249
민사중개인 ········ 227, 261, 356, 358

ㅂ

바르샤바조약 ········ 387
바빌로니아 ········ 3
반대채권 ········ 372
반도체부품 ········ 287
반도체사업 ········ 188
發起人制度 ········ 19
발송지·도착지 ········ 391
발신주의 ········ 256, 258, 286, 375
백록담호텔 ········ 108
백봉사사건 ········ 132
백화점의 外務社員 ········ 92
범용성 ········ 141
법 적용의 순서 ········ 36
법원의 종류 ········ 26
법인격부인의 법리 ········ 206
법인의 상인자격 ········ 54
법전편찬위원회 ········ 6
법정대리인의 영업대리 ········ 58
법정대리인의 허락을
얻은 미성년자의 영업 ········ 57, 58
법정종료사유 ········ 311
법조경합설 ········ 410, 443
베른 조약 ········ 387
변호사 ········ 48, 61
변호사 사무원 ········ 67
변호사법 ········ 48, 112
변호사와 의사의 상인성 ········ 48
보관료 ········ 290, 471
보관료·비용상환청구권 ········ 470
보관비용 ········ 260
보관의무 ········ 464
보관의무의 내용 ········ 259
보령제약 주식회사 ········ 120
보상청구권 발생의 현실적인 근거 ······ 347
보상청구권규정의 유추 ········ 350
보상청구권의 내용 ········ 348
보상청구권의 배제·포기의 특약 ········ 349

보상청구권이 발생하는 경우 ……………… 346
보상청구권이 발생하지 않은 경우 …… 346
보상청구권제도의 국제적 강행성 ……… 350
보상청구금액 …………………………………… 348
보수의 의미 …………………………………… 349
보수의 지급시기 ……………………………… 344
보수청구권 ………………… 260, 363, 379, 446
보수청구권의 행사시기 …………………… 446
보수청구권행사의 제한 …………………… 446
보완적 효력 …………………………………… 174
보조적 상행위 ………………………………… 231
보조적 상행위로 추정 ……………… 234, 274
보조적 상행위의 판단 ……………………… 233
보증이 보증인에게만 상행위인 경우 … 274
보증이 상행위 ………………………………… 273
보증이 채권자에게만 상행위인 경우 … 274
보증인의 연대책임 ………………………… 273
보증책임의 불인정 ………………………… 205
보통거래약관 …………………………………… 31
보통독일상법전 ………………………………… 4
보통독일어음조례 ……………………………… 4
보통물로서의 주의 ………………………… 402
보험대리점 …………………………………… 332
보험료청구권 ………………………………… 245
복임권 …………………………………………… 78
복합운송증권 ………………………………… 439
본인의 사망과 대리권 ……………………… 238
본점 또는 지점으로서의 실질 ……………… 82
부당이득 ………………………………… 208, 242
부당이득반환청구권 ………………………… 240
부당이득반환청구권이나 불법행위로 인한
　손해배상청구권 …………………………… 242
부동산뱅크 공인중개사 …………………… 111
부동산소개업자의 중개수수료 …………… 365
부동산중개업자 ……………………………… 261
부분적 포괄대리권을 가진 사용인 ……… 84
부분적 포괄대리권을 가진 사용인의
　선임과 종임 …………………………………… 85
付屬的 商行爲 ………………………………… 231
부수적 효력 …………………………………… 174
부실기재의 효과 ……………………………… 393
부실등기를 승낙한 자 ……………………… 178
부실등기의 공신력 …………………………… 22
부실등기의 효과 ……………………………… 179
부실등기의 효력 ……………………………… 175
부실자산과 우량자산 ……………………… 207
부정경쟁 ……………………………………… 122
부정경쟁방지법상의 상호보호 …………… 132
부정경쟁방지법에 의한
　상호사용의 금지 …………………………… 111
부정목적의 상호사용금지 ………………… 110
부정한 목적 …………………………… 121, 123
부진정연대책임 ……………………………… 150
부진정연대책임 및 범위 …………………… 204
부진정채권매입 ……………………………… 500
불명시 고가물에 대한 책임 ……………… 402
불법행위책임 ………………………………… 459
불법행위책임 또는 사용자배상책임 ….. 494
불법행위책임과의 관계 …………………… 443
불요식 · 유상계약 …………………………… 463
불이익제공행위 금지 ……………………… 492
비교상호의 존재 ……………………………… 118
비밀이용금지 ………………………………… 342
비밀준수의무 ………………………………… 493
비상호명칭의 보호 ………………………… 131
비용 · 체당금 ………………………………… 470
비용상환청구권 ……………………………… 379
비용선급청구권 ……………………………… 379
비용선급청구권 및 비용상환 …………… 380
비용청구권 …………………………… 365, 448
비임의탈퇴 …………………………………… 325
비전형계약 …………………………………… 185

非顯名主義 ········· 65, 236

ㅅ

사단법인 한국불교조계종 ········· 132
사단법인 한국불교조계종총본산 ········· 132
사람에 관한 효력 ········· 39
사망과 상인자격 ········· 53
사모투자펀드 ········· 313
사법적 이익조정 ········· 59
사실과 상위한 등기 ········· 176
사실인 상관습 ········· 29
사실행위 또는 불법행위 ········· 232
사용료 등의 지급의무 ········· 493
사용인의 계산 ········· 97
사용자배상책임 ········· 90
사채발행 ········· 74
사채발행행위 ········· 66
사항에 관한 효력 ········· 39
사해적인 영업양도와 채권자보호 ········· 206
사해적인 회사분할 ········· 207
사해행위취소권 ········· 206
사회보험 ········· 228
삼성인력관리위원회 ········· 271
삼성전자의 휴대폰사업 ········· 188
상관습 ········· 25
상관습법 ········· 29
상관습법의 성문법화 ········· 30
상관습법의 한계 ········· 30
상대적 등기사항 ········· 162
상도덕의 법규범화 ········· 222
상법과 경제법 ········· 18
상법과 노동법 ········· 17
상법상 순차운송 ········· 429
상법상 순차운송주선 ········· 452
상법의 기원 ········· 3
상법의 대상론 ········· 13
상법의 법원 ········· 24
상법의 이념 ········· 19
상법의 입법주의 ········· 44
상법의 자주성 ········· 17
상법의 정의 ········· 14
상법의 지위 ········· 16
상법의 효력 ········· 38
상사계약 성립 후의 신속성 ········· 219
상사계약 성립단계에서의 신속성 ········· 219
상사대리특칙의 적용 ········· 339
상사매매의 특칙 ········· 275
상사법정이율 ········· 264
상사보증 ········· 220
상사시효 ········· 240
상사유치권 ········· 249, 250
상사유치권의 목적물 ········· 251
상사의 의미 ········· 24
상사자치법 ········· 31
상사조약 ········· 28
상사특별법령 ········· 27
상사판례법 ········· 34
상시 거래관계 ········· 257
상업등기 ········· 159
상업등기법과 가등기상호권의 남용규제 ········· 115
상업등기의 개념과 종류 ········· 161
상업등기의 일반적 효력 ········· 168
상업등기의 일반적 효력규정과의 관계 ··· 136
상업등기의 추정력 ········· 174
상업등기의 특수적 효력 ········· 173
상업등기의 효력 ········· 167
상업등기제도 ········· 21
상업사용인 ········· 62
상업사용인의 개념 ········· 62
상업사용인의 의무 ········· 93

상업장부 ········· 151
상업장부 및 재무제표의 異同 ········· 151
상업장부 작성의무 ········· 154
상업장부의 보존·제출 ········· 155
상업장부의 작성·공시·보존·제출 ········· 154
상업장부의 작성원칙 ········· 156
상업장부의 종류 ········· 152
상업장부의 확정과 공시 ········· 154
상의 개념과 범위 ········· 12
상인간의 금전소비대차 ········· 219
상인간의 매매 ········· 281
상인간의 매수위탁계약의 특칙 ········· 385
상인개념의 입법주의 ········· 43
상인성 ········· 439, 463
상인의 견품 기타의 물건보관의무
등과의 비교 ········· 288
상인의 의의 ········· 43
상인자격의 취득과 상실 ········· 51
상인자격취득의 종속성 ········· 335
상인적 방법 ········· 48
상표 및 영업표와의 구별 ········· 106
상품의 품질기준의 통제 ········· 488
상품임을 표시한 표지 ········· 133
상행위로 인한 채권의 개념 ········· 240
상행위법의 체계 ········· 222
상행위법의 특색 ········· 218
상행위의 대리와 위임 ········· 236
상행위의 대리의 인수 ········· 227
상행위의 의의 ········· 223
상행위의 중개 ········· 356
상호 ········· 105
相互計算不可分의 原則 ········· 295
상호 등의 폐기 ········· 497
상호·상표 등의 사용허락에 의한
영업에 관한 행위 ········· 229
상호간 이익조정 ········· 59
상호계산 ········· 217, 292
상호계산기간 ········· 294, 300
상호계산불가분의 원칙 ········· 295, 297
상호계산의 대상 ········· 294
상호계산의 요건 ········· 293
상호계산의 종료 ········· 300
상호계산의 효력 ········· 295
상호계산종료의 효과 ········· 301
상호권의 법적 성질 ········· 116
상호권의 변동 ········· 134
상호권의 보호 ········· 116
상호권의 상실과 취득 ········· 137
상호권자의 허락이 없을 것 ········· 126
상호단일의 원칙 ········· 108
상호등기의 말소청구 ········· 50, 140
상호등기의 효력 ········· 113
상호를 속용하는 경우 ········· 208
상호를 속용하지 않는 경우 ········· 208
상호보험 ········· 228
상호사용권 ········· 117
상호사용금지 및 손해배상청구 ········· 133
상호선정의 자유 ········· 108, 140
상호속용 ········· 200
상호속용 또는 채무인수의 광고 ········· 200
상호속용의 권원 ········· 201
상호속용의 원인관계 ········· 201
상호속용임차인의 책임 ········· 211
상호속용책임 ········· 203
상호속용책임규정 ········· 202
상호양도의 등기 ········· 136
상호양도의 효과 ········· 137
상호와 외관책임 ········· 309
상호의 가등기 ········· 11, 21, 113
상호의 가등기 효과 ········· 115
상호의 동일·유사성 ········· 119
상호의 등기 ········· 112

상호의 상속 ············ 139
상호의 선정 ············ 107
상호의 양도 ············ 134
상호의 양도 가능성 ············ 134
상호의 양도가 허용되는 경우 ············ 135
상호의 양도절차 ············ 135
상호의 의의 ············ 105
상호의 이중양도 ············ 136
상호의 임대차 ············ 138
상호의 폐지 ············ 139
상호자유주의 ············ 107
상호전용권 ············ 116, 118
상호진실주의 ············ 107
상호폐지등기 및 폐지의제 ············ 139
상호폐지의 의사표시 ············ 139
상호폐지청구권 ············ 126, 129
상환청구 ············ 421
새로운 고객 ············ 347
새마을금고에 관한 사건 ············ 56
새허바허바칼라 ············ 122
생산직공 ············ 64
샤바리법전 ············ 4
서울 고려당 마산분점 ············ 122, 124
서울종합예술원 ············ 201
선관주의의무 ············ 375
선관주의의무·목적물운송의무 ············ 393
선등기상호권자 ············ 128
선등기상호권자의 등기배척권 ············ 128
선량한 관리자의 주의의무 ············ 265
선물환계약 ············ 282
선의의 제3자의 의미 및 범위 ············ 72
선의의 채무자를 보호 ············ 208
선하증권의 문언증권성 ············ 22
선하증권통일조약 ············ 387
설립 중의 회사의 상인성 ············ 54
설비상인 ············ 47
설정적 등기사항 ············ 163
성명·상호묵비의무 ············ 361
세무사 ············ 48
세무사와 법무사 ············ 48
歲寒圖 ············ 391, 401
소규모미용실 ············ 184
소극적 공시원칙 ············ 168
소극적 상호권 ············ 116, 118
소극적 손해 ············ 96
소멸시효 ············ 458
소멸시효 중단 등의 효과 ············ 204
소비대차상인의 이자청구 ············ 263
소비대차와의 비교 ············ 304
消費任置 ············ 462
소상인 ············ 49, 50, 85
소송행위 ············ 88
소유의 변동 ············ 182
손익분배비율 ············ 321
손해배상의 원인 및 특징 ············ 442
손해배상채권 ············ 373
손해배상책임 ············ 466
손해배상책임의 소멸 ············ 405
송하인 ············ 390
송하인이 고가물임을
 명시하지 않은 때 ············ 402
수개의 영업소 ············ 109
수도사업 ············ 56
수동대리 ············ 79
수령증의 성격 ············ 479
수령할 수 없는 때 ············ 414
수분양자 ············ 197
수분양자점포 ············ 197
수비대상 ············ 342
수비의무 ············ 341
수선의무 ············ 482
수원보령약국 ············ 120

수인의 지배인 ········· 76
수임인으로서의 권리 ········· 448
수임인의 권한 ········· 239
수치하지(임치받지) 않은 물건에 대한 책임 ········· 457
수치한(임치받은) 물건에 대한 책임 ········· 455
수표채권의 지급보증인에 대한 청구권행사의 시효기간 ········· 245
수하인 ········· 390, 391
수하인을 알 수 없는 때 ········· 414, 415
수하인의 운송물 수령 ········· 417
수하인의 지위 ········· 416, 445
수하인의 지위변화 ········· 416
숙박계약 ········· 456
숙박시설의 화재 ········· 459
숙박업허가명의대여자 ········· 149
순차운송 ········· 427, 431
순차운송의 종류 ········· 427
순차운송인의 대위의무와 대위권 ········· 430
순차운송인의 손해배상책임 ········· 429
순차운송주선 ········· 452
순차운송주선에 관한 특칙 ········· 451
순차운송주선의 법률관계 ········· 452
순차운송주선의 유형 ········· 451
슈퍼마켓을 양도 ········· 182, 184
스타벅스 ········· 106
스포츠 흥행업 ········· 48
승낙기간을 정하지 아니한 상사계약 ········· 256
승낙기간을 정한 상사계약 ········· 256
시간에 관한 효력 ········· 38
시내버스 회사 ········· 186
시멘트대금 지급보증행위 ········· 87
시용품 ········· 258, 259
식품위생법위반 ········· 189
신규채용 ········· 185
신라이사 ········· 119
신라제과 주식회사 ········· 119
신분에 의한 제한 ········· 61
신설회사의 상호속용 ········· 202
신속성 ········· 219
신용보증 ········· 205
신용카드회사 ········· 498
신입조합원의 책임 ········· 328
신주발행 ········· 74
신주발행행위 ········· 66
신탁과의 비교 ········· 304
신탁재산 ········· 304
실질적 의의의 상법 ········· 12
실질적 의의의 상행위 ········· 217
쐐기글자 ········· 3

ㅇ

아파트의 리모델링업무 ········· 85
악의의 의미 ········· 407
악의의 의제 ········· 170
안베르스市 조례 ········· 367
안전성 ········· 220
야콥 리이써 ········· 16
약관규제법 ········· 34
약관문서의 형식 및 일방성 ········· 32
약관의 법원성 ········· 33
약사나 건축사 ········· 140
양도계약서 ········· 189
양도기업에 잔류 ········· 192
양도기업에 잔류하거나 퇴직 ········· 187
양도기업에서 퇴직 ········· 192
양도성예금증서 ········· 371
양도시점 ········· 189
양도인과 양수인간의 합의 ········· 188
양도인의 경업금지 ········· 193
양도인의 상인성 ········· 197

양도인의 영업상의 채무 ······ 190
양도채권 및 채무인수 ······ 244
양수인의 영업유지 ······ 196
양업양수인의 책임의 존속기간 ······ 206
어음·수표법 ······ 18
어음·수표의 배서 ······ 421
어음·수표채권 ······ 243
어음·수표행위 ······ 237
어음수탁보관거래 ······ 63
어음의 공동행위 ······ 272
어음의 추심위임약정 ······ 253
어음채권의 상환청구권행사의 시효기간 ······ 245
어음행위로 국한하여 명의를 대여한 경우 ······ 148
업무집행권의 제한적 귀속 ······ 319
업무집행의 감시 ······ 320
업무집행조합원 ······ 318, 323, 326
업무집행조합원의 성명 또는 상호, 주소 및 주민등록번호 ······ 316
여·수신 혼합행위 ······ 228
여객운송 ······ 431
여객운송계약 ······ 432
여객운송인의 권리 ······ 435
여객운송인의 주의의무 ······ 433
여객운송인의 책임 ······ 432
여관의 사용인 ······ 87
여신전문금융업법 ······ 229, 476, 498
역혼동 ······ 123, 125
연 66% 고율의 금전대여행위 ······ 241
연착으로 인한 손해배상 ······ 434
열차승차권 ······ 433
영리성의 보장 ······ 260
영세한 개인상인 ······ 49
영세한 바느질 ······ 47
영세한 재봉틀 ······ 47
영업거래의 증가 ······ 347
영업과 함께 양도 ······ 135
영업능력 ······ 57
영업명칭·영업표지의 속용 ······ 201
영업방식의 통제 ······ 488
영업범위 내의 행위 ······ 261
영업부류에 속하는 거래 ······ 95, 257, 334
영업부장 ······ 66
영업비밀의 개념 ······ 341
영업비밀의 범위 ······ 342
영업상의 권리·의무 ······ 309
영업상의 명칭사용 ······ 143
영업상의 채권의 매입·회수 등에 관한 행위 ······ 229
영업상의 채권자 보호 ······ 198
영업상의 채무 ······ 199
영업상의 채무자 보호 ······ 208
영업소 ······ 100
영업소에 관한 일반적인 효과 ······ 102
영업소의 법적 효과 ······ 102
영업소의 수와 종류 ······ 101
영업소의 요건 ······ 100
영업소의 판단 ······ 101
영업양도 ······ 180
영업양도 전의 근무조건 ······ 192
영업양도의 개념 ······ 181
영업양도의 단위 ······ 104
영업양도의 절차 ······ 187
영업양도인과 양수인 ······ 187
영업양도인의 경업금지 ······ 94
영업양수인의 면책 ······ 205
영업용재산 ······ 180
영업을 위하여 발행한 유가증권이 표창하는 채권 ······ 244
영업의 동일성 ······ 146, 183
영업의 수행 및 선관주의의무 ······ 306

영업의 의의와 영업양도 ······ 180
영업의 일부양도 ······ 186
영업의 임대차 ······ 209, 213
영업의 임대차·경영위임 ······ 209
영업의 자유 ······ 59
영업의 제한 ······ 59
영업의 특정한 사항 ······ 85
영업의 특정한 종류 ······ 84, 85
영업자 또는 익명조합원의 파산 ······ 311
영업자금의 대여 ······ 231
營業的 商行爲 ······ 230
영업재산 ······ 180, 181
영업재산의 이전 ······ 190
영업조직과 영업에 관한 사실관계 ······ 190
영업조직의 이전 ······ 183, 191
영업주의 계산 ······ 97
영업주의 명칭사용 허락 ······ 81
영업주의 신분상의 행위 ······ 74
영업주의 허락 ······ 95
영업주체의 교체 ······ 201
영업주체의 오인·혼동 ······ 123
영업준비행위 ······ 235
영업폐지시의 양도 ······ 135
영업활동조직 ······ 100
예고에 의한 종료 ······ 353
예탁금회원제 골프클럽 ······ 202
오뎅식당사건 ······ 112, 120
오락장의 숙박료 ······ 246
오염된 토양 미정화 ······ 287
오피스텔 분양관리부장 ······ 86
屋號 내지 영업표지로서 속용 ······ 201
온라인동영상서비스 ······ 230
외관의 존재 ······ 176
외관주의 ······ 21
외국어상호 ······ 106
외상채권 ······ 498
외상채권의 양도 ······ 501
요금미터기 ······ 392
요식성의 완화 ······ 420
요인증권성 ······ 422
요인증권성과 문언증권성 ······ 421
용두암식당 ······ 108
우연히 고가물임을 알게 된 경우의
책임 ······ 403
운송계약 ······ 387, 390
운송계약의 성질 ······ 390
운송과 운송주선의 구별기준 ······ 437
운송물 ······ 391
운송물에 관한 손해의 유형 ······ 398
운송물의 공탁·경매권 ······ 414
운송물의 멸실, 훼손 또는 연착 ······ 441
운송물의 멸실과 운임채권 ······ 412
운송물의 반환 ······ 427
운송물의 처분의무 ······ 393
운송물의 하자통지의무 ······ 444
운송물인도의무 ······ 395
운송물인도청구권 ······ 410
운송사업면허권 ······ 183
운송설비의 안전점검 ······ 433
운송수단 ······ 391
운송업 ······ 386, 387
운송업과의 유사성 ······ 462
운송에 관한 비용 ······ 413
운송영역 ······ 389
운송의 객체 ······ 389
운송의 인수 ······ 227
운송의 종류 ······ 388
운송의 중지 ······ 427
운송인 ······ 390
운송인 또는 이행보조자인
보세창고업자 ······ 396
운송인과 보세창고업자 ······ 396, 464

운송인의 고의·중과실 ························ 400
운송인의 권리 ························ 410
운송인의 권리취득 ························ 453
운송인의 상인성 ························ 389
운송인의 선택에 과실이 있는 때 ········ 442
운송인의 손해배상액 ························ 398
운송인의 손해배상책임 ························ 398
운송인의 의무 ························ 393
운송인의 의의 ························ 388
운송주선계약 ························ 439
운송주선업 ························ 436
운송주선의 법률관계 ························ 440
운송주선인 ························ 97, 336
운송주선인의 개입권 ························ 449
운송주선인의 권리 ························ 446
운송주선인의 의무 ························ 441
운송주선인의 의의 ························ 438
운송주선인의 자격 ························ 440
운송주선인이 작성한 증권 ························ 450
운수회사의 사업과장 ························ 86
운영리스 ························ 473
운임 ························ 392
운임 기타 비용청구권 ························ 411
운임 등 채권의 확보 ························ 413
운임 등의 상계 ························ 400
운임의 의의 ························ 411
운임의 채무자 ························ 412
운임채권 ························ 436
운임채권 등의 시효 ························ 413
운임채권의 행사 ························ 411
운임청구권 ························ 413
운전기사 ························ 64, 183
원상회복의무 ························ 288
원시산업 ························ 49
원양어업회사 ························ 49
위법배당반환청구권 ························ 242
위법한 상호양도의 효과 ························ 137
위약금채권 ························ 247
慰藉料 ························ 434
위탁계약 ························ 370
위탁계약의 성립시기 ························ 371
위탁계약의 유효성 판단기준 ························ 371
위탁매매 기타의 주선에 관한 행위 ····· 227
위탁매매를 하지 않았을 것 ························ 382
위탁매매업 ························ 366, 437
위탁매매의 목적물 ························ 369
위탁매매의 법률관계 ························ 370
위탁매매인 ························ 23, 97
위탁매매인과 위탁자, 위탁계약 ·········· 370
위탁매매인과 유사개념의 비교 ·········· 368
위탁매매인의 개입권 ························ 381
위탁매매인의 권리 ························ 379
위탁매매인의 상인성 ························ 369
위탁매매인의 의무 ························ 375
위탁매매인의 의의 ························ 367
위탁매매효과의 귀속 ························ 371
위탁물에 관한 통지·처분의무 ············ 378
위탁물의 귀속 ························ 372
위탁자·위탁매매인과 거래상대방 ········ 371
위탁자의 개입권행사 ························ 381
위탁자의 지위 ························ 372
위탁자의 채권자 ························ 374
위험인수의 방식 ························ 500
유가증권 ························ 291
유니텍 ························ 130
유명기관의 명칭 ························ 110
유상성 ························ 218
유질계약의 허용 ························ 247
유질약정이 포함된 질권설정계약 ········ 248
유치권 ········ 351, 384, 413, 436, 448, 471
유치권배제의 특약 ························ 253
유치권의 유형별 대비 ························ 254

유치권의 효력 ······ 253
유치물과 피담보채권의 牽聯性 ······ 250
유튜브 ······ 230
유한책임조합원 ······ 323, 326, 329
유한책임조합원의 등기 ······ 317
유한책임조합원의 업무집행 ······ 318
유한회사 이사의 경업·겸직금지 ······ 94
유형별 지분의 양도 ······ 323
은행간 콜(call)거래 ······ 355
은행의 대출금채권에 대한 지연손해금 ··· 246
은행의 출장소장 ······ 66
의사 ······ 48
의제상인 ······ 44, 47, 230
이동매점 ······ 101
이사의 경업·겸직금지 ······ 94
이사의 自己去來의 금지 ······ 380
이사의 자본충실책임 ······ 23
이용자의 해지 ······ 484
이익배당 ······ 308
이익배당은 내부적 분배행위 ······ 241
이익배당청구권 ······ 309
이익의 분배 ······ 305
이익의 현존 ······ 347
이전재산의 일체성 ······ 182
이중으로 상호를 양수 ······ 169
이행담보책임 ······ 23, 220, 377, 444
이행보조자의 과실 ······ 442
익명조합 ······ 19, 217, 301
익명조합계약종료의 효과 ······ 311
익명조합과 합자조합 ······ 303
익명조합원 ······ 306
익명조합원의 감시권 ······ 306
익명조합원의 손실부담 ······ 307
익명조합원의 이익분배청구권 ······ 307
익명조합의 성질 ······ 302
익명조합의 영업 ······ 305
익명조합의 요소 ······ 304
익명조합의 종료 ······ 310
익명조합의 효력 ······ 305
인격권적 성질을 가진 재산권 ····· 116, 134
인도장소 ······ 290
인쇄물의 제작 ······ 93
인적 손해에 대한 책임 ······ 459
인적 손해의 해결법리 ······ 459
인적조직의 승계 ······ 183
인터넷주소법 ······ 121
일반유흥음식점 허가취소 ······ 189
일반적 효력의 적용범위 ······ 171
일반적으로 공정·타당한 회계관행 ······ 157
일방적 상행위와 쌍방적 상행위 ······ 235
일부멸실·훼손의 경우 ······ 399
일부의 종임 ······ 77
일실이익 ······ 434
일용직 근로자 ······ 47
일성한 상인 ······ 334
일정한 상인의 보조상 ······ 333
임의법규성 ······ 218
임의탈퇴 ······ 324
임치계약 ······ 266, 463
임치계약의 소멸 ······ 472
임치물에 대한 하자통지·처분의무 ······ 465
임치물의 부패 ······ 472
임치물의 일부 반환 ······ 469
임치의 인수 ······ 228
임치인의 검사 등의 수인의무 ······ 465
임치인의 지시 ······ 465

ㅈ

자격수여적 효력 ······ 420
자격취득의 시점 및
본인의 상인자격 ······ 336

자기거래의 제한 ········ 322
자기명의 ········ 47, 368
자본감소 ········ 212
자본시장법 ········ 218
자본적 계산방법 ········ 46
자본참가의 인정 ········ 99
자연인의 상인자격 ········ 51
자조매각금의 공탁 ········ 278
자칭무한책임사원의 책임 ········ 329
자칭사원 및 퇴사원의 책임 ········ 22
잔액채권의 성립 ········ 298
잔존채권자의 이행청구권 ········ 207
장소에 관한 효력 ········ 39
재무상태표 ········ 151, 153
재판 외의 행위 ········ 75
재판상 또는 재판 외의 행위 ········ 75
재판상의 행위 ········ 75, 80
재판적 등의 기준 ········ 103
적극적 공시원칙 ········ 170
적극적 상호권 ········ 116, 117
적당한 처분 ········ 379
적법한 상호양도의 효과 ········ 137
적합한 물건의 인도의무 ········ 481
전기·전파·가스 또는 물의 공급에 관한 행위 ········ 225
前途金融 ········ 499, 500
전부멸실·연착한 경우 ········ 398
전자상거래 등의 현상과 경업금지 ········ 196
전자선하증권 ········ 106
전자어음의 발행 및 유통에 관한 법률 ·· 18
전자증권법 ········ 292
전화번호와 사업자등록번호 ········ 203
절대적 등기사항 ········ 112, 162
절대적 상행위 ········ 45, 235
점포 내의 물건 ········ 92
점포의 개설 ········ 74
정관변경 ········ 212
정기행위 ········ 280, 281
정당한 사유 및 증명책임 ········ 171
정미소업 ········ 146
정보수집기자 ········ 64
정보제공의무 ········ 492
정형성 ········ 65, 86
제2의 양수인 ········ 196
제3자의 계산 ········ 94, 97
제3자의 선의 ········ 178
제3자의 오인 ········ 143
제3자의 채권 ········ 204
제3자이의의 소 ········ 374, 444
제염회사 ········ 49
제조·가공 또는 수선에 관한 행위 ······ 225
제조물책임 ········ 495
제주은행 아라동지점 ········ 109
제척기간 ········ 206
제한능력심판과 상인자격 ········ 54
조건이 없는 배서 ········ 420
조리 ········ 35
조세법률관계 ········ 237
조세사건 ········ 140
조세의 부과처분 ········ 169
조합 ········ 270
조합과의 비교 ········ 302
조합원의 변동 ········ 322
존속기간의 만료 ········ 495
종속성 ········ 63
주간 부동산뱅크 ········ 111
주관적 의의의 영업 ········ 180
주선업자 ········ 368
주선행위 ········ 437
주식매수청구권 ········ 187, 188, 211
주식법 ········ 5
주식회사 대성합동지주 ········ 125

주식회사 동부 ······ 130
주식회사 유니텍전자 ··· 120, 122, 129, 130
주식회사 파주레미콘 ······ 200
주식회사 한국테크놀로지 ······ 123
주식회사 협성 ······ 200
주식회사, 유한회사 또는
유한책임회사의 설립 ······ 113
주식회사의 대표이사·지배인의 등기 ··· 168
주의의무 및 중립성의 원칙 ······ 358
주의의무를 위반한 계약체결행위 ······ 233
주주의 배당금지급청구권 ······ 241
주주의 유한책임제도 ······ 19
주주총회의 특별결의 ······ 114, 187, 188, 209, 211
주차장운영사업 ······ 56
주채무가 상행위로 인한 것인 때 ······ 273
주채무와 보증채무시효의 상이성 ······ 241
주채무의 원인행위와 보증계약 ······ 273
주제를 오인시킬 상호의
사용금지규정과의 관계 ······ 115
준물권행위 ······ 232
준상행위 ······ 230, 334
준소비대차로의 변경 또는 경개 ······ 244
준위탁매매업 ······ 369, 385
준위탁매매인 ······ 97, 438
중간운송주선인 ······ 453
중간운송주선인의 의무(대위의무) ······ 452
중개계약의 성질 ······ 357
仲介代理商 ······ 333
중개료 ······ 365
중개업의 의의 및 기능 ······ 354
중개에 관한 행위 ······ 227
중개인의 개입의무 ······ 362
중개인의 권리 ······ 363
중개인의 기망행위 ······ 362
중개인의 묵비의무 ······ 362
중개인의 보수청구권 ······ 364
중개인의 영업범위 ······ 356
중개인의 의무 ······ 358
중개인의 의의 ······ 355
중계(중간)운송주선 ······ 451
중소기업회계기준 ······ 158
증권상의 채무자 ······ 208
증권회사 ······ 378
증권회사 지점장대리 ······ 74
증권회사 지점장대리의 손실부담약정 ··· 88
증명책임의 전환 ······ 131
지배권의 불가제한성 ······ 72
지배권의 수여행위 ······ 68
지배권의 정형성 ······ 71
지배권의 포괄성 ······ 71
지배인 ······ 65
지배인과 대표이사 ······ 66
지배인의 대리권 ······ 71, 73
지배인의 대리권제한 ······ 22
지배인의 등기 ······ 71
지배인의 선임 단위 ······ 102
지배인의 선임 등 ······ 239
지배인의 선임과 종임 ······ 67
지배인의 선임과 해임 ······ 163
지배인의 선임행위 ······ 68
지배인의 수 ······ 69
지배인의 의의 ······ 65
지배인의 자격 ······ 69
지배인의 종임 ······ 70
지배인의 지위 ······ 70
지배인이 선임·해임 ······ 84
지분압류채권자에 의한 퇴사청구 ······ 310
지분양도의 효과 ······ 323
지분환급의무 ······ 270
지연손해금 ······ 265
지점거래로 인한 채무 ······ 267

지점거래로 인한 채무의 이행장소 ······ 103
지점에 관한 등기 ······ 163
지점에서의 등기제도의 변화 ······ 103
지점의 법률상 효과 ······ 103
지정가액준수의무 ······ 376, 444
직무대행자 ······ 320
직무집행정지 ······ 320
직접적 공시 ······ 159, 160
진정채권매입 ······ 500
질권설정계약의 피담보채권 ······ 248
찜질방 영업 ······ 195

ㅊ

차손거래의 효과 ······ 376
차손부담 ······ 377
차익의 귀속 ······ 377
차입금에 대한 공정증서 작성행위 ······ 53
차입행위 ······ 235
착오·탈루의 효과 ······ 299
창고업 ······ 461
창고업자의 권리 ······ 470
창고업자의 보관의무 ······ 463
창고업자의 의무 ······ 464
창고업자의 의의 및 성립요건 ······ 462
창고증권 발행청구권 ······ 468
창고증권소지인 ······ 466
창고증권의 발행의무 ······ 467
창고증권의 분할청구 ······ 469
창설적 등기 ······ 163
창설적 효력 ······ 173
채권계약 ······ 185
채권매입거래의 구조 ······ 499
채권매입계약의 채무자 ······ 500
채권매입업 ······ 497
채권매입업의 법적 특징 ······ 501
채권매입업자 ······ 497
채권매입업자의 고객 ······ 499
채권매입업자의 상인성 ······ 501
채권양도의 광고 ······ 209
채권의 단기시효 ······ 472
채권의 발생원인 ······ 240
채권의 유형 ······ 241
채권자의 선의 ······ 203
채권자의 외관을 가진 자에 대한 변제 ······ 209
채권자의 이익과 양수인의 보호 ······ 199
채권적 효력 ······ 421
채무변제의 장소 ······ 102
채무불이행책임 ······ 460
채무의 이행 ······ 267
채무이행 또는 이행청구의 시기 ······ 268
채무인수의 광고 ······ 203, 206
채무인수의 사실이 없을 것 ······ 200
채무인수절차 ······ 191
채무초과상태 ······ 207
책임경감 ······ 458
처분권 ······ 416
처분권의 제한 및 부활 ······ 395
처분권자 ······ 394
처분권자의 처분 ······ 182
처분의 내용 ······ 394
처분의무 ······ 400
청구권경합설 ······ 410, 443
청구권경합설과 법조경합설 ······ 408, 443
청구권의 경합 ······ 408
청약수령자의 물건·견품보관의무 ······ 263
청약수령자의 의무 ······ 256
청약의 요건 ······ 257
청약의 효력 ······ 255
체당 ······ 263
체당금의 이자청구 ······ 263

締約代理商 ··· 333
최고 및 검색의 항변권 ··· 273
추정력 ··· 175
출자재산의 귀속 ··· 308
출판·인쇄 또는 촬영에 관한 행위 ··· 226
충주합동레카 ··· 124

ㅋ

컴퓨터 하드웨어 ··· 122
코레일관광개발주식회사 ··· 386

ㅌ

타인에게 대리권을 수여 ··· 90, 150
타인을 위한 행위 ··· 262
타인의 계산 ··· 368
타인의 상품과 혼동 ··· 133
타인의 상행위의 중개 ··· 357
타인의 영업으로 오인할 수 있는 상호 ··· 119
타인이 사용하는 상호를 폐지 ··· 119
탁송수하물 ··· 435, 436
탈퇴의 효과 ··· 325
탈퇴조합원의 책임 ··· 328
통일상법전 ··· 5, 18
통지 및 계산서제출의무 ··· 375, 444
퇴사사원 ··· 170
퇴직금채무 ··· 192
투자수익보장 ··· 371
투자합자조합 ··· 312
특별수권의 존재 ··· 73
특별종료원인 ··· 300
특별한 소멸사유에 관한 규정 ··· 220
특수법인 ··· 55
특수한 상사유치권 ··· 254
특약점 ··· 141
特定物의 引渡 ··· 103
특정 사무의 위탁 ··· 334
특정 업종을 나타내는 상호의 표시방법 ··· 109
특허청장 등의 권고 ··· 134

ㅍ

파산과 상인자격 ··· 53
파산채권자 ··· 373
파워콤주식회사 ··· 125
파주콘크리트 주식회사 ··· 200
팩터링 ··· 229, 497
팩터링금융 ··· 500
포괄성 ··· 65, 71, 86
포괄성 및 불가제한성 ··· 71
표현대리 ··· 86, 90, 353
표현대리의 책임 ··· 494
표현적 명칭의 사용 ··· 80
표현적 명칭의 의의 ··· 80
표현적 부분적 포괄대리권을 가진 사용인 ··· 89
표현지배인 ··· 79
표현지배인의 대외적 행위 ··· 83
프랑스상법전 ··· 4
프랜차이즈 ··· 486
프리미어리거 ··· 110
플랫폼 ··· 433
피담보채권과 목적물의 일반적 견련성 ··· 252
피담보채권의 종류 ··· 251
피자헛 ··· 485

ㅎ

하자 또는 수량부족 ··· 285

하자담보책임 284
한국마사회 56
한국방송공사 56
한국불교조계종 백봉사 132
한국철도공사 386
한국테크놀로지그룹 주식회사 123
합동공업사 124
합동특수레카 124
합동회사 313
합자조합 19, 217, 312
합자조합계약의 법정기재사항 315
합자조합계약의 성립 315
합자조합과 유사제도와의 비교 313
합자조합과의 비교 303
합자조합의 대리 326
합자조합의 해산 330
합자회사와 익명조합 303
합자회사와의 비교 303
합자회사의 무한책임사원의
경업·겸직금지 94
항공화물운송장 445
해상운송의 운송용구 389
해상화물운송장 106
해임된 대표이사와 거래 169
허락의 철회 142
허바허바칼라 122
헤르만 뢰슬러 5
현금출납계원 64
현대불교신문 132
현명주의 236, 237, 327
현물출자 199
협력의무 480, 489
협성산업 200
협의의 순차운송 428
형식적 의의의 상법 11
형식적 의의의 상행위 217
호텔신라제과 주식회사 119
혼장임치 462, 469
화물명세서 392
화물명세서교부청구권 411
화물상환증 106, 417
화물상환증소지인 396, 412
화물상환증소지인의 권리를 침해 418
화물상환증의 교부의무 393
화물상환증의 담보취득 421
화물상환증의 발행 419
화물상환증의 배서 420
화물상환증의 성질 418
화물상환증의 양도 420
화물상환증의 효력 421
화물상환증이 발행되지 않은 경우 396
화물상환증이 발행된 경우 396
화폐경제시대 3
확정기매매 281
확정기매매의 해제 20, 280
확정운임계약 440
환율변동위험 282
황금향감귤 또는 감귤 391
회계실무자 64
회계장부 152
회계장부의 열람 또는 등사 155
회계처리기준 158
회사분할과 명칭속용 202
회사상호의 사용제한 109
회사의 본·지점의 법률상 효과 104
회사의 본점소재지의 이전 114
회사의 상호·목적의 변경 114
회사의 운용자금 232
회사의 종류별 상호표시방법 109
후견감독인 58
후등기자의 등기 128
휴대수화물 435

힐스테이트 ······ 201

A

ADHGB 1861 ······ 160
Aktiengesetz 1937 ······ 5
Allgemeine Deutsche Wechselordnung ·· 4
Allgemeines Landrecht ······ 4
Any Call ······ 105, 106
Assyria ······ 3

B

Babylonia ······ 3
balance sheet ······ 151
Bills of Exchange Act 1882 ······ 5

C

C.I.F ······ 282
Code de commerce ······ 4
Code Savary ······ 4
Colbert ······ 4
common law ······ 5
Companies Act 1862 ······ 5
Company Act 2006 ······ 5
crowd funding ······ 302
Customs Clearance ······ 396

D

delay in delivery ······ 399
derivative method ······ 152
Dock ······ 461
doctrine of stare decisis ······ 34

E

employee stock ownership ······ 17
equity ······ 5

F

factor ······ 497, 500
Factoring ······ 25
factoring ······ 229, 497
FCR ······ 439
finance lease ······ 473
Forwarder's Cargo Receipt ······ 439
franchise ······ 485, 486
franchisee ······ 229
franchisor ······ 229, 485
fund ······ 302

G

general partner ······ 313, 315
going concern ······ 181
Goldschmidt ······ 13
Guild ······ 4
Gustave E. Boissonade ······ 5

H

Hammurabi ······ 3
Handelsvertreter ······ 332
Heck ······ 14
Hermann Rösler ······ 5

I

insider trading ······ 343

J

Jacques Savary ········· 4
Jakob Riesser ········· 16
Joint Stock Companies Act 1844 ········· 5
Joint Stock Companies Registration and Regulation Act 1844 ········· 160

L

La société anonyme à participation ouvriàre ········· 17
Lagergeschäft ········· 461
Lastig ········· 13
le droit de l'hospitalité, Gastrecht ········· 3
le droit du marché ········· 3
lessee ········· 477
lessor ········· 477
Limited Liability Partnership ········· 313
limited partner ········· 313
Lisbon Rules ········· 28
LLP ········· 313
Lonestar funds ········· 101

M

Minderkaufmann ········· 49
Model Business Corporation Act, MBCA 5

N

Netflix ········· 230

O

operating lease ········· 302, 473
Ordonnance de la marine ········· 4
Ordonnance ducommerce ········· 4

P

PEF ········· 313
Port of discharge ········· 396
premium ········· 181
Private Equity Fund ········· 313

R

real estate collective investment scheme ········· 302
REITS ········· 302
Rhodos ········· 4

S

salvo errore et ommissione ········· 299
SPC ········· 302
special purpose company ········· 302
Star Bucks ········· 106
supplier ········· 477

T

Time Division Switching System, TDX ········· 401

U

Uniform Commercial Code, UCC ········· 5, 18
Uniform Trade Secret Act ········· 341

V

Vollkaufmann ········· 50

W

Warsaw Convention 28, 387
Wirtschaftsrecht 18

Y

YouTube 230

저자약력

오성근(吳性根)

한양대학교 법대졸업
한양대학교 법학석사
한양대학교 법학박사
현재) 제주대학교 법학전문대학원 교수

주요 경력

일본 고베(神戸)대학 대학원 법학연구과 초빙연구원
일본 와세다(早稲田)대학 Law School 초빙교수
영국 BBSI Diploma
영국 케임브리지대학교 Faculty of Law 초빙교수
영국 킹스컬리지런던 The Dickson Poon School of Law 초빙교수
일본 동경(東京)대학 대학원 법학정치연구과 객원연구원
일본 교토(京都)대학 Law School 초빙교수
일본 동지사(同志社)대학 초빙교수
일본 홋카이도(北海道)대학 Law School 객원연구원
일본 후쿠오카서남학원(福岡西南学院)대학 법학부 객원연구원

주요 저서

회사법(박영사)
자본시장법총설(박영사)

제2판
상법총칙 · 상행위법

초판발행 2022년 2월 22일
제2판발행 2025년 7월 5일

지은이 오성근
펴낸이 안종만 · 안상준

편 집 이수연
기획/마케팅 박부하
표지디자인 BEN STORY
제 작 고철민 · 김원표

펴낸곳 (주) 박영사
서울특별시 금천구 가산디지털2로 53, 210호(가산동, 한라시그마밸리)
등록 1959. 3. 11. 제300-1959-1호(倫)
전 화 02)733-6771
f a x 02)736-4818
e-mail pys@pybook.co.kr
homepage www.pybook.co.kr
ISBN 979-11-303-2433-3 93360

정 가 39,000원